핀란드
에스토니아
라트비아
리투아니아
루마니아
불가리아
KB261091

히틀러 평전 I

HITLER
by
Joachim C. Fest

히틀러 평전

요아힘 C. 페스트 지음 / 안인희 옮김

I

푸른숲

　지금 끝나가고 있는 세기는 역사상 독재의 세기로 구분될 것이다. 세계의 모든 부분에서 수많은 폭력지배들이 나타났다. 겉으로 내세운 명분이야 달랐지만, 대개 혁명적인 집단과 정당의 지도자들이 권력을 장악하고, 민족들을 정복하고, 자기들이 얻은 나라들을 거대한 도살장으로 만들었다. 이 시대는 모두 합쳐서 1억 이상의 사망자를 기록하고 있다.

　현대 폭력 통치자들의 초상을 모아놓은 어두운 미술관에서 히틀러는 단연 선두를 차지한다. 스탈린 정권이 어쩌면 더 많은 희생자를 냈을 것이며, 폴 포트에까지 이르는 다른 독재자들이 더 과격하고, 더 큰 개인적인 잔혹성을 드러냈다. 그리고 또 다른 독재자들은 이념적인 정당성이라는 명분조차 없이 이 모든 폭력적인 고통의 근거로 벌거벗은 권력욕밖에는 내세울 것이 없다. 그러나 그들 중 누구도 히틀러의 경우처럼 수십 년이 지나도록 열광이 뒤섞인 두려움을 불러일으키는 사람은 없다. 무엇이 그를 그토록 특이한 존재로 만들었던가?

　히틀러가 베를린의 수상관저 아래 여러 미터 깊이에 만들어진 지하 벙커에서 이미 자신의 최후를 연출하고 난 다음, 세계가 기억 속에 남겨진 그 두려운 현상을 돌아보았을 때 그는 시대에 대항하는 거대하고 괴물 같은 적대자로 보였다. 여러 해 동안이나 노력한 끝에 마침내 그를 죽게 만들었던 사람들은, 자유, 민주주의, 정치적·개인적 자기 결정, 민족들의 상호이해의 확대와 협동이야말로 시대의 방향이라고 믿었다. 이러한 경향들을 배경으로 삼으면 히틀러는 역사의 흐름을 거스르는 두려운 방향상실처럼 예외적 존재로 보였다.

지금 우리는 이러한 관찰방식이 아주 편협한 것이었음을 알고 있다. 히틀러는 사실 시대의 역사적 흐름, 혹은 사람들이 역사적 흐름이라고 믿고자 했던 것을 거슬러 올라갔다. 그렇긴 하지만 그는 당시의 지배적인 시대정신이 어떻든 상관없이, 모든 시대 모든 사람에게 중요한 성향 및 동경들과 결부되어 있었다. 그것은 안전을 향한 욕구, 간절히 갈망하는 공동체에서의 집단보호를 향한 욕구였다. 하나의 믿음을 향한 욕구, 초개인적인 목적과 위대한 미래상을 향한 욕구였다. 이런 욕구는 카리스마를 가진 의지의 인간의 명령을 따른다. 그런 것들은 모든 시대, 모든 문화권 사람들에게 친숙한 원천적인 욕구이다. 현대세계는 앞선 시대보다 이러한 욕구들에 대해서 대답할 의무가 더 크다. 복잡하고 풀기 어려운 현대의 구조는, 대중의 방향감각을 상실하게 만들 뿐 아니라, 독재자가 약속해주는 분명하면서도 단순한 해결방식에 희망을 걸도록 만든다.

공산주의가 히틀러보다 먼저 이런 갈망을 인식하고 이용하였다. 그러나 히틀러야말로 이 방법을 가장 잘 이용하였다. 한 수 위의 전략적 고려, 심리적 능란함, 이해하기 쉬운 구호들을 가지고 그는 '고독한 대중'을 유도하여 자신의 약속들을 믿게 만들었다. 그의 성공과 승리들은, 인류가 수백 년에 걸쳐서 만들어낸 문명이라는 덮개가 얼마나 허약하고 아무때라도 깨지기 쉬운 것인지를 보여준다. 인류는 그 뒤로 아직도 다 측량되지 못한 깊은 충격 속에 빠져 있다. 히틀러에 이르기까지 인류는 강력한 문명 낙관론에 가득 차 있었다. 온갖 퇴보들에도 불구하고 대부분의 사람들은 세계가 정치적·경제적으로뿐 아니라 예절과 도덕의 측면에서 인간적으로도 더 나은 상태를 향하여 나가고 있다는 의식을 가지고 있었다.

공산주의는 어느 정도 범죄의 흔적을 지니고 있었지만 이런 믿음을 중단시키지는 않았다. 공산주의는 적어도 말로만이라도 해방된 세계를 만들겠다는 약속을 했기 때문이다. 그러나 그 모든 낙관적인 의식은 일반적인 사고의 틀 속으로 들어가기도 전에 히틀러와 더불어 끝나고 말았다.

아직도 작용하고 있는 이런 충격만이 전부가 아니다. 히틀러가 던진 근본적인 질문들이 하나도 답변되지 않았고, 그가 권력을 장악하도록 도움을 준 문제점들이 하나도 해결되지 않았다는 사실을 세계는 느끼고 있다. 그는 역사적으로 오래 전에 곰팡이가 피었지만, 현재의 백일몽 속에 언제나 다시 나타나는 유령이다. 그리고 알려지지 않은 어떤 나라에서—시대에 알맞은 어떤 탈을 쓰고 나타날지 모르지만—그의 후계자 하나가 나타나서 20년대와 30년대의 독일보다 더 큰 거부감을 동원해내지 않는다고 아무도 말할 수 없다. 이것은 고백하지는 않지만 아직도 많은 사람들을 두렵게 만드는 근심이다.

모든 점에서 히틀러의 길은 모범적인 경우다. 어떻게 민주주의 제도들을 서서히 무력화시키고 항복하도록 강요할 수 있는지, 국내에서나 국제 무대에서 어떻게 적들을 차례로 속여서 이길 수 있는지, 어떻게 선전과 폭력을 통해서, 아무리 저항해도 소용이 없는 테러 체제를 건설하는지 등을 모범적으로 보여주고 있다. 근래에 이르러 다른 어떤 폭력적인 지배자의 생애도, 불확실하게 출발해서 성공을 거두고, 자신을 능가하는 권력의 지점들을 거쳐서 마침내 진짜 파괴욕 속에서 퇴화하는 몰락의 과정을 그토록 기록적으로 완벽하게 보여주지는 못한다. 이런 과정은 히틀러의 상승과 몰락을 교과서적인 모범으로 만들고 있다.

이 책이 독일어 원본으로 출간될 당시에 이미 사정이 그랬다. 그 뒤로 많은 관점들이 덧붙여졌다. 그러나 전체적인 이미지를 근본적으로 변화시킬 만한 자료들은 나타나지 않았다. 이 책의 서술은 아직도 생동성을 보존하고 있다. 히틀러의 전기는 정치 교과서이기도 하다. 그것은 어떻게 권력을 장악하고 확장하고 마침내 잃어버리는가 하는 과정만을 보여주는 것은 아니다. 올바르게 읽기만 한다면 이 생애를 관찰하는 것은 그와 같은 일이 발생하지 않도록 예방하는 데 필요한 모든 것을 알려준다. 역사적·사회적 전제들이 아무리 다르다고 해도, 이 세상 모든 곳에서 말이다.

1997년 여름
요아힘 페스트

여기 번역된 요아힘 페스트(Joachim Fest)의 《히틀러 평전》은 1973년에 간행된 이후로 독일에서 가장 정평 있는 히틀러 전기로 꼽히는 책이다. 엄청난 주(註)의 분량이 말해주듯이 고증이 철저하고, 시각이 균형잡혀 있으며, 야사(野史)가 아닌 정사(正史)를 다루고 있다. 대단히 학술적인 작업이면서도 일반 독자들이 읽을 수 있는 문체와 서술법을 보인다. 이런 특성 때문에 원서의 총분량이 양장본으로 빽빽하게 1,200쪽에 이르는 방대한 책이면서도 독일에서 대성공을 거두었다.

1

히틀러(1889~1945년)는 보잘것없는 출신배경을 지닌 인물이다. 오스트리아 변방 출신으로 할아버지가 누군지도 모르고 따라서 그의 성(姓)도 불확실하다. 실업 중학교 중퇴의 학력으로 화가나 건축가가 되려고 했으나 학력과 실력이 부족하여 미술 아카데미에 입학이 거절되었다. 아버지를 일찍 여의고 열여덟 살에 어머니까지 죽고 나자 고아 신세가 되었다. 그 뒤로는 집도 없는 떠돌이 신세였다. 1차대전에 참전한 것을 빼고는 정치에 들어가기 전 내세울 만한 아무런 이력도 없었다.

독일은 1차대전(1914~1918년) 이전에 이미 부유한 산업국가였다. 정치적으로 많은 문제를 가지고 있었음에도 불구하고 19세기에 벌써 수많은 선진적인 사회제도들을 갖추고 있었다. 철학, 음악, 문학, 역사학, 법학, 의학, 자연과학 분야에서 세계적 수준의 인물들을 배출한 것을 생각해보면 정신적·학문적으로도 기반이 든든한 나라였다. 1차대전 이후 독일에 성립된 바이마르 공화국(1918~1933년)은 이론적으로 가장 민주적인 바이마르 헌법에 기초한 민주주의 국가였다. 히틀러는 1933년 1월에 대통령제와 내각제가 혼합된 바이마르 공화국의 수상으로 취임하였다. 1934년에 힌덴부르크 대통령이 죽자 대통령직까지 승계하면서 바라던 대로 1인 독재국가 체제를 완성하였다.

히틀러의 전기는 한 개인의 삶의 역사로 쓰여질 수는 없다. 그것은 20세기 전반부 유럽사, 부분적으로는 세계사의 가장 큰 사건들을 포함한다. 히틀러 현상을 이해하기 위해서는 그가 출현하기 이전 유럽의 전반적인 정치적·사상적·역사적 맥락을 이해하지 않으면 안 된다. 당시 유럽의 사정 어딘가에서 그가 출현할 수밖에 없는 역사적인 전제조건들이 점차 무르익어 갔을 것이기 때문이다.

이 책은 그래서 대단히 광범위하고 독자에 따라서는 지루하게 여겨질 도입부분을 가진다. 그러나 유럽을 이해하고자 하는 사람들에게는 상당히 도움이 되는 19세기 말, 20세기 초 유럽의 사상 사조들이 탐구되어 있다. 히틀러의 초기 삶의 과정은 완전히 밝혀져 있지 않다. 히틀러 자신이 권력을 잡은 다음 집요하게 자신의 초기 행적들을 지워나갔기 때문이다. 저자는 얼마 안 되는 히틀러의 성장기 자료들을 한 사람의 개인사가 아닌 유럽사적인 배경설명으로 보충하고 있는 셈이다.

히틀러의 56년 생애는 크게 두 부분으로 나누어볼 수 있다. 1차대전이 끝날 때까지 약 30년 동안 뚜렷한 삶의 목적 없이 방황하던 시기와(이 책의 제1부), 그 이후 정계에 들어가서 감전된 듯이 격렬하게 활동한 시기로 나뉜다. 앞의 30년 동안의 행적은 그의 형성기이지만 역사적으로는 별로 중요하지 않은 기간이다.

그에 반해서 그가 정치활동을 펼치는 후반 약 26년은 공식적인 중요성을 띠게 된다. 이 시기는 다시 세 부분으로 나누어볼 수 있다. 처음 약 10년 동안(1919~1929년) 그는 배경도 돈도 이름도 없이 출발하여 정치적 기반을 다지고 국가사회당을 자기 자신의 정당으로 만든다. 정치 초년생으로서 정치적 비전을 만들고 정치를 배우면서 정치적 도약을 위하여 준비하던 시기였다(2부와 3부). 다음에 이어지는 약 10년(1929~1939년)은 히틀러의 권력장악 기간이며 전쟁준비 기간이다. 권력장악 과정은 두 번의 도약을 거친다. 먼저 수많은 난관을 극복하며 수상에 취임하는 과정(제4부), 두 번째로는 서두르는 부하들을 달래면서 '합법적으로' 대통령직을 승계하는 과정이다(제5부). 절대권력을 장악하자마자 히틀러는 독일 경제를 재건하고 곧바로 전쟁준비에 들어간다(제6부). 마지막 6년은 전쟁의 기간으로 화려한 승리를 거둔 초기국면을 거쳐(제7부) 몰락을 향하여 미친 듯이 내리막길을 달리는 과정(제8부)이다. 그때까지 신중하던 정치가로서의 판단력과 현실 감각을 잃어버리고 세계제국의 야욕을 드러낸 채 세상과 점점 격리되어 정신병자와 같은 면모를 드러내고 비참한 파멸을 겪는 것이다.

2

이 책은 이전의 중요한 히틀러 전기들과 두 가지 측면에서 다른 관점을 보인다. 히틀러는 1차대전 이후 유럽에서 시대의 추세로 보이던 민주주의 제도를 독일에서 폐기처분하고 전체주의 국가로 바꾸어버렸기 때문에 시대의 흐름에 역행한 예외적 존재였다고 해석되고 있었다. 그러나 저자는 더욱 심층적인 분석을 통하여, 히틀러는 시대의 흐름에 역행한 것이 아니라 정확하게 시대의 요청을 파악한 인물이라는 사실을 밝혀냈다. 이런 주장은 상당히 설득력 있게 뒷받침되고 있어서 오늘날 독일에서는 일반적인 상식으로 받아들여지고 있다.

또 한 가지는 히틀러가 권력만을 추구한 기회주의자였다는 주장에 대한 반격이다. 저자에 따르면 히틀러는 조잡하기는 하지만 자신의 정치 이념을 가지고 있었다고 한다. 그 가장 중요한 핵심이 바로 반유대주의와 생존공간 정책이었다는 것이다. 생존공간 정책이란 쉽게 표현하면 게르만족을 위한 세계제국 건설이라는 말로 바꾸어볼 수 있다. 이 책은 이러한 정치이념의 생성배경을 상세하게 다루고 있다. 그것은 당연한 일이지만 히틀러 개인의 창안이 아니라 그의 형성기에 유럽을 휩쓸면서 유행하던 사상이었고,

히틀러는 스펀지 같은 기억력으로 그것을 받아들였을 뿐이라는 것이다.

이 책은 히틀러라는 역사적 현상과 그 형성배경을 밝힐 뿐 아니라, 역사적 반성과 평가라고 부를 수 있는 부분들을 포함한다. 저자가 전기서술 사이에 삽입한 이 관찰들에서는 히틀러란 과연 역사상 위대한 인물이었는가? 히틀러는 독일 정신의 계승인가, 단절인가? 그가 독일 역사에 남긴 의미는 무엇인가? 등이 관찰되고 있다. 이 책에 전개되는 전망과 시각을 보여주는 것으로 저자의 폭 넓고 깊이 있는 지식과 통찰력을 엿보게 한다. 이 관찰들은 단순한 전기서술자가 아니라 역사관찰자로서의 전망을 가지고 독일 현대사의 가장 진지한 질문들에 답변하려는 저자의 시도이다.

3

히틀러는 어떤 능력을 가진 인물이었던가? 그는 위대한 연설가였고, 탁월한 연출가였다. 가장 먼저 선전효과를 인식한 정치가로서 그는 연출의 재능을 이용하여 '예술가 정치가'가 되고자 하였다. 제3제국의 거대한 제례의식들은 그의 탁월한 연출능력을 보여준다. 그리고 그는 뛰어난 전략가였다. 권력장악 과정에서 적과 자기편의 도전을 단단한 배짱과 정확한 상황판단으로 극복하고 가장 밑바닥에서 가장 높은 자리까지 상승을 거듭하였다.

그러나 무엇보다도 그는 시대의 소리를 정확하게 들을 수 있는 놀라운 능력을 가졌다. 표면에 드러난 것이 아니라 민족의 심층부에 잠재되어 있는 울분과 갈망을 그는 극히 예민하게 감지하였다. 뛰어난 연설의 재능을 이용하여 이러한 울분과 갈망을 단순하고 이해하기 쉬운 말로 표현해서 사람들의 마음을 사로잡고, 그것을 다시 정치적 힘으로 조직화하였다. 히틀러 개인과 그 시대의 정신이 이렇게 놀랍도록 일치한다는 사실은 그를 역사적인 위대성의 영역으로 끌어올리는 부분이라고 저자는 지적하고 있다.

그리고 마지막으로, 아마도 어쩌면 가장 중요한 요인이겠지만 행운이 그의 편이었다. 천재적인 능력을 가졌던 인물임에 틀림없지만, 그러나 시대의 사건과 상황들이 이상할 정도로 그가 의도하는 바를 도와주었다. 그래서 그는 자신이 하늘의 선택을 받은 사람이라는 엉뚱한 망상을 품게 되었다. 이러한 망상은 물론 그의 몰락의 중요한 원인이 되었다.

4

이 책은 방대한 스케일과 긴 호흡을 가지고 있다. 단숨에 읽히는 책이 아니다. 19세기 말에서 20세기 중반까지 독일의 사정은 우리의 그것과는 아주 다르다. 수많은 실제인물들은 이름을 외우기도 벅차다. 게다가 독일의 역사는 곧 유럽의 역사와 연결된다. 유럽 대륙 한복판에 자리잡은 독일은 오늘날에도 9개국과 국경을 맞대고 있다. 독일의 움직임이 곧장 외교적인 문제가 될 수밖에 없는 이유이다. 우리와는 지정학적·역사적·문화적·사상적인 전제조건이 달라서 그들의 행태를 이해하기도 쉽지 않다.

그러나 이런 난관들을 뛰어넘고 보면 야사(野史)도 소설책도 아닌 이 정사적(正史的) 전기서는 엄청난 지식과 역사적 성찰의 전망을 제공한다.《삼국지》가 우리에게 삶의 전략을 가르쳐준다고 했던가. 그러나 오늘날의 세계는 중국대륙 안에서 통일하거나 3국을 정립(鼎立)하려는 자족적인 세계관만으로는 충분치가 못하다. 개인이나 국가가 어떤 결정을 내리든 국제적인 문제들에 부딪치는 것이 오늘날의 현실이다. 외교와 국내정치를 같은 선상에서 고려할 수밖에 없었던 히틀러의 비전과 전략은, 그것이 비록 부정적인 측면을 가진 것이라 하더라도 세계무대를 향한 새로운 시각을 열어준다. 그리고 오늘날 우리 정치가 여전히 보이고 있는 자폐적인 진흙뻘 싸움을 새로운 눈길로 바라보게 만든다.

책의 두 번째 부분을 이루는 4부와 5부의 권력장악 과정과, 6부의 전쟁 준비 기간은 히틀러의 승리의 세월이었다. 이 부분을 읽고 있으면 히틀러가 얼마나 놀라운 천재였던가 거듭 경탄하게 된다. 히틀러에 대해서 거의 아무것도 모르고 히틀러를 무조건 숭배하는 사람들을 주변에서 어렵지 않게 만날 수 있다. 그런 사람들이 이 부분을 읽으면 무릎을 치며 좋아할지 모른다.

그러나 이 책의 경고의 목소리는 오히려 첫 번째 부분과 세 번째 부분에 들어 있다. 그를 키워낸 정신적·문화적 풍토가 어떠한 것이었던가를 곰곰 되새기고, 그의 안에 잠재되어 있던 악마가 마침내 밖으로 터져나왔을 때 그것이 가진 파괴적 에너지가 어떤 것이었던가를 보여주고 있는 것이다.

역사의 교훈이란 결국 받아들이는 사람의 태도에 달려 있다고 할 수밖에 없다. 평화민족이라고 자처하는 우리의 내면에 팽창의지가 들어 있다는 사실을 부정할 수 없다. 다른 민족, 다른 국민의 내면에도 팽창의지가 들어 있으리라고 짐작된다. 두 개의 팽창의지가 만나면 필연적으로 전쟁으로 폭발할 수밖에 없다. 전쟁이 궁극적인 목적이라면 모르지만 그렇지 않다면 히틀러 현상을 냉정하게 비판적으로 살펴볼 필요가 있다.

독재와 민주주의 현상에 대해서도 냉철한 성찰이 필요하다고 생각된다. 독재자가 유능할 경우 독재는 초기에 효율성이 높다. 그러나 뒷날 반드시 후유증이 따른다. 민주주의는 국민의 대다수가 충분히 민주의식을 갖추지 못했을 때 다음번 독재를 위한 징검다리 역할을 하는 경우가 많다.

<h1 style="text-align:center">5</h1>

이 책을 읽으면서 악(惡)의 내면을 들여다본다는 느낌을 가졌다. 허구적인 가상의 인물이 아니라 실존했던 사람이면서도 히틀러는 악의 상징으로 어느 정도 신화화되었다. 그러나 저자는 여기서 이 신화들을 벗겨내기 위해 노력하고 있다. 설명하기 어렵게 보이는 일이라도 차근차근 기원을 따져 올라가면서 개인적·사회적 주변환경과 분위기에서 사상의 형성배경을 찾아보는 것이다. 신화를 벗겨내는 일이 상당히 설득력있게 성공하고 있지만 그런 다음 드러나는 히틀러의 모습이 오히려 더욱 섬뜩하다. 사람의 그림자가 드문 공허한 그의 내면 풍경, 철저한 양식화를 통해서 인간적인 약점과 풍모를 지워나간 조각상 같은 모습, 목표를 따라 정확하게 앞으로 나갔던 광적인 집중력 등을 읽으며 이런 지도자를 가진다면 얼마나 불운한 국민인가 하는 생각을 떨칠 수가 없었다. 그가 유능하기 때문에 그의 편집증이 더욱 두려운 것이다.

예리한 지성, 딜레탕티슴, 삶과의 거리감, 죽음의 예찬, 밤에 이루어진 대규모의 의식들, 예술에 대한 숭배 등, 독일 낭만주의의 특성들이 유머 감각만 빠진 채 여기 어느 정도 실현되어 있다. 이 잔혹한 역사의 현실은 스케일이 커진 만화나 동화의 요소를 포함하고 있다. 꿈 같은 그의 상승의 이야기와 믿기 어려울 정도로 극단적인 증오와 잔혹성, 그토록 높이 올라갔다가 한 순간에 추락해버리는 결말 등이 역사적 사건에 낭만적인 동화의 인상을 부여하는 것이다. 많은 동화들이 잔인하지 않던가. 이 낭만적인 동화에 주인공이 아니라 엑스트라로 출연하는 사람들의 삶은 비극적이다. 그리고 그런 사람들의 수가 너무 많았다.

수많은 사람들의 삶과 죽음 속에 다시 한 세기가 흘렀다. 그중 많은 사람들이 자연스런 삶과 죽음의 흐름을 따라가지 못하고 한 인간, 혹은 한 시대의 망상에 의해 죽음의 제단에 희생의 제물로 바쳐졌다. 발달된 기술로 전례 없는 대량학살의 기록을 세운 세기가 끝나가고 있다. 몇 날 남아 있지 않은 이 세기말, 천 년말에 우울한 상념에서 얻은 우울한 눈길을 다음 세기로 던져본다. 거기에 낙관해도 좋은 전망이 있을 것인가. 악이 과학기술을 이용했다면 같은 기술이 악에 대항하는 세력에게도 힘이 되어줄 시간이 다가올 것인가.

<h1 style="text-align:center">6</h1>

이 책을 우리말로 옮기면서 겪었던 고민과 배움, 괴로움을 여기 다 적을 수는 없다. 저자인 페스트는 언론인으로서 독일의 학자들이 보이는 것과는 다른 문체상의 어려움과 부분적인 일탈현상을 보였다. 그뿐만은 아니다. 다루고 있는 주제나 내용이 워낙 광범위하고, 유럽에는 잘 알려진 것이지만 우리에게 잘 알려져 있지 않은 개념들을 부분적으로 포함하고 있어서 우리말로 바꾸는 데 상당히 고생하였다.

우리말 쪽에도 수많은 난관이 존재하였다. 우리말에서 개념어는 거의 한자어로 되어 있다. 한자어로 옮기면 문장이 간편해지는 이점이 있으나 전체적으로는 이미 어려운 내용이 더욱 어려워진다. 대개 학술서의 경우 옮긴이가 편한 대로 한자어를 써버리면 독자는 접근할 길이 막힌다. 이 책의 번역에도 상당히 많은 한자어들이 섞여 있다. 한자어를 안 쓰는 것은 한 개인의 힘만으로는 불가능한 일이다. 능력이 미치는 한 한자어를 피하고 읽기 쉬운 우리말을 써보려 노력하였으나 전체적으로 보면 새발의 피라는 생각이 든다.

번역과 우리말 표현 문제에 대해서, 한국외국어대학교 독일어과에 계신 언어학자 황종인 선생님으로부터 많은 지적 자극과 가르침을 받았다. 이 기회를 빌어 선생님께 감사드리고 싶다. 그리고 그가 지금 하고 계신 작업이 얼른 열매를 맺고 책으로 출간되어 나와, 그의 언어학적인 생각들과 독창적인 사상이 널리 읽히는 날이 오기를 비는 마음 간절하다.

이 책의 번역작업 초기부터 깊은 관심을 가지고 지켜봐주신 하이디 강(Heidi Kang) 선생님과, 지금은 경북대학교에 계시면서 아무 때나 전화걸어 질문하면 언제나 친절하게 대답해주신 미하엘 스코브론(Dr. Michael Skowron) 선생님께도 감사드린다.

1998년 3월
안인희

특별한 일이지만 히틀러라는 이름은 조금도 줄어들지 않는 현재성과 결부되어 있다. 그의 생애가 끝난 지 50년이 넘었지만 그는 여전히 우리와 동시대 사람이며, 그가 남긴 그림자는 점점 더 깊어만 간다. 이런 동시성은 그중에 얼마까지가 의식(儀式)이며 단순한 반사에 불과한 것이든 상관없이, 개별적으로 나타나는 공포, 심리적 균형장애, 귀신 쫓기의 형태로만 드러나는 것은 아니다. 그것은 오히려 그러한 형태들을 넘어서 주제와 질문 자체를 터부로 만들어버리는 행동으로 드러난다. 그러면서도 여전히 점점 더 많은 저술과 연구들이 홍수처럼 쏟아져나오고, 그들 중 상당수는 새로운 인식을 덧붙여주는 것이 아니라, 이미 알려진 모습들을 괴물 같은 불확실성으로 바꾸어줄 뿐이다.

히틀러는 20년대와 30년대의 주간 뉴스, 영화, 음반들이 잘 보여주고 있고, 그를 사로잡았던 이데올로기상의 강박관념이 보여주고 있듯이 시대착오에 빠졌던 인물이며, 지평선 너머로 사라져버린 시대에서 솟아나온 현상이었다. 그런데도 불구하고 그는 여전히 역사적으로 취급되지 못하고 있으며, 그와 그의 통치를 역사적 거리를 두고 관찰하려는 학문적인 시도들도 거듭 열정적인 논쟁에 휘말려들곤 했다. 거리를 두고 관찰되기는커녕 그는 역사상 존재한 모든 어두움과 혐오감을 불러일으키는 것을 대표하는 존재로서 신화적 인물이 되는 중이다.

이 인물이 낯설고 수수께끼처럼 될수록 그 존재의 사회심리적인 기능은 더욱더 뚜렷해진다. 분명히 인간은 눈에 보이는 악의 형상을 필요로 한다.

세속화된 세계는 아직도 오래된 적을 어리석은 생각이라고 인정하지 못하고, 인류의 철천지 원수를 막연히 추상적인 개념이 아니라 눈에 보이는 형상으로 바꾸어보려고 할 때마다 히틀러를 눈앞에 떠올리는 것이다.

역사적 사건이나 인물을 서술하기 위해서는 사건이 있은 지 약 한 세대가 흐른 뒤가 적당한 시기라는 견해는 여러 가지 형태로 주장되어 왔다. 이 책이 1973년에 처음 나왔을 때만 해도 히틀러 신화는 아직 없었다. 붕괴를 뒤따르는 마비현상과 언어상실 현상이 서서히 가라앉기 시작하면서 무조건 기피하는 대신 관심이 표면에 나타나기 시작하던 때였다.

되돌아보면 그 시기는 아직 완전히 열려 있던 시기였다. 그때부터 적대감을 품은 방법론적인 학파들이 제한하는 벽을 쌓기 시작하였다. 그러나 그때만 해도 이 주제로 글을 쓰려는 사람은 뒷날과는 여러 모로 다르게 인식의 폭, 거리, 감정이입, 판단력 등 언제나 타당한 역사적 덕목들만으로 자신을 정당화할 수 있었다. 반면에 그에게 요구된 도덕성이란 이해하려는 의지만 있으면 되었다.

역사학은 두텁게 뒤엉킨 자료들의 정글 속으로 최초의 길을 트기 시작하였다. 정리하고 분류하던 시기였으며 최초로 묘사를 시도하던 시기이기도 했다. 그중 일부는, 예컨대 칼 디트리히 브라허(K. D. Bracher)의 바이마르 공화국의 해체에 대한 연구처럼, 이 시기에 대한 시대사적 연구의 단단한 발판이 되었다. 그러나 대부분 이러한 연구작업들은 접근을 어렵게 하는 성향 탓으로 특별한 반향 없이 머물고 말았다.

한 권의 책에 대한 공명은 언제나 설명할 수 없는 측면을 지니게 마련이지만, 우리의 이 전기가 그토록 광범위한 성공을 거둔 주요 이유는 아마도 바로 이 시기에 나왔다는 사실에 있을 것이다. 히틀러 시대를 체험한 사람들이 비록 입장은 바뀌었지만 자신들의 생활환경을 새삼 인식할 수 있는 서술을 기대하였다는 것이 그 성공에 한몫 했을 것이다.

그리고 뒤따라온 세대들이 가지는 당연한 관심, 즉 어떠한 역사적 혼란이 사람들의 소망, 오류, 계산착오 등과 섞여서 하나의 사건에 이르게 되었는가를 알고자 하는 관심도 역시 이 책의 성공에 한몫 하였을 것이다. 이 역사적 사건의 납득되지 않는 측면들이 아직은 사라지지 않고 고스란히 남아 있던 시기였기 때문이다. 당시 일부의 목소리들이 시기하는 마음으로 분명히 상상력의 도움을 받아서 입증하려고 애썼지만 이 책의 성공은 긴 안목으로 준비된 '히틀러 붐'과는 무관한 것이었다.

이러한 주장을 펼치는 사람들은, 코미디언들의 《나의 투쟁》 읽기, 히틀러가 그렸던 이런 저런 수채화의 경매가격, 베를린 벙커에서 보낸 최후의 며칠에 대한 알렉 기네스의 영화, 그밖에도 무엇이 되었든 우연적인 여러 가지 현상들과 연결지어서 이 책을 온갖 한계를 넘어서 작동하는 음모의 산물로 만들었다. 당시 엄청난 주목을 끌었던, 온갖 뒤틀린 표지들을 지닌 이 기묘한 공상 자체가 스스로 항거하고자 하였던 저 히스테리의 표현양상이었다. 그리고 이른바 '히틀러 붐'이라는 것이 곧장 망각되고 말았다면 그 위에 떠돌던 침덩이는 더욱더 심하게 망각되었다.

그 시기에 처음으로 강하게 드러나게 된, 근거자료를 갖춘 답변에 대한 요청은 이 주제를 다룰 경우 언제나 핵심을 이루는 질문들을 향한 것이었다. 즉 히틀러는 어떻게 해서 권력을 장악하게 되었는가, 다수의 대중을 추종세력으로 확보한 다음, 과시적으로 자행한 온갖 부당함, 전쟁과 전체적인 범죄에도 불구하고 어떻게 그 추종세력을 계속 붙잡아둘 수 있었는가 하는 질문이다.

50년대에 이르기까지 특히 여러 가지 회고록의 형태로 확신을 담은 선언문들이 서적시장에서 주종을 이루었다. 그중에는 히틀러 정당의 당원이나 정권에 동참했던 사람들이 자신들의 찬성이나 부득이한 침묵을 정당화하기 위해서 쓴 책들도 있었다. 또 정권의 반대자였던 사람들이 자신들의 실패와 무기력에 대한 이유로 제시한 것들도 있었다. 히틀러를 악마로 묘사하거나 초시간적인 맥락으로 옮겨놓는 결말에 이르는 수많은 해석들도 거의 비슷한 동기를 가진 것들이었다. 예를 들면 히틀러를 모더니즘의 위기에 나타난 최후의 인물로 보는 시각이나, '파우스트적인' 원칙의 파국, 혹은 헤겔에서 니체에 이르는 독일 철학의 파국으로 보는 시각 등이 그렇다.

신학적인 색채를 띤 여러 가지 해석들에 이르기까지 대부분 종합적인 판정들은 더욱 광범위한 다른 성향들을 다 제치고 히틀러를 일종의 묵시록적인, '심연에서 올라온 괴물'로 정형화하였다. 이러한 것들은 완전한 기억상실증의 경우보다도 오히려 더욱 심하게 심리적인 억압의 욕구를 드러내보였다. 이런 욕구는 뒷날 매우 자주 거론되곤 하였다. 마르크스주의 시각에서 나온 대부분의 묘사들도 같은 범주에 포함된다. 이들은 마르크스주의의 실패를 미화할 필요가 있었다. 그러한 시각은 그중 한 곳에서 지적한 것처럼 히틀러를, 반동과 대자본가 그룹이 '배후에서 작용하여, 애써서 올려세우고 비싸게 지불한 나치 도당의 후보자'라고 여겼다.

50년대 초 이후로 이 모든 혼란스러운 묘사들 중에서 하나의 특기할 만한 예외가 있었다. 위대한 앵글로 색슨 역사서술의 전통에 서 있는 앨런 벌록(Alan Bullock)의 유명한 히틀러 전기였다. 빛나는 이성을 가지고, 도이치 사람들이 이 주제에 접근해갈 경우 부분적으로 피할 길 없는 선입견도 없이, 이 전기는 인물과 그의 정책을 탁월한 거리감을 가지고 강인한 판단력으로 냉정하게 서술해서 당연한 일이지만 오랜 기간 동안 히틀러 생애에 대한 결정적인 서술로 인정받아왔다.

그러나 이 책을 둘러싼 전설적인 명성에도 불구하고 시간이 흐르면서 이 책에 드러난 최종적인 해석들 중 적어도 두 가지 점에 대한 의혹이 점차 커졌다. 당시 온 세상이 그랬지만 앨런 벌록은 히틀러를 시대의 위대한 적대자로 보았다. 또한 그 시대는 히틀러에게 수많은 양보를 했음에도 불구하고 적어도 독일 바깥에서는 그가 시대의 적대자라는 사실을 놓친 적이 없었다고 했다.

이러한 견해를 위해서 수많은 근거들이 제시되었다. 실제로 1차 세계전쟁이 끝나고 난 다음 온갖 후유증에도 불구하고 시대는 민주주의, 점점 커지는 (민족의) 자기결정권, 국가들 사이에 전래되어 내려오던 적대감의 극복, 심지어는 가냘픈 전조에 불과한 것이었지만 민족들간 화해의 징후까지도 보이고 있었다. 이 모든 개별적인 경향들을 놓고 보면 히틀러는 환상적으로 시대에 뒤떨어진, 거의 부조리한 현상으로 보인다.

그러나 1933년 이후로 점점 더 길다란 줄을 이루어서 베를린으로, 혹은 윗소금산(히틀러의 집)으로 그를 만나러 온 행렬은 대체 어떻게 설명할 것인가? 그들 중 상당수는 저항감을 가지고, 혹은 비꼬는 심정을 가지고 왔다가 큰 감명을 받곤 했다. 사이먼과 이든, 로이드 조지, 프랑수아 퐁세, 토인비 같은 이 모든 사람들의 행렬을 어떻게 설명할 것인가? 그리고 런던에 있는 영화관의 관객들이, 독일이 국제연맹에서 탈퇴한 다음에 히틀러가 스크린에 비치자 환호성을 터뜨렸던 일에 대해서는 또 어떻게 설명할 것인가?

그리고 알프스 저편의 벼락출세자(히틀러)를 미소로 맞아들였다가 순식간에 자신을 잊어버린 무솔리니는 젖혀두고라도, 전통적으로 오만한 피렌체의 상류사회가 경멸하는 심정으로 기다렸던 손님을 맞이한 지 몇 시간 만에, 치아노 백작이 설명한 대로 '자기들의 정신과 마음'을 열어보인 것은 또 어떤 심사가 작용한 탓인가? 히틀러의 법칙위반이 알려진 지 오래이건만 유럽의 열강들은 바이마르 공화국의 정치가들에게는 한 번도 인정해준 적이 없는 협정과 조약들을 맺기 위해, 마치 콩요리 접시로 숟가락을 디밀듯 열을 올렸던 것은 또 어떻게 설명할 것인가?

히틀러가 전후의 질서를 통째로 내동댕이칠 때까지 유럽의 정치가들이 그에게 그토록 열광적으로 문을 열어준 것은 공포, 생각 없음, 혹은 평화에 대한 사랑 때문만은 아니었다. 어쨌든 히틀러의 적대자들, 특히 외국으로 망명한 사람들은 독일의 독재자가 적어도 한동안이나마 시대의 '어리광둥이'로 등장할 수 있다는 사실에 대해서 거듭 고통과 무력감을 느끼지 않을 수 없었다.

질문에 질문이 이어진다. 이 모든 질문들은 필자가 50년대 초 히틀러 정권에 대해서 굽히지 않았던 적대자의 한 사람에게서 들었던 말로 집약된다. 그는 히틀러의 통치 기간 내내 1933년에 어떤 가차없는 적대자가 아니라 더욱 강력한 역사적 원칙, 따라서 어느 정도 역사 자체에 의해서 이런 일이 이루어지지 않았나 하는 한 가지 생각이 자기를 떠나지 않았다고 했다.

이런 저런 불쾌감들이 관찰자로 하여금, 히틀러가 지각생이긴 하지만 그래도 여러 가지로 이어맞춘 한 시대의 강력한 흐름들의 대표자가 아닐까 하는 생각을 심리적으로 억누르게 만들었다. 어쨌든 히틀러는 자기 뒤쪽에서 불어오는, 동경(憧憬)이라는 강력한 바람을 자기편으로 삼을 수 있었다. 그 바람은 독일을 넘어 시대를 통해 불어가면서 정치적 이성, 현실감각, 계산 가능성 등 오래 전부터 타당한 원칙들을 쓰러뜨렸다.

그러한 흐름에는 유토피아와 출발을 향한 욕구, 카리스마적인 의지의 인간을 향한 욕구 등이 포함된다. 카리스마적 의지의 인간들은 엄격한 복종을 요구하는 대신 집단적 안전의 느낌을 보상으로 주었다. 많은 사람들은 새로 도입되는 소속감이 얼마나 조작된 것이고 음흉한 것인지 짐작하였다. 그러나 전체적으로 보아 방향감각을 잃은 대중은 이러한 소속감을 보고, 오직 수많은 곤궁만을 뜻하는 자유의 약속보다 자신들을 더욱 진지하게 취급한 것이라고 여겼다.

정치적 권리의 상실에 대해서는 해마다 지방마다 연출되는, 엄청난 의례로 준비된 공동체 의식에 동참하는 것으로 넉넉한 보상을 받는다고 생각하였다. 이러한 공동체 의식은 몇 년에 한 번씩 투표함으로 가는 것보다 훨씬 더 깊은 정치적 동참의 감정을 마련해주었던 것이다. 히틀러 시대의 독일은 불쾌감과 때로 감추지 못한 공포들을 널리 퍼뜨렸지만 언제나 동시에 부러움과 경탄도 함께 불러일으켰다. 그리고 많은 사람들은 정부가 대중의 표지 속에 분명하게 들어 있고, 대중의 너그럽고도 미신에서 벗어나지 못한 본능과, 강한 믿음을 향한 갈구 속에 들어 있는 미래의 공식을 찾아낸 것으로 여겼다.

그 모든 것에는 증오스런 시민세계에 대한 과격한 저항감과 시민세계의 틈새들이 함께 작용하였다. 그것은 시민세계의 천박하고 물질주의적인 상황을 극복하고 헌신과 초개인적인 희생의 행동을 통해 지금은 잃어버린 원천적인 형제애라는 행복을 되찾을 수 있을 것이라는 기대와 결합되었다. 많은 시대 관찰자들과 바이마르 공화국 말기에 정치적 운동에 합류한 사람들은 횃불과 깃발을 든 대규모 행진들의 암담한 장관을 죽음의 미사라고 여겼다. 그것은 돌이킬 수 없이 죽어버린 시대를 애도하면서 새로운 시대를 불러내는 노래였다.

정치적으로 반시민적인 정서가 좌익과 우익 모두에 나타났다. 그리고 유사성과 대립을 똑같이 포함한 양 진영이, 거울에서처럼 좌우가 뒤바뀌어서 서로 한편이 되기도 하고 갈라지기도 하였다. 본능적인 선동가인 히틀러는 과격 마르크스주의자들이 모든 길거리와 광장에서 주장하고 있는, 변화를 향한 시대의 열망을 광범위한 욕구라고 파악하였다. 그는 그러한 변화욕구의 타격방향을 바꾸어서 적의 강점을 자신의 강점으로 만들었다. 그것이 바로 그가 이제부터 끊임없이 주장하는 볼세비즘의 위협, 혹은 자신의 광적인 생각을 종족적인 개념으로 확장하여 표현한 방식대로 유대·공산주의의 위협이었다. 그런 위협이 대중을 그에게 몰려들게 만들었다. 그리고 그는 이런 위협을 정치적인 압도에 대한 공포만이 아니라, 모든 가치, 문화적인 척도들, 친근한 생활방식에 대한 위협으로 여겨지도록 만들었다.

히틀러가 과연 당시 유럽 전역에 걸친 근원적인 공포에 대한 반작용이었는가, 그렇다면 어느 정도까지 그렇단 말인가 하는, 그 사이에 생겨나서 점점 더 지속적으로 문제가 되고 있는 논의는 이 책을 위한 최초의 윤곽들이 이루어지던 시기만 해도 아직 전개되지 않았다. 그러나 새롭고 낯설게 다가오는 시대에 직면해서, 놀라서 커진 눈길로 바라보면 모든 위기감이 소비에트 러시아 쪽으로 모아졌다는 사실, 특히 시민 대중과 소시민 대중은 그러한 위기감으로 히스테리 상태에 이르기도 했다는 사실이 당시의 수많은 자료들에서 드러났다. 나아가 히틀러가 이러한 공포의 느낌들을 자기 것으로 삼았고, 대단한 연설 능력과 연극적인 능력으로 그것을 공격으로 바꾸었다는 사실 또한 의심의 여지가 없다.

이러한 공포의 느낌들은 마법의 공식처럼 그 자신의 개성의 방정식과 일치하였다. 그를 일생 동안 사로잡았던 두려움들, 그의 권력의지, 위대한 역할을 향한 갈망 등과 일치하였으며, 그것들은 하나의 강력한 동기를 통해서 그의 차가움과 조잡한 특성에 바쳐졌다. 어쨌든 자기가 구원자라고 자랑하였던 히틀러의 약속들은 주로 공산주의 혁명 위협에 맞선 방어력 차원에서 효력을 얻었으며, 처음에는 내부에서 나중에는 외부세계를 향해서 강력하게 작용하였다.

히틀러와 급성장한 당 운동이 극히 다양한 욕구들에 대하여 답변을 해주는 것처럼 보였다는 사실에 이미 성공이 보장되어 있었다. 히틀러와 그의 당은 다가오는 위기를 앞에 두고 반시민적인 사상, 반공사상, 보수적인 사상, 사회혁명적인 사상, 도이치 사람들의 손상받은 민족감정, 전세계적인 욕구들, 온갖 방향을 향한 근심 등을 거의 제멋대로 그러면서도 신념을 갈구하는 모든 사람들에게 수긍이 가는 방식으로 결합시켰다.

뒷날과는 여러 모로 다르게 당시 사람들은 히틀러와 다양한 그의 추종세력을 단순히 '우파' '보수파', 혹은 '반동적' 현상으로만 보지는 않았다. 분명하게 시대에 뒤떨어진 사람이고, 옛것을 복구하는 일에만 몰두하는 사람이었다면 히틀러는 당시 사람들에게서 찰리 채플린이 그에게 할당하려고 애쓴 저 비웃음만을 얻었을 것이다. 후겐베르크나 파펜이 자기들의 방식대로 체험하고 정치적으로 대가를 지불하였고, 근래에는 브레즈네프에서 호네커에 이르는 공산주의 권력자들이 맛본 바이지만, 대중은 미라를 따르지 않기 때문이다.

오히려 다수의 사람들은 히틀러의 출발을 오랫동안 기다려온 내적인 통합운동을 향한 신호로 받아들였다. 그것은 전래되어 내려오는 것을 붙잡아서 미래의 비전으로 바꾸어주겠다고 약속하는 운동이었다. 오랜 방황의 마지막 파국에 들어선 것으로 보이던 시대, 오직 전반적인 방향전환을 통해서만 몰락에서 빠져나올 것처럼 보이던 시대에 거대한 반대세력으로 등장하는 일만이 그를 쓸모있는 존재로 만들어주었다. 1918년의 패배, 혁명, 베르사유의 굴욕, 인플레이션, 중산층의 계급추락, 세계경제의 위기 등과 같은 역사적으로 파악이 가능한 모든 특성들을 훨씬 넘어서서, 필연적인 시대 변화가 다가온다는 느낌들이 국가사회주의 운동에 대중의 추종을 확보해주었다. 절반은 종교적인, 강림제 같은 분위기가 국가사회주의를 둘러쌌고 히틀러의 주변에 일종의 메시아적인 기대감을 확대시켰다.

여기서는 다만 암시 정도로 제시된 이런 생각들만으로, 이 사람과 이 시대, 그리고 인물과 시대 상호간의 영향이 벌록의 책이 제시하는 탐구 수준 보다는 복잡했다는 사실을 명백하게 보여주었다. 벌록이 정치역사적 전기 에서 중심이 되는 질문, 곧 묘사하는 인물의 생애에서 지배적인 충동이 무 엇이었던가 하는 질문에 대해서 히틀러의 권력욕이라는 답변을 제시했다는 사실도 무게를 가지는 부분이다. 온갖 치장이나 장식을 멀리하고 히틀러의 강력한 언어구사력의 바탕으로 들어가보면, 스스로만을 탐하는 권력욕 자 체가 드러난다고 벌록은 서술하였다. 수많은 역사가들은 히틀러가 스스로 마련한 파국을 보면서 히틀러 '비개성'의 메마름과 인간적인 관계의 빈곤 에 당혹감을 느꼈다. 벌록은 히틀러 성격의 이러한 메마름과 빈곤을, 인간 적인 실체의 모든 흔적을 지워버릴 정도로 모든 것을 뒤덮은 권력욕의 결 과라고 해석하였다.

이런 생각은 단치히 시장을 지냈고 히틀러의 초기 당 동지였다가 떨어져 나간 헤르만 라우슈닝(Hermann Rauschning)이 써서 30년대 후반에 갑자 기 유명해진 《허무주의의 혁명》이란 책에서 전개한 주장에 근거한 것이었 다. 그에 따르면 히틀러와 그의 가까운 추종세력은 무조건적인 혁명가들로 서, 어떤 이데올로기도 추구하지 않고, 개인적 권력의 장악과 확보와 확장 이라는 한 가지 목적만을 추구한다는 것이다. 수많은 요소들이 이러한 견 해를 뒷받침하고 있지만, 이 견해만으로는 또한 수많은 요소들이 설명되지 않는다. 예를 들면 광분한 증오의 감정으로 채워진 히틀러의 반유대주의 같은 것이다. 이 반유대주의의 기원과, 절대로 가라앉지 않는, 심지어는 개 인적인 목적들을 해치면서까지 그것을 추구한 고집스러움은 히틀러 본질의 가장 해명하기 힘든 문제점이 되고 있는데, 라우슈닝은 이것을 단순히 '정 신이상'으로만 여겼다.

벌록의 전기가 출간되고 10년도 채 지나지 않아서 영국의 역사가 휴 트 레버 로퍼(Hugh R. Trevor-Roper)가 이러한 주장을 최초로, 그리고 결정 적으로 반박하였다. '히틀러의 전쟁 목적들'이라는 뮌헨의 강연에서 그는 이 독재자를 가리켜 처음으로 일체의 전략적 행동을 통해서 분명하게 자신 의 생각들을 좇은 이데올로기에 사로잡힌 정치가라고 주장하였다. 트레버 로퍼가 확정적으로 제시한 바에 따르면 괴물 같은 권력욕이 아무리 히틀러의 성격적 특성에 포함되는 것이라고 해도, 이 사람의 편집증과 열광, 그의 정신병은 단순히 권력욕에서만 나온 것은 아니라고 했다. 그것은 오히려 분명한 표어들과 원한들로 이루어진, 완고하기가 통뼈 같은 세계관에 근거한 것이었다. 그러한 세계관은 생존공간의 정복과, 강박관념이 되어버린 유대인에 대한 증오라는 일관성을 가졌다는 것이다. 그것이 얼마나 기만적인 엉터리 역사관이든 오직 확고하게 폐쇄된 역사관만이 히틀러가 문자 그대로 최후의 순간까지 발산하였던 막강한 파괴 에너지를 전개할 수 있는 것이다.

그렇지만 그것만으로 모든 것이 설명되지는 않는다. 쉽게 극단적인 한계에 도달하고, 상대적으로 하찮은 계기에도 마지막 카드를 탁자에 내동댕이칠 수 있는 배짱을 여기 덧붙여야 할 것이다. 이렇게 단호한 배짱으로 놀이판에 끼여든 사람은 모든 게임 규칙을 무력하게 만들어버린다.

히틀러가 1939년 초까지 성취하였고, 수없이 경탄을 불러일으켰던, 통제되지 않는다는 신화에 근거한 그의 성공들은 유럽 열강이 눈이 멀고 허약했던 탓만은 절대로 아니었다. 그리고 그의 기만적인 술책 때문만도 아니었다. 그의 상대방들 중 누구도, 모든 정책은 합리적인 핵심을 가지고 있으며 계산 가능한 이익을 추구한다는 사실을 조금도 의심하지 않았다. 조금의 의심도 없는 이런 확실성이야말로, 그들이 언제나 강제로 수긍하곤 하였던 그 모든 인정(認定)들의 진정한 동기였다. 오류와 양보를 거듭하고 난 끝에, 1938년 뮌헨 협약에서도 아니고, 1939년 초 프라하 공격을 겪은 다음에야 비로소 히틀러가 이 모든 정책의 기본원칙을 깨뜨렸다는 짐작이 그들에게 나타났던 것이다.

그가 어떤 대가를 치르더라도, 파국을 맞이하는 한이 있더라도 반드시 전쟁을 하려 한다는 사실을 도이치 사람들도 몰랐던 것처럼 그들도 이해하지 못했다. 그의 성격이 찾아낸 모든 세계해석들 중에서, 하필이면 전쟁을 불가피한 생애의 행동동기로 여겼던 해석이 가장 결실 풍부한 것이었다는 사실이 입증된다. 언제라도 이 최후의 투입을 할 준비가 되어 있었기에 그는 한동안 성공을 거듭할 수가 있었다. 그것이야말로 그가 환호성을 올린 비밀이었다. 그러나 그것은 자살자가 추구하는 것과 같은 성공이었다. 그때까지는 역사상 알려지지 않았던 자살자 유형이라는 것이 히틀러를 통해서 정치무대에 등장한 것이다.

혈통과 초기의 인상, 시대의 분위기에 깊이 뿌리박은 죽음의 에너지를 빼고는 히틀러의 본질과 태도를 거의 설명할 길이 없다. 이러한 성향에 공정하기 위해서는 19세기 후반의 문화염세주의적인 경향들을 보아야 하며, 그 시대가 경악하기도 하고 매혹당하기도 하였던 공포증과 정복의 예언들을 알아야 한다. 바로 이러한 기반에서, 음악가이며 정치 문필가였던 리하르트 바그너를 지적할 수 있다. 그의 인품은 히틀러에게 비할 바 없는 교양 체험이었다. 히틀러는 바그너에게서 '아름다움의 국가(Schönheitsstaat)'에서 예술과 정치를 미학적인 제의(祭儀)로 바꾸어서 상징적으로 화해시킨다는 이념만 얻었던 것이 아니다. 나아가 그는 이 작곡가의 작품에 잔뜩 등장하는 구원자, 백마의 기사, 구세주 등의 인물유형을 보고, 처음에는 불확실하게, 그러나 점차 커지는 확실성을 가지고 자신의 구원자 역할을 구성해 냈다. 이 모든 것은 신들의 황혼에 열광하는, 게르만적인 몰락의 분위기와 파국에 대한 도취로 가득 찬 세계관의 전망을 배경으로 한 것이었다.

지난 몇 년 동안 입증 가능한 해결의 실마리들을 훨씬 넘어서 히틀러의 가장 내면적인 충동들을 탐구하려는 다양하고도 상호 모순되는 시도들이 상당수 있었다. 이러한 시도들은 유명한 처칠의 말에 따르면 '문제를 토대로 한 수수께끼'였다. 히틀러와 같은 현상은 피할 수 없이, 사고의 대담성과 풍부한 상상력, 그리고 어느 정도는 멋대로 접근해서 자신을 두드러지게 만들고 싶어하는, 수많은 야심만만한 정신을 끌어들이게 마련이다.

예를 들면 에리히 프롬(Erich Fromm)은 히틀러의 죽음의 의지를 해석의 중심으로 삼고 근친상간의 색채를 띤 어머니 상(像)에서 그 기원을 찾아냈다. 전이(轉移)의 도식에 따라서 그는 이러한 특성을 독일이라는 나라로 확대하였다. 독일에 나타난 '시체를 향한 변태' 성향은, 오랫동안 억압되어 그럴수록 더욱 강력하게 분출되는, 어머니 상을 깨뜨리려는 소원을 통해

마침내 성취되었다는 것이다. 그리하여 다름아닌 독일 자체가 히틀러의 미움의 대상이었다는 견해가 마지막에 도출되었다.

그와는 반대로 알리스 밀러(Alice Miller)는 히틀러의 극단적인 성향을 가정 내 폭군이었던 아버지의 기율잡기에 대한 보복심리라고 보았다. 80년대에도 시몬 비젠탈(Simon Wiesenthal)은 문학적인 영감을 얻어서 니체와 후고 볼프에서, 그리고 토마스 만의 《파우스투스 박사》에서 도출해낸 견해를 전개하였다. 즉 히틀러의 반유대주의와 이 사상에서 나온 모든 것은 세기가 바뀌기 직전 빈에서 어떤 유대인 창녀에 의한 성병감염 탓이었다는 것이다.

그밖에 수많은 견해들을 여기서 일일이 거론할 필요는 없을 것이다. 전체적으로 보아서 이런 시도들은 입증자료가 없다는 병을 앓고 있다. 그들은 제각각 자신이 이미 오래 전부터 주장해 온 이론을, 특이하고 치명적인 악의 광채로 둘러싸인 사례를 놓고 한 번 더 입증하겠다는 집필자의 의도에서 쓰여진 것들이다. 이 모든 글들은 히틀러와 같은 현상을 놓고 공정할 수가 없는 이성의 무능력을 입증하고 있을 뿐이다.

최근에 다큐멘터리 영화 〈쇼아(Shoah)〉의 감독인 클로드 란츠만(Claude Lanzmann)은 히틀러를 역사적으로 서술하는 것은, 파악할 수 없는 것을 파악할 수 있도록 만들려는 것이기 때문에 금지된 일이라고 말했지만 이것도 답이 될 수가 없다. 그러한 주장은 히틀러를 일종의 반대신화로 삼아서 교육적으로 이용하고, 그를 파편과 온갖 오물더미로 둘러싸인 어두운 기념비로 삼아서 세상을 겁줄 필요가 있다는 널리 퍼진 생각에 기초한 것이다. 분석적인 서술이 정서를 약화시킬지 모른다는 근심도 여기 작용하고 있는 것 같다. 그러나 생각과 인식이란 여전히 전망이 풍부한 반대수단이다. 란츠만이나 그 이전에 장 아메리(Jean Améry)가 한 것 같은 비난들은 근본적으로 악마론적인 심리억압의 또 다른 형태를 지향하는 것이다. 그들은 역사에서 히틀러를 쫓아내서, 히틀러와 그의 범죄에 대한 전통적인 이미지를 혼란시키지 않으려고 하는 것이다.

오히려 반대의 생각이 더 정확하다. 즉 히틀러는 예외가 아니라 규칙이라는 것, 종교와 사회와 도덕이 살인적인 본성을 제어하기 위해서 마련한 구명투성이 규범을 넘어서 있는 원초적인 상태의 인간, 실질적인 본질상의 인간인 것이다. 오히려 문명화에 성공한 경우들이 예외로 인정되어야 할 것이다. 란츠만의 비난에서 타당한 것은, 모든 전기집필은 성공이든 실패든 간에 사실에 대한 접근 이상을 기대할 수 없다는 사실을 인식해야 한다는 말이다. 히틀러는 그의 가장 깊은 비밀, 특히 유대인 증오의 원인에 있어서는 세계의 인식한계를 벗어나 있다.

그러나 모든 역사에서 언제나 그렇듯이 그래도 인식할 것은 충분히 많다. 역사적 과정의 훨씬 과거로 되돌아가는 근원들, 상황전개의 메커니즘, 속박, 부패 가능성, 실패, 그리고 결정의 순간을 맞이한 인류의 자유 등에 대한 것들이다. 이 책이 출간되었을 때 나온 비판들 중에는 전기로서의 방법론에서 이 책이 시대에 뒤져 있으며, 히틀러를 움직이고 한 발짝씩 앞으로 이끌어간 사회적인 힘들과 구조들을 충분히 검토하지 않았다는 비난도 있었다. 이러한 제안의 타당성에 대해서는 독자가 스스로 판단할 일이다. 그러나 역사발전에 있어서 개인의 역할이 점차 약화되고 있어서, 19세기에 다양하게 드러났던 정도로 한 개인이 역사를 '만들' 수 없다는 생각이 이 책에서도 표명되었다. 다만 이 한 사람만은 이상스러울 정도로 지각을 하였지만 자기 시대에 어울리는 정도 이상으로 한 번 더 역사를 만든 인물이었다.

개인들의 작용력이 완전히 끝나지 않았고, 모든 것을 상황이나 심지어는 구조 탓으로만 돌릴 수 없다는 것을 부정할 수 없다. 80년대와 90년대 초에도 그 사실이 입증되었다. 구조적으로 견고하게 보였고, 지배층의 권력 위에 조직되어 있던 소비에트 제국이 아무도 짐작하지 못하는 사이에 거의 소리도 없이 붕괴된 일은 다른 여러 가지 사실 이외에도, 구조분석적인 관찰방식이 역사적 맥락을 인식하는 왕도가 아니라는 사실을 분명히 보여주었다.

구조적인 관점은 역사가 모순성, 혼란, 짐작되지 않는 것, 그리고 여러 가지로 중개 가능한 견해로서 포함하고 있는 거의 모든 것을 붕괴시켰다.

사회적인 구조들이 사회를 지배하는 다른 모든 조건들보다 정말 그토록 중요한 것이라면 각각의 사건은 답답한 결정론에 종속되고 말 것이다. 그렇게 된다면 히틀러를 히틀러로 만든 생애의 상황들, 그의 콤플렉스, 공포, 선입견, 그가 만들어낸 파괴 에너지 등은 별로 중요하지 않게 될 것이다. 그리고 각 개인이 잘 생각해보아야 할 사태진전에 대한 책임을 거의 사라지게 만들거나 아니면 그저 운명에 종속된 무력감 정도로 만들어버릴 것이다.

그러나 이 시기의 역사에서 히틀러라는 개인을 떼어버리거나, 흔히 말하는 것처럼 그의 의미를 '허약한 독재자'로 축소시킬 수도 없고, 그보다 앞서 있는 조용한, 혹은 공개적인 선구자 집단을 옛날의 권력엘리트에서 빼버릴 수도 없으며, 방향감각을 상실한 대중이 지도력과 강력한 질서를 갈구하였다는 사실을 무시할 수도 없다. 이 모든 것은 각각의 무게를 지닌다. 그리고 서술자가 각 요소들 사이에서 균형을 찾아내는 것이 결정적으로 중요한 일이다. 영국의 역사가 이언 커쇼(Ian Kershaw)는 얼마 전에 히틀러의 상승, 권력획득, 지배체제 등을 특히 사회적인 힘들이라는 관점에서 서술한 전기를 발간하겠노라고 예고하였다. 독재자 히틀러는 상당한 정도로 이런 사회적 힘들의 소산이었다는 것이다.

그러나 히틀러는 언제나 그 이상이었다. 그는 상황과는 상당한 차이가 있었다. 그런데도 그가 어떻게 해서 시대의 상황을 자신의 의지와 망상을 위해 이용하였던가 하는 것이 문제인 것이다. 부분적으로는 그가 '허무의 형상'이라고 입증하였던 시대의 조건들과 상황을 통제하는 놀라운 힘이 상당부분 저 역사적 단절과 극단적인 회의를 만들어냈던 것 같다. 이런 단절과 회의는 모든 사람의 느낌 속에 스며들었다. 사람들은 그와 그의 지배를 가리켜 '문화 충격'이라 부르기도 했다. 사실상 이 개념만으로는 너무 부족하다. 그는 무시무시한 파괴의 기구를 만들어서 사람들, 도시들, 나라들, 그리고 가치, 전통, 생활양식 등을 없앴다. 그러나 그는 더욱 풍부한 유산을 남겼으니 인간이 인간에 대해서 어떤 일을 할 수 있는가에 대한 두려움이었다. 각 개인은 그 이후로 우리 모두가 서 있는 토대가 얼마나 허약한 것인가 하는 느낌을 지니게 되었다.

이러한 체험은 역사를 가득 채운 온갖 비행에도 불구하고 여전히 지녀온 인간에 대한 드높은 이미지에 깊은 균열을 남겼다. 야만적인 본능을 통제하는 데 도움이 되었던 수백 년 된 문명 낙관론, 모든 중단과 퇴보에도 불구하고 결국은 도덕적으로 더 높은 존재를 향해 나아가는 세계에 대한 진보적인 기본신념이 히틀러를 통해서 종말에 이르고 말았다. 전체적으로 보아서 그는 계몽주의 이후로 계속되어 온, 인간에 대한 이미지의 바탕에 놓여 있는 멋진 착각을 밝혀준 것이다.

그러나 그의 유산 중에서 아마도 가장 중요한 이 사실은 제대로 인식되지도 인정되지도 않았다. 교육기관부터 정치에 이르기까지 온 세상은 여전히 인간의 자연적인 천성을 믿고 있으며, 타고났을 뿐 아니라 인식을 통해 촉진되는, 도덕적 원칙에 대한 감각이라는 것을 믿고 있다. 따라서 현대는 수백 년 동안의 사상이, 인간의 천성이 멋대로 발현되는 것을 막기 위해 발전시켜 온 안전장치라는 것이 얼마나 무너지기 쉽고, 모두의 단합된 노력을 필요로 하는 것인가를 아직도 의식하지 못하고 있다. 유럽의 주도권 상실부터, 식민지 시대의 종말과, 이스라엘 국가 건설에 이르기까지 히틀러가 뚜렷한 흔적을 남기고 있는 세계사의 목록 이상으로 그는 세계상을 변화시켰다. 인식이 이 사실을 거부하려 들어도 여전히 그렇다.

히틀러의 역설적인 현대성은, 여러 가지 표지들과, 히틀러 시대를 거부하는 상징들을 가지고 도전적으로 치장을 하고 있지만 여전히 몰락한 시대의 잔재에 불과한 청소년 단체의 활동을 훨씬 넘어서 있다. 그리고 널리 퍼진 견해처럼 그는 한 시대를 종결지었던 것만은 아니다. 인간과 세계에 관계된 일반적인 비관론을 불러일으킨 인물로서 그는 부정하거나 달래서 없애버릴 수 없다는 의미에서 우리와 동시대 사람이다. 그는 우리 시대의 입구에 서 있다. 그의 상승과 그 상승을 떠받친 이유들에 대한 지식이 없이 오늘날의 세계는 이해가 되지 않는다.

상대적으로 협소한 모든 역사적 질문들을 넘어서서 자신을 이해하려는 의도와, 현대에 대한 몇 가지 통찰력을 얻으려는 욕망에서 여러 해 전에 필자는 이 책을 집필할 결심을 하였다. 광범위한 시각에서 우리 시대의 시작을 서술하려는 시도였다. 그의 권력이 어떻게 지속되었든, 그리고 실패하면서 원래의 의도를 어떻게 실현시켰든간에, 어떠한 개인적인 조건들과 사회적인 조건들이 이토록 끈질기게 시대를 규정한 인물의 상승에 대한 원인이었던가 하는 것을 서술하려는 시도였다.

1995년 12월
크론베르크에서
요아힘 페스트

히틀러 평전 II / 차   례

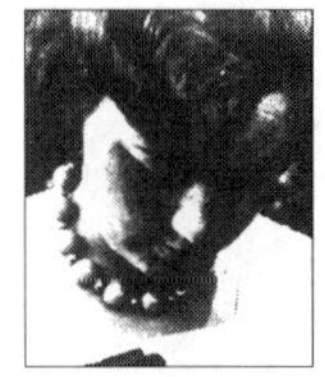

· **겔리 라우발** : 히틀러의 이복누나의 딸. 열여섯 살에 히틀러의 애인이 되었지만 갈등 끝에 스무 살 어린 나이로 자살하였다.

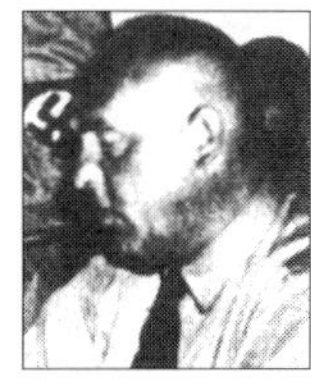

· **그레고어 슈트라서** : 초기 국가사회당의 2인자. 당내 좌파 이념의 대표자. 국가사회당이 본격적인 부상을 하기 전에 히틀러와의 견해 차이를 못 이겨 스스로 당을 떠났다가 긴 칼의 밤에 암살됨.

· **디트리히 에카르트** : 뮌헨의 지역정치가 시절에 히틀러를 도왔던 인물. 아직 촌스럽던 히틀러에게 상류층과 접촉할 길을 열어주고 기본적인 예의를 가르쳐주었다. 히틀러를 도이치 민족이 고대하던 위대한 지도자로 여겨 지도자 신화를 만들어냈다. 당이 부상하기 전 일찍 죽어서 뒷날까지 히틀러의 추앙을 받았다.

· **롬멜 장군** : 도이치군 장군. '사막의 여우'라는 별명으로 연합군측에서도 존경을 받았다. 슈타우펜베르크 사건 이후 히틀러의 강요를 받아 자살하였다.

· **루덴도르프** : 1차대전 도이치군 총사령관. 바이마르 공화국 시절 반정부 성향의 우익 민족주의 그룹의 대표자 중 한 사람. 히틀러와 함께 1923년 11월 뮌헨에서 이른바 '비어홀 쿠데타'를 일으켰으나 뒷날에는 히틀러와 갈라섬.

· **리벤트로프** : 제3제국 외무장관. 히틀러의 수상 초기 시절 영국과의 해군 협정을 성사시켜 히틀러의 신임을 얻었다.

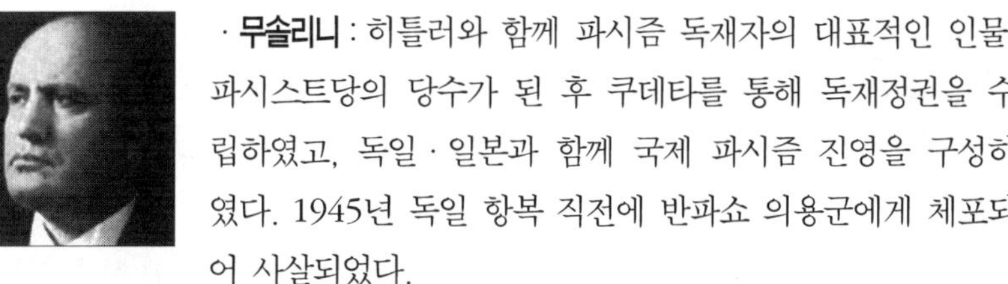

· **무솔리니** : 히틀러와 함께 파시즘 독재자의 대표적인 인물. 파시스트당의 당수가 된 후 쿠데타를 통해 독재정권을 수립하였고, 독일·일본과 함께 국제 파시즘 진영을 구성하였다. 1945년 독일 항복 직전에 반파쇼 의용군에게 체포되어 사살되었다.

· **브뤼닝** : 공화국 수상 역임. 경제공황을 극복하기 위해 갖은 노력을 다했으나 인기 없는 수상이었다. 파펜에게 수상직을 물려줌. 외국으로 피신해서 긴 칼의 밤에 암살을 모면하였다.

· **블롬베르크 장군** : 제3제국 초기 국방장관. 히틀러의 전쟁이념에 반대하다가 제거됨.

· **슈타우펜베르크 대령** : 1944년 7월 히틀러 암살을 기도하였으나 실패로 돌아가 처형당함.

· **슐라이허 장군** : 공화국 최후의 수상. 모사꾼. 공화국 최후의 어지러운 장면들을 만들어내다가 스스로도 몰락하였다. 긴 칼의 밤에 암살됨.

· **안톤 드렉슬러** : 뮌헨의 철도 공작소 노동자로 국가사회당의 전신인 도이치 노동자당을 창설하였으나 히틀러에 의해 배경으로 밀려났다.

· **알버트 슈페어** : 히틀러가 마지막 순간까지도 총애하였던 건축가. 전쟁 중 군비(軍備) 장관. 히틀러의 측근으로서 회고록이 유명하다.

· **에른스트 룀** : 돌격대(SA) 대장. 돌격대를 국가사회당 군대로 조직하고 키워낸 인물. 돌격대는 국가사회당의 상승시절 결정적인 공을 세웠다. 그러나 히틀러가 합법화 노선으로 수상직에 오른 다음에도, 국가사회당이 돌격대의 힘을 이용하여 폭력적인 방식으로 국가 전복을 통해서 전권을 장악해야 한다고 믿음으로써 히틀러의 노선에 대립하였다. 1934년 6월 30일 밤에 돌격대 주요 지휘자들과 함께 체포되어 사살됨('긴 칼의 밤'). 룀과 돌격대 세력을 격파함으로써 히틀러는 일인독재 전체주의 국가로 가는 길에 놓여 있던 마지막 장애를 제거하였다. 룀이 죽은 이후로 돌격대의 기능은 히믈러의 친위대로 넘어감.

· **에바 브라운** : 겔리 라우발이 죽은 이후 히틀러의 애인이 됨. 1945년 히틀러와 결혼 직후에 동반자살함.

· **오토 슈트라서** : 그레고어 슈트라서의 동생. 당내 과격좌파. 히틀러에 맞서 당내에서 좌파이념을 고집하다가 괴벨스에 의해서 베를린 지구당에서 축출됨. 그 뒤로 형 그레고어의 몰락이 가속화되었다.

· **요제프 괴벨스** : 선전부 장관. 국가사회당의 상승 시절과 뒷날 제3제국 치하에서 선전 및 기념비적인 대규모 행사들을 주관함. 제3제국 언론문화정책의 총책임자. 뛰어난 연설능력과 치밀한 연출 능력을 지니고 마지막 순간까지 히틀러에게 충성을 다하였다. 꼼꼼하게 기록한 그의 일기장은 이 시기 역사의 중요한 자료이다.

· **카이텔 장군** : 프리치 장군의 후임으로 전쟁중 방위군 사령관을 지냄.

· **파펜** : 공화국 수상 역임. 공화국 말기에 등장하여 힌덴부르크의 신임을 받으면서 슐라이허에 대립하여 히틀러를 수상으로 만드는 데 결정적인 작용을 하였다. 히틀러 치하에서 부수상 역임.

· **프리치 장군** : 제3제국 초기 육군 사령관. 히틀러의 전쟁이념에 반대하다가 제거됨.

· **하인리히 히믈러** : 친위대(SS) 총사령관. 친위대 산하 '거주 및 종족국'을 중심으로 2차대전 중 독일 점령지역의 주민 이주 정책과 유대인 색출 및 학살을 총지휘함.

· **헤르만 괴링** : 공군조종사 출신으로 국가사회당이 부상하는 과정에서 괴벨스와 나란히 히틀러의 오른팔 노릇을 했다. 뒷날 국회의장, 정무장관, 공군사령관 역임

· **후겐베르크** : 도이치 국가민족당 당수. 스스로 도이치 우파 연합의 지도자로 자처하여 히틀러를 이용하고 나서 제압하려다가 그 자신이 히틀러에 의해 이용당하고 나서 제압당했다. 지역 정치가였던 히틀러를 전국적 규모의 정치판으로 끌어들인 인물.

· **힌덴부르크** : 1차대전 도이치군 총사령관. 국민적인 영웅으로 존경받음. 프리드리히 에버트 이후 공화국 대통령이 됨. 처음에는 히틀러를 탐탁치 않게 여겼으나 마지막에는 제3제국을 위해 합법적인 길을 열어준 인물.

예비관찰 : 히틀러는 역사상 위대한 인물인가?

눈이 멀어 보지 못하거나 무지해서 인간과 국가를 망치는 것은 아니다.
방금 접어든 길이 자신들을 어디로 데려갈 것인지 머지않아 밝혀지기 때문이다.
그러나 인간과 국가의 내부에는 본성으로 뒷받침되고, 습관으로 강력해진 어떤 충동이 들어 있다.
이 충동은 그들이 한 조각 힘을 가지고 있는 한 계속 그들을 앞으로 몰아간다.
자신을 억제하는 것은 거의 신적인 경지에 이른 사람들뿐이다.
대부분의 사람들은 눈앞에 놓인 파멸을 보면서 그 속으로 들어간다.[1]
— 레오폴트 랑케(L. Ranke)

잘 알려진 역사는 히틀러와 같은 현상을 적절하게 분류하지 못한다. 그를 '위대하다'고 해야 할 것인가? 환호성과 히스테리, 그리고 치유에 대한 기대감을 히틀러만큼 많이 불러일으킨 사람은 없었다. 그토록 심하게 미움을 불러일으킨 사람도 없었다. 불과 몇 년 동안 혼자만의 길을 가고 난 다음에 시대의 흐름을 그토록 믿을 수 없을 정도로 재촉하고, 세계 정세를 그토록 변화시킨 사람은 아무도 없었다. 그처럼 엄청난 폐허를 자신의 뒤에 남긴 사람은 없었다. 거의 전세계가 연합전선을 펴서 6년여 동안 계속된 전쟁을 하고 난 다음에야 마침내 그를 지상에서 제거할 수 있었다. 독일 저항군 한 장교의 말을 빌자면 '미친 개처럼'[2] 겨우 때려잡을 수 있었던 것이다.

히틀러의 독특한 위대성은 근본적으로 이러한 과도한 특성들과 결부되어 있다. 그것은 모든 척도를 뛰어넘는 무시무시한 에너지의 폭발이었다. 물론 거대하다는 것이 역사적 위대성은 아니며 아주 하찮은 것도 강력한 힘을 가질 수 있는 법이다. 그러나 그는 단순히 거대한 것만도, 하찮은 것만도 아니었다. 그가 뿜어낸 폭발력은 최후의 몇 주간에 이르기까지 거의 모든 단계에서 주도적인 의지력을 드러냈다.

연설을 할 때마다 그는 분명한 황홀감을 감춘 채 처음 시작하던 시절을 기억해내곤 했다. "배후에 아무것도 갖지 못했던 시절, 이름도, 재산도, 언론도, 아무것도, 전혀 아무것도 갖지 못했던" 그 시절을 기억했다. 그리고 자신이 어떻게 해서 오직 혼자만의 힘으로, 이 '불쌍한 인간'이 독일의 지배자로, 그리고 이어서 세계의 일부를 지배하는 자리까지 오게 되었는가를 기억했다. "그건 정말 굉장한 일이었습니다!"[3]

실제로 그는 유례 없는 방식으로 모든 것을 스스로 만들어냈으며, 모든 것을 자신 안에 지녔다. 자기 자신의 교사, 정당의 조직자, 정강(政綱)의 창시자, 전술가, 선동적인 복음전파사, 지도자, 정치가, 그리고 10년 동안 세계 정세의 중심인물이었다. 그는 모든 혁명은 자신의 자식을 잡아먹는다는 경험법칙을 반박하였다. 그는 보통 말하는 대로 "자신이 일으킨 혁명에서 루소, 미라보, 로베스피에르, 나폴레옹이었다. 그는 자신이 일으킨 혁명에서 마르크스, 레닌, 트로츠키, 스탈린이었다. 성격이나 본질로 보아서 그는 위에 열거한 사람들 대부분보다 열등한 인물이었지만, 이상스럽게도 자기 앞의 누구도 이룩하지 못한 일을 이룩하였다. 그는 자기 혁명의 모든 국면을 지배하였으며, 심지어는 그 혁명이 무너지는 순간에도 여전히 그것을 지배하고 있었다. 그러한 사실로 보아 그가 불러일으킨 엄청난 힘들을 이해할 수 있다."[4]

그는 또한 자신이 동원할 수 있는 힘들에 대해서 비상한 육감을 가졌으며, 시대의 주도적인 경향에 현혹되지 않았다. 그가 정치에 입문하던 시절은 완전히 시민적 자유주의 체제의 특성을 보이던 시대였다. 그러나 그는 체제에 감추어진 저항감을 포착하고, 실로 대담하고 기상천외한 발상으로 그것을 자신의 정치 프로그램으로 삼았다. 그의 태도는 정치적 이성에 어긋나는 것으로 보였다. 오만한 시대정신은 여러 해 동안이나 그를 진지하게 여기지 않았다.

그가 불러일으키는 비웃음은 그의 외모와 흥분된 연설, 그리고 그가 개발한 연극적인 걸음걸이 등에서 나온 것이었다. 그러나 그는 설명하기 힘

든 방법으로 언제나 자신의 진부하고 공허한 모습을 넘어서 있었다. 1935
년에 네덜란드에서 《뮌헨의 동키호테》라는 이름으로 나온 초기의 히틀러
전기(傳記)에 지적된 것처럼 그의 특별한 강점은 공중누각을 세울 줄 알았
다는 점이 아니라 대담하고 날카로운 합리성이었다.[5]

한 시대를 장악한 개인

10년 전만 해도 히틀러는 바이에른의 실패한 정치가의 모습으로 뮌헨의
가구 딸린 어떤 방에 앉아서 정신나간 것으로 보이는 구상에다가 멋진 개선
문과 둥근 지붕 홀을 지어주고 있었다. 1923년 11월의 쿠데타 기도가 있은
다음에 모든 희망이 무너져버렸는데도 그는 자신의 말을 하나도 철회하지
않았고, 투쟁선언을 줄이지 않았으며, 세계 지배 야욕을 조금도 지우지 않았
다. 모든 사람들은 당시 자기를 공상가로만 여겼다고 그는 나중에 말했다.
"그들은 언제나 내가 미쳤다고 말했다."

그러나 몇 년 지나지 않아서 그가 생각했던 모든 것은 현실이 되거나 아
니면 실현가능한 프로젝트가 되었다. 스스로 항구적이고 논란의 여지가 없
다고 여겼던 힘들이 오히려 몰락하였다. 민주주의, 정당국가, 노동조합, 노동
자들의 국제적 연대의식, 유럽의 연합체계와 국제연맹 등이었다. 히틀러는
승리감에 넘쳐서 이렇게 외쳤다. "누가 옳았습니까. 공상가입니까, 아니면
다른 사람들입니까? 내가 옳았습니다."[6]

자신이 내적으로 시대의 정신 및 경향과 일치하고 있음을 표현하는 이런
확신과, 시대의 경향을 밖으로 이끌어내는 능력에는 분명 역사적 위대성의
요소가 들어 있다.

야콥 부르크하르트(J. Burckhardt)는 유명한 에세이 《세계사 관찰》에 이
렇게 쓰고 있다. "위대성이란 초개인적인 의지를 실현하는 것이 그 특성인
것 같다." 그리고 중요한 개인의 이기심과 전체의지 사이에 '비밀스런 일
치'가 이루어진다고 말하고 있다. 일반적인 전제로 보나 단면적인 삶의 과
정을 보나 히틀러의 삶은 바로 이러한 위대성을 드러내는 것으로 보인다.
다음의 장(章)들은 상당한 정도로 그 사실을 입증해줄 것이다. 부르크하르

트가 말하는 역사적 인물을 형성하는 나머지 조건들도 사정이 비슷하다.

히틀러는 한 민족을 구태의연한 상태에서 그가 없었다면 생각도 못할 새로운 상태로 이끌어가는, 남이 대신할 수 없는 특성을 가졌다. 그는 시대의 상상력을 사로잡았다. '한 정당의 정강과 분노'를 대표할 뿐 아니라 일반적인 욕구를 대표하였다. '말에 올라타고 심연을 건너뛰는' 능력을 보여주었다. 역사적으로 위대한 인물은 사태를 단순하게 만드는 능력을 가져야 하며, 실질적인 힘과 겉보기에 힘처럼 보이는 것을 구별하는 재능을 가져야 한다. 그리고 일종의 마적인 강제력을 지닌 비상한 의지력을 가지고 있어야 한다는 것이다. 히틀러는 그러한 능력과 의지력을 가졌다. "가까이에서 저항한다는 것은 완전히 불가능한 일이다. 저항하려는 사람은 관계자의 영역 바깥에서 적과 더불어 살아야 하고, 관계자는 오직 전쟁터에서만 만나야 한다."[7]

히틀러의 역사적 위대성에 대한 의문

그런데도 히틀러를 '위대하다'고 일컫기가 망설여진다. 이 사람의 정신병자 같은 얼굴에 드러난 범죄적인 모습이 이런 의심을 불러일으키는 것은 아니다. 실제로 세계사는 '도덕성이 지배하는' 토대에서 움직이는 것이 아니기 때문이다. 부르크하르트는 위대한 개인들이 가지고 있는 '평범한 관습법에서 특별히 면제되었다'는 의식에 대해서도 말하고 있다.[8]

히틀러에 의해서 계획되고 자행된 대량학살의 완전범죄는 그것과는 다른 종류가 아니냐, 그리고 그는 헤겔과 부르크하르트가 같은 의견을 보이는 문명이라는 맥락의 한계를 넘어간 것이 아니냐 하는 질문을 해볼 수도 있을 것이다. 그러나 히틀러의 역사적 위대성에 대한 의심은 다른 동기에서 비롯된 것이다. 위대한 인간이라는 현상은 무엇보다도 미적인 특성을 보인다. 그리고 극히 드물게만 도덕적인 특성을 보이는 것이다. 히틀러는 도덕의 영역에서는 이러한 특별면제를 기대할 수 있을지 모르지만, 미적인 영역에서는 그럴 수가 없다.

오래된 미학의 명제는 온갖 뛰어난 특성을 가지고 있어도 불쾌감을 주는 인간은 영웅이 될 수 없다고 말한다. 히틀러가 바로 그렇게 불쾌감을 주는 인간이라고 짐작해볼 수 있고, 금세 그 증거들을 찾을 수 있다. 그에게 독특한, 본능과 연관된 수많은 어두운 모습들, 너그럽지 못한 성격, 복수욕, 관대함의 결핍, 노골적인 물질주의, 그래서 오직 권력의 동기만 타당하고 그밖의 것은 모두 헛소리로 여겨서 언제나 가장자리로 다시 밀쳐내버리는, 분명하게 상스러운 이러한 특성들은 역겨울 정도로 비열한 요소를 지니고 있어서 전통적인 위대성의 개념에 맞지 않는 이미지를 만들어낸다.

비스마르크(Bismarck)는 어떤 편지에 다음과 같이 적고 있다. "지상에서 출중하다는 것은 언제나 추락한 천사와 가까운 친척관계에 있다. 추락한 천사는 아름답지만 평화가 없고, 계획과 노력은 위대하지만 성공은 못하고, 자부심이 강하고 슬픈 존재이다."[9] 히틀러의 모습은 이것과는 무한히 거리가 멀다.

그러나 위대성의 개념 자체에 문제가 있을 수도 있다. 토마스 만은 망명 중에 쓴 염세적인 정치 에세이에서 히틀러의 승리에 관해서 '위대성'과 '천재'라는 말을 하고 있다. 다만 그것은 '망가진 위대성'과 열등한 단계의 천재이다.[10] 이러한 모순 속에서 개념은 기존의 의미와 작별을 고하게 된다. 어쩌면 위대성의 개념은 부분적으로는 지난 시대의 역사 이해에서 나온 것일지 모른다. 과거의 역사 이해 방식은 역사의 진행에 등장하는 배우들과 이념들에 대해서만 관심을 보이고, 힘들의 광범위한 그물망에 대해서는 무관심하였다.

실제로 이러한 생각은 널리 퍼져 있다. 그러한 생각에 따르면 사회 내부의 이해관계, 사정, 물질적 갈등에 비해보면 개인이란 그다지 중요하지 않은 것이라고 한다. 그리고 바로 히틀러의 예에서 이러한 주장이 확고하게 입증된다고 여긴다. 히틀러는 대자본의 '하인'이며 대자본을 위해 '칼을 잡은 팔'로서 위로부터의 계급투쟁을 조직해서, 1933년에는 정치적 · 사회적 자기 결정을 요구하는 대중을 종속으로 이끌어들였다. 그러고 나서 전쟁을 일으켜서 그러한 요구를 확장된 형태로 충족시켰다는 것이다.

대단히 다양하게 변조된 이러한 명제들은 히틀러를 근본적으로 대체(代

替) 가능한 존재로 여겼다. 1929년에 이미 좌익측의 파시즘 분석가들 중 한 명이 서술한 대로 그는 '극히 평범한 꼭두각시'에 불과하다는 것이다.[11] 아니면 수많은 요인들 중의 하나의 요인에 불과할 뿐 절대로 결정적인 인자는 아니라고 보았다.

변명을 위한 전기 서술

근본적으로 이것은 전기(傳記) 서술을 통해서 역사적 인식이 가능하다는 생각에 반대하는 생각이다. 대단히 뒤엉키고 모순투성이인 역사, 수없이 많고 쉬지 않고 바뀌는 긴장영역을 가진 역사의 진행과정을 어떤 개인이 드러내 보여줄 수는 없다는 비난이다. 엄격하게 생각하면 개인 중심의 역사 서술이란 옛날식의 궁정문헌과 숭배문헌의 전통을 이어받는 것이라고 본다.

1945년에 제3제국 정권이 붕괴된 사건에 대해서도 근본적으로 옛날과 동일한 방법에 징후만 바뀌었다고 본다. 구식 역사관처럼 여기서도 모든 것을 움직이는, 저항할 수 없는 하나의 힘은 여전히 히틀러라는 개인이며, "다만 그 질만 바뀌었다. 전에 기사(騎士)가 차지했던 자리를 이제 악마적인 유혹자가 차지했을 뿐이다."[12]

결국 전기 서술이 원하든 원치 않든 한때 수백만에 이르렀던 패거리의 자기 합리화를 위해 쓰이고 있다는 비난인 것이다. 이 패거리는 그토록 대단한 지도자의 '위대성' 앞에서 스스로 희생자였다고 여길 수 있게 된다. 아니면 일어난 사건에 대해서, 닿을 수 없는 곳에서 명령하는 악마적인 지도자의 병적인 기분 탓이었다고 어쨌든 책임전가를 할 수 있게 되는 것이다. 짧게 말하자면 히틀러의 전기를 쓰는 것은 포괄적인 무죄 변명 전략의 일부로서 위장된 면죄 공작이라는 것이다.[13]

이러한 비난은 실제로 히틀러가 개인적인 특성만으로는 우리의 관심을 별로 끌지 못한다는 사실을 통해서 더욱 힘을 얻게 된다. 그 개인은 여러 해를 통해서 이상할 정도로 색깔 없고 표정 없는 존재로 남아 있다. 시대와 접촉을 해야만 비로소 그의 개성은 긴장과 매력을 얻게 된다. 히틀러는 발터 벤야민이 '사회적 성격'이라고 부른 특성을 상당히 많이 가지고 있다.

시대의 두려움, 저항감과 희망을 거의 모범적이라고 할 정도로 결합시킨 성격이다. 이 모든 것은 지나칠 정도로 과장되고 왜곡되고 쓸데없는 것들을 많이 끼워넣은 것이긴 하지만, 절대로 시대배경과 무관하거나 합당치 않은 것은 아니었다. 개인을 넘어선 경향과 상황들을 제시하지 않는다면 히틀러의 생애를 서술하고 해석할 가치가 없다. 그의 전기는 언제나 시대의 전기일 수밖에 없다. 그럴 경우 모든 비난에도 불구하고 이 전기 서술은 정당성을 얻게 된다.

이런 사정은 보통의 전기보다 훨씬 더 날카롭게 배경을 드러내보이도록 강요한다. 히틀러는 자신에게 깊은 인상을 주고, 격려하고, 자신을 앞으로 몰아가기도 하고 잠시 붙잡기도 하는 객관적인 인자들을 앞에 두고서 스스로 발전해 나갔다. 물론 도이치 사람들의 정치에 대한 낭만적인 생각과 바이마르 공화국을 뒤덮은 불쾌한 '잿빛'도 그런 인자에 속한다.

베르사유 조약을 통한 국가의 추락, 인플레이션과 세계 경제위기를 통한 광범위한 계층의 이중적인 사회적 추락도 거기 해당한다. 독일에 민주주의 전통이 약하다는 사실. 공산주의 진영의 혁명 위협, 전쟁의 체험, 불안해진 보수진영의 계산착오. 그리고 친숙한 질서에서 새롭고 낯선 질서로 이행하는 과정에 생겨나는 광범위한 불안감. 여러 모로 뒤얽혀 꿰뚫어볼 수 없게 된 불쾌감에 단순한 해결공식을 내주고자 하는 욕구, 시대가 마련해준 혼란상태에서 명령적인 권위의 품 속으로 도망치고자 하는 욕구가 이런 배경들과 합쳐졌다.

개인심리와 사회심리의 결합

히틀러는 시대의 모든 동경, 두려움, 원한 등의 합일점으로서 역사의 인물이 되었다. 그 시기에 일어난 사건은 그가 없었다면 생각할 수도 없었던 일이다. 히틀러라는 인물을 통해서 한 개인이 역사 진행을 지배하는 놀라운 힘을 한 번 더 보여주었다. 이 책은 선동의 천재, 탁월한 전략적 재능, 이미 앞서 이야기한 '마적인 일치'의 능력이 한 개인 안에 합쳐지게 되면 한 시대의 몹시 뒤엉킨 목소리들을 한데 모아 어떠한 강력함과 독성으로 이끌어갈 수 있는지를 보여줄 것이다. "역사는 때때로 한 인간 안에 응축되어 나타나기를 좋아한다. 그러면 전세계는 그의 말에 귀를 기울인다."[14] 히틀러의 부상(浮上)은 일반적인 전제들과 개인의 전제들이 특이하게 맞아떨어졌기 때문에 가능했다는 사실을 아무리 강조해도 부족할 지경이다. 이 남자와 이 시대가, 이 시대와 이 남자가 하나가 된, 풀기 어려운 일치관계를 통해서 그것이 가능했다.

이런 시대와의 연관성은 히틀러가 특별한 능력을 가졌다고 인정하는 생각들과는 거리가 먼 것이다. 악마적인 특성이 아니라 모범적인 특성들, 그러니까 '정상적인' 특성들이 그의 길을 가능하게 만들어주었다. 그의 삶의 과정은, 그가 시대와 그 인간들에 대해서 원칙적으로 대립했다고 생각하는 모든 이론들이 얼마나 문제가 많고 이데올로기에 빠진 것인가 하는 점을 보여주게 될 것이다. 그는 시대의 위대한 모순이 아니라 바로 시대를 반영한 인물인 것이다. 앞으로 끊임없이, 이러한 동일성의 흔적들에 부딪치게 될 것이다.

이 책에서는 주로 특별히 끼워넣은 중간관찰들을 통해서 형식상으로도 사회의 객관적 전제들의 중요성을 암시할 것이다. 이토록 객관적 전제들이 중요하다면 다음의 질문을 해보게 된다. 역사진행에서 히틀러의 특별한 작용은 대체 어디에 있는 것인가? 1920년대가 지나는 동안 민족적인 통합운동은 그가 끼여들지 않고도 반향을 얻고 추종자를 얻었으리라는 주장은 물론 맞는 말이다.[15] 그러나 그것은 체제의 맥락에서 보면 약간 주목할 만한 정치 그룹이 되고 말았을 것이다. 앞으로 보게 되겠지만 히틀러는 그의 본질인 상상력과 투철성의 혼합을 이 운동에 상당한 정도 덧붙여주었다.

그레고어 슈트라서(G. Strasser)나 요제프 괴벨스(J. Goebbels)의 과격주의는 적절한 게임규칙을 위반한 것일 뿐이다. 그리고 바로 이러한 위반에 그들의 지속적인 가치가 있다. 그에 반해서 히틀러의 과격주의는 현존하는 전제들을 무력하게 만들고 전에 들어보지도 못한 새로운 요소를 도입하는 것이다. 그 시대의 수많은 비상사태들과 불쾌감은 언제라도 위기로 치달을 수 있는 상황이었다. 그러나 이 인물이 없었다면 분명히 그토록 날카롭고도 폭발적인 형태로 발전되지는 않았을 것이다.

1921년 여름, 당의 최초의 위기부터 시작해서 그가 괴링과 히믈러를 쫓아낸 1945년 4월까지 그의 위치는 전혀 흔들림이 없었다. 그는 이념이 자기보다 더한 권위를 가지는 것을 절대로 참지 못했다. 참으로 대단한 방자함으로 그는 역사를 만들었다. 자기 시대에 이미 시대착오였고, 아마 앞으로 다시는 있을 수 없는 방식이었다. 주관적인 발상들이 사슬을 이루고, 놀라운 기습과 발상의 전환, 숨가쁜 배신 행위와 이념상의 자기 부정, 그리고 집요하게 추구한 비전을 배경에 두고 그렇게 한 것이다. 그는 자신의 독특한 성격, 주관적인 요소의 어떤 부분을 역사에 강요하였고, 그러한 측면이 '히틀러―파시즘'이라는 공식으로 표현되어 나왔다. 그것은 1930년대에 이르기까지 마르크스주의 이론에 널리 퍼져 있던 공식이었다. 이런 의미에서 국가사회주의(나치즘)를 히틀러 주의라고 정의해도 틀리지 않을 것이다.[16]

개인이 만든 역사, 역사가 만든 개인

그러나 이런 질문을 해볼 수 있다. 히틀러는 상황과 이해관계의 중요성을 전반적으로 무시할 수 있었던 최후의 정치가가 아니었을까? 객관적인 인자들의 강제성이 점차 강해지고 위대한 행위자의 역사적 가능성은 점점 줄어들고 있다고 할 수 있지 않을까? 역사적 등급이란 행위자가 상황에 대하여 확보하는 자유에 달려 있다는 것은 의문의 여지가 없는 일이다. 히틀러는 1939년 초여름에 어떤 비공개연설에서 다음과 같이 말했다.

"상황에 적응함으로써 문제의 해결을 피하는 것은 원칙이 될 수 없다. 차라리 상황을 요구에 적응시키는 편이 낫다."[17]

이러한 주장에 따르면 '공상가'라고 불린 그는 극단까지 추진하다가 마침내 실패한 모험적인 시도에서 분명히 위대한 인물의 모범을 좇아서 살았다. 다른 수많은 일들처럼 이것도 그와 더불어 마지막이 되고 말았다.

"베이징에도 모스크바에도 워싱턴에도 그와 같은 사람이 자리를 차지하고 앉아 혼란스런 꿈의 모습을 좇아 세계를 변화시키는 일은 두 번 다시 생길 수 없다……. 이제는 정상에 있는 단 한 사람이 결정권을 가지지 못한다. 그는 결정들을 조정할 뿐이다. 결정은 긴 손의 모범에 따라서 짜여진다. 히틀러는 고전적인 '위대한' 정치의 마지막 실천자였다."[18]

전통적인 영웅문학이 오랫동안 전제로 해온 것과 같은 방식으로 남자들이 역사를 만들지는 않는다고 하더라도, 이 한 사람은 분명히 다른 사람들보다 더 많은 역사를 만들어냈다. 그러나 동시에 극히 비상한 방식으로 역사가 그를 만들어냈다. 다음 장들 중 한 곳에서 그는 '비개성'이라고 불리게 된다. 미리 존재하지 않았던 것이 이 '비개성' 속으로 들어간 경우는 없었다. 그러나 그의 속으로 들어간 것은 그것을 통해서 무서울 정도의 역동성을 얻었다. 히틀러의 전기는 끊임없이 계속되는 매우 집중적인 상호교환 과정의 역사이다.

그러나 여전히 역사적 위대성이란 무가치한, 혹은 존경할 만하지 못한 개인의 생활 상태와 짝을 이룰 수 있는가 하는 의문이 남는다. 히틀러를 우선 깨워 일으켜서 수백만 명의 분노 및 방어 콤플렉스의 대변인으로 만들어낸 저 상황을 역사가 그에게 허용해주지 않았더라면 그의 운명이 어찌되었을까 그려보는 것은 의미가 없는 일은 아니다. 그는 사회의 변두리 어디에서 무시된 존재가 되었을 것이다. 분노와 인간에 대한 증오로 가득 차서 위대한 운명을 동경하면서, 자신에게 모든 것 위에 군림하는 영웅의 역할을 허용해주지 않은 삶을 용서하지 못하는 인간이 되었을 것이다. "당시 가장 고통스러웠던 것은 전혀 주목을 받지 못한다는 점이었다."고 히틀러는 정치에 입문하던 시기에 관해서 적었다.[19] 질서의 붕괴, 시대의 불안과 변화의 분위기가 그에게 이름 없음의 그늘에서 벗어날 기회를 주었다. 야콥 부르크하르트에 따르면, 위대함이란 무서운 시대의 필요성이라고 한다.[20]

히틀러의 출현은 위대함이 보잘것없는 개인을 동반하고 나타날 수도 있다는 사실을 모든 경험을 압도할 정도로 가르쳐준다. 한참 동안이나 이 개인은 해체되어버린 듯이, 비현실 속으로 도주해버린 듯이 보였다. 바로 이런 허구의 특성이 그렇게 많은 보수주의 정치가들과 마르크스주의 역사가들이 이상스럽게도 한 목소리로 히틀러를 다른 사람의 목적을 위한 도구로 여기도록 만들었던 것이다. 모든 위대함, 정치적 혹은 역사적 등급과 극히 무관하게 그는 이상적인 '중개인' 유형의 인물이라고 여겨졌다. 그러나 양측은 다같이 실망하였다. 소시민들에 대항한 계급상의 원한이 만들어낸 이런 착오를 정치로 만들어낸 것은 히틀러의 전술적인 성공비법이었다. 그의 전기는 또한 모든 면에서 서서히 진행된 각성의 역사이기도 하다. 그의 출현을 보면서 그토록 많은 사람들의 마음에 언제나 솟아나와서 오직 희생자의 모습을 보고서만 중단되는 저 아이러니컬한 과소평가도 그에게는 맞지 않는다.

이 사람의 삶의 길, 사건들의 과정이 이 책에서 밝혀질 것이다. 그와 나란히 사고(思考)의 실험은 회의에 빠져들 뿐이다. 히틀러가 1938년 암살의 제물로 쓰러졌더라면 극소수의 사람들만이 그가 도이치 사람들의 가장 위대한 정치가들 중 한 명이었다, 혹은 도이치 역사의 완성자였다고 부르기를 망설일 것이다. 공격적인 연설들과 《나의 투쟁》, 반유대주의, 세계 지배의 계획 등은 어쩌면 초기의 공상으로 여겨져 잊혀졌을 것이고, 어쩌다가 비판자들이 국민의 의식 속으로 불러들이는 게 고작이었을 것이다. 6년 반의 시간이 히틀러에게서 이 명성을 떼어놓았다. 물론 폭력에 의한 종말만이 그에게 그러한 명성을 안겨줄 수 있었을 것이다. 그는 본질적으로 파괴를 위한 사람이었고, 자기 자신마저도 그 점에서 예외일 수 없었기 때문이다. 그러나 명성은 언제나 그의 곁에 있었다. 우리는 그를 '위대하다'고 말할 수 있을까?

HITLER 1부

욕망에 사로잡힌 소년

제1장 출생과 시작

자신의 개성을 감추고 또한 미화시키는 것은 그의 생애의 근본적인 노력들 중의 하나였다. 역사상의 어떤 현상도 처음부터 마지막까지 그토록 억지로 양식화되고, 개성을 드러내지 않은 경우는 없었다. 그가 가지고 있던 자기 자신에 대한 이미지는 한 인간의 것이라기보다는 기념동상에 가까운 것이었다. 일생 동안 그는 그 이미지 뒤에 숨으려고 애썼다. 일찍이 소명에 대한 의식으로 딱딱하게 굳어져서 서른다섯 살이 되었을 때는 위대한 지도자의 모습, 집중하고 얼어붙은 접근 불가능의 모습 뒤로 숨어버렸다. 전설을 만들어내는 어둠과 특별한 선민의식의 광채가 그의 삶의 전사(前史)를 뒤덮고 있다. 또한 불안, 비밀스러움, 특이한 역할 특성이 그의 존재에 각인되었다.

상승을 위해 애쓰던 국가사회주의 도이치 노동자당(NSDAP)의 당수 시절에 그는 이미 자신의 사생활에 대한 관심을 모욕이라고 느꼈다. 수상이 되었을 때는 자기 사생활에 대한 모든 출판을 금지시켰다.[1] 학교 친구부터 가장 친근한 저녁의 술자리 모임을 통해 그에게 가까이 접근할 수 있었던 사람들에 이르기까지 모든 사람들은 그가 세심하게 다른 사람과 거리를 두고 자신을 감추려고 노력했다고 진술했다. "그는 일생 동안 이상스럽게 거리를 만드는 요소를 가졌다."[2]

그는 젊은 시절 여러 해를 남자들만의 하숙집에서 살았다. 그러나 거기서 그를 만났던 수많은 사람들 중 어느 누구도 뒷날 그를 기억해내지 못했다. 그는 낯설고도 눈에 띄지 않게 그들 곁을 스쳐지나간 것이다. 뒷날 수소문을 해보아도 그에 관해서는 거의 아무것도 알 수가 없었다. 정치 경력을 쌓던 초기에 그는 자신의 사진이 출판되지 않도록 열렬히 애를 썼다. 이런 점을 보고 자신의 효과를 확신하는 선동가의 신중한 면모라고 여기는 사람도 있다. 그는 처음에 얼굴이 알려지지 않아서 신비에 둘러싸인 관심의 대상이 되었던 것이다.

그러나 그의 은폐 노력은 단순히 '오래된 예언자 방식'이나, 혹은 카리스마의 마법적인 요소를 자기 생으로 도입하려는 의도에서 나온 것만은 아니었다. 그보다는 오히려 자유롭지 못하고 자신이 문제가 있다는 느낌으로 압도된 은폐된 인간의 염려가 더 두드러지게 나타난다. 그는 언제나 흔적을 지우고 동일성을 확인하지 못하게 만들고, 꿰뚫어보기 어려운 출생 기원과 가족적 배경을 더욱 흐리게 만들기 위해서 세심한 노력을 하였다.

1942년에 슈피탈 마을에서 그를 위한 기념패가 발견되었다는 보고를 받자 그는 전혀 거침이 없는 그 유명한 분노의 폭발을 일으켰다. 자기 조상들은 '가난한 소작농'이었다고 주장하고 아버지의 직업은 세관원이었건만 '우체국 직원'이라고 거짓말하고, 자신에게 접근하려고 애쓰는 친척들을 가차없이 밀쳐내버렸다. 그리고 윗소금산(Obersalzberg)에서 임시로 집안일을 보아주던 누이동생 파울라(Paula)에게는 다른 이름을 쓰라고 강요하였다.[3]

특이하게도 그는 개인적인 서신교환이 전혀 없었다. 인종주의 철학의 창시자인 요르크 란츠 리벤펠스(Jörg Lanz v. Liebenfels)에게서 그는 초기의 몇 가지 막연한 생각들을 얻었다. 그러나 오스트리아로 진군한 이후 그가 편지쓰는 것을 금지시켜버렸다. 그리고 남자 하숙집의 친구였던 라인홀트 하니쉬(R. Hanisch)를 죽이라고 명령했다. 그는 그 누구의 학생도 되고 싶지 않았고, 모든 깨달음은 오직 자신의 영감, 특권, 수호정령과의 대화 등에 힘입은 것이라고 주장하였으며, 마찬가지로 그 누구의 아들도 아니고 싶었다. 그의 책 《나의 투쟁》에서 부모의 모습은 생애의 전설을 떠받쳐주는 한도 내에서 도식적으로만 등장하고 있다.

가려져 있는 가족사

국경 저편 출신이라는 사실은 주변을 은폐하려는 의도에는 이로운 것이었다. 알렉산더 대왕에서 나폴레옹을 거쳐 스탈린에 이르기까지 많은 혁명가나 역사상의 정복자들처럼 그도 자기 사람들 사이에서 이방인이었다. 이런 아웃사이더의 느낌과, 거칠고 광대한 계획을 위해 한 국민을 몰락에 이르기까지 몰고가는 마음 사이에 존재하는 심리적 연관성은 그의 경우에도 나타난다. 2차대전의 국면이 바뀌고 있던 시점, 피의 지구전(持久戰)이 계속되고 있을 때 그는 새로 투입된 장교들에게서 막대한 인명손실이 난다는 보고를 받자 짤막하게 대꾸했다. "하지만 그러기 위해서 젊은 사람들이 있는 게 아닌가!"[4]

그러나 타지 출신이라는 것만으로 모든 것이 충분히 은폐될 수는 없었다. 질서와 규칙, 시민성에 대한 그의 감각은 어둡게 가려져 있는 가족사와 언제나 갈등을 빚었다. 출생과 요구 사이의 거리감, 자신의 과거에 대한 두려움은 한 번도 그의 마음을 떠난 적이 없었다. 1930년에 그의 집안 배경을 밝히려는 사람들의 의도가 밝혀지자 히틀러는 지나치게 불안한 태도로 속마음을 드러냈다. "이 사람들이 내가 누군지 알아서는 안 된다. 그들은 내가 어디 출신이며 어떤 가문 출신인지 알아서는 안 된다."[5]

아버지 쪽으로나 어머니 쪽으로 보아서 이 집안은 오스트리아·헝가리 이중왕국의 멀리 떨어진 가난한 지역 출신이었다. 그곳은 도나우 강과 보헤미아 국경 사이의 숲이 우거진 지역이었다. 여러 세대에 걸친 근친결혼으로 복잡한 친척관계로 얽혀 있는 농사꾼들이 모여사는 곳, 은둔지역으로 알려진 곳으로 될러스하임, 슈트로네스, 바이트라, 슈피탈, 발터슐라크 등의 이름으로 고대사에 이미 등장하고 있다. 무성한 숲 사이로 협소하게 자리잡은 지역 여기저기에 작은 마을들이 흩어져 있는 곳이었다. 히틀러, 히들러, 혹은 휘틀러(Hitler, Hiedler, Hüttler)라는 이름은 체코 이름으로 보인다(히들라, 히들라르체크 Hidlar, Hidlarcek). 여러 지역을 전전한 끝에 1430년대에 처음으로 이 삼림지역에 그 이름이 등장하고 있다.[6] 그러나 여러 세대에 걸쳐서 소작인들만 나왔을 뿐 아무도 이곳의 사회적인 한계를 뚫고 밖으로 나가지 못했다.

1837년 6월 7일에 슈트로네스 13번지에 소작농 요한 트룸멜슐라거(J. Trummelschlager)의 집에서 결혼하지 않은 하녀 마리아 안나 쉬클그루버(M. A. Schicklgruber)가 한 아이를 낳았는데, 그 아이는 같은 날 알로이스(Alois)라는 이름으로 세례를 받았다. 될러스하임 군(郡)의 출생기록부에 아이 아버지의 인적 사항을 기록하는 난은 비어 있었다. 어머니가 5년 뒤에 일정한 일자리도 갖지 못한 방앗간 견습공 요한 게오르크 히들러(J. G. Hiedler)와 결혼을 하고 난 뒤에도 그것은 변함이 없었다. 아마도 그녀는 같은 해에 자기 아들을 남편의 형제인 슈피탈 출신의 요한 네포묵 휘틀러(J. N. Hüttler)에게 주었던 것 같다. 아이가 아무 연고도 없이 자랄까 봐 두려웠던 모양이다. 어쨌든 히틀러 일가는 전해지는 바에 따르면 너무나 가난해서 '잠자리도 없이 가축의 여물통에서 잠을 잤을' 정도였다.[7]

베일에 싸인 할아버지의 존재

방앗간 견습공인 요한 게오르크 히들러와 그의 동생인 농부 요한 네포묵 휘틀러는 추측컨대 두 사람 다 알로이스 쉬클그루버의 아버지라고 불렸던 것 같다.

히틀러의 가까운 주변에서 나온, 상당히 무모한 확인에 따르면 세 번째 아버지 후보는 그라츠의 유대인 프랑켄베르거(Frankenberger)이다. 마리아 안나 쉬클그루버는 임신했을 때 그 집에서 집안일을 해주고 있었다고 한다. 어쨌든 오랜 기간 히틀러의 변호사였고, 나중에 폴란드 총독을 지낸 한스 프랑크(Hans Frank)는 뉘른베르크 해명서에서 다음과 같이 증언했다.

히틀러는 1930년에 이복형의 아들에게서 아마 협박 목적으로 쓰여진 편지를 한 통 받았다고 한다. 그 편지는 히틀러 집안 역사의 '매우 특별한 상황'에 대한 암시를 하였다. 프랑크는 사태를 극비리에 조사하라는 명령을 받고 조사해본 결과, 프랑켄베르거가 히틀러의 할아버지라는 추측에 대한 몇 가지 자료를 얻었다. 입증할 만한 자료가 없기 때문에 이 주장은 물론 극단적으로 의문의 여지가 많은 것으로 여겨진다. 프랑크도 뉘른베르크에서 히틀러가 유대인 조상을 두었다고 주장할 동기가 없었다.

최근의 조사 결과 그가 말한 내용의 신빙성이 더욱더 의심스럽게 되어서 이 주장은 진지하게 논의할 가치가 거의 없다. 이러한 주장의 본래 의미는 객관적인 신빙성에 있는 것이 아니다. 오히려 히틀러가 프랑크의 조사 결과를 통해서 자신의 기원을 의심하게 되었으리라는 사실이 훨씬 더 중요하고 심리적인 의미가 있는 일이다. 1942년 하인리히 히믈러의 명령을 받고 비밀경찰인 게슈타포가 다시 조사해보았으나 아무런 성과도 없었다. 그리고 요한 네포묵 휘틀러가 알로이스 쉬클그루버의 아버지라는 생각도 '절대적 확실성에 가까운 개연성'을 가지고 있다고 주장되기는 하였지만 그밖의 다른 할아버지 이론들보다 더 확실한 것은 아니다.[8] 이러한 주장들은 하나같이, 곤궁과 우중충함과 시골의 경건한 척하는 태도로 특징지어지는 혼란스런 상황의 어둠 속에 파묻혀 있다. 결국 아돌프 히틀러는 할아버지가 누군지 모르는 것이다.

이름 바꾸기

마리아 안나 쉬클그루버가 '늑막염에 의한 기력소모'로 슈트로네스 근처의 작은 모텐(Klein-Motten)에서 죽은 지 29년이 지나서, 그리고 그녀의 남편이 죽은 지 19년이 지나서야 그의 동생 요한 네포묵은 세 명의 증인을 동반하고 될러스하임의 목사 찬쉬름(Zahnschirm)에게 왔다. 그리고 자신이 '키운 아들', 그새 거의 마흔 살이 다 된 세관원 알로이스 쉬클그루버의 신원확인을 하겠노라고 신청하였다. 물론 그 자신이 아니라 자신의 죽은 형 요한 게오르크가 아이 아버지라는 것이다. 요한 게오르크가 살았을 때 그 사실을 고백했고, 함께 온 사람들은 그 일에 대한 증인이라고 했다.

목사는 정말로 속았든지 아니면 설득당했다. 오래된 출생기록부에서 그는 1837년 6월 7일자 기록의 짧막한 비고란에 적혀 있는 '미혼'을 '혼인'으로 고치고 아버지의 신상을 요한 네포묵이 원하는 대로 적어넣었다. 그리고 가장자리에 거짓으로 이렇게 토를 달아놓았다. "아버지로 기록된 게오르크 히틀러는 서명한 증인들이 잘 알고 있는 바이지만 아이 어머니 안나 쉬클그루버에 의해서 알로이스의 아버지로 인정받았다. 그는 자기 이름을 이 기록부에 적어넣기를 요청하였다. 그 사실을 증인 ＋＋＋요제프 로메더(J. Romeder), 증인 ＋＋＋요한 브라이테네더(J. Breiteneder), 증인 ＋＋＋엥겔베르트 파우크(E. Paukh)가 확인함." 세 명의 증인이 자기 이름을 쓸 줄 몰랐기 때문에 그들은 세 개의 십자가로 서명을 하였고, 목사가 그들의 이름을 옆에 적어넣은 것이다.

그러나 그는 날짜를 적어넣는 것을 잊어버렸다. 그리고 자기 자신의 서명과 (이미 오래전에 죽은) 아이 부모의 서명도 물론 빠져 있다. 법적으로 어긋난 일일지 몰라도 어쨌든 이 서류는 법적인 효력을 가졌다. 1877년 1월부터 알로이스 쉬클그루버는 알로이스 히틀러라고 불리게 되었다.

아버지와 어머니

이런 시골식 음모는 의심할 바 없이 요한 네포묵 휘틀러가 꾸며낸 것이다. 그는 알로이스를 길렀고, 이해할 수 있는 일이지만 그를 자랑스럽게 여겼다. 알로이스는 승진했고, 결혼도 했고, 휘틀러나 히들러 일가 중 누구보다 성공하였기 때문이다. 요한 네포묵이 자기가 키운 아들에게 자신의 이름을 얻어줄 필요성을 느꼈다는 것은 매우 이해가 가는 일이다. 그러나 알로이스도 이름을 바꾸는 일에 관심을 가졌을 것으로 보인다. 그는 정력적이고 의무에 충실한 남자였고 그새 상당한 경력을 쌓았기 때문에 '결혼에 의한' 이름을 가짐으로써 경력에 더욱 확고한 기반을 마련할 필요성을 느꼈을 것이다.

열세 살에 그는 빈으로 나가서 어떤 구두장이의 견습생으로 들어갔다. 그러나 곧 이 수공업 일을 포기하고 확고한 결심을 한 후 오스트리아 세무

관리로 들어갔다. 그는 빠르게 승
진을 했고, 결국 자신이 받은 교
육수준으로는 최고직인 세무장이
되었다. 관청의 대표자로서 그는
공식석상에 나타나기를 좋아했고,
정확한 직함으로 불리는 것을 중
요하게 여겼다. 그와 같은 세관에
서 근무한 한 동료는 그를 가리켜
서 '엄격하고 정확하고 꼼꼼하다'
고 평했다. 그는 아들의 직업선택
에 대해서 도움말을 구하는 친척
에게 이렇게 설명했다. 재무관리
일은 절대 복종과 의무감을 요구
하며, '술마시는 사람, 빚지는 사
람, 카드놀이 하는 사람과 그밖에
부도덕한 생활태도를 가진 사람
들'에게는 맞지 않는 것이라고 말

제복 단추를 빛내면서 어느 정도 품위와 자만심을 보여주는 알
로이스 히틀러.

했다고 한다.[9] 그가 대개 승진의 기회에 찍곤 하였던 사진들은 변함없이
당당한 남자를 보여주고 있다. 그는 의심 많은 공무원의 얼굴 속에 거칠고
시민적인 실속과 체면욕구를 드러내 보이고 있다. 제복단추를 빛내면서 어
느 정도 품위와 자만심을 지닌 모습을 보여준다.

그러나 정직함과 엄격함 뒤에는 분명히 불안정한 성질이 감추어져 있었
다. 그것은 충동적인 결심을 하는 것으로 나타났다. 특히 수없이 이사를 한
일은 세관원 일의 필요성만으로 다 설명할 수 없는 마음의 불안을 암시하
는 부분이다. 25년 동안 적어도 열한 번 이사를 했다는 사실이 입증되고
있다. 그중 몇 번은 물론 직업적인 필요에서 이루어진 것이었다.

알로이스 히틀러는 세 번 결혼했다. 첫 번째 부인이 살아 있는 동안에
벌써 두 번째 부인이 임신을 하였고, 두 번째 부인이 살아 있는 동안에 세

진지하고, 움직임이 없고, 약간 의기소침한 태도를 가진 겸손한 시골처녀 모습의 어머니.

번째 부인이 임신을 했다. 첫째 부인 안나 글라슬(A. Glassl)은 그보다 열네 살이 위였고, 마지막 부인 클라라 푈츨(K. Pölzl)은 그보다 스물세 살이 젊었다.

클라라는 처음에 그의 집의 가정부였다. 히들러 혹은 휘틀러 일가와 마찬가지로 슈피탈 출신이었고, 이름을 바꾼 뒤에 적어도 법적으로는 그의 조카로 되어 있었기 때문에 결혼을 위해서는 교회의 특례(特例) 허락을 받아야 했다. 그녀가 정말로 그와 혈족이냐 하는 질문은 알로이스 히틀러의 아버지에 대해서와 마찬가지로 정확하게 알려져 있지 않다. 그녀는 가정의 의무를 눈에 띄지 않게 양심적으로 해냈고, 남편의 소원에 따라서 규칙적으로 교회에 나갔으며, 결혼계약이 성립된 뒤로도 그 집에 처음 들어올 때처럼 하녀와 정부(情婦)의 티를 완전히 벗지 못했다. 자신이 세관장의 아내라는 사실을 납득하기 위해서는 여러 해 동안이나 노력을 해야 했으며 남편을 '알로이스 아저씨'라고 부르곤 했다.[10] 그녀의 사진들은 진지하고, 움직임이 없고, 약간 의기소침한 태도를 가진 겸손한 시골처녀의 얼굴을 보여주고 있다.

아돌프 히틀러는 1889년 4월 20일 인(Inn) 강변의 브라우나우(Braunau) 교외 219번지에서 이 세 번째 결혼의 네 번째 아이로 태어났다. 세 명의 형제자매들이 1885, 1886, 1887년에 태어났으나 모두 어린 나이에 죽었다. 두 명의 동생 중에서는 누이인 파울라만 살아남았다. 이 작은 국경도시는 아돌프의 성장에 거의 의미가 없다. 다음해에 벌써 아버지는 저지 오스트리아에 있는 그로스 쇠나우(Groß-Schönau)로 이사를 했기 때문이다. 가족이 다시 파사우(Passau)로 이사했을 때 아돌프는 세 살이었고,

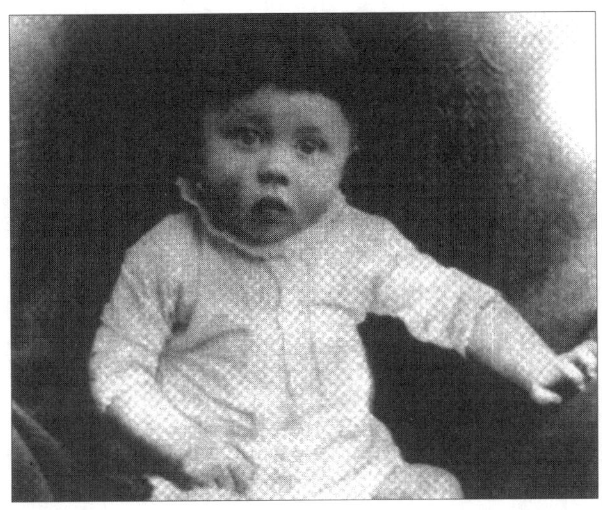

한 살 때의 아돌프 히틀러.

다섯 살 때에 아버지는 다시 린츠(Linz)로 자리를 옮겼다. 람바하 군(郡) 근처에 있는 유명한 베네딕트 수도원에서 여섯 살짜리 아돌프는 소년합창단원과 미사의 복사(腹事) 노릇을 했다. 그 자신의 서술에 따르면 거기서 '극단적으로 빛나는 교회 축제의 화려한 행사에서 거듭 감격할' 기회를 가졌다.[11] 1895년에 아버지는 근처에 4 헥타르의 토지를 샀다가 곧 다시 되팔았다. 2년 뒤에 린츠 교외에 있는 작은 레온딩(Leonding) 군에 집을 사고 은퇴하였다.

천재적인 조숙함

신경질적인 요소들이 상당히 드러나지만, 그래도 일관성과 신중함, 시민적인 착실함과 확신감을 보여주고 있는 아버지의 사진과는 반대로 히틀러 자신은 비참한 상황, 가난, 협소한 집 등에 대해서 이야기하고 있다. 물론 그 모든 나쁜 상황과 게다가 이해심 없는 아버지의 폭군적인 복종의 요구를 이 특별한 소년이 확고한 의지력으로 이겨냈다는 내용이지만. 아들은 심지어 몇 가지 효과적인 결점들을 만들어내기 위해서 뒷날 아버지를 주정뱅이로 만들고 말았다. 자신이 빌고 욕을 하면서 '끔찍한 수치'의 장면에 '냄새 나고 연기자욱한 술집에서' 아버지를 집으로 끌고와야만 했다는 것이다.

천재적인 조숙에 어울리게 그는 마을의 공동 목장과 오래된 요새의 탑 근처에서 또래 친구들에게 여러 가지 모험과 대담하게 앞을 내다보는 사려 깊은 탐색계획들을 만들어내서 언제나 자신이 옳다는 것을 입증해 보였을 뿐 아니라 타고난 지도자로서의 천성을 드러내기도 하였다. 이렇게 순진한 놀이에서 영감을 얻은 전술과 용병술에 대한 관심은 그의 미래를 예측케 해주는 대목이다.

《나의 투쟁》의 저자는 옛날을 돌아보면서 '열한 살도 채 되기 전'에 나타난 '특별히 중요한 두 가지 탁월한 사실'을 발견하고 있다. 자신이 민족주의자가 되었다는 사실, 그리고 역사를 '그 본래의 의미대로 이해하고 파악하는' 법을 배웠다는 것이다.[12] 예기치 않은 아버지의 죽음, 궁핍, 사랑하는 어머니의 질병과 죽음, 그리고 '열일곱의 나이에 객지로 나가서 자신의 밥벌이를 해야 하는' 가련한 고아소년의 출발 등이 이 전설의 아주 효과적이고도 감동적인 결말부분을 이루고 있다.

실제로 아돌프 히틀러는 영리하고 활동적이고 분명히 재능을 가진 학생이었다. 그러나 그의 재능은 일찍부터 나타나는, 규칙적인 노동을 견디지 못하는 성질 탓으로 약화되어버리고 말았다. 편안함을 추구하는 특성에다가 다루기 힘든 폭발적인 성질까지 있었으며, 언제나 변덕스러운 기분과 아름다움에 대한 열광적인 욕구만을 따르곤 했다. 그가 다녔던 여러 초등학교의 증명서들은 그가 완벽하게 우수한 학생이었음을 증명하고 있다. 1899년의 학급사진에서 그는 맨 뒷줄에서 보란 듯이 오만한 태도를 보이고 있다.

초등학교에 이어서 부모가 보내준 실업학교에서 그는 놀랍게도 완전히 실패하고 있다. 두 번이나 진급을 못하고 한 번은 재시험을 보고서야 겨우 진급을 했다. 성적표들은 거의 4등급(양)으로 채워져 있다. 행동발달, 그림 그리기, 체육에서만 미 혹은 그보다 나은 평가를 받고 있을 뿐이고 나머지 과목에서 그는 가 혹은 양을 넘어서지 못하고 있다. 1905년 9월의 성적은,

1899년 학급 사진에서 맨 뒷줄 가운데에 서 있는 아돌프 히틀러. 보란 듯이 오만한 태도를 보이고 있다.

국어, 수학, 속기에서 '불가(不可)'를 맞고, 자신이 '좋아하는 과목' 이어서 '학급에서 남보다 앞서나갔다' [13] 고 말한 적이 있는 지리와 역사도 겨우 양을 맞았고, 전체 평균점수 가를 맞아서 결국 학교를 그만두게 되었다.

독선적이고 이기적인 기질

이토록 이상한 실패는 물론 복합적인 원인과 동기를 가진다고 보아야 할 것이다. 농사꾼들이 모여사는 레온딩에서는 친구들의 대장이라는 특별의식을 아무런 문제 없이 확인할 수 있었지만 린츠라는 도시에서는 학자, 상인, 고위직 공무원의 아들들 사이에서 시골 출신의 가련한 아웃사이더에 불과하다는 체험이 적지아니 작용했을 것이다. 20세기로 넘어올 무렵 인구 5만 명의 도시 린츠는 단 하나의 오페라 하우스, 단 하나의 시가전철을 당시 도시의 상징으로 갖추고 있었지만 시골의 한적함과 나른함이 아직 남아 있었다. 그래도 이 도시는 젊은 히틀러에게 사회적 계급질서에 눈뜨도록 해주었다.

어쨌든 그는 실업학교에서 '친구도 동료도 없이' 지냈고, 같은 나이 또래의 친구들과 함께 임시로 하숙하고 있던 늙고 못생긴 제키라(Sekira) 부인 집에서도 그는 무뚝뚝하고 조용하게 홀로 지냈다. 당시 그와 함께 지냈던 사람 중 한 명은 이렇게 회상하였다. "하숙생 다섯 명 중에서 누구도 그에게 가까이 접근하지 않았다. 우리들 사범학생들끼리는 당연히 서로 '너'라고 불렀지만 그는 우리에게 '당신'이라는 말을 썼다. 그리고 그 점이 이상하게 여겨지지도 않았다."[14] 특이하게도 히틀러 자신에 의해서 이 시기에 처음으로 좋은 집안 출신이라는 확신이 나타나고 있다. 이러한 확신은 장차 그의 스타일과 모습을 뚜렷하게 특징짓게 된다. 린츠의 어리숙한 멋쟁이나, 빈의 프롤레타리아 시절 그에게 '계급의식'과 그것을 지탱하려는 의지를 부여해준 것이기도 하다.

히틀러는 뒷날 실업학교에서의 실패에 대해서 아버지가 자신을 관리로 만들려고 해서 그에 대해 저항한 것이었다고 주장했다. 그는 아버지와의 대립을 두 명의 굽히지 않는 의지의 인간 사이의 싸움으로 극화시켜서 오랫동안 계속되었다고 주장하였지만 그것은 상당부분 날조된 것으로 밝혀졌다. 아버지가 그를 린츠의 세관본부로 데리고 갔던 이야기도 역시 마찬가지다. 아버지는 그에게 이 직업의 좋은 점을 보여주기 위해서 그리로 데려갔지만 그 자신은 오직 '역겨움과 혐오'에 가득 차서 '늙은 남자들이 원숭이들처럼 서로 바싹 붙어서 웅크리고 있는 국가의 원숭이 우리'를 보았을 뿐이라고 했다.[15]

그러나 실제로는 아버지가 아들의 직업적인 성장과정에 대해서 그토록 열렬한 관심을 가지고 돌보지 못했다는 사실을 받아들이지 않을 수 없다. 히틀러는 아버지가 열성을 가졌다고 꾸며내서 자신의 실패를 변명하려 했던 것이고, 또한 어린 나이부터 확고한 결단력을 가졌다는 인상을 주려고 하였다. 물론 아버지는 부족한 학교교육으로 자신에게 닫혀 있던 고위직 공무원의 길을 아들에게 열어주고 싶어했다. 그리고 히틀러가 묘사한 대로 지속적인 긴장의 분위기가 있었던 것도 사실이다. 그것은 부분적으로는 서로 기질이 다른 데서 오는 것이었고, 부분적으로는 아버지 자신이 오랫동안 품어온 소망, 그리고 이상스럽게도 아들에게서도 나타나는 꿈을 실현시키려는 아버지의 결심 때문이기도 하였다.

아버지는 1895년 여름에 쉰여덟의 나이로 은퇴를 해서 마침내 직업적인 의무에서 벗어나 한가함을 누리며 자신의 취향대로 살려고 하였다. 그러나 아들에게 그것은 심한 행동의 제약을 뜻하였다. 갑자기 어디서나 존경과 규율을 요구하는 아버지의 강력한 모습에 맞닥뜨리게 된 것이다. 아버지는 자신이 이룩한 것에 대한 자부심을 가지고 가차없이 복종을 요구하였다. 아들의 직업선택에 대한 구체적인 의견차이보다는 오히려 이런 점이 분명한 갈등의 이유였다.

그러나 아버지는 그의 실업학교 시작부분만을 보았다. 1903년 초에 그는 레온딩에 있는 비스빙거 술집에서 한 잔의 포도주를 시켜서 첫 모금을 마시다가 그만 옆으로 쓰러져 의사와 사제가 달려오기도 전에 옆방에서 숨을 거두고 말았다. 공평한 〈린츠 일보〉는 그를 위해서 상당히 긴 추모기사를 실었다. 그의 진보적인 생각, 소박한 명랑함과 정력적인 시민의식을 지적하고, 그가 '노래의 벗'이었고, 양봉 분야에 권위가 있었으며, 절제 있고 가정적인 남자였다고 찬양하였다. 아들이 변덕스러운 투정으로 흥미가 없는 학교를 그만두었을 때 아버지인 알로이스 히틀러는 죽은지 이미 2년 반이 넘어 있었다.

병치레 잦은 어머니가 관리가 되라고 위협했다는 말도 맞지 않는다. 어머니는 아들이 학교를 그만두겠다고 끊임없이 조르는 것을 얼마 동안 막았던 것 같다. 그러나 그의 이기적이고 독선적인 기질에 맞설 방도가 없었다. 그렇게 많은 자식들을 잃고 난 뒤에 남은 두 아이에 대한 어머니의 염려는 특별한 것이어서 무엇이든 양보하는 지경이 되었다. 아들은 어머니의 그런 마음을 이용하는 방법을 재빨리 터득하였다.

1904년 9월에 그가 다니던 학교를 그만두는 조건으로 진급이 되었을 때에 어머니는 마지막 시도로 그를 슈타이르(Steyr)에 있는 실업학교에 보냈다. 그러나 거기서도 그의 성적은 좋지 않았다. 첫 번째 성적은 '가'로 판정이 났고, 히틀러 자신이 말한 바에 따르면 술에 취해서 성적표를 화장지로 써버렸기 때문에 성적표 사본을 받으려고 애써야만 했다.

1905년 가을의 성적도 나아지지 않자 어머니는 마침내 포기하고 그가 학교를 그만두는 것을 승낙하였다. 물론 이번에도 그녀는 완전한 자유의사로 그런 결정을 내린 것은 아니었다. 그가 《나의 투쟁》에서 슬쩍 고백한 바에 따르면 '갑작스러운 병이 도움이' 되었다.[16] 물론 그 병에 대해서는 아무런 증거도 없다. 그가 또다시 진급을 못했다는 것이 더 중요한 일로 보인다.

1905년 학교 성적표.

예술을 통한 신분상승 욕구

그것은 히틀러가 가끔 축하하곤 했던 파국적인 승리의 하나였다. 아버지가 죽은 다음에도 그는 불량한 학교성적을 통해서 강력한 아버지에게 증명을 해보였다. 아버지가 원하던 대로 관리직으로 나가는 길은 자신에게 영원히 막혀 있다는 사실을 보여준 셈이었다. 동시에 그는 '원초적인 증오심을 품고서'[17] 학교를 떠났다. 그의 생애에서 학교는 증오의 주제였다. 천직에 대한 암시로 자신의 실패에 대한 불안을 억지로 누그러뜨리려고 노력했지만, 실패한 자의 원한을 완전히 없애지는 못했다. 실용적인 교육기관의 요구에서 벗어나자 이제 그는 자신의 생애를 '완전히 예술에 바치기로' 결심하였다. 화가가 되려고 마음먹은 것이다. 이 선택은, 그가 지니고 있던 실질적인 스케치 재능에서 나온 것이고, 또한 화가들은 자유롭고 속박 없는 생활을 한다는, 시골 출신 관리 아들의 상당히 촌스러운 상상에서 나온 것이었다. 그는 이미 일찍부터 독특한 스타일의 필요성을 깨닫고 있었다. 어머니의 집에 있던 하숙인 한 사람은 나중에 다음과 같은 보고를 하고 있다.

그는 밥을 먹는 도중에 갑자기 종이에다가 미친 듯이 건물들, 아치문이나 기둥을 스케치하곤 했다는 것이다. 물론 거기에는 예술의 도움을 받아서 자기가 속한 좁은 시민세계의 강요와 제한들에서 벗어나고자 하는 합당한 필요성도 들어 있었다. 그리고 다른 모든 것을 잊고 자신의 그림 연습, 음악, 꿈을 위해서 헌신하려는 광적인 열성이 이러한 정열에 한 줄기 혼란스런 빛을 주고 있다. 그는 특정한 직업, 그 자신이 경멸한다고 말한 '밥벌이 직업'을 거부하였다.[18]

분명하게 그는 사회적 의미에서 예술을 통한 신분상승을 하려고 했다. 성장기에 보이는 그의 모든 집착과 결심 뒤에서 어떤 '높은 존재'가 되려는 매우 강한 욕구를 볼 수 있다. 예술에 대한 그의 지나친 정열도, 예술이 '더 나은 사회'의 특권이라는 생각과 적잖이 결부되어 있다. 어머니는 아버지가 죽은 뒤에 레온딩에 있는 집을 팔고 린츠의 아파트로 이사하였다. 여기서 열여섯 살 난 히틀러는 하는 일 없이 빈둥거리면서 상당한 액수에 이르는 어머니의 연금으로 미래의 계획들은 모두 뒤로 미뤄둔 채 자기가 중요하게 여기던 특권적인 게으름을 누릴 수 있었다. 매일같이 그는 산책을 하였고, 규칙적으로 '지방극장'에 가고, 음악협회에 가입하고, 국민교육연합의 도서관 회원이 되었다.

나중에 그가 이야기한 바에 따르면 성(性)에 대한 관심이 깨어나기 시작해서 밀랍 박물관의 성인을 위한 전시장에 가보곤 했다고 한다. 그리고 그 때쯤 그는 남부역 근처에 있는 작은 영화관에서 처음으로 영화를 보았다.[19] 전해지는 서술을 보면 그는 키가 크고 창백하고 수줍었으며 언제나 지나칠 정도로 꼼꼼하게 옷치장을 하고 대개의 경우에는 화려한 상아장식이 붙은 검은 색 산책용 지팡이를 휘두르며 대학생인 듯 행동하였다. 아버지는 사회적인 명예욕에 사로잡혀 있었지만 아들은 아버지가 이룩한 것을 하찮은 경력이라고 여겼다. 그가 '아버지'의 경력을 추억하면서 상당히 관대하게 내비친 말을 보면 자기 자신의 목적은 훨씬 더 높은 데 있다는 사실이 드러난다. 그는 현실과 별개로, 혹은 현실 위쪽에다가 세운 꿈의 세계에서 천재로서의 기대와 자의식을 쌓아올리고 있었다.

처음으로 자기증명의 요구에서 실패한 뒤로 그는 점점 자신이 만들어낸 상상의 세계 속으로 도망쳐 들어갔다. 이곳에서 그는 아버지와 선생들 앞에서 느꼈던 무력감을 극복했다고 여기고, 적들로 둘러싸인 세계에 대한 고독한 승리를 축하하였다. 이곳으로부터 그는 악의에 가득 찬 세상에 대해서 최초의 저주 판결을 내던졌다. 나중에 그를 기억한 모든 사람들은 그의 진지하고, 폐쇄적이고, '소스라쳐 놀라곤 하는' 특성을 기억하였다. 아무런 하는 일도 없이 모든 일에 열중하면서 세계는 "근본적으로 구석구석이 변화되어야 한다."고 확신하였다.[20] 깊은 밤까지 린츠 시의 도시계획 변경에 대한 서투른 계획에 열을 올렸고, 극장건물·호화주택·박물관이나 혹은 도나우 강에 세울 다리의 설계도들을 그리곤 하였다. 그 모든 설계도들을 그는 35년 뒤에 독단적인 만족감에 휩싸여 애송이 시절의 계획대로 세우라고 지시하였다.

비현실적인 사랑

그는 체계적인 작업을 할 능력이 없었다. 끊임없이 새로운 일거리, 새로운 매혹, 새로운 목표를 필요로 하였다. 그가 졸라서 어머니는 피아노를 샀다. 잠시 동안 그는 레슨을 받았다. 그러나 넉 달이 지나자 벌써 지겨워져서 포기하고 말았다. 그의 젊은날의 유일한 친구인 린츠의 실내장식가 아들 아우구스트 쿠비체크(August Kubizek)와는 음악에 대한 열정으로 결합되었는데, 그에게 생일선물로 자신의 꿈의 세계의 일부인 이탈리아 르네상스 양식의 집 한 채를 선물하였다. "그는 완성된 것에 대해서 이야기할 때나 계획하고 있는 것에 대해서 이야기할 때에 차이가 없었다."[21]

복권당첨에 대한 생각이 한동안 그를 비현실 세계로 이끌어갔다. 그 비현실 세계에서 그는 도나우 저편을 내다볼 수 있는 전망을 가진 훌륭한 집(린츠 우어파, 교회거리 2번지)의 2층에서 살았다. 당첨이 있기 여러 주 전에 이미 그는 시설들을 고르고, 가구며 재료들을 검사하고, 장식문양들을 계획하고, 친구에게 고귀한 자유의 생활, 예술에 대한 관대한 사랑으로 넘친 생활 계획을 들려주었다. '벌써 머리가 희끗해진, 그러나 대단히 고귀한 부인'이 그러한 생활을 뒷바라지해야 한다는 것이다. 그

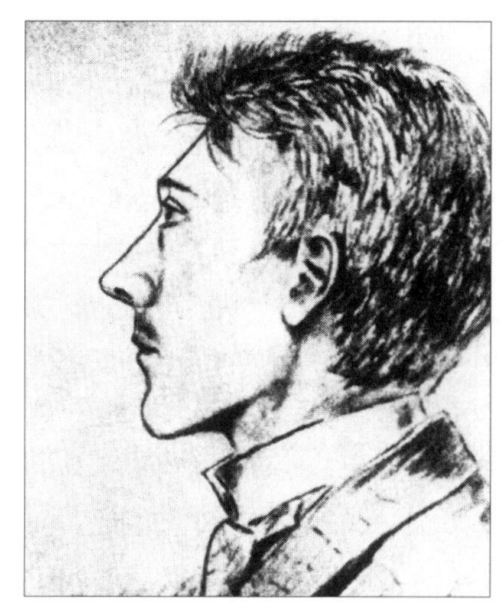

동급생이 그린 열여섯 살의 히틀러.

리고 그녀가 '화려하게 불을 밝힌 계단에서 잘 선별된 고결한 마음을 가진 친구들'을 손님으로 맞아들이는 모습을 미리 맛보았다. 그것은 당첨날이 와서 그가 거의 확신하고 있던 꿈을 망치기 전에, 그리고 그가 끝도 없는 분노의 광란 속에서 자신의 불운을 저주하고, 점점 더 흥분해서 믿기 잘하는 인간의 기질, 국가의 복권체계, 그리고 마침내 사기꾼 같은 국가 자체에 대해서까지 근본적으로 저주를 퍼붓기 전에 있었던 일이다.

그가 이 시기에 자신을 가리켜서 '별난 사람'이라고 불렀던 것은 옳은 것이었다.[22] 실제로 그는 집중적이고 억누른 방식으로 오직 자기만의 삶을 살았다. 어머니와, 최초의 청중 노릇을 했던 순진하게 믿기 잘하는 친구 '구스틀(아우구스트의 애칭)'을 빼면 가장 중요한 청소년 시절의 풍경에는 사람 모습이 없다. 학교를 그만두는 것과 아울러 근본적으로 사회를 떠난 것이다.

매일같이 중심가의 산책길에서, 어머니와 함께 언제나 일정한 시각에 대장간 앞을 지나쳐가곤 하는 소녀를 만나게 되었을 때, 친구의 보고에 따르면 그는 곧바로 정열적인 애정을 느끼게 되었는데 그것은 집요하고 낭만적

인 애정으로 여러 해 동안이나 계속되었다. 그런데도 그는 그 소녀에게 말을 걸고 자신을 알리는 일을 끝까지 거부하였다. 그러한 거부는 자연스러운 수줍음 탓만은 아니고, 현실에 대항해서 공상을 지키고 항상 몰취미한 현실이 상상의 왕국 안으로 들어오는 것을 막으려는 소원과도 관계된 것이었다. 친구가 확인해준 것을 믿을 수 있다면 히틀러는 소녀에게 바치는 '헤아릴 수 없이 많은 사랑의 시들'을 썼다고 한다. 그중 하나에서 그녀는 '꽃이 핀 들판 위에서 백마를 타고 짙은 청색으로 나부끼는 빌로드 옷을 입은 성주의 딸'로 등장하고 있다. "풀어헤친 머리카락은 황금빛 파도처럼 어깨에서 흘러내렸다. 밝은 봄하늘이 그 위로 펼쳐져 있었다. 모든 것은 순수하고 빛나는 행복이었다."고 한다.[23]

바그너 음악과의 첫 만남

리하르트 바그너(Richard Wagner)의 음악, 그 정열적인 효과와 매혹적이면서도 폐부를 찌르는 듯한 음색, 유괴하는 힘을 지닌 그 음악은 그가 한번 빠져든 뒤, 그리고 매일 밤 오페라를 방문하게 된 뒤로 적잖이 최면술적인 자기암시의 수단으로 이용되었다. 이 음악만큼 그의 현실도피적인 성향에 잘 맞는 것도 없었고, 현실에 대해서 자신을 그토록 절대적 우위에 서게 만든 것도 없었다.

당연한 일이지만 그는 같은 시기에 이 음악에 잘 어울리는 그림을 사랑하였다. 루벤스(Rubens)의 화려함과 루벤스를 퇴폐적으로 모방한 한스 마카르트(H. Makart)였다. 친구인 쿠비체크는 바그너 오페라 〈리엔치〉를 함께 관람하고 난 다음에 히틀러가 보인 열광적인 반응을 서술하고 있다. 그 작품의 장엄하고 극적인 음악성에 압도되고, 주변의 몰이해로 인해서 낯설고 비극적으로 부서져 간 중세 후기의 반란자 호민관 리엔초의 콜라(Cola di Rienzo)의 운명에 완전히 감동을 받은 히틀러는 친구를 프라인 산(Freinberg)으로 끌고가더니 밤의 어둠에 잠긴 린츠를 내려다보면서 연설을 시작했다고 한다. "막혀 있던 강물이 터진 둑을 통해 흘러내리듯이 말들이 그에게서 흘러나왔다. 위대하고도 마음을 사로잡는 그림으로 그는 내게

아우구스트 쿠비체크에게 보낸 빈 예술사 박물관의 무기 진열실을 담고 있는 그림엽서. "빨리 이쪽으로 와라."

자신의 미래와 민족의 미래에 대해서 들려주었다." 30년도 더 지난 다음 이 청년기의 친구들이 바이로이트에서 다시 만났을 때 히틀러는 이렇게 말했다. "그 순간에 시작되었어!"[24]

1906년 5월에 히틀러는 2주 예정으로 빈을 향하여 출발하였다. 그는 수도의 광채에 눈이 먼 듯했다. 마치 〈천하루 밤 이야기〉에 나오는 마법처럼' 보이는 링 거리, 박물관들, 우편엽서에 써보낸 대로 오페라의 '강력한 존엄성'. 그는 궁정 극장을 방문하고 〈트리스탄〉과 〈방랑하는 네덜란드 사람〉을 관람하였다. "그 강렬한 음의 파도가 홀 안으로 넘치고, 살랑거리는 바람소리가 무서운 음의 파도에 압도되면(문법적인 오류!) 숭고함을 느끼게 된다네." 하고 그는 쿠비체크에게 써보냈다.[25]

그가 빈에서 돌아온 다음 그곳 미술 아카데미에 입학하기 위해서 출발하기까지 어째서 일년 반이나 더 기다렸는지 이유가 분명치 않다. 1907년부터 점점 더 병약해진 어머니가 염려에 가득 차서 반대한 것이 어느 정도 작용했을지 모른다. 그러나 아마도 결정적인 이유는 그 자신이 이상적이라 여긴 빈둥거리는 생활을 끝내고 새로이 학교에 종속되는 발걸음을 내딛기가 두려워서 그랬을 것이다. 그는 아직도 여전히 매일매일을 기분내키는 대로 지내면서 꿈꾸고 스케치하고 산책하고 밤늦게까지 책을 읽곤 하였다. 아니면 끊임없이 방 안에서 오락가락하였다고 한다. 그는 여러 번이나 린 츠에서의 삶을 자기 생애의 가장 행복한 시절이라고 불렀다. '아름다운 꿈' 이라고. 물론 그 그림은 학교에서의 실패의식에 의해서 쉽게 흐려지는 것 이긴 했지만 말이다. 《나의 투쟁》에서 그는 자기 아버지가 그 옛날 도시로 나가서 "무엇인가 이루지 않고는 고향마을로 돌아가지 않았다."고 자기 칭 찬을 하는 모습을 서술해놓고 있다.[26]

그는 1907년 9월에 같은 의도를 품고서 여행길에 올랐다. 그리고 예전 의 계획과 희망으로부터 점점 멀어지는 동안에도 그 소망만은 남았다. 성 공해서 당당하게 린츠로 돌아가서, 그 도시가 두려움과 부끄러움과 경탄으 로 자기 발밑에 놓여 있는 것을 보고 싶고, 한때의 '아름다운 꿈'을 실현시 켜보고 싶다는 소망이 언제까지나 남아 있었다. 전쟁 동안에 그는 자주 지 치고 초조해져서, 린츠에다가 노후를 위한 집을 짓고 박물관을 건립하고 음악을 듣고 책읽고 글쓰고 자신의 생각에 몰두하고 싶다는 의도를 이야기 하곤 했다. 그것은 다름 아니라 아주 고귀한 노부인과 고결한 심성의 친구 들로 둘러싸인 훌륭한 집에 대한 그 옛날의 꿈이었다. 그것이 아직도 그의 내부에 살아남아 있었던 것이다. 1945년 3월 소련의 붉은 군대가 베를린 코앞에 당도했을 때 그는 제국수상관저 지하에 있는 벙커에서 새로운 린츠 의 건설계획을 가져오게 하더니 선 채로 오랫동안 그것을 꿈꾸었다고 전해 지고 있다.[27]

제2장 무너진 예술가의 꿈

20세기로 넘어오던 시기에 빈은 여러 세기의 명성과 유산을 간직한 유럽의 대도시였다. 그곳은 영광에 넘치는 모습으로 오늘날의 러시아와 발칸 반도 깊숙한 곳까지 지배하였다. 이곳으로부터 열 개가 넘는 다양한 민족과 종족들로 이루어진 5천만 명의 인구가 통치되고 하나로 통합되고 있었다. 그들은 바로 도이치 · 마자르 · 폴란드 · 유대 · 슬로베니아 · 크로아티아 · 세르비아 · 이탈리아 · 체코 · 슬로바키아 · 루마니아 · 루테니아 사람들이었다. '이 도시의 천재성'은 모든 대립들을 부드럽게 만들고 다민족 국가의 갈등을 조정해서 유용한 것으로 만드는 능력에 있었다.

모든 것은 확고한 기반 위에 영원할 것처럼 보였다. 프란츠 요제프(F. Josef) 황제는 1908년에 60년 간의 통치를 축하받으며 마치 국가의 상징처럼 되었다. 그는 품위와 지속성의 상징이었다. 그리고 정치적으로나 사회적으로 나라를 지배하는 높은 귀족의 지위 또한 전혀 흔들림이 없는 것처럼 보였다. 그에 비해서 시민계층은 부(富)를 이루기는 하였으나 이렇다 할 영향력을 얻지 못하고 있었다. 이즈음, 정당과 선동가들은 아직 보통 · 평등 선거권이 없었지만 무서운 속도로 성장하던 산업과 상업계의 소시민과 노동자계층의 지지를 얻으려고 애썼다.

그러나 그것은 모든 현대적 요소와 번화함을 보여주고 있어도 이미 어제의 세계였고 의혹, 부서짐, 자기 자신에 대한 깊은 의혹에 가득 찬 세계였다. 20세기로 넘어오던 시기에 빈이 보여주고 있던 영광은 몰락의 분위기가 짙게 물든 것이었다. 문학 속에까지 스며들어간 그 모든 소모적인 축제에도 불구하고 밑바탕에는 한 시대가 생명력을 다 썼고 이제 오직 아름다운 현상으로만 남게 되리라는 의식이 드러나 있었다. 피로, 패배감, 불안감, 점점 더 견디기 힘들어지는 민속들간의 갈등, 지배계층의 근시안적인 행태 등이 풍부한 추억들로 가득 찬 건물을 서서히 붕괴시키고 있었다. 그것은 아직 강한 모습으로 서 있었다. 그러나 이별과 탈진의 분위기가 이보다 더 잘 느껴지는 곳은 없었다. 시민시대의 붕괴를 빈보다 더 화려하고 우수에 넘쳐서 체험한 곳은 없었다.

다민족 국가의 위기

이미 19세기 말에 다민족국가의 내적인 모순이 점점 더 날카롭게 불거져나왔다. 특히 1867년 헝가리가 저 유명한 '협상'에서 중요한 특별권을 얻게 된 이후로 더욱 심해졌다. 오스트리아-헝가리 이중왕국은 수없이 틈이 나서 갈라진 항아리를 낡은 철사줄로 겨우 한데 묶어놓은 것이라고 이야기되곤 했다. 그 사이 체코 사람들은 자신들의 언어를 도이치 말과 대등하게 취급해줄 것을 요구하였고, 크로아티아와 슬로베니아 사람들 사이에서도 갈등이 불거져나왔다. 히틀러가 태어나던 해에는 제국 황태자인 루돌프가 마이얼링에서 자살을 하여 겨우 복잡한 정치적·개인적 사정에서 벗어났다. 20세기 초에는 렘베르크(Lemberg)의 대로에서 갈리치아의 총독이 암살당했다.

군대 기피자 수는 해마다 늘어만 가고, 빈 대학에서는 소수민족 학생의 시위가 일어났다. 시내 중심가인 링 거리에서는 더러운 빨간 색 깃발을 내걸고 노동자 집단이 대규모 집회를 열었다. 제국의 모든 분야에서 불안과 탈진의 조짐들이 보였고 그 모든 것은 오스트리아가 해체되는 과정이라는 사실을 보여주고 있었다.

1905년에 독일과 러시아 신문에는 베를린과 페테르부르그 사이에 접촉이 이루어지고 있다는 소문이 무성하게 보도되었다. 오스트리아 황제국에 종말이 올 경우에 이웃 국가들이 예상되는 영토확장을 위해서 미리 합의를 하려 한다는 소문이었다. 소문이 너무 걷잡을 수 없이 퍼져나가서 베를린 외무부는 11월 29일에 특별히 이 문제를 위해 이루어진 담화에서 오스트리아 대사를 안심시켜야 했을 정도였다.[1]

이 시기의 여러 가지 경향들 즉, 민족주의·종족의식·사회주의·의회주의들은 이 불안정한 국가에서 자연스럽게 특별한 폭발력을 보였다. 이미 오래전부터 정부가 사실상 용납될 수 없는 승인을 통해서 개별 그룹들의 의견을 받아들이지 않고는 의회에서 어떠한 법도 통과되지 못했다. 인구의 1/4을 차지하는 도이치 사람들은 교육, 부(富), 개화상태 등에서 다른 민족을 능가하였다. 그들의 영향력은 막강하기는 하였지만 그래도 언제나 배후에 머물러 있었다. 정부는 무심한 임시변통 정책을 펼치면서 도이치 사람들의 충성심을 당연한 것으로 여기다보니 그들을 소홀히 대했다. 불안한 소수민족들을 만족시킬수록 그러한 경향은 더욱 심해졌다.

방어 이데올로기

여기에 덧붙여서 각 민족의 민족주의는 전통적으로 침착한 도이치 지도층하고만 부딪친 것이 아니었다. 전염병처럼 퍼져나간 민족주의는 1866년 오스트리아가 독일 정책에서 배제된 이후로 특수한 국가동일성 감정을 지니게 되었다. 쾨니히그래츠(사도바. 비스마르크가 '작은 독일'이라는 구호 아래 프로이센 주도로 독일을 통일하는 과정에서 벌이는 프로이센 대 오스트리아 전쟁의 주요 전투지. 보헤미아 지역에 위치한다. 프로이센은 여기서 승리함으로써 독일연방에서 오스트리아를 몰아내게 된다 : 역주) 전투는 오스트리아의 얼굴을 독일에서 발칸으로 향하도록 만들었고, 오스트리아의 도이치 사람들은 '자기' 나라에서 소수민족의 지위로 떨어지고 말았다. 그들은 분노하여 이중 왕국을 비난하였고, 특히 왕국이 친(親) 슬라브 정책을 통해 외국세력을 키우는 위험성을 간과하고 있다고 주장하였다. 또한 그들의 분노는 자기 자신을 추커세우는 것으로 나타났다. '도이치'란 말은 이제 윤리적인 내용을 가진 개념이 되었고, 지배자의 요구로 모든 낯선 것에 대항하는 무기가 되었다.

물론 그와 같은 방식으로 반응하는 바탕에 깔린 두려움은 일반적인 적응 위기라는 광범위한 배경에서 보아야 비로소 이해가 된다. 소리 없는 혁명이 이루어지는 가운데 이중왕국 영토에서 특히 시대착오적으로 오래 지속되어 온 낡고 세계시민적이고 봉건적이고 농민적인 유럽이 붕괴되고 있었다. 그리고 그러한 붕괴와 결합된 실망과 갈등은 그 누구에게도 예외가 아니었다. 특히 시민 계층과 소시민 계층은 사방에서 위협당하고 있다고 느꼈다. 진보에 의해서, 무서울 정도로 커지는 도시들에 의해서, 기술·대량 생산·경제력 집중 등을 통해서 위협당한다고 느꼈다. 오랫동안 신뢰할 만한 개인적 혹은 사회적 유토피아를 뜻했던 미래라는 개념은 이 시기부터 점점 더 광범위한 계층에게 불안이라는 범주로 바뀌었다. 빈에서만 1859년 이후 30년 만에 거의 4만 개의 수공업체가 파산하였다.

이러한 불안은 점점 커지는 현실도피 욕구를 담은 수많은 저항운동을 불러일으켰다. 특히 위협받고 있는 세계의 구원론이라고 자칭하는 민족·종족적인 방어 이데올로기들이었다. 그것은 이해하기 힘든 불안감을 누구에게나 친숙한 그림으로 바꾸어 보여주었다.

반유대주의

방어 콤플렉스는 특별히 유대인 배척주의 형태로 나타났다. 그것은 게오르크 리터 폰 쇠너러(G. R. v. Schönerer)의 '모든 도이치 당(黨)'부터 칼 뤼거(K. Lueger)의 기독교사회당에 이르기까지 서로 경쟁관계에 있는 수많은 당의 강령에 공통으로 나타났다. 19세기의 70년대 초에 발생한 경제위기 동안에 반유대인 감정이 폭발하였다. 그런 감정은 나중에 갈리치아, 헝가리, 부코비나 등에서 이민 행렬이 늘어나자 다시 생겨났다. 합스부르크 대도시(빈)의 온건하고 균형잡힌 영향력에 힘입어 탄생한 유대인 해방은 상

빈의 어떤 구역에서는 유대인들이 주민의 1/3을 차지했다.

당한 발전을 가져왔다. 그러나 바로 그 때문에 더욱더 많은 유대인들이 동유럽에서 나와 자유로운 지역으로 들어왔다. 1857년부터 1910년까지 대략 50년의 기간에 빈의 유대인 인구비율은 2퍼센트에서 거의 네 배가 넘는 8.5퍼센트로 늘어났다. 그것은 중부유럽의 다른 어떤 도시보다 높은 비율이었다. 개별 구역, 특히 레오폴트 구역 같은 데서 유대인은 주민의 1/3을 차지하였다. 상당수의 유대인들은 그들의 생활습관대로 전통의상을 입었다. 길다란 검은 카프탄을 입고 머리에 높은 모자를 쓴 그들의 낯선 모습은 신비스러운 세계의 두려움을 일으키면서 거리의 모양을 이상하게 지배하였다.

유대인의 역사적 상황은 그들에게 특별한 역할과 경제적 활력을 부여하였다. 그것은 선입견 없는 태도와 활동성을 만들어냈다. 그들이 위기감과 상대를 능가한다는 느낌을 불러일으키는 것은, 지나칠 정도로 많은 숫자가 고학력 직업으로 나가고 언론에 대단한 영향력을 행사하며 빈의 거의 모든 대은행들과 상당수의 토착산업을 점령하고 있다는 사실뿐만이 아니었다.[2] 광범위하게 전통과 감상과 절망에 사로잡힌 채 미래를 내다보는 구식의 시민적인 유럽 사람들과 견주어볼 때 유대인들의 생활방식은 새 시대 대도시의 합리적 스타일에 훨씬 더 잘 들어맞는 것이었다.

유대인에 의해서 위협받는다는 의식은 특별히 다음과 같은 비난의 형태로 나타났다. 즉 유대인은 뿌리가 없고 파괴적이고 혁명적이다, 그들에게 거룩한 것이란 없다, 그들의 '차가운' 지성은 도이치 사람의 내면성과 심성에 반대되는 것이라는 등이었다. 이러한 이미지는 수많은 유대 지식인들에 의해서 뒷받침되었다. 그들은 여러 세대 동안이나 배척받아 온 소수민족의 반항심과 유토피아의 성향을 가지고서 노동운동의 지도적 역할을 맡았다. 그들이 원래 가졌던 역할에 거대한 모반이라는 치명적인 이미지가 합쳐졌다. 두려움에 사로잡힌 영세 영업계층은 자본주의와 당시 다가오고 있던 혁명에 대한 두려움에 떨고 있었다. 사업도, 시민적인 지위도 유대인들에 의해서 일종의 이중공격을 받는다는 두려움이었다. 거기다가 종족의 특성까지 가세하였다. 《유대주의에 대항한 아리안 종족의 절망적 싸움》이란 제목을 달고 있는 헤르만 알바르트(H. Ahlwardt)의 책은 '사실기록'을 과거의 독일 상황에서 인용하였다. 90년대 베를린에서 반유대주의가 유행했을 때도 그 책은 어떤 아웃사이더가 화가 나서 쓴 망상 정도로 여겨졌다. 반면 이곳 빈에서는 광범위한 계층의 상상력을 지배하는 내용이었다.

어머니의 죽음

이러한 일이 벌어지고 있던 이 도시에서 아돌프 히틀러는 다음 몇 년 간을 보내게 된다. 그는 상당한 기대를 가지고 빈으로 왔다. 자신을 압도할 만한 인상들을 갈망하면서, 어머니의 돈으로 지속했던 과거 몇 년 간의 사치스런 생활을 더욱 화려하면서도 도회적인 환경 속에서 계속할 속셈이었다. 그는 자신의 예술적 재능에 대해서도 의심하지 않았다. 오히려 그 자신

이 썼듯이 '자부심 강한 확신'에 넘쳐 있었다.[3]

1907년 10월 그는 쉴러 광장에 위치한 미술 아카데미에 스케치 시험을 보겠다고 신청하였다. 그러면서 이 학교의, 악명이 자자할 정도로 까다로운 요구조건에 대해서 제대로 알지도 못했다. 그는 첫날의 필기시험에 합격하였다. 여기서는 120명의 지원자 중에서 33명이 낙방하였다. 그러나 다음날 종합평가를 담고 있는 등급기준은 다음과 같은 기록을 보인다. '시험스케치 불가 판정. 다음 사람들은 다음 단계 시험에 응시할 수 없음. ……아돌프 히틀러, 인(Inn) 강변의 브라우나우, 1889년 4월 20일 생, 도이치, 카톨릭, 부친 관리, 실업학교 4년. 실력이 없고 시험스케치 점수 불가(不可).'

그것은 직접적이고 냉혹한 추락이었다. 히틀러는 깊이 실망하여 아카데미 교장을 찾아갔다. 그는 히틀러에게 건축공부를 해보라고 설득하였다. 동시에 그의 그림이 '비난의 여지가 없는 것이지만…… 화가로서는 부적합'하다고 했다. 히틀러는 이 결과를 나중에 '날카로운 일격, 번쩍이는 번개'였다고 표현했다.[4] 그리고 실제로 꿈과 삶의 현실이 이토록 급격히 벌어진 적은 없었다. 그가 실업학교를 너무 일찍 포기한 것도 이제와서 불리하게 작용하였다. 건축공부를 하기 위해서는 고등학교 졸업시험 합격증이 필요했기 때문이다. 그러나 학교와 그 규칙적인 가르침에 대한 거부감이 아주 심해서 그는 학교로 돌아가겠다는 생각은 하지 않았다. 어른이 되고 난 다음에도 그는 이러한 교육과정의 전제조건이 '너무 어렵다'고 말하고 고등학교 졸업시험이 뛰어넘을 수 없는 장애였다고 표현했다. "그러니까 인간적인 척도로 보면 나의 예술가로서의 꿈은 실현가능하지 않은 것이었다."[5]

그토록 비참한 실패를 한 후 겸손하게 린츠로 돌아가서, 특히 최초의 실패였던 이전의 학교로 돌아가기 싫어했다는 것은 이해가 가는 일이다. 그는 어찌할 바를 모르고 빈에 그대로 머무르면서 시험에 떨어진 이야기는 전혀 하지 않았다. 그렇다고 위풍당당하게 산책하고 오페라 구경을 가고 그밖에 거창한 몸짓으로 '연구'라고 부르던 수많은 어설픈 계획들을 그만두고 진지한 활동을 하려고 하지도 않았다. 어머니의 상태가 급격하게 나빠져서 임종이 임박하였는데도 그는 돌아가지 못했다. 어머니는, 이 몇 주

동안 근심스러운 태도로 아돌프는 '마치 이 세상에 혼자 있는 것처럼' 자기 길을 가느라고 바쁘다고 말했다. 1907년 12월 21일 어머니가 죽은 직후에 아들은 린츠에 나타났다. 임종 전까지 어머니를 보살핀 의사는 "그토록 고통스러워하고 슬픔에 찬 젊은이를 한 번도 본 적이 없다."고 적었다. 자신의 말에 따르면 그는 울었다.[6]

실제로 그는 실패를 하였을 뿐 아니라 이제부터는 도피처도 없어졌다. 이 경험은, 그렇지 않아도 극단적인 성향을 더욱더 심하게 하여 고독에 휩싸이게 하였으며, 자기연민에 빠지게 하였다. 어머니의 죽음과 더불어 이상하게도 가족의 구성원 한 명을 향한 감정을 빼면 그가 사람들에 대해서 가지고 있던 얼마 안 되는 애착마저도 끝나고 말았다.

후견인 아저씨, 전 빈으로 갑니다!

히틀러는 아마도 이러한 두 가지의 충격 때문에 빈으로 돌아가려는 생각을 더욱 강하게 한 것 같다. 그리고 아마도 린츠에 있는 친척들의 물어보는 듯한 눈초리, 질책 등으로부터 대도시의 익명성 속으로 도망치고자 하는 소원도 작용하였을 것이다. 그밖에도 고아연금을 타기 위해서는 공부를 끝마칠 것이라는 인상을 만들어내야 했다. 그래서 형식적 행사와 유산문제가 타결되자마자 그는 후견인인 레온딩 군수 마이르호퍼에게 가―그가 나중에 회고한 바에 따르면 오래 이야기하지도 않고―'거의 건방진 태도로' 다음과 같이 선언했다. "후견인 아저씨, 전 빈으로 갑니다!" 며칠 뒤인 1908년 2월에 그는 린츠를 아주 떠났다.

하나의 추천서가 그에게 새로운 희망을 주었다. 어머니가 죽을 때까지 살았던 집의 주인인 막달레나 하니쉬(M. Hanisch)는 당시 가장 유명한 무대장치가였던 알프레트 롤러(A. Roller)와 아는 사이였다. 그는 궁정오페라의 장치감독 겸 빈 미술실업학교 교사이기도 했다. 1908년 2월 4일자 편지에서 막달레나 하니쉬는 빈에 살고 있는 자기 어머니에게 젊은 히틀러를 위해서 롤러와 만나도록 주선해달라고 청하였다. 그녀는 이렇게 썼다. "그는 진지하고 열성적인 젊은이예요. 열아홉 살이지만 나이보다 성숙하고 신중하고, 친절하고 확고하며 좋은 집안 출신이에요……. 그는 훌륭한 것을 배우려고 굳게 결심하고 있답니다! 지금까지 그를 쭉 보아왔지만 그는 분명한 목적의식을 가지고 있어서 절대로 '빈둥거리지' 않을 거예요. 어머니가 무가치한 사람을 위해서 애쓰시도록 하고 싶지 않거든요! 좋은 일을 해주세요." 며칠 지나지 않아서 롤러가 히틀러를 만나볼 생각이 있다는 답이 왔다. 린츠의 집주인 여자는 다시 편지로 어머니에게 감사하였다. "어머니가 이 젊은이의 행복한 표정을 보셨더라면 정말 수고한 보람을 느끼셨을 텐데요. ……그에게 어머니의 편지를 주고 롤러 감독의 편지를 읽게 했어요. 마치 편지를 외우려고 하는 것처럼 천천히 한마디 한마디 조용히 편지를 읽으면서 거의 경건하고 행복한 표정을 보였답니다. 진심으로 감사하면서 그는 편지를 내 앞에 도로 내려놓더군요. 그리고 감사말씀을 드리기 위해서 어머니게 편지를 써도 되는지 내게 물었어요."

이틀 뒤 날짜가 적힌 히틀러의 편지는 아주 애써서 관청서기 필체를 흉내내고 있는데 이것은 보존되어 있다. "지극히 존경하는 부인, 제가 무대장치의 위대한 대가 롤러 교수님을 만나뵐 수 있도록 주선해주신 노고에 대해서 이 편지로 심심한 감사의 말씀을 올립니다. 저로서는 외람되게도 부인에게 잘 모르는 사람을 위해서 이런 일을 해주십사고 청하였습니다. 그런데 부인께서 이토록 성과가 있는 행동을 취해주신 데 대해서 진심으로 감사드리며, 아울러 저에게 쓰라고 내주신 명함에 대해서도 심심한 감사의 말씀 드립니다. 한 번 더 깊이 감사하며 존경심으로 부인의 손에 키스를 올립니다 – 아돌프 히틀러."[7]

사실상 이 추천서는 그를 위해서 꿈의 세계를 열어주는 것처럼 보였다. 음악과 그림을 오페라의 장엄한 가상세계와 결합시켜주는 자유로운 예술가 생활로 안내하는 것으로 보였다. 그러나 롤러와의 만남이 어떻게 끝났는지 알려진 게 없다. 히틀러 자신은 그에 대해 아무런 언급도 하지 않았다. 이 경탄할 만한 사람이 그에게 일하면서 배우다가 가을에 다시 아카데미에 지원하라고 충고했던 것이 분명하다.

히틀러는 다음 5년을 뒷날 자기 생애의 '가장 슬픈 시절'이라고 불렀다.[8] 그것은 많은 측면에서 가장 중요한 시절이기도 했다. 그가 빠졌던 위기는 그의 성격의 특성을 만들어내고, 다시는 포기하지 않는, 돌처럼 확고한 성취형식들을 찾아내도록 해주었다. 이 덕분에 행동을 갈망하는 그의 삶은 완고하다는 인상을 가지게 된다.

'곤궁과 힘든 현실'이 이 시기의 가장 잊지 못할 체험이었다는 표현은 히틀러 자신이 조심스럽게 삶의 흔적을 지워버리고 그 위에 덧입힌 전설의 일부다. "나에게 있어서 이 사치스런 도시의 이름에는 5년 간의 비참과 곤궁이라는 의미가 포함되어 있다. 이 5년 동안 처음에는 조수로, 다음에는 싸구려 화가로 밥벌이를 해야 했다. 평소의 허기를 달래기에도 충분하지 못한 보잘것없는 빵을 위해서 일했다. 배고픔은 당시 나의 충실한 파수꾼이었으며 유일하게 내 곁을 떠나지 않은 것이었다."[9] 그러나 조심스럽게 당시 그의 수입을 계산해보면 처음 빈 체류기간에 아버지와 어머니의 유산과 고아연금 덕분에 그 자신의 수입을 빼더라도 매달 80 내지 100크로네를 쓸 수 있었을 것이다.[10] 그것은 배석판사의 한 달 월급과 같거나 아니면 오히려 더 많은 것이다.

잦은 공격성과 그 격렬함

2월 중순에 히틀러에게 설득당한 아우구스트 쿠비체크도 빈으로 왔다. 음악원에서 공부하기 위해서였다. 그들은 함께 슈툼퍼 거리 29번지에 있는 마리아 차크라이스(M. Zakreys)라는 이름의 늙은 폴란드 여자의 집 뒤채의 '위안 없고 가난한' 방에서 살았다. 쿠비체크는 공부를 하였지만 히틀러는 이미 버릇이 되어버린 계획 없이 빈둥거리는 생활을 계속하였다. 언제나 자신이 자기 시간의 주인이라고 주장했다. 점심 때쯤 잠자리에서 일어나서 거리나 혹은 쇤브룬 공원을 산책하고, 박물관들을 방문하고 저녁에는 오페라 극장에 갔다. 나중에 고백한 바로는 거기서 완전히 열광하여 그 몇 년 동안 〈트리스탄과 이졸데〉만 30~40번이나 보았다. 그리고 나서 다시 책 속에 파묻혀서 독학자로서 마음내키는 대로 영감이나 변덕에 따라서 이것저것 읽었다. 아니면 링 거리의 화려한 건축물들 앞에 넋을 잃고 서서 스스로 세우게 될 위풍당당한 건축물을 꿈꾸곤 하였다.

그는 거의 병적으로 공상에 빠져들었다. 깊은 밤까지 계획을 세우느라 열을 올리곤 했는데, 이 계획에는 실질적인 능력의 결핍, 아는 체하기, 참을성 없음 등이 서로 다투어 나타났다. "그는 자기에게 친숙하게 다가오는 것을 그대로 내버려두지 못했다."는 것을 우리는 안다. 벽돌이 '기념건축물을 위해서는 견고하지 못한 것'이라고 생각했기 때문에 그는 왕궁을 부수고 새로 지을 계획을 세웠다. 극장 건물, 성들, 전시회장 등을 구상했고, 알코올 없는 국민음료에 대한 생각을 발전시키고 담배 대용물을 찾으려 애쓰고, 학교 운영 개혁계획도 세워보고 집주인, 관리 등에 대한 공격을 하기도 했다. 그리고 자신의 관심, 원한, 잘난 척하는 비전 등을 담은 '도이치 사람의 이상국가'를 구상하였다.

그는 아무것도 배우지도 이룩하지도 못했으면서 어떤 충고도 거부하고 가르침을 미워하였다. 작곡 기법의 지식도 없이 리하르트 바그너가 중도에서 그만둔 피비린내나는 근친상간을 다룬 오페라 〈대장장이 빌란트〉의 구상을 계속할 궁리를 하였다. 그는 게르만 종족의 전설적인 소재들을 다루는 극작가로 자처하고 《극장》 혹은 《이념》 등을 썼다. 때때로 그림을 그리기도 하였으나 세부묘사에 치중한 작은 수채화들은 그가 느끼고 있던 압력을 보여주지 못하고 있다. 그는 자신을 정당화하고 자신이 천재임을 입증해 보이겠다는 초조감에 사로잡혀서 쉬지 않고 말하고 계획하고 몽상하였다. 그러면서도 미술 아카데미 입학시험에서 떨어졌다는 말만큼은 방친구에게 하지 않았다. 낮 동안에 무엇을 그렇게 열심히 하는가고 물으면 그는 이렇게 대답했다. "나는 빈의 주택문제 해결을 위해서 애쓰고 있으며 그것을 위해서 특별한 연구를 하고 있다."[11]

모든 특이한 과장과 순수한 공상에도 불구하고 이런 태도에서 이미 뒷날의 히틀러의 모습을 볼 수 있다. 그 자신의 말은 세계개혁 의지와 신분상승 사이에 존재하는 상관관계를 암시해주고 있다. 무기력과 지나친 긴장, 무관심과 발작적인 활동성의 독특한 결합이 장래의 모습을 보여준다. 쿠비체크는 불안이 섞인 태도로 히틀러의 갑작스런 분노와 절망적인 발작을 적어놓고 있다. 잦은 공격성과 그 격렬함, 분명하게 드러나는 무한한 증오감. 쿠비체크는 자기 친구가 빈에서 '완전히 균형을 잃고' 말았다는 것을 깨달았다. 극히 격앙된 흥분상태가 급작스럽게 깊은 좌절의 기분과 교차하곤 하였다. 그럴 때 그는 부당함, 미움, 적대감만을 보이고, "자신을 이해하지도 못하고 인정하지도 않는 전인류에 고독하게 맞섰다. 그는 인류 전체에 의해 쫓기고 기만당했다고 느꼈다." 그리고 어디에나 "오직 그의 상승을 방해할 목적으로 덫"이 쳐져 있다고 느꼈다.[12]

치유되지 않는 상처

1908년 9월에 히틀러는 한 번 더 아카데미 회화반에 들어가려고 노력하였다. 지원번호 24번에는, 그가 미리 제출한 작품이 시험의 기준에 합당하지 않아서 '응시할 수 없다'고 되어 있다.[13]

더욱더 결정적인 이 거절은 한 해 전의 모욕적인 경험을 상기시키고 다시 한 번 확인해준 것이었다. 학교와 아카데미에 대해서 그는 일생 동안 줄지 않는 미움을 가졌다. 학교는 '비스마르크와 바그너'도 잘못 평가하고, 안셀름 포이어바흐를 거절했다는 것이다. '바보 같은 자식들'이나 학교를 다니고 '천재를 죽이기 위한' 곳이라고 했다. 35년이나 지난 뒤에 사령부에서 총통이며 사령관인 그가 전에 마을 학교선생을 지낸 가난한 사람들을 놓고, 그들의 '더러운' 외양, '지저분한 칼라와 깎지 않은 수염 등'을[14] 향해서 이런 장광설을 늘어놓을 정도였으니 그가 어느 정도의 모욕감을 느꼈는지 짐작할 만하다. 그는 '결코 치유되지 않는 마음의 상처'를 자기 정당화의 욕구로 진정시키기 위해서 거듭 애쓰곤 하였다.

예를 들면 그는 30년대 초에 당의 위기를 맞이하여 쓰게 된 공개편지에서 자신에게 부당한 운명을 원망할 권리가 있는 것처럼 이렇게 적었다. "나는 돈 많은 부모의 자식이 아니었다. 대학에서 교육받지 못하고 인생이라는 가장 혹독한 학교에서 곤궁과 비참을 통해 교육받았다. 표피적인 것을 중히 여기는 세상은 무엇을 배웠는가를 묻지 않고 언제나 어떤 증명서를 가지고 있는가만을 묻는다. 수많은 우리 지식인들보다 내가 더 많은 것을 배웠다는 사실은 한 번도 관심을 끌지 못했고 언제나 내가 학위증이 없다는 것만 관심을 끌었다."[15]

히틀러는 이 두 번째 실패 이후에 겸손하고 극단적으로 조용한 태도로 모든 사람의 눈에서 사라졌다. 결혼해서 빈에 살고 있던 이복누이 앙겔라와 소식이 끊어졌고 후견인도 짤막한 우편엽서 한 통을 받았을 뿐이었다. 쿠비체크와의 우정도 동시에 끝나버렸다. 그가 잠시 빈을 떠나 있는 사이 히틀러는 한마디 말도 남기지 않고 함께 살던 집에서 나가서 도시의 집 없는 사람들의 숙소와 남자들만을 위한 하숙집에 숨어버렸다. 쿠비체크는 30년이 지나서야 그를 다시 만나게 된다.

처음에 히틀러는 슈툼퍼 거리에서 멀지 않은 곳에 아파트를 세냈다. 15번구역 펠버 거리 22번지 16호였다. 이곳에서 그는 처음으로 어느 정도의 열의를 가지고 그의 본질의 어두운 층을 특징짓고, 그의 삶에 전체적인 방향을 제시해주는 이념들과 생각들의 공간으로 빠져들었다. 그가 오랫동안 성격의 강인함과, 조숙한 천재성과 세상의 몰이해의 증거라고 해석했던 이번 실패는 구체적인 의미와 구체적인 적을 요구하고 있었다.

히틀러의 즉흥적인 감정은 시민세계를 향했다. 시민사회의 성과규범(成果規範), 그 엄격성과 요구에서 실패를 한 것이었다. 물론 그의 성향과 의식으로 보면 그 자신이 시민계층에 속하고 있었다. 그가 이제부터 시민사회에 대해서 가지는, 수없이 거듭 표현된 분노는 그의 존재의 파라독스의 일부였다. 시민세계는 사회적인 추락에 대한 공포, 프롤레타리아가 되는 것에 대한 너무나도 분명한 두려움에서 양분을 얻고, 또한 그것과 경계를 이루는 세계였다. 그는 《나의 투쟁》에서 예상 밖의 공개적인 태도로 '노동자 계층에 대한 소시민의 적대감'을 묘사하였다. 이러한 적대감은 그 자신에게도 나타났다. 그것은 '오래되고 거의 주목받지 못하는 이 계층으로 다시 추락할까 봐서, 아니면 그렇게 여겨질까' 두려워서 생기는 것이라고 했다.[16]

그는 계속해서 양친의 유산의 일정액을 받을 수 있었고, 다달이 받는 보조금도 있었다. 그러나 미래의 불확실성이 그를 억압하였다. 그는 옷차림에 세심하게 신경을 쓰고 계속 도시의 오페라 극장·카페 등을 드나들면서 그 자신이 언급한 대로 세련된 언어와 신중한 태도로 더 가난한 계층을 향해서 시민적인 계급의식을 보여주었다. 뒷날의 수많은 관찰자들처럼 어떤 이웃집 여자도 그가 친절하고 특별하게 조심스러운 태도를 보였기 때문에 눈여겨보았다고 했다. 이 빈 시절에 대한 또 다른 약간 불확실한 증언을 보면 그는 이 시기에 제복을 입은 아버지 사진을 봉투에 넣어가지고 다니면서 자신의 "작고한 아버지께서는 황제폐하의 세관장으로 은퇴를 하셨다."며 만족스러운 표정으로 보여주곤 했다고 한다.[17]

거부보다는 참여를

때때로 나타나는 적대적인 몸짓에도 불구하고 이러한 행동방식은, 그가 본질적으로는 긍정적인 사고를 하고 있고 소속감의 필요를 느꼈음을 보여주는 것이다. 그런 것은 시민계층의 기본적인 욕구다. 자기가 일찍이 예술과 정치 영역에서 '혁명가'였다는 그의 주장은 이러한 관점에서 다시금 음미해보아야 한다.[18] 사실상 이 스무 살 청년은 시민세계와 그 세계관에 한 번도 의문을 품은 적이 없었다. 그는 솔직히 존경심을 가지고서 그 영광과 부유함에 압도된 채 시민세계로 접근하였다. 린츠 출신의 몽상적인 관리 아들은, 시민세계에 경탄을 하였지 그것을 뒤집으려고 하지 않았으며, 거부보다는 참여를 원했던 것이다.

이러한 욕구는 물리칠 수 없는 것이었다. 히틀러는 시민세계로부터 거부당하고 깊은 모욕감을 느끼기는 하였으나 그렇다고 시민사회를 부정하지 않았다. 오히려 시민사회에 받아들여지고 인정받고 싶다는 강렬한 욕망을 가졌다는 것은, 여러 가지로 특이한 이 초기 시절에서도 가장 특이한 사건에 속하는 일이다. 이미 20년 전부터 유럽에 퍼지고 있던 체면을 중시하는 시민사회에 대한 수많은 고발이 그의 손 위에 놓여 있었다. 이것은 스스로 굴욕받은 것을 사회적으로 정당화시키고 비판을 통해 시민사회에 앙갚음하라고 도와주는 것들이었다. 그러나 그는 실패하고 나서도 이상스럽게 이런 시대적 현상들에 대해서는 침묵했다. 그 사이 거의 유행이 되다시피 한 전체적인 가면 벗기기 분위기도 그를 사로잡지 못했다. 그 시대의 모든 예술적 흥분과 이념논쟁들, 그리고 지적인 모험심은 그의 곁을 스쳐지나갔을 뿐이었다.

오스트리아의 수도는 세기가 바뀌기 직전에 이러한 시작의 중심지의 하나였다. 그러나 히틀러는 그것을 보지 못했다. 음악을 통해서 청춘의 위대한 해방을 경험한 젊은이, 감수성 있고 항의하고 싶어하는 젊은이가 쇤베르크(Schönberg)에 대해서는 한마디도 듣지 못했다. 그가 자기 문하생들인 안톤 베베른(A. Webern), 알반 베르크(A. Berg)와 함께 바로 히틀러가 빈에 머물고 있던 시절에 '빈의 콘서트 홀마다 인간이 생각할 수 있게 된 이후로 가장 큰 소동'을 일으키고 있다는 사실에 대해서 아무것도 듣지 못했다. 그리고 구스타프 말러(G. Mahler)나 리하르트 슈트라우스(R. Strauss)에 대해서도 못 들었다. 리하르트 슈트라우스의 작품은 1907년 당시의 비평가 한 사람이 '음악세계의 폭풍 중심부'라고 불렀던 현상이었다. 이러한 새로운 현상 대신에 그는 바그너나 브루크너(Bruckner) 등 아버지 세대의 도취체험을 뒤쫓아가고 있었다.

쿠비체크는 1905년에 《시도시집》을 냈던 릴케(Rilke)나 호프만스탈(Hofmannsthal) 같은 이름들은 "한 번도 들어본 적이 없다."고 확인해주고 있다.[19] 히틀러가 미술 아카데미에 지원했다고는 하지만 그는 분리파 사건에 대해서도 전혀 관심이 없었고 구스타프 클림트(G. Klimt), 에곤 쉴레(E. Schiele) 혹은 오스카 코코슈카(O. Kokoschka) 같은 분리파 화가들에 대해서는 아무런 인상도 받지 못했다. 그는 전전(前前) 세대에게서 예술감각을 자극받았고 안셀름 포이어바흐(A. Feuerbach), 페르디난트 발트뮐러(F. Waldmüller), 칼 로트만(C. Rottmann)이나 루돌프 알트(R. v. Alt)를 존경하였다.

원대한 계획들을 지닌 장래의 건축가는 자기 말대로라면 몇 시간씩이나 매료되어서 링 거리의 고전적인 혹은 신 바로크 양식의 건축물 앞에 서 있곤 했으면서도 바로 이웃하고 있는 새로운 건축의 혁명적인 주도자들에 대해서는 전혀 몰랐다. 오토 바그너(O. Wagner), 요제프 호프만(J. Hoffmann), 아돌프 로스(A. Loos) 등에 대해서 아무것도 몰랐다. 아돌프

로스는 1911년에 미하엘 광장에 있는 바로크 양식의 왕궁 정문 바로 맞은편에 매끈하고 장식 없는 얼굴을 가진 상사(商社) 건물을 완성해서 격렬한 논쟁을 불러일으켰고 뻔뻔스럽게 여겨지는 태도로 '장식과 범죄' 사이에 내적인 연관성이 있다고 주장하는 글을 썼다. 히틀러는 그러나 빈의 살롱들과 귀족의 방을 장식하고 있는 양식에 대해서만 소박하면서도 단호하게 열광하였다. 그는 예술에 나타나는 불안과 붕괴의 조짐들을 못 보고 지나갔다. 다른 어느 시대보다 '예술적인 혁명의 결과를 겪었던' 시대의 소란스러움이 그에게는 들리지 않았던 것이다. 그는 기껏해야 숭고함이 격하되는 경향만을 감지했던 것 같다. 그가 쓴 글에 따르면 그의 시민적 본능으로는 놀라 뒤로 물러설 수밖에 없는 어떤 낯설고 이상한 것의 시작을 눈치챘던 것으로 보인다.[20]

저항자로는 안 어울리는 사람

정치적 현실과의 첫 만남도 이상스럽게 그와 비슷한 조짐을 보이는 가운데 이루어졌다. 그 모든 저항감에도 불구하고 혁명적인 이념들은 그에게 조금도 매력이 없었다. 정치 분야에서도 그는 자기가 배척하는 질서를 옹호하는 기득권자의 지지자로 나타난다. 이 거절당한 인간은 거절하는 쪽의 일을 자기 일로 여김으로써 자신의 굴욕감을 없앴다. 이러한 심리적 과정은 히틀러의 성격에 하나의 단층선을 만들어냈다.

그 자신의 말에 따르면 건축노동자 시절 어느 날 그는 점심휴식 시간에 '어딘가 한구석에서' 우유와 빵을 먹고 있었다. 그때 노동자들 사이에서 들리는 격렬한 사회적 거부의 감정에 '극단적으로' 놀랐다. "그들은 모든 것을 거부하고 있었다. 민족이란 '자본주의' 계층의 창안이라고 거부하고, 조국은 노동자 계급을 착취하기 위한 부르주아 계급의 수단이라고 거부하였다. 법의 권위는 프롤레타리아를 억압하기 위한 수단이다. 학교는 노예를 만들어내기 위한, 그리고 노예감독자도 만들어내기 위한 기관이다. 종교란 착취하도록 만들어진 민중을 우둔하게 만들려는 수단이다. 도덕은 멍청한 양 같은 참을성의 표지다, 하는 식이었다. 무시무시한 깊이의 진창 속으로 빨려들어가지 않은 것이 없었다."[21]

당연한 일이지만 이 건축노동자들에 대항하여 그가 옹호하는 개념들은 다음과 같은 것들이다. 민족·조국·법의 권위·학교·종교·도덕 등, 거의 완벽한 시민사회의 규범목록을 포함하고 있다. 그 자신 이 시기에 이런 규범목록들에 대해서 최초의 원한을 가지고 있었다. 그것은 그의 일생 동안 여러 차원에서 언제나 새로 나타나는 분열된 관계였다. 시민적 요소를 경멸하면서도 그것과 연합한다는 정치적인 책략에도 나타나고, 예를 들면 여비서들에게 핸드키스로 인사를 한다거나 오후 휴식시간에 총통사령부에서 그들에게 달콤한 생크림 빵을 대접한다는 따위의 우스꽝스러운 의식절차에도 나타나는 분열이었다.

온갖 반시민적인 원한을 가진 가운데 그는 시골의 왕처럼 '옛날 식' 남자의 면모들을 길렀다. 그러한 특성들은 열렬히 소망하던 사회적 소속감을 보여주는 수단이었다. 그리고 젊은 히틀러의 이미지에서 오스트리아적인 특성을 보여주는 것이 있다면 바로 이 특별한 권위의식이었다. 그러한 권위의식을 가지고서 그는 시민이라는 특권을 옹호하였다. 모든 존재, 모든 활동에 사회적인 등급을 부여하려 하고, 지나칠 정도로 호칭을 중히 여기는 사회에서 그는 극히 제한된 존재였음에도 불구하고 적어도 '신사'가 되려고 했다. 그리고 예술적으로나 정치적으로 시대의 저항적인 힘들에 합류하지 못하자 오직 신사가 되고자 하는 생각 이외에는 달리 하지 않았다. 말투나 옷처럼 외적 행동방식의 선택뿐만 아니라 이데올로기나 미적인 선택들도, 별 거부감 없이 시민세계를 따르고자 하는 그의 욕구로 설명될 수 있다. 사회적인 비참보다는 사회적인 무시를 더욱더 힘들게 받아들였으며, 그가 낙담했다면 세계 질서의 잘못으로 고통스러워한 것이 아니라 세계질서 안에서 자기에게 주어진 역할이 불충분하기 때문이었다.

그래서 그는 모든 항의를 피했고, 오직 의존과 동의만을 구했다. 대도시의 위대함과 매력에 마비된 것처럼, 닫혀진 문들 앞에서 동경에 가득 차서 혁명적인 생각을 키운 것이 아니라 오직 외로웠을 뿐이다. 저항자로 그보다 더 안 어울리는 사람도 없었다.

제3장 사상적 토대

어떤 연구에 따르면 그의 숙소에서 멀지 않은 펠버 거리에 있는 담배공장에서 종족주의를 다룬 잡지가 발행되고 있었다. 그것은 발행부수 10만 부 정도였고, 특히 대학생들과 중간지식층 사이에서 널리 읽히고 있었다. "당신은 금발인가? 그렇다면 당신은 문화 창조자고 문화 보존자다! 당신은 금발인가? 그렇다면 여러 가지 위험이 당신을 위협하고 있다! 그러므로 금발과 남자의 권리를 옹호하는 책들을 읽어라!" 제1면에 큰 표제어로 이렇게 광고하고 있었다. 수사노릇을 하다가 그만둔, 요르크 란츠 폰 리벤펠스라는 그럴싸한 귀족 이름을 가진 사람이 발행하는 잡지였다. 그것은 게르만의 봄의 여신인 '오스타라(Ostara)'라는 이름을 달고 있었다. 이 잡지는 아싱족(혹은 영웅족 Asinge od. Heldlinge) 대 원숭이족(혹은 숲의 종족 Äfflinge od. Schrättlinge)의 싸움에 대해서 상당히 변덕스럽고 살기를 띤 이론을 전개하였다.

저지 오스트리아에 있는 기사단의 성(城)인 베르펜슈타인(Werfenstein)을 중심으로—그곳의 수입이 그에게 산업의 촉진자 노릇을 가능하게 해주었다—란츠 폰 리벤펠스는 아리안 영웅의 남자기사단을 창설하고 조직했다. 그 기사단은, 금발에 푸른 눈을 가진 주인종족이 열등한 혼합종족과 벌이는 피의 투쟁에서 주인종족의 선발대 노릇을 자처하고 있었다. 그는 1907년에 벌써 갈고리 십자가(Hakenkreuz)가 그려진 깃발을 내걸고, 사회주의 계급투쟁에 맞서서 '거세하는 칼'에 이르기까지 종족투쟁을 계속하겠노라고 선언하였다. 그리고 '짐승인간의 멸종을 위해서, 더 높은 새로운 인간의 발전을 위해서' 사육방법과 멸종방법을 체계화하겠다고 했다. '원숭이 숲'의 불임(不姙)조치와 추방 프로그램, 그리고 강제노동이나 살인을 통한 청산 프로그램은 육종(育種)을 선별하고 종족을 개량하려는 계획이었다.

그는 혼란스러움이 섞인 환호성을 울렸다. "여신께 공물을 바쳐라, 신의 아들들아. 일어나라, 그분께 숲의 종족을 바쳐라!" 아리안 족의 이상형이 대중적인 인기를 얻도록 그는 종족간의 미(美)의 대결을 제안하였다. 히틀러는 간혹 란츠를 방문하였다. 란츠의 설명에 따르면 히틀러가 이 잡지의 옛 판 몇 개를 필요로 했기 때문이다. 그는 젊고, 창백했으며, 겸손하다는 인상을 남겼다.[1]

초기의 이데올로기적 환경

현존하는 자료로는 란츠가 히틀러에게 상당한 영향을 끼쳤는지, 혹은 '이념을 전수' 했는지 결론을 내릴 수 없다. 이 우스꽝스러운 기사단 창설자의 의미는 구체적인 충격이나 이념의 중개에 있다기보다는 오히려 그런 현상이 드러내는 징후에 있었다. 그는 노이로제 증상을 보이는 시대 분위기를 두드러지게 대변하는 사람의 하나였고, 당시 빈에서 싹트고 있던 상당히 공상적인 이데올로기 분위기에 특징적인 색깔을 덧붙인 인물이었다. 이러한 사실은 그가 히틀러에게 미친 영향을 보여주기도 하고 한정짓기도 하는 것이다. 그는 이데올로기 자체보다는 그 바탕을 이루는 병리적 징후에 흔적을 남기고 있다.

히틀러 자신이 젊은 시절 지식의 원천이었다고 부른 적이 있는 신문 논설과 싸구려 잡지에서 얻은 여러 가지 지식들과 이런저런 영향들을 놓고 결론을 내려보면, 그의 세계관은 시민문화에 대항하는 도착적(倒錯的)인

하위 이질문화의 산물이었다고 할 수 있다. 사실상 시민적 교양과 휴머니즘에 맞선 이 천박한 대항의식은 그의 이데올로기 안에 언제나 존재하는 것이다.

시민문화는 얼마간 자신의 하위문화에 물들어서 스스로 자신의 모든 기반을 부정하고 모독하기에 이르렀다. 다르게 표현하자면, 세기가 바뀌던 무렵에 빈에서 히틀러가 란츠 폰 리벤펠스와 다른 현상들을 통해서 만나게 된 하위 이질문화란, 엄격한 의미에서 지배적 가치체계의 부정이 아니라 그 가치체계의 타락한 모방형태에 불과했던 것이다. 히틀러는 시민적 결속의 필요성을 느끼고 어디를 향하든지 싸구려 잡지에 나타나 있는 것과 같은 생각들, 열등감, 공포심을 만났다. 다만 약간 더 고상하고 더 까다로운 형식을 가진 것이었다. 그는 이 세계에서 처음으로 방향을 잡도록 도와준 저속한 생각들을 하나도 포기할 필요가 없었다. 존경심으로 가득 찬 놀라움을 품고 이 대도시의 가장 영향력 있는 정치가들의 말을 들어보아도 그들의 어떤 생각도 그에게 특별하게 들리는 것이 없었다. 그리고 당시 가장 인기가 있고 가장 자주 공연되던 작곡가의 작품들과 최고급의 궁정오페라를 보아도 평소의 친숙한 생각들이 다만 더욱 기교적으로 표현되어 있는 것을 보았을 뿐이다. 란츠, 오스타라 잡지, 쓰레기 같은 논문들은 그가 소속하고자 하는 사회로 들어가는 뒷문을 열어주었다. 뒷문이지만 그래도 분명히 문은 문이었다.

이러한 소속감을 정당화하고 그것을 꽉 붙잡을 필요를 느낀 그는 자신의 원한에 이데올로기적인 겉모양을 부여하려고 노력하였다. 사회적 추락의 위협을 받고 있는 인간의 병적으로 격앙된 자기가치 의식을 가지고 그는 선량한 빈 사회의 편견들, 구호들, 두려움과 요구들을 점점 더 많이 받아들였다. 반유대주의와, 억압된 도이치 민족의 근심이 반영된 주인이론들이 여기 속했다. 그리고 사회주의자에 대한 적대감과 이른바 사회적 다윈주의(적자생존)도 받아들였다. 이 모든 것은 지나치게 자극된 민족주의에 기초를 두고 있었다. 이것이 그가 지배자들의 생각에 접근하려고 노력하는 기간에 가졌던 전반적인 생각들이었다.

　그러면서도 히틀러는 개인적인 사색의 결과로 이 같은 세계관을 얻은 것처럼 보이려고 애썼다. 즉 꿰뚫어보는 관찰력과 부지런한 인식의 결과 스스로 그런 세계관을 얻었다고 표현하곤 하였다. 모든 결정적인 영향을 부정하기 위해서 그는 자신이 원래 가졌던 선입견 없는 입장도 검토하고, 예를 들면 린츠 시절에 유대인들에 대한 ‘불리한 발언들’이 자기에게 혐오감을 불러일으켰다고 말하기도 하였다. 그렇지만 그의 세계관의 싹과 방향은 고지 오스트리아 지방의 주요도시인 린츠의 이데올로기 환경에서 만들어졌을 가능성이 크다.

　린츠는 세기가 바뀔 무렵 민족주의 그룹과 그 성향의 중심지 중 한 곳이었다. 특히 히틀러가 다녔던 실업학교는 확고한 민족주의 분위기가 지배하였다. 학생들은 노골적으로 도이치 민족을 상징하는 푸른 색 달구지국화꽃을 단추구멍에 끼우고 다녔다. 그들은 도이치 통일운동의 상징 색인 검정·빨강·노랑을 즐겨 사용하였으며 ‘만세(하일 Heil)!’라는 말로 인사하였다. 그리고 합스부르크 황제찬미가 대신 같은 멜로디에 붙인 독일 노래를 불렀다. 그들의 저항적인 민족주의는 특히 합스부르크 왕조에 반대하는 것이었다. 학교예배와 성체축일 행렬에 반대하는 청소년 저항운동은 ‘개신교’ 국가(독일)와의 일체감을 표현하기도 하였다. 히틀러가 전쟁 중 원탁모임에서 털어놓은 것에 따르면 그는 동급생들의 박수갈채를 받으면서 여러 가지 자유주의적인 발언들을 했고 종교선생인 살레스 슈바르츠(S. Schwarz)를 “절망에 빠뜨려서 어찌할 바를 모르게 만들곤 했다.”고 한다.[2]

　이러한 분위기의 대표자는 도이치 교구위원이며 실업학교 역사선생인 레오폴트 푀치 박사(Dr. L. Pötsch)였다. 그는 젊은 히틀러에게 깊은 영향을 주었던 것이 분명하며, 수업시간에 능변과 두 세대 이전의 다채로운 그림을 통해서 소년들의 상상력에 방향을 제시하였다. 히틀러가 《나의 투쟁》에서 그에게 바친 페이지들이 과장(誇張)을 완전히 벗어나지는 못했지만, 그리고 히틀러가 역사과목에서 겨우 ‘양’을 맞기는 했지만 그래도 국경지대 주민들의 두려움, 혼합된 민족과 종족을 가진 제국에 대한 감정과 히틀러의 기본적인 반유대주의 성향은 의심할 것 없이 그곳에서 나온 것이다.

히틀러의 이데올로기 스승들: 왼쪽 위부터 시계 방향으로 란츠 폰 리벤펠스, 게오르크 리터 폰 쇠너러, 고비노 백작, 휴스턴 스튜어트 체임벌린, 리하르트 바그너, 칼 뤼거.

그가 당시 린츠에서 발간되던 쇠너러(Schönerer) 운동의 풍자적인 신문 〈외과의사, 예술과 생활에 나타나는 정치와 기분을 위한 월간 티롤 화보〉를 읽은 것도 한몫 했을 것이다. 이 화보는 기고문과 만화에서 '교황숭배자'(카톨릭교도), 유대인, 의회, 여성해방, 풍기문란, 알코올 등에 반대하였다. 이 화보잡지는 1899년 5월에 나온 제1호에 이미 도이치 민족 감정의 상징으로 여겨지게 된 갈고리 십자가상을 내걸었다. 이것은 게르만 신화에 따르면 세계창조의 원래 재료를 뒤섞었던 '불 방망이'를 나타내는 것이었다. 나아가 젊은 히틀러가 학생시절과 그 뒤 몇 년 동안 목적 없이 지내던 시절에, 〈모든 도이치 신문〉과 도이치 민족주의 시민들 사이에 널리 읽히던 〈남부 국경 연감〉, 그리고 공격적인 반유대주의를 선언한 〈린츠 팸플릿〉지를 읽었다는 사실도 밝혀졌다. 《나의 투쟁》의 저자가 주장하듯이 반유대주의는 정치사회적 변화의 동반현상 중 하나로서 빈에만 국한된 현상이 아니

고 지방에서도 이에 못지않게 격렬한 형태로 나타나고 있었던 것이다.[3]

2년 간의 영혼의 투쟁

히틀러는 2년 간 계속된 '영혼의 투쟁'이 자신의 '가장 힘든 변화'였다고 말한다. '허약한 세계시민에서 광신적인 반유대주의자'로 변화되는 그 기간 동안 자신의 감정은 가차없는 이성에 맞서 '수없이' 저항했다고 한다. 이 시기는 사실상 파악하기 어려운 거부감이 의식적인 적대감으로, 단순한 기분이 이데올로기로 발전되는 시기였다. 그때까지는 아직 타협이 가능했던 목가적인 린츠의 반유대주의가 원칙의 날카로움을 얻고, 광범위한 폭과 구체적인 적(敵)의 모습을 가지게 된 것이다.

부모의 주치의였던 유대인 에두아르트 블로흐(E. Bloch)에게 히틀러는 처음에 빈에서 '겸손한 감사의' 인사를 보냈다. 그리고 변호사 요제프 파인골트(J. Feingold), 틀짜는 목수 모르겐슈테른(Morgenstern) 등은 그의 소품 수채화들을 여러 번이나 사주어서 예술적으로 그를 격려해준 사람들이었다. 아니면 남자 하숙집의 유대인 친구 노이만(Neumann)에게 그는 터무니없는 의무감을 느끼기도 했다. 이 모든 유대인들은 그의 인생 초기에 길 가장자리에 그림자처럼 나타났다가 이 몇 년이 지나는 동안 뒤쪽으로 숨어버렸다. 그들의 모습 대신 점점 더 많아져서 신화의 유령처럼 커지는 '검은 고수머리에 긴 카프탄을 입은 모습'(유대인)이 등장하게 되었다. 그 모습은 그가 '언젠가 도시 중심부를 지나쳐' 갈 때 그의 눈에 띈 것이다. 그 일을 회상하면서 그는 이 우연한 인상이 그의 뇌리에서 어떻게 '빙빙 돌고' 점차 모든 것을 지배하는 고정관념으로 변해 갔는가를 인상적으로 표현하고 있다.

내가 이 문제에 관심을 가지고 유대인을 처음으로 유심히 지켜보자 빈이 전과는 전혀 다른 모습으로 보였다. 어디를 가든지 오직 유대인만 보였으며, 그들을 많이 보게 될수록 그들은 다른 사람들과 완전히 다르게 보였다. 특히 도시 내부, 도나우 운하의 북쪽 지역에는 얼핏 보아도 도이치 사람과 닮지 않은 종족이 우글거리고 있었다……. 이 모든 것은 대단히 매력적으로 보이지는 않았다. 이 선택된 민족의 육체적인 불결함을 넘어서 도덕적인 얼룩들을 보게 되면 반감을 느끼지 않을 수 없었다. 어떤 문화생활의 영역이든지 유대인이 한 명이라도 끼지 않은 재앙과 파렴치 행위가 있었던가? 조심스럽게 그런 종양을 갈라놓고 보면 썩어가는 몸에 들어 있는 구더기처럼 갑자기 비춘 빛에 눈부셔하는 유대인을 볼 수가 있었으니……. 나는 차츰 그들을 미워하기 시작했다.[4]

'광신적 반유대주의자'로 변함

린츠 시절의 평범한 반유대주의가 광적으로 변해 그것에 완전히 사로잡혀 문자 그대로 생애 최후의 순간까지 계속되는 유대인 증오로 바뀌게 된 결정적인 이유는 알 수가 없다. 이 시절 히틀러의 믿음직하지 못한 친구 중 한 명은 그 이유를 추락한 시민계급 아들의 성적(性的)인 질투심으로 돌렸다. 그리고 어떤 금발 소녀, 유대 혼혈인 라이벌, 그 소녀에 대한 히틀러의 강간 시도 등에 대해 기묘하고도 별 설득력 없는 이야기를 전해주고 있다.[5] 일찍부터 나타나는 초긴장과 어두운 두려움 사이에서 흔들리는, 이성에 대한 히틀러의 생각은 그가 성적으로 문제가 있었으리라는 추측에 어느 정도 무게를 더해준다. 어디서든 유대인이 등장하기만 하면 나타나는 그의 표현법과 논리적 근거도 그것을 뒷받침하고 있다. 《나의 투쟁》 곳곳에 들어 있는 노골적인 음란성의 냄새는 우연히 겉으로 나타난 특징이 아니고, 젊은날 깨달음을 얻은 오스타라 잡지나 저속한 팸플릿의 음조와 문제에 대한 기억일 뿐만 아니라 오히려 그의 원한의 특별한 특성을 드러내주는 것이다.

전쟁이 끝난 뒤에 히틀러의 주변 인물들로부터 상당히 많은 그의 애인들 목록이 출간되어 나왔다. 당연한 일이지만 거기에는 부유한 집안 태생의 아름다운 유대인 여자도 들어 있었다. 그가 린츠나 빈 어디서도 '어떤 아가씨와 실제로 만난' 적이 없다는 확인도 상당히 믿을 만하다. 어쨌든 연극적인 자기 중심주의에서 벗어나게 만들 정도의 정열적 사건이 없었던 것만큼은 확실하다.

이러한 결핍에 맞서 특이한 꿈들이 나타난다. 그 자신이 확인해준 것에 따르면 그것은 '역겹고 다리가 구부러진 유대인 놈들이 수백수천 명의 아가씨들을 유혹하는 악몽'이었다. 란츠도 아름다운 금발의 귀족여인들이 검은 털투성이 유혹자들의 팔에 안겨 있는 끔찍한 모습에 고통을 받았다. 그의 종족이론은 성적인 질투심과 마음속 깊이 자리잡은 반여성주의 감정으로 물들어 있다. 그에 따르면 여자는 이 세상에 죄악을 가져오는 존재이고, 짐승 같은 하급인간들의 쾌락적인 기술에 쉽게 넘어가는 그들의 특성이 북방 혈통을 오염시키는 주요원인이라는 것이다.

히틀러도 비슷한 형태로 뒤늦고 억압된 남성의 고민을 표현하고 있다. "검은 머리카락의 유대 청년이 얼굴에 악마적인 기쁨을 드러낸 채 몇 시간이고 아무것도 모르는 아가씨를 기다리고 있다. 그는 그 아가씨를 자기 피로 더럽히고, 그럼으로써 아가씨의 종족에서 그녀를 훔쳐내려는 것이다." 란츠나 히틀러나 다같이 불만스러운 몽상가들의 답답하고 몰취미한 그림을 보여준다. 그리고 국가사회주의 세계관의 전망에서 광범위하게 피어 올라오는 역겨운 냄새는 시민세계 내부에 나타난 억압된 성이라는 현상에서 나오는 것임을 말해주고 있다.[6]

젊은날의 친구 쿠비체크와 빈의 어두컴컴한 지하세계 친구들은 히틀러가 일찍부터 온세상과 사이가 나빴고 어느 쪽을 바라보든 증오를 느꼈다는 사실을 지적하고 있다. 그러므로 그의 반유대주의는 그때까지 목적 없이 헤매고 있던 그의 증오가 고정된 형태로 자리를 잡고, 마침내 확고한 증오의 대상으로 유대인을 찾아낸 것이라고 생각해볼 수 있다. 《나의 투쟁》에서 히틀러는 적이 여럿이면 의심을 불러일으키기 때문에 대중에게는 절대로 여러 적을 보여주어서는 안 된다고 주장하고 있다. 그리고 이러한 기본원칙은 그 자신에게도 타당한 것이라고 해야 할 것이다. 그는 언제나 자신의 감정을 분열되지 않는 강도로 단 하나의 현상에만 집중시키곤 했다. 그 하나의 현상에 세계의 모든 재앙의 근원이 있는 것이다. 그는 언제나 구체적인 하나의 형태를 향해서 모든 비난을 집중시켰고, 이해하기 어려운 여러 가지 원인들의 조직망을 제시한 적이 없었다.[7]

그러나 그토록 위압적인 히틀러의 유대인 콤플렉스를 설명할 만한 것이

간단하게 파악되지 않더라도, 명예욕 강하고 절망한 아웃사이더가 개인 문제를 정치 문제로 바꾸었다는 점에서 출발해볼 수는 있을 것이다. 어쨌든 그는 한 걸음씩 추락의 길을 걸었고 따라서 자신의 계급추락의 두려움을 만족시킬 필요가 있었다. 유대인 현상으로부터 그는 자기 같은 '가련한 인간'이 역사와 자연의 법칙을 자기편으로 삼는다는 사실을 배웠다. 히틀러 자신이 묘사한 내용은 그가 부모의 유산이 다 떨어졌을 때 반유대주의 이데올로기로 전환했으리라는 추측을 뒷받침해주고 있다. 그는 정말 힘든 처지에 빠지지는 않았지만, 역시 힘들었고, 특히 예술가, 천재, 공적인 경탄 등을 꿈꾸면서 기대했던 것과는 달리 사회적으로 훨씬 깊이 추락하였다.

원칙에 사로잡힌 분노한 인간, 쇠너러

세기가 바뀔 무렵 도이치 시민의 도시이자, 히틀러가 사회적인 결속의 욕구를 가지고 들어섰던 도시 빈은 세 가지 지배적인 현상을 보이고 있었다. 정치적으로는 게오르크 리터 폰 쇠너러와 칼 뤼거의 영향 아래 있었다. 히틀러의 길에 더욱 중요한 의미를 가졌던 정치와 예술의 밝게 채색된 중간영역은 리하르트 바그너가 압도적으로 지배했다.

히틀러는 게오르크 리터 폰 쇠너러의 '추종자이며 숭배자'로 빈에 등장하였다는 사실이 확인되고 있다. 히틀러의 침대 위쪽에는 이 남자의 격언들이 액자에 담긴 채 걸려 있었다고 한다. '유다왕국 없는, 로마 없는/게르만 왕국을 건설하자. 만세!' 하나는 이런 말이 적혀 있었고, 다른 하나는 도이치계 오스트리아 사람들이 국경 저편의 조국에 결합되기를 바란다는 내용을 표현하고 있었다고 한다.[8] 그리고 이 두 가지 격언은 인기 있는 방식으로 쇠너러의 '모든 도이치 운동'의 본질적인 프로그램을 이루고 있었다. 그것은 독일에 있는 같은 이름의 단체와는 달리 '도이치 세계정책'이라는 표어 아래 확장하는 제국주의 목표를 추구하는 것이 아니었다. 쇠너러의 운동은 모든 도이치 사람들이 하나의 국가 안에 합쳐지는 것을 목표로 하였다. 그것은 독일의 '모든 도이치 연합'과는 반대로, 오히려 오스트리아 제국의 도이치 아닌 지역을 포기한다고 선언하였고, 다민족 국가의 존립 자체를 반대하고 있었다.

이 운동의 창설자이며 지도자인 게오르크 리터 폰 쇠너러는 히틀러 일가도 잘 알고 있는 저 국경 지역의 숲지대에 영지를 가지고 있었다. 그는 과격한 민주주의자로 출발하였으나 정치적·사회적 개혁이념은 점차 극단적인 민족주의에 사로잡히게 되었다. 과도한 외국세력 콤플렉스에 사로잡힌 듯 그는 어디서나 도이치 민족과 정신이 치명적인 위협을 받고 있다고만 보았다. 유대인·로마 카톨릭·슬라브 사람·사회주의자·합스부르크 왕조, 그리고 어떠한 형태의 국제화도 도이치 민족과 정신을 위협하는 것으로만 여겼다. 편지에는 '도이치의 인사를 드리며' 서명을 했고, 게르만 관습의 부활을 위해서 다양한 행사들을 마련했다. 침버 사람들과 튜튼(도이치) 사람들이 로마군대를 절멸시키고 승리한 노레이아(Noreia) 전투가 있었던 기원전 113년부터 도이치의 기원을 잡아야 한다고 주장하기도 하였다.

쇠너러는 절망에 빠진 인간이었다. 원칙에 사로잡힌 분노한 인간이었다. 그는 저지 슬라브 성직자의 민족주의적인 태도에 대한 답변으로 '로마에서 벗어나기 운동'을 조직했다. 그로써 그는 카톨릭 교회의 적대자가 되었으며, 그때까지는 주로 종교적·경제적인 이유로 전개되던 유럽의 반유대주의를 처음으로 정치사회적이고 특히 생물학적인 반유대주의로 변화시켰다.

유치한 것들의 효과가 얼마나 강한지를 직감한 선동가인 그는 '종교는 상관없다, 난잡성은 유전이다'라는 슬로건을 내걸고 모든 동화(同化)의 경향들에 반대하였다. 유대인을 세계의 모든 재앙과 두려움의 원인으로 보는 편집증뿐 아니라 선전포고의 과격성으로 보아도 그는 히틀러의 선구자 중 하나였다. 옛날 오스트리아의 우유부단하고 관용적인 삶의 분위기에서 그는 처음으로 종족적·민족적 두려움을 조직화할 수 있다는 가능성들을 보여준 인물이었다. 그는 깊은 불안감을 가지고 도이치 소수민족이 압도되고 '학살되는' 날이 다가온다고 느꼈다. 그는 반유대 특별법을 요구하였고, 그의 추종자들은 목매단 유대인을 나타내는 반유대 표지를 시계줄에 매달고 다녔다. 그들은 빈 의회에서 유대인을 살해하면 돈이나 아니면 살해된 사람의 재산으로 현상금을 주자는 주장도 하였다.[9]

마지막 위대한 도이치 사람, 뤼거

그렇지만 히틀러는 또 다른 소시민 반유대주의의 대표자인 칼 뤼거 박사에게서 더 강한 인상을 받았다. 빈 시장이며 기독교사회당의 말 잘하는 당수인 그는 《나의 투쟁》이 가장 경탄하는 인물이다. 그는 '진짜 천재적'이고 '모든 시대의 가장 강력한 도이치 시장'이라 불리고 있으며 또한 '동부국경의 마지막 위대한 도이치 사람'이라 일컬어지고 있다.[10] 그의 프로그램, 특히 느슨하고 기회주의적으로 짜여진 반유대주의 프로그램과 썩어서 무너져내리고 있는 다민족 국가가 아직도 생존능력이 있다는 그의 믿음에 대해서 히틀러는 솔직하게 비판하였다. 그럴수록 뤼거의 선동가적인 위대성은 더욱더 깊은 인상을 남기고 있다. 그가 주도적인 사회적 · 기독교적 · 반유대적 감정이나 확신들을 자기 목적을 위해서 사용하는 전략적인 유연성도 역시 깊은 인상을 남겼다.

강력한 상대방에 대해서 건방지게 원칙을 고수하려 함으로써 영향력을 잃어버린 쇠너러와는 달리 뤼거는 온화하고 능숙하며 인기가 있었다. 그는 이데올로기를 이용했을 뿐이고 속으로는 경멸하였다. 그는 전술적 · 실용적인 사고를 하면서 이념보다는 현실을 더욱 중히 여겼다. 그가 대략 15년간 시장직에 있는 동안 교통망이 현대화되고, 교육체계가 완성되었으며 사회보장이 개선되고, 녹지대가 만들어지고 빈에 거의 1백만의 일자리가 확보되었다.

뤼거는 카톨릭 노동자 계층과 소시민 계층을 기반으로 해서 상승하였다. 시대의 흐름과 산업화를 통해서 사회적 추락이나 빈곤의 위협을 받고 있는 사무직과 하급공무원, 영세상인, 임대업자, 성직자 등이 그의 지지기반이었다. 그도 또한 쇠너러와 마찬가지로 널리 퍼진 공포감을 이용하였는데 다만 선별되고 극복될 수 있는 적에 대항해서만 이용하였다. 그는 어둡게 칠해진 공포감을 불러들이지 않고, "소시민은 도움을 받아야 합니다!"와 같은 말투에 나타나는 분명하고 인간적인 상투어들을 공포심에 대항하여 내세웠다.

히틀러의 지속적인 경탄은 능숙한 마카아벨리 신봉자였던 뤼거 시장을 향한 것만은 아니었다. 그는 이 남자의 교훈적이고도 친근한 모습에서 자기와 개인적인 일치점을 발견했다고 믿었다. 그 자신이 소박한 계층에서 나왔듯이 뤼거도 온갖 반대와 사회적인 멸시를 딛고 일어섰으며, 그를 시장으로 임명하는 것을 세 번이나 거절한 황제의 반대를 딛고 마침내 그토록 열망하던 사회의 인정을 받아냈다. 용감하지만 무의미하게 사라질 적대감을 가진 쇠너러와는 달리 뤼거는 지배계층과 조직화된 결속을 맺고서 확고하게 위로 향한 길을 만들어나갔다. 히틀러는 그를 숭배하면서 결코 잊을 수 없게 된 이 교훈을 다음과 같이 묘사하였다. "오래된 힘의 원천에서 자신의 운동을 위해 가능한 한 최고의 이익을 얻어내기 위해서는 이미 존재하는 모든 권력 수단을 이용하고, 현존하는 강력한 힘들을 자기 쪽으로 끌어들여야 한다."는 교훈이었다.

뤼거가 감정적인 총체적 표어들의 도움을 받아서 결성한 대중정당은, 1백 년 전에도 이미 성과가 있었듯이 두려움이란 계급이해를 넘어설 정도로 강력한 유럽의 새로운 표상이라는 사실을 보여주었다.

보헤미아 국가사회주의

국가사회주의의 이념도 같은 방향으로 작용하고 있었다. 오스트리아 제국의 보헤미아와 모라비아 지방의 점점 커지던 산업지대의 도이치 노동자들은 1904년에 트라우테나우에서 도이치 노동자당(DAP)을 결성했다. 시골에서 공장지대로 흘러들어와서 파업 대체노동자로 일을 하는 싸구려 체코인 노동력에 대항하여 자기들의 이익을 지키기 위해서였다. 그것은 곧 여러 가지 형태로 유럽 전지역에서 작동될, 마르크스 사회주의의 딜레마를 해결하려는 시도의 전조였다. 공산주의는 민족간의 대립을 절대로 극복하지 못하였으며 인류 전체의 구호에 합당한 형태를 만들어내지 못했다. 보헤미아와 모라비아에서 도이치 노동자의 민족적인 특별의식은 계급투쟁 이론 안에 설 자리가 없었다. 새로운 정당의 참가자들은 이전의 사회민주당원들에서 상당수를 충원하였다. 그들은 프롤레타리아 연대정책이 이 지역의 체코 다수인에게만 유리하게 돌아간다는 근심에서 자신들의 이전의 이

넘을 버린 사람들이었다. 도이치 노동자당 강령은 이렇게 요약하고 있다. 프롤레타리아 연대정책은 '실패했으며 중부 유럽의 도이치 사람들에게는 엄청난 손해'였다고.

민족적 이해와 사회적 이해의 일치는 이들 도이치 사람들에게 직접적으로 중요한 보편적인 진실을 포함하는 것으로 보였다. 그들은 그러한 진실을 마르크스주의자들의 국제주의와 대립시켰다. 민족공동체의 이념에서 그들은 사회주의와 민족감정의 화해를 구했다. 정당의 강령은 방어와 자기주장 요구를 하나로 합쳤다. 그것은 확고한 반자본주의, 혁명적·자유주의적·민주적 목표를 추구하고 있었으나 다른 한편 처음부터, 주로 체코·유대 등 이른바 이방민족들에 대한 공격과 결합된 권위적이고 비합리적인 형식을 지닌 것이었다. 초기의 당원들은 소규모 광산 노동자와 방직공장 노동자·철도 노동자·수공업자·노동조합원들이었다. 그들은 못 배운 체코 노동자들보다는 도이치 시민들·약사·기업가·고위 공무원이나 상인들에게 더 가까운 감정을 느꼈다. 얼마 안 되어서 그들은 국가사회주의자라고 자칭하게 되었다.

히틀러는 이 선구자 집단을 기억하는 것을 좋아하지 않았다. 특히 1차 세계 전쟁이 끝난 직후 일시적으로 원래의 국가사회주의 집단과의 관계가 상당히 밀접했는데도 그랬다. 보헤미아의 동지들은 국가사회주의 도이치 노동자당(NSDAP)의 지도자 히틀러가 20세기를 결정하는 자신의 원래 이념보다 점점 더 많은 것을 요구한다는 점을 너무나 분명하게 문제시하였다. 《나의 투쟁》에서 그는 쇠너러와 뤼거 사이를 확실하게 비교함으로써 자기 자신의 이념을 전개하려고 시도하였다. 자신의 생각이란 두 사람의 요소를 어느 정도 결합시킨 것이라고 표현하였다.

기독교 사회당이 광범위한 계층을 잘 이해하기 위해서 '모든 도이치 운동' 처럼 종족문제의 중요성을 올바르게 이해했더라면, 그리고 민족주의적 노선을 취했더라면, 혹은 '모든 도이치 운동'이 유대인 문제의 목적과 민족감정의 의미를 올바르게 이해하기 위해서 기독교 사회당이 가졌던 실용적인 지혜, 특히 그 사회주의적인 생각을 받아들였더라면 내가 확신하기로 이 운동은 당시에 이미 성공적으로 도이치의 운명 속으로 끼여들 수 있었을 것이다.[11]

이러한 비난을 해서 그는 자기가 이 두 정당 어느 쪽에도 가입하지 않은 이유를 제시하였다. 그러나 그는 빈 시절에 오랫동안의 사색을 통해 얻은 정치적 계획을 갖지 못하고 쇠너러와 비슷하게 극히 일반적으로 민족주의적인 증오심과 방어심만을 가지고 있었다는 쪽이 더 맞을 것이다. 유대인과 다른 '열등종족'에 대한 몇 가지 우중충한 선입견들, 그리고 실패한 희망에서 솟아나온 충동적인 말참견 욕구가 여기 덧붙여진다. 그는 자기 주변에서 일어나는 일을 이성적이기보다는 기분에 따라서 파악하고, 공개된 사건들에 대해서 주로 주관적인 관심을 가지고 있어서 정치적 세계라기보다는 정치화의 도중에 있는 세계에 속해 있었다.

그는 처음에 예술가의 꿈에 부풀어 정치에 대해서는 '곁다리' 관심을 가졌을 뿐이다. 그리고 난 다음에 '운명의 주먹'이 그의 눈을 뜨게 했다. 쓰라린 적대감을 품은 젊은 건축노동자의 이야기는 뒷날 모든 교과서에 실려서 히틀러 전설의 확고한 일부가 되지만, 그 이야기에서도 그는 노동조합에 들어오라는 요구를 거부하고 있다. '사태를 잘 이해하지 못해서'라는 재미있는 이유가 붙어 있다. 여러 가지로 미루어보아 정치는 오랫동안 괴로움을 덜어내는 수단이었다. 그리고 세계가 잘못했다고 비난하고 자신의 운명을 세계질서의 부족 탓으로 돌리면서 거기서 희생제물을 찾아내는 방법이기도 했다. 어쨌든 그는 반유대주의자 단체에 가입하였다.[12]

극단적인 비참 상태

히틀러는 쿠비체크와 헤어진 다음에 들어간 펠버 거리의 집을 금방 다시 나와서 1909년 11월까지 여러 번 이사했다. 그때마다 자기 직업을 '순수화가', 한 번은 '문필가'라고 소개하였다. 몇 가지 사실은 그가 법적 의무인 국방의무를 위한 '기록'을 피했으며, 이렇게 자주 이사를 해서 관청의 체포를 피하려 했다는 짐작이 사실임을 뒷받침하고 있다. 그러나 또한 이렇게 자주 이사를 한 것은 아버지의 유산과 그의 목적 없는 불안을 드러내 보여주는 것일지 모른다. 이 시기의 묘사들을 보면 그는 창백하고 움푹 팬 모습에 머리카락을 이마에 깊숙이 드리우고 성급하게 움직이곤 했다. 그 자신이 나중에 확인해준 것에 따르면 그는 당시 매우 두려움이 많았고, 유명한 사람 앞에 나서지도 못하고 다섯 사람 앞에서 연설을 하지도 못할 정도였다고 한다.[13]

그는 언제나처럼 고아연금으로 생계를 꾸렸다. 어떻게 해서인지 미술 아카데미에 다닌다고 거짓말을 해서 고아연금을 빌았다. 그러나 그 동안 근심 없고 속박 없는 삶을 살도록 해주었던 아버지의 유산도, 부모의 집을 팔아서 남은 돈도, 1909년에는 다 떨어졌던 것 같다. 어쨌든 그는 9월에 시몬 기념 거리에 세든 사람 집에 다시 방 한 칸을 세들었다가 11월에 그 집에서 나왔다. 처음으로 중요한 히틀러 전기를 쓴 콘라트 하이덴(K. Heiden)은 히틀러가 그 당시 '극단적인 비참' 상태에 빠져들었으며, 며칠 밤은 지붕도 없이 공원 벤치와 커피숍에서 잠을 잤지만 겨울이 닥쳐오자 그럴 수도 없게 되었다는 사실을 밝히고 있다.

1909년 11월은 특별히 추웠다. 비가 많이 내리고 드물지 않게 비에 섞여 눈까지도 내렸다.[14] 같은 달에 벌써 히틀러는 집 없는 사람을 위한 마이틀링 수용소 앞에 저녁마다 늘어선 사람들 대열에 끼여들었다. 여기서 그는 라인홀트 하니쉬라는 이름의 떠돌이를 알게 되었다. 하니쉬는 나중에 손으로 쓴 보고서에서 이렇게 묘사하였다. "나는 독일과 오스트리아를 이곳저곳 떠돌아다닌 끝에 마이틀링의 집 없는 사람을 위한 수용소를 찾아냈다. 왼쪽 간이침대에는 완전히 상처투성이의 발을 가진 야윈 젊은이가 있었다. 나는 농부들에게서 얻은 빵을 가지고 있어서 그에게 좀 나누어주었다. 그 당시 나는 강한 베를린 사투리를 쓰고 있었는데 그는 독일을 꿈꾸고 있었다. 나는 그의 고향인 인 강변의 브라우나우를 지나왔기에 그의 이야기를 쉽게 이해할 수 있었다."

떠돌이 하니쉬와 함께한 생활

1910년 여름까지 대략 일곱 달 동안 히틀러와 하니쉬는 가까운 친구이자 사업상의 동지로 지냈다. 물론 하니쉬 역시 당시의 다른 증인들보다 더 믿을 만하지는 못하다. 그렇지만 하니쉬가 히틀러가 아무것도 안 하면서 지내고 싶어하는 성향을 가졌다고 강조하고, 그에게 함께 일자리를 찾아보자고 설득했으나 실패했다는 이야기는 적어도 심리적으로 상당히 그럴싸한 부분이다. 사실상 히틀러의 시민계급에 대한 동경과 현실 사이의 모순이 라인홀트 하니쉬 같은 문제투성이 실패자들과 함께 보낸 이 수용소 시절보다 더 분명하게 드러난 적이 없었다.

1938년에 하니쉬를 잡게 되자 히틀러는 그를 죽이라고 명령하였다. 인생의 절정에서 그는 뒤를 돌아보면서 독특한 독선의 태도로 이 시절의 억누르는 현실에 대해서 이렇게 말했다. "그러나 나는 환상 속의 궁전에 살았다."15)

살아가는 수완이 있고 자기 계층의 온갖 곤궁·술책·기회 등을 잘 알고 있던 하니쉬는 어느 날 히틀러에게 어떤 직업을 가졌었냐고 물어서 화가라는 대답을 들었다. 페인트공인 모양이라고 생각한 그는 이 직업으로 돈을 벌 수 있다고 대꾸했다. 하니쉬에 대해서는 여러 가지 의심들이 있지만 그래도 다음의 보고에서 히틀러의 모습을 볼 수 있다. "그는 모욕감을 느끼고 자신은 그런 종류의 화가가 아니라 공부한 사람이고 예술가라고 대답했다."

하니쉬의 제안에 따라서 그들은 함께 사업을 벌였다. 크리스마스 직전에 그들은 20구역 멜데만 거리에 있는 싸구려 대중숙박시설인 남자 하숙집으로 거처를 옮겼다. 침실 정리가 이루어지는 낮 동안에 히틀러는 독서실에 신문을 펼쳐놓고 앉아 있곤 했다. 그는 대중적인 과학잡지를 읽거나 아니면 빈 풍경을 담은 우편엽서들을 그렸다. 정밀한 수채화들이었다. 하니쉬는 그것을 그림 판매상들, 목수들, 때로는 양탄자 짜는 사람들에게 팔았다. 그들은 당시의 유행에 따라서 "안락의자나 소파의 높다란 등받이 속에 그 그림을 넣었다". 수익금은 나누어 가졌다. 히틀러는 '이런 초라한 옷차림을

그는 콘서트 홀, 박물관, 호화주택 등의 설계도들과 빈 풍경을 담은 우편엽서들을 그렸다. 린츠의 음악당(1907년).

하고 다른 사람 앞에 나설 수' 없기 때문에 자신의 작품을 판매할 처지에 있지 못하다고 생각했다. 그에 반해서 하니쉬는 자신이 '때로는 아주 좋은 주문을 따낼' 수가 있었다고 주장했다. "그래서 우리는 그럭저럭 살아갈 수가 있었다……. 그렇게 여러 주가 지나갔다."[16]

남자 하숙집의 거주자들은 온갖 계층 출신이었다. 주변의 공장과 기업체에서 일하는 젊은 노동자와 사무직 직원들이 대부분이었다. 그와 함께 부지런한 사람들이 있었다. 하니쉬는 악보 베끼는 사람, 가격표 그리는 사람, 이름 머리글자 파는 사람 등이 있었다고 보고하였다. 그러나 사회적인 실패자들이 그 구역의 상태를 더 잘 보여준다. 여러 가지 모험가들, 파산한 상인들, 악사, 거지, 채무자, 혹은 쫓겨난 관리 등이 주요 거주자들이었다. 다민족 국가의 모든 지방에서 모여든 떠돌이들이었다. 그리고 행상이나 가두 판매를 해서 사회적 상승을 시도하려는, 제국동부에서 온 유대인들이었다. 그들 모두를 결합시키는 것은 가난이었다. 그들을 서로 갈라놓는 것은 다른 사람을 희생으로 삼아서라도 그런 가난에서 벗어나서, 위를 향한 도약을 엿보고 있는 의지였다. "연대감의 결핍이라는 것이 사회적인 추락자 계급의 중요한 특징이다."[17]

히틀러는 하니쉬를 빼면 남자 하숙집에서 친구가 없었다. 그를 알았던 사람들은 그의 참을성 없는 성질을 강조하고 있다. 그러나 그 자신은 '영혼에 거슬리는' 빈 사람 타입에 대해서 거부감을 느꼈다고 지적하고 있다.[18] 하니쉬의 도움으로 수용소를 빠져나온 이후로 그가 더 이상 우정을 찾으려 하지 않았다고 생각할 수 있다. 모든 친밀한 관계는 그를 화나고 지치게만 했다. 그 대신에 그가 배운 것은 천박한 사람들 사이의 동료관계였다. 그것은 접촉과 익명성을 보장하고, 아무 때라도 철회할 수 있는 충성을 제공하였다. 그것은 사회의 여러 차원에서 거의 언제나 동일한 개성을 가지고 겪는 늘 새로운, 결코 잊을 수 없는 경험이었다.

전쟁의 참호에서, 자신의 당번병과 운전수들 한가운데서—그런 사람들이 옆에 있는 것을 그는 당수 시절이나 나중에 제국수상 시절에도 언제나 좋아했다—그리고 총통 사령부의 방공호 속에서, 언제나 히틀러는 남자 하숙집의 생활방식을 되풀이하였던 것으로 보인다. 이러한 생활방식은 황홀한 공동생활 방식이었고, 일반적인 인간관계에 대한 그의 생각과 상당히 일치하는 것이었다. 집의 관리자 입장에서 보면 그는 다루기 힘든 사람이었다. 툭하면 정치 이야기를 해서 자극하는 사람이었고, 하니쉬의 보고에 따르면 "주변이 뜨겁게 달구어지는 수도 많았고, 서로간에 불쾌하게 사나운 눈길을 주고받았다".

히틀러는 자신의 생각을 상당히 날카롭고 일관되게 주장했다. 과격한 대안(代案)들, 모든 사건에 대한 지나친 관심 등은 그의 사색의 기본이었다. 그의 기피적인 의식은 모든 것을 지나치게 몰고가고, 별것 아닌 사건을 형이상학적인 파국으로 만들어버리곤 했다. 일찍부터 그는 위대한 모티프들의 유혹을 받았다. 영웅적인 것, 숭고하게 장식적인 것, 이상적인 것을 향한 그의 단순하고도 예술가 같은 회고적인 경향은 여기에 그 원인이 있다. 신들, 영웅들, 거대한 것으로 확장된 의도, 혹은 무시무시한 최상급 등이 그를 자극하고, 현재의 지겨운 생활상태를 덮어주었다. "리하르트 바그너의 음악은 그를 밝은 불꽃으로 데려갔다."고 하니쉬는 서투르지만 분명하게 적었다. 히틀러는 나중에 자신이 이미 당시에 베를린 개축 계획을 세우고 있었다고 주장하였다. 사실상 끊임없는 계획입안의 충동도 이런 맥락에 들어 있다. 건축청부업자에게 고용된 일도 옛날의 건축가의 꿈을 도로 일깨웠다고 한다. 몇 가지의 모델 팸플릿을 보면서 그는 자신이 거대한 비행기 제조 회사의 소유자가 되어서 '매우 부자'가 되어 있는 모습을 꿈꾸었다.[19]

그 사이에 그라이너(Greiner)의 소개로 머릿기름 광고판과 이불깃털 사업을 위한 광고판, 그리고 '테디(Teddy)'라는 이름의 땀날 때 쓰는 파우더를 위한 광고판을 그렸다. 분명하게 히틀러의 서명이 들어 있는 작품이 발견되었다. 그 작품은 경직된 학생 같은 서투른 솜씨로 두 명의 우편배달부를 그린 것이다. 한 명은 지쳐 주저앉아서 굵고 푸른 색 땀방울이 양말에서 배어나오고 있는데 다른 사람은 자신의 '친애하는 형제'에게 매일 1천 개의 계단을 오르내려도 '테디 파우더만 있으면 즐거움'이라고 알려주고 있다. 또 다른 광고판에는 성 슈테판 교회의 탑이 비누더미 위로 장엄하게 솟아 있다. 히틀러 자신은 이 시기의 생활상태에 대해서 자신이 마침내 자기 시간의 주인이 되었다는 점이 기억할 만하다고 말했다. 그는 교외의 자그마한 싸구려 찻집에 신문을 펼쳐들고 몇 시간 동안이나 앉아 있곤 했으며 반유대주의 신문인 《도이치 민족지》를 즐겨 읽었다.

위대한 바그너와의 내적인 동류의식

그 모든 것을 합쳐보면 이 스무 살 청년이 삶과 담을 쌓고 엄격한 의미에서 비정치적인 괴짜의 모습을 하고 있는 것을 분명히 볼 수 있다. 그는 이 시기에도 자신이 별난 사람이었다고 말했다.[20] 리하르트 바그너는 이 시기에 '음악'에서만 우상이었던 것이 아니다. 초기엔 삶에 실망하고 좌절도 겪었지만 완강한 소명의식으로 가득 차 있다가 마지막엔 '세계적 명성을 얻어낸 그의 삶'[21]을 히틀러는 자신의 삶의 모범으로 여겼다. 바이로이트 대가의 모습에서 자신의 성취와 실책을 찾아내려는, 낭만적인 천재개념의 유혹이 분명하게 보인다. 한 세대가 바그너를 통해서 혼란을 겪고 제압당하고 시민세계에서 멀어졌다.

젊은 히틀러가 학업을 포기하고, 약속들로 채워진 유혹적인 대도시로 탈출해서 최초의 이미지를 완성하는 것도 리하르트 바그너에 대한 경탄에서 연유한다. 수많은 동시대 사람들이 비슷한 기대를 가지고 밟았던 길이기도 했다. 재주 있고 위태로운 아웃사이더들의 왕도(王道)였던 것이다. 린츠의 세관원 아들의 억눌린 잿빛 모습은 낭만에 젖은 도망친 학생들의 무리에 끼여든다. 많은 사람들 사이에는 토마스 만, 하인리히 만, 게르하르트 하우프트만, 헤르만 헤세 등이 있고, 학교에서 도망친 청소년 유형은 세기가 바뀔 무렵 수많은 작품들에 등장한다.

에밀 슈트라우스의 1901년 단편소설 《친구 하인》, 릴케의 《체육시간》(1902년), 로버트 무질의 《젊은 퇴를레스》(1906년), 헤르만 헤세의 《바퀴 아래서》(1906년) 프랑크 베데킨트의 《봄의 깨어남》(1906년), 그리고 일년 뒤에 나온 프리드리히 후흐의 《마오》 등에 이런 유형의 인물들이 등장한다. 도망치거나 혹은 몰락한다는 점에서 그들 모두는 서로 연관성이 있다.

그들은 시민사회에서 겪는 고통을 미화하고, 일상의 의무목록에 짓눌려 있는 아버지들의 평범한 세계에 맞서 사회적 생산성이 없는 '예술가' 라는 이상형을 내세웠다. 그 뒤에서 끊임없이 예술가와 시민성, 천재와 시민성이라는 낭만적인 대립이 전개되었다. 자기 자신을 의심하는 시민의식은 칼 모어(프리드리히 쉴러의 희곡 《도둑떼》에 나오는 주인공 중 한 명 : 역주)와 수많은 다른 도둑 두목들, 그리고 우수에 젖은 반항자들 이후로 바로 이런 낭만적인 대립에서 경탄할 만한 반(反)주인공들을 얻었던 것이다. 시민성이란 질서, 헌신, 지속성 등을 의미하는 것이고 그것은 언제나 쓸모있는 것을 만들어냈다. 그에 반해서 정신의 유례 없는 자기상승, 그 명성의 행위는 인간과 사회에 대해 극단적인 거리를 두고 이루어진다고 할 수 있다.

예술가나 천재 등 복잡한 인간은 내면 깊숙이 시민세계에 속하지 않으며, 그들의 사회적인 위치는 저 멀리 사회의 가장자리로 밀려나 있다. 이런 유형을 처음으로 분석한 사람이 고통스럽게 언급하고 있듯이 거기서부터 자살자들의 관을 두는 곳, 불멸의 전당 등은 사회와 비슷한 거리만큼밖에 떨어져 있지 않다.[22) 그러고 보면 젊은 히틀러가 고차원적인 예술가의 꿈을 실현하기 위해서 했던 준비라는 것이 얼마나 우스꽝스럽고 엉성한 것이었던가. 그의 재능이란 얼마나 의문 투성이었던가, 남자 하숙집에서의 생활은 그 비천한 고등사기술, 기생습관, 반사회성 등을 얼마나 잘 보여주는 것인가. 그는 후기 시민사회적인 천재관념에서 이 모든 자기변명을 찾아냈으며 리하르트 바그너에서 부정할 수 없는 모범을 찾아내고 있다.

히틀러는 뒷날 스스로 밝히기를 리하르트 바그너를 빼면 "모범이 될 만한 것은 없었다."고 했다. 그리고 분명한 어조로 음악가와 드라마 작가로서의 바그너뿐 아니라 '도이치 민족을 사로잡은 가장 위대한 예언자 모습' 을 가졌던 그의 강력한 개성 전체를 들고 있다. 그는 특별한 애착을 가지고서 '도이치 사람의 발전을 위해서' 바그너가 얼마나 중대한 의미를 지녔는지 지적하곤 하였다. 그는, '스스로 정치적이고자 하는 의지 없이' 정치적으로 작용한 바그너의 용기와 에너지를 경탄하고 있으며, 이 위대한 남자와의 내적인 동류의식이 자신에게는 '히스테리적인 흥분'을 일으켰다고 했다.[23]

히틀러와 바그너의 유사성

실제로 두 사람 사이의 일치는 어렵지 않게 찾아낼 수 있다. 젊은 히틀러의 모방으로 인해 더욱 비슷해진 기질상의 접근은 이상하게도 가족 같은 유사성을 만들어내고 있다. 토마스 만이 처음으로 '히틀러 형제'의 초상화를 그렸는데, 그는 1938년에 히틀러가 승리의 절정에 있을 때 이렇게 썼다.

"원하든 원치 않든 이 현상에서 예술가의 한 출현양식을 보아야 하지 않겠는가? 특별히 부끄러운 방법이지만 모든 것이 여기에도 나타나 있다. '힘든 특성', 게으름, 어린시절을 정의하기 어려움, 어느 한곳에 밀어넣기 어려움, 도대체 무엇을 원하는 거냐고 묻고 싶은 성격, 가장 깊은 사회적·영적 보헤미안 상태 안에 반쯤 멍청하게 식물처럼 들어 있기, 근본적으로 오만한 거부, 자신은 너무 훌륭해서 이성적이고 명예로운 활동을 할 수 없다고 거부하는 것 등의 요소들이다. 그러나 어떤 근거에서인가? 무엇인가 규정할 수 없는 어떤 것을 위해 자신을 아껴두려는 어두운 예감에서다. 그 규정할 수 없는 것을 이름붙여 말한다면 사람들은 분명히 웃음을 터뜨릴 것이다. 게다가 양심의 가책, 죄의식, 세상을 향한 분노, 혁명 본능, 폭발적인 보상욕구의 무의식적인 퇴적, 스스로를 정당화하고 입증해야 한다는 끈질긴 의식……. 이 모든 것은 정말 고통스러운 유사성이다. 나는 그럼에도 불구하고 그 앞에서 눈을 감지는 않겠다."[24]

그밖에도 둘은 아주 특이한 유사성을 갖고 있다. 조상의 신원을 확인하기 어렵다는 점, 학교에서의 실패, 군대 도피, 병적인 유대인 증오, 채식주의 등이다. 바그너의 경우 채식주의는 거의 광적인 상태여서 인간은 채식을 통해서 구원되어야 한다고 생각했다. 모든 감정상태가 좌절과 열광, 승리와 파국이라는 양극단까지 직접 교차한다는 점도 두 사람이 비슷하다. 리하르트 바그너의 수많은 오페라에서는 자신의 법칙만 따르는 아웃사이더와 전통에 결부된 완강한 질서와의 고전적 갈등이 나타나곤 한다. 〈리엔치〉, 〈로엔그린〉, 〈슈톨칭〉, 〈탄호이저〉 등을 보면서 미술아카데미에서 거절당한 히틀러는, 남자 하숙집의 독서실에 그림물감을 펼쳐놓고 앉아 있을 때의 이 세상과 자기 자신의 대립을 본다고 느꼈다.

때로 그는 그토록 추종하는 삶의 모범인 바그너를 따라서 살거나 바로 그 모습을 따라 스스로를 양식화한 것으로 보인다. 결국 양쪽 다 지나치게 흥분된 권력의지와 폭군적인 성향을 가진다. 리하르트 바그너의 예술은 억제할 수 없는 광범위한 정복의지의 도구라는 사실을 절대로 잊을 수 없게 만든다. 대규모이면서 위엄 있는 것에 대해서 항거할 수 없는, 그러면서도 예술적으로 이중적인 취향, 마춰시키는 위대한 인물에 대한 애착 등은 바로 이러한 성향에 근거한다.

〈리엔치〉 이후 바그너의 최초의 대규모 작품은 2백 명의 남성 코러스와 1백 명의 관현악단을 위한 것이었다. 날카로운 콜로포늄의 섬광 아래서, 전사한 혼령들의 전당인 발할라, 열병식, 예배의식이 뒤섞이면서 펼쳐지면 바그너 음악의 특징인 거리낌없고 노골적인 효과, 공허하게 위대한 잠파노 효과를 통한 자기유혹 등이 나타난다. 제3제국의 행사양식은 바그너 오페라의 전통, 이 선동적인 예술형식 없이는 생각할 수 없는 것이다.

두 사람 다 고도의 섬세한 심리적 감각을 보인다. 이것은 놀랍게도 진부함에 대한 불감증과 결합되어 있다. 그래서 그들에게는 천민적인 참칭(僭稱)의 모습이 나타난다. 그것은 수십 년이 지나서도 여전히 이야기되는 평가에 나타나 있다. 고트프리트 켈러(G. Keller)는 이 시인 작곡가를 '미용사 악당'이라고 불렀다. 날카로운 감각을 가진 동시대 사람 하나는 히틀러를 가리켜 '낙인찍힌 급사장'이라고 말했고, 또 다른 사람은 '수사적인 강간살인자'라고 불렀다.[25] 그러한 표현들이 보여주는 통속적이고 저급한 평판의 특성은 두 사람에게 공통적이다. 그것은 천재적인 사기술과 고취된 사기도박꾼의 모습인 것이다.

리하르트 바그너가 혁명가 역할을 하면서 왕의 친구노릇도 했듯이—칼 마르크스는 '국가 음악가'라고 빈정거렸다—젊은 아돌프 히틀러 또한 정확하지 않은 방법으로, 사회에 대한 자신의 미움을 기회주의적인 본능과 화해시킬 어떤 상승을 꿈꾸었다. 바그너는 예술을 존재의 목적이며 규정으로 삼고 예술가를 존재의 최고 심판자라고 칭함으로써 명백하게 드러난 삶의 모순들을 없앴다.

"정치가가 절망하고 손을 내려놓을 때, 사회주의자가 쓸모없는 체계들로 자신을 괴롭힐 때, 철학자도 겨우 해석만 할 뿐 미리 예고할 수는 없는" 시간에 언제나 예술이 구원하며 개입하는 것이다. 그것은 그가 표현한 예술의 이끌림에 따라 삶을 전체적으로 미화시키는 것이다.[26] 이런 방식으로 국가는 예술작품의 수준으로 올라가고, 정치는 예술의 정신에서 새롭게 완성되어야 하는 것이다. 제3제국에서 공식적인 생활이 연극화되고, 정부는 연출의 정열을 보이고, 연극학은 정치적인 실제가 되고, 드물지 않게 정치의 목적이 된 듯이 보이는데 이러한 바그너 강령의 요소들은 어렵지 않게 찾아진다.

그러나 그 이상의 공통점들이 있다. 프리드리히 니체가 당시 경탄하던 친구(바그너)에 대해서 그 유명한 '시대에 안 맞는 관찰 4번'에서 말했던 '딜레탕트가 되려는' 타고난 성향은 젊은 히틀러에게서도 나타난다. 두 사람은 모든 영역에 독단적으로 간섭하려는 두드러진 욕구를 보였다. 사람들에게 자신의 위대함을 입증하여 칭송받으려고 하는 고통스러운 명예욕, 금세 활기를 잃어버리는 어제의 명성을 오늘 더욱 화려한 모습으로 보이려는 욕구를 가졌다. 두 사람 다 소시민들과 가까웠다. 그것은 더 높은 곳에 오르려는 생각과 상당히 밀접한 관계를 맺고 있어서 이러한 성향은 타고난 성품이라고 불러야 할 정도다.

바그너와 히틀러의 차이점은, 히틀러에겐 자제력과 노력이 완전히 결핍되어 있다는 것, 거의 최면적인 게으름을 가졌다는 점을 들 수 있을 것이다. 그러나 동시에 이것은 프롤레타리아가 되지 않으려는 자기방어 태도임을 알 수 있다. 어느 날인가는 들어보지 못한 일이 일어날 것이다. 그리고 이 시절의 이 모든 고통스런 굴욕과 고통에 대해서 무시무시한 복수를 할 것이라는 번쩍이는 예감으로 강화된 존경스러운 의지력의 작업이었다.

비정치적이고 연극적인 세계관

리하르트 바그너의 표지를 지닌 히틀러가 세계에 대해서 비정치적이고 연극적인 관계를 가졌다는 사실은 여러 가지 징후들에 나타난다. 그 자신이 표현한 대로 그는 '곰곰이 생각하고 파고드는' 여러 날을 보내고 난 다음 어느 날 아무런 계획도 없이 어슬렁거리다가 빈 노동자들의 대규모 시위를 구경하게 되었다. 약 15년이 지난 다음에 이 체험을 기억해서 서술한 내용 속에 이 '끝없는 4열 행렬'이 그에게 얼마나 엄청난 인상을 불러일으켰는지 담겨 있다. 거의 두 시간 동안이나 그는 링 거리의 가장자리에 서서 '숨을 죽이고 천천히 지나쳐가는, 인간으로 이루어진 거대한 용의 움직임'을 구경하였다. 그리고 나서 그는 '두려운 압박감을 느끼면서' 돌아서서 집으로 달려왔다. 그 행렬이 남긴 장엄한 효과에 압도된 상태였다.

어쨌든 그는 이 사건의 정치적인 동기나 배경에 대해서는 한마디 언급도 없으며 이 대규모 인간집회가 어떤 효과를 불러일으킬 수 있는가 하는 문제에만 몰두하였다. 그를 사로잡은 것은 연극의 문제였으며 그가 본 것은 정치가에게 무대연출의 의무가 주어져 있다는 사실이었다. 히틀러가 간혹 연극작품을 시도하면서 '가능한 한 장엄한 연출'에 얼마만한 의미를 부여하고 있는가 하는 것은 이미 친구인 쿠비체크의 눈에도 띄었던 일이다. 이 최초의 히틀러 숭배자는 뒷날 연극의 내용은 거의 기억하지 못했지만 친구가 '엄청난 경비'를 생각했다는 사실은 잊지 않았다. 그것은 바그너가 무대에 요구했던 규모도 '완전히 뒤로 물러서도록' 만드는 것이었다.[27]

히틀러는 과거를 돌아보면서 이 5년 간의 빈 시절에 지적인 교양체험을 했다고 선전하고 '무한히 많이, 그리고 철저한' 독서를 하였다고 지적하였다. 건축물과 오페라 극장을 방문한 것을 빼면 그는 '책들을 유일한 벗으로' 삼았다고 한다. 그러나 이 시절의 중요한 인상들은 지적인 것이기보다는 오히려 선동가적이고 정치책략적인 차원에서 구했다고 표현해야 적절할 것이다. 다른 건축 노동자들이, 자만심 때문에 조심스럽게 뒤로 물러서서 접촉을 기피하는 시민계급의 인물을 '현장'에서 쫓아버리려 한 사건을 통해서 그는 이런 논쟁들을 간단히 끝내는 방법이 있다는 사실을 배웠다. 은근히 경탄하는 말투로 말한 바로는 '감히 반항하려 드는 자의 골통을 부숴놓는' 것이다.[28] 그의 책 《나의 투쟁》에서 정치적 각성을 다루고 있는 부분은 이론적 배경이 약하기 때문에 그가 인정한 당시의 이념들을 비판적으로 다룬 흔적이 없다. 그는 여기서 분명히 광범위하게 퍼져 있던 도이치 시민계급의 이데올로기를 좇고 있을 뿐이다. 그 대신 이념들의 조직화 문제, 대중동원에 적합한 특성 등이 그에게 탐욕적인 관심을 일깨우고 최초의 번쩍이는 깨우침들을 보이고 있다.

그의 뒷날의 연설들과 공고문에 나타나는 수많은 특징적인 어법들은 빈 시절에 이미 만들어졌다. 그것은 자신의 의지를 대중에게 강요하는 '배후의 인물들' '어두운 조종자들'에 대한 끊임없는 질문이다.[29] 앞에서 이미 언급한 하니쉬의 보고에 따르면 어느 날 히틀러는 베른하르트 켈러만(B. Kellermann)의 소설 《터널》을 대본으로 만들어진 영화를 보고 '완전히 도취된 상태로' 돌아왔다고 한다. 그 영화에서는 민중연설가가 주도적인 역할을 한다. "이제 남자 하숙집에서 열렬한 연설들이 이루어졌다."고 하니쉬는 확인해주고 있다. 요제프 그라이너는, 거짓 감사편지와 위조 증명서를 가지고 다니면서 비밀제조법에 따라 만든 머리털 나는 약을 선전하는 안나 칠락(A. Csillag)이라는 여자를 히틀러에게 소개시켜주었다고 주장했다. 그의 보고에 따르면 히틀러는 거의 한 시간 동안이나 그 여자의 기술을 보며 감탄하고 나서 심리적인 영향력의 무서운 가능성에 대해서 이야기했다고 한다. "선전이야, 선전. 아주 오랫동안 선전해서 마침내 믿음이 생겨나고, 어떤 게 상상이고 어떤 게 현실인지 모를 정도가 되기까지 선전하는 거지." 선전이란 "모든 종교의 본질적인 정수(精髓)거든……. 하늘나라가 됐든, 머릿기름이 됐든 말이야".[30]

물론 히틀러가 사회민주당의 선전을 보고—사회민주당의 신문·데모·

연설 등—이끌어낸 결론을 읽어보면 더욱 확실한 근거를 보게 된다. 이 결론들은 독특한 실천법을 규정하고 있다.

광범위한 대중심리는 어중간하거나 약하면 아무것도 느끼지 못한다.

여자의 영적인 감수성은 추상적인 이성의 근거를 통해서 규정되기보다는, 보충적인 힘을 향한 정의내리기 어렵고 감정적인 그리움으로 규정된다. 그래서 여자는 약자를 지배하기보다는 강자에게 굽히기를 좋아한다. 마찬가지로 대중은 간청하는 사람보다는 지배자를 사랑하고, 자유주의적인 태도로 너그럽게 받아들이는 것보다는 독불장군처럼 자기주장만 펴는 이론에 대해 내심 더욱 만족한다. 대중은 자유를 가지고 무슨 일을 해야 할지 잘 모르며 심지어 버림받았다는 느낌을 갖기도 한다. 뻔뻔스러운 정신적 테러나, 인간적인 자유를 함부로 없애버리는 일 따위는 그들의 의식 속으로 들어오지 않으며 그들은 그런 이론이 숨기고 있는 내적인 망상을 전혀 짐작도 못한다. 대중은 오직 목적의식이 확고한 표현들의 가차없는 힘과 잔인성만을 보며, 그러한 잔인성 앞에 마침내 스스로 몸을 굽힌다……. 개인을 향한 육체적인 테러가 대중에게 미치는 의미도 역시 이해가 되는 일이다. 여기서도 심리작용의 정확한 계산이 이루어져야 한다.

일터, 공장, 집회장의 테러, 그리고 이따금 열리는 대규모 시위 등은 같은 정도의 테러가 그에 맞서지 않는 한 언제나 효과가 있는 법이다.[31]

1910년 8월 초에 히틀러와 하니쉬 사이에 결별이 찾아왔다. 히틀러는 여러 날 걸려서 빈 의회의 풍경을 그렸다. 그는 고전적인 사원양식에 매혹되어서 그것을 '도이치 땅에 세워진 헬레니즘의 경이로운 걸작'이라고 불렀고 극히 양심적으로 열성을 다해서 그렸다. 어쨌든 그는 이 그림이 50크로네의 가치가 있다고 여겼으나 하니쉬가 그것을 10크로네를 받고 팔았다. 둘 사이에 다툼이 있은 후 하니쉬가 나간 사이 히틀러는 하숙집 동료의 도움을 받아서 그를 체포해서 고소했다. 하니쉬는 8월 11일 심문에서 7일간의 구류를 받았다. 그는 남자 하숙집에서 프리츠 발터(F. Walter)라는 가명을 쓰고 있었기 때문에, 양보를 해서라도 소송을 유리하게 만들어보려고 애썼다. 그림을 산 사람의 아내는 나중에 자기 남편이 정말로 그림값으로 10크로네를 지불했다고 인정하였다. 그러나 하니쉬는 그 사람을 증인으로 부르지 않았다.[32] 이어서 한동안은 역시 남자 하숙집에 사는 노이만이라는 유대인이 그림 판매를 맡았다. 그리고 때로는 히틀러 자신이 부끄러움을 무릅쓰고 손수 고객을 찾아나서기도 했다.

3년 반 동안 히틀러의 이러한 교양 체험은 계속되었다. 거기서 인간에 대한 그의 견해들과 사회에 대한 관점이 확고하게 형성되었다. 그가 드높은 야망을 가진 채 이러한 환경에서 증오와 반역의 콤플렉스를 발전시켰다는 사실을 이해하는 것은 그다지 어려운 일이 아니다. 여러 해가 지난 뒤에도 그는 특히 자신이 살던 구역을 통과하는 길에 들어서면 나타나는 '쓰레기, 역겨운 더러움과 어두운 가난의 모습들'을 기억만 해도 소스라쳐 놀라곤 했다. 공감이라는 것은 전혀 느끼지 못했다.

이 시기의 체험들과 생활환경들은 히틀러에게 무엇보다도 전쟁철학의 토대를 마련하는 데 도움을 주었다. 그것은 그의 세계관에서 중심적인 생각, 즉 '단단한 토대'가 되었다. 그가 뒷날 수많은 연설들과 발언문, 책의 페이지들 혹은 총통 사령부의 원탁 대화에서 '가장 잔인한 싸움'의 이념, '가차없는 자기주장'의 이념, 근절, 냉혹함, 잔인성 혹은 강자의 권리 등에 대한 이념을 고백할 때마다, 그 속에는 언제나 이 남자 하숙집 시절의 세계관이 스며들어 있었다. 그것은 비속한 학교에서 얻은 잊을 수 없는 숙제였다.

사회적 다원주의

히틀러의 생각에 들어 있는 사회적 다원주의는 흔히 말해지듯 남자 하숙집의 개인적인 체험에서만 생겨난 것은 아니다. 오히려 자연과학에서 권위를 얻은 한 시대의 성향이 그런 생각 속에 들어 있다. 스펜서와 다윈이 전개한 생명체의 발전과 도태의 법칙들은 수많은 사이비 과학 출판물의 상위 심급기준처럼 되었다. 그것은 '생존을 둔 싸움'을 기본법칙으로 삼고, 인간과 민족들이 함께 살아나가는 데 있어서 '강자의 권리'를 기본권으로 받아들이는 것을 널리 유행시켰다. 이른바 사회적 다윈주의 이론은 19세기 후반에 어쨌든 잠시 동안은 모든 진영과 노선들, 정당들에 의해서 받아들여졌다. 그것은 초창기에 통속적인 좌익 계몽주의의 요소를 지녔다. 그러다가 점차 우익 쪽으로 이동하기 시작해서 민주적 혹은 인간적 이념의 반자연성을 입증하는 역할을 떠맡기에 이르렀다.

자유 사냥터처럼 민족들의 운명과 사회적인 대립들도 생물학적인 전제에 의해서 결정된다는 것이 출발점이었다. 도태와 육종양성을 포함하는 엄격한 선별과정을 통해서 결함이 발전되는 것을 막고, 한 민족이 다른 민족들보다 우위를 차지하도록 한다는 것이다. 당시 일상의 잡문들을 써서 널리 인기를 얻고 있던 조르주 바셰 드 라푸지(G. V. de Lapouge), 메디슨 그랜트(M. Grant), 루트비히 굼플로비츠(L. Gumplowicz), 오토 아몬(O. Ammon) 등의 수많은 글에서 이러한 사상을 위한 풍부한 어휘와 상상력이 제공되었다.

무가치한 생명 없애기, 민족정책의 목표 만들기, 쓸모없는 인간들을 강제수용해서 불임으로 만들기, 머리 크기·귀의 모양 또는 코의 길이 따위로 생존경쟁을 위한 유전적 특성을 가려내기 등이 거론되었다. 약자를 두둔하고 선별에 반대한다는 이유로 이들은 드물지 않게 기독교 도덕, 관용, 문명진보 등을 단호하게 거부하기도 하였다. 사회적 다윈주의는 포괄적인 체계로 만들어지지 못했고 그 대표자들에 의해서 주장이 철회되기도 했기 때문에 광범위하게 파괴적인 효과를 내지는 못했다. 전체적으로 그것은 시민 시대 고전적 이데올로기 중의 하나였고, 제국주의적인 책략과 억센 자본주의적 관철의지를, 피할 길 없는 자연법칙의 형식 아래 두려는 시도였다.

그러나 이런 생각이 그 시대의 반민주적 경향들과 결합했다는 사실이 더욱 중요하다. 자유주의, 의회주의, 평등이념, 국제주의 등은 자연법칙에 반하는 것이고 종족혼합을 야기하는 것으로 여겨졌다. 최초의 중요한 종족 이데올로기를 발전시킨 고비노(Gobineau) 백작은(《인간종족의 불평등에 대하여(Essai sur l'inégalité des races humaines)》, 1853년) 냉혹하고 귀족주의

적인 보수주의로 민주주의, 민중혁명, 그리고 그가 경멸적으로 '시골감각'
이라고 불렀던 그 모든 것의 반대자로 나섰다.

그러나 광범위한 도이치 시민계급에 더 큰 작용을 한 것은 원래 영국인
이었다가 나중에 도이치로 귀화한 휴스턴 스튜어트 체임벌린(H. S.
Chamberlain)의 작품이었다. 이름 있는 장교집안 출신이고 교육을 받은데
다 신경질적이고 허약한 성격의 그는 대학공부, 문필업, 리하르트 바그너의
작품에 매료되었다. 히틀러가 태어나던 해에 몇 주간 예정으로 빈으로 들
어왔다가 20년 간 이 도시에 머불렀다. 그는 합스부르크 다민족국기와 만
난 결과로 종족적 역사이론을 발전시켜서 경탄도 받고 배척도 받았다.

특히 그의 잘 알려진 작품 《19세기의 기반》(1899년)은 개별적으로 파고
든 해석을 통해서 고비노의 광범위한 생각들을 뒷받침하고 대담한 사색을
펴서 유럽역사를 종족싸움의 역사로 해석하였다. 로마 제국의 붕괴를 보면
서 그는 이 몰락과정의 고전적인 모델을 혈통 혼합과정으로 파악하였다.
몰락하는 로마가 한때 그랬던 것처럼 오스트리아—헝가리 이중왕국도 동방
종족의 우세가 혼란스럽게 진행되는 과정에 있었다. 그 옛날의 로마 제국
이나 현재의 오스트리아 제국에서 '어떤 특정한 국민, 어떤 민족, 어떤 종
족이' 파괴과정을 수행해 가는 것이 아니라 '다채로운 집중'이 혼합현상을
만들어낸다는 것이다. "가벼운 재능, 때로는 독특한 아름다움, 프랑스 사람
들이 '육감적인 매력'이라고 부르는 것이 이 혼혈아들의 특색이다. 이러한
것을 오늘날 빈처럼 다양한 민족들이 모이는 도시에서는 매일같이 볼 수
있다. 그러나 또한 그런 사람들에게서는 독특한 불안정, 약한 저항력, 성격
의 결함 등 도덕적인 퇴화를 볼 수 있다."[33]

체임벌린은 로마의 성문 앞으로 몰려드는 게르만족을 고귀한 종족 프로
이센과 비교하였다. 프로이센은, 종족이 뒤죽박죽인 다민족국가와 비교해
볼 때 당연히 우세하다고 했다. 그러나 전체적으로 이 엘리트 개인주의자
에겐 두려움과 방어의 느낌이 압도적이다. 계속 되풀이되는 염세적인 비전
을 가지고서 그는 게르만 사람들이 '생사를 건 말없는 싸움에서 종족의 심
연 가장자리에' 몰려 있다고 보았으며 혼혈아가 된다는 망상에 시달렸다.

"아직 아침이지만 어둠의 세력은 그 촉수를 뻗쳐 우리 몸 수백 군데에 달라붙어서 우리를 어둠으로…… 끌어당기려고 한다."

그러므로 히틀러의 사회적 다원주의 사상은 전체적으로 보아서 단순히 '집없는 자들의 철학'[34]만은 아닌 것이다. 오히려 이 점에서 히틀러와 시민 시대의 깊은 결속이 뚜렷해지는 것이며, 그는 다만 시대의 불법적인 아들이고 그 파괴자였을 뿐이다. 근본적으로 그는 교외의 카페에서 제공되는 신문이나, 그밖에 책, 저질 잡지, 오페라, 그리고 정치가들의 연설에서 얻은 것을 받아들였을 뿐이었다. 그의 세계관에서 특별히 망가진 부분만이 하숙집의 경험을 반영한다. 다름아닌 저 저급한 표현방식이다. 그는 정치가로서 대륙의 지배자가 된 뒤에도 여전히 '동쪽에서 온 더러운 것들' '신부 새끼들' '병신 같은 예술 쓰레기', 처칠을 가리키는 '네모 주둥이' 따위의 표현들을 썼다. 그리고 유대인을 '한꺼번에 때려죽여야 할 돼지새끼들'이라고 불렀다.[35]

히틀러는 이 시절의 분위기와 색채를 결정하고 있는 복잡한 생각들을 예술에서 배운 감수성을 가지고 받아들였다. 어떤 개인이 아니라 시대가 그에게 이념들을 주었다. 반유대주의와 사회적 다원주의말고도 민족주의적인 색채를 가진 사명의식 역시 그렇다. 그것은 염세적인 두려운 꿈의 다른 측면이었다. 처음에는 극히 혼란스럽다가 우연히 정리된 세계관에는, 세기가 바뀔 무렵의 훨씬 더 일반적이고 지적인 유행의 영향을 받은 이념 조각들도 자리를 차지하고 있다. 생의 철학, 이성과 휴매니티에 대한 회의, 그리고 본능, 피, 충동에 대한 낭만적 찬양이었다. 초인의 힘과 빛나는 반도덕성에 대한 니체의 주장은 저속화된 형태로 역시 이러한 이념에 포함되었다. 니체는, 19세기는 쇼펜하우어에게서 현실 감각, 명랑성과 이성을 향한 의지 등은 받아들이지 않고 '야만적으로 열광하고 유혹되려고만' 한다고 말한 적이 있다. 증명할 길 없는 의지(意志) 이론, 개인의 부정, 천재에 대한 몽상, 동정론, 유대인에 대한 증오, 학문에 대한 증오 등만을 받아들이려 한다는 것이다.[36]

현실에 맞선 꿈들

한 번 더 리하르트 바그너가 등장한다. 그의 예를 들면서 니체는 위의 오해를 언급했다. 바그너는 젊은 히틀러의 위대한 생의 모범일 뿐 아니라 스승이기도 했다. 히틀러는 그의 이데올로기적인 영향을 광범위하게 받아들였다. 그를 통해서 시대의 부패한 정신이 중개되었다. 히틀러는 세기가 바뀔 무렵 널리 읽히던 바그너의 정치적 글들을 좋아했다. 바그너 문체의 과장된 광대함은 히틀러의 문법감각에 영향을 남겼다. 오페라와 함께 바그너의 이런 글들은 이미 앞에서 언급한 요소들에서 히틀러가 얻게 된 세계관의 종합적인 이데올로기 배경을 이루게 된다.

즉 다윈주의, 반유대주의("나는 유대종족을 순수한 인류와, 인류가 지닌 그 모든 고귀함의 천적으로 여긴다.") 게르만적인 힘의 표상, 해방의 야만성, 〈파르시팔〉의 혈통정화에 대한 신비주의, 작곡하는 연극인의 연극예술 세계 전부 등이었다. 그의 연극예술에서는 선과 악, 순수한 것과 타락한 것, 지배자와 지배받는 자들이 날카롭게 이중적인 위치에서 적대적으로 대립하고 있다. 황금의 저주, 지하에서 우글대는 열등종족, 지크프리트와 하겐의 갈등, 보탄의 비극적 정신 등이었다. 피의 증기, 용 죽이기, 지배욕, 배신, 성욕, 이교도, 그리고 마침내 구원과 연극수난의 종소리 등으로 이루어진 비상하게 해석능력이 있는 세계, 바로 이것이 히틀러의 두려움과 승리의 욕구에 가장 잘 어울리는 이데올로기적 환경이었다. 보편적으로 타당한 세계관을 향한 독학자(獨學者)의 열망을 품고서 그는 이 작품에서 자신의 세계상을 만들어냈다. 그것은 이미 확신이었고 '단단한 기반' 이었다.

히틀러는 빈 시절을 자기 생애의 '가장 근본적인 것이긴 하지만 가장 힘든 학교' 라고 불렀으며 거기서 '진지하고 조용해졌다' 고 말했다. 일생 동안 그는 이 거절과 모욕의 도시를 미워하였다. 이 점에서도 모범인 리하르트 바그너와 비슷하다. 바그너는 젊은 시절에 경험한 파리에서의 실망에 대한 원한을 극복하지 못하고 파리가 화염 속에 몰락하는 환상을 사랑했다.[37] 린츠를 도나우 강변의 문화적 대도시로 만들려는, 이 모든 자연적인 조건들을 넘어서는 히틀러의 거대한 계획이 빈에 대한 줄지 않는 원한에서 나온 것이라는 추측은 억지가 아니다. 빈을 잿더미로 만들려는 환상으로 때늦은 만족을 얻으려 하지는 않았을지 모르지만 어쨌든 그는 1944년 12월에 빈에 대공포(對空砲)를 추가지원해 달라는 요청을 거부하면서, 이 도시는 포탄전을 배워야 한다고 말했다.

미래에 대한 불확실성도 그를 점점 억압하였다. 모든 증언이 똑같지는 않지만 1910년에서 1911년으로 바뀔 무렵에 그는 아주머니인 요한나 푈츨(J. Pöltzl)에게서 상당한 돈을 송금받았다.[38] 그러나 이 돈은 새로운 시작, 어떤 진지한 출발을 가능하게 하지는 못했다. 그는 계속해서 목적 없이 방황하였다. "그렇게 시간이 지나갔다." 모르는 사람들에게는 여전히 학생, 예술화가 혹은 작가라고 자기소개를 했다. 그런 중에도 그는 여전히 건축가로서의 불확실한 희망을 품었다. 그러면서 그 희망을 실현시키기 위한 어떤 노력도 하지 않았다.

오직 그의 꿈들만이 원대하고 위대한 운명을 지향하였다. 그가 현실에 대항하여 이 꿈을 지속적으로 가졌다는 사실은, 그 모든 게으름과 수동적인 목적 없음에도 불구하고 이 시기 전체에 분명한 내적인 일관성을 부여하고 있다. 그는 모든 면에서 확정되지 않고 임시상태에 머물러 있었다. 노동조합에 가입하기를 거부하고 그럼으로써 시민적인 욕구를 유지하고 있음을 분명하게 보여주었듯이, 남자 하숙집에서도 천재성과 미래의 명성에 대한 희망을 여전히 갖고 있었다.

그의 가장 큰 근심은 시대적 상황이 위대한 운명을 향한 자신의 요구를 망칠지 모른다는 것이었다. 그는 사건 없는 시대를 두려워했다. 그가 말한 것에 따르면 소년시절에 그는 이미 자신이 "너무 늦게 지상에 나타난 것에 대해서 화가 났다."고 하며 자기 "앞에 놓인 평화와 질서의 시대가 자신이 원하지 않은 운명의 비열함이라고 보았다".[39] 혼란스러운 미래, 소란과 무너지는 질서만이 현실과의 단절을 치료할 수 있다고 여겼다. 그는 극단적인 꿈들에 유혹되어서 실망스런 삶보다는 차라리 파국을 맞는 삶을 바라는 사람이 되었던 것이다.

제4장 뮌헨으로의 도주

나는 나가서 위대한 제국으로 들어가야 했다.
나의 꿈과 동경의 나라로!
—아돌프 히틀러

1913년 5월 24일에 히틀러는 빈을 떠나서 뮌헨으로 이주하였다. 이때 그는 스물네 살이었고 자신을 이해하지 못하는 세상을 동경과 원한이 뒤섞인 감정으로 바라보는 우울한 젊은이였다. 은둔시절의 실망들이 그의 본질에 들어 있는 외곬적인 폐쇄적 특성을 더욱 강화시켰다. 그는 빈에 친구도 없었다. 비현실을 지향하는 그의 성격에 어울리는 일이지만 그는 오히려 닿을 수 없는 곳에 있는 인물들과 교제하는 것을 좋아했다. 리하르트 바그너, 리터 폰 쇠너러, 뤼거 같은 사람들이었다. 그가 '운명의 억압' 아래서 얻은 '개인적 세계관의 줄기'는 몇 개의 절대적인 원한으로 이루어져 있다. 그러한 원한들은 어두운 부화기를 지난 뒤 때때로 정열적으로 폭발하곤 하였다. 그는 나중에 언급한 대로 '절대적 반유대주의자, 마르크스주의 세계관 전체의 적대자, 도이치 사람이 되어서' 빈을 떠났다.[1]

이러한 특성은 그의 자기 묘사가 언제나 그렇듯이, 자기가 일찍이 정치적 판단력을 가졌다는 양식화 의도를 분명하게 보여준다. 이 양식화 의도는 《나의 투쟁》을 쓰는 동안 줄곧 그를 사로잡았던 것이다. 그러나 그가 도이치 제국 수도인 베를린이 아니라 뮌헨으로 이주했다는 사실은, 그가 아직도 비정치적인 동기로 움직이고 있었다는 사실, 혹은 예술적·낭만적 동기에 더 많이 이끌렸다는 사실을 입증한다.

세계전쟁 이전의 뮌헨은 예술의 도시, 사랑스럽고 감각적·인간적인 예술과 학문의 중심지였다. "예술화가의 삶은 여기서 극히 합법적인 것이었다." 뮌헨은 잊을 수 없는 모습으로 빛나고 있었다.[2] 이 도시에서 강조되고 눈에 띄기도 하는 특성은, 위협적이고 현대적이고 바빌론 같은 베를린에 대립하는 요소들이었다. 베를린에서는 사회적인 것이 미적인 것을, 이데올로기가 문화적인 것을, 즉 정치가 예술을 누르고 승리하고 있었다.

뮌헨은 빈의 영향권 속에 들어 있었으며 그래서 히틀러는 자신이 저항하는 것을 도로 선택하였다는 비난을 받을 만하다. 그가 어떤 결단을 내려야 한다고 생각하고 베를린이 아닌 뮌헨을 선택한 것은 아주 일상적인 감정에 따른 것이지 실용적인 이유가 있어서는 아니었다. 그것은 막연한 문화영역의 동기를 따른 것이다. 1931년판《도이치 사회를 위한 안내서》에서 그는 '자신의 정치활동을 위해 더 큰 영역'을 찾아내려고 뮌헨으로 옮겨왔다고 밝혔다. 그러나 이러한 목적을 위해서라면 제국 수도 베를린으로 가야 했을 것이다.

절박한 우월감의 욕구

이미 빈 시절부터 그러했지만, 내면적인 게으름과 접촉 빈곤은 뮌헨 시절에도 분명히 나타난다. 그래서 때로는 그가 아주 거대하고 공허한 공간에서 청춘을 보낸 사람처럼 보인다. 분명히 그는 정당이나 어떤 정치 그룹에 들어가지 않았다. 이데올로기적으로도 고독하였다. 인간들을 연결시켜 주는 분위기를 가진, 지적으로 아주 불안한 이 도시에서는 고정관념도 독창성의 증거라고 평가되고 있었지만 그는 아무와도 관계를 맺지 않았다.

민족 사상은 가장 극단적인 변이형태까지도 추종자를 가졌다. 특히 경제적으로 불안한 소시민 계층에 추종자들이 있었다. 반유대주의와 극히 상이한 좌익 과격파도 만날 수 있었다. 물론 이 모든 것들은 뮌헨의 풍토를 통해서 온건해지고 즐겁고 수사적이며 친근한 형식을 지니게 된 것들이었다.

뮌헨 교외 슈바빙에는 무정부주의자, 보헤미안, 세계개혁가, 예술가, 턱없이 새로운 가치의 전파자들이 모여들었다. 창백하고 젊은 천재들은 세계가 엘리트주의로 개편되기를 꿈꾸었고, 타락한 인류의 구원, 피의 등불, 정화(淨化)의 파국, 야만적 회춘요법 등을 꿈꾸었다.

커피집 등에서 인물이나 이념을 중심으로 뭉치던 중요한 모임들 중에서 중심을 이룬 인물은 시인 슈테판 게오르게(Stefan George)였다. 그는 한패의 재능있는 추종자들을 이끌고 있었다. 그들은 앞을 다투면서 시민도덕을 경멸하고, 청춘·본능·초인을 찬양하고, 엄격한 예술적 이상이란 면에서 그를 모방하였다. 또한 태도와 양식화된 인상에 이르기까지 그를 닮았다. 그의 제자들 중 하나인 알프레트 슐러(A. Schuler)는 도이치 영역을 위하여 잃어버린 갈고리 십자가를 재발견하였고, 루트비히 클라게스(L. Klages)는 때때로 그와 가까워져서 '정신이 영혼의 적'이라는 것을 밝혀내기도 하였다.[3] 같은 시기에 오스발트 슈펭글러(Oswald Spengler)는 비밀스런 몰락의 분위기를 분석하고 카이사르와 같은 인물들을 역사 속으로 불러냈다. 그들은 피할 길 없는 서구문명의 몰락을 한 번 더 연기시켜줄 것이라고 했다. 슈바빙의 지크프리트 거리에는 전에 레닌이 살았다. 지금은 히틀러가 불과 몇 집 건너 있는 슐라이스하임 거리 34번지에서 재봉사인 포프 크바르티어(Popp Quartier)가 세든 집에 다시 셋방을 얻었다.

뮌헨에서도 빈처럼 지적인 불안이 당시 예술적 출발을 부추기고 있었지만, 그런 것은 히틀러의 곁을 스쳐지나갔다. 바실리 칸딘스키(W. Kandinsky), 프란츠 마르크(F. Marc), 파울 클레(P. Klee) 등은 슈바빙의 바로 이웃한 곳에 살면서 회화예술에 새로운 차원을 열고 있었지만 이 화가 지망생에게는 아무런 의미도 갖지 못했다. 뮌헨에 머무는 몇 달 동안 그는 겸손한 그림엽서 화가로 남아 있었다. 그도 자신의 미래에 대한 전망과 악몽과 두려움을 가지기는 했지만 그러한 것들을 예술영역으로 옮겨놓을 줄을 몰랐다. 진부하고 충실한 붓으로 그는 자신의 콤플렉스와 공격성으로 이루어진 유령세계를 순수한 목가로 변화시켰다. 그 목가세계는 성벽의 모든 돌, 풀포기 하나, 지붕의 기왓장 하나까지도 정밀하게 잡아냈다. 이런

1913년 뮌헨으로 이주한 히틀러의 그림.

충실한 붓놀림은 손상받지 않는 것, 이상화시키는 아름다움을 향한 비밀스런 욕구를 보여주는 것이다.

예술적 능력이 불충분하다는 느낌, 자신이 실패하고 있다는 느낌이 내면에 뚜렷하게 자리잡을수록 그는 더욱더 절박하게 자신의 우월성의 이유들을 찾아낼 필요를 느꼈다. 냉소주의로써 그는 인간의 '무한히 원시적인 생각'들을 알아보려고 했다. 어디서나 가장 천박한 충동의 작용을 찾아내는 성향은 냉소주의와 같은 근원에서 나온 것이다. 즉 부패·배신적인 권력욕·가차없음·질투·미움 등이 어디서나 작용하고 있다는 생각이었다. 이 세상에서 자신이 겪는 고통을 포착하려는 성향이었다. 종족적인 소속감도 개인적인 우월감의 욕구에 도움을 주었다. 자기 길을 가로막는 다른 모든 프롤레타리아·떠돌이·유대인·체코인 등과 자신은 다르고 그들보다 더 낫다는 확신으로 작용한 것이다.

그러나 반사회분자·가난뱅이·프롤레타리아 등과 구별할 수 없을 정도까지 추락할지 모른다는 두려움이 여전히 그를 짓눌렀다. 과거 남자 하숙집에서 그의 곁을 스쳐갔던 수많은 모습들, 그 많은 망가진 희망과 개인적 몰락을 반영하고 있는, 독서실과 어두컴컴한 복도에서 보았던 얼굴들이 그를 억눌렀다. 세기가 바뀔 무렵 빈은 세기말적 분위기를 가진 도시로서 아주 지쳐빠진 향기로 가득 차 있었다. 인생의 학교는 정말로 그에게 무엇보다도 몰락을 생각하도록 가르쳤다.

다름아닌 공포가 그의 성장기의 주도적인 체험이었다. 그리고 앞으로 보겠지만 마지막에도 그랬다. 공포는 그의 삶의 숨막히는 역동성의 추진력이었다. 야무지게 작용하게 될 그의 세계상과 인간상, 냉혹함과 비인간성 등은 몇 명 안 되는 증인들이 젊은시절 그에게서 관찰하였던 '깜짝 놀라는 본성'의 방어하는 몸짓이며 합리화 과정이었던 것이다.[4] 어디를 바라보든 그는 오직 탈진·해체·이별의 징후만을 보았다. 그리고 혈통의 오염, 종족적인 우월감의 표지를 보았다. 또한 폐허와 파국을 보았다. 그는 이런 기본 분위기를 지나오면서 19세기의 특성에 속하는 염세적 생활감정을 받아들였다. 이러한 생활감정은 19세기 진보의 신념과 즐거운 학문에 분명히 어두운 그림자를 드리우는 것이었다. 그러나 그는 이런 두려움을 특별히 과격하고 무분별한 방식으로 느낌으로써 그것을 자기만의 독특한 것으로 만들었다.

이러한 의식의 복합체는 그가 여러 해 동안이나 아무런 활동도 없이 극단적인 백일몽에 사로잡힌 채 끊임없이 상상세계로 도망치곤 하던 세월을 보낸 다음 마침내 빈을 떠난 이유의 배경에도 나타난다. 빈에 대한 증오를 설명하는 그의 말은 에로틱하고 감상적인, 모든 도이치 운동의 이유들을 혼합한 것이다.

오스트리아 제국의 수도에 나타나 있던 인종 혼합이 역겨웠다. 체코·폴란드·헝가리·루마니아·세르비아·크로아티아 등의 온갖 민족의 혼합이 역겨웠다. 그중에도 인류의 영원한 분열분자인 유대, 유대인들이 역겨웠다. 이 거대한 도시는 혈통 오염의 화신처럼 보였다……

이 모든 이유들로 해서 점점 더 강하게 그리움이 생겨났다. 젊은 시절부터 내 은밀한 소망과 은밀한 사랑이 나를 이끌었던 그곳, 마침내 그곳으로 가고

자 하는 그리움이었다. 그곳에서 언젠가는 건축가로서 이름을 날리고 운명이 내게 점지해주는 크거나 작은 테두리 안에서 민족을 위해 나의 정직한 의무를 다하리라는 희망을 가졌다.

언젠가는 우리 모두의 조국인 도이치 제국에 내 고향을 합치려는, 타는 듯한 내 마음의 소망이 성취되어야 할 그곳에서 활동하는 행운을 누리고 싶었다.[5]

실제로 그러한 동기도 빈을 떠나는 데 한몫을 했다. 그밖에 다른 생각들도 이런 결심에 작용하였다. 그는 뒷날 '빈의 속어를 배우기'가 불가능했다고 고백하였다. 그리고 그는 이 도시에서 '순수하게 문화적인, 혹은 예술적인 사건들의 영역에서 무기력의 온갖 징후들'을 보았으며 더 이상 머무는 것은 불필요한 일이라고 여겼다. 건축가에게 있어서 '링 거리가 완성된 다음에는 적어도 빈에서의 과제란 중요하지 않은 것들뿐이기' 때문이었다.[6]

병역 기피로 체포당함

그러나 이 모든 이유들은 결정적인 것이 아니었다. 여기서 정상적인 것과 의무에·대한 그의 거부감이 결정적인 의미를 가지고 다시 등장한다. 50년대에 그의 병역관련 서류가 다시 발견되었다. 1938년 3월에 오스트리아로 진군한 직후 그는 매우 열성적으로 그 서류를 찾았다. 그 서류들은 그가 군대기피, 즉 병역 의무에서 도망쳤다는 사실을 확증해준다. 이 사실을 지우기 위해서 그는 뮌헨의 입국신고소에 무국적자라고 신고했을 뿐 아니라 이력서에도 빈을 떠난 날짜를 속였다. 신고서에는 1912년 초에 빈을 떠났다고 되어 있지만 사실은 이듬해 5월에 빈을 떠났던 것이다.

오스트리아 병무청이 조사를 했지만 처음에는 아무런 성과도 없었다. 1913년 8월 22일에 조사를 담당한 린츠의 위병 차우너는 이렇게 기록하고 있다. "아돌프 히틀러는 이곳이나 우어파(Urfahr)로 출두하지 않았으며 다른 어떤 방향으로도 그의 거처를 알아낼 수 없음." 이전에 히틀러의 후견인이었던 레온딩 군수 요제프 마이르호퍼도 히틀러의 소재에 대한 질문을 받고 아무런 대답도 하지 못했다. 두 명의 누이인 앙겔라와 파울라도 그에 대해서는 "1908년 이후로 아무것도 모른다."고만 대답했다. 빈의 조사 결과 그가 뮌헨으로 이주했으며 슐라이스하이머 거리 34번지에 산다는 사실이 밝혀졌다. 1914년 1월 18일 오후에 놀랍게도 형사가 그곳에 나타나서 용의자를 체포했고, 다음날 그를 오스트리아 영사관으로 인도하였다.

그가 당면한 죄목은 무거운 것이었다. 히틀러는 오랫동안 안전한 줄 알았는데 결국 판결받을 위험에 처하였다. 그것은 나중에도 여러 번이나 생기는 일이지만 그의 인생행로에 전혀 다른 방향을 주었을지도 모르는 평범한 사건들 중의 하나였다. 그가 특히 사회적으로 체면이 안 서는 병역기피 전과를 달고서 수백만 명을 징집하고 절반쯤 군대식 동원령을 내릴 수 있었으리라고 가정하기는 어렵기 때문이다.

그런데 이런 일은 셀 수 없이 여러 번 일어났지만 우연이 그를 도왔다. 린츠 병무당국이 출두날짜를 너무 짧게 잡아서 그는 소환에 응할 수가 없었다. 소환날짜가 연기되면서 그는 세심하게 계산된 서면상의 사유서를 제출할 기회를 갖게 되었다. 여러 장으로 된 '린츠 시청 제2과'에 보낸 사유서에서 그는 자기 변명을 하였다. 그 사유서는 그의 젊은날의 가장 포괄적이고 중요한 문서이다. 이 편지는 그의 도이치 말 지식과 철자법이 상당히 부족하다는 사실을 보여준다. 그리고 개인적인 상황의 서술을 보면 그의 빈 시절의 사생활이 전체적으로 불규칙하고 목적 없는 궤도로 흘러갔음을 보여주고 있다.

나는 소환장에서 예술화가라고 지칭되었습니다. 나 또한 그 이름을 정당한 것으로 여기지만, 그것은 일부만 옳은 것입니다. 나는 재산이 전혀 없기 때문에(아버지는 국가공무원이었습니다) 계속 공부를 하려고 독립적 예술화가로서 생계를 꾸려나가고 있습니다. 내 시간의 일부만 밥벌이에 쓰고 있습니다. 나는 우선 건축화가가 될 준비를 하고 있기 때문이지요. 그래서 나의 수입은 별 것이 아니고 겨우 지출을 감당할 정도입니다.

나는 그 증인(!)으로서 나의 세금증명서를 동봉하며 그것을 이곳으로 다시 보내주셨으면 하고 바랍니다. 이 서류에서 나의 수입은 1천2백 마르크로 되어 있습니다. 너무 적다기보다는 너무 많은 편이죠. 그러나 정확하게 한 달에 1백 마르크라고 생각되어서는 안 됩니다. 달마다 수입은 매우 유동적인 것이고 지금은 매우 나쁜 상태입니다. 이 시기 뮌헨에서 미술품거래는 겨울잠에 빠져 있기 때문입니다……(적절하지 않은 단어와 문법적 오류가 있음 : 역주)

자신의 태도에 대해서 그가 내세운 설명은 뻔한 것이었지만 전체적으로는 효과가 있었다. 그는 최초의 징집기한을 놓쳤다, 그래서 몇 번이나 자진신고를 하였지만 아마 서류가 가는 도중에 분실된 것 같다는 내용을 적었다. 완전히 자기연민에 가득 찬, 비굴한 약삭빠름을 보이는 애처로운 이유를 달아서, 그는 징집에 출두하지 못한 것을 빈 시절의 절망적인 생활사정 탓으로 변명하려고 하였다.

1909년 가을 나의 태만죄로 말하자면 이것은 내게는 정말 힘든 시기였습니다. 나는 어리고 경험 없는 인간이었고, 아무런 보조금도 없이 그렇다고 자존심이 허락하지 않아 누구에게서 돈을 받는 일도 없었고 하물며(철자 틀림) 구걸하지도 않았습니다. 아무런 도움도 없이 오직 자신만을 의지하고 작품을 팔아서 얻는 몇 크로네, 때로는 동전 몇 닢은 잠자리를 마련하기에도 모자랐습니다. 2년 동안이나 나는 근심과 곤궁 이외에는 친구도 없었고, 영원히 가라앉지 않는 허기 외에는 동반자도 없었습니다. 나는 아름다운 단어인 청춘이라는 것을 알지도 못했습니다. 5년이 지난 오늘날에도 그 추억은 손가락과 손과 발에 동상(凍傷)으로 남아 있습니다. 그러나 이 시절을 기억하면 어느 정도의 기쁨도 없지는 않습니다. 지금은 가장 나쁜 것을 넘어선 상태니까요. 극히 힘든 곤궁 속에서, 절망보다 더한 환경 속에서 나는 내 이름을 항상 깨끗하게 지켰으며 법과 내 양심 앞에 아무런 흠도 없이 나설 수 있습니다…….

약 14일 후 1914년 2월 5일에 히틀러는 잘츠부르크의 심사위원 앞에 출두하였다. 히틀러에 관한 소견은 이렇다. "병역의무와 보조의무에 적합하지 않음. 너무 약함. 무기를 다룰 능력 없음."[7] 곧 이어서 그는 뮌헨으로 돌아갔다.

모든 것이 거짓이 아니라면 뮌헨에서는 행운이 없지도 않았다. 나중에 그는 이 도시를 향한 '내면의 사랑'이 첫 순간에 자신을 가득 채웠다고 말했다. 그리고 이 특별한 애착은 무엇보다도 "자연 그대로의 힘과 섬세한 예술적 분위기가 놀랍게 결합되었다는 점, 호프 양조장부터 오데온, 10월 축제, 피나코텍에 이르는 이 단 하나의 선" 덕분이라고 했다.

이상하게도 이러한 호감의 바탕에 정치적 동기가 깔려 있었다고는 말할 수가 없었던 모양이다. 그는 여전히 고독하게 슐라이스하임 거리에 웅크리고 있었다. 그러나 인간관계의 결핍을 별로 느끼지 못했던 것 같다. 그저 재봉사인 포프와 그의 이웃과 친구들하고만 느슨한 교류가 있었다. 그들 모두는 정치적인 이야기를 좋아했다.

그밖에는 출생지도 신분도 묻지 않고 누구나 똑같이 받아들여지는 슈바빙의 맥주집에서 그는 유일하게 견딜 수 있는 교제형태를 찾아냈다. 그러한 교제는 그에게 친근감과 낯선 느낌을 동시에 주었다. 그것은 쉽게 생겼다가 쉽게 사라지는 맥주집에서의 우연한 만남이었다. 이것은 그가 이야기하는 '작은 모임'들이었다. 거기서 그는 '대학나온 사람'으로 여겨졌고, 오스트리아—헝가리 이중왕국의 무너져가는 상태, 도이치와 오스트리아 결합의 필연성, 합스부르크 왕조의 반도이치 · 친슬라브적인 정책에 대해서, 유대인에 대해서, 혹은 민족의 구원에 대해서 이야기를 하면 처음으로 반대의견보다는 더 많은 찬성을 얻었다. 아웃사이더를 받아들이고, 극단적인 의견과 등장방식을 대하고 그 뒤에 천재성이 숨겨져 있으려니 추측하는 환경에서 그는 전혀 두드러져 보이지 않았다. 어떤 질문이 그를 흥분시키면 그는 드물지 않게 소리를 지르곤 했다고 한다. 그러나 그의 말들은 아무리 정열적으로 떠들어댄 것이라고 해도 그 논리성으로 해서 눈에 띄게 되었다. 그도 또한 예언하고 정치적 발전을 예측하기를 좋아하였다.[8]

적중된 예감

벌써 거의 10것 전에 학교에서 도망치면서 그 이유로 들먹였던 결심은 그 사이 벌써 잊혀졌다. 이때쯤 이미 화가가 되겠다는 생각은 사라졌다고 나중에 그는 확인해주었다. 물론 그 대신에 어떤 미래를 꿈꾸고 있었는가 하는 것은 말하지 않았다. 그는 당시 생계를 유지하고 대학공부 하는 데 필요한 만큼만 그림을 그렸다고 했다. 그러나 공부하겠다는 의도를 실현시키기 위해서 아무 일도 하지 않았다. 자기 방 창가에 앉아서 그는 그 지방의 풍경을 담은 소품 수채화들을 그렸다. '호프 양조장' '젠들링 성문' '국립극장' '식료품 시장' '사령관 저택' 그리고 다시 '호프 양조장'. 여러 해 뒤에 그것들은 장관령으로 '국보급 문화재'로 지정되어서 신고 대상품이 되었다.[9]

때때로 그는 여러 시간 동안이나 시내의 카페에 앉아서 말없이 엄청난 분량의 케이크를 먹으면서 신문을 읽었다. 아니면 창백한 얼굴로 호프 양조장 바에 앉아서 약간 흥분상태로 생각에 잠기곤 했다. 때때로 그는 맥주집의 어둠 속에서 이웃 테이블 풍경이나 시골풍의 인테리어를, 끼고 다니는 스케치 북에 끄적거리기도 했다. 언제나처럼 그는 옷차림에 세심한 주의를 기울였다. 집주인 가족의 증언에 따르면 그는 특히 긴 프록코트를 좋아했다. 그밖에도 사람들과 거리를 두려고 하였다. "그는 속을 알 수가 없는 사람이었다. 부모의 집에 대해서, 친구들이나 여자에 대해서도 절대로 이야기하는 법이 없었다."고 한다.

전체적으로 보아서 그는 어떤 목표를 지향하고 있었다기보다는 사회적으로 추락하지 않으려 애썼던 것 같다. 요제프 그라이너(J. Greiner)는 당시 뮌헨에서 그를 만났다고 한다. 그에게 어떤 인생을 설계하고 있는가 물었더니 대답은 이랬다고 한다. "곧 전쟁이 있을 것이다. 그러니 그 전에 직업을 갖느냐 안 갖느냐 하는 것은 아무 상관도 없는 일이다. 왜냐하면 군대에서는 총지배인이 강아지 이발사보다 더 나을 것도 없기 때문이다."[10]

예감은 적중했다. 《나의 투쟁》에서 히틀러는 전쟁 이전 몇 년 동안을 기억하면서 아주 인상적으로 지진이 일어날 것 같은 당시의 분위기를 서술하고 있다. 파악하기 힘들고 감당하기도 힘든 긴장감, 그것은 끊임없이 터져나오려 하고 있었다. 그리고 바로 이 문장들이 이 책에서 문필적으로 성공적인 부분들에 속한다는 것도 우연만은 아니다. "빈 시절에 이미 발칸 반도에서는 태풍을 예고하는 저 후텁지근한 잿빛 열기가 감돌고 있었다. 그리고 때로 밝은 섬광 줄기가 번쩍였다가 재빨리 끔찍한 어둠 속으로 사라지곤 하였다. 그러더니 발칸 전쟁이 일어났다. 그와 더불어 최초의 바람이 신경이 날카로워진 유럽으로 불어왔다. 다가오는 시간이 무거운 악몽처럼 사람들을 짓눌렀고 열대의 더위처럼 푹푹 졌다. 그래서 파국이 다가온다는 느낌은 계속된 근심의 결과 마침내 동경으로 변하고 말았다. 하늘이여, 이제는 막을 길 없는 운명을 차라리 내려주소서. 최초의 강력한 번갯불이 땅 위로 떨어졌다. 뇌우는 시작되었다. 그리고 하늘의 천둥 속으로 세계전쟁의 배터리가 진동하는 소리가 섞여들었다."[11]

아름다운 환상의 시간

1914년 8월 1일에 선전포고가 이루어졌을 때 뮌헨의 오데온 광장에서 환호하는 군중들을 찍은 사진 속에 아돌프 히틀러가 보인다. 그의 얼굴과 반쯤 벌린 입, 반짝이는 눈길을 분명히 식별할 수 있다. 이날은 그를 자기 존재의 그 모든 당혹스러움, 어찌할 바 모름, 고독에서 해방시켰다. 그래서 그는 자기 감정을 이렇게 묘사하였다. "내게는 당시의 시간들이 화나는 청춘으로부터의 구원으로 여겨졌다. 나는 오늘날에도 부끄러움 없이, 그날 폭풍 같은 열광에 넘쳐 무릎을 꿇고서 하늘에 감사드렸다고 말할 수 있다."

그것은 시대 전체가 느꼈던 감사였다. 그러나 이 시대는 1914년 8월에 자신이 전쟁신에 사로잡혀 있었다고는 묘사하지 않았다. 전쟁이 "터지고 평화가 사라지던 날을…… 아름다운 순간"이라고 느끼기 위해서, '도덕적인 동경'이 이루어졌다고 느끼기 위해서 빈둥거리는 예술가 생활의 출구 없는 상태가 꼭 필요했던 것은 아니다.[12] 깊은 권태에 빠져 있던 독일과 유럽 전체의 지배적인 의식은 전쟁이 이런 규범성의 지옥에서 해방시켜줄 거라고 느꼈다.

다시금 이 사실을 감안해보면 히틀러와 그의 시대 사이에는 매우 강력한 일치감이 존재한다는 것을 알 수 있다. 그는 철저히 시대의 필요성과 그 동

1914년 8월 1일의 우연히 찍힌 사진에서 히틀러의 얼굴을 분명히 알아볼 수 있다. "나 자신에게는 당시의 시간들은 구원처럼 여겨졌다."

경을 함께 나누었다. 다만 좀더 날카롭고 과격한 형태였을 뿐이다. 시대에 불쾌감을 불러일으키는 것이 그에게는 절망으로 느껴졌다. 그리고 그가 희망했듯이 전쟁은 모든 상황과 그 결말을 변화시켰다. 그리고 환호성을 울리며 무기를 잡는 곳에서는 언제나 그렇듯이 근본적으로 한 시대가 종말에 이르렀고 새로운 시대가 나타나려 한다는 것을 예감할 수 있었다. 시대의 탐미적인 경향에 맞게 전쟁은 정화(淨化)과정으로 여겨졌고, 평범함과 자기 혐오에서 벗어나려는 거대한 희망이기도 했다. '성스러운 노래들'에서 전쟁은 '보편적인 생명의 오르가슴'으로 찬양되었다. 그것은 혼돈을 만들어 내고 수태시킨다. 그 혼돈에서 새로운 것이 생겨난다.[13] 유럽에서 빛들이 꺼졌다는 사실은 전쟁이 일어났을 때 영국의 외무장관 에드워드 그레이(E. Grey) 경이 말했듯이 이별의 형식이었을 뿐 아니라 희망의 형식이기도 하였다.

8월 처음 며칠 간의 그림은 과격한 축제, 출발의 분위기, 기대의 기분을 포함하였다. 그러한 분위기 속에서 유럽 대륙은 하강국면으로 접어들었다. 꽃들 속의 동원령, 거리 가장자리의 만세, 발코니 위에는 색색깔의 여름옷을 입은 부인들. 국민적 축제 분위기이면서 동시에 즐거운 생동감이었다. 유럽의 민족들은 결코 얻지 못할 승리를 축하하였다.

독일에서는 이 처음 며칠 동안 견줄 데 없는 공동체 의식을 체험하였다. 요술 방망이를 내리친 것처럼 여러 세대에 걸쳐 내려오던 대립이 사라지고 널리 알려진 도이치의 반목이 끝났다. 그것은 거의 종교적인 특성을 지닌 경험이었다. 수십 년이 지난 뒤 백발이 성성한 나이에, 옛날에 그것을 체험한 어떤 사람이 말하듯이 그 처음 며칠 동안의 경험은 "그것을 함께 체험한 모든 사람들에게는 가장 잊을 수 없는 기억들"이 되었다.[14]

거리나 사람들이 모여든 광장에서 목소리를 합쳐서 생겨난 표현은 1848년 자유주의 혁명가의 독일 노래였다. 그것은 호프만 폰 팔러슬레벤(H. v. Fallersleben)이 지은 것으로 이제야 비로소 진정한 국가(國歌)가 된 것이다.

8월 1일 저녁 베를린 성광장에 모여든 1만여 명의 군중을 향해 빌헬름 2세가 말한 문장이 환호를 받았다. 그는 "어떠한 당파도 종파도 모르며, 오직 도이치 형제들만을 알 뿐"이라고 했다. 그것은 그의 가장 인기 있는 발언이 되었다. 서로 대립하면서 고통받는, 내면 깊숙이 전통적으로 분열된 국민에게 그것은 잊을 수 없는 한순간에 수많은 장벽들을 걷어냈다. 정확하게 50년 전에 이루어진 도이치의 통일은 이제야 실현된 듯이 보였다.

그것은 아름다운 환상의 시간이었다. 이러한 통일의 느낌은 그러한 장벽을 정말 없앤 것이 아니라 감추기만 했기 때문이다. 화해한 국민의 모습 뒤에는 여전히 낡은 대립들이 살아 있었고 터져나오는 환호성에는 제각기 다른 동기들이 숨어 있었다. 개인적이고 애국적인 소망들, 혁명적인 충동과 넌더리, 반사회적인 반항심, 헤게모니를 쥐려는 의도, 그리고 시민적 질서의 일상사에서 벗어나고자 하는 모험심 많은 마음의 동경 등, 이 모든 것이 모여들어서 단 한순간 조국을 구원하려는 헌신이라고 느꼈던 것이다.

히틀러의 느낌도 그렇게 끼여들어온 여러 가지 생각들과 완전히 무관한 것은 아니었다. "수백만의 다른 사람들처럼 나도 자랑스런 행복감으로 마음이 부풀어올랐다."고 그는 썼으며, 그러한 기쁨은 마침내 국민으로서의 마음을 입증할 수 있게 되었기 때문이라고 했다. 8월 3일 그는 바이에른 왕에게 직소(直訴)를 올려서 자신은 오스트리아 태생이지만 바이에른 연대에 지원병으로 받아달라고 청했다. 그의 병역기피와 자원입대 사이의 모순은 실은 모순이 아니다. 군대생활은 그를 무의미하게 여겨지는 강제상태에 밀어넣겠지만 전쟁은 불쾌감, 이해되지 못한다는 감정의 고민, 방향 없는 삶으로부터의 해방이기 때문이다.

그 자신의 말에 따르면, 1870~1871년의 전쟁에 대한 두 권의 애국주의적인 민간서적들은 애송이 시절 처음으로 읽은 몽상적인 책이었다고 했다. 이제 그는 어린시절 책 속에 있던 모험의 광채로 빛나는 강력한 군대로 들어가려는 것이었다. 지금 생애 처음으로 그는 거대하고 두려운 단체의 세력에 동참할 의무와 기회를 보았다. 지난 몇 년 동안 인간의 곤궁과 동경과 두려움을 가르쳐주는 몇 가지 체험들을 했다고는 하지만 그는 여전히 사회적인 중간지대에 머물러 있었다. 운명의 동일성에 대한 감정 없이 아웃사이더로 남아 있었다. 이제 그에게 이 내면의 필요성을 충족시킬 가능성이 열린 것이다.

그가 직소를 올린 다음날 벌써 답장이 왔다. 떨리는 손으로 그는 편지를 열었다고 고백하고 있다. 거기에는 지휘관의 이름을 따서 리스트(List) 연대라고도 불리는 바이에른 제16 예비보병 연대에 출두하라고 되어 있었다. 히틀러에게는 이제 "내 생애의 가장 잊지 못할, 가장 위대한 순간"이 시작되었다.[15]

제5장 전쟁을 통한 구원

육군이 없다면 우리 모두는 없을 것이다.
우리는 모두 육군학교를 나온 사람들이다.
— 아돌프 히틀러

겨우 10주간의 훈련기간을 거친 뒤 10월 후반에 리스트 연대는 서부 전선에 배치되었다. 자신이 참전하기도 전에 전쟁이 끝날지도 모른다는 초조한 근심에 가득 차서 히틀러는 수송을 기다렸다. 그러나 10월 29일 이프레(Ypres) 전투가 벌어지는 동안 이른바 총알세례를 받으면서 그는 방금 시작된 전쟁의 가장 치열한 전투 하나를 경험하였다. 해협 쪽으로 뚫고 나가려는 도이치 군의 결정적인 대규모 시도에 맞서 이 지역에 투입된 영국 부대는 격렬하게 대응하여 마침내 성공적으로 방어했다. 4일 동안이나 전투는 이리 밀리고 저리 밀렸다. 히틀러는 재봉사 포프에게 보낸 편지에서 연대는 이 전투에서 3천 5백 명 중 6백 명 정도를 잃었다고 보고했다. 연대기록을 보면 이 최초의 전투에서 349명이 전사한 것으로 되어 있다. 연대는 바로 뒤이어 베셀레르 마을 근처에서 지휘관을 잃었다. 그리고 대개는 경박한 명령으로 인해서 '고통스러운 민중적 특성'을 얻었다.[1]

《나의 투쟁》에서 최초의 참전에 대한 묘사는 세부사항에 이르기까지 일일이 맞는 것은 아니다. 그러나 그가 이 부분에 바친 특별히 세심한 문체와 시적인 노력은 이 체험이 그에게 얼마나 잊을 수 없는 인상을 주었던가 하는 점을 보여준다.

그러고 나자 우리가 말없이 행진하고 있던 플란더스 지방에 축축하고 차가운 밤이 시작되었다. 그리고 안개 속에 낮이 다시 시작되었을 때 갑자기 우리 머리 위로 강철로 된 아침인사가 쉭 하고 지나갔다. 그리고 날카로운 폭음과 함께 작은 총알들이 우리 대열 사이로 쏟아져서 축축한 땅에 박혔다. 그러나 그 작은 구름이 걷히기도 전에 2백 개의 목구멍으로부터 죽음의 사자를 향해 최초의 만세소리가 터져나왔다. 그리고는 총소리·대포소리·노랫소리·외침소리가 시작되었다. 열에 들뜬 눈으로 모두가 앞을 향해 점점 더 빨리 나갔다. 그렇게 계속 앞으로 나가다가 갑자기 순무밭과 울타리가 있는 곳에서 육탄전이 시작되었다. 멀리서부터 노랫소리가 우리 귀로 울려오다가 점점 더 가까이 다가오더니 중대가 서로 맞붙었다. 그리고 죽음이 재빨리 우리 대열 속으로 들어왔을 때, 적의 노랫소리가 바로 우리 코앞에서 들리게 되었을 때, 우리도 다시 소리 높이 노래하였다. 독일, 모든 것 위에 독일, 세상의 모든 것 위에![2]

1급 철십자 훈장을 받다

히틀러는 전쟁 내내 연대 사령부와 전초부대 사이에서 연락병 노릇을 했다. 이 역할은 그의 고독한 천성에 알맞는 것이었다. 그의 상관들 중 한 명은 그가 "조용하고 군인처럼 보이지 않는 남자였으며, 처음에는 다른 병사들과 전혀 구별이 되지 않았다."고 회고하였다. 히틀러는 믿음직하고 의무를 잘 알고 있었고, 진지하고 재능있는 사람이었다고 한다.

여기서도 히틀러는 별난 사람이었다. 그리고 동료들이 거의 한 목소리로 확인해주고 있지만 '몽상가'였다. 자주 그는 "헬멧을 머리에 쓰고 귀퉁이에 앉아 생각에 잠기곤 했다. 우리 중 누구도 그를 그런 무심한 상태에서 이끌어낼 수 없었다." 4년여에 걸쳐 비교적 많은 수의 사람들의 증언은 거의 그런 식이고 아무것도 그를 생생하게 묘사하지는 못하고 있다. 그런 묘사의 특성 없음은 바로 그 사람 자신의 특성 없음에서 나온 것이다.

남의 주목을 받는 극단적인 그의 특성들조차도 특별히 비개성적인 특성

창백한 얼굴, 짧은 콧수염의 히틀러.

을 가지고 있어서 개성을 보여준다기보다는 그가 추구하는 원칙들을 보여주는 것이다. 이상한 일이지만 오랫동안 생각한 끝에 터져 나오는 폭발도 군대생활의 무수한 불만에 대한 것이 아니라, 승리에 대한 염려, 배신이나 보이지 않는 적에 대한 의심 등이었다.

그의 개인적인 윤곽을 보여주는 일화도 그 어떤 특성을 보여주지 않는다. 전해내려 오다가 나중에는 교과서의 일화로 실리게 된 어떤 이야기도 그저 교과서 일화일 뿐이다. 그것은 히틀러가 몽디디에(Montdidier) 근처에서 명령을 전달하러 가는 길에 스물다섯 명의 프랑스 군대와 마주쳤는데 그가 정신을 똑바로 차리고 용감하게 기습해서 그들 모두를 사로잡아 상관에게 끌고왔다는 이야기다.[3]

그의 모범적인 열성은 애국적 연감에서 흔히 그렇듯이 실제인물을 하나의 이미지 뒤에 감추어버린다. 이것은 주변세계에서 도망쳐서 상투적 이미지 속으로 들어가는 또 다른 방법이었다. 전달사항을 물으러 갔다가 그는 갑자기 날아온 적군의 대포알을 보고 지휘관을 끌어당겨 '보호하는' 자세를 취했다. 그리고 "연대가 짧은 시간에 두 번째로 지휘관을 잃어버리지 않도록" 해달라고 그에게 간청하였다.[4]

뒷날 정치적인 동기에서 많은 의심을 받기는 했지만 그가 전쟁터에서 용감했던 것만은 분명한 일이다. 1914년 12월에 그는 2급 철십자 훈장을 받았다. 그는 재봉사 포프에게 이렇게 써보냈다. "그것은 내 생애 가장 기쁜

날이었습니다. 물론 훈장을 받은 다른 동료들은 거의 모두 죽었습니다만." 1918년 5월에는 적을 앞에 두고 용감했다는 이유로 연대훈장을 받았고 같은 해 8월 4일에 사병에게는 극히 드문 1급 철십자 훈장을 받았다.

이 훈장수여의 구체적 이유에 대해서는 오늘날에 이르기까지 알려져 있지 않다. 히틀러 자신은 그에 대해 한 번도 말하지 않았다. 아마도 연대의 유대인 부관 후고 구트만(H. Gutmann)의 제안에 따라서 훈장을 받았다는 고백을 피하기 위해서였던 듯하다. 연대에도 그에 대한 기록이 없고 그밖의 다른 보고들은 서로 심하게 말이 틀리다. 어떤 보고에 따르면, 위에 언급한 일화와 비슷하게 히틀러가 열다섯 명의 영국 정찰조를 사로잡았다고 주장하기도 하고, 또 어떤 것은 열, 열둘, 심지어는 스무 명의 프랑스 군을 극적으로 체포했다고도 한다. 이런 이야기에 따르면 히틀러가 프랑스 말을 유창하게 하는 것으로 되어 있지만, 그는 사실상 아주 쉬운 말 몇 가지밖에 할 줄 몰랐다.

또 다른 이야기에 따르면 그는 대포알이 무섭게 날아오는 한가운데를 뚫고 포병부대로 들어가서 아군이 심각한 포격을 당하는 것을 막았다고 한다. 그러나 가장 그럴싸한 이유는 그가 행한 어떤 하나의 행동이 아니라 여러 해 동안 증명해보인 끊임없는 노력의 덕으로 훈장을 받았다고 보아야할 것이다. 이유가 무엇이었든 이런 전쟁 장식품들은 히틀러의 미래를 위해 말할 수 없는 가치를 가지게 된다. 그것들은 오스트리아 사람인 그에게 독일에서 더 높은 권리를 갖도록 해주었고, 그럼으로써 그의 경력의 탄탄한 시작을 위한 조건들을 만들어주었다. 이 훈장들은 정치적인 발언권과 복종권을 확보하고 정당화해주었다.

새로운 질서를 향한 욕망

전쟁터의 동료들 사이에서는 그의 과도한 책임의식과 군대 전체를 위한 여러 가지 걱정이 자주 비판의 대상이 되었다. 어떤 동료 하나가 "우리 모두 그를 욕했다."고 뒷날 그를 기억했다. 다른 병사들은 "저 미친 놈이 지휘까지 하려 드네." 하고 생각했다는 것이다. 마르고 누르스름한 얼굴에는

서부전선의 방공호 속에 있는 히틀러.

언제나 우울한 기색이 보였다. 물론 히틀러는 아주 인기가 없었던 것은 아니다. 오히려 그쪽에서 동료들과 자신을 갈라놓는 거리감을 보여주었다. 그들과 달리 그는 가족도 없었고 거의 편지를 받거나 쓰지도 않았고, 그들의 성향, 근심, 여자 이야기, 웃음 등을 함께하지 않았다.

그는 "이런 쓸데없는 일들보다 더 싫은 것이 없었다."고 이 시기를 돌아보며 말하고 있다. 그런 일 대신 오히려 인생의 여러 가지 문제들을 생각하고, 호머, 복음서, 쇼펜하우어의 책 등을 읽었으며 전쟁은 자기에게 30년간의 대학생활을 대신할 만한 것이었다고 했다.[5] 그는 아주 고집스럽게 자기 혼자만 문제의 핵심을 잘 알고 있다고 믿었다. 고독과 접촉기피증을 가지고 독특한 선민의식을 만들어낸 것이다. 그 시절에 찍은 사진들에서 동료들에 대한 뚜렷한 이질감과, 동기나 체험이 같지 않음을 볼 수 있다. 히틀러는 창백하고 말없이, 다가갈 수 없는 태도와 뚫어질 듯한 표정으로 그들과 나란히 앉아 있다.

이런 인간 관계의 무능력이 아마도 히틀러가 4년 동안 상병까지만 진급한 이유였을 것으로 짐작된다. 뉘른베르크 전범재판에서, 리스트 연대에서 여러 해나 부관을 지낸 사람이 히틀러를 하사관으로 진급시켜야 할까 하는 이야기가 한두 번 나왔다가 마지막에 취소되었다고 회고하였다. "그에게서 하사관으로서 필요한 지도력이 보이지 않았기 때문"이었다. 히틀러 자신도 진급에 끼고 싶어하지 않았다고 한다.[6]

그가 전쟁과 막사, 그리고 병사들의 숙소에서 찾아낸 것은 그의 본질에 잘 어울리는 종류의 인간관계였다. 그것은 비개성적인 기회라고 정의될 수 있을 것이다. 여기서 그가 만난 것은 다시 남자 하숙집의 생활방식이었다. 물론 여기서는 그의 사회적인 특권의식, 내면의 불안, 숭고한 취향 등에 만족을 준다는 점에서 달라진 점도 있었다. 그러나 이런 사회적인 테두리는 그의 수줍음과 인간혐오증, 접촉기피증에 알맞은 것이었다. 그는 자기에게 없는 고향을 전쟁터에서 찾아냈다. 아무에게도 속하지 않은 이 세계야말로 그의 집이었다.

예전에 그의 상관이었던 사람의 말은 이러한 점을 뒷받침해준다. "히틀러 상병에게 있어 리스트 연대는 고향이었다."[7] 이러한 암시는 전쟁 동안에 거의 잊어버린 사회편입 의지와 지난 몇 년간 보인 아웃사이더로서의 반사회성 사이의 모순을 해결해준다. 어머니가 죽은 다음부터 그는 어느 곳에서도 고향을 느끼지 못했다. 그 이후로 모험과 질서를 향한 욕구, 자유와 기율을 향한 욕구가 이곳 전방 본부와 참호, 그리고 방공호 속에서처럼 이토록 지속적으로 만족된 적은 한 번도 없었다. 전쟁은 지나간 여러 해의 상처 많은 체험과는 달리 아돌프 히틀러의 긍정적인 교양체험이었다. 그 자신이 표현한 대로 '굉장한 인상'이었고, '압도적인' 것이었으며, '아주 행복한' 것이었다. 은유의 영역에서지만 압도적으로 긍정적인 체험이었다.

히틀러 자신도 전쟁이 자신을 변화시켰다고 확인해주고 있다.[8] 무엇보다도 그것은 감상적인 젊은 남자에게 힘과 자기 가치 의식을 마련해주었다. 당연한 일이지만 그는 다시금 친척들 앞에도 모습을 나타냈다. 1917년 10월과 1918년 9월의 휴가를 그는 슈피탈에 있는 친척들 곁에서 보냈다. 그는 전쟁터에서 연합의 쓸모, 부분적인 자기억제와 운명에 대한 신뢰를 배웠다. 운명에 대한 신뢰는 그가 속한 세대의 열정적인 비합리주의의 전반적인 특징이기도 했다. 그가 격전지 한가운데를 뛰어다니면서 보여준 용기와 냉혹함은 동료들 사이에서 그에게 일종의 후광을 마련해주었다. 그들은 전선(戰線)에서 보낸 정치적 편지 중 유일하게 남아 있는 것. 여기서 히틀러는 내부의 국제주의는 외부의 적 못지않게 위험하다고 말하고 있다.

히틀러와 함께 있으면 "아무 문제도 생기지 않는다."고 말하곤 했다. 이러한 체험은 그 자신에게도 깊은 인상을 남겼던 것으로 보인다. 그것은 그가 실패의 세월 동안 고집스럽게 간직했던 특별한 소명에 대한 믿음을 강화시켜주었다.

전쟁은 비판적 사고에 대한 히틀러의 성향도 키워주었다. 수많은 다른 사람들처럼 그는 전쟁터에서 기존의 지도층이 실패하고 있다는 인식을 얻었고, 자신이 옹호하고자 하는 질서가 내적으로 탈진상태에 있다는 인식도 얻었다. "나는 이 전사자들에 대해서 지휘관에게 책임을 묻고 싶다."고 그는 멍청해진 동료를 향해서 말하기도 했다. 정치적인 동기가 거의 없는 시민계급 청년들이 자기들 앞에 놓여 있다고 여겼던 새로운 질서를 향한 욕망이 막연히 그를 사로잡았다. 그가 말한 대로 처음에 그는 '정치화되지 않았다', 혹은 정치에 무관심했던 빈 시절에 '당시 정치에 대해서는 아무것도 알려고' 하지 않았다는 표현을 하고 있는데 아직도 그랬다. 그러나 여기서 계속된 그의 사색은 모든 생각들을 뒤죽박죽 뒤섞었다. 그는 머지않아 "소시민의 원시적인 방식으로 정치 문제들과 세계관 문제들을 사색한다."는 것으로 주목을 받게 된다. 전쟁 초기에 그가 뮌헨의 아는 사람에게 쓴 열두 쪽 길이의 편지는 이러한 관찰을 뒷받침해준다. 그가 참여했던 기습공격을

상세히 묘사한 다음에("거의 기적처럼 나는 여전히 멀쩡했어요.") 편지는 다음
과 같이 끝을 맺고 있다.[9)]

> 나는 자주 뮌헨을 생각합니다. 우리들 각자는 돈이야 얼마가 들든 빨리 이
> 관계를 영원히 청산해버리는 날이 오기를 바랍니다. 그리고 우리 중에서 행운
> 을 얻은 사람들이 자기 고향을 다시 보기를, 고향이 더욱 순수해지고 외국세
> 력에서 깨끗이 벗어났음을 보게 되기를, 그리고 지금 매일같이 우리들 수십만
> 명에게 닥치는 희생과 고통을 통해서, 여기서 매일매일 국제적인 적군에 대항
> 하여 흘리는 피의 강물을 통해서 외부에 있는 독일의 적이 섬멸될 뿐 아니라
> 우리 내부의 국제주의도 섬멸되기를 바라는 단 하나의 소원만을 가지고 있습
> 니다. 그것은 영토를 얻는 것보다 훨씬 가치가 있는 일이 될 것입니다. 오스트
> 리아와의 관계는 언제나 내가 이야기한 대로 될 것입니다.

이 문장들이 표현하고 있는 것은 정치적으로는 빈 시절의 이데올로기와
비슷한 것이다. 외국세력에 의해 압도될까 하는 두려움, 적들의 세계에 대
항한 방어감정 등이 나타나 있다. 그러나 오스트리아 '모든 도이치 운동'의
생각에서 발전되어나온 생각이 여기 처음으로 표현되고 있다. 그것은 뒷날
국내정치의 가장 중요한 방향으로 자리잡게 된다. 한 국가의 내적인 결속
이 국가의 외적인 권력확장에 우선한다는 것이다. 위대한 도이치 땅은 우
선 도이치가 실현되고 나서 위대함이 뒤따라야 한다는 것이다.

정치를 꿈꾸다

1916년 10월 초에 히틀러는 르 바르케(Le Barqué) 근처에서 왼쪽 허벅
지에 가벼운 부상을 입고 베를린 근교의 벨리츠(Beelitz) 육군병원으로 수
송되었다. 1917년 3월초까지 거의 다섯 달 동안이나 그는 고향에 머물렀
다. 그리고 여러 가지로 볼 때 이 기간에 그는 정치에 더욱 접근하였다.

1914년 8월과 전선에서의 체험들은 그에게 특히 민족의 내적 통일의 경
험으로 의미가 있었다. 2년 간 이것은 하나의 행복하고도 손상받지 않은 확

실성이었다. 고향의 주소도 없었고 그 어떤 지향하는 곳도 없었기에 그는 거의 모든 휴가권리를 포기하고 자신의 가상세계에서 열심히 움직였다. 후에 그는 그리운 어조로 "그것은 옛날의 훌륭한 영웅군대의 전선이었다."고 회상하고 있다.[10] 벨리츠에서, 그리고 처음으로 베를린을 방문해서 정치적·사회적인 풍경들과 다시 만났을 때 충격은 한층 더 컸다. 절망스럽게도 시대는 전쟁 초기의 그 모든 열광을 다 잃어버렸다는 사실이 눈에 들어왔다. 고양된 운명의 결속 대신에 다시 당파들, 당파들 간의 싸움, 의견차, 대항 등이 나타나 있었다.

베를린 시에 대한 그의 일생 동안의 원망은 어쩌면 이 초기 체험에 원인이 있는지도 모른다. 그는 불만·배고픔·체념 등을 경험하였다. 화가 잔뜩 나는 일이었지만 그는 자기들이 '더 똑똑하다'고 떠벌리는 징병기피자들을 만났으며, 위선·이기주의·전시(戰時)의 여러 이득들을 보았다. 그리고 빈 시절의 고정관념에 충실하게 이 모든 현상들 뒤에 유대인이 작용하고 있다고 여겼다.

거의 다 나은 상태에서 뮌헨의 예비대대로 돌아와보니 그곳도 사정이 마찬가지였다. 그는 고향을 '더는 알아볼 수가 없다'고 생각했다. 공허한 노여움을 품고서 그는 마법에서 깨어나는 이런 체험을 만들어낸 자들, 내적인 통일의 아름다운 꿈, 어린 시절 이후 최초의 긍정적인 사회 체험을 망가뜨린 자들을 증오하였다. 한편으로는 저 '헤브라이의 민족 파괴자'들에 대한 증오였다. 그들 중 1만 2천이나 1만 5천 명을 '독가스 아래' 세워야 한다고 여겼다. 그리고 다른 한편으로 정치가와 언론인에 대한 증오가 생겼다. 뒷날에도 그가 이용하는 언어표현들은 그의 격분의 정도를 보여준다. '수다쟁이들' '해충' '혁명에 대한 거짓증언자들'은 없애버려야 마땅하다고 했다. "모든 군사수단을 다 동원해서라도 이 나쁜 질병들을 쓸어버려야 할 것이다."[11] 아직도 그는 정열적으로, 거의 신경질적으로 승리를 열망하였다. 이름 없는 상태에서 일어서기 위해서는 오히려 패배가 필요하다는 사실을 예감도 못하고 계산도 못했다.

1917년 초에 전선으로 돌아가자 그는 다시금 해방된 듯이 느꼈으며, 한 번도 제대로 적응할 수가 없었던 문명세계로부터 다시 멀어졌다. 군대서류는 그가 프랑스 플란더스 지방 진지 확보전투, 아라스의 봄 전투, 가을에는 격렬했던 슈망 데 다메(Chemin des Dames) 전투에 참여했음을 보여주고 있다. 그는 그 동안 '생각 없는 여자들의 무의미한 편지'들이 세심하게 전쟁에 지친 고향의 분위기를 전선에 전파하는 것을 보았다.

그는 이 시기에 자주 화가 출신인 동료 에른스트 슈미트(E. Schmidt)와 자기의 미래의 직업에 대해서 이야기를 나누곤 했다. 슈미트는 히틀러가 당시에 정치를 해보는 것이 어떨까 생각하기 시작했다고 증언하였다. 물론 그는 아직 결심이 완전히 서지는 못했다. 한편 그가 여전히 화가로서의 경력을 믿고 있다는 증거들도 있다. 1917년 10월, 제국의회의 논란 많은 평화결의가 있은 지 얼마 안 되어서, 그리고 제국이 동부에서 군사적으로 승리하기 바로 직전에 그는 휴가를 얻어서 독일의 정치 중심지인 베를린으로 갔다. 거기서 그는 슈미트에게 보내는 엽서에 이렇게 적었다. "이제서야 비로소 박물관들을 더 잘 연구할 기회를 갖게 되었다." 나중에 그 자신의 말에 따르면 그는 당시 얼마 안 되는 친구들에게 자주 전쟁터에서 귀환하게 되면 건축가로서의 직업과 나란히 정치활동도 할 생각이라고 말했다고 한다. 그는 이미 어떤 방법으로 할 것인지도 알고 있었다. 그는 연설가가 되려고 했다.[12]

선전은 대중을 대상으로 삼아야 한다

이러한 의도는, 모든 인간의 행동은 조종이 가능하다는 빈 시절의 확신에 어울리는 것이다. 그를 두렵게도 만들고 동시에 매혹하기도 하는, 숨어서 일하는 인형조종자들에 대한 생각은 언젠가는 스스로 인형조종자가 되리라는 생각으로 대단히 마음이 끌렸다. 인간에 대한 그의 생각은 어떠한 임의성도 부정하는 것이다. 약간 어리둥절한 태도로 그 자신이 말한 것에 따르면 올바른 인형조종자가 제때에 올바른 지체를 움직이게만 하면 모든 것을 해낼 수 있으며 '무섭고도 잘 이해가 안 되는 결말들'도 만들어낼 수 있다고 여겼다. 그래서 그는 민족들, 계급들, 혹은 정당들이 흥하고 망하는 역사의 진행을 아주 얼토당토않게 선전의 능력이 크냐 작으냐의 결과로서 평가하였다. 그는 《나의 투쟁》의 유명한 제6장에서 도이치군과 연합군의 예를 들어 선전술을 해명하고 있다.

그에 따르면 독일은 '형식상 불충분하고 본질적·심리적으로 잘못된' 선전을 했기 때문에 패전했다고 한다. 선전이라는 무기의 실로 무시무시한 작용을 계산할 줄 몰랐던 지도부의 무능이 선전이라는 이름을 붙이기도 어려운 선전이나마 방해하면서, '막연한 평화주의의 멀건 국물'만을 허용하였다. 그것은 '사람들의 목숨까지 바치면서 홀리기'에는 전혀 적합하지 않은 것이었다. 이런 일을 위해서는 '극히 천재적인, 영혼의 지식을 가진 사람만이 자격이 있지만' 도이치군 측은 아는 체나 하는 허풍선이 실패자에게 그 일을 맡겨서 이익은커녕 손해를 초래했다는 것이다.

히틀러의 의견에 따르면 상대방의 경우는 전혀 달랐다. 연합군측의 혐오감을 불러일으키는 선전의 '가차없고도 천재적인 방식'에서 그는 깊은 인상을 받았고, 이 거짓말의 절대적이고 뻔뻔스럽고 일방적인 완고함에 대해 전문가적인 탐닉에 빠져들곤 하였다.[13] 그는 이러한 방식에서 "끝없이 배웠다."고 한다. 그는 대체로 상대방의 예를 들어서 자신의 확신과 원칙들을 보여주는 성향이 있었다. 그래서 세계전쟁에서 적대자의 선전을 모범으로 들어서 심리학적 영향에 대한 자신의 원칙들을 전개해 보이고 있다.

상대방이 심리적 전쟁에서 우세했다는 주장은 도이치 여론 안에 널리 퍼져 있던 생각과 일치하는 것이다. 그것은 군대를 자랑삼던 국가가 너무도 이해가 되지 않는 패배에 대해서, 군대 아닌 이유들로 설명하려고 하는 여러 가지 전설들 중의 하나일 뿐이다. 독일이 모든 전쟁터에서 많은 승리를 거두고 그토록 애쓰고 수많은 희생을 지불한 다음에 전쟁에서 진 것에 대해서 말이다.

그러나 히틀러는 오류를 범하면서도 영리한 측면을 보이곤 했는데 이렇게 특징적인, 명료함과 어리석음의 혼합 속에서 선전의 본질과 효과에 대한 자기 생각의 결말부분을 예리하게 설명해보려고 시도하였다. 선전이란 민중적이어야 한다. 그것은 교육받은 계층을 지향해서는 안 되고 '영원히 대중을' 지향해야 하며 그런 대중들 중에서도 정신적 수용력이 가장 제한된 사람에 맞추어 수준을 잡아야 한다. 표어처럼 주입하기 쉬운 형태로 극소수의 설득력 있는 목표에 집중하여야 한다. 언제나 감정을 지향하고 절대로 이성을 향해서는 안 되고 모든 객관성은 명백하게 포기해야 한다. 자신의 권리에 대해서는 의심의 그림자도 보여서는 안 된다. 오직 "사랑이냐 미움이냐, 옳으냐 그르냐, 참이냐 거짓이냐, 하는 것이 있을 뿐 절대로 반은 옳고 반은 그르다는 것은 없다."는 등등이다.

이 모든 것은 전혀 독창적인 생각은 아니었다. 그러나 그가 이 모든 것을 생각한 에너지와 자유로운 태도는 대중의 사랑을 얻는데 있어서 다른 경쟁자들에 비해 상당한 우위를 확보해주는 요인이 된다. 그는 이러한 자유로운 태도로 대중·고루함·협소함·확고함 등을 전혀 경멸감 없이 완전히 도구적으로 자신의 목적의식에 종속시켰다.

벌써 그는 이러한 우월성을 처음으로 느꼈다. 전쟁 마지막 국면의 이러한 체험을 보면서 그는 대중 없이, 대중의 약점과 장점과 민감성에 대한 지식 없이 정치가 불가능하다는 빈 시절의 체험을 확인하였다. 민주주의의 위대한 선동가들인 로이드 조지(Lloyd George), 클레망소(Clemenceau) 등이 그가 한때 경탄했던 칼 뤼거와 같은 부류에 속하는 인물이었으며 약간 창백하고 생각이 약하기는 하지만 미국 대통령 윌슨도 여기 속한다.

히틀러의 생각에 따르면 언제나 뚜렷하게 드러나는 도이치의 열등성의 주요 이유 하나는 연합군측의 이러한 민중지도자들에 대응할 만한 독일 쪽 상대자가 없었다는 점이다. 민중과 괴리되고, 민중이 점차 중요한 의미를 가지게 된다는 사실을 인식하지도 못한 채 도이치 지도부는 보수적인 완고함에 잠겨 오만하게 아무것도 모른 채 전통적인 입장에 붙박여 있었다. 이러한 실패의 인식은 이 시절의 히틀러에게 거대한 인상들을 남겼다. 주춤거리는 지도층의 특징적인 약점에서 벗어나, 선입견 없이, 그리고 냉정하게, 이기심과 감상에서 벗어나 히틀러는 오직 효과만을 생각하였다.

이러한 이유에서 그는 상대방 선전의 몰취미한 우화적 작품들에 대해서도 감탄하였다. 예를 들면 도이치 병정들이 어린이 손을 토막내거나 임신부의 배를 가르는 학살자들로 묘사된 것에 대해서도 그랬다. 그러한 그림들이야말로 두려움의 마력과, 천박한 환상 속에서 두려움의 상상으로 끊임없이 자신을 확대하는 기술을 이용한 것이다.

승리의 팡파르에서 패배의 묘지송으로

이념이 가진 동원력도 끈질긴 힘으로 그에게 영향을 주었다. 연합군은 야만과 심연의 힘에 맞서 세계와 그 거룩한 재보를 구한다는 수많은 아름다운 가상을 십자군 형식에서 가져왔다. 상대방의 이러한 종교적 자기과시에 대해서 도이치측은 맞설 것이 없었다. 초기에 군사적으로 성공한 듯한 인상이 남아 있는 동안 순수한 방어전쟁이라는 주장을 포기하였다. 점점 더 노골적으로 독일은 합병을 좋아하는 지크프리트라고 내세우면서 그러한 노력이 세계의 눈앞에 변명을 필요로 하는 것이라는 사실도 알아채지 못했다는 것은 더욱 치명적인 일이었다. 스스로 너무 늦었다고 생각하는 국민이 공간을 확보할 필요성을 느끼고 발전의 필요성을 느낀다는 이유만으로는 어쨌든 설명되지 않는 일이었다.

그 사이 사회적인 구원이념의 약속에 사로잡혀 1917년 말에 패배한 러시아에서, "모든 나라의 지치고 고생한 노동자 계급과 일하는 계층이 열렬히 그리워하던, 국가병합이 없으며 민족 자결권에 따른 올바르고 민주적인 평화"의 제안이 나왔다.

다른 한편 1918년 초에 우드로 윌슨 대통령이 미국 의회에서 행한 연설에서 포괄적인 평화개념을 밝혔다. 그것은 '세계를 사람들의 삶을 위해 쓸모 있고 안전한 것으로' 만들어야 한다는 이념이었다. 폭력도 공격도 없는, 정치적이고 도덕적인 자결권과 정의의 질서라는 자극적인 그림이었다. 이념이 없어져버린 제국의 힘에 맞서 이러한 이념이 지쳐버린 나라 안에서 끈질긴 효과를 만들어낸다는 것은 피할 수 없는 일이었다. 시대를 특징짓는 일화에 다음과 같은 것이 있다. 도이치의 참모장교 한 사람이 1918년 가을에 갑자기 깨닫고서 손으로 이마를 탁 치면서 다음과 같이 말했다고 한다. "우리가 맞서 싸워야 하는 이념들이 있다는 사실을 알아야 해. 그리고 우리가 이 이념들에 대해서 전혀 몰랐기 때문에 전쟁에서 패하게 되리라는 사실도 말이야!"[14]

도이치의 패배는 군대 외적 요인들에 의한 것이라는 주장은 수많은 변종으로 만들어져서 뒷날 우익의 세력확보 전략에 포함된다. 그것은 정식 전투에서보다는 오히려 음모와 배신으로 인해서 패배했다고 생각하는 도이치 민족의 지크프리트 콤플렉스 탓만은 아니었다. 이런 주장은 훨씬 더 올바른 핵심을 가지고 있었다. 민족의 지도자들이 생각하는 것과는 다른 방식으로였지만 독일은 실제로 전쟁터 바깥에서도 패배하였다. 시대착오적이고 낙후한 정치 체제가 시대에 더 잘 맞는 민주질서에 굴복하였던 것이다.

그리고 히틀러는 처음으로, 이념에 대항해서는 단순한 힘을 통해서만이 아니라 그 이념에 맞설 만한 다른 이념의 도움을 받아야 성공적으로 대응할 수 있다는 생각을 가지게 되었다. "권력수단으로 세계관에 맞서 싸우려는 모든 시도는, 싸움이 새로운 정신적인 태도에 대한 공격의 형태를 취하지 못할 경우 마지막에 실패하고 만다. 두 세계관의 싸움이 될 경우에만 지속적이고 가혹하게 투입된 과격한 힘이라는 무기를 가진 쪽에 유리한 결판이 나는 것이다."[15] 전쟁 시절의 이런 사색은 뒷날 만들어낸 것으로 당시에는 아직 막연하고 어슴푸레한 것이었으며 문제를 의식한 것이라기보다는 다만 예감한 것에 불과하였다고 말할 수도 있다. 그러나 이 모든 불명확함에도 불구하고 이런 생각들은 전쟁 때 얻은 사색들을 표현해주고 있다.

1918년 여름에 한 번 더 도이치의 승리가 다가오는 듯이 보였다. 몇 달 전에 제국은 중요한 승리를 거두었다. 제국을 더욱더 쇠약하게 만드는 이런 순간적인 전투의 승리뿐만이 아니었다. 3월 초에는 러시아에 브레스트-리토브스크(Brest-Litowsk) 조약을 강요하였다. 약 한 달 뒤에는 부카레스트(Bukarest) 조약에서 루마니아를 향해 한 번 더 인상적으로 힘을 과시하였다. 그로써 동부전선의 전투가 일단락되고 도이치 서부전선은 2백 개 사단 거의 350만 병력으로 연합군 세력에 맞서게 되었다. 장비와 무기는 여전히 열세였다. 예를 들면 적군의 총기 1만 8천 정에 대해서 도이치측은 1만 4천 정 밖에 없었다. 그러나 깨지지 않은 공식적인 자신감은 아니었지만 새로운 병력을 지원받아서 총사령부는 3월 말 이후로 다섯 개의 대공세 중 최초의 공격을 개시하였다. 미군 병력이 개입하기 전에 병력을 최고로 투입하여 전쟁의 판도를 결정지으려는 시도였다. 도이치 민족은 승리하느냐 패배하느냐의 기로에 서 있다고 루덴도르프(Ludendorff) 장군은 어떤 담화문에서 밝혔다. 그것은 뒷날 히틀러를 사로잡은 것과 같은 거대한 도박을 향한 정열이었다.

아무런 쓸모도 없는 수많은 승리들을 거두고 난 끝에 굳은 결심으로, 남은 병력을 모두 동원하여 넓은 전선을 무너뜨리고 승리를 쟁취하기 위해서 도이치 중대들은 공격에 나섰다. 히틀러는 리스트 연대와 더불어 이 전투에 참여하였다. 특히 몽디디에 느와용(Montdidier-Noyon) 근처의 추격전과 뒤에는 스와송(Soissons)과 렝스(Reims) 전투에 참전했다. 초여름에 도이치 군대는 영국과 프랑스 군대를 파리 근처 60킬로미터까지 몰아붙이는 데 성공하였다.

그리고 나서 공격이 얼어붙었다. 도이치 군대는 한 번 더 겨우 껍질뿐인 승리를 얻기 위해서 치명적으로 제한된 병력을 다 썼던 것이다. 그런 성과를 얻기 위해 지불한 지나치게 많은 인명 손상, 절망적인 것으로 밝혀지는 예비병력 결핍, 적군의 방어 성공 등이 도이치군이 전선을 꿰뚫은 이후에 전선을 다시 고착시켜버린 것이다. 국내여론에 대해서 이 모든 일을 부분적으로는 감추기도 했지만 부분적으로 국내여론이 지나칠 정도로 현실을 거부하였다. 도이치군의 작전이 정지되고 한참이나 지났다. 연합군측이 공세로 전환하였고 도이치 전선, 특히 아미엥(Amiens) 전선이 붕괴된 8월 8일에도 최고 사령부는 여전히 잘못된 생각에 사로잡혀 있었다. 사령부는 과격한 양자택일의 결과 승리가 멈춘 직후 패배를 고백해야 할 처지에 있었다. 사령부는 죽은 색깔의 물감을 써서 패하지 않는 독일이라는 전체 그림을 그려내고 있었지만 전망이 없다는 사실을 이미 알고 있었다.

이런 모든 이유에서 독일의 여론은 패배가 바로 눈앞에 닥쳐와 있던 1918년 여름에 그 어느 때보다도 이번 전쟁이 승리로 끝나리라고 믿고 있었다. 그러므로 이러한 망상은 도이치의 선전이 무력하고 효과가 없다는 히틀러의 생각을 아주 잘 입증해주었다. 물론 히틀러 자신도 부정확한 상상으로 인해서 올바른 결론에서 벗어났다. 책임있는 정치가들과 고위 장교들조차도 잘못된 기대를 품고 있었다.[16]

그러므로 1918년 9월 29일 총사령관 루덴도르프가 성급하게 정치지도부를 소환해서 조속한 정전(停戰)요청을 해달라고 청했을 때, 이런 갑작스런 현실의 붕괴는 더욱 날카로운 일격으로 모든 사람을 한방 먹였다. 신경의 힘이 완전히 소모된 상황에서 그는 모든 전술적인 안전장치를 비난하였다. 이상한 일이었지만 그는 대공세가 실패할 수도 있다는 가능성을 전혀 고려하지 않았던 것이다. 그래서 자신의 군사적 기도를 정치적으로 떠받쳐주려는 모든 의견을 아주 못마땅히 여기면서 물리쳤다. 그는 분명하게 표현할 만한 전략적 목표도 제대로 가지지 못했던 것 같다. 어쨌든 그는 그 점을 캐묻는 황태자의 질문에 대해서 그답기는 하지만 몹시 흥분된 대답을 내놓았다. "우리는 한 구멍을 팝니다. 다음 구멍도 나타나겠지요." 바덴의 막스 왕자가 실패하면 어떻게 되는가 물었을 때도 루덴도르프는 이렇게 대답했다. "그러면 독일은 망하는 거지요."[17]

심리적으로나 정치적으로 제대로 준비도 안 된 채 '마치 복음서를 믿듯이'[18] 자기 나라 병력이 우세하다고만 믿었던 국민은 바닥도 없는 심연으로 추락하였다. 많은 것을 보여주기도 하지만 이해하기도 힘든 힌덴부르크 장군의 말은 국민의 망상이 얼마나 사라지기 힘든 것이었던가를 증언해주고 있다. 패전했다는 루덴도르프의 고백을 듣고도 여전히 늙은 야전 사령관 힌덴부르크는 외무장관에게 곧 벌어질 협상에서 로트링겐 지방의 금속광산을 합병하기 위한 모든 준비를 하라고 촉구했던 것이다.[19] 여기서 처음으로 저 현실거부의 독특한 형식이 나타나고 있다. 점점 더 많은 사람들이 그러한 현실거부의 태도로 전후 여러 해 동안 국민적인 곤궁과 의기소침을 견뎌냈고 마침내 1933년 봄의 소란스런 날에 이르게 되는 것이다. '승리의 팡파르에서 패배의 묘지송'으로 이렇듯 충격적으로 전환된 결과는 극히 중요한 것이다. 뒤통수를 맞고 망상에서 깨어나는 이런 경험은 다음 15년 역사에 지속적으로 영향을 주었고 그 시기의 역사는 이 사실에 대한 이해 없이는 받아들이기 힘들다.

1차대전에서의 패배

이 소식은 지휘관의 폭넓은 관점에서 전쟁을 관찰하고 있던 리스트 연대의 사색적이고 과민한 상병에게 특히 충격적인 소식이었다. 중대는 1918년 10월에 플란더스 방어전에 투입되었다. 전투가 진행되는 동안 영국군은 10월 13일에서 14일 밤에 이프레 남쪽에서 가스 공격을 해왔다. 워빅(Wervick) 근처의 한 언덕에서 히틀러는 여러 시간 동안이나 빗발치는 가스 수류탄의 불꽃 속에 있었다. 아침 무렵 그는 심한 통증을 느꼈고 7시쯤 연대 지휘부로 돌아왔을 때 거의 앞을 볼 수가 없었다. 몇 시간이 지나자 그는 눈이 멀었다. 그가 자기 상태를 기술한 것을 보면 눈이 불타는 석탄 덩어리로 변한 것 같았다고 한다. 곧 이어서 그는 포메른에 있는 파제발크 육군병원으로 수송되었다.[20]

육군병원 숙소에서는 많은 소문들이 떠돌았다. 왕조가 붕괴되었다느니, 전쟁이 곧 끝날 거라는 등의 어지러운 소문들이었다. 히틀러는 특유의 책임감으로 그 지역의 불안·파업·불복종 등을 걱정하였다. 물론 그는 자기가 보게 된 여러 징후들을 '각 개인들의 상상력이 폭발'한 것으로만 여겼다. 그는 이상스럽게도 전국민 사이에 퍼져 있는, 벨리츠 시절과는 비교할 수도 없이 강한 불만과 피로의 분위기를 보지 못했다. 11월 초에 눈의 상태가 나아지기 시작했다. 그러나 그는 여전히 신문을 읽을 수가 없었고, 동료들에게 다시는 그림을 그릴 수 없을지 모른다고 걱정하는 말도 했다. 어쨌든 독일 혁명은 그에게 '어느 날 갑자기 아무런 예고도 없이' 찾아왔다. '붉은 넝마조각'을 휘날리기 위해서 전선이 아니라 이른바 '임질병원'에서 나온 '유대인 몇 놈'이 생각지도 못한 행동을 주동한 것이라고 그는 믿었다.[21]

1918년 11월 10일에야 그는 '내 인생의 가장 끔찍한 소식'을 들었다. 병원 목사의 부름을 받고 모여든 입원환자들은 혁명이 일어나서 호엔촐레른 왕가는 붕괴되고 독일에 공화국(바이마르 공화국)이 선포되었다는 사실을 들었다. 히틀러는 이 과정을 이렇게 서술하고 있다. 이 늙은 성직자는 안으로 조용히 눈물을 삼키면서 왕가의 공적을 생각했고, 거기 참석한 사람 중누구도 눈물을 참을 수가 없었다고 한다. 그러고 나서 그가 전쟁은 패배하였으며, 제국은 적의 수중에 넘겨졌다고 말하기 시작했을 때, "나는 더 이상 참을 수가 없었다. 더 이상 견디는 것은 불가능했다. 눈 주변이 다시 캄캄해져서 나는 더듬고 비틀거리며 침대로 돌아와서 내 자리에 몸을 던졌다. 타는 듯한 머리를 이불 속에 틀어박았다. 어머니의 무덤에 섰던 날 이후로 나는 운 적이 없었다……. 하지만 이 순간 울지 않을 수가 없었다."[22]

히틀러에게 그것은 새로운 환멸이었다. 인생의 초기에 미술 아카데미에들어가려고 애써도 소용이 없었던 기억만큼이나 과격하고 이해되지 않는환멸이었다. 그는 이 환멸을 신화화시키는 과장법으로 자기 인생의 지속적주제의 하나로 만들었다. 정치를 하겠다는 결심도 바로 거기서 나온 것이다. 그로써 그의 초개인적인 주장의 의지가 얼마나 고집스럽고 격분한 것이었는지 드러난다.

거의 모든 중요한 연설에서 그는 거의 제의적(祭儀的)인 방식으로 이 문제를 거론하였으며, 혁명을 가리켜서 자기 인생을 각성시킨 사건이라고 주장했다. 그리고는 언제나 역사서술이 뒤를 이었다. 전쟁의 그런 급격한 변화가 자기에게 불러일으켰던 내동댕이치는 인상은, 심지어 1918년 10월눈이 먼 것이 적어도 부분적으로 히스테리에서 유래한 것이라는 추측까지도 만들어냈다. 히틀러 자신도 때로는 그러한 추측을 어느 정도 뒷받침해주기도 했다.

1942년 2월 장교와 사관 후보생들에게 행한 연설에서 그는 자신이 완전히 눈이 멀었을지도 모른다고 말했다. 자기 민족이 노예가 된 세상만을 보아야 한다면 눈의 빛이 무슨 소용이 있겠느냐는 것이었다. "도대체 내가 볼것이 무엇이 있단 말인가?"라고 그는 말했다. 1944년 패전이 다가오고 있을 때 그는 알버트 슈페어(A. Speer)에게 의기소침해서 자신은 1차 대전말에 그랬던 것처럼 다시 눈이 멀지도 모른다는 두려움을 느낀다고 말했다.[23]

《나의 투쟁》의 한 구절도 그러한 생각을 뒷받침하고 있다. 히틀러는 거절할 수 없이 귓속으로 울려오는 외침소리에 깨어났다고 한다. 그 외침은 자신의 주목받지 못하는 존재로부터 깨어난 것이었다. 천재란 "깨달음으로 인도되기 위해서…… 형식적인 자극"이 필요하다. 그것은 이런 뜻이다. "평범한 일상사에서 보면 중요한 사람들도 자주 중요하지 않은 모습으로 나타나고 자기 주변의 평균수준을 거의 넘어서지 못하기도 한다. 그러나 다른 사람들이 실패하거나 잘못을 저지르는 상황이 닥치면 눈에 보이지도 않던 평범한 인간의 내부에서 갑자기 천재적인 천성이 솟구쳐 나오는 것이다. 그때까지 시민적인 사소한 일상에서만 그를 바라보았던 사람들이 깜짝 놀라는 일도 드물지 않다……. 이러한 시련의 시간이 오지 않는다면, 보통 사람은 이 수염도 안 난 어린 소년의 몸에 젊은 영웅이 숨겨져 있다는 사실을 짐작도 못할 것이다. 운명의 망치질은, 어떤 사람을 바닥에 내동댕이쳐 버리지만 어떤 사람은 연마하여 강철로 만들어내기도 한다."[24]

그러한 언급은 물론 특수한 소명의식을 중개하기 위해서만 생각해낸 것이다. 옛날 보헤미안, 무감각, 어두운 몽상의 시절을 선별된 인간의 천재성과 연결시키기 위한 것이다. 11월의 체험은 그를 마비시키고 어쩔 줄 모르게 만들었다. "나는 모든 것을 잃었음을 알았다." 4년 간의 전쟁은 증오스런 시민세계의 의무와 질서의 요구에서 그를 보호해주었다. 직업과 생존의 문제들을 미루어주었다. 그 모든 일이 이제 새삼스럽게 다시 밀려왔다. 전보다 나은 대답이 없었다. 그는 교육도 받지 못했고, 직업도, 목적도, 거처도, 아는 사람도 없었다. 패배와 혁명의 소식을 듣고 그는 절망감에 사로잡혔다. 국민적인 상실감이 아니라 개인적인 상실감을 느꼈던 것이다.

종전은 상병 히틀러에게서 전쟁터에서 얻은 역할을 빼앗아갔다. 그는 군에서 제대했을 때 고향을 잃어버린 것이다. 어찌할 바 모른 채 자기 군대의 명예였던 군기가 무너지는 것을 바라보았다. 동지들, 그리고 가까웠던 사람들이 4년 간 견뎌온 짐을 갑자기 참을 수 없는 것이라고 던져버리고 집으로 돌아가는 것을 보았다. 그들이 병사생활의 두려움과 굴종을 애국심 뒤에 감추는 일을 중단하는 것을 보았다. "그러니까 모든 것이 헛일이었다.

희생도 결핍도 헛일이고, 때로는 여러 달이나 계속된 굶주림도 갈증도 헛일이고, 우리가 죽음의 공포에 휩싸여 있으면서도 의무를 행하던 그 모든 시간들이 헛일이고 이 전쟁에서 죽은 2백만의 죽음이 헛일이었다.”[25]

혁명의 진행이 아니라 바로 이것이 히틀러를 그토록 가슴아프게 한 것이었다. 왕가에 대한 그의 충성심은 제국 지도층에 대한 존경심만큼이나 별 것 아니었던 것이다. 그는 단순히 ‘우익’만은 아니었다. 예상치 못한 패전, 그리고 주어진 역할의 상실은 그에게 충격을 주었다. 혁명을 가능케 한 우울한 상황은 그에게 아무런 보충 역할도 제시하지 않았고 오히려 그가 마음속으로 존경하던 위대함·정열·죽음의 예찬 등을 부정하였을 뿐이다. 그것은 혁명이 아니라 가장 원초적인 동기에서 나온 군사 파업이었다. 그 동기는 그에게는 극히 진부한 것으로서 살아남으려는 의지였다.

이념이 결핍된 혁명

실제로는 혁명이 아니었던 이 혁명은 무엇보다도 어찌할 바 모르는 천박한 몸짓으로 나타났다. 독일 전역에서 11월에 탈영병들이 길거리로 몰려다니면서 장교사냥을 벌였다. 그들은 떼를 지어서 장교들을 노리고 있다가 붙잡기만 하면 조롱섞인 모욕적인 말을 하면서 그들의 훈장·견장·계급장 등을 떼어냈다. 그것은 몰락한 정권에 대한 때늦은 폭동이었으며 이해가 되면서도 무의미한 짓이었다. 그러나 이러한 행동은 상당한 정도의 상처입은 분노를 불러일으켰다. 장교들과 법과 질서를 옹호하는 보통 사람들의 마음속 깊은 곳에 혁명에 대한 원한을, 그리고 아울러 이러한 부작용을 수반하고 시작된 정권에 대한 원한을 만들어냈던 것이다.

게다가 역사는 이 혁명에 절정의 순간을 주지 않았다. 혁명은 그런 절정을 통과해야만 비로소 국민의 의식 깊숙이 자리잡게 되었을 것이다. 1918년 10월에 벌써 새로운 수상인 바덴의 막스 왕자는 미국 대통령과 국내여론에 따라 국내정치의 개혁을 행하였다. 독일에 의회주의 정부형태를 도입하는 것이었다. 11월 9일 오전에 어느 정도 독단이 개입된 형태로 황제의 왕권포기 결정이 선포되었다. 혁명은 채 시작도 되기 전에 목적지에 도달

베를린 성의 혁명군들. 1918년 11월.

해버린 것이다. 그것은 정치적인 목적을 실현하는 과정에서 스스로의 의지를 보존할 가능성을 잃어버렸다. 프랑스 혁명에 나타나는 정구장 맹세와 바스티유 함락과 같은 기회는 오기도 전에 사라져버렸다.

이러한 상황에서 혁명은, 가능하다면 단 하나의 전망만을 가지게 되었다. 즉 모든 새로운 현상의 매력적인 힘을 유리하게 이용하는 것이었다. 그러나 새로운 권력자인 프리드리히 에버트(F. Ebert)와 사회민주당은 부지런하고 걱정 많으며 회의에 가득 차고 선량한 이성을 가진 사람들이었다. 그들은 처음부터 왕실 고문관과 상공업 고문관을 없애고 훈장과 명예훈장 등을 없애버리는 것은 좋지 않다고 여겼다.[26] 그들의 전체적인 행동방식은 매우 꼼꼼하고 심리적인 이해력이 부족하다는 것을 보여준다.

또한 그들은 현재 이 순간의 요청을 헤아리는 감각과 사회적인 구상도 가지지 못했다. 당시의 체험자가 말하듯이 '그것은 이념이 결핍된 혁명'이었던 것이다.[27] 어쨌든 패배하고 실망한 국민의 감정적인 고통에 대한 답변은 아니었다. 1919년 전반기에 초안이 짜여서 8월 11일에 바이마르에서

가결된 헌법(바이마르 헌법)은 스스로의 의미를 설득력있게 정의내리지도 못했다. 엄격하게 말하자면 이 헌법은 민주적 권력질서의 기술적인 도구로서만 이해되었을 뿐, 권력이 무엇을 지향하는가에 대해서는 전혀 몰랐던 것이다.

혁명세력은 우유부단과 용기의 결핍으로 인해 아주 일찌감치 두 번째 기회를 잃었다. 새로운 권력자들은 사회의 지배적인 탈진상태와 러시아 혁명의 끔찍한 모습에 대한 국민의 공포를 볼 수 있었다. 그리고 자신들의 무력감과 패전국의 수많은 문제들에 짓눌려서 노동위원회와 사병위원회에서 자발적으로 일어나고 있던 정치적 개혁의지를 제한시켰다. 여러 가지 사건들은 이제 쓸모없게 되어버린 전통적인 과제를 수행할 준비만을 위한 것이었다. 혁명은 심지어 우익측에서도 환영받았고 '사회주의'와 '사회화'는 보수적인 지식인들 사이에서도 상황을 해결해주는 요술공식으로 여겨졌다.

그에 반해서 새로운 지도부는 안정과 질서를 만들어낸다는 정치 계획밖에는 가지고 있지 않았다. 그들은 전통적인 권력들과 결탁하여 안정과 질서를 만들어낼 수 있으리라고 믿었다. 단 한 번 소심한 사회화 시도조차 이루어지지 않았다. 대토지 소유라는 봉건적 상황은 전혀 개혁되지 않았고 관료계급은 서둘러서 자기 지위만을 확보하였다. 왕조만 빼면 그때까지 결정적인 영향력을 행사하던 사회 계층은 새로운 국가체제로 넘어가는 과정에서 거의 권력 손실을 입지 않았다. 히틀러가 나중에, 11월의 권력자들이 사회주의 국가를 세우는 것을 누가 방해했더란 말인가, 그들은 그럴 권력을 가지고 있었다고 비웃은 것도 근거가 없는 일은 아니다.[28]

좌익 과격파는 혁명의 미래상을 구상할 수도 있었다. 그러나 그들에게는 대중의 추종도 없었고, 그들이 오랫동안이나 갈망하던 '반역자의 에너지'도 없었다.[29] 저 유명한 1919년 1월 6일에 1만여 명을 헤아리는 혁명 지지 대중이 베를린의 승리가도에 모여들어서, 저녁때까지 쉬지도 않고 토론을 벌이던 혁명위원회의 신호를 기다렸지만 소용이 없었다. 그들은 떨면서 지치고 실망하여 흩어졌다. 이 사건은 사상과 행동 사이의 거리가 얼마나 극복하기 힘든 것인가 하는 사실만을 보여주었다. 좌익 혁명파가 특히 반혁명 군부와 대립하면서 1월 중순에 나라 안은 큰 소요와 불안과 내전 비슷한 대립상황까지 치닫게 되었고 공산당의 탁월한 지도자인 로자 룩셈부르크(R. Luxembrug)와 칼 립크네히트(K. Liebknecht)가 살해당하였다. 혁명은 역사적으로 성공하지 못하였지만 그렇다고 아무런 결과도 초래하지 않은 것은 아니다.

방향을 상실한 여론은 그 국면의 싸움과 논쟁에서 공격이 아니라 오직 방어만 해온 바이마르 공화국에 오히려 불리하게 돌아갔다. 국민의 의식 속에서 이 모든 것은 '혁명' 탓이었다. 이렇게 불행한 시기에 태어난 국가가 암암리에 모반·패배·민족적 치욕 등과 관련을 맺고 있다고 여겼다. 그리고 이러한 생각이 전부터 국민의 가장 과격한 방어본능을 불러일으켰던 거리의 싸움들, 혼란, 공공연한 무질서의 이미지들과 뒤섞였다. 공화국이 '더러운 혁명', 그러니까 절반의 혁명으로 시작되었다는 사실만큼 국민의 의식 속에서 공화국과 그 성공을 해친 것은 없었다. 정치적으로 온건한 편이었던 국민 다수도 그 시절을 생각하면 수치심·슬픔·혐오감을 느꼈다.

평화를 경시한 베르사유 조약

베르사유 평화협정은 분한 마음만 더하게 만들었다. 국민감정에 따르면 전쟁은 방어전이었다. 전쟁 후반부에는 과장된 전쟁을 위한 토론 같은 것은 국민의식에 들어오지도 않았다. 미국 윌슨 대통령의 발언은 독일 국민에게 착각을 불러일으켰다. 왕조가 몰락하고 서유럽의 헌법을 받아들이면 전승국은 분노를 누그러뜨리고, 미리 만들어진 정권을 위하여 사후업무를 수행하는 사람들에게 화해의 마음을 가질 것이라는 착각이었다. 베르사유 조약의 기본원칙이 되는 '세계평화의 질서'라는 선언서는 모든 보복행위, 명백한 부당함, 강제적인 조약형식 등을 금지하고 있었다. 합리적이면서도 비현실적인 이 희망의 시대를 '평화협정 기간의 꿈나라'라고 부르는 것도 맞는 말이다.[30] 그러다가 1919년 5월 초에 평화를 위한 조건들이 공표되었을 때 온 나라는 더욱더 제정신을 잃고 분노로 들끓었다. 공적인 흥분상태는 정치적으로 필립 샤이데만(Ph. Scheidemann) 수상과 브로크도르프 란차우(Graf Brockdorff-Rantzau) 외무장관의 퇴진으로 표현되었다.

외적인 상황은 악의와 모욕적인 생각을 가진 전승국들에 의해서 결정되었다. 1919년 1월 18일로부터 정확하게 50년 전에 도이치 제국(das deutsche Reich)이 선포되었다. 1월 18일에 회의가 열리고 서명장소도 50년 전과 동일한 홀이 선택된 것은 이해된다고 치자. 그러나 오스트리아 황태자인 프란츠 페르디난트가 사라예보에서 암살당한 5주기가 되는 6월 28일을 조약서명 날짜로 정한 것은 윌슨 선언의 야단스런 순진성에 대한 냉소적인 반대행위였다.

이 조약에서, 우익이나 좌익 가리지 않고 모든 진영과 당파들에 이르기까지 잊을 수 없는 치욕감을 느끼도록 만든 악몽은 물질적인 부담보다 오히려 심리적인 부담이었다. 회의에서 논쟁의 대부분을 이루는 영토반환 요구, 전비 보상, 수리비 요구 등은 '카르타고식의 냉혹성'만을 가진 것이 아니라, 의심할 것 없이 제국이 브레스트-리토브스크 조약에서 러시아를 향해서, 그리고 부카레스트 조약에서 루마니아를 향해서 얻어냈던 부당한 조건들에 비길 만한 것이었다.

참을 수 없는 모욕적인 '수치감'은 머지않아 우익의 선동에서 가장 공격적인 역할을 떠맡게 되었다. 이것은 국가적인 체면문제였다. 무엇보다도 일일이 지명된 도이치 장교들이 연합군 군사재판의 판결을 받도록 넘겨달라는 제228조항과 독일이 전쟁발발에 대해서 유일하게 도덕적인 책임이 있다는 그 유명한 제231조항이 그런 감정을 불러일으켰다. 440개 항목의 조약문안에는 너무나 명백한 모순과 부당성이 드러나고 있다. 전승국은 세계 심판자 같은 몸짓으로 자신들의 합법적인 요구에 대해서 죄를 고백하라고 명령한 것이다. 사실은 모두가 이해득실이 달린 문제들이었다.

이 조약문안들은 복수심에 불타는 도덕성의 무의미한 행진으로 아주 많은 증오와 정당한 비웃음을 샀다. 연합국 내에서도 그에 대한 비판의 소리가 높았다. 예를 들면 미국 대통령의 선언문에서 세계를 화해시키는 원칙의 품위를 지녔던 민족자결권 조항도 그것이 도이치 제국에 유리하게 작용하게 될 성싶으면 언제나 제외되곤 하였다. 남부 티롤, 수데텐 지방, 단치히 같은 순수한 도이치 영토들도 분리시키거나 독립시켰다. 그에 반해서 분열된 합스부르크 왕조의 도이치 부분이 독일에 통합되는 것도 금지하였다. 여러 민족이 섞인 지역들은 오스트리아-헝가리 이중왕국의 경우에는 파괴되고, 유고슬라비아나 체코슬로바키아의 경우에는 새로 건국되었다. 민족주의는 전체적으로 승인되었으나 국제연맹의 이념이라는 측면에서는 거부되었다. 이 조약은 1차대전이 일어난 1914년에 등장하였던 원래의 갈등 중 어느 것 하나도 제대로 해결하지 못했다. '평화조약의 최고 목표는 평화' 라는 생각을 너무나도 분명하게 경시하였다.

그 대신에 조약은 전쟁과 고통을 넘어 세대를 지나면서도 보존되어 온 유럽의 연대감과 공동의 유산이라는 의식을 광범위하게 파괴하였다. 새로운 평화질서는 이러한 의식을 부활시키려는 의도를 거의 보이지 않았다. 어쨌든 엄밀하게 살펴보면 독일은 언제나 배제되어 있었고, 민족단합조차도 허용되지 않았다. 이러한 차별대우는 도이치 사람들이 유럽의 결속에 감정적으로 더욱 등을 돌리게 만들었다.

전승국들의 말꼬리를 잡아서 그들의 위선을 강제로 보여줄 남자가 나타나는 것은 시간문제로 보였다. 실제로 히틀러는 처음에 충실하게 윌슨과 베르사유 조약문의 가장 중요한 신봉자인 척함으로써 외교적인 성공을 거두었다. 이 조약은 사라져버린 낡은 질서의 반대자라기보다는 오히려 그것을 옹호하였다. 당시의 눈 밝은 어떤 관찰자가 파리에서 평화조약이 승인되던 날 이렇게 말했다. "유럽에 무시무시한 시간이 시작되고 있다. 그것은 아마도 세계대전보다 더욱 무서운 폭발로 끝나게 될 폭풍전야의 무더위"라고 적었다.[31]

국내정치적으로 보면 평화조약의 결정에 대한 분노는 바이마르 공화국에 대한 원한을 더욱 크게 만들었다. 공화국은 이러한 '치욕적 강제명령(Schanddiktat)' 의 강도와 수치를 모면할 능력이 없음을 입증했기 때문이다. 이제는 공화국이 적어도 어떤 모습으로 얼마나 무능한지 분명히 드러난 것이다. 당황·우연·평화의 기대·피로의 결과였다. 공화국의 무능에

콜로넬 폰 에프, 구스타브 노스케와 프리드리히 에버트. 1919년 8월.

서 생겨난 수많은 의심 말고도 이제는 대외적인 약점에서 생겨난 악평이 덧붙여졌다. 그리고 점점 더 많은 사람들이 공화국이라는 개념을 수치·불명예·무기력과 동의어로 여기게 되었다. 기만과 강요를 통해서 완전히 낯선 공화국이라는 형태가 도이치 민족에게 억지로 주어졌다는 감정은 이제 사라지지 않게 되었다. 그 모든 부담에도 불구하고 바이마르 공화국이 기회가 없지도 않았다는 것은 옳은 말이다. 그러나 얼마 안 되는 그 행운의 기간 동안 공화국은 "사람들의 충성심도 정치적인 상상력도 진짜 자기편으로 삼을 줄을 몰랐다."[32]

히틀러는 어디 있었나

이러한 과정들은 공공의식의 정치화가 이루어지는 계기가 되었기 때문에 의미가 있다. 그때까지는 정치 이전 공간에 움츠리고 있던 광범위한 계층이 갑작스럽게 정치적인 정열·희망·절망 등으로 가득 채워졌다. 이러한 분위기는 또한 육군병원에 있는, 서른 살 가량된 히틀러를 사로잡은 것이기도 했다. 막연하지만 과격한 불행과 배신감이었다. 그것은 그를 정치에 한걸음 더 가까이 데려오기는 했다. 《나의 투쟁》에 보면 정치가가 되려는 결심을 1918년 11월 사태와 연결시키고 있지만 그것은 아직 그렇게 확고한 것은 아니었다. 거의 일년쯤 지나서 그는 어떤 작은 집회에서 열기에 취한 듯 일어서서 말하는 중에 연설가로서의 자기 재능을 발견하고, 희망 없이 막혀 있던 존재의 두려움으로부터 벗어날 출구와 미래를 갑자기 보게 된다.

어쨌든 이런 해석은 다음 몇 달 동안의 그의 태도를 설명해 준다. 히틀러는 그 사이에 눈이 다 나아서 11월 말에 파제발크 육군병원에서 나오자 뮌헨으로 가서 자기 연대의 보충대대에 신고하였다. 뮌헨은, 11월 사태 과정에서 중요한 역할을 하였고 도이치 영주가문의 붕괴가 시작된 곳으로, 정치적인 흥분과 활기에 넘치는 도시였지만 그는 거기 끼여들지 않았다. 정치를 하겠다는 결심을 하지 않고 거기 휩쓸려들거나 자극을 받지 않았던 것이다. 그는 빨갱이의 지배가 싫었다고 분명히 말하고 있다. 그러나 뒷날 그 자신의 말에 따르면 공화국 시대 내내 빨갱이 지배를 싫어했기 때문에, 이런 말만으로 정치적 관심이 적었다는 사실을 입증하지는 못한다. 어떤 활동이든지 할 필요가 있었으므로 그는 2월 초에 오스트리아 국경에서 멀지 않은 트라운슈타인 근처 전쟁포로 수용소에서 위병근무를 자청하였다. 그러나 몇백 명의 프랑스군과 러시아군 포로들이 한 달쯤 뒤에 석방되고 나자 그는 다시금 당혹스런 처지에 빠졌다. 아무런 결심도 못한 채 그는 뮌헨으로 돌아왔다.

어디로 가야 할지 몰랐기 때문에 그는 다시 위풀밭(Oberwiesenfeld)에 있는 막사에 숙소를 얻었다. 아마도 그 결심이 쉽지는 않았을 것이다. 그러기 위해서 당시 지배하고 있던 공산군대에 속해서 붉은 완장을 차야만 했기 때문이다. 그는 '붉은' 군대 바깥에 있는 의용군이나 단위부대에 합류할 수도 있었겠지만 어쨌든 붉은 군대 안에서 지배적인 혁명사정을 계속 들여다볼 기회를 덤으로 얻었다. 이 시기에 그의 정치 의식이 얼마나 미약했고 감수성이 얼마나 약했던가를 이보다 더 잘 보여주는 일은 없다. 뒷날 그는 '볼셰비즘'이란 말만 들어도 흥분하고 화를 냈다. 뒷날의 온갖 양식화에도 불구하고 이 시기에 그는 세계혁명의 본부에서 병졸 노릇을 하고 있다는 모욕감보다는 정치적 무관심이 더 강했던 것이 분명하다.(1918년부터 1919년으로 넘어가는 겨울 동안 독일에서는 공산주의자들의 폭동이 계속되었다. 1919년 4월에는 뮌헨 시 일대에 소련식 소비에트 공화국이 선포되었다. 당시 사회민주당의 지배 아래 있던 바이마르 공화국 정부는 이 공산주의 폭동을 과거의 군인들과 의용군의 힘을 빌어 진압하였다. 히틀러는 반공주의자였으면서 뮌헨의 공산군대에 들어간 것을 알 수 있다 : 역주)

물론 그는 군대 바깥에서는 아무런 선택의 여지도 없었다. 군대 세계는 그가 자신을 잊을 수 있는 유일한 사회체제였고. 제대 결심은 난파한 인간들의 이름 없는 세계 속으로 되돌아가는 것을 의미했다. 히틀러는 자신의 개인적 상황이 전망이 없다는 사실을 분명히 느꼈다. "이 시기에 내 머리에서는 끝도 없는 계획들이 줄을 이었다. 하루종일 나는 무슨 일을 할 수 있는가 하는 생각을 했다. 모든 사색의 종말은 언제나, 이름 없는 인간인 나는 그 어떤 행동을 하기에 가장 형편없는 전제조건조차도 가지고 있지 못하다는 확인이었다."[33]

이 말은 노동이나, 생업, 시민적인 지위에 대한 생각이 그에게 얼마나 멀리 있었나 하는 것을 보여준다. 이름 없다는 의식이 그를 괴롭혔다. 그의 삶에 관한 서술에 따르면 그는 이 시기에 정치계에 진출해서 소비에트 정부 '중앙 위원회의 불쾌감'을 사게 되었고, 그래서 4월 말에는 체포될 지경에 이르렀지만 자기가 지니고 있던 기총(騎銃)을 들고 체포명령을 피해서 도망쳤다고 한다. 그러나 실제로는 이때 중앙위원회가 아직 존재하지도 않았다.

모든 것은 오히려 당시 그가 당혹감·수동성·기회주의적인 적응력 등이 뒤섞인 태도를 가지고 있었다는 것을 보여준다. 의용군 에프(Epp)의 군대가 다른 부대와 힘을 합쳐 뮌헨을 떨게 만들고, 소비에트 지배를 붕괴시켰던 5월 며칠 시끄럽던 시기에도 그는 이렇다 할 역할을 하지 않았다. 한동안 그의 추종자였던 오토 슈트라서(O. Strasser)는 뒷날 명백하게 질문했다. "이날 히틀러는 어디 있었나? 우리 대열에 끼여서 싸웠어야 마땅한 이

혁명시기에 사령부에 있는 히틀러. '어디로 가야 할지 모르는 채 영원히 병영에 사는 사람들 중 하나'였다.

병사는 뮌헨의 어느 구석에 박혀 있었는가?" 아돌프 히틀러는 진압군에 섞여 있지 않았다. 뮌헨에 진입하던 군인들에게 체포되었다가 그를 아는 몇몇 장교들이 개입해준 덕분에 석방되었다. 중앙위원회가 체포하려 했다는 이야기는 아마 이 사건을 조작한 것으로 보인다.

에프의 뮌헨 진군에 뒤이어서 소비에트 지배 시기에 대한 조사가 이루어졌다. 이 조사작업에서 히틀러가 어떤 역할을 했느냐에 대해서는 여러 가지 추측들이 있다. 확실한 것은 그가 제2보병연대에서 투입한 조사위원회를 위해서 여러 가지 일을 했다는 사실이다. 아직 덜 끝난 전투의 영향을 받아서, 심문은 시작되자마자 너무나 냉혹한 판결로 끝나곤 하였다. 이러한 심문을 위해서 히틀러는 정보를 물어오고, 소비에트 정권에 합류하였던 동료들을 찾아내는 등 자신의 의무를 아주 충실하게 실천했음이 분명하다. 그래서 그는 얼마 안 되어서 '국민적 사고(思考)'를 위한 교육과정에 파견되었다.

혁명에 대항하는 혁명가

여기서 그는 처음으로 그토록 오랫동안 자신을 짓눌러온 익명성에서, 그리고 얼굴 없는 대중에서 벗어나기 시작했다. 그 자신이 조사위원회를 위해서 '최초로 어느 정도 순수하게 정치적인 활동'이라 부를 만한 임무를 맡게 되었기 때문이다.[34] 여전히 그는 이리저리 밀려다녔다. 그러나 이 새로운 방향은 그에게, 반사회성과 소명의식의 이상한 어둠 속에서 아주 희미하게만 빛나는 성장기를 갑자기 종결지어 주었다.

전체적으로 조망해보면 정치적으로 세기의 현상이 될 아돌프 히틀러가 서른 살이 되도록 정치에 아무런 활동적인 참여도 하지 않았다는 것은 극히 이상하다. 비슷한 나이에 나폴레옹은 이미 제1통령이 되어 있었고 레닌은 추방기를 거쳐 망명중이었으며, 무솔리니는 사회주의적인 〈아반티(전진)〉지의 주간이 되어 있었다. 그에 반해서 히틀러는 곧 그를 세계정복 의지로 몰아갈 이념들 중 어느 것도 이렇다할 정도로 발전시키지 못하고 있었다. 자신의 생각을 실현시키기 위해서 빈의 반유대인 단체말고는 어떤 정당이나 그 시대의 그 많던 단체에도 가입하지 않았다. 그의 정치활동 욕구를 암시라도 해주는 증언은 없으며, 시대의 상투어들에 더듬거리며 참가한 사실 이상을 암시해주는 것도 없다.

정치에서 이토록 거리를 둔 이유는 적어도 부분적으로는 그의 성장과정의 특별한 외적 상황과 관련지을 수 있을 것이다. 즉 빈의 고독, 일찍이 뮌헨으로 이주한 것, 그곳에서 외국인으로 취급당하다가 전쟁이 터지자 전선으로 갔다는 것 등이다. 그런 인상은 이 시절에 그와 함께한 사람들의 특성에 의해서도 생겨나는 것이다. '젊은시절의 친구'와 그의 정치적 성향에 대한 그들의 기억은 어쩌면 그가 정말 그랬던 것보다 더 결함투성이일 수도 있다. 그러나 또한 그때까지만 해도 정치가 그에게 거의 아무런 의미도 없는 것이었다는 뜻일 수도 있는 것이다.

그 자신 1939년 11월 23일 권력의식의 절정기에 자신의 군 최고사령관들을 앞에 놓고 혼란스러운 발언을 하였다. 자신은 아주 오랫동안 내적인 싸움을 한 끝에 1919년에야 비로소 정치가가 되었다는 것이다. 그것은 자신에게 있어서 '가장 어려운 결심'이었다고 했다.[35] 이러한 발언은 시작의 어려움을 염두에 둔 표현이라고 하더라도 정치적인 경력을 앞에 놓고 내면적으로 망설였다는 사실을 암시하고 있다. 이런 발언에는 아마도 위대한 창조적 활동에 비해 '시사 정치'를 개념적으로 하위에 두는 도이치의 전통적인 정치 경시 풍조도 한몫 하지 않았나 싶다.

잡을 수 없게 되어버린 젊은 날의 꿈, '독일 최고의 건축가는 아니라도 최고 건축가 중 한 사람'이 되고 싶었던 꿈과 관련시켜 보면 더욱 그렇다. 전쟁이 한창일 때 그는 차라리 '이름 없는 화가'가 되어 이탈리아를 떠돌아다녔더라면 좋았을 것이라는 말을 했다. 다만 자기 종족이 맞이한 죽음의 위협이 낯선 정치의 길로 자신을 몰아넣었다고 했다.[36] 그렇다면 어째서 혁명이 그에게 정치적인 관심을 불러일으키지 못했는지 이해가 된다. 11월 사태, 모든 권위의 붕괴, 왕조의 몰락, 세상을 뒤덮은 혼란 등이 그의 보수적인 본능에 의심을 불러일으켰다. 그러나 그 모든 것은 그를 적극적인 저항으로 몰아가지는 못하였다. 소동과 혁명적 책동에 대한 반감은 정치에 대한 불신보다 훨씬 더 강하였다. 25년이 지난 다음에도 그는 원탁에 앉은 사람들을 향해서 11월 혁명의 체험에 대해 이야기하면서 혁명가들을 범죄자들과 동일시하였다. 그들은 '반사회적인 도당'에 불과하고 일찌감치 때려죽여야 할 존재였다고 말했다.[37]

개인적인 동기, 그리고 자신의 연설의 재능을 체험하고 난 뒤에야 그는 모든 망설임을 물리쳤다. 정치 경력에 대한 망설임과 질서파괴자라는 무서운 평판에 대한 두려움이 함께 사라진 것이다. 이제 처음으로 그는 정치로 다가갔다. 4년 뒤 뮌헨 국민재판 앞에서 변명한 것에 따르면 혁명에 대항하는 혁명가가 된 것이다. 그러나 그는 독특한 세계치유의 열망과 괴물 같은 특별한 재능에 의해 정치로 이끌려 들어간, 생에 지치고 억눌린 예술인은 아니었을까? 그의 생이 진행되면서 이 질문이 되풀이해서 나타나게 된다. 정치는 그에게 오히려 수단으로서 더 중요했던 것이 아닐까 질문해보게 된다. 즉 정치의 도움을 받아서 연설의 위압, 행진, 퍼레이드, 전당대회의 연극적 요소, 전쟁에서 군사력을 사용한 멋진 장관 등을 연출해보려 했던 것이 아닐까?

낡은 질서의 붕괴가 그에게 그 길을 열어주었다는 것은 물론 옳은 말이다. 시민세계가 확고하게 자리잡고 정치가 시민의 경력으로 여겨지는 시절에 그는 이름과 성공을 얻을 전망이 극히 적었다. 그의 불안정한 기질로 보면 이 세계가 형식적인 엄격성과 진지한 요구를 가지고 있는 한 출세 가능성이 별로 없었다. 1918년이 그에게 길을 열어주었다. "나는 조금 전까지만 해도 쓰라린 근심만 만들어주었던 자신의 미래에 대한 생각에 큰소리로 웃지 않을 수 없었다."고 그는 썼다.[38]

그렇게 그는 정치 장면으로 들어섰다.

중간관찰 : 거대한 공포

1 차대전이 끝났을 때 민주주의 사상의 승리보다 더 확실해 보이는 것은 없었다. 전후의 혼란과 계속되는 민족간의 다툼과 새로운 국경선들 위로 민주주의 사상은 시대의 통일원칙으로서 아무런 도전도 받지 않고 높이 솟아 있었다. 전쟁은 권력요구뿐 아니라 지배체제에 대해서도 결정을 내려주었다. 거의 모든 중부와 동부 유럽국가들이 붕괴되고 혁명과 소요를 겪으면서 수많은 새로운 국가들이 생겨났다. 그 국가들은 철저히 민주적 질서의 개념에 기초한 것이었다. 1914년에 유럽에는 세 개의 공화국과 열일곱 개의 왕조들이 있었는데 4년이 지난 지금 왕국과 공화국의 수가 같아졌다. 의심의 여지 없이 시대정신은 다양한 형식으로 국민주권을 지원하는 듯이 보였다.[1]

독일은 잠깐 이 사상에 휩쓸려보고 난 다음 이런 시대의 경향에 저항하였다. 민족정당과 클럽들, 전투적인 질서의 의용군 등 헤아릴 수 없을 정도의 혼란 속에서, 전쟁을 통해 만들어진 현실 거부감이 조직화되어 갔다. 이런 집단들의 눈으로 보면 혁명은 배신행위였으며, 의회민주주의는 낯설고 강제적인 것이었다. 민주주의란 '연합국(1차대전 승전국) 자본에 의한 착취

기관'이 아니면 고작해야 '도이치 국민의지에 반대하는 모든 것'을 가리키는 말이라고 여겨졌다.[2]

독일의 적국들은 여러 가지 형태로 나타나는 국가적 저항의 징후들을 보고, 반항적이고 영원히 권위주의적인 도이치 민족이 민주주의와 시민적 자결권에 대해서 보이는 반응이라고 여겼다. 물론 여기서 전례 없는 정치적·심리적인 부담을 부인할 수 없다. 충격적인 패전체험, 저주받을 형식들을 포함한 베르사유 조약, 영토 상실, 전쟁배상금 요구, 광범위한 계층의 빈곤과 영적인 혼란 등이었다. 그러나 그 뒤에는 언제나 도이치 사람들과 이웃나라 사람들 사이에 존재하는 뚜렷한 문화적 거리감이 존재하고 있었다. 이웃나라들은, 이 수수께끼 같은 나라가 원한을 품고서 교화시킬 수 없는 태도로 옛날의 낡은 상태에 머무르려 한다고 여겼다. 이렇게 시대에 뒤떨어진 상태를 민족의 특별의식으로 삼고 서유럽의 이성과 휴매니티를 거부할 뿐 아니라 세계적인 추세에도 항거하려 한다고 여겼다. 수십 년이 지나도록 이러한 생각은 국가사회주의의 발생원인에 대한 탐구에서 지배적인 입장을 이루었다.

그러나 그토록 많은 희망들을 약속하고 있는 승리에 찬 민주주의의 이미지는 사실은 망상에 불과했다. 민주주의가 역사적으로 실현된 것처럼 보인 순간이 바로 민주주의 위기의 시작이었다. 몇 년 지나지 않아서 민주주의 이념의 원칙은 그 어느 때보다도 의문시되었으며, 방금 승리한 것은 또 다른 운동의 훨씬 더 거친 승리에 추격당하거나 아예 치명적인 위협을 당하였다. 그러한 반민주적 방향은 거의 모든 유럽 국가들에서 거의 비슷한 징조를 보이면서 나타났다.

전쟁이 뚜렷한 불만상태를 만들어냈거나 의식화시킨 나라들, 전쟁에 뒤이어서 좌파 혁명운동이 일어났던 나라들에서 이러한 반민주적 운동은 가장 지속적인 성공을 거두었다. 이런 운동들 중의 일부는 보수적인 성향을 지닌 것이었고, 그 추종자들은 인간이 아직 존중받고, 골짜기는 평화롭고, 돈이 더 가치가 있던 저 좋던 옛날을 그리워하였다. 다른 일부는 혁명지향적이고 기존질서를 더욱 무시하는 방향으로 진행되었다. 일부는 소시민 대중을 이끌었고 다른 일부는 농민이나 노동자층을 이끌었다. 그리고 시간이 흐를수록 이러한 운동에서 사회계층, 이익, 표지들이 서로 뒤섞였지만 그들 모두는 사회의 더욱 어둡고 더욱 생동적인 심층부에서 나오는 것으로 보였다. 국가사회주의는 세계상태를 뒤집어엎을 준비를 하는 유럽 스타일 저항 운동의 게임규칙을 따른 것이었다.

국가사회주의는 지방에서 시작되었다. 히틀러가 비웃은 것처럼 지루하고 고루한 모임들이었다. 그들은 뮌헨의 선술집에서 보잘것없는 모임을 가지면서 국가와 가족의 곤경에 대해서 이야기하곤 했다. 이러한 작은 집회들이, 강력하고 고도로 조직화된 대중을 이끌고 있는 마르크스주의 정당에 도전하고 능가할 기회가 있으리라고 믿은 사람은 없었다. 그러나 다음 몇 년 동안 이 촌스런 연설가들의 모임에 제대 군인들과 프롤레타리아 시민들이 합세하면서 엄청난 역동성이 생겨났다. 그리고는 적절하게 일깨워지고 집결되고 제자리에 투입되기만 기다리게 되었다.

처음에 이런 모임들이 다양했던 만큼이나 내부적으로도 다양한 추진요소들이 있었다. 1919년에 뮌헨에만 일시적으로 50개 정도의 정치적인 모임들이 있었다. 그 추종자들은 주로 전쟁 이전 정당의 남은 찌꺼기들로서, 전쟁과 혁명을 통해서 깨지고 해체된 존재들이었다. 그들은 '새로운 조국' '정신 노동 위원회' '지크프리트의 반지' '우주당' '노바 바코니아' '사회주의 여성회' '자유 사회주의 학생회' '오스타라 당' 따위의 이름을 내걸었다. '도이치 노동자당'도 있었다. 이 모든 것을 하나로 합치고, 개념상으로나 현실적으로 한데 모은 힘은 다름 아니라 압도적인 공포감이었다.

우선 아주 직접적인 것으로 혁명에 대한 공포가 있었다. 프랑스 혁명 이후로 19세기 내내 유럽 시민계급을 꿈속에서 괴롭힌 저 '거대한 공포(grande peur)'가 그것이었다. 혁명이란 자연의 폭력과 같다는 인상, 참가자들의 의지를 고려하지 않고 원초적인 자연의 힘으로 독특한 결과를 초래하고, 강제로 공포정치, 파괴, 살인, 혼란 속으로 이끌어들인다는 인상이 사라지지 않고 사람들의 의식 속으로 파고들었다. 1789년 프랑스 혁명에서 얻게 된 체험은 칸트가 말하는 인간의 개선시키는 능력이 아니라, 바로 이 공포심이었다. 이 공포심은 특히 독일에서 여러 세대에 걸쳐서 모든 실질적인 혁명의지를 변조시키고 저 '평화의 광신주의'를 만들어냈다. 1918년에 이르기까지 독일에서는 평화와 질서의지를 호소하는 것만으로 거의 모든 혁명봉기가 막혀버렸다.

혁명의 위협

독일 안에서 혁명 비슷한 현상이 나타나자 이 오래된 공포가 되살아났나. 특히 러시아 10월 혁명과 그 결과 드러난 위협들을 보면서 이 공포는 더욱 커졌다. 러시아 혁명을 피해 뮌헨으로 모여든 도망자들과 망명자들을 통해서 야만적인 피의 축제인 붉은 테러에 대한 공포가 민족의 상상력을 정열적으로 사로잡았다. 뮌헨의 민중지 하나는 1919년 10월에 그 시대의 공포심과 망상을 잘 보여주는 이런 기고문을 싣고 있다.

기독교도를 미워하는, 할례받은 아시아 사람들이 어디서나 피를 뚝뚝 흘리는 손을 쳐들고 우리를 집단으로 목조르려고 하는 슬픈 시대다! 이사샤르 체더블룸, 본명 레닌이라는 유대인이 행한 기독교도 학살은 칭기즈 칸을 무색케 할 정도이다. 헝가리에서는 그의 제자인 콘, 본명 벨라 쿤이 살인과 약탈의 훈련을 받은 유대인 테러집단을 거느리고 불행한 나라를 휩쓸면서 끔찍한 교수대 사이로 다시 이동 교수대 기계까지 끌고다니며 시민과 농부들을 학살하고 있다. 훔쳐서 만든 궁중행렬, 화려하게 치장된 하렘이 명예로운 기독교도 처녀들을 열 명 이상씩 유린하고 치욕을 주는 데 이용되고 있다. 그의 장교인 사무엘리는 지하감옥 한 군데서만 60명의 기독교 사제를 잔인하게 처형하라는 명령을 내렸다. 그들의 몸을 찢고 살이 피범벅이 되도록 팬 다음에 그 시체를 토막냈다. 여덟 명의 살해된 성직자는 자기가 봉직하던 교회문에서 십자가에 매달렸다는 사실이 밝혀졌다! 뮌헨도 이제 …… 이와 똑같은 잔혹장면을 알게 될 것이다.[3]

그러나 동쪽에서 건너온 잔인한 소식을 들으며 얻게 된 공포는 완전히 근거가 없는 것만은 아니었으며 믿음직한 증인들도 있었다. 소련 비밀경찰 우두머리의 한 사람인 레테 라치스(Lette M. Latsis)는 1918년 말에, 죄냐 무죄냐가 아니라 사회적인 소속계층이 바로 형벌과 숙청을 뜻하게 된 이유를 이와 같이 제시하였다. "우리는 부르주아지라는 계급을 근절시켜야 한다. 여러분은 어떤 개인이 소비에트 권력에 해로운 행동을 했다는 사실을 입증할 필요가 없다. 체포된 사람들에게 여러분이 질문해야 할 첫번째 사항은 이렇다. 즉 그는 어떤 계급에 속하고 있는가, 어디 출신이며, 어떤 교육을 받았고, 직업은 무엇인가? 이러한 질문들이 피고의 운명을 결정한다. 그것이 붉은 테러의 정수다."[4]

이것은 국가사회당 지도부의 초기 호소문에 대한 답변처럼 들린다. "여러분은 도시마다 수천 명의 사람들이 가로등 기둥에 매달리는 것을 보려고 하는가? 여러분은 러시아와 비슷하게 볼셰비키 살인위원회가 각 도시에서 활동하기를 기다리려는 것인가……? 여러분은 여러분의 처자식의 시체를 넘어가려는 것인가?" 혁명의 위협이 흘러나오는 원천은 유럽 전체에 퍼져 있는 몇 명의 배신자들이 아니라 거대하고 무시무시한 러시아, 히틀러가 표현한 대로 '잔인한 권력 덩어리' 자체였다.[5]

러시아의 새로운 혁명정부는 승리를 확신하고서 국제프롤레타리아의 단결된 힘으로 독일을 정복하는 것이 세계혁명의 과정에서 결정적인 한 걸음이며, 승리가 이미 눈앞에 다가와 있다는 생각을 드러냈다. 이것은 필립포 투라티(F. Turati)가 '볼셰비키의 도취'라고 명명한 증세의 일부였다. 소비에트 밀정들의 보이지 않는 활동, 계속되는 불안, 바이에른의 소비에트 혁명, 1920년 루르 지방의 소요, 그 이듬해 중부 독일의 궐기, 함부르크의 반란, 뒤에는 다시 작센과 튀링겐 지방의 반란 등, 소비에트 정권의 항구적인 혁명위협이 두려움을 불러일으키는 배경이 되고 국민적인 거부감에 강력한 동기를 제공하였다.

이러한 위협은 특히 초기 히틀러의 연설에서 지배적인 것이었다. 그는 '붉은 학살사령부'의 활동, '살인집단' '볼셰비즘의 피의 늪' 등을 날카로운 색채로 묘사하였다. 그의 말로는 3천만 명 이상이 러시아에서 "고문을 받아 천천히 죽어가고, 일부는 단두대에서, 일부는 기관총이나 그 비슷한 방법으로, 일부는 진짜 도살장에서, 다른 한편에서는 수백만 명이 굶주림으로 죽어가고 있다. 그리고 우리는 모두 이 굶주림의 파도가 계속 밀려오고 있음을 안다……. 그리고 이 재앙이 가까이 다가와 독일 위로 넘쳐들어오는 것을 본다."고 했다.

소비에트 연방의 지식인층은 집단학살로 근절되어버렸고, 경제는 아예 망가졌으며, 네바에 있는 수천 명의 도이치 전쟁포로는 물에 빠뜨려 죽였거나 아니면 노예로 팔았다고 했다. 그러는 사이에 '끝없이 계속되는, 영원한 두더지 방식으로' 독일에서도 혁명적인 파괴를 위한 전제조건들이 무르익어 간다고 했다. 언제나 되풀이되는 주장은 '러시아가 우리 앞에 있다!'는 것이었다.[6] 그리고 몇 년 뒤, 이미 권력을 장악한 다음에도 히틀러는 경력의 초기에 자기를 사로잡았던 '국제적인 공산주의의 증오독재에 대한 두려움'을 다시 이용하였다. "볼셰비키 혁명의 혼란이 성공하게 될 경우, 사람으로 가득 찬 이 오래된 대륙이 어떻게 될지 생각만 해도 몸이 떨립니다."

이러한 마르크스주의 혁명 위협에 대한 거부감에 힘입어서 국가사회주의는 정열, 공격성, 내적인 결속 등을 얻었다. 히틀러는 언제나 국가사회당의 목표는 "극히 간단한 것이다. 마르크스주의 세계관의 절멸과 근절"이라고 말하곤 했다. 그것도 "비할 바 없는, 천재적으로 만들어진 선전기관과 계몽기관"의 힘으로, 그리고 "모든 마르크스주의 테러에 대해서 그보다 10배나 큰 테러로 맞설 준비가 되어 있는, 가차없는 힘과 가장 잔혹한 결단력"의 운동을 통해서 그렇게 한다는 것이었다.[7] 그와 비슷한 생각들을 가지고 비슷한 시기에 무솔리니가 '전사(戰士)동맹(Fasci di Combattimento)'을 결성하였다. 이 새로운 운동은 그로부터 '파시스트(Faschisten)'라는 칭호를 얻게 되는 것이다.

그러나 단순한 혁명공포만으로 저 격렬하고 집요한 에너지를 만들어낼 수는 없었을 것이다. 세계적인 추세에 대해서 의문을 가지도록 하고, 게다가 많은 사람들에게 희망을 뜻하고 있던 혁명에 의문을 가지도록 만드는 에너지 말이다. 그러기 위해서는 더욱 강력하고 원소적인 추진력이 덧붙여져야 했다. 실제로 마르크스주의는 모든 전통적인 표상을 향하여 훨씬 더 광범위한 공격을 펼치는 혁명의 전위(前衛)로서 두려운 것이었다. 은유적인 전복이념의 현실적이고 정치적인 현상, 즉 근본적으로 '유럽의…… 문화에 대한 선전포고'가 두려운 것이었다.[8] 마르크스주의 자체는 이러한 시대의 공포심을 뚜렷하게 보여주는 극적인 이미지에 불과하였다.

유럽의 문명비관주의

공포심은 단순한 정치적 전복이념을 넘어서서 시대의 지배적인 기본감정이었다. 전쟁의 종결과 더불어 위대성, 친근감, 왕조들, 극히 확실한 서류 등을 지닌 전쟁 이전의 유럽뿐 아니라 한 시대가 작별을 고했다는 막연한 느낌이 공포 속에 스며들어 있었다. 낡은 지배형식과 아울러 삶의 친근한 형태들도 망가졌다. 불안, 정치화된 대중의 과격주의, 혁명의 혼란 등은 전쟁의 후유증이었을 뿐 아니라, 낯설고 혼란스럽게 다가오는 시대의 전조로 이해되었다. 새로운 낯선 시대에는 전에 유럽을 위대하고 친근하게 만들었던 것들이 더는 소용없게 될 것이다. "그래서 우리 발밑에서 땅이 꺼지는 듯한 느낌이 든다."[9]

실제로 한 시대가 스스로의 과도기를 이토록 뚜렷하게 느낀 경우는 역사상 매우 드물었다. 전쟁은 분명하게 이 과정을 촉진시켰고 변화과정에 대한 표상을 아주 일반화시켰다. 이제 처음으로 유럽은 미래의 삶의 형식이 어떤 모양이 될까 하는 개념을 가졌다. 그 동안은 극소수의 기본감정이었던 염세주의가 이제 시대 전체의 기본 분위기가 되었다. 시대는 유명한 책의 제목이 말해주듯이 '내일의 그림자 속에' 들어 있었다.

그 그림자가 모든 것 위에 드리워져 있었다. 전쟁은 경제적인 측면에서 자본주의 질서를 시대의 현상으로 만드는, 새롭고 거대한 조직화 형식들을 도입하였다. 합리화와 컨베이어 벨트, 기업합동, 재벌 등의 현상들은 모든 작은 존재들의 구조적인 무기력을 전례 없이 분명하게 드러내 보였다. 세계전쟁 이전의 마지막 30년 동안에 대도시의 자영업자 수는 이미 절반 가량이나 줄었다. 이제 그 숫자는 다시 급격하게 줄었다. 전쟁과 인플레이션이 물질적 기반을 파괴하였기 때문이다. 개인을 빨아들여서 소비하고 내버리는 익명의 경쟁사회에 대한 공포가 전보다 더욱 뚜렷하게 느껴지게 되었다. 수많은 당시의 상황분석에 보면, 이러한 공포가 확대되어 개인의 존재 가능성 자체가 없어진다는 공포가 되었다. 개인은 해체되어 기능이 되고, 인간은 '의식 없는 기계'가 되어서 조망할 수 없는 과정 속의 일부로 편입된다. 그것은 광범위한 거부문학의 내용이었다. "존재는 다름아닌 공포로만 보인다."[10]

규격화된 흰개미 같은 존재방식에 대한 공포는 점점 커가는 도시화, 엄청나게 많은 집들, '잿빛 도시의 벽' 등에 대한 표현들에도 나타난다. 그리고 고요한 골짜기에 부패처럼 번져나가는 공장굴뚝을 가진 산업체에 대한 탄식 등에도 나타난다. 가차없이 계속되고 있는, '지구가 지상의 재료와 에너지를 다 써버리는 단 하나의 공장으로 바뀌는' 과정을 겪으면서 진보에 대한 믿음이 처음으로 광범위하게 뒤집혔다. 문명이 세계를 파괴할 것이며 지구는 '농업지역이 섞여 있는 시카고'로 변하게 될 것이라는 항의의 말이 나왔다.[11] 〈민족관찰자〉지(誌)의 초기 발행본들은 이렇게 친숙한 것이 몰락하는 것에 대한 공포의 기록이다. "우리 도시들은 얼마나 더 커질 것인가. 반대의 움직임이 나타날 때까지, 막사들을 부수고 돌더미를 깨뜨리고 구멍들을 만들어 바람을 통하게 하고…… 성벽들 사이에 정원을 만들고 사람들이 숨을 쉬게 될 때까지인가?"

미리 생산된 부분들을 조립해서 만드는 조립식 건축물, 르 코르뷔지에(Le Corbusier)의 거주용 기계, 바우하우스 양식, 강철관으로 만든 가구 등은 '기술 신즉물주의'로서 전통적인 의식에 저항감을 불러일으켰다. 전통적인 의식은 이 새로운 양식을 오직 '감옥 양식'이라고만 여겼다.[12] 현대세계에 반대하는 정서는 20년대의 광범위한 전원주택 운동, 특히 아르타만 동맹(Artamanenbünden)에서 나타난다. 이 운동은 땅과 결합된 단순한 생활의 행복을 '아스팔트 문명'에 대비시키고, 대도시 대중세계의 인간성 상실에 맞서 자연과의 결합을 내세웠다. 갑작스럽고도 도전적으로, 타당한 규범과 결별하는 것은 도덕의 영역에서 가장 두드러지게 나타났다. 《공산주의의 성윤리》에서 말하는 바에 따르면 결혼은 다름아닌 '자본주의의 나쁜 소산'일 뿐이다. 혁명은 결혼제도를 없애고, 낙태·동성애·이중결혼·근친상간 등에 대한 형벌규정도 없앨 것이라고 했다.[13]

그러나 '규범적 도덕의 대표자이고 옹호자'라고 자처하면서 도덕에 대한 도전을 개인적인 위협이라고 느끼는, 광범위한 중간계층 시민들의 감정에 있어서, 초기 소련에서 생각하듯이 결혼이 단순한 등록업무라는 생각은 참을 수 없는 것이었다. 그것은 성적인 욕구는 갈증처럼 하나의 기본적인 욕구이므로 다른 사정 없이 간단히 만족시킬 수 있다고 여긴 '컵의 물 이론'과 마찬가지로 받아들일 수 없는 것이었다. 폭스트롯 춤과 짧은 치마, '제국 하수구 베를린'에서의 오락욕구, 성(性) 병리학자 마그누스 히르쉬펠트(M. Hirschfeld)의 '지저분한 그림들'이나 시대의 남성상('찰스턴 바지에 크레이프 신발창을 댄 고무신사, 올백으로 빗어넘긴 번쩍이는 헤어스타일') 등은 대다수 사람들의 의식에 상스러운 것으로 여겨졌다.

지금 돌아보면 역사적인 노력을 하지 않으면 쉽게 이해가 되지 않는 일이다. 20년대의 도전적인 연극 무대에서는 부친살해, 근친상간, 범죄, 시대의 저급한 취향 등이 시대를 비웃고 있었다. 브레히트(Brecht)와 바일(Weill)의 오페라 〈마하고니〉에서 배우들은 무대 앞쪽 가장자리로 나와서 다음과 같은 말이 적힌 플래카드를 보여주었다. '우리 도시들의 혼란상황을 위해서!' '사랑을 사고팔기 위해서!' '살인자의 명예를 위해서!' '비열함이 영원히 계속되도록!'[14]

미술에서의 혁명적인 시작은 이미 1차 세계대전 이전에 완성되었다. 히틀러 자신이 처음에 빈에서, 그리고 뒷날 뮌헨에서 참여하지 않은 증인이기도 했다. 그러나 당시만 해도 한줌 몽상가들의 아웃사이더 행위로 여겨 지나쳐버렸지만, 전복, 혁명, 해체에 관한 그림들이 홍수를 이루게 된 지금 전통적인 유럽의 인간상에 대한 선전포고로 여겨지게 되었다. 야수파, 푸른기사파, 다리파 혹은 다다 등은 혁명만큼이나 과격한 위협으로 여겨졌다. 인기있는 용어였던 '문화 볼셰비즘'이란 말은 이러한 내면적인 맥락의 의식을 보여준다. 무정부주의, 멋대로 구는 것, 형식 없음 등에 대한 두려움과 거부반응이 나타났다. 현대예술이란 '혼돈의 졸작'[15]이라는 판결이 내려졌으며, 이 모든 징후들이 뭉쳐서 복합적인 공포심이 되었다. 시대의 유행이던 염세주의는 이러한 공포심을 위해서 '서양 몰락'의 형식을 찾아냈다. 이 모든 원한들이 뭉쳐져서 단 하나의 절망적인 방어의 행동이 되는 날을 두려워해야 하지 않겠는가?

계몽주의에 반대하는 거대한 경향

시대에 뒤진, 혹은 체면을 잃은 사회적·문화적 형식들에 대한 파괴욕구는 도이치 사람들의 보수적 기질에 특별히 거슬리는 것이었다. 그에 대한 저항감은 바로 독일에서 19세기 말의 분위기와 논점들과 결합될 수 있었다.

기술적·경제적 현대화 과정은 독일에 뒤늦게 나타났지만, 다른 어느 곳보다 빠르고 과격하게 진행되었다. 도어스타인 베블렌(Th. Veblen)이 요약한 것처럼 이 나라는 과격하게 산업혁명을 수행하였다. 그 정도로 빠른 발전의 "전례는 서유럽 어느 나라에도 없었다".[16] 따라서 이 과정은 더욱더 거친 극복의지를 일깨웠고 더욱 격렬한 반작용을 불러일으켰다. 널리 퍼진 생각과는 달리 독일은 성취와 뒤늦음, 봉건적 요소와 진보적 요소, 권위적 요소와 사회국가적 요소가 거의 해체할 수 없도록 결합된 가운데 다채로운 모범이 되어서 1차 세계대전 직전에는 유럽의 가장 현대화된 국가로 간주되었다.

지난 25년 동안 국민총생산은 두 배 이상이 늘어났고, 납세의무를 질 정도의 수입이 있는 인구가 30퍼센트에서 60퍼센트로 늘었고, 강철 생산량은 1887년에 영국의 절반 수준이던 것이 대전 직전에는 영국의 거의 두 배로 늘어났다. 식민지들이 정복되고 주식회사의 수는 2,143개에서 5,340개로 늘었고, 함부르크 항의 화물 선적량은 뉴욕, 암스테르담에는 뒤지지만 런던을 앞질러서 세계 3위에 올랐다. 동시에 이 나라는 정확하고 절도있게 통치되었으며, 온갖 부자유스런 잔재에도 불구하고 상당한 정도로 내면적인 자유, 행정상의 정의, 사회적인 안정 등을 누렸다.

독일 제국의 전체 이미지에 나타나는 어느 정도 시대착오적인 표현은 경제외적인 현상들에서 나오는 것이었다. 그렇다고 측량하기 힘든 봉건적 구조에서만 나오는 것도 아니었다. 얼핏 보기에 상당히 미래지향적인 바쁜 나라, 성장하는 대도시와 산업지구 위에는 상당히 낭만적인 하늘이 덮여 있었다. 이 하늘의 어둠 속에 신화적인 인물들, 고대의 거인과 신들이 살고 있었다. 독일의 뒤처짐은 이데올로기적인 특성을 가진 것이었다. 반계몽주의, 게르만 민속학, 시민계급의 장식욕구 등이 여기에 작용하였다. 시민계급은 스스로 그토록 쉬지 않고 열심히 추구하던 물질적 목적들을 넘어서 장식에 더욱더 높은 가치를 인정하였다. 그러나 동시에 이러한 취향의 바탕에는 여전히 현대세계에 대한 문화시민적인 저항감이 드러나 있었다. 그러한 저항감은 정열적으로, 그리고 성공적으로 자극을 받게 된다. 새로운 산문적인 현실에 대한 저항의 몸짓은 회의적인 정신이 아니라 염세적·낭만적인 정신에서 유래한 것이며, 반혁명적 저항을 위한 준비상태가 되어 있음을 알아볼 수 있다.

이러한 저항은 특히 확장된 문명비판적인 분위기에서 알아볼 수 있다. 그리고 파울 드 라가르드(Paul de Lagarde), 율리우스 랑벤(Julius Lang-behn), 오이겐 뒤링(Eugen Dühring) 등이 대표하는 문인들에게서도 볼 수 있었다. 그러나 그들이 보여주는 불쾌감은 일반적인 문명위기의 분위기 징후에 속하는 것이다. 그것은 시대의 재치없고, 실용적인 낙관론에 대한 반작용이었다. 세기가 바뀔 무렵에 그러한 문명위기의 분위기는 미국과 프랑스에서도 보였다. 드레퓌스 사건, 프랑스 행동파(Action Française), 혹은 모라(Maurras)와 바레스(Barrès)의 선언에서 공감과 추종자를 볼 수 있다. 가브리엘 다눈치오(G. d'Annunzio), 엔리코 코라디니(E. Corradini), 미구엘 우나무노(M. Unamuno), 디미트리 메레슈코브스키(D. Mereschkowski), 블라디미르 솔로브요브(W. Solowjow), 크누트 함순(K. Hamsun), 야콥 부르크하르트, 데이비드 허버트 로렌스(D. H. Lawrence) 등도 각각 아주 다른 형태이기는 하지만 어쨌든 비슷한 두려움과 저항을 표현한 인물들이었다.

그러나 독일을 그 우직한 은둔주의에서 갑작스럽게 현대성 속으로 밀어넣으면서 계속 고통스러운 단절과 이별을 요구하였던 저 급격하고 자른 듯한 변화는 이곳의 저항이 유럽 다른 어떤 곳보다도 과격한 음조를 갖도록 만들었다. 현실에 대한 과격한 두려움과 혐오감은, 이미 사라져버린 낙원의 질서를 향한 낭만적인 그리움과 결합되었다.

이러한 전통도 아주 멀리서 온 것이다. 문명화 과정의 '황폐화'에서 고통받는 것은 루소나, 괴테의 《빌헬름 마이스터》까지 거슬러 올라갈 수 있는 일이다. 이러한 불쾌감을 표현한 사람들은 진보를 경멸하였고, 어느 정도 긍지를 가지고 시대에 뒤처진 것을 고백하였다. 그들은 철저히 시대에 맞지 않는 관찰자들이었다. 라가르드가 쓰고 있듯이 이런 사람들은 존재한 적이 없으며 앞으로도 절대로 존재하지 않을 독일을 보고 싶어하였다. 자기들에게 마주서 있는 사실들에 대해서 그들은 오만한 경멸을 드러냈으며 '외눈박이 이성'을 비웃었다. 부분적으로는 예리하기도 한 비합리주의로써 그들은 주식거래, 도시화, 강제접종, 세계경제, 실증과학 등에 반대하였고, '빨갱이'와 최초의 비행 시도에 반대하였다. 간단히 말하자면 현대세계 전체의 해방과정에 반대하였던 것이다. 그들은 그러한 현상들을 파국에 이른 '영혼의 몰락'이라는 총체적 이미지로 만들었다. 그들은 '분노한 전통의 예언자'로서 파괴과정에 정지를 명령하고 "옛날의 신들이 다시금 파도에서 떠오르는" 날이 오라고 외쳤던 것이다.

그들이 현대세계에 마주세운 가치관은 자연성, 예술, 과거, 귀족주의, 죽음에 대한 사랑, 강한 개성의 권리 등이었다. 특이하게도 도이치 문화의 붕괴를 고발하는 항의는 자주 제국주의적인 사명의식과 결합되었다. 이러한 생각 속에서 공포는 공격으로 바뀌고, 절망은 위대한 것에서 위로를 구하려고 하였다. 이러한 시대추세를 반영한 가장 유명한 책은 율리우스 랑벤의 《교육자 렘브란트》였다. 그것은 1890년에 출간되었는데 굉장한 성공을 거두어서 2년 만에 40판을 거듭하였다. 거대한 공포, 반현대, 민족주의적인 소명에 대한 망상 등을 다룬 극단적인 문서에 대한 광범위한 동의는 이 책 자체가 정열적이고 분노한 위기의 표현이라는 사실을 뒷받침해준다.

이 반문명적인 감상주의가 민족주의와 결합된 것보다 더 큰 효과를 낸 것은, 사회적 다원주의와 종족이론들의 경우에도 비슷했지만, 반민주적인 이념들과 결합되면서였다. 반문명적인 감상주의는, 계몽주의와 프랑스 혁명의 원칙에서 정치질서를 얻은, 자유주의적인 서구사회의 몰락을 진단하고 있었다. 이러한 표현도 전유럽적인 성격을 가졌다. 줄리앙 방다(Julien Benda)는 뒷날 이렇게 썼다. '특히 프랑스와 이탈리아에서' 1890년경의 문필가들은 "절대적 권위, 기율, 전통, 자유정신의 멸시, 전쟁과 노예제도의 도덕적 정당성 등의 신조가 자부심 강하고 굽히지 않는 태도를 받아들일 수 있다는 사실을 놀라울 정도로 날카롭게 의식하였다. 동시에 그러한 신조가 감상적인 자유주의와 휴머니즘보다 단순한 사람들에게 훨씬 더 가까이 접근할 수 있다는 사실을 의식하였다."[17]

현대성의 문제는 온갖 문학적인 성과에도 불구하고 언제나 지적인 소수 계층의 문제였지만—다시 독일에 대해 이야기하자면—이러한 반문명적 감상주의의 정서는, 특히 그 정서에 사로잡혀 있을 뿐 아니라 바로 그 정서를 몽상적이고 순수하게 표현하였던 젊은층의 운동을 거치면서 점차 지속적으로 작용하게 되었다. 프리드리히 니체는 이렇게 묘사하였다. "도이치 사람들의 성향은 계몽주의에 반대하고, 계몽주의의 결과라고 오해되고 있는 사회의 혁명에 반대하고 있다. 현존하는 모든 것에 대한 존경심은 과거에 존재한 적이 있는 모든 것에 대한 존경심으로 바뀌려는 경향을 가졌다. 심정과 정신은 기존의 것으로 가득 차서 미래와 새로운 목적을 위한 자리가 남지 않을 정도다. 감정 숭배가 이성 숭배의 자리를 차지하였다."[18]

마지막으로 시대의 반문명적인 정서는 반유대주의와 결합되었다. 헤르만 바르(H. Bahr)는 전 유럽에 걸친 조사의 결과 "도이치 반유대주의는 반동적이다."라고 적고 있다. "산업발전에 대항하는 소시민의 폭동이다."[19] 유대인과 모더니즘의 동일시는 근거가 없는 것은 아니었다. 또한 자본주의의 경쟁체제에서 유대인이 특별한 적응력을 가지고 있다는 주장도 아주 근거가 없는 것이 아니었다. 이것은 미래에 대한 온갖 공포의 가장 강력한 근거였다. 베르너 좀바르트(W. Sombart)는 "자본주의로의 이행을 촉진시키는 것이 유대인의 사명"이라고 표현하였다. 그리고 "오늘날 아직도 보수적인 초기 자본주의 조직의 찌꺼기를 없애고, 최후의 수공업 및 수공업적인 소매방식을 없애는 것"[20]도 역시 유대인의 사명이라고 보았다.

이러한 발전을 배경에 놓고 보면 전통적으로 종교적 동기를 가진 유대인에 대한 증오가 19세기 후반기에 생물학적인 혹은 사회적인 근거를 가진 반유대주의로 발전하였다. 독일에서 특히 철학자 오이겐 뒤링과 실패한 언론인 빌헬름 마르(W. Marr)는(《비종파적인 관점에서 관찰한, 게르만에 대한 유대의 승리. 패배자여 슬퍼하라!》는 특별한 제목을 가진 책에서) 이러한 경향의 인기를 높이기 위해서 애썼다. 그러나 그것은 또한 유럽 전체에 대해서도 타당한 반성이었다. 독일의 반유대주의는 분명히 프랑스보다 더 강하지 않았다. 그리고 러시아나 오스트리아 이중왕국의 반유대주의보다 훨씬 약했다. 그래서 당시 독일에서는 반유대주의 출판물들이 그토록 널리 퍼져도 이념 자체는 별다른 성과를 얻지 못한다고 탄식하곤 했다. 그러나 비합리적인 동경이 주인 잃은 개들처럼 이리저리 떠돌던 시절에 반유대주의는 바로 절반의 진실만을 가진다는 이유로 광범위한 불만을 담는 그릇 노릇을 했다.

그러나 그것은 신화적인 크기로 확대된 불안의 표현형식에 불과하였다. 다른 누구보다도 리하르트 바그너가 모든 현상들에 나타나는 현대세계의 탈마법화 과정에 반대하면서 예술의 마법을 이용하였다. 이러한 시대의 분위기를 신화적으로 번역하여 작품 속에서 압도적인 효과를 내도록 만든 것이 바로 그의 작품의 효과와 반향의 원천이었다. 미래에 대한 비관주의, 황금지배가 시작되었다는 의식, 종족적인 두려움, 반물질적인 의도, 천박한 자유와 평등의 시대에 대한 경악, 다가오는 몰락의 예감 등이 바로 그의 작품에 나타난 시대분위기였다.

전쟁은 시민 시대가 자기 자신에 반항하는 다양한 감정들을 마구 풀어놓고 과격하게 만들었다. 전쟁은 황폐한 문명의 일상에서 사라져버린, 들어보지도 못한 자기상승의 가능성을 존재에 되돌려주었으며, 폭력을 신성한 것으로 만들고 구조해체에 승리를 마련해주었다. 에른스트 융거(E. Jünger)가 쓴 것처럼 화염방사기로 이룩된 '허무에 의한 거대한 청소'였다.[21] 전쟁은 자유주의적이고 인문주의적인 문명이념의 거부였다. 다시금 유럽 스타일의 폭넓은 변용(變容)문학에서 불려나온, 다양한 개혁이념의 출발점이 된 전쟁 체험의 마적인 힘은 바로 이러한 체험에 그 원천을 두고 있었다. 동시에 전쟁은 그 후계자라고 자처하는 사람들에게 성급하고 고독한 결정의 감각, 절대적인 복종과 일치단결한 마음의 감각을 가르쳐주었다. 의회주의 질서의 타협적 성격, 허약한 결정력, 빈번한 마비상태 등은, 전쟁에서 완벽한 군사적 업적집단의 신화를 불러온 세대에게는 아무런 설득력도 갖지 못하였다.

베르사유의 배신

이러한 맥락들은 어째서 민주공화국과, 비록 패배의 결과로 나타난 것이었다고 해도 베르사유 조약 체계 속으로 독일을 편입시키는 것이 쉽지 않았는가 하는 이유를 설명해준다. 반문명적인 분위기가 계속되는 가운데 민주공화국이나 베르사유 조약이란 정치상황의 변화일 뿐만 아니라, 자기 민족에 대한 하나의 죄악, 형이상학적인 배신행위, 깊은 불충행위로 여겨졌다. 그것은 낭만적이고 생각이 깊고 비정치적인 독일을, 순간의 입장을 위해서 서유럽적인 문명이념에 넘겨주는 것을 의미했기 때문이다. 〈민족관찰자〉는 베르사유 조약을 '매독평화'라고 불렀다. 그것은 매독처럼 "짧은 한 순간의 금지된 쾌락에서 생겨나와 조그만 종기로 시작되어서 점차 사지와 관절로 퍼져나가서 마침내 죄인의 심장과 뇌속까지 덮치는" 질병이라는 것이다.[22]

'체제'에 대한 정열적이고 근본적인 저항은, 인권, 진보측의 선동, 계몽의 불길, 통속성, 부패, 복지를 찬양하는 '문명의 제국주의' 등에 대한 참여거부로 나타났다. 당시 수많은 고발장에서 충성, 신의 은총, 조국애 등과 같은 도이치 이상들은 '혁명과 혁명 이후 시대의 태풍 속에서 흔적도 없이 사라져' 버렸고, 그 대신 '민주주의, 폭로운동, 거침없는 자연주의, 동지애적

결혼' 등이 나타났다고 주장되었다.[23]

공화국이 계속되는 동안 언제나, 빌헬름 시대의 반문명적인 출발점을 이어받은 우파 지식인 쪽에서 소비에트 연방, 혹은 정확하게 말해서 러시아와의 결속에 대한 관심이 나타나게 된다. 러시아는 어머니의 땅, 심장의 땅, '제4차원', 기대의 대상으로 여겨졌다. 오스발트 슈펭글러가 '내부의 영국'에 대한 전쟁을 촉구하였다면, 민족의 영적인 동일성을 찾으려는 저항의 기수, 에른스트 니키쉬(E. Niekisch)는 이렇게 썼다. "눈길을 동쪽으로 놀리는 것만으로 이미 도이치의 각성이다……. 서쪽으로 가는 것은 도이치의 몰락이었다. 동쪽으로 돌아서는 것은 도이치의 위대함을 향해 다시 상승하는 일이 될 것이다." 서유럽의 '천박한 자유주의'에 대항하여 '프로이센-슬라브 원칙'을 내세우고, 국제연맹 도시 제네바에 대항하여 '포츠담-모스크바 축'을 내세웠다. 유물적이고 탈신화화된 서유럽 세계를 통해서 도이치 본질이 압도될까 하는 두려움이 여기서는 공산주의 세계지배의 위협에 대한 두려움보다 더 강했다.

미래에 대한 불안

전후 처음의 상황은 혁명에 대한 두려움뿐 아니라 반문명적인 원한을 활성화시켰다. 그 두 가지는 합쳐져서 독자적으로, 그러나 번갈아가며 상대방을 밀쳐올려 주면서 비상한 역동성을 가지게 되었다. 그것은 밑바탕까지 흔들린 사회에서 생겨난 증오와 방어 콤플렉스와 결합되었다. 이 사회는 황제의 영광, 시민질서, 민족적 자의식, 복지, 권위, 사회적인 상하 체계까지 다 잃어버리고 이제는 분노에 사로잡혀 부당하게 잃어버린 것으로 보이는 것을 되찾으려고 하는 사회였다.

이런 전반적인 불만은 충족될 길 없는 다양한 집단이기주의를 통해서 커지고 점점 과격하게 되었다. 특히 점점 늘어가던 샐러리맨 계층은 전체적인 비판의 거대한 몸짓에 특별히 민감하였다. 산업혁명은 이제 처음으로 사무실을 기습하여 '자본주의의 하사관'들을 '현대적 노예제도'의 마지막 희생자로 삼았기 때문이다.[24] 게다가 그들은 노동자와는 달리 자기들만의 계급의식이나, 아니면 현존질서가 붕괴될 경우 자기들의 확실성을 보증해주는 일종의 유토피아를 발전시키지 못했다. 그리고 대기업, 백화점, 합리화된 경쟁자 등에 대해서 공포심을 느낀 중간층 상인들 역시 적잖이 민감하였다. 전통적으로 행동이 느리고, 방책도 없이 이미 오래전부터 시대에 뒤떨어진 구조에 붙박여 있던 광범위한 농업계층도 마찬가지였다. 수많은 지식인층과 예전의 견고한 시민계층도 사회가 프롤레타리아화하는 이 거대한 궤도에 자신들이 이끌려들어가는 것을 보면서 마찬가지 기분을 느꼈다. 생계대책이 없으면 "금방 쫓겨나고 신분이 추락하고 실업자가 된다. 그것은 공산주의자와 같이 되는 것이다."라고 당시 설문지에 어떤 사람이 썼다.[25]

인플레율, 자살자 통계, 파산 등에 대한 어떤 통계도 실업, 빈곤, 실직 등의 위협을 받는 사람들의 심정을 표현하지 못한다. 혹은 아직은 무엇인가를 가지고 있지만 수없이 쌓인 불만의 폭발을 두려워하는 사람들의 근심을 표현해주지 못한다. 공공기관들은 언제나 허약한 태도로, 흔들리는 기반 위에서 마구 뒤섞인 집단감정에 대항하여 어떠한 안심도 제공하지 못하였다. 두려움은 이제 라가르드와 랑레벤의 시대처럼 무기력한 말만으로 국한되지 않았다. 전쟁이 공포심에 무장을 시켜준 것이다.

일부는 개인 주도로, 일부는 위장된 국가기관 주도로, 특히 공산주의 혁명위협에 대항하기 위해 조직된 민방위대와 의용군은, 상황 전체에 대한 막연하지만 확고한 저항심리 속에서 자기들을 새로운 질서로 안내해줄 어떤 힘을 기다리고 있었다. 그밖에도 처음에는 군대 에너지를 저장한 저수 탱크 같은 대규모의 귀향군인들이 있었다. 그들 중 많은 사람들은 전후에도 군대막사에서 목적 없는 군인생활을 계속하였다. 어쩔 줄 모르는 태도로 청춘의 야망이었던 전쟁의 꿈과 작별하기를 미루고 있었다. 전선의 참호 속에서는 불확실하고 새로운 삶의 의미에 대해서 윤곽이라도 잡을 수 있었다. 그러나 고단하게 시작되고 있는 이 평화시대에는 의미 같은 것을 찾으려 해도 찾을 수가 없었다. 옛날 적들의 찌꺼기에 밀려가는 이토록 허약한 정부를 위해서 4년 동안이나 드높은 이상을 가지고 전선에서 싸우고 고통받았던 것이 아니었다. 귀향군인들은 전쟁을 체험한 다음 이제 시민적 일상에서 자기들을 추락시키는 힘을 두려워하게 된 것이다.

파시스트 유형 히틀러

히틀러는 처음으로 이러한 불만들, 시민들의 불만과 군인들의 불만을 한데 합치고 거기서 영도력과 추진력을 찾아냈다. 실제로 그의 출현은 이 모든 불안, 염세주의, 이별과 자기방어의 느낌들을 종합한 것처럼 보인다. 그도 전쟁 중 강력한 구원 및 성장체험을 쌓았다. '파시스트직인' 유형이라는 것이 있다면 그가 그런 유형이었다. 그가 얼마간 망설이면서 활동을 시작한 뒤로 급격하게 주변에 모여들기 시작한 추종자들 중 누구도 히틀러 자신만큼 심리적·사회적·이데올로기적인 추진력을 드러낸 인물은 없었다. 그는 그들의 지도자였을 뿐만 아니라 언제나 그들의 대표자였다.

이미 초년의 체험들이 그에게 강력한 공포의 체험을 마련해 주었다. 그것은 그의 사고와 감정의 전 체계에 각인되었다. 그의 모든 말과 반응의 배경에서 그런 점을 엿볼 수 있다. 모든 것 뒤에 공포와 불안이 감추어져 있고, 공포는 일상적이면서도 우주적인 차원을 보였다. 린츠의 대부·대모와 아우구스트 쿠비체크, 그라이너에 이르기까지 수많은 초기의 관찰자들은 그가 창백하고 '깜짝 놀란' 모습을 하고 있었다고 증언하였다. 그것은 일찍부터 환상적인 생각들의 토대가 되었다.

낯선 사람이 건드리는 것을 '끊임없이 두려워하는' 일이나, 사람을 극단적으로 불신하는 것이나, 뒷날 점점 강해지는 결벽증 등은 바로 여기에 근거하고 있다.[26] 성적인 오염에 대한 두려움, 그리고 어떤 형태든 전염 자체에 대한 두려움도 같은 콤플렉스에서 나온 것이다. "미생물들이 나를 공격한다."고 그는 생각했다.[27] 그리고 오스트리아의 모든 도이치 운동이 표방했던 외세에 대한 두려움에 완전히 사로잡혔다. '러시아와 폴란드의 유대인이 메뚜기 떼처럼 덮쳐'오는 것, '도이치 사람들이 깜둥이로 변화되는 것', 도이치 사람들이 '독일에서 쫓겨나는 것', 그리고 자기 자신이 '근절되는 것'을 두려워하였다.

〈민족관찰자〉에 그는 이른바 프랑스 병사의 시를 게재하였는데 그것은 이러한 후렴구를 가진 것이었다. "도이치 사람들아, 우리가 너희 딸들을 소유하리라!" 미국의 기술, 슬라브인의 출생률 증가, 대도시, 제한도 없고 해로운 산업화, 국민의 경제적 낭비, 익명의 주식회사, 진흙창 같은 대도시 향락문화, 그리고 푸른색 초지와 녹색 하늘을 그려서 '민족의 영혼을 죽이려고' 하는 현대 예술 등에 대해서도 불안감이 있었다. 어디를 둘러보나 그는 '천천히 썩어가는 세계의 부패현상들'을 보았다. 염세적인 문명비판의 어떤 요소도 그의 사고방식 안에 빠진 것이 없었다.[28]

이러한 부패과정을 막아보려는 확고한 의지에서 히틀러는 다른 나라의 파시스트 지도자들과 연합하였다. 그러나 광적인 배타성이 그를 다른 사람과 구별시켜준다. 그는 이제껏 느낀 공포의 모든 요소들을 단 하나의 원인으로 돌렸다. 거대하게 쌓아올린 공포체계 한복판에 검은 털복숭이 유대인의 영원히 오염시키는 모습이 서 있다. 나쁜 냄새가 나고, 입맛다시며 금발 소녀들을 탐욕스럽게 노리는, 1942년 여름에도 히틀러가 불안하게 말한 것처럼, 아리안족보다 '종족적으로 더욱 강한' 유대인이었다.[29] 이렇게 제압당한다는 고정관념에 깊이 사로잡힌 채 그는 독일이 음모의 대상이라고 여겼다. 볼셰비키 당원들, 프리 메이슨, 자본주의자, 예수회 등이 사방에서 포위하고, 그들이 모두 힘을 합쳐서 전략적으로 '피와 돈에 굶주린 유대인 폭군들'의 명령을 받으며 독일 멸망작업을 펼치고 있다는 것이다.

유대인은 세계자본의 75퍼센트를 이용하고, 주식과 공산주의를 지배하고 있으며, 황금 인터내셔널과 붉은 인터내셔널을 장악하고, 산아제한과 이민사상을 전파하고 있으며, 국가들을 안으로부터 붕괴시키고, 종족을 오염시키고, 형제살해를 조장하며, 내전을 조직하고, 천박한 것을 정당화하고, 고상한 것을 더럽힌다는 것이다. 그들은 '인류 운명의 조종자'였다.[30] 전세계가 이 '히드라의 마수에 걸려' 들어서 위험에 빠졌다고 히틀러는 외쳤다.

그는 언제나 새로운 이미지들을 동원해서 자신의 두려움을 보여주었다. '살금살금 기어들어오는 독'을 보았고, 유대인들이 '구더기' '회충' '민족의 몸을 파먹는 독사'라고 여겼다. 공포를 표현할 때 가장 재치 있고 우스꽝스러운 표현들을 이용하였고, 그러한 표현들은 인상적인 혹은 매우 지속적인 이미지들이 되었다. 그는 '우리 영혼의 유대인화' '우리의 짝짓기 욕구의 배금주의', 그리고 '거기서 유래하는 민족의 매독 감염'이라는 표현들을 찾아냈다. 그리고 이렇게 적었다. "유대인이 공산주의 신앙고백으로 이 세계 민족들을 정복하면, 그의 왕관은 인류의 죽음의 화환이 될 것이다. 그렇게 되면 이 혹성은 수백만 년 전처럼 사람의 그림자도 없이, 대기를 가르며 흘러갈 것이다."[31]

지도자 이념

위태로운 조건 아래서 정치적으로 거대한 힘이 될 가능성을 가지고 있던 에너지는 히틀러가 가세하면서 하나로 통합되었다. 파시스트 운동은 사회적인 배경으로 보아 세 가지 요소에 기반하였다. 첫째 도덕적·경제적·반혁명적 불만을 가진 소시민의 요소, 둘째 군사적·합리적 요소, 셋째 독특한 지도자의 카리스마라는 요소였다. 지도자란 혼란시에 명령을 내리는 질서의 확고한 목소리이고, 멀리 내다보고 깊이 생각할 줄 알며, 절망도 알지만 구원의 방책도 아는 사람을 말하는 것이다.

지도자 유형은 도이치 민중설화에 거슬러오르기까지 수많은 문학적 약속들 안에 드러나 있었다. 역사상 불행한 수많은 다른 민족들의 신화도 그렇듯이 도이치 민중설화도 수백 년 동안 잠에 빠진 채 산속에서 꿈을 꾸고 있는 지도자의 모습들을 가지고 있었다. 그는 언젠가 돌아와서 민족을 구하고 죄 많은 세계를 벌줄 것이다. 그리고 20년대에도 염세적인 문인들은 바로 이러한 동경과 연결된 수많은 주문들을 읊어대고 있었다. 슈테판 게오르게(Stefan George)의 유명한 시에서 그런 표현을 볼 수 있다.

그는 쇠사슬을 끊고 일어나 폐허에 질서를
일으키고, 길잃은 자를 채찍질하여 올바른 곳으로
돌려보내다. 그곳에선 위대한 것이 다시 위대해지고
주인이 다시 주인이 되고, 기율이 다시 기율이 되다. 그는 민족의 깃발에 참된 상징을 덧붙이도다.
폭풍과 거친 신호를 뚫고 안내하시고
새벽 여명에 충실한 부하들을 일터로 보내
밝은 대낮에 새로운 왕국을 세우나니.[32]

같은 시기에 막스 베버(Max Weber)는 탁월한 지도자의 품성에 대한 이미지를 전개하였다. 그는 국민적인 정당성, '맹목적인' 복종에 대한 요구 등을 들었다. 그러나 그는 무엇보다도 미래의 비인간적인 관료주의 조직구조에 대한 저항의 요소를 지도자의 품성으로 보았다. 전체적으로 이 시대는 매우 다른 원천과 매우 다양한 동기에서 지도자의 출현을 기대하고 있었다. 막연하고 감정적인 차원에서, 시에서, 그리고 과학적인 이성에서도 이러한 이념에 대한 지지가 있었다.

파시스트 운동에서 발전해 나가는 지도자 이념은 다시금 전쟁의 체험에서 활성화를 얻었다. 이러한 운동은 전통적인 의미의 정당활동이 아니라 군사적 세계관을 가진 단체, '정당들 위에 있는 정당'이었다. 전쟁의 어두운 상징과 확고한 얼굴로 단행한 싸움은 전쟁의 수단을 거의 고스란히 이용해서 정치영역에서 전쟁을 계속하였다. "현재 우리는 계속적인 전쟁상태에 있다."고 히틀러는 거듭 외쳤다. 이탈리아의 외무장관 치아노(Ciano) 백작은 파시스트가 '전쟁에 대한 향수'를 가지고 있다고 말했다.[33]

지도자 숭배는 '항구적인 전쟁이라는 허구' 안에서 군사적 서열 원칙을 이 운동의 내부조직으로 확대하였다. 그리고 지도자의 출현은, 초인간적인 높이까지 오도된 믿음의 요구이며 헌신의 열망으로서, 마법의 영역으로 올라선 장교상이었다. 유럽의 모든 포도 위에 울려퍼진 행진의 발걸음 소리는, 사회문제들도 군대식 모델을 통해서 가장 효과적으로 해결할 수 있다는 신념을 보여주었다. 바로 이러한 엄숙주의가 장래를 생각하는 젊은층에게 강력한 매력 포인트였다. 그들은 전쟁, 혁명, 혼돈에서 '기하학적' 질서 계획을 찾아냈다.

동일한 동기에서 파시즘 운동은 준군대적인 방식으로 출현하게 된다. 즉 제복입기 · 인사 · 신고 · 직립부동 자세 등 의례적 부분, 몇 가지의 기본요소로 축약되는 요란한 상징성, 특히 여러 가지 형태의 십자가들, 노르웨이 '의회(Nasjonal Samling)'의 올라프 십자가부터, 포르투갈 급진노동자들의 붉은 색 안드레아스 십자가에 이르기까지 여러 가지 십자가들, 화살, 고대 로마의 속간(束桿, 권위를 상징하는 막대기 : 역주), 큰 낫 등 모든 것이 끊임없이 깃발, 휘장, 군기, 완장 등에 그려졌다. 이러한 요소들은 코트와 깃을 치켜세우는 오래된 시민적 관습만을 의미하는 것이 아니다. 그것들은 오히려 엄격하고 기술적이며 익명성의 윤리로 무장한 현대정신에 정확하게 일치하는 것이다. 동시에 제복과 군인장식 아래서 사회의 대립들이 감추어지고, 시민사회 일상의 광채 없고 감정 없는 상태를 뛰어넘는 것이기도 했다.

문화혁명으로서의 파시즘

무엇보다도 국가사회주의의 특징이 되는 소시민적 요소와 군사적 요소의 결합은 처음부터 국가사회주의 도이치 노동자당에 독특한 이중성격을 부여하였다. 국가사회주의 돌격대(SA)와 정치 기구(PO)를 조직적으로 분리하였다는 점에도 나타나며, 추종세력이 매우 다양했다는 점에서도 찾아볼 수 있다. 확신을 가진 이상주의자들이 사회적 실패자들, 절반 범죄자들이나 기회주의자들과 어울려서 업적을 세우려고 열올리고, 보수윤리와 노동 혐오, 이익 찾기, 비합리적인 행동주의 등이 마구잡이로 뒤섞인 집단이었다.

대부분의 파시스트 조직에 특징적인 엉터리 보수주의는 이 사실에서 유래한다. 망가지고 모욕당한 세계질서를 지키려 한다고 주장하면서도, 힘을 얻게 되면 전통과 무관한 변화의지를 드러냈기 때문이다. 중세와 현대성의 혼합은 그들의 특성이 되고 있다. 미래에 등을 돌린 전위의식과, 전체주의적 강제국가의 아스팔트 위에서 민속적인 성향을 보이는 것이다. 그들은 아득하게 빛바랜 선조들의 꿈을 한 번 더 꾸고, 과거를 찬양하였다. 그것이 로마 제국이었든, 에스파냐 카톨릭의 지배였든, 대 벨기에, 대 헝가리, 대 핀란드가 되었든 간에 과거의 몽롱한 윤곽 속에서 영토확장을 지향하는 미래의 약속이 눈에 보였던 것이다.

현대 기술수단의 모든 도움을 받는 가운데, 가장 계획적이고 냉혹하고 현실주의적인 기도로 이루어진 히틀러의 권력장악 출발은 복잡한 소도구와 상징들을 동반하였다. 그것은 초가지붕, 세습농지 농민계급, 민속춤, 태양축제, 어머니 십자가 등이었다. 토마스 만은 그것을 '폭발하는 고대풍'이라고 말하고 있다.[34]

그러나 그 뒤에는 반성을 모르는 반동의지만 있었던 것은 아니다. 히틀러의 요구는 세계의 치유를 지향하는 것이었다. 그는 절대로 그 좋던 옛 시절을 단순히 불러오겠다고 생각했던 것이 아니며, 그의 길을 눈 감고 따라갔던 감상적인 반동주의자들이 생각했듯이 과거의 봉건제도를 불러오겠다는 생각은 더더욱 없었다. 그가 극복하고자 했던 것은 다름아니라 문명화 과정에서 생겨난 인간의 자기소외 현상이었다.

물론 그는 자신이 경멸했던 경제적 혹은 사회적 방법으로 그렇게 하지는 않았다. 이탈리아 파시즘 지도자의 한 사람처럼 그는 사회주의를 '오른쪽 배(腹) 위편의 역겨운 자극'[35]이라고 여겼다. 그의 의지는 피와 영혼의 어둠에서 내적인 갱신을 지향하였다. 정치를 지향한 것이 아니라 본능의 복권(復權)을 지향한 것이다. 의도나 구호로 보면 파시즘은 계급혁명이 아니라 문화혁명이다. 그것은 인간의 해방이 아니라 구원을 위해 봉사한다고 주장하였다. 파시즘이 공감을 얻은 것은, 인간정신의 자연적인 움직임에 따라 모든 잃어버린 낙원이 있는 곳, 즉 그 옛날 신화적인 원초상태에서 유토피아를 찾았다는 사실로 설명될 수 있다.

당시 지배적이던 미래에 대한 불안은 모든 신성한 것을 과거에 두려는 성향을 강화시켰다. 파시스트 '보수주의'에는, 역사 발전을 혁명적으로 바꾸어서 한 번 더 출발점으로 돌아가고 싶다는 소망이 작용하였다. 이 모든 오류가 시작되기 이전의, 자연적이고 조화로우며 더 나은 시대로 돌아가려는 소망이었다. 1941년의 한 편지에서 히틀러는 무솔리니에게, 지난 1,500년은 하나의 단절에 불과하며, 역사는 '그 옛날의 길로 되돌아' 가려고 한다고 썼다. 예전의 상황을 회복하는 것이 중요한 일은 아니지만, 모든 측면에서 터져나오는 해체의 힘들을 보면서 그 옛날의 가치체계, 그 스타일, 그 도덕성 등을 회복하는 것이 히틀러에게 중요했다. "다가오는 혼돈을 막을 댐을 건설하자!"고 히틀러는 부르짖었다.[36]

감정의 동일화

혁명적인 요소를 아무리 강조해도 국가사회주의는 한 번도 방어적 기본 자세를 감추지 못했다. 그것은 국가사회주의의 본질이며, 툭하면 내보이곤 했던 대담한 검투사 자세에 모순되는 것이다. 콘라트 하이덴은 파시스트 이데올로기를 '도망중의 허풍'이라고 불렀다. 그것은 "상승에 대한 공포, 새로운 경향과 모르는 별들에 대한 공포이며, 쉬지 않는 정신에 대항하여 쉬고 싶은 육체의 항의"라고 했다.[37] 이러한 방어자세에서 히틀러는 대소련 전쟁 발발 직후 자기는 이제서야 중국인들이 어째서 만리장성을 쌓았는지 이해할 수 있다고 말했다. 자기 자신도 "중앙 아시아의 대중으로부터 새로운 동유럽을 지켜줄 거대한 성벽을 소망하였다. 방벽 안에서는 힘이 약해진다는 사실을 역사가 가르쳐주는데도 그렇다."

수많은 경쟁세력들에 비해서 파시즘이 우세했던 것은 그것이 시대위기의 본질을 더 날카롭게 파악했다는 것과 상관이 있다. 파시즘 자체가 바로 위기의 징후였다. 다른 모든 정당들은 산업화와 해방과정을 긍정하였다. 오직 파시즘만이 사람들이 느끼는 공포를 함께 느꼈다. 그래서 파시즘은 사람들을 소란스런 행동과 드라마 속에 몰아넣고 두려움을 잊게 만들려고 했다. 낭만적인 의식을 통해서 산문적이고 지루한 일상을 잊게 만들려고 했던 것이다. 횃불행진, 해골들, '하일(Heil)'하는 외침과 전투의 외침, '삶을 위험과 짝짓게 만들기' 등이었다.

파시즘은 과거를 암시하는 가장행렬을 하면서 사람들에게 현대적인 과제를 내주었다. 파시즘의 성공은 물질에 대한 관심을 맨 끝으로 돌리고 '정치를, 개인들이 이념을 위하여 자기를 부정하고 희생하는 영역'으로 취급한 데서 온 것이다.[38] 대중에게 더 높은 기준임금을 제시한 다른 정당들보다 파시즘은 이러한 방식으로 사람들의 깊은 욕구를 제대로 맞춘 것이다.

파시즘은, 공산주의나 자유주의 진영처럼 오직 이성과 물질적 관심만 따르는 인간은 괴물 같은 추상이라는 사실을 모든 경쟁자들보다 앞서서 제대로 인식하였던 듯하다.

분명하게 드러나는 반동적인 모습에도 불구하고 파시즘은 전면적인 변화에 대한 시대의 동경에 경쟁자들보다 더 효과적으로 대처하였다. 오직 파시즘만이, 모든 것이 완전히 잘못되었다, 세계는 엄청나게 잘못된 길로 빠져버렸다는 시대의 감정을 조정하였던 것으로 보인다. 공산주의는 계급 정당이며 낯선 세력의 보조부대라는 명성 때문에만 매력이 적었던 것은 아니다. 공산주의는 바로 이 잘못된 길을 자기편으로 삼고 처방을 내놓고 있지만, 실은 공산주의야말로 저 질병의 원인균이라는 막연한 생각이 공산주의에 치명타를 입혔다. 공산주의는 시민적 물질주의의 과격한 부정이 아니라 물질주의를 뒤집은 것이라는 것, 부당하고 무능한 질서의 극복이 아니라 오직 그 질서의 원숭이며 위아래가 바뀐 거울상이라는 생각이었다.

권위를 위한 궐기

히틀러의 분명한, 그리고 과도한 성공에 대한 확신은 자신이 기존 질서에 대한 유일하게 현실적인 혁명가라는 자신감에서 나온 것이다. 그는 인간의 본능을 다시금 제자리에 돌려놓았다. 본능과 결탁된 상태에서 그는 자신이 꺾이지 않으리라고 확신하였다. 본능은 '경제적인 이익에 맞서서, 여론의 압력에 맞서서, 심지어는 이성에 맞서서' 언제나 스스로를 관철시켰기 때문이다. 물론 본능을 끌어들인 일은 수많은 열등감과 인간적인 약점들을 드러냈다. 파시즘이 명예회복시키려고 하는 전통도 실은 일그러진 전통상이며, 파시즘이 축하하는 질서도 단순한 질서의 연극에 불과하였다. 그러나 트로츠키가 파시스트 추종세력을 '인간 쓰레기'[39]라고 얕잡아보았다면, 그것은 인간과 인간의 욕구와 그 충동에 대한 좌익세력의 무지를 드러낸 것일 뿐이다. 좌익은 스스로 인간의 정신과 그 본질을 누구보다 잘 안다고 주장하면서도 시대를 판단하는 데 있어서 수많은 심각한 오류들을 범하였다.

파시즘은 단순히 낭만적인 욕구에만 답변한 것이 아니었다. 시대의 불안에서 생겨난 파시즘은 권위를 위한 원초적인 궐기, 질서를 위한 폭동이기도 했다. 이러한 표현이 보여주는 모순이야말로 파시즘의 본질이다. 파시즘은 궐기이며 복종이고, 모든 전통과의 단절이며 그 복구이고, 민족공동체이며 가장 엄격한 위계질서이고, 사유재산과 사회적 정의이기도 했다. 그러나 파시즘이 자기 것으로 삼은 그 모든 요청들은 강제로 만들어진, 강력한 국가의 권위를 포함하였다. "다른 어느 시대보다 오늘날 민중은 권위, 인도, 질서에 대한 욕구를 가지고 있다."고 무솔리니는 확인하였다.[40]

시대경향의 급전환

그는 '자유여신의 약간 부패한 시체'에 대해 말하면서 자유주의는 '사람들이 떠나버린 사원의 문을 닫으려고' 한다, '현대의 모든 정치 체험은 반자유주의적인 것이기 때문'이라고 했다. 실제로 유럽 전역에서, 특히 1차 세계대전 말에 자유주의적인 의회 체제로 바꾼 국가들에서 의회주의의 능력에 대해 점차 더 많은 의구심이 나타나기 시작했다. 이 국가들의 현대화가 단호하게 이루어졌을수록 이러한 의심은 더욱더 강했다. 과도기의 폭발적이고 힘든 위기조건에서는 자유 민주주의의 수단들만으로 충분치 못하다는 느낌, 자의식을 가진 대중에게 민주주의의 지도력은 너무 미약하다는 느낌이 사방으로 퍼졌다. 정당간의 쓸데없는 다툼, 정당 정권의 온갖 유희와 힘없는 즐거움을 바라보면서 사람들의 마음속에, 기정사실을 앞에 놓고 아무런 선택권도 없던 옛시절에 대한 동경이 되살아났다.[41]

1차 대전과 2차 대전 중간에 체코슬로바키아를 제외한 모든 중부와 동부 유럽 국가들, 그리고 상당수의 남부 유럽 국가에서 의회제도가 몰락하였다. 리투아니아, 라트비아, 에스토니아, 폴란드, 헝가리, 루마니아, 오스트리아, 이탈리아, 그리스, 터키, 에스파냐, 포르투갈, 그리고 독일 등이었다. 1939년에는 아홉 개 나라만 의회국가로 남았다. 그들 중 일부는 프랑스 제3공화국처럼 '이상한 국가(drôle d'état)'였으며 일부는 군주제에 의해서 안정을 얻고 있었다. '파시스트 유럽이 가능한 상황'이었다.[42]

그러므로 어느 한 국민의 공격적인 원한만이 세계상황을 전복시키려고 했던 것은 아니다. 염증과 경멸과 체념의 분위기가 국경선에 관계 없이 자유주의 시대에 작별을 고하였다. 이러한 분위기는 반동적인 형태로도 진보적인 형태로도 나타났으며, 탐욕스런 형태로도 사욕 없는 형태로도 나타났다. 1921년 이후로 독일에는 신념을 가지고 의회주의를 표방하는 의회의 다수파가 없었다. 자유주의 사상은 거의 옹호자가 없었고 수많은 잠정적인 적대자들만 있었다. 이러한 의회주의의 적대자들에게 하나의 동기, 불붙이는 구호, 지도자만 나타나면 되는 상황이었다.

HITLER

2부

선동가에서 정치가로

1차 세계대전 이후의 유럽

1914년 국경선. 도이치 제국, 오스트리아-헝가리 이중왕국, 러시아 제국. 오토만 제국.

도이치 제국. 자를란트, 단치히, 그다니스크, 메멜란트는 따로 표시함.

오스트리아 1919년(도이치 오스트리아 1918/1919)

러시아 : 사회주의 소비에트 공화국 연합(소련, 1922년 성립).

터키 : 공화국. 1922년 성립.

폴란드 공화국 : 1918년에 1차대전이 끝나면서 국가로 부활됨.

폴란드-소련간 쿠르존 선. 민족 분포에 따라 G.쿠르존(G. Curzon)이 확정함(1919년).

1919/1920 폴란드 군대가 진출했던 지역.

1차 세계대전의 패배로 독일 제국은 영토가 줄어들고 연합군에게 엄청난 액수의 배상금을 요구받는다. 그러나 독일 제국은 배상금을 지불하지 못하고 정치·경제적 혼란에 빠지게 된다.

제1장 도이치의 미래

19년 이른 여름 히틀러의 등장은 바이에른의 특수한 상황을 배경으로 하고 있다. 자꾸 바뀌면서 등장하는 수많은 배우들을 순식간에 어둠에서 날카로운 무대조명을 받는 자리로 밀어내면서 빠르게 밀려가는 혼잡한 흐름 사이에서 차츰 창백하고 뚜렷하지 않은 그의 얼굴이 떠오른다. 혁명과 반혁명의 혼란 속에서, 아이스너(Eisner), 니키쉬, 루덴도르프, 로소브(Lossow), 로스바흐(Roßbach), 카르(Kahr) 같은 사람들 중에서 히틀러보다 덜 중요한 사람은 없었다. 그보다 더 보잘것없는 재력, 그보다 더 이름 없는 출발점을 가진 사람은 없었으며, 그보다 더 아무 방책 없는 사람도 없었다. 그는 '어디로 가야 할지도 모른 채 영원히 병영에 사는 사람들 중 하나' 였다.[1]

그는 뒷날 자신이 '1차 대전의 이름 없는 상병' 이었다고 말하기를 좋아했다. 그렇게 말함으로써 자신도 전혀 예측하지 못했던, 오직 신화적인 맥락에서만 이해되는 자신의 출세를 설명하려고 했다. 왜냐하면 3년이 지나자 벌써 그는 1919년 전반기에 저항하면서, 혹은 머뭇거리는 발걸음으로 들어섰던 정치무대를 지배하게 되었기 때문이다.

독일에서 어떤 도시도 뮌헨처럼 심하게 혁명적인 사건들과 전쟁 직후의 저항에 사로잡히고 뒤흔들린 곳도 없었다. 베를린보다 이틀이나 앞서 1918년 11월 7일에 이곳 뮌헨에서 좌파 성향을 가진 몇몇 아웃사이더들이 세계를 개선시키겠다는 의지를 가지고서 비텔스바흐(Wittelsbach) 가문이 통치해 온 바이에른 천년 왕조(1180~1918년)를 무너뜨리고 기습적으로 권력을 장악하였다. 수염을 기른 보헤미안이며 〈뮌헨 포스트〉의 연극비평가였던 쿠어트 아이스너(Kurt Eisner)의 지휘를 받은 그들은 윌슨 대통령의 14개 조항문을 문자 그대로 해석해서, 독일의 상황을 혁명적으로 변화시켜서 '국제연맹을 위해 무장시키고' 이 나라를 '가장 나쁜 상황에서 보호해줄 평화를 일깨우려고' 하였다.[2]

미국 대통령의 허약함과 자기부정, 우파의 증오심이 아이스너의 모든 전망을 망가뜨렸다.[3] 우파의 증오심은 오늘날까지도 '나라도 종족도 다른 떠돌이들'과 슈바빙의 볼셰비스트들을 헐뜯는 기억 속에 남아 있다. 아이스너 혹은 새로 등장한 사람 중 그 누구도 바이에른 출신이 없었고, 반시민적 지식인, 드물지 않게 유대인 지식인 유형이 각광받았다는 사실에서 지역감정이 분명한 이 지역에서 혁명정부의 실패는 이미 결정되어 있었다.

아이스너의 구경거리 정권이 만들어낸 쉬지 않는 시위며, 공개 음악회, 깃발 대행진, 그리고 '빛과 아름다움과 이성의 왕국'에 대한 열화 같은 연설도 그의 위치를 확정해주기에 전혀 적합하지 못한 것이었다. 오히려 이러한 통치방식은 비웃음과 분노만 불러일으켰을 뿐, 아이스너가 '선의를 통한 통치'에서 기대하였던 애착은 전혀 만들어내지 못했다. 너무나 먼 철학적 지평을 배경으로 서류상으로만 권력을 입증하였던 유토피아 상황은 현실의 입김을 받자 무너져버렸다. 아이스너는 '쿠어트 1세'로 자처하면서 자신이 붕괴된 왕가의 전통과 결합되었다고 생각하였지만 비웃음을 표현한 후렴구를 가진 유행가 하나만 인기를 얻었다.

이러한 상황에서, 아이스너가 레비엔(Lewien), 레비네(Leviné), 악셀로트(Axelrod) 같은 기이한 극좌파 세계혁명의 지도자들과 별로 좋지 못한 관계에 있었고, 문필가 에리히 뮈잠(E. Mühsam)의 무정부주의적 몽상에 대

쉬지 않는 시위며, 공개 음악회, 깃발 대행진, '빛과 아름다움과 이성의 왕국'에 대한 열화 같은 연설 등이 혁명을 뒤따랐다. 시위행렬 중에 섞인 주지사 쿠어트 아이스너.

해서 비판하고, 널리 퍼진 바이에른의 분리주의 분위기에 대해서 말로만이라도 동조한 것 등도 그의 처지를 개선시키지 못했다. 그는 베른의 사회주의자 회합에서 전쟁발발에 대해서 독일이 책임이 있다고 인정한 직후 잘 조직된 항의 캠페인에 포위되었다. 이 캠페인은 잠시도 쉬지 않고 그를 공략해서 마침내 그의 시계를 멈추게 만들었다. 뒤이어 치른 선거에 참패하면서 그는 물러나지 않을 수 없었다. 2월 21일 두 명의 동지와 더불어 정계은퇴를 선언하러 주의회로 가는 길에 그는 스물두 살 난 우파 안톤 폰 아르코 발라이(A. v. Arco-Valley) 백작이 뒤에서 쏜 총에 맞아 죽었다. 그것은 무의미하고 사실상 불필요하고, 파국을 부르는 살인행위였다.

몇 시간 지나지 않아 살해된 사람을 위한 추모식이 벌어지는 동안 극좌파 성향의 정육업자 겸 술집 종업원인 알로이스 린트너(A. Lindner)가 주의회로 뛰어들어오더니 아우어(Auer) 장관을 쏘아 쓰러뜨리고 주변으로 총을 마구 쏘아대는 바람에 두 명이 더 숨지는 사건이 발생하였다. 의회는 무시무시한 공포에 사로잡혀서 뿔뿔이 흩어졌다. 그러나 아르코 발라이가 희망했던 것과는 달리 여론은 좌파 쪽에 유리하게 돌아갔다. 로자 룩셈부르크와 칼 립크네히트의 살해 직후처럼 이 암살행위는 힘을 모아서 잃어버린

로자 룩셈부르크와 칼 립크네히트. 1909년.

권력을 되찾으려는 반동측의 행위로 여겨졌다.

바이에른 전체에 비상사태가 선포되고 총파업이 실시되었다. 학생들 중 일부가 아르코 발라이를 영웅으로 추대하자 대학이 문을 닫았다. 상당수의 사람들이 체포되고 엄격한 검열이 실시되었으며 은행과 공공건물들은 붉은 군대에 점령되었다. 그러는 동안 병사를 가득 실은 전차들이 거리를 달리면서 확성기를 통해서 "아이스너를 위해 복수합시다!" 하는 말이 흘러나왔다. 한 달 동안 사법권은 에른스트 니키쉬가 이끄는 중앙위원회의 손에 들어갔다. 그리고 난 뒤에야 의회정부가 구성되었다.

그러나 4월 초에 헝가리에서 벨라 쿤(B. Kun)이 권력을 장악하고 프롤레타리아 독재를 선포하였으며, 그로써 소비에트(노농 위원회) 시스템이 러시아 밖에서도 성과를 거둘 수 있다는 사실이 입증되었다는 소식이 들어오자 막 안정되기 시작하던 상황이 다시 흔들리기 시작하였다. "독일이여, 뒤를 따르자!"라는 구호 아래 소수의 좌파 몽상가들은, 분명하게 보이는 대중

의지에 반하고, 전통과 여론의 감정에 반해서 대중의 지지도 없이 소비에
트 공화국을 선포하였다.

에른스트 톨러(E. Toller)와 에리히 뮈잠 등의 작가들은 자신들의 낭만주
의, 세계에 대한 몰이해, 허약한 지도력 등을 분명하게 보여주는 포고문에
서 세상은 이제 '모든 사람이 자신의 몫을 꺾을' 수 있는 '꽃들로 가득 찬
들판'으로 변했다고 선포하였다. 그리고 노동, 억압상황, 법적 사고 등은
이미 없어졌다고 선언하였다. 그리고 신문 표제면에는 최근의 혁명 포고문
과 나란히 휠덜린이나 쉴러의 시들을 싣도록 명령하였다.[4] 밤베르크로 피
신했던 정부의 장관들과 에른스트 니키쉬는 그 사이 사임해버리고, 지도자
도 없이 이리저리 흔들리는 주정부를 시인들의 정신나간 복음, 카오스, 시
민들의 공포 속에 그대로 맡겨두었다. 이어서 일단의 냉혹한 좌파 직업혁
명가들이 권력을 장악하였다.

그것은 잊을 수 없는 체험이었다. 압류 위원회, 인질 체포, 시민계급 사
람들에 대한 압류, 혁명의 자의(恣意), 점점 커지는 굶주림 등이 러시아 10
월혁명의 끔찍한 이미지들을 일깨워서 현실로 만들었다. 그때의 공포심은
아주 끈질기게 작용해서 5월 초에 우파인 방위군(정규군)과 의용군 동맹이
뮌헨으로 들어와서 자행한 잔혹한 살상행위를 별것 아닌 것처럼 만들어주
었다.

이들 우파 동맹군은 풀려난 러시아 전쟁포로 50명 가량을 수용소에서
살해하였다. 슈타른베르크에서 멀지 않은 철도 둑에서는 소비에트군의 의
료반이 살해되었다. 카톨릭 장인조합에 소속된 회원 21명은 아무 죄도 없
이 뮌헨의 집단거주지에서 체포되어 카롤리네 광장의 감옥으로 끌려갔다가
총살당했다. 혁명에 가담하지 않았던 페를라하 출신 노동자 12명도 살해되
었다.

이들은 모두 뒷날 조사 보고서가 말한 대로 '스스로의 경박함이나 심술
궂은 우연 때문에' 살해당한 184명에 끼게 된 사람들이다. 맞아죽거나 총
맞아 죽은 소비에트 체제실험의 지도자들, 쿠어트 에글호퍼(K. Eglhofer),
구스타프 란다우어(G. Landauer), 오이겐 레비네 같은 사람들도 마찬가지

였다. 그들은 모두 재빨리 잊혀서 관심의 대상에서 사라졌다. 그에 비해서 모반을 일으켰던 극우파 툴레 결사(Thule-Gesellschaft) 소속 인질 8명은 좌파정권에 의해 루이트폴트 고등학교 지하실에 갇혔다가, 어떤 하급 공무원의 비행에 대한 보복으로 살해되었는데 그들은 여러 해가 지나도록 사람들의 의식 속에서 공포의 이미지로 남게 되었다. 당시 어떤 일기에 기록되어 있듯이 우파 진입부대가 나타나면 "사람들은 손수건을 흔들고, 모두들 창문을 통해 내다보며 박수갈채를 보냈다. 이보다 더 큰 열광은 있을 수 없었다…… 모두들 환호성을 질렀다."[5] 혁명의 땅이었던 바이에른은 이제 반혁명의 땅이 되었다.

반혁명의 조직화

전후 처음 몇 달 간의 체험은 좀더 냉정하고 덜 낙담한 시민계층에게 새로운 자의식을 일깨웠다. 이 혁명의 의지력은 혼란스럽고 전체적으로 지나치게 허약한 것이어서 도이치 좌파의 무기력과 개념의 혼란을 드러내 보였다. 그것은 혁명적인 용기보다는 오히려 혁명의 과도한 열정에 의해 움직였다. 사회민주당은 혁명을 강력한 질서의 인자라고 여겼다. 그러나 바이에른에서 소비에트 방식의 지배를 시도해본 결과 그러한 시도는 권력에 대해서나 민족에 대해서 아무것도 모르는 공상에 지나지 않는다는 사실이 밝혀졌다. 몇 달 동안의 혁명기간에 처음으로 시민계급, 혹은 이 소란에 무관한 계층은, 패배하지 않는다는 전설적인 후광에 둘러싸여 있지만 악의 없는 도이치 노동자 계급에게 자기들이 절대로 굴복하지 않았다는 인식에 도달하였다.

시민계층에 이 새로운 자의식을 불어넣어주려고 애쓴 사람들은 전쟁이 끝나고 돌아온 중간급 장교들, 즉 행동을 열망하는 대위와 소령들이었다. 에른스트 융거의 말을 빌자면 그들은 포도주를 즐기듯 전쟁을 즐기는 사람들이었고 아직도 여전히 전쟁에 도취되어 있었다. 여러 모로 압도적인 반대세력들이 있었지만 그들은 아직도 패배했다고 느끼지 않았다. 중앙정부로부터 도움 요청을 받자 그들은 저항하는 반군과 소비에트 군사위원회들을 평정하고 바이에른의 소비에트 기도를 제거하였다. 불안정한 도이치 동부국경, 특히 폴란드와 체코슬로바키아와 접하는 국경에서 그들은 방위기능을 수행하였다.

그러다가 베르사유 조약과, 군대를 10만 명으로 제한한다는 규정이 장래의 전망을 없애자 자신들은 사회적으로 추락하였고 민족적으로는 망신이라고 느꼈다. 자의식과 상실감이 합쳐진 상태로 그들은 정치계로 몰려갔다. 많은 사람들은 무질서한 군대생활과 무기 다루는 기술, 남자들간의 동지애 따위를 버릴 수가 없었고 그럴 마음도 없었다. 전쟁에서 얻은 체험과 폭력을 사용하는 기술 등을 이용해서 그들은 혁명에 대항하기 위한 방어군을 조직하였다. 국민의 두려움과 질서의식 속에서 혁명은 이미 제압되어버린 상태였지만 말이다.

곳곳에서 생겨난 사조직 민병대는 각 지역을 군대병영으로 바꾸어버렸다. 겉으로는 민족적 장식과 정치투쟁이라는 영광스런 외관을 내세웠다. 그들은 전쟁중에 가지고 있다가 비밀장소에 감추어두었던 기관총, 수류탄, 대포 등으로 무장하고서 정치기관들이 무능한 것을 이용하여 지역마다 다르지만 상당한 정도의 권력을 장악하였다. 바이에른에서는 특히 소비에트 시절의 악몽 같은 체험에 대한 반작용으로 그들은 거의 활동의 제약을 받지 않았다. "모든 수단을 다 써서 반혁명군을 조직하라."는 것이 사회민주당(SPD) 정부가 소비에트 지배 시절에 내린 명령이었다.[6] 정규군인 방위군과 나란히, 또는 알 수 없는 방식으로 방위군과 힘을 합쳐서, 에프(Ritter v. Epp) 의용군, 고지 결사대, 무쇠주먹 장교단, 에셔리히(Escherich) 부대, 도이치 민족 수비공격대, 옛 제국기 부대, 바이로이트 의용군, 뷔르츠부르크 의용군, 볼프 의용군, 보겐도르프 별동대, 프롭스트마이르 별동대와 그밖에도 수많은, 명예를 갈구하면서 정상적인 생활을 기피하는 정치군사 조직체들이 활동하였다.[7]

이 모든 부대들은 정부와 국가관료뿐 아니라 광범위한 민족계층의 소리가 자기들을 지지하는 것을 보았다. 군사전통에 익숙한 사회의 오해이기도 했는데, 사람들은 개인적인 이유에서 행동하는 의용군이 제복을 입고 발걸

"나는 마르크스주의에서 많은 것을 배웠다. 그것은 지루한 사회이론, 부조리한 이론만은 아니었다. 나는 그 방법도 많이 배웠다." 1919년 겨울, 사회민주당 행사장에 나타난 아돌프 히틀러.

음을 맞추어 행진하는 것을 보자, 곧바로 민족적·도덕적 타당성을 인정해 준 것이다. 혁명과 소비에트 정부라는 혼란스런 배경을 놓고 보면 군대조직은 그 자체가 이미 모범적인 반대세력, 가장 타당한 형태의 생활과 질서 이념으로 여겨졌다. 엄격한 태도로 보무도 당당하게 에프 의용군 단위부대들은 루트비히 거리를 행진했고, 발트 해 연안 전투에서 앙블렘을 가지고 돌아온 에르하르트 연대의 단위부대도 마찬가지였다. 그 앙블렘은 부대의 통합 행진곡에서 뽑아낸 것으로 '철모에 달린 갈고리 십자가……' 였다. 그들은 지나치게 도발적인 방식으로, 이제는 오직 그리움으로 추억하는, 영광과 안전이 지배하던 지나간 시대의 어떤 것을 구현하는 존재로 일반의 의식에 비쳤다. 공화국 방위군이 1919년 6월의 바이에른 제4지역사령부의 기본노선을 가리켜 '토대'라고 부른 적이 있다면 그것은 다만 당시의 지배적인 생각을 표현한 것일 뿐이다. 그 토대에 맞추어서 '모든 국내 사정을 의미심장하게 새로 건설'해야 하고, 활발하고 광범위한 선전활동의 정당화도 바로 이 토대에서 끌어내야 한다는 것이다. 좌파 정당들이, 두려움과 희생을 무릅쓰고 전쟁을 수행한 병사들에게 전쟁과 민족학살에 대한 거부감을 순진하게 떠넘긴 반면[8], 우파는 그들을 받아들이기 시작하였다. 병사들의 상처받은 자존심과 그 많은 기대들이 좌절된 데 대한 충분한 설명의 요구 등을 받아들인 것이다.

히틀러, 연설 실습과정을 갖다

지역사령부 계몽과, 혹은 선전과(1b/P 과)가 맡고 있는 수많은 활동 중에는 부지런한 마이르(Mayr) 대위가 담당한 '국가시민적 사유'를 위한 강좌도 있었다. 히틀러는 소비에트 공화국 추종자들에 대한 색출임무를 성공적으로 마친 다음 이 강좌에 참석하라는 명령을 받았다. 대학 강의실에서 열린 이 강좌들은, 수강자들이 민족주의적인 생각을 가진 유명한 대학교수들을 통해서 특히 역사, 민족경제, 정치문제에 접촉해보도록 하기 위한 것이었다.

히틀러는 자기가 어떤 확실한 영향도 받은 적이 전혀 없다고 주장하려는 열망에서, 이 강좌들이 지식의 측면보다는 오히려 그를 통해서 얻게 된 여러 관계들이라는 측면에서 자신에게 의미가 있다고 말했다. 그는 "같은 생각을 가진 몇 명의 동료를 알게 되었고, 그들과 더불어 시국에 대해서 깊이 있게 토론할" 기회를 얻었다고 한다. 경제이론 분야에서만 고트프리트 페더(G. Feder)를 통해서 생전 처음으로 '국제증권 및 차관자본에 대한 원칙적인 설명'을 들었다고 고백하였다.[9]

그러나 엄격한 의미에서 이 강좌의 중요성은, 히틀러가 가진 격렬함과 지적인 기질로 이와 같이 정선된 청중의 주목을 받게 되었다는 사실에 있다. 참가자들의 토론에서 그는 생전 처음으로, 우연히 만난 상대가 아닌 사람들을 청중으로 가지게 되었다. 선생 중 한 사람이었던 칼 알렉산더 폰 뮐러(K. A. v. Müller)는 어떤 강의가 끝나고 난 뒤 점점 비어가는 강의실에 남아 있던 몇 사람이 자신의 시선을 붙잡은 일을 이야기하고 있다. 그들은 "한가운데 어떤 남자를 중심으로 모여 있었는데, 그는 이상한 후두음을 내는 목소리로 쉬지 않고 점점 더 정열적으로 그들에게 이야기를 했다. 나는 그가 사람들을 흥분상태로 몰아가고, 동시에 사람들의 흥분이 그를 더욱 열렬히 말하도록 만들고 있다는 이상한 느낌이 들었다. 군인답지 않게 머리카락을 앞으로 떨어뜨리고, 짧게 자른 콧수염을 기른 창백하고 깡마른 얼굴이 보였다. 그는 이상하게 키가 크고, 밝은 금발에 광적으로 냉혹하게 번쩍이는 눈을 하고 있었다." 다음번 강의가 끝난 뒤 연단으로 부르자 그는 '공손하게, 일종의 뻣뻣한 당혹감으로, 옆으로 움직여서' 앞으로 나왔다. 그러나 '대화는 별 소득이 없었다'.[10]

이러한 관찰에서 초기의 히틀러에게 들어맞는 특이한 현상을 만나게 된다. 중요하지 않은 개인적인 대화에서 자신의 연설능력에 대한 도발적이고 자신감 넘치는 태도를 보인다. 그 자신의 진술에 따르면 그는 "참석자 중 한 사람이 유대인을 위해서 싸워야 한다고 말했을" 때 도전적으로 격렬한 답변을 해서 최초의 잊을 수 없는 설득의 성과를 거두었다고 한다. 폰 뮐러는 마이르 대위에게 자기 과목 수강생들 중에 천부적인 언변을 가진 사람이 있다는 이야기를 해두었다. 히틀러는 지역사령부가 '신뢰하는 인물'이 되어서 뮌헨 연대에 출두하라는 명령을 받았다. 곧 이어서 이른바 레히펠트(Lechfeld) 귀향자 수용소를 위한 사령부 계몽팀 명단 17번에 히틀러의 이름이 나타난다. '보병 히틀러, 아돌프, 제2보병연대. 청산부(I. A. K.).' 이 팀의 목적은 포로수용소에서 귀향하는 병사들 중에서 의심스럽다고 여겨지는 병사들에게 민족적 반공교육을 하는 것이었다. 그것은 또한 '연설가 및 선동가 코스의 실습'으로 생각되었다.[11]

이러한 배경으로, 레히펠트 수용소의 막사와 숙소에서 히틀러는 연설가로서 수사적(修辭的)·심리적 체험들을 쌓았다. 여기서 그는 고정된 세계관이라는 미리 준비된 재료에 시사적인 내용을 채워넣는 법을 배웠다. 원칙들을 저항할 수 없는 것으로 만들고, 정치적 일상사들이 운명적인 크기의 전망을 가진 것처럼 보이게 만드는 방법이었다. 고집스러운 국가사회주의(나치즘) 이데올로기에 원칙이 없다는 인상을 주는 기회주의적인 속성들도 상당 부분 이 초보 연설가 시절의 불확실성이 원인이었다. 그는 자기 자신의 열광상태가 공적으로 효과를 얻는지 시험해보고, 자신의 과도한 고정관념을 위해 공감을 얻는 형식들을 찾아내야 했던 것이다. "이 주제는 참석자들에게 특별한 관심을 불러일으키곤 한다. 그들의 얼굴에서 그것을 읽을 수 있다."고 수용소의 어떤 체험수기가 연설자 히틀러에 대해서 말하고 있다.

전쟁이 끝나고 보니 자신의 청춘에 위대함과 무게를 주었던 모든 것을 잃어버리고 말았다고 느끼는 귀향자들의 깊고도 공격적인 실망감을 향해서, 그토록 헛되이 바친 영웅주의, 그 수많은 허망한 승리와 부조리한 신뢰 등을 설명하고 나서 그는 원수의 모습을 분명하게 그려 보이곤 했다. 그의 연설연습을 들은 보고서에 따르면 가장 뚜렷한 특징들은 연사의 '인기있는 무대등장' '파악하기 쉬운' 묘사방법, 정열적인 '광신주의' 등이었다. 이러한 연설의 중심점은 그가 뒷날 '11월 범죄자들'이라고 불러서 유명하게 되는 집단(바이마르 공화국 수립자들 : 역주)을 향한 공격이었다. '베르사유 수치', 망할놈의 '국제주의'에 대한 분노의 표현들이 나타난다. 이 모든 것은 '유대인 공산주의의 세계음모'라는 배경설명에서 한데 합쳐지고 설득력을 갖게 되었다.[12]

'유대인이 오늘날 우리 민족에게 끼치는 위험'

슬쩍 읽은 것, 제대로 이해하지도 못한 것을 지적인 부끄러움도 없이 한데 엮어서 내놓는 그의 능력이 여기서 입증되고 있다. 레히펠트에서 행한 그의 강연들 중 하나는 극히 최근에 고트프리트 페더에게서 전수받은, 자본주의와 유대인의 관계에 대한 지식을 '매우 근사하고 분명하고 열광적으로' 전달한 것이다. 생각을 움켜쥐는 그의 능력은 난폭하고도 지속적인 것이었다. 이 시기에 개별적인 확신들이 지하 벙커의 순간까지 계속될 최종적인 형태를 어느 정도나 얻었는가 하는 것은, 구체적인 정치문제에 대한 히틀러의 최초의 문서상의 발언에 나타나고 있다. 그것은 '유대인이 오늘날 우리 민족에게 끼치는 위험'에 대한 편지였다.

뮌헨 지역사령부에서 예전에 '신뢰받는 인물'이었던 울름 출신의 아돌프 겜리히(A. Gemlich)가 마이르 대위에게 입장표명을 청하였다. 마이르는 이 편지를 군대의 서열체계에서 보면 아주 이상하게 들리는 '매우 존경하는 히틀러 씨'라는 칭호로 시작되는 의견서를 붙여서 히틀러에게 답장하라고 넘겨주었다. 상세한 서술에서 히틀러는 우연하고도 개인적인 인상들에 근거하는, 널리 퍼진 감정적인 반유대주의에 반대하였다. 정치운동으로 만들어야 할 반유대주의란 '사실의 인식'을 전제로 한다는 것이다.[13]

사실은 이와 같습니다. 우선 유대인은 종족집단이지 종교집단이 아니라는 점입니다. 보통 가장 협소한 집단 내에서 1천 년 간의 동종교배(철자 틀림!)를 통해서 유대인은 일반적으로 자기들이 섞여 살고 있는 수많은 민족들보다 자기 종족과 자신의 독자성을 훨씬 더 예민하게 보존해 왔습니다. 그래서 우리들 사이에는 도이치 아닌 낯선 종족이 살고 있습니다. 자기들의 종족상의 특성을 희생하거나, 자기들만의 독특한 감정, 생각, 욕망을 부정할 마음도 없고 그럴 수도 없는 종족이 정치적으로 우리와 똑같은 권리를 누리고 있는 것입니다. 유대인의 감정이 순수하게 물질적으로만 움직인다면 그 생각과 욕망은 더욱 그렇습니다……. 인간을 더 높은 곳으로 향하게 하는 모든 것은 종교, 사회주의, 민주주의 등이라고 말하지만, 유대인에게 있어 모든 것은 돈과 권력욕을 만족시키겠다는 목적을 위한 수단일 뿐입니다. 유대인의 활동은 다른 민족들에게 종족 폐결핵을 유발시키고 있습니다.

그러므로 다음의 결론이 나오는 것이지요. 순수하게 감정적인 이유에서 나온 반유대주의는 유대인 박해(철자 틀림!)라는 형태로 최종표현을 얻게 됩니다. 그러나 이성적인 반유대주의는 유대인의 특권에 대해서 계획적이고 법적인 투쟁을 벌여서 그것을 제거해야 합니다……. 그 최종적인 목적은 유대인 자체를 확실히 제거하는 것이어야 합니다. 민족의 힘을 지닌 정권만이 이 두 가지 목적을 달성할 능력이 있으며 민족적 무능의 정권은 절대로 그럴 수 없는 것입니다.

이 편지를 쓰기 4일 전 1919년 9월 12일에 마이르 대위는 신뢰하는 인물 히틀러에게 과격협회와 도당들이 마구 뒤섞여 만들어진 작은 정당들 중 하나를 방문하라는 임무를 맡겼다. 이러한 도당들은 아주 짧은 순간에만 격렬한 활동을 위한 활기를 얻고, 서로 결합했다가는 새로운 단체로 탄생하기도 전에 다시 흩어져버리곤 했다. 그것은 공명과 추종세력으로 변할 수 있는 어마어마한 잠재력이었다. 종파적이고 두서없는 특성은 오랫동안 정치적 관심이 없던 시민계급이, 자신들이 느끼는 민족적인 저항감과 사회적 위기감을 진정시켜주기를 거의 맹목적으로 갈구하고 있음을 보여주었다.

툴레 결사와 도이치 노동자당

툴레 결사는 음모적인 기획과 특별한 선전활동의 출발점으로서, 그리고 극우 세력들의 접촉장소로서 중요한 의미가 있었다. 이 결사는 특급 호텔 '사계절'에 본부를 두고 바이에른 사회의 광범위한 계층과 연결되어 있었다. 한때는 회원이 대략 1천5백 명까지 이르렀던, 영향력이 있는 회원들도 일부 가진 모임이었다. 그들은 갈고리 십자가를 상징으로 삼고, 〈뮌헨 관찰자(Münchener Beobachter)〉라는 독자적인 신문을 발행하였다. 수상쩍은 과거를 가지고 있는 정치적 풍운아가 결사의 대표자였다. 그는 근동지역으로 밀려간 오스트리아 귀족에게 입양되었던 덕분에 제보텐도르프의 루돌프 후작(Rudolf Freiherr v. Sebottendorf)이라는 상당히 그럴싸한 이름을 가진 사내였다.[14] 어떤 증언에 의하면 그는 일찍이 테오도르 프리치(Th. Fritsch)나 란츠 폰 리벤펠스 같은 과격 이론가들의 영향을 받았다. 그들의 생각 없고, 심령술적인 특성까지 지닌 종족이론은 젊은 히틀러에게도 영향을 주었던 것이었다.

제보텐도르프에 의해서 1917년에서 1918년 해가 바뀔 무렵 창설된 상당히 열에 들뜬 활력을 가진 툴레 결사는 전쟁 전 민족적 · 반유대주의적인 모임들의 전통에 선 것으로, 이름만 보면 1912년에 라이프치히에서 만들어졌던 게르만 툴레 종파를 연상시킨다. 그 회원들은 '아리안 혈통'이어야 했다. 프리메이슨 비슷한 이 모임에 들어가기 위해서는 신체 어느 부위에 털이 있는지 없는지 말해야 하고 동시에 종족상의 인식표로서 발의 모형을 제출해야만 했다.[15]

제보텐도르프의 결사는 아직 전쟁이 계속되고 있던 1918년 1월에 특히 반유대주의 색채를 띤 통제되지 않은 선전활동을 시작하였다. 이 선전은 유대인을 '도이치 민족의 철천지 원수'라고 보았고, 나중에는 소비에트 혁명 시대의 혼란스런 유혈체험들을 그에 대한 증거라고 내놓았다. 이것은 거칠고도 과격한 구호들을 만들어서 본질적으로 의식 없고 지저분한 종족 증오의 분위기를 만들어냈다. 민족적 과격주의는 그러한 분위기 속에서 지속적인 효과를 가지게 되었다.

1918년 10월에 이미 이들 모임에서는 우파에 의한 정부전복 계획들을 만들어냈다. 쿠어트 아이스너 암살을 위한 여러 가지 계획들을 꾸몄고, 1919년 4월 13일에는 소비에트 정권에 대하여 쿠데타를 기도하기도 하였다. 이러한 활동을 하는 중에 뮌헨에 본부를 둔 러시아 이민자 그룹과의 수많은 관계들이 생겨났다. 알프레트 로젠베르크(A. Rosenberg)라는 이름의 발트 출신 어떤 젊은 건축학 대학생은 소비에트 혁명의 악몽에 너무 깊은 충격을 받은 나머지 접촉의 유지를 위해 갖은 노력을 다하였다. 툴레 결사의 방에서 모임이 있는 날이면 다음 몇 년 간 바이에른의 풍경을 극적으로 지배하게 될 거의 모든 등장인물이 여기 모여들었다. 미래 히틀러 당의 대표자 몇 명도 여기서 처음으로 서로 만났다. 디트리히 에카르트(D. Eckart), 고트프리트 페더(G. Feder), 폰 한스 프랑크(v. H. Frank), 루돌프 헤스(R. Heß), 칼 하러(K. Harrer) 등의 이름이 번갈아가며 나타나고 있다.

툴레 결사의 위임을 받고 스포츠 기자인 칼 하러는 공구 제조공인 안톤 드렉슬러(A. Drexler)와 함께 1918년 10월에 '정치적인 노동자 서클'을 만들었다. 이 서클은 '정치적 사건들에 대해서 이야기하고 연구할 목적으로 선택된 사람들의 모임'으로 되어 있었으나 발기인들의 의도는 대중과 민족

왼쪽부터 당의 초기 이론가 중 한 사람인 고트프리트 페더, 당 설립자 안톤 드렉슬러, 정당에 가입할 무렵의 히틀러.

주의 우파 사이의 이질감을 극복하려는 것이었다. 그래서 처음에 회원은 드렉슬러의 직장동료 몇 사람에 한정되었다. 드렉슬러는 조용하고 무뚝뚝하고 약간 기묘한 인물이었다. 그는 뮌헨의 철도공작소에서 일하고 있었는데 자신의 정치적 활동의 욕구가 현존하는 정당들에 의해서 제대로 대변되지 못한다고 여겼다. 1918년 3월에 그는 스스로 발기인이 되어서 '평화를 위한 자유 노동자 위원회'를 소집하였다. 그 목적은 고리대금업자와 싸우고 노동자 계급의 승리의지를 고취시키는 것이었다. 마르크스 사회주의는 민족문제를 극복하지 못하거나 아니면 이론적으로 충분히 답변할 능력이 없다는 것이 이 공구 제조공의 정치적 체험이었다.

이 안경 쓴 진지한 사람이 1918년 1월에 발표한 기사의 제목에 이런 인식이 반영되어 있다. "프롤레타리아 인터내셔널의 실패와 형제애 이념의 좌절".[16] 그것은 1914년 8월 사회주의자들이 전쟁에 찬성했을 때 확인된 것과 동일한 체험이었다. 그리고 1904년에 도이치 보헤미아 노동자들이 트라우테나우에서 도이치 노동자당(DAP)을 창설하게 만든 체험이기도 했다. 같은 '도이치 노동자당'이라는 이름으로 안톤 드렉슬러는 자기 직장의 노동자 25명과 함께 1919년 1월 5일에 영주 저택에서 자신의 당을 만들었다. 며칠 뒤에 이 당은 툴레 결사의 자극을 받아서 '사계절 호텔'에서 민족적인 조직체가 되었고, 칼 하러가 스스로 '전국의장' 직을 맡았다.[17] 그것은 과장된 직함이었다. 일주일에 한 번씩 골짜기 54번지 '별모서리 양조장' 의 방에서 모임을 갖는 새로운 정당의 면면은 사실상 이루 말할 수 없이 보잘 것없는 것이었기 때문이다.

드렉슬러가 때때로 시인 디트리히 에카르트나 고트프리트 페더 같은 유명인사를 연사로 모셔오기도 했지만 그들의 상황, 동기, 목적 등은 시시한 정치 이야기나 주고받는 수준에 불과했다. 이상하게도 이 정당은 공적인 활동을 하지 않았다. 따라서 전통적인 의미에서의 정당이라기보다는 오히려 그 시절 뮌헨의 특징이 되었던 비밀결사와 초저녁 맥주 마시는 모임을 뒤섞어놓은 꼴이었다. 서로 의견을 나누어보고 싶다는 막연한 필요성이 그들을 한데 끌어모으는 힘이었다. 참석자 명단은 대체로 10명에서 40명 사이의 사람들이 모였다는 것을 보여준다. 독일의 수치, 패배한 전쟁의 악몽, 반유대주의 분위기, '질서, 권리, 도덕의 유대'가 깨진 것을 탄식하는 일이 이 모임에서 주로 이야기되는 것들이었다.

드렉슬러가 창설모임에서 낭독하였던 '당 노선'은 이 정당이 부자들, 프롤레타리아, 유대인, 바가지 요금, 민족들의 선동에 대한 원한으로 가득 차 있으며 우물거리는 정직성을 가지고 있음을 보여준다. 그들은 연간 이자액을 1만 마르크까지로 한정시킬 것을 요구하고, 도이치 외무부와 동등한 내국인 부서를 요구하였다. 그리고 '직업훈련을 받은 정착한 노동자들을……중산층으로 간주할 것'을 요구하였다. 행복이란 '관용구나 공허한 말투, 모임, 시위, 선거에' 있는 것이 아니고 '선량한 노동, 가득 찬 요리냄비, 자라나는 아이들에게' 있는 것이기 때문이다.[18]

이 정당의 상태가 전체적으로 매우 편협하고 지적으로 별볼일 없는 것처럼 여겨지지만 그래도 이 '노선'의 첫 문장은 어떤 사상을 담고 있다. 그것은 역사적 체험과 광범위한 필요성을 정책으로 바꾼 것으로, 어찌할 바 모르고 뒤틀린 안톤 드렉슬러를 '별모서리 양조장'의 방에서 시대정신의 높이까지 끌어올리는 사상이었다. 도이치 노동자당은 계급과 무관한 "사회주의 조직으로, 도이치 지도자들에 의해서만 영도받는다."고 되어 있다. 드렉슬러의 '위대한 사상'[19]은 민족과 사회주의를 화해시키는 방향을 잡은 것이다.

이런 생각은 드렉슬러 혼자만 가졌던 것도 아니고 또 최초의 것도 아니었다. 그리고 아이들과 요리냄비에 대한 염려가 그에게서 모든 정열을 빼앗아간 것처럼 보이기도 한다. 그것은 소박한 생각이었고 민족적 안전에 대한 평범한 갈망에서 나온 것이지만, 마르크스주의 세계해석 및 역사해석 체계로는 측정되지 않는 것이었다. 그러나 이 사상을 발전시킨 드렉슬러가 처해 있던 상황이 이 사상에 강력한 메아리를 만들어주었다. 그것은 패배하고, 모욕당하고, 혁명의 도전을 받은 나라의 병적으로 열에 들뜬 상황과, 이 정당이 아돌프 히틀러와 결합된다는 사정이었다.

'내 생애 가장 결정적인 결심'

1919년 9월 12일 도이치 노동자당 모임에서 고트프리트 페더는 "어떻게, 그리고 어떠한 수단으로 자본주의를 제거할 것인가?"라는 주제로 연설을 하였다. 약 40명 가량의 참석자들 중에는 마이르의 명을 받은 아돌프 히틀러도 끼여 있었다. 페더가 잘 알려진 주장을 펼치고 있는 동안 이 손님은 이 새로운 당에 대해서 "다른 수많은 정당들과 같다."는 생각을 하고 있었다. 그는 '우스꽝스러운 속물근성에' 숨이 막힐 지경이었다. "페더가 마침내 말을 끝내자 나는 기뻤다. 그런 것은 이미 실컷 보았다." 이어서 벌어진 토론이 끝나기를 히틀러는 기다리고 있었다.

그러다가 어떤 사람이 바이에른을 제국에서 분리시켜서 오스트리아와 통합시켜야 한다고 주장하는 것을 보자 그는 화가 나서 벌떡 일어섰다. "그때 나는 안 그럴 수가 없었다." 그는 그 연설자를 정열적으로 공격하였고, 드렉슬러는 자기 옆에 앉은 기관사 로터(Lotter)에게 이렇게 속삭였다. "저봐, 저 사람 연설할 줄 아네, 쓸모가 있겠는걸."[20] 히틀러가 '지겨운 모임'에서 연설을 마친 다음 곧바로 돌아가려고 나가는데 드렉슬러가 그를 쫓아와서 또 와달라고 부탁하였다. 문간에서 그는 손수 쓴 조그마한 팸플릿 책자를 히틀러의 손에 쥐어주면서 "나의 정치적 각성이오." 하고 말했다. 힘깨나 들인 이 장면의 묘사에서, 히틀러는 다음날 아침 병영에서 쥐새끼들이 흘린 빵부스러기를 놓고 서로 먹으려고 다투고 있을 때 이 글을 읽기

히틀러의 당원 카드.

시작하였고, 드렉슬러의 인생역정에서 자기 자신의 발전과 같은 요소들을 발견하였다고 서술하고 있다.

노동조합의 테러를 통한 일자리 폐쇄, 절반쯤 예술적인 활동을 해서 밥벌이를 한 일(드렉슬러의 경우에는 야간 카페에서 바이올린 연주), 그리고 어느 정도 공포의 느낌을 가지고 알게 된 일인데, 어떤 안트워프 유대인이 독살 기도를 했다는 소식을 듣고 깨닫게 된, 유대종족이 세계를 파멸시킨다는 인식 등, 그의 관심을 일깨운 것은 두 사람 사이의 이러한 유사점들이었다. 히틀러가 지치지도 않고 거듭 말하는 것이었지만 이러한 체험들은 노동자의 삶에서 얻은 것이었다.[21]

며칠 뒤에 청하지도 않았는데 555번 번호가 붙은 당원카드가 배달되었을 때 그는 약간 불쾌하고 약간 재미있다는 기분으로, 그러나 무엇보다도 뚜렷하지 않은 당혹감에서 위원회 모임의 초대를 받아들이기로 결심하였다. 그가 나중에 보고한 바에 따르면, 헤렌 거리에 있는 '옛 장미관'이라는 '아주 허름한 음식점'의 탁자에서 '절반쯤 부서진 가스등의 희미한 불빛 아래' 앉아 있는 몇 명의 젊은 사람들을 보았다. 방 바깥에는 음식점 주인 내외와 한두 명의 손님이 앉아 있었다. 그들은 '작은 카드놀이 패거리의 간부처럼' 회의록을 낭독하고, 남은 회비를 계산해보고(잔고 7마르크 50페니히), 장부를 기입하고, 북부 독일의 뜻이 통하는 단체들에게 보낼 편지 초안을 작성하였다. 그것은 '가장 보잘것없는 종류의 협회 관리모임'이었다.[22]

이틀 동안이나 히틀러는 혼자 심사숙고하였다. 그리고 뒷날 자기 인생의 결정적인 상황을 서술할 때마다, 결심이 어려웠다고 회고할 때마다 그렇듯이 '힘들고' '무겁고' '쓰라린' 기분을 느꼈다. 어쨌든 선전과 홍보를 담당하는 7분과 위원회 소속으로 그는 도이치 노동자당에 가입하였다. "이틀간 고통스러운 천착과 숙고 끝에 나는 마침내 이 일을 하겠다는 확신에 도달하였다. 그것은 내 생애의 가장 결정적인 결심이었다. 되돌아간다는 것은 있을 수 없는 일이었다."

이러한 어법에는 뒷날 자신의 삶의 궤적에 극적인 조명을 하려는 히틀러의 성향만 나타나 있는 것은 아니다. 외적인 상황의 효과를 전부 빼고라도 이러한 결심 자체를 고독하고 고난에 찬 투쟁의 결과라고 표현한 것은 모든 자료들과 잘 일치되는 부분이다. 그는 마지막 순간에 이르기까지 어떤 결정을 내리는 일을 상당히 주저하고 깊이 두려워하였다. 뒷날의 상황에서도 보고되는 것이지만 그는 어떤 문제를 어지럽고 모순에 이를 정도로 생각해본 다음 지쳐빠져서, 우연에 내맡기고 동전을 던져서 결정하는 성향을 가졌다. 그러한 성향은 운명과 섭리를 신봉하는 경지로 치닫게 되는데 쉽게 결심을 못하는 성향을 그는 그렇게 변명하곤 하였다.

그의 모든 개인적인 결정들과 심지어는 일부 정치적인 결정들도, 절박하게 느껴지는 다른 대안을 피하기 위해서 일종의 대피수단으로 나온 것이라는 생각은 상당히 근거가 있는 것이다. 어쨌든 학교를 그만둔 것, 빈과 뮌헨으로 옮긴 것, 전쟁에 지원한 것, 그리고 정치에 입문한 것에 이르기까지 이 모든 일에서 일종의 도피 동기를 어렵지 않게 찾아볼 수 있다. 이러한 도피 동기는 또한 어찌할 바 모른 채 맞이하는 종말에 이르기까지, 앞으로 나오는 수많은 행동방식의 원인이 된다.[23]

제대해서 시민의 생활 속으로 쫓겨들어가기 전에 시민세계의 의무와 질서의 요구에서 벗어나려는 소망이 귀향자 숙소에 사는 이 남자의 모든 행동에서 가장 결정적인 요인이 되고 있었다. 그것은 점차 그를 바이에른 정치무대로 이끌어갔다. 현재도 직업이 없지만 앞으로도 직업을 갖고 싶지 않은 이 사람은 정치를 이해하고 정치를 직업으로 삼게 되는 것이다. 굉장한 몸짓을 하면서 이루어진 1919년 가을 도이치 노동자당 입당 결심은 이러한 관점에서 보면, 이전의 생의 결심들이나 마찬가지로 시민질서에 대한 거부였고, 시민적 사회규범의 엄격함과 의무에서 벗어나고자 하는 욕구에서 나온 것이었다.

일생 동안 도피 동기의 흔적들은 아주 격렬하게 나타난다. 이러한 격렬함으로 히틀러는 여러 해 동안이나 막혀 있던 활동욕구를 위한 공간을 드디어 찾아낸 것이다. 마침내 형식상의 요구들로 방해를 받지 않으면서 그가 가지고 있는 전제들만을 요구하는 영역을 만나게 된 것이다. 즉 정열, 상상력, 조직의 능력, 선동가의 재능 등이었다. 막사에서 그는 지치지도 않고 집회 초청장을 쓰고 타이핑하고, 그것을 손수 배달하였다. 그는 주소들을 추천받아서 추천받은 사람들과 이야기하고, 여러 가지 관계와 후원, 새로운 회원들을 찾아다녔다. 처음에 성과는 보잘것없었다. 행사에서 모르는 얼굴을 만나면 열심히 기록해두었다. 여기서 히틀러가 다른 경쟁자들보다 앞서나갔던 것은 오직 그만이 무제한으로 시간을 쓸 수 있었다는 사실과 관계가 있다는 것을 알 수 있다. 뒷날 거의 신성하게 추앙되는 카페 가스타이크(Café Gasteig) 구석자리 탁자에서 매주 한 번씩 모이던 7인 당위원회에서 그는 빠른 속도로 위로 올라갔다. 생각이 많고 능숙하고 정열적이었기 때문이다.

침묵의 껍질을 깨다

당의 조용하고 협소한 상황을 편안하고 만족스럽게 여기는 당원들이 당황한 눈길을 보내는 가운데 그는 이 '지루한 모임'이 공식적으로 활동할 길을 추진하기 시작했다. 1919년 10월 16일에 노동자당은 이 새로운 남자의 선택을 따르게 되었다. 111명이 참석한 최초의 공식적인 집회에서 히틀러는 그날 저녁의 두 번째 연사로 연설하였다. 30분에 걸쳐 계속된 연설은 점점 상승하는 능변으로 화려한 효과를 냈다. 남자 하숙집 시절 이후로 우울한 독백 속에 담아두었던 증오의 감정들, 말없고 사람 접촉 없던 은둔시절 쌓아두었던 것들에서 문장들, 망상적인 이미지들, 고발들이 터져나왔다.

마지막에는 '작은 방안에 모인 사람들이 전기가 오른 듯' 했다. 히틀러는 전에 "알아채지는 못하고 다만 막연히 느끼기만 했던 일이 현실을 통해서 입증되었다."고 이 놀라운 체험을 적고 있다. "나는 연설할 수 있다!"[24]

알을 깨고 나와 자신으로 되는 순간이 구체적으로 존재하는 것이라면 이것이 바로 그 순간이었다. '일상의 껍질'을 깨뜨리는 '운명의 망치질'이었다. 그것이 가진 구원의 의미가 이날 저녁의 회상에 황홀한 어조를 불어넣고 있다. 그는 이미 지난 몇 주 동안 연설의 힘을 되풀이해서 시험해보면서 설득력과 사람의 마음을 돌리는 힘을 깨닫고 있었다. 그가 말한 보고가 사실이라면 이날 저녁의 연설에서 처음으로 연설의 주관적인 힘, 땀을 흘리고, 어지럼증을 일으키고, 힘이 쭉 빠지는 망아(忘我)의 경지를 경험하였다고 한다. 모든 것이 극단적으로 폭발하였다. 두려움, 자의식, 혹은 1백 번도 넘게 들었던 〈트리스탄〉의 황홀경 등을 그는 광포한 연설 안에 쏟아부었다. 이 시절을 회상하면서 자신을 가리켜 말한 대로 이 '가련한 놈'의 욕망이 여기서 단 한 번 일깨워진 다음에는 모든 정치적인 정열보다 앞에 놓이게 된다.[25] 그것은 언제나 새로이 그를 단상으로 몰아가서, 그 옛날 느꼈던 망아의 충만감을 찾아서 자기 확인을 하도록 만들었다.

정치가가 되겠다는 결심은 파제발크 야전병원에서 이루어진 것이며, 저 '11월의 배신'을 보고 깊이 절망한, 그러나 흔들리지 않는 애국자의 반응이었다고 그는 전설적인 주장을 하고 있지만, 사실은 1919년 가을의 데뷔 체험에 더 가까이 있다. 당시의 회원 및 참석자 명단에 그는 자신을 화가라고 혹은 가끔 작가라고 적고 있다. 그것은 아마도 위대함과 예술에 대한 젊은날의 사라져 가는 꿈을 붙잡아두려는 생각에서 나온 당혹스런 진술이었던 것 같다.

1919년 11월 중순에 기록된 뮌헨 경찰 정보과 보고서에는 "그는 상인이며 직업적인 선전 연설가"라고 되어 있다. 이 기록에도, 정치가가 되겠다고 결심한 지 일년이나 지났건만 그런 흔적이 나타나 있지 않다. "그는 연설을 하려 하고, 자기 말을 들어줄 사람이 필요하다."고 이미 쿠비첵이 관찰한 바가 있었다.[26] 그는 연설의 재능이 가진 압도적인 힘을 깨달았다. 서른 살

된 이 남자는 이런 연설재능으로 실패한 경력에서 빠져나올 출구를 보게 된 것이다.

물론 아직도 자신의 장래에 대해서 정확한 개념을 갖지 못했다. 그는 직업적인 선전 연설가가 될 생각이었다. 그것은 한 번 더 도피행동이었다. 이러한 도피행동과, 일찍이 자기 머리에 수많은 소명의 광채가 쏟아졌다는 뒷날 그의 주장 사이의 차이는, 정치입문에 대한 개인적인 동기와 사회적인 동기 사이의 차이다. 많은 증거들은 도피 의도가 더욱 강력한 동기였다는 것을 보여준다. 어쨌든 히틀러는 정치석인 각성체험을 갖지 못했다. 그리고 '세계의 불의가 산(酸)의 홍수처럼 가슴으로 쏟아져내려서' 마침내 착취자 겸 사기꾼을 절멸시키기로 결심하지 않을 수 없었던 순간을 알지 못했다.[27]

공개적 활동을 시작한 노동자당

히틀러는 노동자당 입당 직후에 활동이 없고 두려워하는 위원회 모임을, 공개를 염두에 둔 시끄러운 전투적 정당으로 변화시키는 일에 착수하였다. 툴레 결사에서 이어받은 구식의 비밀결사적인 특성을 버리지 못하고 노동자당을 계속 정치적인 남자들의 서클 정도로 이끌어 가면서, 친밀한 양조장 방의 어둠 속에서 자신의 특별의식을 지키려 하는 칼 하러의 반대를 무릅쓰고 히틀러는 처음부터 대규모 대중정당을 지향하였다. 대규모 대중정당이, 협소한 서클에는 잘 들어가지 못하는 그의 사고방식에 맞을 뿐 아니라 오래된 보수정당들의 실패의 원인에 대한 그의 통찰에도 들어맞았다. 하러의 견해에는 우스꽝스럽게도 황제시대 시민적인 유명인사 정당들의 약점이었던 배타적인 성향이 남아 있었다. 그리고 소시민 대중과 보수적인 생각을 지닌 노동자 계층과는 여전히 멀리 떨어져 있었다.

1919년 말이 되기도 전에 노동자당은 히틀러가 몰아붙인 끝에 아치형 천장을 가진, 햇빛도 들지 않는 별모서리 양조장의 지하실에 상설 사무소를 차리게 되었다. 임대료는 50마르크였다. 히틀러는 계약서에다가 자신의 직업을 '화가'라고 적었다. 탁자 한 개와 빌린 의자 몇 개가 놓였고 전화기

1919년 별모서리 양조장 지하실에 차린 당 최초의 상설 사무소

한 대, 당원 카드와 당비를 보관하기 위한 금고가 마련되었다. 이어서 옛날의 독수리표 타이프라이터 한 대와 인장이 마련되었다. 기분이 나빠진 하러는 보통의 관공서 같은 이런 설비를 보고 히틀러가 '과대망상'이라고 말했다.[28]

이 시기에 히틀러는 위원회의 수를 처음에는 열, 다음에는 때로 열둘이나 그 이상까지 확대하였다. 그는 주로 자기의 개인적인 추종자들이나, 드물지 않게 막사에서 알게 된 동료들을 그 자리에 앉혔다. 이렇게 사무실을 갖추고 보니 손으로 적은 종이 쪽지에다가 원시적이고 효과도 없는 행사광고를 하는 대신, 기계를 이용하여 다채롭게 만들어진 초청장으로 바꿀 필요가 생겼다. 동시에 〈뮌헨 관찰자〉지에다 광고를 냈다. 행사장의 탁자들에는 선전문구와 팸플릿들이 펼쳐 놓였다. 히틀러는 처음으로 상당히 근거가 없고 현실적으로 뒷받침되지도 않은, 따라서 대단히 도전적으로 여겨지는 선전기술상의 자신감을 보였다. 그러한 자신감은 그렇게 작고도 알려지지

전설적인 집회를 위한 벽보. 이 집회에서 히틀러는 25개 조항 당 강령을 읽었다. 그러나 그의 이름은 벽보에 나타나 있지 않다.

않은 정당의 공개행사로는 어울리지도 않는 일들을 감행하고, 입장료를 올려받기 시작했다는 사실에 나타나고 있다.

연설가로서 점점 명성이 커지면서 히틀러의 당내 지위도 확고해졌다. 해가 바뀔 무렵에는 벌써 완고한 하러를 당에서 쫓아내는 데 성공했다. 최초의 길이 그의 앞에 방해 없이 열렸다. 곧 이어서 당수 드렉슬러는 회의적인 태도로, 그리고 공개석상에서 웃음거리가 되지 않을까 몹시 염려하면서도 야심만만한 선전담당 위원 히틀러의 고집스런 요청에 굴복하여 대중에게 호소하기로 하였다. 히틀러가 입당한 지 채 반 년도 지나지 않은 2월 24일에 당은 호프 양조장의 연회실에서 최초의 대규모 행사를 계획하였다.

이제는 신화가 되어버린 이 집회를 알리는 새빨간 벽보에 히틀러의 이름은 나와 있지 않다. 이날 행사의 주인공은 이름난 민족주의 연설가인 의사 요하네스 딩펠더 박사(Dr. J. Dingfelder)였다. 그는 게르마누스 아그리콜라(G. Agricola)라는 필명으로 내놓은 대중적인 저서들에서 전후의 생필품 위기를 기묘한 방식으로 설명한, 지적으로 형편없는 경제이론을 내놓은 인물이었다. 그의 염세적인 생각에 따르면 자연의 생산성이 파업을 일으켜서 농산물이 줄어들 것이라고 한다. 그리고 나머지는 해충들이 먹어치우게 되니 인류의 종말이 다가왔다는 것이다. 이 모든 것은 대단히 절망적인 것인데 국민적으로 새로운 다짐을 한다는 희망을 통해서만 겨우 빛을 보이고 있다. 그는 이날 저녁에도 연설에서 이런 내용을 말하였다. 경찰보고서에 따르면 "철저히 냉정한 태도였고, 자주 깊은 종교적 정신을 드러내 보였다."고 한다.[29]

25개 조항 공표

그러고 나서 히틀러가 나섰다. 그는 이런 대규모의 청중에게 노동자당의 의도를 알릴 단 한 번의 기회를 이용하기 위해서 하나의 강령을 만들어내자고 주장했다. 당시의 보고에 따르면 그는 연설에서 정부의 비겁함과 베르사유 조약을 비난하고, 안락을 추구하는 인간의 성향을 비난하고 유대인과 암매상과 고리대금업자 등 '거머리 도당'을 비난하였다. 그러고 나서 여러 번이나 박수와 소동으로 중단되는 가운데 새로운 강령을 읽어나갔다. 마지막에 "어떤 외침이 끼여들었다. 이어서 거대한 소란이 일어났다. 모두들 의자와 책상 위로 올라갔다. 말할 수 없을 정도로 소란스러웠다. '나가자'는 구호가 터져나왔다." 이 집회는 전체적인 소동 속에서 막을 내렸다. 과격좌파 당원 몇 명은 인터내셔널과 소비에트 공화국이라는 구호를 큰소리로 외치면서 호프 양조장에서 시청문까지 행진해갔다. "그밖에 소동은 없었다."고 경찰보고서가 밝히고 있다.

대중적인 노선을 취한 언론들조차, 온갖 소란 속에서도 일상적인 면모를 드러낸 이 집회에 대해서 거의 언급을 하지 않고 있다. 비교적 최근에 이루어진 자료연구를 통해서 이날 집회의 사건을 재구성해볼 수 있다. 물론 히틀러는 집회가 상당히 강력하였고, 싸움으로 시작되어서 끝도 없는 확신의 환호 속에서 계속된 대중의 고백으로 이어졌다고 신화적인 묘사를 하고 있다. 여기 모여든 사람들은 "한 목소리로, 점점 더 한 목소리로" 25개 조항들에 공감하였고, "마지막 조항이 대중의 마음에 이르는 길을 열어놓자, 내 앞에는 하나의 새로운 확신, 하나의 새로운 믿음, 하나의 새로운 의지로 뭉친 사람들이 가득 찬 홀이 놓여 있었다".

히틀러는 이제 이토록 불붙은 대중을 바라보면서 바그너 오페라식의 상상에 빠져들어간다. "이 불꽃에서 게르만의 지크프리트에게 자유를…… 되

1919년 가을에 가입한 히틀러는 당원들이 정신을 못 차리고 있을 때 이 '지루한 모임' 을 곧장 공개석상으로 밀고나간다. 국가 사회주의 도이치 노동자당(나치스)의 전신인 도이치 노동자당의 1920년 1월의 행사.

찾아줄 그 옛날의 칼이 나와야 한다." 그리고 그는 "용서를 모르는 복수의 여신이…… 1918년 11월 9일의 그 수치스런 행동에 복수하려고" 내려오는 소리를 들었다. 그에 반해서 민족주의적인 〈뮌헨 관찰자〉는 단순히 히틀러가 딩펠더 박사의 연설에 이어서 "몇 가지 적절한 정치적 이미지들을 전개하고" 노동자당의 정치강령을 읽었다고만 적고 있다.[30)]

더 큰 의미에서 보면 《나의 투쟁》의 저자가 옳았다. 이 행사와 더불어 드렉슬러가 창설한 보잘것없는 맥주모임이 아돌프 히틀러의 대중정당으로 발전하기 시작했기 때문이다. 물론 그 자신은 뒤쪽에 숨은 조종자의 역할만 했다. 그런데도 그날 모여든 대략 2천 명의 사람들은 호프 양조장 대형 홀을 가득 채우고 히틀러의 정치적 생각을 인상적으로 뒷받침해주었다. 이제부터 계속적으로, 점점 더 오직 자신만을 상승시키면서, 그의 의지, 그의 스타일, 그의 연대(聯隊)가 당을 앞으로 밀어붙이고 성공이나 실패를 결정하게 된다.

나중에 정당은 1920년 2월 24일의 행사를 마르틴 루터가 비텐베르크 성문에 95개 조항 반박문을 붙인 일에 비교하였다.[31] 그러나 루터나 이날 행사나 전해내려 오면서 원래의 역사적 의미에 별로 맞지 않는 이미지를 얻은 것이다. 역사는 극적인 장면에 대한 사람들의 욕구를 무시하는 경향을 가지기 때문이다. 물론 이날의 정당 창설이 미리 계획된 것도 아니었고, 주요 연사는 당원도 아니었으며, 히틀러는 이 행사를 알리는 벽보에 이름조차 거론되지 않았지만, 그래도 이 행사를 정당운동의 창설이라고 뒷날 거듭 축하한 것은 근거가 없는 것만은 아니었다.

그가 이날 저녁 낭독한 강령은 안톤 드렉슬러가 아마도 어느 정도 고트프리트 페더의 영향을 받아서 작성한 다음 꼼꼼히 검토하라고 위원회에 넘겨준 것이었다. 히틀러의 참여는 항목별로는 확인할 수 없지만, 몇 개의 항목에 나타난 표어식의 표현에서 교열과정의 참여를 짐작할 수 있다. 전부 25개 조항으로 나뉘어 있지만, 옛날 민족적인 이데올로기가 현재 국민적인 항의욕구 및 현실거부 성향과 제멋대로 결합되어서 전체적으로 감정적인 매력을 통한 통일성을 지닌다. 부정의 조항들이 상당히 많다는 점이 두드러진다. 그것은 반자본주의, 반공산주의, 반의회주의, 반유대주의 등이고 전쟁의 종결과 결과를 극히 단호하게 거부하고 있다.

그에 반해서 중산층의 보호를 위한 다양한 요구 같은 긍정적인 조항들은 대단히 모호하고 드물지 않게 안톤 같은 소시민의 두려움과 욕망을 자극하는 요구들을 담고 있다. 예를 들면 노동을 통하지 않고 번 수입은 모두 몰수할 것(11조), 전쟁 동안 거둔 모든 이익은 압류할 것(12조), 대기업은 노동자에게 이익분배를 해줄 것(14조) 등이다. 그밖의 강령조항들은, 대규모 백화점들을 지방 자치단체가 인수해서 '싼 가격으로' 소규모 기업체에 임대해줄 것(16조), 토지개혁을 단행하고, 토지투기를 금지할 것(17조) 등을 포함한다.

기회주의적이고, 서둘러서 즉석에서 만들어진 요소들이 들어 있지만 이 강령의 의미는 일부에서 생각하듯이 그렇게 하찮은 것만은 아니다. 어쨌든 그것은 장차 당 지도자의 선동가적인 능력의 전개를 위해서 유혹적으로 빛나는 배경 이상의 것을 보여준다. 전체적으로 보아서 그것은 적어도 소질 면에서 뒷날 국가사회주의 지도이념의 모든 본질적인 경향들을 포함하고 있다. 공격적인 생존공간 조항(3조), 반유대주의 원칙(4, 5, 6, 7, 8, 24조), 그리고 해롭지 않게 지방자치단체 뒤에 숨은 형태로 나타나서 분명 굉장한 박수갈채를 받았을 전체주의적인 요구, 즉 언제라도—공동의 이익이 개인의 이익에 앞선다는 형식으로—전체주의 국가의 원칙으로 바뀔 수 있는 전체주의적 요소 등이었다.[32] 전체적으로 균형이 잡히지 않고, 자주 과장된 원칙들로 뒤덮이곤 하지만 그래도 국가사회주의의 요소들을 포함하고 있다. 남용되고 있는 자본주의를 제거하겠다는 것, 공산주의의 계급투쟁 노선을 극복하겠다는 것, 마지막에는 강력하게 통합된 국가 공동체 안에서 모든 계층의 화해를 이룩하겠다는 점에서 그렇다.

이러한 생각이야말로 민족적·사회적으로 깊이 분노한 나라에서 특별한 매력을 가졌던 것으로 보인다. 19세기의 지배적인 두가지 사상을 하나로 합친 '(민족)국가 사회주의'라는 이념 혹은 공식은 시대의 수많은 정치적 강령들과 질서계획들의 토대에서 찾아볼 수 있는 것이다. 그것은 기능공 안톤 드렉슬러가 자신의 '정치적 각성'에 대해서 쓴 소박한 체험적 보고서에도 나타나는 것이며, 또한 1918년에 이미 산업체의 후원을 얻어서 '반볼셰비키 연합'을 결성한 에두아르트 슈타틀러(E. Stadtler)의 베를린 강연들에도 나타나는 생각이었다. 그것은 뮌헨의 방위군 지역사령부에 의해서 도입되었던 계몽강좌의 주제이기도 했다. 그리고 '프로이센주의와 사회주의'라는 제목을 가진 오스발트 슈펭글러의 저서에 대해 도발적인 공명을 불러일으킨 사상이기도 했다.

이 생각은 사회민주당에도 어느 정도 영향을 주어서, 제2차 인터내셔널의 실패에 대한 실망에서 전쟁 발발 무렵에 몇 명의 독립적인 인물이 국가사회주의 혁명 계획의 길을 걷도록 만들었다. 그리고 '도이치 사회주의 노동자당'의 설립자 중 한 사람인 철도 기술자 루돌프 융(R. Jung)이 1919년에 펴낸 광범위한 이론서의 제목은 《(민족)국가적 사회주의의 형성과 목적》이었다. 국가사회주의는 어느 정도 자부심을 가지고서 자기들이 마르크스적 사회주의를 성공적으로 물리칠 수 있는 시대적 정치사상이라고 자신하였다. 모든 인터내셔널의 노력들과 아주 다르게 융은 1918년 5월에 벌써 오스트리아의 동지들과 힘을 합쳐서 '도이치 국가사회주의 노동자당'이라고 이름을 바꾸고 있다.[33]

호프 양조장의 모임이 있은 지 일주일 만에 노동자당도 이름을 바꾸었다. 수데텐 지역과 오스트리아 그룹을 본받아서 '국가사회주의 도이치 노동자당(Nationalsozialistische Deutsche Arbeiterpartei = NSDAP. 우리나라에서 흔히 '나치'라고 불리고 있으나 아래에서는 원래의 뜻을 살려서 특별한 경우를 빼고 '국가사회당'으로 줄여부르기로 함 : 역주)'이라고 바꾸었다. 동시에 국경 저편 동지들의 전투상징을 받아들여서 갈고리 십자가를 상징으로 채택하였다. 오스트리아 국가사회당 당수인 발터 릴 박사(Dr. W. Riehl)는 바로 직전에 모든 국가사회주의 정당들을 결속시키는 서비스를 맡을 '국가간 사무처'를 만들었다. 이제 여러 가지 다양한 결속을 위해서 국가사회주의 강령들 간의 활발한 접촉이 이루어졌다. 특히 뒤셀도르프의 기술자 알프레트 브루너(A. Brunner)의 '도이치 사회주의당'과 활발한 접촉을 했다. 이 정당은 "극좌이며 우리의 요구는 볼셰비키들의 요구보다 더 극단적"이라고 주장하고 있었다. 그것은 수많은 중간급 도시에 지구당을 두고 있었고, 뉘른베르크 지구당은 교사인 율리우스 슈트라이허(J. Streicher)가 이끌고 있었다.

정치가가 되기로 결심하다

1920년 4월 1일에 히틀러는 마침내 군에서 제대하였다. 이제 그는 대안을 가지게 되었기 때문이다. 앞으로는 전적으로 정치에 헌신하여서 국가사회당의 지휘를 맡고 당을 자기 생각대로 개편하기로 결심하였다. 그는 이자르 강 가까운 곳에 있는 티르쉬 거리(Thierschstraße) 41번지에 방 하나를 세냈다. 하루 대부분의 시간을 그는 지하실에 있는 당사무소에서 보냈다. 그러나 당의 직원이 되는 것만은 절대로 피했다. 당이 최초의 위기를 맞이하자 그가 어떤 수단으로 생계를 꾸려갔는가 하는 것이 문제가 되었다. 그의 셋방 주인집 여자는 언제나 똑같은 일을 하는 더러운 젊은 남자를 '진짜 보헤미안'이라고 생각했다.

그는 더 잃을 것도 없었다. 그의 자신감은 주로 연설가로서의 재능과 냉정함과, 위험에 대한 각오에서 나온 것이지 이념의 확신에서 나온 것은 아니었다. 이념 자체가 아니라 이념이 제공하는 도구적 가능성, 그 자신의 말로는 그것이 '강력한 구호'를 내놓는가 하는 것만이 그의 관심사였다. '고루한 민족 이론가들'과 '말만 하는 인간들'과 '사상 도둑들'에 대한 '불쾌함과 깊은 역겨움'을 가졌다는 사실에서 그가 정치적으로 형성 가능한 실체가 없는 단순한 사상의 가치를 전혀 이해하지 못했다는 사실이 드러난다. 그리고 자기가 논쟁에서 남을 물리칠 수 있게 되었을 때에야 비로소 폭발적인 연설을 시작했다는 사실에도 드러나고 있다.

그는 사상이 설득력을 가지는 것은 사상의 입증을 통해서가 아니라 능숙한 사용을 통해서라고 여겼다. 진실이 아니라 무기로서의 속성이 사상에 설득력을 부여한다고 본 것이다. 그는 반박하기 힘든 불확실한 표현으로 말하기를 좋아하였다. "모든 이념은 최고의 이념이라고 하더라도 이념 자신이 목적이 될 경우에 위험하게 된다. 사실상 이념이란 목적을 위한 수단일 뿐이다." 다른 자리에서 그는 정치투쟁에서 폭력은 언제나 이념의 뒷받침을 필요로 하는 것이며 그 반대가 아니라고 못박고 있다.[34] 이제 자기가 들어선 '국가사회주의'도 그는 훨씬 더 높은 곳에 있는 야심만만한 목적을 위한 수단으로 보았던 것이다.

그것은 이제 그가 무대에 가지고 들어선 낭만적이고 매력적인 표어가 되었다. 국가사회주의 이념이 포함하고 있는 화해의 이념은, 특히 전선에서 남자들 사이의 유대라는 전쟁을 경험하고 난 다음 그들의 미래의 일부를 빼앗아가기 시작한 계급투쟁의 구호보다 훨씬 더 현대적이고 시대에 가까운 것으로 여겨졌다. 세기가 바뀐 직후에 벌써 국가사회주의적인 생각을 보여주었던 작가 아르투어 묄러 반 덴 브룩크(A. M. v. d. Bruck)는 국가사회주의는 이제 '도이치 미래의 일부'[35]라고 말했다. 전통적인 것에 대한 존경심도 없고, 간교하고, 건강한 인간이성을 경멸하는, 발상이 풍부한 정치가의 손 안에 들어가자 그것은 정말 그렇게 되었다. 이 이념은 수많은 지원자를 얻었다. 그러나 머지않아서 히틀러가 대중의 환호성이 점점 커지는 가운데, 자기 자신이야말로 바로 도이치의 미래라는 확신을 가지기에 이르렀다.

제2장 위대한 연설가

1920년 봄, 그가 정치에 들어서던 힘들고도 취한 것 같던 시절 히틀러는 도이치 미래에 대한 어떤 요구와도 거리가 멀었다. 그는 밤마다 맥주거품이 부글거리고 담배연기가 자욱한 맥주집들을 돌아다니면서, 처음에는 거의 적대감을 드러내는, 아니면 그냥 재미로 자기 말을 듣는 사람들을 설득하여 자기편으로 만들려고 애쓰는 뮌헨의 지역 선동가에 불과하였다.

그러나 시간이 지날수록 그의 명성은 점점 더 올라갔다. 극단적인 몸짓에 쉽게 넘어가는 수사적인 도시의 분위기는 이 연설가의 연극적인 자기 연출 스타일과 통제되지 않은 폭발성에 대단히 민감한 반응을 보였다. 이 분위기는 다른 역사적 요인들 못지않게 그를 자극하였다. 히틀러의 출세는 시대의 조건들에 의해서 결정적으로 촉진되었다는 주장은 그가 사회적 상승을 시작한 장소인 뮌헨의 특별한 조건 아래서만 완전한 타당성을 가진다.

그가 보여주었던 목적의식과 사고의 정도도 못지않게 중요하다. 그는 비상하고도 여성적인 감수성을 지니고 있었다. 그러한 감수성으로 그는 시대의 분위기를 조절하고 이용할 수 있었다. 최초로 그의 전기를 쓴 게오르크 쇼트(Georg Schott)는, 그의 내부에서 말하고 있는 악마적인 힘에 대해서 어느 정도 근심스러운 경탄을 지닌 채 그를 '꿈을 우물거리는 사람'이라고 불렀다.[1] 히틀러는 확고한 자신감을 가지고, 혹은 그 자신이 표현한 대로 '몽유병자의 본능으로'(본능적인 정확성으로 : 역주) 자신의 길을 갔다. 히틀러가 이렇듯 본능의 인간이라는 생각은 오늘날까지도 널리 퍼져 있어서 그의 합리성과 냉정한 계획의 능력을 흔히 지나쳐버리곤 한다. 합리성은 그의 행동방식의 기초를 이루고 있을 뿐 아니라 다른 온갖 능력들 못지않게 그의 출세의 바탕이기도 했다.

히틀러의 합리성과 짜맞추는 능력

사람들은 특히 그의 비상한 학습능력, 이 시절 그를 지배하고 있던 충족되지 않는 배움의 열망을 간과해버리곤 한다. 연설가로서의 승리로 얻게 된 열병 같은 상태에서 그의 감수성과 흡수능력은 보통보다 훨씬 컸다. 그의 '짜맞추는 능력'[2]은 극단적으로 상이한 요소들을 붙잡아서 긴밀한 형태로 짜맞추었다. 자신의 선배들이나 동료들한테서 배우는 것 이상으로 그는 적들에게서도 배웠다. 자신은 언제나 적에게서 매우 많은 것을 배웠고, 바보나 약자만이 적에게서 배우는 도중에 원래 자신의 생각들을 잃어버리는 법이라고 확언하였다.

그래서 그는 리하르트 바그너, 레닌, 고비노, 니체, 르 봉(Le Bon), 루덴도르프, 노스클리프 경(Lord Northcliffe), 쇼펜하우어, 칼 뤼거 등을 조합해서 하나의 이미지를 만들어냈다. 제멋대로이고 기묘하며, 잘 모르는 사람의 대담성으로 이루어진 것이지만 그렇다고 완결성이 없는 것도 아니었다. 이러한 이미지 안에서 무솔리니와 이탈리아의 파시스트들도 점점 더 중요한 자리를 차지하게 되었다. 그리고 이른바 시온의 현자들과 분명하게 위조된 그들에 관한 기록도 스승으로 삼았다.[3]

그러나 그는 특히 마르크스주의에서 가장 오랫동안 배웠다. 내면적으로는 이데올로기에 무관심했으면서도 그가 국가사회주의 세계관을 만들어내기 위해 바쳤던 에너지는 마르크스주의가 그에게 모범으로 작용했음을 분명하게 보여준다. 전통적인 시민 정당은 좌익의 대중조직이 가진 힘과 투쟁 에너지에 못 미친다는 것이 그가 처음부터 가졌던 생각이었다. 좌익 조직과 비슷하게 조직되고, 더욱더 단호한 세계관을 가진 정당만이 마르크스주의를 물리칠 수 있을 것이라고 여겼다.[4]

그는 특히 혁명시대의 경험에서 전략을 배웠다. 러시아의 사건들과 바이에른의 소비에트 지배는 그에게 목적의식이 확고한 몇 명의 주축인물이 권력을 장악하는 기회를 보여주었다. 레닌이 혁명적인 충동을 어떻게 상승시켜서 이용하는가를 가르쳐주었다면, 프리드리히 에버트나 필립 샤이데만은 어떻게 하면 도박에서 지는지를 가르쳐주었다. 히틀러는 나중에 이와 같이 말하였다.

나는 마르크스주의에서 많은 것을 배웠습니다. 그 사실을 거리낌없이 고백합니다. 지겨운 사회이론과 유물사관 따위의 부조리한 것을 말하는 게 아니에요. 나는 그들의 방법을 많이 배웠어요. 소매상과 비서 노릇을 하던 사람들이 유순하게 시작하였던 일을 나는 진지하게 여겼던 것이죠. 국가사회주의는 전부 그 안에 들어 있습니다. 좀더 정밀하게 들여다보십시오……. 이 새로운 정치적 투쟁방식은 본질적으로 마르크스주의에서 나온 것입니다. 나는 다만 이 방법을 받아들여서 발전시키고 우리에게 꼭 필요한 일을 한 것뿐입니다. 나는 사회민주주의가 민주주의 틀 안에서 혁명을 실현하려고 했기 때문에 열 번씩이나 중단한 일을 꾸준히 계속했을 뿐이죠. 국가사회주의란, 마르크스주의에서 부조리하고 인위적인 민주주의와의 결속만 끊으면 가능한 형태입니다.[5]

그는 자기가 받아들인 것에 일관성만 부여했던 것은 아니다. 그는 언제나 그것을 발전시켰다. 그의 본질에는 남을 능가하는 위대한 몸짓을 지향하는 유아적 요소가 들어 있다. 최고를 꿈꾸고, 가장 과격한 이데올로기와, 뒷날에는 가장 막강한 건축물, 가장 무거운 탱크를 확보하려는, 경탄받고 싶어하는 욕구였다. 그는 자신의 세계관, 전략 목표들을 '삶의 길 양쪽에 나타나는 온갖 덤불 숲에서' 긁어모았다. 그가 모든 일에 부여한 단단함과 일관성, 그리고 최종적인 조치를 보고도 물러서지 않는 특성은 그 자신의 것이다.

합리적인 배려는 처음부터 그의 전략의 특징을 이룬다. 그는 처음에 이름 없는 자의 소굴에서 빠져나오고 경쟁관계의 집단에 속한 사람들 중에서 단연 돋보이기 위해 모든 힘을 다하였다. 뒷날 그의 정당사 연설에 거듭 등장하는 무명의 출발에 대한 언급은, 오랫동안 기회를 잡지 못한 그의 공명심이, 자신이 위대하지만 알려지지 않고 주목받지 못하고 있다는 의식 아래서 얼마나 고통받았는지 증언해주고 있다. 단호함은 그의 데뷔에 나타난 새로운 요소였고, 규칙이나 인습을 거부하는 그의 태도에도 나타난다. 숨이 멎을 듯한 단호성으로 그는 이제 자신의 이름을 만들어내기 시작하였다. 쉬지 않고 활동하고, 소동과 스캔들을 이용하고, 도당을 이루었다. 법칙 이외에 테러가 사람들의 침묵을 깨뜨리고 매일 매일의 이름을 만들어줄 전망만 보이면 테러까지 감행하였다. "그들이 우리를 어릿광대로 묘사하든 범죄자로 묘사하든 중요한 것은 그들이 우리 이야기를 한다는 사실, 그들이 계속 우리 문제로 골머리를 앓는다는 사실이다."[6]

붉은 깃발과 제복의 힘

이러한 생각은 모든 활동의 양식과 수단을 결정하였다. 깃발들의 요란한 붉은 색은 심리적인 효과를 위한 것만이 아니었다. 그것은 전통적인 좌익의 색깔을 도전적으로 찬탈하기 위한 것이었다. 모임을 알리는 거대한 벽보들은 완전히 붉은 색인데 평이한 구호들 사이에 거대한 크기로 인상적인 사설을 담고 있었다. 위대하다는 인상과 단호한 타격의 힘을 가지고 있다는 인상을 불러일으키기 위해서 국가사회당은 툭하면 거리행진을 벌였다. 길거리에서 전단을 나누어주고 벽보를 붙이는 일이 거의 끊이지 않고 계속되었다.

히틀러는 내놓고 좌익의 선전술을 모방하면서 사람을 가득 실은 자동차들이 거리를 돌아다니도록 했다. 자동차 위에는 시민들의 거주지역에서 협오감을 얻었던, 주먹을 휘두르는 소련식 프롤레타리아가 아니라 제대군인 들의 단정한 과격주의가 올라앉아 있었다. 이들은 전쟁의 포화가 멎고, 모 두 제대를 하였으면서도 국가사회당의 돌격기 아래서 또 다른 방식으로 전 투를 계속하는 중이었다. 그들은 히틀러의 행사에 위협적이고 군사적인 배 경을 만들어주었다. 히틀러는 뮌헨에서, 그리고 얼마 지나지 않아 다른 도 시에서도 이런 행사들이 파도처럼 계속되도록 계획하였다.

군인들은 당의 사회적인 얼굴을 점차 변화시키기 시작하였다. 노동자들 과 영세 기업가들로 이루어진 단골 모임을 폭력에 익숙한 직업군인의 단단 한 모습으로 바꾸어 나갔다. 당의 가장 초기 당원명단에 보면 193명의 이 름 중에 직업군인이 22명이나 되었다.[7] 그들은 새로운 정당활동에서 시민 적인 생존문제를 피할 가능성을 보았다. 뿐만 아니라 참호 속에서 전우애 를 체험하면서 확인했던, 새로운 공동체 형식을 향한 욕구를 만족시키려고 하였다. 시대가 그들을 그렇게 키워냈던 것이지만 전쟁이 끝나고 난 뒤에 도 삶과 죽음에 대한 경멸을 표현하려고 하였다.

군대식의 엄격한 복종, 기율, 헌신에 익숙한 이 새로운 가입자들의 도움 으로 히틀러는 점차 당의 확고한 내부구조를 만들어낼 수 있었다. 뮌헨의 방위군 사령부는 새로운 사람들을 적잖이 그의 휘하로 보냈다. 히틀러는 뒷날 자신은 이름도 없이, 아무런 방책도 없이 오직 자기 혼자만의 힘으로 적들로 둘러싸인 세계에 맞서 일어섰노라고 거듭 주장하고 있다. 그가 지 배적인 시대의 성향에 맞섰다는 것은 맞는 말이다. 그러나 그는 한 번도 혼 자였던 적은 없었다. 처음부터 그는 오히려 상당한 정도로 방위군과 의용 군의 후원을 받고 있었다. 그러한 후원이야말로 이러한 형태의 데뷔를 가 능케 해준 것이었다.

에른스트 룀의 후원

누구보다도 에른스트 룀(Ernst Röhm)이 국가사회당을 지원하였다. 그는 대위계급으로 에프 연대 사령부에서 정치고문으로 활동하면서 바이에른 위 장 군사정권의 실질적인 수뇌였다. 그는 당의 추종자, 무기, 재정 등을 이끌었다. 이러한 노력을 하면서 그는 방위군과 의용군 연합의 감시위원회 장교들의 후원을 받았다. 그들은 여러 가지 동기에서 이 불법적인 활동을 돕고 있었다. 그 동기의 일부는 독일의 시민전쟁 비슷한 상황에서 자신의 이익을 무시할 수 없었기 때문이고, 또 다른 일부는 사방에서 시끄러운 좌익에 대항하여 군사력을 강화하고, 나아가 자기 동료들이 과거의 적을 눌러 이기기를 바라기 때문이었다.

어린시절부터 '군인이 되겠다는 소망밖에' 없었던 룀은 전쟁 말기에 총사령부에서 일하면서 탁월한 조직능력을 보이기는 했지만 사실은 고참병 유형의 인물이었다. 탄환으로 망가진, 언제나 불그스레한 얼굴을 가진 이 작고 뚱뚱한 남자는 대단히 저돌적인 사람이었고 전쟁에서 수많은 상처를 입었다. 그는 사람들을 간단히 병사와 시민, 친구와 적으로 분류하였다. 정직하고 책략이 없고 실팍하고 무미건조하고 사려 깊고 솔직한 병사였고, 양심의 가책 따위로 구애받지 않았다. 불법적인 책략을 쓰던 옛날 동지들 중의 누군가가, 룀은 어디에 나타나든지 '모임에 활기를' 가져왔다고 말했지만 그렇지 않은 경우도 분명히 많았다.

바이에른 방식의 세속성을 지닌 그는 이데올로기적인 망상과는 무관하였고, 언제나 서둘러 만들어내는 온갖 형태의 소란을 통해서 국가 안에서 병사가 우위를 차지하도록 노력하였다. 이러한 생각에서 그는 총사령부 안에 선전 및 정치 그룹들에 대한 정보업무를 위한 특별부서를 조직하였던 것이다. 바로 이 부서의 명령을 받고 아돌프 히틀러는 도이치 노동자당의 모임을 방문했다. 거의 모든 사람들과 마찬가지로 이 젊은 선동가의 천재성에 감명받은 그는 히틀러가 정치가들과 군인들과 접촉하도록 도와주었는데 그것은 매우 소중한 일이었다. 그는 아주 일찍이 당에 가입해서 당적 번호 623번을 얻었다.

룀의 부하들이 당에 도입한 군지휘부적인 특성은 정치적 상징과 장식을 써서 요란스럽게 단장되었다. 히틀러가 《나의 투쟁》에서 주장하듯이 갈고리 십자가 기(旗)는 그 자신의 아이디어가 아니었다. 그것은 당원의 한 사람인 치과의사 프리드리히 크론(F. Krohn)이 1920년 5월 중순에 슈타른베

무기와 돈을 밀어준 국가사회당의 추종자들. 왼쪽에서 두 번째가 에른스트 룀 대위.

르크 지역의 창립집회를 위해서 초안한 것이었다.[8] 히틀러의 공적은 최초의 발상에 있지 않고, 이 널리 알려진 상징물이 가지는 심리적 효과를 첫눈에 알아보고 그것을 당의 상징물로 삼았다는 사실에 있다.

그가 이탈리아 파시즘의 군기를 도입해서 돌격대에 군기로 준 것도 비슷한 태도다. 그는 '로마식' 인사법을 도입하고, 계급과 제복을 군대식으로 정확하게 만드는 것을 중시하고, 형식적인 문제들을 특별히 중요하게 여겼다. 등장방식을 연출하고, 세부장식을 하고, 군기수여식, 행진, 열병식 등을 점점 더 거대한 의식으로 만들었다. 그는 전당대회 날이면 거대한 돌배경 앞에서 인간 사각형 방진(方陳)을 지휘하였고, 그러면서 자신의 희극적이고도 건축적인 재능을 잔뜩 부풀려 만족시켰다.

그는 오래된 예술잡지와 뮌헨 국립도서관의 문장(紋章) 코너를 오랫동안이나 뒤진 끝에 독수리 도안을 찾아서 당의 인장에 사용하도록 했다. 1921년 9월 17일자 국가사회당 당수로서의 최초의 회람장은 특별히 세심하게 당 상징물을 위한 것이었다. 이어서 지역구 지도부에 "회의를 위해서 철저하게 당 휘장을 선전하고, 어디서나 언제나 당 배지를 달고 다니라고 지시하였다. 그것을 보고 불쾌하게 여기는 유대인에게는 즉각 가차없이 응수해줄 것"을 명령하였다.[9]

연설가로서 명성이 커지다

제의적(祭儀的)인 형식과 경직된 테러 형식의 결합은 옹색하나마 초기의 시작을 결정지었다. 그리고 히틀러의 가장 효과적인 광고발상이었다는 사실이 입증되었다. 독일에서 정치에 인기를 만들어준 전통적 요소들이 이러한 형식으로 시대에 알맞는 형태가 되어 다시 등장하기 때문이다. 국민오락이자 미화시키는 구경거리로서 팔을 높이 쳐드는 일은 절대로 거부감을 주지 않았고 운명적인 진지함을 덧붙여주는 것이 되었다. 그리고 이 역사의 순간에는 어쨌든 전통적인 당 운영 방식의 거짓 친절보다는 더 적합한 것으로 보였다.

국가사회당이 예전의 민족주의 정당처럼 사회적인 배타성을 요구하지 않는 정당으로 출발하였다는 점도 대단히 유리한 부분이었다. 계급의식에서 벗어나 있었기에 이 정당은, 원래 애국심이란 유명인사들의 특권이며 재산과 교양을 갖춘 사람만이 조국을 가진다는 전통과 단절하였다. 이것은 민족적이며 동시에 대중적이고, 거칠고 주먹질할 준비도 되어 있었다. 국가사회당은 민족주의적인 생각을 길거리와 합쳤다. 대중을 철저히 사회적 위협 요소라고만 여기고 방어적 생각만을 가지던 시민계급은 이 정당이 처음으로 공격적 보호를 제공한다고 생각하였다. "투쟁을 계속하기 위해서 우린 폭력이 필요하다."고 히틀러는 거듭 확인하였다. "다른 사람들이야……자기들의 클럽 의자에 깊이 파묻히겠지만, 우리는 맥주탁자 위로 올라가려는 것이다."[10] 그를 따라다닐 수 없는 수많은 사람들에게도 맥주홀과 서커스 천막에서 대중을 홀리고 있는 이 연극적인 선전꾼은 자신들을 통제하고 지배하는 기술을 터득한 사람으로 보였다.

그의 수완은 다른 경쟁자들을 압도하였다. 그는 끊임없이 무슨 일인가를 벌였다. 원칙은 일주일에 한 번씩 대규모 시위를 벌인다는 것이었다. 1919년 11월에서 1920년 11월까지 48회의 정당행사에서 그는 31번이나 연사로 출연하였다. 그의 등장이 점점 더 성과를 거두는 것은 대중과의 만남이 열광적인 성격을 띤다는 사실에 드러나고 있다. "히틀러 씨가…… 분노에 사로잡혀서 소리지르는 바람에 뒤쪽에서는 무슨 말인지 이해가 되지 않았

뮌헨의 대중 집회에서 알프레트 로젠베르크, 베버 박사와 함께 선 히틀러(가운데).

다."고 어떤 보고서가 전하고 있다.

1920년 5월에 벌써 그의 등장을 알리는 어떤 벽보에서 그는 '빛나는 연설가'라고 불리고 있으며, 방문객들에게 '특별히 자극적인 저녁'을 예고하고 있다. 이때부터 집회 보고서는 참석자 수가 점점 더 늘어나는 것을 보여주고 있다. 때로는 3천 명이나 그 이상 되는 경우도 많아졌다. 그리고 그가 제복을 고쳐 만든, 푸른 색 물들인 양복을 입고 연단에 등장하면 "우레와 같은 환영을 받았다."[11]는 말이 자꾸 나타난다. 이 시기에 쓰여진 보고서들은 연설가의 승리를 일종의 거울글씨처럼 반사해주고 있다. 그 졸렬함을 보고 있으면 그것이 진짜라는 인상을 받는다.

집회는 7시 반에 시작해서 10시 45분에 끝났다. 강연자는 유대주의에 대해서 연설했다. 강연자는 어디를 바라보나 유대인이 있다고 했다. 독일 전체가 유대인에 의해서 지배된다. 도이치 노동자들이 머리가 되었든 손이 되었든 모두 유대인의 지시를 받는 것은 수치스런 일이다. 물론 유대인이 손에 돈을 쥐고 있기 때문이다. 유대인은 정부 안에 앉아서 암거래를 하고 있다. 유대인이 호주머니를 다시 두둑이 채우면 노동자를 사주하여 다시금 정권을 잡고, 우리 가련한 도이치 사람들은 그 모든 일을 참아야 한다. 유대인은 러시아에 대해서도 이렇게 말했다……. 누가 그 모든 것을 끝냈던가? 물론 유대인이다. 그러므로 도이치 사람들이여, 하나가 되어서(철자 오류!) 유대인에 맞서 싸우자. 그들은 우리에게 마지막 남은 한 조각까지 뺏어먹는다……. 연설자의 마지막 말은 이와 같다. 우리는 마지막 유대인이 도이치 땅에서 떠나기까지 싸움을 계속할 것이다. 그리고 쿠데타나 심지어는 혁명에 이른다 하더라도 마찬가지다……. 연설자는 큰 박수갈채를 받았다. 그는 언론에 대해서도 욕을 했다……. 지난번 모임에서 어떤 지저분한 놈이 모든 말을 받아 적었기 때문이다.

또 다른 자리에 1920년 8월 28일자 호프 양조장 연설을 되풀이하면서 이런 말이 나오고 있다.

연설자 히틀러는 전쟁 이전에 우리 형편이 어땠는지, 그리고 오늘날 형편이 어떤지 상세히 묘사하였다. 사채업자와 암거래자들을 모두 교수대로 보내야 한다. 나아가 용병대에 대해서 말했다. 그는 젊은이들이 다시 입대한다 해도 해가 되지 않을 것이라고 말했다. 그런 일은 누구에게도 해가 되지 않는다. 특히 오늘날 젊은이들은 나이든 사람 앞에서 입을 다물어야 한다는 사실을 아는 사람도 없다. 이들은 기율이라는 것이 없기 때문이다……. 그리고 나서 연설자는 당 강령에서 매우 많은 박수갈채를 얻은 항목들을 나열하였다. 홀은 만원이었다. 히틀러 씨를 원숭이라고 부른 남자는 모두가 조용해진 가운데 밖으로 쫓겨났다.[12]

점점 커지는 자의식을 가지고서 정당은 '질서인자'라고 자처하기 시작하였다. 그러면서 좌익집회를 해산시키고, 토론연사는 고함을 질러대고, '팸플릿'을 나누어주고, 이른바 국민정서에 안 맞는 조각품 하나를 공공전시장에서 치우도록 했다. 1921년 1월 초에 히틀러는 킨들 맥주집에 모여든 청중들에게 이렇게 장담하였다. "뮌헨의 국가사회주의 운동은 앞으로 가차 없이 모든 행사와 강연들을 방해할 것입니다—필요하다면 폭력을 써서라도 말이죠—이미 병든 민족정서에 파괴적으로 작용하는 모든 행사와 강연들 말입니다."[13]

카프 쿠데타 *

당이 그 사이에 뮌헨 방위군 사령부의 비호를 받을 뿐 아니라 바이에른 주정부의 '버릇없는 응석받이 귀염둥이'[14]가 되었기 때문에 이런 독자적 행동이 가능해진 것이다. 3월 중순에 베를린 우익집단에서 그때까지 이름이 없던, 지역풍경을 관리하던 총감독 카프 박사(Dr. Kapp)가 에르하르트(Ehrhardt) 연대의 후원을 받아서 쿠데타 시도를 하였다. 이 시도는 자체의

미숙함과 총파업으로 인해서 실패로 돌아갔다. 바이에른에서 거의 동시에 일어난 방위군과 의용군 연합의 시도는 상당한 성과를 얻었다. 3월 13일에서 14일 밤에 호프만이 이끄는 사회민주당 시민정부는 실질적인 권력주체에 의해 밀려나고 '강한 남자' 구스타프 카르(G. v. Kahr)가 이끄는 우익정부가 들어섰다.

이 과정은 당연한 일이지만 좌익측에 경종을 울렸다. 좌익 과격파 핵심세력은 자신들의 혁명적인 목적을 위한 투쟁과 우익세력의 저항감을 결합시킬 가능성을 알아보았다. 카프에 반대하는 총파업 기간에 좌익세력은 특히 중부 독일과 루르 지방에서 지도권을 쟁취하였다. 그리고 프롤레타리아의 무장이라는 구호를 가지고 쉽사리 동조 분위기를 얻어냈다.

곧 이어서 거의 마찰도 없이 조심스러운 계획성이 엿보이는 동원령을 내렸다. 대규모 대중을 군대식으로 조직해서 라인과 루르 강 사이에만 5만 명이 넘는 '붉은 군대'를 정비하였다. 며칠 만에 이들 좌익세력은 루르 공업지대를 거의 전부 장악하였다. 이 전진에 맞섰던 허약한 방위군과 경찰력은 패배하였고 여기저기서 정식 싸움이 벌어지기도 하였다. 살인, 약탈, 방화의 파도가 이 지역을 휩쓸었다. 중부 독일, 작센과 튀링겐 지방에서도 이 어설픈 혁명의 진압과정에서 밀려났던 사회적·이데올로기적인 긴장들이 단번에 드러나게 되었다.

이어서 투입된 군대의 피의 보복, 즉 즉석 체포, 복수전, 총살 등은 골이 깊은 원한과 참을 수 없는 갈등을 드러냈다. 역사상 언제나 분리된 상태에서 다양한 대립들로 찢겨온 이 나라는 점점 더 절망적으로 질서와 화해를 갈구하게 되었다. 그러나 질서와 화해 대신에 출구도 없이 증오, 불신, 무정부 상태의 혼란 속으로 점점 더 빠져들었을 뿐이다.

이와 같은 새로운 상황 덕분에 바이에른은 지금까지보다 더 우익세력의 결집장소가 되었다. 연합국의 강요에 따라 내려진 준군사조직을 해체하라는 요구는 바이에른의 카르 정부의 저항에 부딪쳤다. 카르 정권은 그러한 준군사조직체에 권력기반을 두고 있었기 때문이다.

이미 30만 명 이상을 헤아리던 민방위와 의용군대에 점점 더 많은 공화국 적대자들이 밀려들어왔다. 그들은 다른 지역에서는 국가 공권력에 밀려 났거나 아니면 형사처벌까지도 각오하지 않으면 안 되는 사람들이었다. 도 망친 카프 추종자들, 동부지역에서 해체된 의용군 잔당들, '국민사령관' 루 덴도르프, 정치적 암살자들, 온갖 모험가들, 극히 다양한 방향의 혁명가들, 그들 모두가 증오하는 '유대 공화국'을 전복시키겠다는 의도만큼은 같았 다.

그들은 프로이센·개신교 세력·베를린에 대한 거부감을 가지는, 전통적 인 바이에른의 선별의식을 이용할 수 있었다. 그러한 선별의식은 이제 '질 서의 중심지 바이에른'이라는 구호 아래서(베를린, 즉 공화국 정부에 대한) 전 통적 원한에 민족적인 사명감을 덧붙였다. 점점 더 공개적이고 도전적으로 주(州)정부의 지원을 받으면서 그들은 무기창고를 설립하고, 지역의 성과 수도원을 비밀거점으로 이용하고, 암살, 전복, 시위계획들을 세울 수 있었 다. 그들은 지치지도 않고 음모를 꾸미고, 서로 겹치는 수많은 국가반역 계 획들을 꾸몄다.

권력자들의 은총

이러한 사태전개는 발돋움하려고 애쓰는 국가사회당에 어느 정도 성공 을 보장해주었다. 이제부터 이 정당은 언제나 분명하게 군사적 권력을 쥔 사람, 준군사적 권력을 쥔 사람, 시민적 권력을 쥔 사람들의 은총을 얻게 되었기 때문이다. 당의 계획이 성공할 때마다 더욱더 열렬한 은총을 얻었 다.

폰 카르가 히틀러를 받아들인 다음에 히틀러 추종자 중의 한 사람인 대 학생 루돌프 헤스(R. Heß)는 주 정부 수반인 카르에게 이런 편지를 써보냈 다. "대중세력, 특히 노동자들을 민족주의 편으로 끌어들여야만 재기가 가 능하다는 것이 히틀러의 핵심적인 생각입니다……. 나는 개인적으로 히틀 러 씨를 잘 압니다. 거의 매일 그를 만나 이야기하고 인간적으로도 가까운 편이기 때문이지요. 그는 극히 단정하고 순수한 사람이며, 마음은 깊은 선 의에 가득 차 있고, 경건하고 선량한 카톨릭교도입니다. 그는 단 한 가지의 목표만을 가지고 있지요. 즉 조국의 안녕입니다. 이 목표를 위해서 그는 자기 자신을 버리면서 헌신하고 있습니다."

주지사가 마침내 주 의회에서 히틀러를 찬양하고, 경찰총수 푀너 (Pöhner)가 점점 더 많은 것을 그에게 허용하였을 때, 파시스트 세력의 부상과 권력장악 과정에 특징적인 정치적 역할구도가 분명하게 드러나기 시작하였다.[15] 앞으로 히틀러는 언제나 안정된 보수세력과 결탁하게 된다. 그는 공동의 적인 공산주의자에 대한 싸움에서 자신이 언제나 보수세력의 보호자라고 자처하고 나서는 것이다. 보수세력은 이 버릇없는 선동가의 에너지와 최면기술을 이용하고 적절한 순간에 자신들의 정신적·경제적·정치적 이점을 이용해서 그를 눌러버리겠다고 생각하였다. 반면에 그의 생각은, 선의에 넘친 지도세력의 비호 아래 구축한 전위부대가 적들을 물리치고 난 다음 파트너를 향해 행진해 나가서 권력 자체를 장악하겠다는 것이었다.

그것은 환상과 배신과 수많은 거짓 맹세들로 뒤얽힌 권력 게임이었다. 이러한 권력 게임 덕으로 히틀러는 거의 모든 성공을 얻었고, 카르와 뒷날 후겐베르크(Hugenberg), 파펜(Papen), 체임벌린(Chamberlain) 등을 속였던 것이다. 반대로 전쟁에서의 패배에 이르기까지 그의 실패들은, 그가 초조함이나 변덕에서, 혹은 성공에 자만한 나머지 이러한 권력구도를 위태로운 도박에 걸었다가 실패하고, 뒤늦게 그 사실을 깨닫고도 그러한 구도를 회복할 수가 없었다는 것이 실패의 여러 이유들 중 하나였다.

디트리히 에카르트

미래의 남자를 점점 더 보살펴주는 영향력 있고 부유한 사람들 덕으로 1920년 12월에는 〈민족관찰자〉지를 확보할 수 있었다. 디트리히 에카르트 (D. Eckart)와 에른스트 룀은 구제할 길 없이 빚을 진 이 잡지를 사들일 기금으로 6만 마르크를 조성하였다. 이 잡지는 당시 일주일에 두 번 발행되고 대략 1만 1천 명의 구독자가 있었다.[16] 돈을 낸 사람들 중에는 수많은 뮌헨 상류층 인사들의 이름이 들어 있다. 히틀러는 디트리히 에카르트의 도움을 받아서 뮌헨 사교계로 들어가서 자신의 관계를 확대할 수 있었다.

디트리히 에카르트.

두텁고 둥근 머리모양을 가진 다부지고 익살맞은 에카르트는 포도주를 즐기고 유치한 이야기를 좋아하는 사람이었다. 성공은 못했지만 시인이며 극작가였다. 입센의 《페르 귄트》를 모방한 작품이 그의 작품 중에서는 가장 큰 성공을 거두었다. 그는 정치적인 보헤미안 그룹에 끼여들었다. '도이치 시민사회'라는 정치적인 결사를 만들었지만 물론 성공하지는 못했다. 다만 그가 발간하는 잡지 〈좋은 도이치〉로 날카롭고 어느 정도 교양 수준을 갖춘 상태에서 널리 퍼진 반유대주의 분위기를 대변하는 것이 고작이었다. 고트프리트 페더를 따르면서 그는 이자(利子)에 의한 노예상태에 대항하여 혁명을 일으켜 '참다운 사회주의'를 건설하자고 요구하였다. 란츠 폰 리벤펠스의 영향을 받아서 날카로운 목소리로 종족혼합 금지를 위하여 싸우고 순수한 도이치 혈통의 영향력 확보를 요구하였다. 소련을 가리켜서 '기독교도를 죽이는 유대인 구세주 레닌의 독재'라고 불렀고, 자신은 "모든 유대인을 한 기차에 태우고 그들과 함께 홍해로 뛰어들고 싶다."고 확언하였다.[17]

에카르트는 일찍이 히틀러를 알게 되었다. 1920년 3월에 카프 쿠데타가 일어나고 있던 때에 이 두 사람은 민족주의 배후인물들의 명을 받고 관찰을 위해서 베를린에 갔다. 책을 많이 읽고 인간을 잘 알고, 광범위한 지식과 수많은 선입견을 지닌 사람이었기에 그는 촌스럽고 어쩔 줄 모르는 히틀러에게 큰 영향을 미쳤다. 복잡하지 않은 태도를 지녔기 때문에 히틀러는 처음으로 마음 속 깊은 곳의 열등감을 터뜨리지 않고 시민적인 교양을 지닌 이 사람과 함께 지낼 수 있었다. 그는 히틀러에게 책들을 빌려주고 읽을 책들을 추천해주기도 하였으며 사람들을 만날 때의 행동방식을 가르치고, 표현을 고쳐주고, 그에게 여러 곳으로 통하는 문들을 열어주었다. 한동안 그들은 뮌헨 사회에서 떨어질 수 없는 단짝이 되어 돌아다녔다.

1919년에 에카르트는 기교적인 시에서 국민적인 구원자의 도래를 예언하기도 했다. 다른 자리에서 그는 이런 말도 했다. 그런 인물은 "기관총 소리를 들을 수 있는 친구다. 사람들이 두려움을 느껴야 한다. 장교는 아니다. 장교들에 대해서 민중은 존경심을 갖지 않는다. 가장 좋기로는 말을 아주 잘하는 노동자일 것이다……. 그런 사람이 그다지 큰 지성을 가질 필요는 없다. 정치란 이 세상에서 가장 멍청한 사업이므로." 빨갱이들에게 언제나 '외설적인 대답'을 해줄 준비가 된 사람, 그런 사람이 자기에게는 "한무더기의 학식 풍부한 교수보다 더 낫다. 교수들이란 두려워 벌벌 떨면서 사실이라는 바지에 오줌이나 싼 채 앉아 있는 존재다." 그리고 그는 이렇게 요구한다. "젊은 사람이어야 한다! 그래야 여자들을 우리 편으로 얻는다."

그는 히틀러를 보자 바로 이 모델을 실현하고 있다는 사실에 감탄하였다. 그리고 1921년 8월에 〈민족관찰자〉의 어떤 기사에서 처음으로 그를 '지도자' (Führer, 이 말은 이 순간부터 마지막까지 히틀러의 공식 칭호가 된다. 우리에게는 보통 '총통'이라는 말로 알려져 있다. 원래 의미는 길 안내자, 인도자의 뜻이다. 이 책에서는 초기의 히틀러를 '지도자'로, 뒷날 국가권력을 장악한 다음의 히틀러를 '총통'이라고 나누어 부르기로 한다:역주)라고 부르고 있다.

국가사회당 초기의 투쟁가들 중 하나인 〈폭풍, 폭풍, 폭풍이여!〉라는 노래는 그가 만든 것이다. 후렴 같은 마지막 구절에 당의 가장 효과적인 구호인 "독일이여 깨어나라!"라는 말이 붙은 노래다. 히틀러는 어떤 찬사에서 에카르트는 "괴테처럼 멋있게 시를 썼다."고 말했다. 그는 이 시인을 공개적으로 '아버지 같은 친구'라고 부르고 자신은 에카르트의 제자라고 했다. 그는 로젠베르크와 발트 3국 출신 도이치 사람들과 더불어 이 시절 히틀러에게 가장 지속적인 영향을 미쳤던 사람으로 보인다. 동시에 그는 히틀러에게 처음으로 본래의 서열에 대한 안목을 열어주었다. 《나의 투쟁》 제2권은 강조된 글씨체로 인쇄된 이 시인의 이름으로 끝맺고 있다.[18]

뮌헨의 사교계

에카르트가 안내해준 뮌헨 사교계에서 히틀러가 거둔 성공은 정치적인 것이 아니었다. 미국 출신의 한프슈텡글(Hanfstaengl) 부인은 처음으로 자신의 살롱에 그를 받아들여준 사람 중 하나였다. 그녀는 자기 집에서 교류를 가지고 있던 작가, 화가, 바그너 해석자, 교수 등 고상한 보헤미안들의 모임에 그를 받아들여주었다.

전통적으로 자유주의적인 이 집단은 무시무시한 생각들과 세련되지 못한 태도를 가진 이 젊은 민중연설가의 특이한 모습을 오히려 기묘한 재미의 대상으로 보았다. 그는 '11월의 범죄자들'에 대해서 거칠게 흥분하였고, 포도주에 설탕을 타기도 하였다. 어쨌든 그런 충격적인 행동은 그를 맞아들인 살롱 주인들에게는 황홀한 것으로 여겨졌다. 마법사의 묘한 분위기, 서커스 세계와 비극적인 분노의 분위기, '유명한 괴물'의 날카로운 광채가 그를 둘러싸고 있었다. 접촉점은 예술, 특히 리하르트 바그너였다. 바그너에 대해서 그는 언제라도 연설하면서 몽상하는 것을 좋아하였다. 이 바이로이트 예술가를 통해서 극히 안 어울리지만 마음을 사로잡는 결속이 이루어졌다. '히틀러 형제'는 궤도에서 벗어나 있기는 하지만 정치적 상황에서 모험을 한 것이다.

이 시절 그의 등장에 대한 묘사들은 극단적이고 좌익적인 성향이 뒤섞인 모습을 보여준다. 명성을 얻은 사람들을 상대로 히틀러는 억눌리고, 궁리하면서, 비굴한 자세도 드러냈다. 이 무렵 루덴도르프와의 대화에서 그는 장군이 문장을 맺을 때마다 엉덩이를 들썩거리고, "반쯤 절을 하면서 극히 공손한 목소리로 '그렇습니다, 각하!' 아니면 '지당하신 말씀이지요!'" 하고 말하곤 했다.[19]

시민사회에 대한 그의 불확실성과 고통스런 아웃사이더 의식은 오랫동안 그대로 남아 있었다. 위에 나온 보고를 믿을 수 있다면 그는 이 장면에 어울리기 위해서 무진 애를 썼다. 그는 늦게 나타났고, 특히 커다란 꽃다발을 가져왔으며, 몸을 더욱 깊이 굽혀 절하였다. 무뚝뚝하게 침묵하고 있다가 갑작스럽게 흥분하여 말을 내뱉곤 했다. 그의 목소리는 거칠고, 무의미한 일들조차도 몹시 정열적으로 말했다.

어떤 증언에 따르면 한 번은 거의 한 시간 동안이나 말없이 피곤한 태도로 앉아 있을 때 여주인이 친절하게 유대인에 대해서 언급을 하였다. 그러자 "그는 말하기 시작하였다. 일단 시작하자 끝이 없었다. 잠시 뒤에 그는 의자를 뒤로 밀치고 일어서더니 여전히 연설조로, 아니 차라리 소리를 지르면서 너무나 쟁쟁한 목소리로 말을 해서 옆방에 있던 아이가 잠에서 깨어나 울기 시작하였다. 반 시간이 넘게 유대인에 대해서 대단히 재미있는, 그러나 극히 일방적인 연설을 하고 나더니 갑작스럽게 중단하고 여주인에게로 달려가서 실례하겠다고 말하고 손에 키스한 다음 사라져버렸다."[20]

사회적으로 무시당할까 하는 두려움이 분명히 그를 괴롭혔다. 한때는 피난민이었던 그의 두려움은 시민사회에 대해서 돌이킬 수 없이 혼란된 관계를 갖도록 만들었다. 그의 의상에서도 오랫동안이나 남자 하숙집의 흔적이 꼬리표처럼 달라붙어 있었다. 나중에 돌격대의 최고 지휘자가 되는 페퍼 폰 살로몬(Pfeffer v. Salomon)이 그를 처음으로 만났을 때 히틀러는 낡은 모닝코트를 입고 누런 가죽구두에 등에는 륙색을 짊어지고 있었다. 이 의용군 대장은 말을 잃어버리고 자기 소개를 포기해버렸다. 한프슈텡글은 히틀러가 푸른 양복에 보라색 셔츠, 갈색 조끼에 새빨간 넥타이를 매고 있었고, 엉덩이의 돌출부는 자동무기에 앉았던 자국을 드러내고 있었다고 회고하였다.[21]

히틀러는 아주 느리게 스스로를 양식화하는 법을 배우고, 거대한 민족무대에 어울리는 모험적인 작업복을 입게 되었다. 이러한 이미지도 내면에 깊이 자리잡은 불안을 드러내준다. 그것은 한때의 '리엔치'의 꿈, 알 카포네, 루덴도르프 장군 등에게서 얻은 요소들을 가장 진기한 방식으로 합쳐서 만들어낸 것이었다. 그런데도 당시의 묘사들에는, 그가 자신의 불안을 이용하려 하고 서투른 태도를 자기연출의 수단으로 쓰는 것이 아닌가 하는 의심이 나타나고 있다. 어쨌든 그는 편안하게 활동하려는 소망보다는 자신의 출현을 인상 깊게 만들려는 소망에 사로잡혀 있었던 것으로 보인다.

역사가 칼 알렉산더 폰 뮐러(K. A. v. Müller)는 히틀러가 정치가로서의

자의식을 만들어나가던 시절에 그를 만났다. "에르나 한프슈텡글의 집에서 수도원장 알반 샤흘라이터(A. Schachleiter)가 그를 만나보고 싶다는 소망에 따라 이루어진 커피 모임에서였다. 내 처와 나는 이 모임의 장식품 정도였다. 우리들은 모두 4시 정각에 이미 창가에 있는 번쩍이는 마호가니 탁자 앞에 앉아 있는데 벨이 울렸다. 열린 문틈으로 그가 좁은 입구에서 집주인에게 거의 비굴할 정도로 공손하게 인사를 하는 모습이 보였다. 그는 승마용 채찍, 빌로드 모자, 트렌치 코트 등을 벗더니 연발권총이 달린 혁대도 풀어서 옷걸이에 걸었다. 그것은 신기한 광경이었으며 칼 마이(K. May)를 연상시켰다. 우리는 당시만 해도 의상이며 행동이 세밀한 데 이르기까지 얼마나 치밀하게 효과를 계산한 것인지 모르고 있었다. 그리고 콧날개가 벌어진 아름답지 않은 코 밑에 눈에 띌 정도로 너무 짧게 깎은 콧수염도 마찬가지였다⋯⋯. 그의 눈길에는 벌써 성공에 대한 의식이 드러나 있었다. 그러나 이상스럽게 어색한 요소가 여전히 그에게 달라붙어 있었다. 그래서 불쾌감을 느끼게 되었는데 그도 그것을 알아차리고 우리가 그것을 알아차린 것을 기분나쁘게 여겼다. 얼굴은 너무나 좁고 창백하였으며 거의 고통스러운 인상이 나타나 있었다. 다만 둥글고 푸른 눈만이 이따금 냉혹한 모습으로 쏘아보았다. 강력한 미간 사이 코뿌리 근처에 단단하게 솟구쳐오른 형태로 광신적 의지력이 뭉쳐 있었다. 이번에도 그는 거의 말이 없었고 대부분 특별한 주의력을 가지고 경청하였다."[22]

그가 불러일으킨 이러한 효과로 부인네들이 몰려와서 그를 보살펴주기 시작하였다. 특히 나이든 귀부인들은 이 성공한 젊은 연설가의 경련과 열등감 뒤에는 복잡한 사정이 숨어 있을 것이라고 짐작하고 본능적으로 어떤 갈등이 있으리라고 추측하였다. 그러한 갈등은 문제를 잘 아는 손길을 통해 해결되기를 갈망하는 것이다. 히틀러 자신은 뒷날 어머니 같은 확고함으로 열렬히 자기 주변을 둘러쌌던 이 부인네들의 질투심을 비꼬았다. 어떤 여자를 알게 되었는데 "내가 다른 여자와 몇 마디 말만 주고받아도 흥분해서 그녀의 음성이 쉬어버렸다."[23]고 했다.

그는 뮌헨 교외 졸른에 있는 어떤 고등학교 교감의 미망인, '히틀러 엄마' 카롤라 호프만(Carola Hoffmann)의 집에서 자기 집에 있는 것처럼 편하게 느꼈다. 체임벌린의 작품을 출판하였던 출판업자 브루크만(Bruck-mann) 부인은 유럽의 오래된 고위귀족 출신의 여자였는데 그를 위해 자기 집을 개방하였다. 그리고 피아노 공장주 베히슈타인의 부인도 마찬가지였다. "그가 내 아들이면 좋겠어요."라고 그녀는 말한 적이 있다. 그리고 나중에 감옥에 있는 그를 면회하기 위해서 자기가 그의 양어머니라고 소개하기도 하였다.[24] 이 모든 여자들, 그들의 집과 그들의 사교계는 히틀러의 주변 범위를 넓혀주었고 그에게 명성을 만들어주었다.

주변의 인물들

그에 반해서 당에서 그는 우직한 중간층과 절반 범죄적인 뜨내기의 환경 속에 남아 있었다. 이러한 뜨내기 속성은 공격성과 물리적 폭력을 향한 마음 속 깊은 곳의 욕구를 충족시켜주었다.

몇 안 되는 친한 친구 중에는 싸움꾼 유형의 에밀 모리스(E. Maurice), 뚱뚱한 배를 가진 예전의 말장수 크리스티안 베버(Ch. Weber) 같은 사람이 있었다. 그는 어떤 수상쩍은 맥주집의 경호원 노릇을 했고 히틀러처럼 언제나 회초리를 가지고 다녔다. 푸줏간 견습공 울리히 그라프(U. Graf)도 가까운 친구 서클에 들었다. 그는 동시에 보디가드 노릇도 했다. 히틀러의 옛날 상사인 막스 아만(M. Amann)은 우직하고 충직한 수행원으로 때로는 당과 출판사의 대표로 등장하기도 하였다.

그들은 거의 끊임없이 히틀러를 둘러싸고 있었고 시끄럽고 부지런하였다. 그는 저녁에 당의 행사가 끝나고 나면 그들에 둘러싸여서 성모 교회 근처에 있는 '오스테리아 바바리아'나 '구운 소시지 집'으로 몰려가곤 하였다. 그들과 함께 화랑 거리에 있는 '카페 울타리'에서 커피와 케이크를 시켜놓고 몇 시간이고 잡담하면서 보내곤 하였다. 그곳 어둑한 뒷자리에 단골손님 테이블을 만들었다. 이 자리에서 자기 모습은 남에게 보이지 않으면서 길다란 커피집을 관찰할 수가 있었다.

일찍부터 그는 혼자 있는 일을 고통스럽게 여겼다. 그는 언제나 주변에

초기의 추종자 및 후원자들. 왼쪽부터 헤르만 에서, 에른스트 푀너, 율리우스 슈트라이허.

사람들을 필요로 하였다. 청중, 경호원, 하인, 운전사, 그리고 이야기 상대자, 혹은 예술의 친구들과 이야기꾼, 사진사 하인리히 호프만, 에른스트 푸치 한프슈텡글 같은 사람들을 필요로 하였다. 이런 사람들은 그의 모임에 '보헤미아 세계와 용병 대장 스타일'[25]이 뒤섞인 색채를 만들어주었다. 그는 '뮌헨의 왕'이란 호칭으로 불리는 것을 별로 싫어하지 않았다. 아주 늦은 시각에야 그는 티르쉬 거리에 있는 가구 딸린 방으로 돌아갔다.

그의 주변에서 가장 두드러지는 인물은 젊은 헤르만 에서(H. Esser)였다. 그는 신문사에 견습사원으로 있으면서 방위군 지역사령부의 언론 담당자로 일하고 있었다. 히틀러를 빼면 당이 이용할 수 있는 사람 중에서 그가 유일하게 선동가의 재능을 가진 사람이었다. "이 일을 히틀러보다도 거의 더 잘할 수 있는 소동꾼…… 저급한 지옥 출신이기는 하지만 연설의 악마"였다. 그는 깬 사람이었고 민속적인 비유를 이용해서 표현하는 법을 터득하고 있었다. 유대인과 암표상들의 집에서 밝혀냈다는 거실비밀들을 끊임없이 만들어냈다. 당의 정직한 소시민들은 곧 그의 캠페인의 '빌어먹을 목동 같은 말투'를 비난하였다.[26] 이미 고등학생 때 그는 군인위원회에 몇몇 시민들을 목매달아 죽이라고 요구하였다. 디트리히 에카르트와 더불어 그는 가장 초기에 가장 열렬하게 히틀러 신화를 퍼뜨린 사람들에 속하였다. 자료들을 믿을 수 있다면 히틀러 자신은 이 과격한 동료를 그다지 좋아하지 않았던 것으로 보인다. 그는 '에서가 불량배'라는 사실을 알고 있었으며 그를 써먹을 수 있는 동안에만 그를 데리고 있었다고 거듭 주장하였다.

여러 가지 점에서 에서는 뉘른베르크 출신의 교감 율리우스 슈트라이허 (J. Streicher)와 비슷하였다. 그는 외설적이고 지저분한 반유대주의의 대표자 노릇을 하였고 인신제물, 유대인의 욕정, 세계모반, 근친상간 등에 관한 온갖 난잡스런 상상에 사로잡힌 듯이 보였다. 순결한 아리안 여자들의 살을 탐하는, 검은 털로 뒤덮인 호색적인 악마들에 대한 강박관념에 사로잡혀 있었다. 슈트라이허는 더 편협하고 멍청하기는 하였지만 지역적인 성공이라는 점에서 히틀러와 겨룰 만하였으며, 처음에는 상당한 정도로 히틀러와 경쟁관계에 있었다.

뮌헨 국가사회당 지도자인 히틀러는 자신의 목표를 위하여 슈트라이허의 인기를 이용하기 위해서만이 아니라, 그 자신도 또한 이러한 증오의 콤플렉스와 강박관념들에 결부되어 있다고 느꼈기 때문에 그토록 열심히 슈트라이허를 얻으려고 애썼다는 사실을 일부 자료들이 보여주고 있다. 모든 적대감에도 불구하고 그는 '프랑크 지방의 지도자(슈트라이허)'에게 충실하게 머물렀으며 전쟁중에도 이렇게 선언하였다. 디트리히 에카르트는 슈트라이허가 많은 점에서 바보라고 말하였지만 히틀러는 이 '성급한 사람'에 대한 비난을 받아들일 수 없었다. "사실상 슈트라이허는 유대인을 이상화시켰다."[27]

대중적인 추진력에도 불구하고 당에 협소한 양식을 부여하고 당을 천박하고 편협한 상황으로 몰아넣는 이 모든 사람들과 달리, 전설적인 전투비행대대 리히트호펜의 마지막 지휘자 출신 공군대위인 헤르만 괴링(H. Göring)은 히틀러의 주변에 사교적인 분위기를 가져왔다. 이러한 분위기는 그때까지만 해도 주변을 경멸적으로 내려다보던 고독한 한프슈텡글 혼자만 보여주었던 것이다. 당당하고 쾌활하고 우렁우렁 울리는 목소리를 가진 괴링은 히틀러 추종자들의 일반적인 특징인 기묘하고도 정신병적인 모습을 전혀 가지고 있지 않았다. 그는 당이 방종과 활동과 전우를 필요로 하는 자신의 욕구를 충족시켜줄 것이기 때문에 당에 가입한 인물이었다. 자신이 주장하듯이 '잡동사니 이데올로기' 때문이 아니었다. 그는 여행을 많이 했고 상당히 폭넓은 관계들을 가지고 있었으며 매력적인 스웨덴 아내를 동반하고 나타나 사람들을 깜짝 놀라게 만들어서, 바이에른 바깥에도 사람들이 살고 있다는 사실에 대해서 당이 어느 정도 눈을 뜨도록 만들어주었다.

그가 고등사기꾼 성향을 가지고 있다는 사실은 막스 에르빈 폰 쇼이브너 리히터(M. E. v. Scheubner-Richter)와 비슷한 점이었다. 쇼이브너 리히터는 활동적인 과거를 가진 사람이었고, 이익을 가져오는 정치적 뒷거래에 천부적 재능을 가진 모험가였다. 돈을 구하는 그의 능력 덕분에 히틀러는 초기 몇 년 동안 활동자금을 안정적으로 확보할 수 있었다. 쇼이브너 리히터는 관청의 기록에 따르면 '엄청난 액수의 돈'을 모아들이는 데 성공하였다.[28] 그는 신비로운 인물이었다. 상당한 사회적인 안정성을 지녔고 말재주가 있었으며 재계와 비텔스바흐 왕가, 키릴 대영주, 종교계에 수많은 관계를 가지고 있었다. 히틀러에게 미친 영향은 상당한 정도였다. 1923년 11월 9일 장군홀에서 죽은 동지들 중에서 히틀러가 대체할 수 없는 인물이라고 애석해 했던 유일한 사람이었다.

쇼이브너 리히터는 수많은 발트 3국 출신 도이치 사람들 중의 하나였다. 그들은 과격한 러시아 이민자들과 함께 초기 국가사회당에서 막강한 영향력을 행사하였다. 히틀러는 나중에 우스갯소리로 이 시기의 〈민족관찰자〉는 '발트 3국판'이란 부제를 달아야 옳았다고 말한 적이 있다.[29] 로젠베르크는 쇼이브너 리히터를 이미 리가에서 알았다.

로젠베르크는 정치에 무관한 젊은 대학생일 때 쇼펜하우어, 리하르트 바그너, 건축상의 문제들과 인도의 지혜에만 관심을 가졌다. 러시아 혁명이 그에게 반 볼세비키와 반 유대주의 특성을 가진 세계관을 만들어주었다. 히틀러가 가지게 된 공포스런 표상들과 은유들은 상당부분 로젠베르크에게서 나온 것이다. 그는 당내 러시아 전문가로 꼽히고 있었다. 그밖에도 공산주의와 세계 유대인이 동일하다는 주장은 대부분 영향력이 과대평가된 '국가사회당의 지도적 이론가(로젠베르크)'가 히틀러의 세계관에 덧붙여준 것이었다. 히틀러가 처음에 했던 식민지 반환의 요구를 포기하고 광범위한 러시아 땅에서 도이치 사람의 생존공간 요구를 만족시키려는 생각을 하기

시작했을 때 적지 않은 자극이 그에게서 나왔을 것으로 보인다.[30]

그런 다음 이데올로기를 근본적으로 권력장악이라는 목적을 위한 수단으로 이용하는 실용적인 히틀러와 뒤틀린 성격의 로젠베르크 사이에 길이 서로 갈라졌다. 로젠베르크는 거의 종교적인 진지함을 가지고 자신의 요구를 고집하였고 수많은 환상적인 생각들이 섞여든 가운데 부조리한 사고체계를 만들어나가기 시작하였다.

당의 세력확장

강령을 발표한 지 근 일년이 지나자 당은 상당한 성과를 거둘 수 있었다. 뮌헨에서 40개 이상의 행사를 치렀고 바깥 지역에서도 거의 그 정도였다. 슈타른베르크, 로젠하임, 란츠후트, 포르츠하임, 슈투트가르트 등에서 지구당이 설립되거나 적어도 당원을 얻었고 당원 수는 거의 10배 이상 불었다.

국가사회당이 민족운동에서 어떤 의미를 가지는가 하는 것은 '뮌헨 게르만 기사단'의 '디트리히' 형제가 1921년 2월 초에 키일의 동지에게 보낸 편지에 나타나 있다. "일년이 지나는 동안 정당이 45회 이상의 대중행사를 치른 곳이 있는지 말해보십시오. 뮌헨 지구당은 당원 2천5백 명 이상에 추종자가 4만 5천에 이릅니다. 당신네 지구당 중 그와 비슷한 숫자를 자랑하는 곳이 있습니까?" 그는 쾰른, 빌헬름스하펜, 브레멘에 있는 기사단 형제들과 연락을 취했다고 했다. "모두들…… 히틀러 정당이 미래의 정당이라는 의견이었습니다."[31]

점차 실현되기 시작하면서 새로운 모욕감을 불러일으키게 된 베르사유 조약 규정들이 이러한 상승의 배경이 되었다. 그것은 화폐가치의 하락을 부채질하고 경제적 위기를 증가시켰다. 1921년 1월에 연합군의 손해배상 회의는, 독일이 앞으로 42년 동안 총 2,260억 황금 마르크에 이르는 손해배상을 하라는 결정을 내렸다. 나아가 같은 기간 수출액의 12퍼센트를 양도하라는 결정도 나왔다.

뮌헨에서는 조국 결사대, 민방위대와 국가사회당이 2만 명의 사람들에게

오데온 광장에서 열리는 항의시위에 모이라고 호소하였다. 이 집회의 주최자들이 히틀러에게 말할 기회를 주려고 하지 않았기 때문에 그는 다음날 저녁에 독자적으로 대중집회를 열 준비를 하였다. 드렉슬러와 페더는 그가 마침내 절도와 이성을 잃어버렸다고 생각하였다. 깃발과 구호합창대, 급히 만든 구호 플래카드를 실은 트럭들이 돌아다니면서 시민들에게 2월 3일 왕관 서커스 장으로 오라고 선전하였다. '아돌프 히틀러 씨'가 '미래냐, 몰락이냐!'에 대해서 연설하게 될 거라고 예고하였다. 이것은 그가 자신의 장래를 걸고 내건 구호였다. 그가 들어섰을 때 이 거대한 천막은 가득 차 있었다. 6천5백 명의 사람들이 환호하면서 그를 맞아들였고 마지막에는 국가를 함께 불렀다.

히틀러는 오래전부터 어차피 자기 힘으로 만들어진 당의 당수가 될 기회를 기다려 왔다. 그 시대가 '강한 남자' 유형에 끌리던 시대였으므로 히틀러에게 유리하였고 그의 의도에도 잘 맞았다. 당 지도부에서는 때때로 이 선전담당자의 과잉활동에 대한 근심이 표현되어 왔다. 1921년 2월 22일자 일지에는 "히틀러 씨에게 활동을 자제하라고 권했다."는 기록이 나오고 있다.

그러나 고트프리트 페더가 점점 더 뚜렷하게 드러나는 히틀러의 건방짐에 대해서 탄식을 하자 안톤 드렉슬러는 "모든 혁명운동은 독재적인 사람을 필요로 하며 그 때문에 나는 바로 히틀러를 우리 운동에 가장 적합한 사람으로 본다. 그렇다고 나 자신이 배경으로 밀려나지는 않는다."고 대답했다.[32] 그러나 다섯 달 뒤에 드렉슬러는 배경으로 밀려났다.

히틀러의 일생 동안 가장 막강한 동맹자였던 상황과 적들이 그에게 기회를 만들어주었다. 그는 위기 때마다 보여주곤 하는 냉혹함과 계략, 단호함, 위험에 대한 각오 등으로 국가사회당의 권력을 장악하고, 동시에 민족운동 내부의 지휘권을 확보하는 데 성공하였다.

1921년 여름 위기

몇 달 전부터 시작된 경쟁적인 정당들, 특히 도이치 사회주의자 정당과의 밀접한 협력을 위한 협상이 1921년 여름 위기의 출발점이 되었다. 모든 결합의 시도는 번번이 히틀러의 비타협적인 주장에 부딪쳐 실패하고 말았다. 그는 상대방 정당들의 완전한 굴복을 요구하면서 그들이 정당 차원에서 국가사회당과 연합하는 것을 반대하였다. 각 정당이나 모임들이 우선 해체된 다음 그 회원들이 개별적으로 국가사회당에 가입해야 한다는 것이었다.

히틀러의 고집을 제대로 파악하지 못한 드렉슬러의 무능은 절대적인 권력욕구와 당 창설자의 협조적인 특성의 차이점을 보여준다. 당내의 적수들이 당을 이끌어가면서 분별없는 결정에 이르도록 내버려둘 속셈으로 히틀러는 이른 여름에 6주 예정으로 베를린으로 출발하였다. 헤르만 에서와 디트리히 에카르트가 그 동안 당에 남아서 관찰하고 그에게 신속하게 보고하였다. '광신적으로 잘난 척하는' 히틀러[33]를 따돌리려는 친구들의 영향 아래서 아무런 눈치도 못 챈 드렉슬러는 실제로 이 시간을 이용하여 중단된 당 연합협상 혹은 모든 사회주의 우익정당의 협조에 대한 협상을 계속하려고 하였다.

베를린에서 히틀러는 민족주의 클럽에서 연설하고 보수적 극우 동지들과 연락을 가졌다. 그는 루덴도르프를 알게 되었고, 레벤틀로브(Reventlow) 백작을 알게 되었다. 그의 아내 달레몽(d' Allemont) 백작부인은 그가 이전의 의용군 대장 발터 슈텐네스(W. Stennes)와 다시 힘을 합치도록 주선하였다. 그녀는 이 자리에서 그를 '장래의 메시아'라고 소개하였다.

이 도시의 그 유명한 20년대의 과격한 광란 증세, 그 경박함과 욕구들은 히틀러의 거부감에 새로운 근거를 만들어주었다. 이 도시는 그의 음울한 기분에 너무나 맞지 않았다. 그는 이곳의 지배적인 상황을 몰락하는 로마의 상황에 견주기를 좋아하였다. 로마에서 '이질적인 기독교'가 로마의 취약한 상태를 이용하였다면 오늘날 볼셰비키주의가 독일의 도덕적인 몰락을 이용하고 있다는 것이다. 이 시절 히틀러의 연설은 대도시 죄악, 부정부패, 성적인 방탕 등에 대한 공격으로 가득 차 있다. 그는 프리드리히 거리나 선제후 댐 지역의 이글거리는 아스팔트 위에서 이러한 악덕을 관찰하였다.

"우리의 비참을 잊어버리기 위해서 사람들은 즐기고 춤춘다."고 그는 가끔씩 외쳤다. "계속 새로운 즐거움이 만들어지는 것도 우연이 아니다. 사람들은 인공적으로 우리의 신경을 진정시킨다."

17세에 빈에 도착했을 때처럼 그는 이 대도시 현상을 보고 어쩔 바를 모르며 낯선 모습으로 서 있었다. 수많은 소음, 소란, 온갖 것이 뒤얽힌 대도시 한가운데서 정신을 못차렸다. 그는 지방에서만 편안함을 느꼈고 지방도시의 은둔, 전체적인 조망의 가능성, 질서잡힌 도덕 등에 깊이 사로잡혀 있었던 것이다. 이 대도시의 밤의 행태에서 그는 원수종족 유대인의 아이디어를 찾아냈다. 즉 '한 종족의 자명한 위생규칙들을 뒤집으려는' 체계적 책략을 본 것이다. "그들(유대인)은 밤을 낮으로 만들고 악명이 자자한 밤의 생활을 만들어내고 그것이 천천히, 그러나 아주 분명히 작용하리라는 사실을 알고 있다……. 어떤 사람은 신체를 망가뜨리고, 어떤 사람은 정신을, 그리고 어떤 사람은 다른 사람들이 즐기는 것을 바라보는 동안 마음 속에 미움을 키우는 것이다." 극장이란 "리하르트 바그너 같은 사람이 최고수준의 신성함과 진지함을 만들어내기를 바라던 장소인데…… 개인이 온갖 근심과 비참에서 벗어나는 일들이나 하고 있으니 죄악과 몰염치의 산실이 되어"버렸다는 것이다.

그는 이 도시가 뚜쟁이들로 가득 차 있고, '수백만의 사람들에게 최고 행복 아니면 최고 불행을 의미하는' 사랑이 상품이 되고 '사업 이외에는 아무것도 아닌 것'이 되어 있음을 보았다. 그는 가족생활을 비웃는 것, 종교의 쇠퇴 등을 탄식하고 모든 것이 망가지고 격하되었다고 했다. "오늘날 이 비천한 기만과 어지럼증의 시대에 여기서 벗어나려는 사람에게는 오직 두 가지 가능성만이 남아 있다. 절망해서 목을 매달거나 아니면 비참한 룸펜이 되는 것이다."[34]

그는 베를린에서 드렉슬러의 독단적 행태에 대한 소식을 듣자 마자 지체없이 뮌헨으로 돌아왔다. 그 사이 힘과 자심감을 갖게 된 당 위원회가 그에게 자신의 행동을 설명하라고 요구하자 히틀러는 예상도 못한 극적인 방식으로 반응하였다. 7월 11일에 그는 짧막하게 탈당선언을 했다. 사흘 뒤에 보낸 상세한 설명서에서 끝없는 비난을 퍼부은 다음 자기가 당으로 돌아가기 위한 조건들을 최종적으로 제시하였다. 우선 위원회의 즉각적인 퇴진을 요구하였다. 그리고 '전권을 가진 당수 자리'와 '오늘날 당 속으로 들어온 이질적인 요소들의 정화'를 요구하였다. 당명도 당의 강령도 변경시킬 수 없다. 뮌헨 국가사회당의 절대적 우위는 반드시 보존되어야 한다. 다른 정당과의 연합은 있을 수 없으며 흡수통합만이 가능하다. 이미 뒷날의 히틀러의 면모를 보이는 확고함으로 그는 이렇게 선언하였다. "우리측에서의 보상이란 절대로 있을 수 없다."[35]

히틀러의 명망과 힘이 어느 정도 수준에 이르러 있었는가 하는 것은 당 위원회가 다음날 날짜로 지체 없이 보낸 답신에 드러나 있다. 감히 그에게 맞서려고 하지 않고 위원회는 히틀러의 비난을 고분고분 받아들였다. 완전히 굴복하고 심지어는 지금까지의 당수였던 안톤 드렉슬러를 희생시킬 준비가 되어 있다고 선언하였다. 뒷날의 신격화하는 비굴한 톤이 처음으로 나타나는 이 글의 결정적인 구절은 다음과 같다.

"위원회는 이미 당신의 엄청난 지식을 인정하고 있으며, 당신이 보기 드문 희생정신을 가지고 이 운동의 번영을 위해서 정직한 공을 쌓아올린 것을 인정하고 있습니다. 연설가로서의 희귀한 재능을 인정하여 당신에게 독재적 권한을 양도할 준비가 되어 있습니다. 위원회는 당신이 당으로 돌아와서 드렉슬러가 이미 오래전부터 여러 번이나 당신에게 양도하려고 한 당수의 직분을 맡아주신다면 진심으로 환영하는 바입니다. 그러고 나면 드렉슬러는 위원으로 남게 되며 당신이 바라신다면 당 행동위원회에도 위원 자격으로 남게 됩니다. 그가 이 운동에서 완전히 물러서는 것이 필요하다고 생각하신다면 다음번 연례 전당대회에서 그 사실을 발표할 것입니다."

이 사건의 시작과 정점이 히틀러가 위기상황에서 얼마나 능숙하게 키를 잡고 헤쳐나가는지를 보여주고 있다면, 사건의 결말은 그가 성취한 승리를 지나치게 부풀려서 망치려는 성향을 가지고 있다는 사실을 보여준다. 당 위원회가 굴복하자마자 그는 자신의 승리를 실컷 맛보기 위해서 독단적으로 임시전당대회를 소집하였다.

굴복하려던 드렉슬러도 더 이상 동의하려고 하지 않았다. 7월 25일 드렉슬러는 뮌헨 경찰국 6분과에 출두해서 임시전당대회 소집의 서명자들은 당 소속이 아니며 따라서 당원을 소집할 권리가 없다고 고발하였다. 그리고 히틀러는 혁명과 폭력을 의도하고 있지만 자신은 당의 목표를 합법적이고 의회주의적인 방식으로 실현할 생각이라고 주장했다. 그러나 경찰국은 자기들 소관이 아니라고 응수했다. 동시에 히틀러는 어떤 익명의 팸플릿에서 배신자라고 공격을 받았다. '권력의 망상과 개인적인 명예욕'이 그를 부추겨서 "우리 대열에 불화와 분열을 만들어내고, 그럼으로써 유대인과 그 동조자들을 도와주었다."는 것이다. 그의 의도는 당을 '깨끗하지 못한 목적을 위한 도약대로 이용하는 것'이고 그는 의심할 바 없이 배후에 숨어 있는 사람들의 도구라는 것이다. 그가 사생활과 출신배경을 그렇게 감추는 것도 이유가 없지 않다고 했다. "그가 무엇으로 사는가, 전에 어떤 직업을 가졌는가 하고 당원들이 개별적으로 질문을 하면 그는 언제나 분노와 흥분 상태에 빠져들곤 했다……. 그의 양심이 깨끗하지 못한 모양이다. 특히 그가 부인들과 지나치게 교류하는 일, 그는 자주 '뮌헨의 왕'이라고 불릴 정도니까, 그런 교류는 분명 많은 돈이 드는 일이다." 경찰의 허락을 받지 못한 어떤 불법 팸플릿은 히틀러를 가리켜서 '병적인 권력욕 망상가'라고 비난하였으며 이러한 요구로 끝을 맺고 있다. "독재자를 쓰러뜨려야 한다."[36]

디트리히 에카르트가 중간에 끼여들어서야 겨우 싸움을 조정할 수 있었다. 1921년 7월 29일의 임시전당대회에서 위기는 끝났다. 히틀러는 자신의 승리를 화려하게 자랑하는 일을 그만두지 않았다. 히틀러가 탈당한 사이 드렉슬러가 헤르만 에서를 형식적으로 국가사회당에서 추출해버렸지만 히틀러는 전당대회를 자기 심복인 에서의 사회로 치러냈다. '끝날 줄 모르는 박수갈채'로 환영을 받으면서 그는 그간의 싸움을 교묘하게 표현해서 554명의 참석자 가운데 553명의 찬성을 얻었다. 드렉슬러는 당고문직으로 만족해야 했다. 정관은 히틀러 마음대로 고쳐졌다. 위원회는 온통 그의 추종자들로 채워졌으며 그 자신은 독재적 당수 자리를 차지하였다. 국가사회당을 손아귀에 쥐게 된 것이다.

'지도자' 로 칭송되다

같은 날 저녁 히틀러는 왕관 서커스 건물에서 헤르만 에서에 의해서 '우리 지도자' 라는 호칭으로 축하를 받았다. 에서는 온갖 음식점이나 맥주집에서 거의 종교적인 열광으로 지도자 신화를 열렬하게 전파하는 전도사가 되었다. 디트리히 에카르트는 〈민족관찰자〉지에 계획적인 추켜세우기 글을 연재하였다. 8월 4일자에 그는 이미 히틀러에 대해서 '자신을 잊고 희생정신을 가진, 헌신적이고 정직한' 사람의 초상화를 그려냈다. 이어지는 문장에서 그는 '목적의식이 분명하고 확실하게 깨어 있다' 고 찬양되었다. 며칠 뒤에 같은 자리에, 에카르트가 그려낸 남성적인 윤곽에다가 초지상적인 은총의 윤곽을 덧입혀 그린 그림이 나타나고 있다. 그것은 루돌프 헤스가 만든 것으로 히틀러의 '너무나 순수한 의지', 그의 힘, 연설가로서의 재능, 경탄할 만한 지식과 명료한 이성 등을 찬양하고 있다.

짧은 시간 안에 히틀러 개인을 둘러싼 숭배의 과도함이 어느 정도까지 과장적으로 발전하게 되었는가 하는 것은 대략 일년 뒤에 루돌프 헤스가 쓴 찬양문에서 찾아볼 수 있다. "독일을 다시 높여줄 사람은 어떤 특성을 가지고 있을까?" 헤스는 자신의 묘사의 바탕에 히틀러의 그림을 놓고 있다.

국가생활과 역사의 모든 분야에 대한 깊은 지식, 거기서 교훈을 이끌어내는 능력, 자신의 일이 순수하며 결국 승리하리라는 신념, 무제한의 의지력이 그에게 대중이 환호성을 지르는 감동적인 연설의 힘을 주었다. 민족을 구원하기 위해서 그는 선전술, 구호, 거리행진 등과 같은 적들의 무기를 이용하는 것도 꺼리지 않는다……. 그 자신은 대중과 관계가 없으며 위대한 사람의 개성을 지니고 있다.

시대의 곤궁이 그런 일을 강요하기 때문에 그는 피를 흘리는 일도 마다하지 않는다. 위대한 문제들은 언제나 피와 강철로 결정되는 법이기 때문이다……. 그는 오직 자신의 목적을 이루겠다는 일념뿐이며 그 과정에서 가장 가까운 친구들조차도 치고 넘어가는 것이다…….

그리하여 우리는 이와 같은 독재자의 상을 가지고 있다. 정신은 날카롭고 분명하고 참되고, 정열적이면서도 자신을 통제하고, 차갑고 대담하고, 결단을 내릴 때에는 목적의식에 따라 신중하게 생각하고, 빠른 실천이 필요할 때에는 거침이 없고, 자신과 다른 사람에게 가차없고, 무자비하도록 냉정하면서도 국민에 대한 사랑에서는 한없이 부드럽고, 노동에 지칠 줄 모르고 부드러운 장갑 속에 강철 같은 주먹을 지니고 있으며 자기 자신을 통제하는 능력도 가진 사람이다.

그가 언제 구원하러 나타날지 우리는 모른다. 이 '사람' 말이다. 그러나 그가 온다는 사실은 수백만 명이 느끼고 있는 일이니……[37]

돌격대, 공격과 정복의 도구

당을 장악한 직후인 1921년 8월 3일에 돌격대(Sturmabteilung = SA)도 창설되었다. 그 이니셜은 원래는 스포츠 혹은 방어부대(Schutzabteilung)를 뜻하는 것이었다. 당내 반대세력들은 이미 히틀러가 '훔치거나 약탈한다는 이유로' 쫓겨난 의용군 출신들을 이용하여 유급 친위대를 만들었다고 비난하였다.[38] 그러나 돌격대는 전쟁을 벗어나서도 계속 무장을 생각하는 폭력조직으로만 여겨져서는 안 되고, 좌익의 유사한 테러부대에 대항한 우익의 방어개념으로 생각될 수도 없다. 이런 생각이 처음부터 상당히 개입된 것은 사실이다. 좌익의, 예를 들면 사회민주당의 '에어하르트 아우어 친위부대(Erhard-Auer-Garde)'처럼 군사적인 전투조직이 존재했다는 사실은 여러 모로 입증되고 있다. "다른 어떤 시대적인 현상보다 더 많이 테러에 의존하고 있는 마르크스주의 파벌은 우리 운동에 대해서도 이 수단을 사용하였다."고 히틀러는 돌격대 창설의 이념 하나를 거론하였다.[39]

그러나 돌격대 이념은 방어적인 목적을 훨씬 넘어서는 것이었다. 그것은 처음부터 공격과 정복의 도구였다. 히틀러는 이 시기에 '권력장악'을 오로지 혁명적인 폭력행위의 범주에서만 생각하고 있었다. 돌격대 창설요강에 따르면 그것은 '파괴조' 노릇을 하도록 되어 있었다. 그리고 당원들을 복종시키고 무한한 혁명의지를 키우는 역할도 맡고 있다. 히틀러의 특징적인 사고방식에 어울리는 것이지만 시민세계가 마르크스주의에 종속하게 된 원인은 정신과 폭력을 분리시키고, 이데올로기와 테러를 분리시킨 시민사회의 원칙에 있다고 보았다. 시민적인 세계에서 정치가들은 오로지 정신적인 무기만을 사용하도록 되어 있으며, 따라서 병사는 정치에서 엄격하게 제외되어 있다고 그는 설명하였다. 그에 반해서 마르크스주의는 "정신과 잔인한 폭력을 조화시켰다". 돌격대는 바로 그런 일을 해야 한다는 것이다. 이러한 의미에서 그는 부대지침서 첫장에서 이렇게 말하고 있다. 돌격대는 "운동의 보호를 위한 도구일 뿐만 아니라…… 무엇보다도 장차 다가올 내부의 해방전쟁을 위한 예비학교인 것이다."[40] 따라서 〈민족관찰자〉도 '과감한 돌격의 정신'을 찬양하고 있다.

사설부대를 창설하기 위한 외적인 조건은 1921년 6월 민방위 부대의 해체였다. 그리고 한 달 뒤에 고지 슐레지엔 지방에서 귀향하는 고지 의용군의 해체였다. 이 부대에 속했던 수많은 병사들이 갑자기 친밀감, 병사의 낭만, 그와 더불어 삶의 의미까지 한꺼번에 잃어버렸다고 믿고서 낙오된 용병 무리와 모험에 굶주린 젊은 건달 패거리에 합류했다. 그들은 모두 국가사회당에 받아들여졌다. 전쟁 체험을 간직하고 전쟁에서 돌아온 이들은 군대식으로 조직된 돌격대에서 계급과 사령부 제복 등을 보고, 무질서하게 보이는 공화국 사회에서 그리워하던 저 친숙한 생활방식을 다시 발견하였다.

그들은 대부분 소시민 계급 출신이었다. 이 계급은 독일에서 오랫동안 사회적 신분상승에 제약을 받다가 전쟁에서 장교계급의 인명손상이 많아지면서 새로운 지휘자 계급으로 올라갔다. 거칠고 지치지도 않고 행동을 열망하는 그들은 전쟁이 끝난 다음에도 새로운 경력을 기대하고 있었다. 베르사유 조약 규정들이 국민적인 치욕말고도 그들을 사회적으로 다시 추락시키기 전까지는 그랬다. 초등학교 강단, 가게의 계산대, 관청의 창구, 이런 생활방식은 너무 협소하고 비참하고 낯선 것으로 여겨지게 되었다. 히틀러를 정계로 몰아넣은 것과 똑같은 규범으로부터의 도피가 그들을 히틀러에게로 데려온 것이다.

히틀러 자신은 이와 같이 몰려드는 사람들을 보고 당이 펼치는 운동의 군사적 전초부대를 위해 알맞은 자원이라고 여겼다. 이 사람들의 원한과 에너지와 폭력에 대한 신념을 권력을 향한 자신의 전략에 포함시켰다. 제복을 입은 폭력성을 보여주는 것은 두려움을 불러일으킬 뿐 아니라 매력을 가지게 되리라는 것, 테러는 독특한 선전의 힘을 발휘할 수 있으리라는 생각이 그의 심리적·논리적인 원칙들에 포함되어 있었다. "잔인성은 경탄을 받는다."고 그는 자신의 깨달음을 표현하였다. "사람들은 치유력을 가진 두려움을 필요로 하죠. 그들은 두려워할 그 무엇인가가 필요합니다. 그들은 누군가 두려운 사람을 필요로 하며, 떨면서 복종할 누군가를 원하는 거죠. 어디서든지 싸움이 있고 나면 실컷 두들겨맞은 사람들이 제일 먼저 새로운 회원으로 당에 가입하는 경험을 하지 않습니까? 그런데 잔인성에 대해서 뭐라고 떠들면서 고통에 대해서 격분하는 겁니까? 대중이 그것을 원해요. 대중은 잔인성을 위한 그 무엇을 원합니다."[41]

점점 더 커지는 확신으로 히틀러는, 수사적이고 제의적인 선전수단에만 의존하면서 완력의 선전효과를 무시하지 않도록 더욱 세심하게 주의하였다. 그의 심복들 중 하나는 다음과 같은 구호를 가지고 돌격대 집회를 격려하였다. "제군들은 상대방 몇 명을 죽이는 한이 있더라도 더욱더 악착같이 대들어라. 그것은 해롭지 않은 일이다."

호프 양조장의 싸움

돌격대가 자기들의 신화로 만든, 1921년 11월 4일의 이른바 '호프 양조장 싸움'도 적지 않게 히틀러의 이러한 발언들에 자극받아 이루어진 것이었다. 그는 호프 양조장에서 어떤 항의시위를 하겠다고 예고했는데 상당수의 사회민주당 방해공작대가 찾아왔다. 히틀러는 그들의 수가 7, 8백 명에 이르렀다고 말하고 있다. 그에 비해서 돌격대는 이날 당사업부가 이사가는 바람에 겨우 50명 정도에 불과하였다.

히틀러 자신이 묘사한 바에 따르면 그는 미리부터 불안해 하는 소수부대를 열정적인 인사말로 격려해서 싸울 각오를 하도록 만들었다. 꺾느냐, 꺾이느냐의 문제라고 그는 외쳤다. 죽어서 시체로 들려나가는 것이 아니면 홀을 떠나선 안 된다. 자기가 손수 겁쟁이들에게서 완장과 계급장을 뜯어버리겠다. 공격이 최상의 방어라고 소리쳤다. "세 번의 '하일' 하는 인사말이 대답이었다. 이번 이 인사는 전보다 훨씬 더 거칠고 더 쉰소리였다." 이 보고는 다음과 같이 계속된다.

그러고 나서 나는 홀에 들어가서 내 눈으로 직접 사태를 볼 수 있었다. 그들은 빽빽하게 들어앉아서 벌써 눈으로 나를 꿰어버리려고 들었다. 이글거리는 증오를 품은 수많은 얼굴들이 나를 향했다. 다른 패거리들은 비웃듯이 얼굴을 찌푸리고 아주 분명한 구호를 외치고 있었다. 오늘 '우리를 끝장낸다' 는 것이었다. 우리는 내장을 잘 간수해야 할 거라는 말이었다."

한 시간 반 동안이나 그는 온갖 방해를 무릅쓰고 연설을 계속할 수 있었다고 한다. 그리고 이미 상황을 장악했다고 믿을 무렵 갑자기 어떤 남자가 의자 위로 뛰쳐오르더니 "자유!" 하고 외쳤다.

"몇 초 만에 홀 전체가 한데 어울려 으르렁거리고 소리지르는 사람들의 덩어리로 가득 찼다. 유탄들처럼 커다란 맥주잔들이 수없이 이리저리 날아다녔다. 그 사이에 의자다리 부러지는 소리, 맥주잔 깨지는 소리, 우악스럽게 소리지르고 악쓰는 소리, 외침소리가 쉴새없이 터져나왔다.

정말 엄청난 장관이었다…….

춤은 아직 시작도 되지 않았는데 나의 돌격대원들은—이날부터 그들은 이런 이름이다—공격을 하고 있었다. 늑대처럼 그들은 여덟이나 열 명이 떼를 지어 적들에게 덤벼들어서 그들을 두들겨패서 정말로 홀에서 몰아내기 시작하였다. 5분이 지나자 나는 피투성이가 되지 않은 적을 거의 볼 수 없을 정도였다……. 그때 갑자기 홀입구에서 단상을 향해서 권총이 두 번 발사되었다. 이제 거칠게 폭발하고 말았다. 옛날 전쟁체험이 그렇게 되살아나는 것을 보자 마음이 기뻐서 거의 환호성이 나올 지경이었다…….

약 25분이 지났다. 홀은 수류탄이라도 터진 것 같은 모습이었다. 나의 추종자들은 상당수가 붕대를 감고 있었고 일부는 들려나가야 했다. 그러나 우리

주말이면 당 선전부는 시골로 나갔다. 히틀러(X표)가 추종자들 사이에 서 있다.

가 사태를 장악하고 있었다. 이날 저녁에 모임의 사회를 맡았던 헤르만 에서는 이렇게 선언하였다. '모임은 계속됩니다. 연사께서 말씀하시겠습니다.'[42]

실제로 이날부터 히틀러는 뮌헨에서 훨씬 더 포괄적인 의미에서 말을 하게 되었다. 그 자신의 보고에 따르면 1921년 11월 4일부터 이 거리는 국가사회당에 속하게 되었으며 이듬해가 시작되면서 그것은 바이에른 지방으로 점점 넓게 퍼져나갔다. 주말이면 그들은 지방으로 선전여행을 나가서 시끄럽게 행진하였다. 처음에는 오직 완장으로만 구분이 되었지만 다음에는 잿빛 방풍 재킷을 입고 이른바 '하켈 지팡이'를 들고서 지역을 통과해가면서, 울리는 음성으로 돌격대 노래를 부르는 것이다. 일찍이 히틀러를 추종하였던 사람의 묘사에 따르면 그들의 모습은 '예의와는 거리가 먼 것'이었고, 그들은 오히려 '가능하면 거칠고 호전적인 모습'을 가지려 했다고 한다.[43]

그렇게 해서 그들은 집과 공장 담벼락에 구호들을 붙이고 적대자를 만나면 붙어싸우고, 검정·빨강·금색 깃발을 끄집어내리거나 아니면 군대의 기본원칙에 따라서 암거래상이나 자본주의적인 고리대금업자에 대항하는 지휘부를 조직하였다. 그들의 노래와 구호들은 피비린내나는 과도한 용기를 보여주는 것이었다. 시민 양조장에서 열린 어떤 모임에서는 참석자들에게 "유대인 학살을 위해서 기부금을 냅시다"라는 구호가 붙은 모금상자를 내밀었다.

이른바 '조정자들'이 여러 가지 행사나 마음에 들지 않는 음악회를 방해하였다. "우리는 대단한 싸움꾼!"이라는 것이 돌격대의 익살스런 구호였다. 실제로 돌격대의 유례없이 난폭한 등장은 히틀러의 기대에 맞게 당의 성장을 전혀 방해하지 않았다. 견고하고 성실한 시민계급 안에서도 그것은 운동의 매력을 전혀 손상시키지 않았다.

이러한 현상의 원인으로 전쟁과 혁명에 의해서 풀어져버린 규범 탓만을 할 수는 없다. 오히려 히틀러 정당은 바이에른 스타일의 촌스러움을 이용할 줄 알았다고 할 수 있을 것이다. 그것을 정치적 유희방식으로 발전시킨 것이다. 이리저리 쓰러진 의자들과 뒤엉킨 맥주잔들이 널린 맥주홀 싸움들, '학살' 운운 하는 말, 살인의지를 드러낸 노래들, '대단한 싸움꾼' 등은 모두 폭력적인 농담들이었다. 특히 이 시기에 '나치(Nazi)'라는 표현이 널리 쓰이게 되었다. 그것은 원래는 '국가사회주의자(Nationalsozialist)'의 약자였지만 바이에른 사람들의 귀에는 오히려 '이그나츠'라는 사람 이름의 애칭으로서 친근하고도 가족적으로 들렸다. 이 정당은 사람들의 의식 속에 널리 자리잡게 되었다.

돌격대의 초기 핵심을 이루었던 전쟁참가자 세대에 뒤이어서 곧 젊은 세대가 들어왔다. 그러면서 이 운동은 실제로 '불만스러운 젊은이들의 반란'이 되었다. 폭력에 대한 애착, 엘리트 남자들의 공동체, 이데올로기로 감싼 모반 등의 요소가 뒤섞여서 새로이 강하고 낭만적인 매력을 발전시킬 수 있었다. 히틀러는 이 시기의 대중연설에서 이렇게 확인해주고 있다. "사람들을 결합시킬 수 있는 것이 두 가지 있다. 이상을 함께하는 것과 악당노릇을 함께하는 것이다."[44]

돌격대에서 그 두 가지는 구별할 수 없도록 서로 뒤섞여 있었다. 1922년이 경과하는 동안 돌격대는 비약적인 발전을 해서 가을에는 벌써 루돌프 헤스의 지휘 아래 순수하게 대학생으로만 만들어진 11번째 백인(百人)부대가 만들어졌다. 같은 해에 에드문트 하이네스(E. Heines) 소위가 이끄는 예전의 로스바흐 의용군 그룹이 돌격대에 단체가입하여 독립부대가 되었다. 수많은 독자조직을 이루면서 돌격대에 점점 더 군사적인 특성이 생겨났다. 로스바흐(Roßbach) 자신은 자전거부대를 만들었다. 그밖에도 정보부대, 오토바이부대, 포병대, 기마대 등이 있었다.

중산층의 불안감을 이용하다

'돌격부대'들의 중요성이 커지면서 그것은 국가사회당에 새로운 유형의 정당 특성을 부여하게 되었다. 돌격대는 수많은 참가자들이 회고록에서 변명을 하고 있는 것과는 달리 가장 일반적인 민족적 투쟁 및 돌격 프로그램을 넘어선 어떤 특징적인 이데올로기도 발전시키지 못했으며, 깃발을 휘날리며 거리를 행진할 때에도 새로운 사회질서를 향한 행진이라는 생각도 하지 못했다. 돌격대는 유토피아적 이상을 갖지 못한 채 다만 거대한 불안이었을 뿐이며 어떤 목적도 갖지 못한 채 스스로 통제도 못하는 역동적인 에너지였을 뿐이었다.

엄격하게 보자면 이 집단으로 들어간 사람들 대부분이 단 한 번도 정치적 병사들이 되지 못했다. 오히려 자신들의 허무주의, 불안, 복종의 욕구 등을 그럴싸하게 들리는 정치적 용어들 뒤에 감추어보려는 건달들에 가까웠다. 그들의 이데올로기란 대단히 불확실한 일반적인 신념과 복종의 욕구라는 배경 뒤에 숨은 활동이었다. 거의 동성애에 가까운 남자들만의 특성을 가지고서 '지도자들' 이외에는 별다른 강령도 없었다. 이들 지도자들은 평균적인 돌격대 사나이의 헌신의 욕구를 일깨울 수 있는 사람들이었다. 히틀러는 공식적인 호소문에서 이렇게 말하고 있다. "지도자들에게 복종하고자 하는 사람, 필요할 경우에는 죽음 속으로도 뛰어들 각오가 되어 있는 사람만 오시오!"[45]

그러나 바로 이러한 이데올로기적인 무관심이 돌격대를 모든 분파적인 고유성과 무관하게 어떤 명령이든지 따르는 극단적인 핵심집단으로 만들어 냈다. 그것은 전통적인 시민정당이 몰랐던 당 전체의 결속을 가져왔다. 그리고 아주 상이한 분위기와 불만 집단에 하나의 통합된 당이 되도록 하는 기회를 만들어냈다. 돌격대에서 형성된 핵심집단이 규율이 잡히고 믿을 만 할수록 히틀러는 거의 아무런 차별 없이 모든 계층을 향하여 자신의 호소 를 할 수 있게 되었다.

국가사회당의 특징이 되는 통합되지 못한 이미지의 원인을 이런 특성에 서 찾을 수는 없다. 이 정당의 불확실성은 '중간층 정당'이라는 널리 퍼진 공식으로는 파악되지 않는다. 물론 소시민적인 중간층이 당에 상당히 많은 특성들을 부여하고 있는 것이 사실이다. 그리고 히틀러가 예고한 강령도 '노동자 당'이라는 표현을 하고는 있지만 많은 점에서 중산층의 두려움과 공황적인 심리를 요약하고 있다. 대기업과 백화점들에게 경제적으로 압도 될까 봐 두려워하는 마음, 쉽게 만들어진 부(富)에 대한 소시민의 원한, 고 리대금업자와 밀매꾼들에 대한 원한 등이 요약되어 있다. 당의 선전도 주 로 중산층을 겨냥한 것이며 예를 들면 알프레트 로젠베르크 같은 사람은 중산층을 '세계의 기만에 대항하는' 유일한 계층이라고 찬양하고 있다.

히틀러는 빈 시절의 존경하는 선배 칼 뤼거에게서 배운 교훈을 잊지 않 았다. 그는 '몰락의 위협을 받는 중산층'을 동원하고 이러한 방식으로 "감 동시키기 힘든 추종세력이 상당한 희생과 단단한 싸움의 각오"를 하도록 만들 수 있다는 것이다. "중산층 세력에서 투사들이 나와야 한다. 우리들 국가사회주의자들의 대열에는 우익과 좌익의 상속권을 잃어버린 사람들이 서로 합류해야 한다."[46]

초기의 여러 가지 회원명부는 이러한 이미지와 그다지 다르지 않다. 약 30퍼센트가 공무원이나 샐러리맨이고, 기술자와 노동자들이 다시 거의 30 퍼센트, 상인이 16퍼센트, 그들 중 상당수는 국가사회당이 노동조합의 압력 에서 자기들을 지켜주기를 바라는 중소기업 소유자들이었다. 나머지는 군인, 학생, 자유직이고, 당지도부는 낭만적인 대도시 보헤미안들이 압도적인 수를 차지하고 있다. 1922년 당지도부의 지시에 따르면 각 지구당은 지역 내의 사회학적 이미지를 반영해야 하며, 당 지도부에 대졸자가 절대로 1/3 이상이 되어서는 안 된다고 못박고 있다.[47] 이 시기에 당이 모든 출신 계급, 모든 사회적 색채의 사람들을 끌어들이고, 상충하는 집단, 이해, 감정 등을 통일하는 운동으로서 역동성을 발전시켰다는 사실은 특기할 만하다. 1921년 8월에 린츠에서 모인 도이치 말 사용국가간의 국가사회주의 회합에서 스스로 '계급정당'이라고 규정했을 때 이 자리에 히틀러는 참석하지 않았다. 히틀러는 국가사회당을 언제나 계급간의 엄격한 통합이라고 보았고, 민족대립을 위해서 계급대립을 극복하는 것이라고 여겼다.

1922년 12월의 경찰보고서에 따르면 "중산층과 시민계급의 사람들과 함께 매우 많은 노동자들이 국가사회주의 깃발을 따르고 있다. 오래된 사회주의 정당들은 (국가사회당이) 자기들의 존속에 상당한 위협이 된다고 보고 있다." 사회주의가 지적하는 수많은 사회적 모순과 대립들에서 공통분모를 얻었지만 이제는 프롤레타리아, 부르주아지, 자본주의, 공산주의 등에 대항해서 방어적인 태도가 된 것이다. "계급의식을 가진 노동자는 국가사회당에 설 자리가 없다. 계급의식을 가진 시민도 마찬가지"라고 히틀러는 확언하였다.[48]

전체적으로 보아서 초기에 국가사회주의의 말이 먹혀들고 추종자를 얻게 된 것은 계급이 아니라 마음상태였다. 비정치적인, 그러나 실제로는 권위를 좋아하고 지도를 필요로 하는 의식상태는 모든 계층과 계급에 존재하고 있었다. 공화국 체제로 변화된 상황에서 공화국에 참석하였던 사람들은 자기도 모르는 사이에 버림받았다. 그들을 채웠던 막연한 공포심은, 새로운 국가형태가 자신들의 충성심에 어울리는 권위를 만들어내지 못했기 때문에 점점 강화되기만 하였다.

패배라는 재앙에서 공화국이 탄생하였고, 전승국들, 특히 프랑스에 의해서 복수심에 불타는 마음으로 추구된 황제시대의 원한 맺힌 죄악에 대한 보복정책, 굶주림, 혼란, 화폐가치 하락 등 두려운 체험들, 민족적인 파렴치의 표현으로 오해된 베르사유 조약의 조건이행 등은 국가질서와 자신을 동일시하고자 하는 도이치 사람들의 전통적인 욕구를 전혀 충족시키지 못하였다.

도이치 사람들은 언제나 자기 자신의 가치의 일부를 국가와의 동일시에서 얻어온 사람들이었다. 광채도 없고 비굴한 이런 국가는 그들에게 아무 의미도 없었다. 그것은 국민의 충성심을 얻을 만한 의미가 없었고, 상상력을 위해서도 아무런 의미가 없었다. 그들이 혼란스런 시대를 지나면서도 암담한 저항의 심정으로 보존해 왔던, 질서와 존경이라는 엄격한 개념은 공화국 치하에서 민주주의, 언론자유, 논쟁, 정당교섭 등을 통해서 헌법 자체에 의해서 이미 문제시되는 것이었다. 그들은 새로운 국가형태에서 세계를 더 이상 이해할 수가 없었다.

불안감에 빠져 있던 그들은 단호한 거동으로 자기들의 혼란을 정치적으로 조직해낸 국가사회당을 만나게 된 것이다. 하필이면 여러 모로 기묘한 인생배경을 가진 히틀러 정당의 모험가적인 대표자들이 자기들의 질서, 도덕, 혹은 충성, 신념 등에 대한 욕구를 가장 잘 이해했다고 그들이 느꼈다는 이 역설적인 사실은 이런 맥락에서 설명이 가능해진다. "그는 질서, 청결, 정확성만이 전부였던 전쟁 전의 독일을 현재의 혁명 독일과 비교하였다."고 히틀러의 초기 연설에 대한 어떤 보고가 전하고 있다. 나날이 상승하던 선동가 히틀러는 바로 민족의 특징이 되는 질서와 기율에 대한 본능에 하소연해서 점점 더 많은 동조를 얻었던 것이다.

이런 눈으로 보면 세계는 질서가 잡혀 있거나 아니면 아예 참을 수 없는 것으로 여겨졌다. 히틀러는 공화국을 도이치 역사와 도이치 본질의 부정이라고 불렀다. 그것은 소수계층의 일이며 사업이고 경력이라는 것이다. 다수의 사람들은 "평화를 원할 뿐이지 돼지우리를 바라는 것은 아니다".[49]

히틀러는 아직 1923년 여름의 끔찍한 형태를 취하지는 않았지만 이미 중산층 대부분의 실질적인 재산상실을 야기했던 인플레이션을 시대의 핵심 문제로 잡았다. 1920년에 마르크는 전쟁 이전 가치의 1/10에 이르렀다. 2년 뒤에는 무려 1/100에 이르렀다('페니히 마르크'). 전쟁 이후 1천2백 억의 빚을 졌고, 아직 미결상태인 손해배상 협상에서 새로운 부채를 짊어질 수밖에 없는 국가는 이와 같은 방법으로(정부는 돈을 마구 찍어냈다:역주) 부채를 벗어났고, 대신 국민이 그 빚을 떠안았다.

빚을 끌어쓴 사람들, 상인들, 제조업자들, 특히 거의 세금 없이 최저임금으로 생산하는 수출업자들에게 인플레이션은 유리한 것이었다. 그런 사람들은 아직도 통화가치 하락에 관심이 있었다. 어쨌든 적어도 돈 가치를 떠받치려는 노력은 하지 않았다. 돈가치가 떨어지면서 점점 더 싸게 먹히는 싸구려 돈을 가지고 그들은 태연하고도 거침없이 자기나라 돈에 불리한 투자를 하였다. 재빠른 사업가들은 몇 달 안에 신화적인 부를 쌓았다. 그리고 거의 한푼도 없는 상태에서 엄청난 경제왕국을 건설하였다. 자기들의 경제적 부가 거의 모든 사회 집단의 빈곤화, 프롤레타리아화에 기초한 것이고, 차용증서를 가진 사람, 연금생활자, 소규모 저축생활자들이 전재산을 날리는 상황이 벌어져도 그런 광경은 오히려 도전의식만을 부추겼다.

환상적인 자본가들의 경력과 대중의 빈곤화 사이에 상관관계가 있다는 막연한 추측은 당사자들에게 사회적인 냉소의 감정을 만들어냈다. 그것은 지속적인 원한으로 바뀌게 되었다. 그러므로 바이마르 공화국 시절 반자본주의적인 분위기는 이러한 체험과 적잖이 연관이 있다. 전통적인 관념으로 보면 사욕(私慾)이 없고 올바르고 통합적인 기관이어야 하는 국가가 인플레이션의 힘을 빌어 국민에게 기만적으로 파산을 떠넘겼다는 인상도 마찬가지로 파급효과가 컸다. 엄격한 질서의식을 가진 소시민들, 특히 파산한 사람들 사이에서 이러한 인식은 그들의 얼마 안 되는 재산의 상실보다도 오히려 더 파괴적으로 작용하였다.

이러한 타격을 받으면 그토록 엄격하고 신중했던 세계가 철회할 수 없는 형태로 몰락하게 마련이다. 지속적인 위기는 사람들이 다시 믿을 수 있는 음성, 따를 수 있는 의지를 찾도록 만들었다. 바이마르 공화국이 이러한 욕구를 충족시킬 수 없었다는 사실만으로 이미 공화국의 불행을 거의 전부 묘사할 수 있을 정도다. 그러므로 대중선동가 히틀러라는 현상은 오직 부분적으로만 그의 특이하고도 기만적인 연설가 재능의 덕을 입었다. 그가 이렇게 분노한 보통사람들의 기분을 정확하게 알아맞히고, 그들의 소원을 어느 정도 그려 보일 수 있는 감수성을 가졌다는 사실이 더욱 중요한 것이다. 그 자신 바로 그러한 현상에 위대한 연설가의 비밀을 두고 있었다. "그는 청중의 마음을 사로잡기 위해서 필요한 말들이 바로 청중들 자신에게서 흘러나오도록 언제나 광범위한 대중의 소리에 귀를 기울였다."[50]

근본적으로 보자면 한때의 실패한 미술학교 지원자가 체험했던 일이 초개인적인 차원에서 한 번 더 일어난 것이다. 그것은 생활감정과 동경에 맞지 않는 현실에서 고통을 당하는 일이었다. 히틀러 개인의 상황과 사회병리적 상황의 이런 일치를 모르면 일반인의 감정에 대해서 그토록 마법적으로 작용한 히틀러의 부상(浮上)을 이해하기 힘들다. 민족이 이 순간 비로소 체험한 일, 즉 마법에서 깨어나는 체험, 몰락과 계급추락, 그리고 이 모든 일에 책임을 질 대상을 찾는 감정 등을 그는 이미 오래전에 겪었던 것이다. 그 뒤로 그는 이유와 변명들을 가지고 있었고, 그 형식과 책임자를 알고 있었다. 그것은 다시 그의 본래의 의식에 모범적인 특성을 부여하였고, 사람들은 전기에 감전된 듯이 그에게서 그 사실을 확인하였던 것이다.

그들을 사로잡은 것은 그의 논거가 반박할 수 없는 것이거나, 그의 구호들이 대단히 예리한 것이기 때문이 아니었다. 오히려 실패한 시민 아돌프 히틀러가 어찌할 바 모르고 똑같은 곤경에 처한 사람들에게서 불러일으켰던 똑같은 체험, 똑같은 고통과 희망의 감정이 그들을 사로잡은 것이었다. 광증과 신들린 상태, 특별하게 달라붙은 비속성의 혼합 속에 드러나는 그의 특별한 카리스마는 대부분 바로 이러한 사실에서 유래하는 것이다. 역사는 때때로 한 인간 속에 응축되어 나타나기를 좋아하며, 세계는 그의 말에 귀를 기울인다는 야콥 부르크하르트의 말은 그에게서 현실로 나타난 것이다. 시대와 사람이 하나의 위대하고 신비로운 계산착오 속으로 들어선 것이다.

치밀하게 계산된 연극무대

히틀러가 장악한 '비밀'은 그가 가진 다른 본능들과 마찬가지로 실은 합리적 계산과 밀접하게 연관된 것이었다. 중요한 능력들을 가지고 있다는 사실을 일찍이 깨달았지만, 그러한 깨달음이 대중심리적인 계산을 포기하도록 만들지는 않았다. 그 시대의 과장된 양식에 따라 자세를 취하고 있는 일련의 사진들은 상당히 재미있는 것이다. 그가 자신의 선동가적인 천재성에 대해서 얼마나 연구하고 시험하고, 실수를 통해서 배웠는가 하는 인식이 그러한 재미 속에 파묻혀 슬며시 사라져버렸을 뿐이다.

그는 일찍부터 무대에 등장할 때의 특별한 양식을 발전시켰다. 이러한 특수한 양식은 심리적인 고려에 따른 것이었으며, 특히 그의 연극적인 특성을 통해서 전통적인 정치집회의 과정과 구별되는 것이었다. 선전 트럭들과 '거대한 공식적 광고'를 위한 벽보로 요란스럽게 선전하면서 그는 서커스와 대형 오페라의 구경거리 요소를 교화적인 교회의식과 교묘하게 혼합하였다. 높이 매단 깃발들, 행진곡, 환영의 구호, 노래들, 언제나 되풀이되는 '하일' 하는 외침 등은 지도자의 연설을 위해서 점점 긴장이 넘치는 준비과정이 되곤 하였다. 연설의 예고적인 특성은 이러한 방식으로 인상 깊게 선전되었다.

점점 개선되면서 연설자 과정과 안내서에도 등장하는 행사규칙들은 단한 가지 세부사항도 소홀히 취급되지 않았다. 이 시기에 벌써 당 전략이라는 거대한 노선을 결정할 뿐 아니라 가장 하찮은 세부적인 문제에 대해서도 집요한 관심을 가지는 히틀러의 성향이 드러나고 있다. 그는 때때로 뮌헨의 모든 중요한 집회장소들의 음향을 손수 조사하였다. 하커 양조장이 호프 양조장이나 킨들 지하술집보다 더 큰 음량을 요구하는지 알아내려고 했으며, 집회장소의 분위기, 통풍, 전략적 위치 등을 세밀하게 검사하였다. 어떤 홀은 너무 작아서 추종자의 1/3만 와도 가득 차겠다는 등의 일반적인 지적도 나타난다. 소시민적인 중산층 운동이라는 인상을 피하고 노동자들의 신뢰도 얻기 위해서 히틀러는 추종자들 사이에서 때때로 '바지주름에 반대하는 싸움' 등을 주도하였다. 부하들을 넥타이와 칼라 없이 선전에 내보내기도 하였다. 적들의 주제와 전략을 알아내기 위해서 부하들을 상대방의 교육과정에 참여시키기도 하였다.[51]

1922년부터 그는 자신이 주요 연사로 등장하는 여덟, 열, 혹은 열두 개의 행사를 시리즈로 하룻밤에 열곤 하였다. 그러한 방법은 그의 수량 콤플렉스와 반복 욕구에 잘 어울리는 것이었고 게다가 집중적인 선전활동의 원칙에도 맞는 일이었다. 그는 이렇게 설명하였다. "오늘날 중요한 일일 수밖에 없는 것은 점차 상승하는 군중집회를 조직하는 것이다. 실내와 거리에서 항의에 항의를 거듭하는 것이다……. 정신적인 저항이 아니라 저항, 항의, 쓰라린 분노의 타오르는 파도가 우리 민족 속으로 파고들어야 한다!" 뮌헨의 '사자 양조장'에서 열린 시리즈 행사에 참석하였던 어떤 증인은 다음과 같은 보고를 하고 있다.

나는 이미 이 홀에서 얼마나 많은 정치집회를 체험하였던가. 그러나 들어서면서부터 벌써 그토록 후끈 달구어진 최면상태의 대중적인 흥분의 기운이 불어오는 경우는 전쟁중에도 혁명중에도 겪어보지 못했다. 나는 혼자서 생각하였다. '독자적인 투쟁가, 독자적인 깃발, 독자적인 상징물, 독자적인 인사법, 군대와 비슷한 정돈자들, 하얀 바탕에 검은 갈고리 십자가를 그린 새빨간 깃발들의 숲, 군인과 혁명가의 혼합, 자연적인 것과 사회적인 것의 이상한 혼합이로군—청중도 마찬가지다. 추락하는 중산층이 압도적인데—중산층은 여기서 다시 결집될 것인가?' 여러 시간 동안이나 계속되는 끊임없이 꽝꽝 울리는 행진음악, 여러 시간 동안이나 이어지는 하급 지도자들의 짤막한 연설들, 그는 언제 오는 걸까? 그 사이에 어떤 예기치 못한 일이라도 생겼나? 자신을 둘러싼 이 분위기 속의 열기를 아무도 묘사할 수 없을 것이다. 갑자기 뒤쪽 입구에 움직임이 일어났다. 명령의 구호들. 단상의 연설가는 문장 중간에 말을 멈추었다. 모두들 일어서면서 '하일' 하고 외쳤다. 소리지르는 대중과 펄럭이는 깃발 한가운데로 지금껏 기다려온 사람이 수행원들을 거느리고 오른손을 높이 쳐들고 빠른 걸음으로 연단으로 다가갔다. 그는 바로 내 곁을 스쳐 지나갔다. 그리고 나는 보았다. 그는 내가 여기저기 개인집에서 만났던 모습과는 완전히 딴판이었다.[52]

그의 연설의 구조는 언제나 똑같은 모범을 따랐다. 현실을 대단히 헐뜯는 말로 청중의 동의를 얻고 최초의 결론을 도출하려고 하였다. "모든 영역으로 분노가 퍼져나가고 있습니다. 1918년 약속했던 것은 품위도 아름다움도 아니었다는 것을 깨닫기 시작한 것입니다." 1922년 9월의 어떤 연설을 그는 이렇게 시작하고 있다. 그러고 나서 역사적 회고, 당의 강령 해설, 유대인, 11월 범죄자들에 대한 공격, 아니면 조건이행 정책을 펴는 자들에 대한 공격을 하고 난 다음 대개는 개별적으로 소리지르는 사람들, 아니면 돈주고 고용한 박수부대를 통해 점점 더 흥분상태에 빠져서 황홀한 일체감의 호소로 끝을 맺는 것이다. 그 사이에 언제나 순간의 열기, 박수갈채, 맥주냄새, 혹은 분위기가 만들어내는 말들을 슬쩍 끼워넣곤 했다.

그런 경향을 그는 회가 거듭할수록 점점 더 확실하게 파악해서 이용할 수 있게 되었다. 패배한 조국에 대한 탄식, 제국주의의 죄, 이웃나라의 질투심, '도이치 여자의 공유화', 자기 과거 낮추기, 아니면 천박하고 좀스럽고 웃기는 서유럽에 대한 적대감 등이었다. 새로운 국가형태와 베르사유 수치조약, 연합국의 통제위원회, 검둥이 음악, 여자들의 단발, 현대음악 등은 다 서유럽에서 온 것이고, 직업, 안전, 빵 등은 그곳에서 오지 않는다는 것이다. "독일은 민주주의로 굶어죽는다!"라고 그는 인상 깊게 요약하였다. 신화적으로 음울한 맥락에 대한 집착은 그의 장광설에 폭과 깊이를 주었다. 일시적인 맥주집의 행사장 앞에 세계 드라마의 전망 전체가 펼쳐지는 것이다. "오늘날 만들어지고 있는 것은 세계전쟁보다 더 위대합니다."라고 언젠가 그는 외쳤다. "그것은 전세계를 위해서 독일 땅에서 결정될 것입니다! 두 가지 가능성밖에는 없습니다. 우리는 희생양이 되거나 아니면 승리자가 될 것입니다!"[53]

현학적으로 사려 깊던 안톤 드렉슬러는 그와 같은 자아도취적인 발작 직후에 때때로 끼여들어서 히틀러에게는 몹시 실망스러운 일이었지만 냉정한 이성으로 정정하는 맺음말을 덧붙이곤 하였다. 그러나 이제 그가 위대한 선동가의 몸짓으로 자기가 권력을 잡으면 평화조약을 넝마조각으로 만들어버리겠다고 위협하거나, 자기는 프랑스와 새로 전쟁을 벌이는 일도 마다하지 않는다고 확언해도 아무도 그의 말을 고치지 않았다. 한 번은 '쾨니히스베르크에서 슈트라스부르크에 이르고, 함부르크에서 빈에 이르는' 강력한 제국의 전망을 제시한 적도 있었다. 사람이 점점 더 몰리는 것은 이 대담하고 불합리한 도전의 어조야말로 사람들이 당시의 체념의 분위기 속에서 듣고 싶어하던 목소리라는 사실을 증명해주는 것이다. "체념하고 타협하는 것이 아니라 겉보기에 불가능하게 보이는 것을 감행하는 것이 중요하다."[54]

원칙 없는 기회주의자라는 널리 퍼진 이미지는 분명히 히틀러의 가차없음과 독창성을 과소평가한 것이다. 천박한 것을 분명하게 고백한다는 것이야말로 그에게 굉장한 성공을 가져다주었다. 그리고 위대한 지도자라는 신화를 예비하는 남성다움, 분노, 경멸 등의 분위기를 그의 주변에 만들어냈다.

그가 스스로 양식화한 역할은 아웃사이더 역할이었다. 그것은 공공연한 불만의 시대에 엄청난 인기를 만들어주었다. 〈뮌헨 포스트〉지가 그는 '현재 뮌헨에서 못된 짓을 일삼는 가장 교활한 선동꾼'이라고 비난하자 그는 이 비난을 그대로 받아들였다. "그렇다, 우리는 민족을 선동하고 끊임없이 부추기려고 한다!" 처음에 자신이 등장하는 천박하고 야비한 형식들이 그에게도 역겨웠다. 그러나 그러한 방식이 서커스 천막에서 인기를 만들어줄 뿐 아니라 사교계의 살롱에서도 점점 더 큰 흥미를 유발한다는 사실을 알게 된 이후 그는 점점 더 거침없이 그러한 방법을 쓰게 되었다.

말썽꾸러기들에 대해서 비난하자 그는 프랑스 백작보다는 차라리 도이치 뜨내기가 되겠다고 대꾸하였다. 그리고 자신의 선동술도 감추려 하지 않았다. "우리가 반유대주의자 행패꾼이라고들 합니다. 그렇습니다. 우리는 태풍을 일으키려는 겁니다. 사람들은 잠만 자지 말고 뇌우가 다가오고 있다는 사실을 알아야 합니다. 우리 독일이 십자가의 죽음을 당하는 일을 피하고 싶은 겁니다! 비인간적이라고 해도 좋아요! 그러나 우리가 독일을 구하면 우리는 세계에서 가장 위대한 일을 성취한 것입니다!"[55]

극단적인 수사적 점층법을 위해서 종교적 이미지들과 모티프들을 사용하는 것은 어린시절의 감동을 반영한다. 람바흐 수도원에서 복사(服事)로

일한 기억들과, 승리에 찬 구원의 확신을 뒤에 둔 고통과 절망의 이미지들에 의해 정열적으로 압도당했던 기억들이었다. 그는 카톨릭 교회가 그런 결합을 통해 보여준 심리적인 지식과 천재성에 경탄하고 그것을 배웠다. 그는 자신의 반유대주의적인 분노를 폭발시키면서 망설임도 없이 '나의 구세주'를 뻔뻔스럽게 불러댔다. "나는 기독교도로서 무한한 사랑에 가득 차서, 주님께서 마침내 몸을 일으켜서 채찍을 움켜쥐고 고리대금업자, 뱀과 독사의 무리를 성당에서 쫓아내셨다는 성경구절을 찬찬히 읽어보았습니다! 그러나 유대의 독에 대항하는 주님의 무서운 싸움을 2천 년이 지난 오늘날에도 나는 봅니다. 그분이 그 일을 위해서 십자가에서 피를 흘리셨다는 사실에 너무나도 깊이 감동되어서 말입니다."[56]

방황하는 자들을 사로잡다

그의 연설 구조가 똑같다는 것은 감정의 단조로움을 드러내 준다. 아무도 이 연설에서 무엇이 개인적인 고정관념이고 무엇이 심리적 고려에서 나온 것인지 알 수가 없다. 이 시절 그의 지나치게 손질된 원고들을 읽어보면 그가 자기를 사로잡았던 수백 가지 원한들을 똑같은 고발, 비난, 복수의 맹세로 바꾸는 숨가쁜 장면을 어느 정도 짐작해볼 수 있다. 그는 "오직 저항과 증오, 증오, 그리고 다시 증오가 있을 뿐!"이라고 외친 적이 있다. 의기소침하고 불안한 국민의 한가운데서 소리 높여 적에 대한 미움을 외치면서 대담한 뒤집기 원칙을 자기 것으로 삼았다. 자신은 적에 대한 증오를 동경한다고 고백하였다.[57] 그의 연설 중 어느 것도 자의식의 구호를 포기한 것이 없다. "우리가 키를 잡으면 우리는 물소처럼 앞으로 나갈 것입니다."라고 그는 정열적으로 외쳤다. 그리고 집회의 보고서에 언급된 것처럼 우레와 같은 박수가 터졌다. 해방을 위해서는 합리적이고 신중한 정책 이상의 것, 사람들의 정직과 근면 이상의 것이 필요하다고 그는 말했다. "자유롭기 위해서는 긍지, 의지, 반항, 증오, 또다시 증오가 필요합니다!"

지칠 줄 모르는 그의 과장법은 시대의 모든 일에서 거대한 부정부패와 광범위한 국가반역의 전략이 작동중인 것을 보았다. 그리고 모든 연합국측 외교통첩, 프랑스 의회에서 행해지는 모든 연설 뒤에서 인류의 적의 음모를 보았다. 그런 말을 할 때 그는 머리를 뒤로 젖히고 팔을 비스듬하게 앞으로 뻗쳐 땅을 가리키면서 집게손가락을 위아래로 흔들어대는 자세를 취했다. 그렇게 자기에게 특징적인 자세를 취하고서 이 신기한 스타일의 바이에른 지역 선동가는 연설에 도취된 상태에서 정부와 나라 사정뿐 아니라 바로 세계정세에 도전하였던 것이다. "아니, 우리는 아무것도 포기하지 않습니다. 우리는 요구합니다. 복수를!"[58]

그는 우스꽝스럽다는 것에 대해서 아무런 감정이 없었고, 그것의 치명적인 효과도 무시해버렸다. 그는 뒷날의 황제와 같은 몸짓을 아직 터득하지 못한 상태였다. 그리고 대중에 대해 이질적인 예술가의 느낌을 완전히 통달하지 못했기에 그는 드물지 않게 토속적인 모습을 보이려고 애썼다. 그런 다음에는 청중들에게 맥주잔을 높이 쳐들어 보이거나 아직 서투른 "쯧쯧" 하는 소리를 내서 자기가 불러일으킨 소란을 진정시켰다.

사람들도 분명히 정치적 동기보다는 연극적인 동기에서 구경삼아 모여들었다. 어쨌든 1922년 초만 해도 등록된 회원이 6천 명이었지만 청중은 1만여 명이나 되고 있었다. 움직임도 없이 사람들은 고정된 눈길로 그만을 응시하였다. 최초의 말이 나온 다음에는 맥주잔 부딪치는 소리도 잦아들고 그는 숨이 멎을 듯한 고요를 향해서 말을 하였다. 때로는 폭발하는 것 같았다. 마치 수천 개의 자갈돌이 갑작스럽게 북 위로 쏟아지는 것 같았다고 어떤 관찰자가 묘사하였다.

'웅크렸던 인간'의 소박하고도 자신을 내세우고 싶어하는 욕구를 가지고 히틀러는 이 열광과 중심의식을 누렸다. 그는 주위사람들에게 이렇게 고백하고 있다. "그렇게 10개의 홀을 돌면서 어디서든 사람들이 열광하여 소리치는 것을 경험하면 정말 격앙된 느낌이 든다." 드물지 않게 그는 충성의 맹세를 하고 모여든 사람들이 복창하는 가운데 연설을 끝맺었다. 때로는 홀 천장에 눈길을 고정시킨 채 거칠고도 실성할 듯한 정열로 계속 이렇게 외쳤다. "독일! 독일! 독일!" 마침내 사람들이 끼여들어서 외침소리는 전쟁노래나 유대인 박해의 노래로 넘어가는 것이다. 그러한 노랫소리는 이어서 밤의 길거리로 퍼져나가곤 하였다. 히틀러 자신은 연설을 끝낸 다음에는 "흠빡 젖어버렸고 4 내지 6파운드의 몸무게가 빠지곤 했다." 그의 물들인 유니폼 양복은 "모임이 있을 때마다 속옷을 푸르게 물들이곤 하였다".[59]

그 자신의 말에 따르면 그 모든 선전술을 완전히 익혀서 '이 분야의 전문가'라고 느끼기까지 2년이라는 세월이 필요하였다. 자기가 처음으로 미국 선전방식을 응용하였고, 그때까지 가장 창의력이 풍부하던 정치적 투쟁개념을 자신의 선동가적인 상상력과 결합시켰다고 지적하는 것은 틀린 말이 아니다. 〈세계무대〉지가 나중에 표현한 것처럼 어쩌면 저 위대한 바넘(Barnum, 19세기 미국의 엔터테이너 : 역주)이 그의 스승이었을지도 모른다. 그러나 이 잡지가 자신들이 발견한 것을 우스꽝스럽게 표현했다는 것은 바로 그들의 둔감한 고루함을 드러낸다. 히틀러의 기법과 그의 의도를 혼동하고, 우스꽝스러운 수단을 보고 목표도 우스꽝스러운 것이라고 짐작한 것은 좌파에서 우파에 이르기까지 자신감에 넘친 수많은 당시 사람들의 오류였다. 그는 쉬지 않고 하나의 세계를 붕괴시키려고 하였으며, 그 자리에 새로운 세계를 대체하려고 하였다. 그러나 그가 목표로 삼고 있던 세계전쟁과 종말론은 그가 서커스의 심리학을 이용하는 것을 전혀 방해하지 않았다.

히틀러의 온갖 성공에도 불구하고 배경에는 더욱더 돌출한 현상이 있었으니, 바로 민족주의 진영의 통합적인 대표자, 민족 사령관 루덴도르프의 모습이었다. 히틀러는 적지아니 존경에 찬 눈길로 자신을 단순히 앞서 길 닦는 사람으로만 여겼다. 1923년 초에 말한 것처럼 '아주 작은 세례 요한'으로서 그는 자기보다 더 위대한 사람을 기다리고 있었다. 그 위대한 사람에게 민족과 칼을 마련해주려고 했던 것이다.

그러나 그 효과는 점점 더 메시아적이 되었다. 그보다 먼저 민중이 그가 바로 자기들이 기다리는 기적의 사람이라는 사실을 파악하였다. 그들은 '마치 구세주처럼' 그를 향하여 몰려갔다고 어떤 주석에 표현되어 있다.[60] 수많은 자료들은 이 전체주의 운동이 준종교적이고 구원에 집착하고 있으며, 그러한 과정에 특징적으로 나타나는 각성 체험들과 개종에 대해서 말하고 있다. 예를 들면 이 시기에 처음으로 그의 연설을 들었던 에른스트 한프슈텡글은 온갖 비난에도 불구하고 이 연설과 더불어 자기에게 '새로운 삶의 단계'가 시작되었다는 느낌을 가졌다고 한다. 한동안 히틀러의 중요한 추종자였으며 나중에는 체포되어 오라니엔부르크 수용소에 들어갔던 상인 쿠어트 뤼데케(K. Luedecke)는 연설자 히틀러와의 만남이 자신과 다른 수많은 사람들에게 불러일으켰던 히스테리컬한 감정의 흥분상태를 외국으로 도망친 다음에 이렇게 표현하였다.

일순간 나의 비판적 능력들이 멈추었다……. 이 남자가 연설하는 것을 들었을 때 나를 사로잡은 감정들을 어떻게 묘사하면 좋을지 모르겠다. 그가 독일의 수치를 말하면 나는 어떤 적을 향해서도 덤벼들 준비가 되어 있다고 느꼈다. 도이치 남자의 용기에 호소하는 것은 무기를 들라는 외침 같았고, 그가 설교하는 가르침은 계시가 되었다. 그는 마치 제2의 루터처럼 보였다. 나는 이 사람에 정신이 팔려서 다른 모든 것을 잊었다. 주위를 둘러보자 그의 최면술은 수천의 사람을 사로잡아 단 한 사람처럼 만들었음을 알았다. 물론 나는 이런 체험에 대해서 충분히 성숙한 상태에 있었다. 서른두 살의 남자로서 실망과 불쾌감에 지쳐 있었고, 삶의 내용을 찾고 있었다. 그러니까 활동영역을 찾지 못하고 영웅적인 것에 열광하지만 영웅을 갖지 못한 애국자였던 셈이다. 이 남자의 의지력, 그의 정직한 설득의 정열이 내 위로 넘쳐들어오는 듯했다. 나는 종교적 개종에 비할 만한 체험을 하였다.[61]

1922년 초에 당원의 숫자도 비약적으로 늘어나기 시작하였다. 집단으로 당에 가입하는 일이 여러 번이나 생겨서 여름에는 벌써 대략 50개의 지구당을 가지게 되었고 1923년 초에는 사람들이 너무 몰려드는 통에 뮌헨 당사무소를 임시 폐쇄해야 할 정도였다. 1922년 1월 말에 6천 명 정도 되던 당원 숫자가 이듬해 11월에는 5만 5천 명이 넘었다. 이러한 번창은, 당원 한 명당 3개월마다 3명의 신규 당원과 한 명의 〈민족관찰자〉 정기 구독자를 확보하라는 당의 명령에 의한 것만이 아니었다. 그것은 연설가로서, 행사 지휘자로서 히틀러의 위치가 점차 확고해진 것과 관련이 있었다.

방향감각을 상실한 사람들의 소망에 따르기 위해서 국가사회당은 당원들의 개인적인 생활에 있어서도 당과 밀접한 연관을 가지도록 애썼다. 그러한 점에서도 국가사회당은 사회주의 정당들의 실천방안을 받아들였다. 매주 열리는 연설의 밤의 의식, ―당원들은 의무적으로 참석해야 했다―함께하는 소풍, 음악회, 하지의 횃불놓기 의식, 다함께 노래하기, 야외 캠프, 손 쳐들기 등은 유쾌한 형식이 되어서 점차 당의 회합과 돌격대 숙소에서 일반화되었다. 이러한 특성들은 이미 사회주의 정당들을 훨씬 능가하는 것이었다. 그것은 모방할 수 없는 것으로서, 정치적으로나 인간적으로 고향을 잃어버린 심정의 욕구를 폭넓게 충족시키기 위한 것이었다.

수많은 초기 당원들을 위해서 당은 이러한 방식으로 일종의 종교적이고 세련된 대체 세계를 만들어냈다. 히틀러는 그것을 여러 가지로 초기 기독교 공동체와 비교하였다. '도이치 크리스마스 축제'는 당의 가장 인기 있는 행사들 중의 하나였다. 이 행사에서 당이 마련하는 대체 세계는 원래의 이상에 이르렀다. 이 행사들은 바깥의 어둡고 적대적인 세계에 맞서서 감상주의, 선별의식, 안전하다는 느낌 등을 만들어냈기 때문이다. 히틀러는 당시 이렇게 설명하였다. 이 운동의 최고 의무는 "무엇인가를 구하면서 방황하는 수많은 사람들에게 적어도 어딘가에서 마음에 평화를 주는 장소를 찾을"[62] 기회를 마련해주는 것이라고 하였다.

추방 위협

상당 부분 이러한 이유에서 히틀러는 무조건적으로 당을 확대하는 일을 포기하였다. 그리고 유능하고 개인적으로 확신을 가진 지도자가 나오는 경우에만 새로운 지구당을 만들었다. 그런 사람은 궁극적으로는 분명히 공허감에 이르게 되는 저 권위의 욕구를 작은 일에서 만족시킬 수 있는 사람이어야 했다. 어쨌든 초기에 당은 구체적인 정치적 목적을 위한 집단보다 그 이상이 되고자 하였다. 그리고 일상의 사건들에 몰두하느라, 당원들에게 비극적인 진지함이라는 세계해석과 천박한 위안을 마련해주는 것을 잊어버리지 않았다. 사람들은 일상의 곤궁과 외로움에서 그러한 위안을 필요로 하였다. 고향이 되고, 존재의 중심점이며 인식의 원천이 되고자 하는 당의 경향에는 뒷날의 전체주의 요구들의 씨앗이 이미 드러나고 있다.

이러한 방식으로 일년 이내에 국가사회당은 당시 어떤 관찰자의 말처럼 '남도이치 민족주의의 가장 강력한 권력인자'가 되었다.[63] 수많은 민족단체들은 국가사회당에 흡수되었다. 북도이치 그룹들도 점점 더 이쪽으로 휩쓸려 들었다. 특히 붕괴되고 있던 도이치 사회주의 정당의 퇴물들이 상당수 이쪽으로 흘러들었다. 1922년 6월에 외무장관 발터 라테나우(W. Rathenau)가 어떤 민족주의 모반자 그룹에 의해서 암살되자 프로이센, 바덴, 튀링겐 등 일부 지역들은 이 정당의 활동을 금지하였다. 그러나 소비에트 시절의 기억들을 잊지 못하는 바이에른에서 국가사회주의는 가장 과격한 반공 전초기지로 남았다.

뮌헨 시 경찰국에는 수많은 히틀러 추종자들이 있었다. 그들 중에는 경찰청장 푀너(Pöhner)와 국장인 프리크(Frick)도 끼여 있었다. 그들은 힘을 합쳐서 국가사회당에 반대하는 광고들을 억압하였다. 그리고 추진중인 활동에 대해서 당 지도부에 정보를 주거나 이러한 활동들이 아무런 성과도 없이 끝나도록 노력하였다. 프리크는 나중에 이때만 해도 국가사회당을 아무런 어려움 없이 억압할 수 있었을 것이라고 고백하였다. 그러나 "우리는 국가사회당과 히틀러 씨에 대해서 보호의 손길을 유지하였다." 히틀러 자신도 프리크의 원조가 없었다면 "작은 집단을 벗어나지 못했을 것"이라고 말하고 있다.[64]

1922년에 바이에른 주 내무장관 슈바이어(Schweyer)가 그를 부담스런 외국인이라는 이유로 오스트리아로 쫓아보내야 하지 않을까 고려했을 때 히틀러는 진짜 위협을 느꼈다. 당시 모든 정당 지도자들이 인정한 바로는 뮌헨 거리의 건달 패거리, 싸움질, 시민들을 괴롭히고 선동하는 일 등은 거의 견디기 어려운 지경이었다고 한다. 그러나 사회민주당 당수인 에어하르트 아우어(E. Auer)가 '민주적이고 자유로운 원칙들'에 근거하여 히틀러를 추방하는 일에 반대하였다. 그래서 히틀러는 계속 방해받지 않고 공화국을 '온갖 외국인 사기꾼들의 피난처'라고 모욕할 수 있었다. 그리고 자기가 권력을 잡게 되면 "신께서 너희들에게 은총을 베푸시기를!" 하고 외치고, 국가반역자인 사회민주당 지도자들에게는 "단 한 가지 형벌, 즉 교수대가 기다리고 있다."고 공공연히 떠들어대면서 정부를 위협할 수 있었다.

그가 만들어낸 흥분상태는 공화국 내에서 뮌헨 시를 거의 반공화국적 적성지역으로 만들어버렸다. 이곳에서는 사람들을 혼란시키는 쿠데타, 내전, 군주제 부활 등의 소문이 무성하였다. 공화국 대통령인 프리드리히 에버트(F. Ebert)가 1922년 여름에 뮌헨을 방문하였을 때 그는 역전에서 이미 욕설과 야유, 그리고 빨간 수영팬티 등으로 환영인사를 받았다.[65] 중앙정부 수상인 비르트(Wirth)는 예정되어 있던 뮌헨 여행을 중단하라는 경고를 측근에서 받았다. 반면에 힌덴부르크(Hindenburg)는 대대적인 환영을 받았고, 망명중에 죽은 비텔스바흐 왕가의 마지막 군주 루트비히 3세의 유해가 이송되어왔을 때는 도시 전체가 상복을 입고서 슬픔과 추모의 심정으로 거리로 몰려나왔다.

대외활동을 시작하다

뮌헨 안에서의 성공은 히틀러에게 용기를 주어서 최초의 대외활동을 벌이게 되었다. 1922년 10월 중순에 코부르크의 조국 연맹은 시위를 기획하고 히틀러를 초청하였다. 그러나 '몇 명의 수행원'을 데려오라는 요구를 그는 도전적으로 잔뜩 부풀려 해석해서 이 모임을 자신의 편으로 이끌어 스스로 압도하려는 속셈으로 약 8백 명 가량의 임시부대를 이끌고 깃발을 날리고 대규모 음악을 연주하며 코부르크로 들어갔다.

당황한 그 지역 유지들이 이렇게 대열을 이루어서 들어오지 말라고 요청하자 그는 자신의 표현대로 그런 요청을 '쌀쌀맞게 거절하고' 자기 도당들에게 '풍악을 울리며' 출발하라고 명령하였다. 길 양편에 적대감을 품은 무리가 잔뜩 몰려들어 있었는데도 기대한 대로 신문의 제목을 장식할 만한 패싸움이 벌어지지 않자 히틀러는 자신의 부하들에게 시위 장소에 도착하자마자 곧장 오던 길을 되돌아가라고 시켰다. 이번에는 긴장을 고조시키는 연극적인 발상으로 음악을 빼고 북만 치도록 만들었다. 결국 기대했던 대로 거리의 패싸움이 벌어져서 일부 패거리들이 하루종일, 그리고 밤까지 계속 싸워대는 것을 보고 국가사회주의자들은 압도적으로 승리했다고 여겼다.

이것은 국가 공권력에 대한 최초의 도전 중의 하나였다. 이러한 도전들은 이듬해에도 계속될 참이었다. 이상스럽게도 코부르크는 국가사회당의 가장 믿음직한 근거지들 중 하나가 되었으며 그날 참가자들은 기념메달을 받았다. 히틀러 패거리들의 지나친 반응의 결과 다음 몇 주 동안 새로운 쿠데타 소문이 나돌자 슈바이어는 히틀러를 불러서 그의 거침없는 행동의 결과들에 대해서 경고하였다. 폭력 사용에 이르게 될 경우 자신은 경찰에 발포명령을 내리겠다는 것이었다. 그러나 히틀러는 "평생 절대로 쿠데타를 일으키지 않을 것"이라고 장관에게 명예를 걸고 장담하였다고 한다.[66]

그는 이제 자기 차례라는 확신을 점차 키웠다. 금지령, 소환장, 경고 등은 자신이 아무것도 없는 상태에서 출발하여 그 사이 얼마나 많은 것을 이루었는가 하는 사실만을 확인해주었다. 자기도취 상태에서 그는 스스로 위대한 시대적 역할을 떠맡았다. 그것은 무솔리니 패거리가 방금 성공적으로 로마를 향하여 행진해가고, 터키에서 무스타파 케말 파샤(M. K. Pascha)가 권력을 장악하였다는 사실을 통해서 그에게 확신을 준 역할이었다. 그는 잔뜩 긴장해서 심복이 보내오는 보고에 귀를 기울였다. 이탈리아의 검은 셔츠 당원들이 온갖 열광과 확고한 결단력으로, 동시에 군대가 선의의 수동성으로 맞아주는 덕분에 이 도시에서 저 도시로 폭풍과 같은 승리의 행진을 계속하면서 '빨갱이'들을 물리치며 나아가고 있다는 소식이었다.

그는 나중에 이 '역사의 전환점'이 자신에게 전례 없는 격려를 보내주었다고 말했다. 1923년 대 브로크하우스 백과사전은 그의 이름을 '히틀러, 게오르크'라고 잘못 적고, 몇 줄 안 되는 설명만을 붙였다. 그러나 그런 것은 그가 이미 오래전에 초월해버린 현실이었다. 마치 소년시절처럼 줄지 않는 적극성으로 그는 자신의 부풀어오른 상상력을 계속 추진하였다. 그리고는 갈고리 십자가 깃발이 '베를린 성과 농부들의 초가지붕 위에서 펄럭이는' 모습을 아주 뚜렷하게 눈앞에 그려보곤 하였다. 혹은 길가에서 어떤 평화로운 커피 타임에 느닷없이 먼 꿈나라에서 떠오른 듯이, 다음번 전쟁에서는 "폴란드와 우크라이나의 곡창지대를 장악하는 것이 가장 중요한 과제가 될 것"이라고 말하기도 하였다.[67]

그는 점점 더 자신이 모범으로 삼았던 사람들로부터 독립하기 시작하였다. 코부르크에서 그는 자신감을 얻었다. "이제부터 나는 내 길을 홀로 가련다."고 그는 선언하였다. 얼마 전까지만 해도 예고하는 사람으로 자처하고, "어느 날인가 어쩌면 더러운 장화를 신고 있지만 순수한 양심과 강력한 주먹을 가진 강철의 사람이 나타나서 이 관람석 영웅의 연설을 중단시키고 민족에게 행위를 선물할 것"을 꿈꾸었지만 이제 그는 망설이고 기회를 보아 가면서 자신이 바로 그런 사람이라고 여기게 되었다. 그러다가 마지막에는 자신을 나폴레옹과 견주기도 하였다.[68]

전쟁터의 상관들은 그가 존경을 받을 수 없을 것이라 여겨 하사관으로 승진시키는 것도 거부하였다. 그러나 충성심을 만들어내는 비상하고 때로 파괴적인 재능을 통해서 그는 이제 천부적인 지휘능력을 드러냈다. 그의 추종자들은 오직 그를 위해서 아무것도 꺼리지 않게 되었고, 오직 그의 모습이 보여야만 희생과 수치스러운 일과 특히 처음부터 범죄적인 행위를 할 각오가 되는 것이었다. 그리하여 국가사회당은 점점 더 정치적 정당의 특성을 잃어버리고 일종의 작당한 공동체 특성을 가지게 되었다.

가장 가까운 측근들은 그를 '늑대(볼프)'라고 부르곤 하였다. 남성적인 브루크만 부인은 그를 이 이름으로 부르는 특권을 누렸다. 그는 이 이름을 '아돌프'의 게르만어 원형태라고 생각하였고, 이 이름은 세상이 정글이라는 그의 생각, 그리고 강인함과 공격성, 고독의 이미지와 잘 맞는 것이었다. 때때로 그는 볼프라는 이름을 가명으로 사용하기도 하였고 뒷날 자기 집안일을 맡아하는 누이에게도 이 이름을 주었다. 폴크스바겐 자동차 도시의 이름도 이런 유래를 가졌다. "당신의 이름을 따서 이 도시는 '늑대성(볼프스부르크)'이라는 이름을 갖도록 하겠습니다."라고 로버트 라이(R. Ley)가 공장이 완성되기 직전에 그에게 설명하였다.[69]

자기양식화의 시작

이 시기부터 그는 대단히 조심스럽게 자기 자신의 출현을 양식화하면서 전설적인 모습들과 뒤섞기 시작하였다. 이미 일찍부터 그는 자신의 일거일동을 '역사의 여신'의 눈 아래 둔다는 의식을 가졌다. 이제 그는 자신의 실제 당원번호 555번을 계속 부인하고 스스로 당원번호 7번이라고 주장하였다. 그럼으로써 빠른 번호를 가질 뿐 아니라 이 마법적인 숫자의 후광을 얻기 위해서였다. 동시에 그는 자신의 개인적인 특성을 지워나가기 시작하였다. 자신의 가장 가까운 측근도 원칙적으로 자기 집으로 초대하지 않게 되었고 가능하면 한 사람씩 멀어졌다. 이 시기에 어린시절에 그를 알고 있었고 이제 뮌헨에서 다시 만난 어떤 사람에게 그는 "누구에게도, 자신의 가장 가까운 당 동지에게도 빈과 뮌헨 시절 자신의 청년기에 대해서 일체의 정보를 알리지 말아달라."고 간청하였다. 그의 '옛날 전우'들 중 한 명은 뒷날 어느 정도 감동을 지닌 채 히틀러가 이보다 얼마 전에만 해도 때때로 자기 아내와 춤을 추었다고 회고하였다.

그는 자세와 몸가짐, 조각상 같은 태도를 배웠다. 처음에는 많은 것이 서투른 상태로 남아 있었고 경직된 상태에서 벗어나지 못했다. 습득한 자기통제와 글자 그대로의 분별 없음, 카이사르식 거만함과 멍청함, 꾸며낸 태도와 자연적인 태도 사이의 쉴새없는 변덕은 자세히 관찰해보면 완전히 구분할 수 없는 것만은 아니었다. 자기 양식화 과정 초기에 그가 자신의 역할에 대해서 생각해낸 이미지의 일관성을 완전히 유지할 수는 없었다. 오히려 여러 가지 요소들은 서로 어울리지 않고 겉돌았다. 어떤 이탈리아 파시스트는 그를 가리켜 '티롤식 모자를 쓴 율리우스 카이사르"라고 했다.[70]

어쨌든 그의 청춘의 꿈은 이제 거의 다 이루어진 셈이었다. 부담스러운 '밥벌이 직업'을 갖지 않고도 속박 없고 오직 기분 내키는 대로 '자기 시간의 주인'이 되었고, 그 위에 극적인 무대 효과, 광채와 박수갈채까지 얻었다. 그는 빠른 자동차들을 몰았고, 살롱의 중심인물이었고, 귀족, 실업가들, 명사들, 학자들 사이에 섞여 '큰 세상'에서 편안하게 지내고 있었다. 불안한 순간에 그는 자신이 현존하는 삶의 상황 속에 시민적인 형태로 적응하

당시의 멜로드라마 양식으로 포즈를 잡은 그의 모습을 담은 시리즈 사진들은 사람들을 즐겁게 해주었다. 이것은 그의 선동가적인 천재성에서, 실은 얼마나 많은 부분이 습득된 것이며 실수를 통해서 배운 것인가를 분명하게 보여준다.

는 모습을 생각해보았다. 그러고 나서 자신은 많은 것을 바라지 않는다고 말했다. "그저 이 운동이 계속되고 나는 〈민족관찰자〉의 발행인으로 착실하게 살아가기만을 바랄 뿐이다."[71]

그러나 그것은 일시적인 기분일 뿐이었다. 목숨을 걸고, 과도하고 언제나 전체를 지향하는 그의 본질에 맞지 않는 것이었다. 그는 균형이라는 것을 몰랐다. 그의 에너지는 그를 언제나 극단적인 선택으로 몰아갔다. "그의 내부에서 모든 것은 과격하고 전체적인 해결을 지향하였다."고 젊은날의 친구가 판단했다. 다른 사람은 그를 가리켜 광신자이며, "광증의 경향이 있고 응석꾸러기로 전혀 거침이 없다."고 말했다.[72]

고통스러운 무명의 시간이 지나갔다는 사실을 히틀러는 알았다. 돌아보면 놀라운 길이 놓여 있었다. 초기의 히틀러에게 폭력적 요소를 덧붙이지 않는 편견 없는 관찰자라도 여기서 뚜렷한 단절을 보게 된다. 그가 이제는 3중으로 극복하였지만, 30년 세월을 창백하고 무의미하게 흘려보낸 것을 그냥 슬쩍 지나쳐버릴 수는 없다. 그의 삶은 접합되지 않는 두 개의 부분을 합쳐놓은 것처럼 보인다. 그는 비상한 대담성과 냉담으로 비천한 상태에서 벗어났다. 이제 몇 가지 전략적인 불확실성들을 극복하고 몇 가지 판에 박힌 형태를 얻기만 하면 되었다. 나머지는 위대하고 가차없는 상황들 덕분이었다. 어쨌든 히틀러는 자신이 처한 상황들의 절정에 나타나고 있다. 사람들, 이해관계, 힘, 이념 등을 한눈으로 파악하고 자신의 목적을 위해 이용하였다. 그 목적이란 권력의 상승이었다.

경직된 사람

그의 전기작가들이 자주 특별한 단절체험을 찾으려 했다는 것도 이유가 없는 일은 아니었다. 잠복기, 불확실한 결합 혹은 심지어 악마의 힘이라는 오래된 생각들을 애써서 찾아냈다. 그러나 그가 이전과 다른 사람이 아니라고 말하는 편이 옳을 것이다. 그는 전부터 존재하고 있던 요소들을 하나의 새로운 개성형식으로 정리해내는 전체적인 접착제를 찾아냈을 뿐이다. 그리하여 괴짜였던 사람이 이제 힘을 가진 선동가가 되고, '몽상가'가 '천재적인' 사람으로 나타나게 된 것이다. 그가 대중에게 새로운 것을 덧붙이지 않고도 위기과정을 강력하게 촉진하는 작용을 하는 대중의 촉매였듯이 대중도 그에게 촉매작용을 하였다. 대중은 그의 피조물이었고, 그는 그들의 피조물이었다. 그는 뒷날 대중을 향하여 거의 성서 같은 말투로 이러한 사실을 다음과 같이 표현하였다. "현재의 여러분은 나를 통하여 드러나고, 현재의 나는 오직 여러분을 통해서만 드러나게 됩니다."[73]

이러한 사실에서 거의 처음부터 이 현상을 지배하는 독특한 경직성을 설명할 수 있을 것이다. 히틀러의 세계상은 그가 강조하곤 하였듯이 사실상 빈 시절 이후로 거의 변하지 않았다. 같은 요소들이 그대로 남았고, 대중의 기상신호가 이 요소들을 강력한 긴장으로 가득 채웠다. 감정들도 그대로였다. 분노와 열광, 히틀러의 예술적 취향도 전혀 변하지 않았다. 그의 개인적인 기호도 어린시절과 청년시절 이후로 완전히 고착되어 있었다. 트리스탄과 푸딩, 신고전주의, 유대인에 대한 증오, 그리고 크림 케이크를 한없이 좋아하는 것까지, 그 모든 것은 계속되었다. 그가 뒷날 빈 시절 자기는 '정신적인 의미에서 우유로 키운 아이'였다고 말했다면[74] 그는 많은 점에서 언제나 그랬다.

세기가 바뀌고 난 다음에 일어난 어떤 지적인 혹은 예술적인 사건도, 어떤 책도 어떤 사상도 그에게 도달하지 못했으며 그에게 인상을 남기지 못했다. 그리고 스무 살 시절 우편엽서 화가의 스케치나 꼼꼼한 수채화를 세계대전의 용사, 혹은 20년 뒤 수상의 그림들과 비교해보면 갑작스러운 경직이라는 똑같은 인상을 받게 된다. 어떤 개인적인 체험도, 발전과정도 반영되어 있지 않다. 그는 과거의 모습 그대로 돌처럼 응고된 상태에 멈추어 있는 것이다.

오직 방법론과 전략적 차원에서만 그는 적응력이 있었으며 끊임없이 배울 각오가 되어 있었다. 1923년 여름부터 도이치 국민은 위기와 곤궁으로 포위된 듯하였다. 상황은 그것을 무시하는 사람에게 풍성한 기회의 전망을 주는 듯했다. 정치가 아니라 운명에 도전하고, 상황을 개선시키려 하는 것이 아니라 그것을 과격하게 전면적으로 뒤집어 엎으려는 사람이었다. 히틀러는 사정을 이렇게 요약하였다. "불가능한 일이 언제나 잘되는 법이라고 여러분께 보장합니다. 가장 있을 법하지 않은 일이 가장 확실한 일입니다."

제3장 권력의 도전

히틀러는 1923년 1월의 마지막 며칠 간 뮌헨에서 전당대회를 열겠다고 광고하였다. 이 전당대회에서 그는 자기의 권력을 확실하게 보여주려는 속셈이었다. 바이에른 지역 5천 명의 돌격대 대원들에게는 지휘자를 앞세우고 시 외곽의 어떤 광장, 이른바 연병장으로 모여들어서 최초의 화려한 돌격대 연대기의 축성식(祝聖式)을 하라는 소환령이 내려졌다. 동시에 대형행사를 위해서 시내의 홀 12개에서 행사준비가 이루어졌다. 민속적인 욕구를 충족시키기 위해서 악단들, 바이에른 민속춤 단체, 코미디언 바이스 페르들(W. Ferdl)을 참석시켰다. 이 대규모 준비와 이미 몇 주 전부터 떠돌던 국가사회당(NSDAP)의 쿠데타가 임박했다는 소문은 정계에서 히틀러의 의미가 커졌음을 보여주는 부분이다.

바이에른 당국이 히틀러의 도전적인 예고에 대해서 보인 반응은 국가사회당에 대해 어떻게 해볼 수 없는 당국의 딜레마를 보여준다. 당의 빠른 상승은 아직 본래의 역할이 정해지지 않은 권력판도를 만들어냈다. 당은 민족주의적이고 좌파에 대항하는 쓸모있는 에너지로 가득 차 있음을 보여주었다. 그러나 국가사회당은 게임 규칙을 전혀 존중하지 않았고, 스스로 질

"악마라도 우리를 막을 수는 없었다." 1923년 1월 뮌헨에서 거행된 국가사회당 최초의 전당대회에서의 히틀러.

서를 주장하면서 쉴새없이 질서를 파괴하였다.

국가에서 허용하는 권력의 한계를 히틀러에게 보여주려는 당국의 의도에 따라 그는 3개월의 금고형을 받고 1922년 7월에 4주 동안 감옥에 들어가야만 했다. 부하들과 더불어 '바이에른 연합'의 집회를 방해하고 연합의 대표인 기술자 오토 발러슈테트(O. Ballerstedt)를 두들겨팬 탓이었다. 구류를 살고 나서 처음으로 다시 나타났을 때 그는 '끝없이 이어지는 환호성 속에서 손으로 쳐들려서 연단으로 운반되어' 갔다. 〈민족관찰자〉는 그를 '뮌헨에서 가장 인기 있고 가장 미움받는 남자'라고 불렀다.[1] 그것은 그 자신으로서도 계산할 수 없는 위기를 품은 상황이었다. 1923년에 전략적으로 선전과 위협을 번갈아 해가며 규정하기 힘든 국가권력에 대한 관계를 명백하게 하려는 히틀러의 노력이 계속되었다.

약간 수상쩍지만 분명히 민족주의적인 남자를 유용하게 쓸 수 있는지 불확실한 상황에서 당국은 타협안을 선택하였다. 그들은 노천에서의 연대기 축성식을 금지하고 히틀러가 예고한 대중집회의 절반을 금지하였으며, 사회민주당(SPD)이 다음날로 예정한 시위도 역시 금지하였다. 경찰청장으로 국가사회주의에 동정적이었던 에른스트 푀너의 자리를 물려받은 에두아르

트 노르츠(E. Nortz)는 히틀러가 금지를 풀어달라고 애원하여도 요지부동
이었다. 그렇게 되면 민족주의 애국운동에 무서운 타격이 될 뿐더러 조국
에 대해서도 재앙이 될 것이라는 말에도 끄떡하지 않았다.

이 냉정하고 머리 희끗한 사람은 몇 마디 짤막한 말로 국가의 권위를 알
려주었다. 국가권위 앞에서는 애국자들도 반드시 굴복해야 한다는 것이다.
히틀러가 밖으로 나와서 자신은 무슨 일이 있어도 돌격대 대원들을 행진시
키겠다, 경찰 따위는 무섭지 않다, 자기 자신이 맨 앞에서 행진하겠다, 경
찰이 쏠 테면 쏴봐라고 소리치기 시작했는데도 이 사람은 끄떡도 하지 않
았다. 임시로 소집된 각의는 오히려 비상사태를 선포하고, 그럼으로써 전당
대회의 모든 행사를 금지시켜버렸다. 국가사회당의 당수에게 게임 규칙을
알려줄 시간이 되었던 것이다.

히틀러는 절망하였다. 한순간 동안 그것은 다름아닌 자신의 정치적 장래
가 걸린 문제였다. 그가 이해하는 게임 규칙에 따르면 국가권력은 도전을
받아도 아무런 반응을 보이지 않아야 했다. 자신의 요구들이 국가의 노력
보다 더욱 일관된 것이고 더욱 과격한 표현이기 때문이다.

드렉슬러 시대 이후로 당을 후원해온 방위군이 개입해서야 비로소 해결
책이 열리는 듯이 보였다. 에른스트 룀과 리터 폰 에프는 바이에른 군 사령
관인 로소브 장군(Lossow)이 히틀러와 협상을 하도록 만드는 데 성공하였
다. 신경질적이고 불안한 상태에 빠진 국가사회당 당수는 어떤 일에 대해
서든 동의할 준비가 되어 있었다. 그는 1월 28일 전당대회 직후에 '다시
각하게 출두' 할 것을 약속하였다. 히틀러의 극단적인 행동방식을 이상하게
여기기는 했지만 어쨌든 로소브는 정부측에 "국가방위의 관점에서 민족주
의 단체들 간에 충돌이 있다면 유감스러울 것"이라고 알렸다. 곧이어서 금
지령이 풀렸다. 그러나 체면을 살리기 위해서 노르츠는 국가사회당 당수를
다시 만나서 집회의 숫자를 여섯으로 제한하고 연대기 축성식은 연병장에
서 하지 말고 바로 이웃한 왕관 서커스 장에서 하라고 청했다.

자기가 승리했음을 알아챈 히틀러는 불확실하게 동의하였다. 그리고 나
서 그는 "독일이여, 깨어나라!"는 기치 아래 12번의 집회를 모두 열었다.

그리고 짙은 눈발 사이로 5천 명의 돌격대 대원들은 그가 기획한 대로 연병장에서 성대한 축성식을 가졌다. "국가사회주의 도이치 노동자당은 독일 미래의 운동입니다. 그렇다면 어떤 악마라도 그것을 막을 수 없습니다. 그러나 그렇지 않다면 이 운동은 파괴되어 마땅합니다."라고 그는 추종자들에게 외쳤다. 돌격대는 환호하면서 수많은 자체 군악대를 거느리고 비상사태를 알리는 벽보와 플래카드들을 지나쳐서 거리를 행진하고, 유대 공화국에 반대하는 노래들을 불렀다. 백조골(슈반탈) 거리에서 히틀러는 제복을 입은 연대의 분열식을 사열하였다.

그것은 국가권력에 대한 인상적인 승리였다. 동시에 다음 몇 달 간의 갈등의 종결점을 보여주는 사건이기도 했다. 많은 사람들은 이러한 경과를 보고, 히틀러가 상대방보다 더 효과적으로 연설하는 능력이 있을 뿐 아니라, 정치적으로 더 능숙하고 배짱도 더 두둑한 증거라고 여겼다. 등장할 때의 광포한 열정으로 해서 그가 언제나 불러일으키곤 하던 웃음도 특이한 인상을 만들어냈다. 그리고 오래전부터 당의 심리적 이미지를 결정해 온 분노한 단순한 사람들 이외에 미래에 대해 섬세한 후각을 가진 사람들도 합류하기 시작했다.

1923년 2월부터 11월 사이에 국가사회당의 신규가입은 대략 3만 5천 건에 이르렀고, 돌격대는 거의 1만 5천 명에 이르게 되었다. 당의 재산도 황금 17만 3천 마르크에 이르게 되었다.[2] 선동과 행사를 위한 그물망도 바이에른 전역에 빽빽하게 만들어졌다. 〈민족관찰자〉는 2월 8일자 이후로 일간지가 되었다. 성격이 까다롭고 병으로 골골하면서도 디트리히 에카르트가 몇 달 더 발행인으로 일하였지만, 그러나 이 신문의 책임자는 3월 초에 이미 알프레트 로젠베르크에게 넘어간 상태였다.

루르 투쟁에서 이탈하다

히틀러가 군사상의 문제나 민간의 문제에서 드러내 보였던, 상당히 성과가 있는 양순한 태도는 이 나라를 뿌리까지 흔들어놓은 위기 탓이라고 돌릴 수 있을 것이다. 이웃나라 독일에 대한 공포심을 극복하지 못한 프랑스는 1923년 1월 초반에 문자 그대로의 베르사유 조약에 근거하여 루르 지방을 점유하였다. 그로써 위기를 억제하고 있던 인자들에서 마지막으로 안전장치를 풀어내는 신호를 울린 셈이 되었다.

전후의 불안들, 엄청난 손해배상 액수, 일반적인 자금도피와 특히 온갖 종류의 생필품 부족은 전쟁의 상처에서 경제를 되살리는 일을 대단히 어렵게 만들었다. 게다가 독일 안정에 대한 어차피 빈약한 외국의 신용은 좌익과 우익 과격파의 지속적인 활동을 통해서 끊임없이 방해를 받고 있었다. 당연한 일이지만 1922년 6월 도이치 외무장관 발터 라테나우가 암살되었을 때 마르크 화(貨)는 처음으로 엄청나게 곤두박질쳤다. 프랑스측이 공격한다는 인상을 가지게 된 이 시점에서 인플레이션은 파국적인 속도로 빠르게 진행되었다.

이 속도는 인플레이션을 더욱 기묘하게 만들어버렸다. 사람들 마음에서 현존 질서를 긍정할 동기를 파괴하였을 뿐 아니라 한참 동안이나 감정을 파괴하였다. 사람들은 '불가능성의 분위기'[3] 속에서 살아가는 일에 익숙하게 되었다. 그것은 하나의 세계, 그 개념, 규범, 도덕을 붕괴시키는 일이었다. 그 파급효과는 짐작할 수 없는 것이었다.

이 순간 여론의 관심은 국가적인 자기 주장에 매우 강렬하게 집중되었다. 마지막에는 무게로 달아서 지불될 지경에 이르는 지폐는 사건의 환상적인 배경일 뿐이었다. 1월 11일에 정부는 소극적 저항을 호소하였다. 곧이어서 공무원들에게 프랑스 점령당국의 명령에 따르지 말라는 지시도 내려왔다. 루르 지방에 진입한 프랑스 군대는 거리에 모여들어 차갑고 분노한 태도로 '라인 강 수비(守備)'라는 옛 노래를 부르는 거대한 인파의 환영을 받았다.

이런 도전적인 태도에 대해서 프랑스군은 굴종목록을 공표해서 답변했다. 가혹한 점령군의 법집행은 멋대로 중벌을 내렸고, 수많은 충돌들은 양측의 분노를 점점 높였다. 3월 말에 프랑스군은 에센에 있는 크루프 제철공장 난간에서 시위하는 노동자들에게 기관총을 쏘아서 13명의 사망자와 30명이 넘는 부상자가 발생하였다. 거의 50만 명의 사람들이 이들의 장례식에 참가하였다. 한편 해당지역 프랑스 군법회의는 회사의 사장과 간부 8명에게 15년에서 20년형을 선고하였다.

이런 사건들은 1914년 8월 전쟁이 터지던 무렵 이후로는 볼 수 없었던 단결심을 일깨웠다. 그러나 이러한 단결의 내부를 들여다보면 수많은 힘들이 각기 자기들의 이익을 찾으려 하고 있었다. 법적으로 금지된 의용군들은 이 시간을 이용하여서 불법성에서 벗어나고자 하였으며 적극적인 개입을 통해서 중앙정부가 호소한 소극적 저항을 강화하고자 하였다. 좌익 과격파는 작센과 중부 독일에서 잃어버린 지위를 회복하려고 하였다. 한편 우익은 바이에른의 아성을 확고히 하였다. 주 경계선에서는 프롤레타리아 백인(百人)부대와 에어하르트 의용군 부대들이 한때 무장대립하기도 하였다.[4] 수많은 대도시에서 굶주림의 폭동이 일어났다. 그 사이에 서부에서 프랑스와 벨기에 사람들은 이 기회를 이용하여 분리운동을 호소하였다. 그것은 어차피 조건이 충족되지 않아서 금세 실패하고 말았다. 적대적인 상황에서 건설되어 4년 간 힘들게 버텨온 바이마르 공화국은 붕괴에 직면한 듯이 보였다.

히틀러는 도전적이고 대담한 태도로 새로 얻은 자신감을 보여주었다. 그는 민족적인 통합전선에서 이탈하였다. 그리고 갈팡질팡하는 추종자들에게 프랑스에 대한 저항에 적극적으로 참여하는 자는 모두 국가사회당에서 제명시키겠다고 위협하였다. 그리고 부분적으로 이런 위협을 실천하기도 하였다. "흐리멍덩한 화해는 우리의 종말이라는 사실을 그들이 아직도 깨닫지 못했다면 어쩔 수 없다."면서 그는 모든 이의를 엄격하게 물리쳤다.[5]

그는 이러한 결정의 문제점을 곰곰 생각해보았다. 그러나 그의 특별의식과 전략적 고려가 그런 결정을 하도록 만들었다. 수많은 다른 단체들, 시민단체, 공산주의 단체, 유대인들과 나란히 하나의 단체 자격으로 광범위하게 진행되는 민족저항 운동에 끼여서 무명의 존재로 격하되어서는 안 된다는 생각이었다. 그는 루르 투쟁을 통해 국민이 정부를 따르게 되고, 현정권이 강화될까 두려웠다. 그리고 자신의 방해공작을 통해 야기된 혼란상태가 정권 전복 의도에 유리하게 작용하기를 희망하였다. 〈민족관찰자〉에 그는 이렇게 썼다. "한 국민이 국경선 안의 살인자들을 몰아내지 않는 한 밖을 향한 성공은 불가능한 법이다. 프랑스에 대항하여 구호나 글로 항거가 이루어지는 동안 도이치 민족의 진짜 원수(즉 현정권과 유대인 : 역주)가 이 성벽 안에서 기회를 엿보고 있다."

특이할 정도로 일관되게, 모든 적대감에도 맞서고 심지어는 루덴도르프의 권위에 대항하면서까지 그는 우선 내부의 적을 없애야 한다는 요구를 고집하였다. 육군 총수인 제크트 장군(General v. Seeckt)이 3월 초 어떤 담판에서, 적극적인 저항으로 넘어가는 경우에 히틀러가 방위군에 합류할 것인지 물었다. 그러자 우선 정권을 무너뜨려야 한다는 답변이 나왔다. 2주 뒤에 수상 쿠노(Cuno)의 대리인을 향해서도 그는 우선 내부의 적을 제거해야 한다고 말했다. "프랑스가 아니라 조국의 배신자들, 11월의 범죄자들을 타도해야 합니다!"[6]

국내정치 우선정책

이런 히틀러의 태도는 완전히 원칙이 없는 단호함을 보여주는 예라고 해석되어 왔다. 그러나 그가 인기 없는 모호한 결정을 위해 보인 단호함은 오히려 그의 원칙들이 다른 선택을 하지 못하도록 막은 것이라는 사실을 보여주고 있다. 그는 이런 선택으로 자기 경력의 핵심적인 결단 하나를 내린 것이다.

그의 상승을 함께하고 촉진시켜준 사람들, 명사들과 보수진영 사람들은 그를 언제나 자기들과 같은 사람이라고 여겼다. 그와 친근한 관계를 맺으면서 무엇보다도 이 국수주의적인 남자를 얻으려 하였다. 그러나 지역의 특성을 넘어선 히틀러의 최초의 정치적 결단은 카르부터 뒷날 파펜에 이르기까지 이 모든 사람들의 잘못된 동지애를 부정하는 것이었다. 그리고 오해의 여지없이 분명하게 그 자신은 선택을 앞두고 진짜 혁명가처럼 행동한다는 사실을 보여주었다.

노골적으로 그는 민족적인 태도보다 혁명적인 태도를 우선으로 여겼다. 실제로 그는 뒷날에도 다르게 반응한 일이 없었다. 1930년에도 그는 폴란드가 침입할 경우 현정권을 위해서 방어전에 나서기보다는 동 프로이센과 슐레지엔 지방을 임시로 포기할 것이라고 확언하였다.[7] 그는 '갈등의 순간에 우선 도이치 사람'으로 행동하지 않는다면 자신을 경멸할 것이라고 말하였다.

그러나 자신의 패거리들보다 냉정하고 효과적으로 그의 전략은 애국적인 장광설에 이끌리지 않았다. 게으름을 부려서 적을 물리치겠다는 소극적 저항에 대해서, 그리고 태업을 통해서 프랑스의 무릎을 꿇게 만들겠다는 사람들에 대해서도 비웃고 공격을 퍼부었다. 그는 이렇게 부르짖었다. "독일에 국제주의자는 한 명도 없고 오직 국가사회주의자들만 있다면 오늘날 프랑스가 대체 무엇이란 말인가! 우리가 우리의 주먹밖에 가진 것이 없다고 하더라도 그렇다! 6천만의 사람들이 단 하나의 의지만을 가진다면, 광신적으로 민족주의적인 생각에 몰입해 있다면, 주먹은 무기가 될 것이다."[8] 히틀러의 모든 생각이 여기 들어 있다. 괴물 같은 의지력을 통해서 높여진 합리적인 사색이 나타난다. 그 뒤에는 자극적인 비전이 숨어 있다.

물론 히틀러의 방어의지가 모든 다른 세력이나 정당보다 못했던 것은 아니다. 저항한다는 사실이 아니라 그 저항이 소극적이며 절반의 저항일 뿐이라는 사실이 위에 언급한 이유들말고도 그의 거부감을 만들어냈다. 일관되고 성공적인 외교정책은 오직 하나로 뭉친, 혁명적으로 통합된 민족의 뒷받침을 받아야만 가능하다는 생각이 그 뒤에 숨어 있다. 독일의 정치적 전통과는 반대로 그것은 일종의 과격한 국내정치 우선정책이었다. 그것은 그가 이미 1915년에 전선에서 보낸 편지에서 말했던 것이고 마지막 권력의 순간까지 전략적인 원칙이 되었던 생각이다. 소극적 저항이 중단되고, 히틀러가 멜로드라마 같은 생각으로 독일의 새로운 붕괴와 루르 지방의 분리가 눈앞에 다가왔다고 생각했을 때 그는 정열적인 연설에서 정부를 향하여 진정한 저항의 그림을 보여주었다. 그러면서 1945년 3월 '불타는 지구' 명령을 미리 보여주는 비전을 여기서 전개하고 있다.

현재의 난국 속에서 산업지역이 붕괴된다면 그것은 무슨 뜻입니까? 용광로

들은 터지고, 탄갱은 막히고 집들은 잿더미가 될지도 모릅니다. 한 민족이 그 뒤에서 일어나기만 한다면, 강하고 흔들리지 않고 끝까지 확고한 민족 말입니다! 도이치 민족이 일어서기만 한다면 나머지 모든 것도 다시 일어섭니다. 그러나 그 모든 것이 서 있다 해도 민족이 내면의 게으름으로 몰락해간다면, 벽난로며 산업체며 집의 담벼락들은 이 민족의 묘비석에 불과할 것입니다! 루르 지역은 도이치의 모스크바가 되었어야 합니다! 우리는 지금 1923년의 도이치 민족이 더는 1918년의 그 민족이 아니라는 사실을 입증해 보였어야 합니다……. 명예를 빼앗기고 수치를 얻은 민족은 이제 다시 영웅의 민족이 되었습니다! 그런 민족이라면 불타는 루르 지방을 보고 생사를 걸고 저항을 조직하였겠지요. 그렇게 행동했더라면 프랑스는 오직 망설이는 걸음을 옮겼을 것입니다……. 난로에 이어 난로를, 다리에 이어 다리를 파괴하였겠지요! 독일이여, 깨어나라! 프랑스 군대는 그러한 세계 붕괴의 두려움 속으로 감히 들어서지 못했겠지요! 맹세코 우리는 다른 모습으로 여기 서 있을 것입니다![9]

당의 재정적 원천

히틀러가 루르 투쟁 참여를 반대하기로 한 결정을 당시 겨우 몇 사람밖에 몰랐다는 사실은, 국가사회당이 프랑스 자금으로 조직을 확장하고 선전활동을 하고 제복과 장비를 갖추었다는 소문이 퍼지는 원인이 되었다. 이러한 소문은 한 번도 믿을 만한 입증자료를 제시한 적이 없다. 그리고 도대체 어떠한 정치적 혹은 경제적 이해단체가 확장일로에 있던 이 정당에 영향을 미치려 했는가 하는 의문에 대해서도 오늘날에 이르기까지 오직 짐작으로만 설명되고 있다.

어쨌든 국가사회당이 사용한 경비는 특히 히틀러가 당수직을 맡은 뒤로 당원의 수와 맞지 않는다. 재력이 있는 기부자를 찾으려 한 일은 좌익측의 악마 콤플렉스만으로 완전히 해명되지 않는다. 좌익은 자기들이 '역사에 역행하는 국가사회주의자들'에 의해서 잊을 수 없는 패배를 맛본 것에 대해서 국가사회당이 독점자본가와 배후에서 결탁했기 때문이라고만 해석하였다. 국가사회주의자 본인들도 재정문제를 알리지 않고 히스테리컬하게 감추려 애썼기에 가장 대담한 추측에도 여지를 남겨준 셈이었다.

바이마르 공화국 시절에 계속 새로 고발되었다가 조정받기에 이른 수많은 명예훼손 재판의 서류들은 1933년(히틀러가 수상이 된 해:역주) 이후에 없애거나 소각하였다. 아주 처음부터 기부금 문제에 대해서는 아무런 증거도 남기지 않는다는 원칙이 통용되었다. 당 사무소 일지는 아주 드물게만 이 부분에 대한 기록을 남기고 있다. 대개는 이런 말이 덧붙여져 있다. '드렉슬러가 개인적으로 처리함.' 때때로 히틀러는 뮌헨 킨들 지하술집의 집회에 참석한 사람들에게 자기가 보고한 거래의 세부사항을 기록하는 것을 금지하기도 했다.[10]

당의 재정적 근거는 의심할 바 없이 회원의 당비, 자발적인 헌금, 히틀러 연설이나 그밖에 당의 모임에 참석하는 사람들에게서 걷은 입장료 등이었다. 이것은 자주 수천 마르크에 이르곤 하였다. 초기의 추종자들 중 일부는, 예를 들면 11월 9일 장군홀(Feldherrnhalle) 앞에서 죽은 오스카 쾨르너(O. Körner) 같은 사람은 조그마한 장난감 가게를 가지고 있었는데, 당을 위하다가 거의 파산 지경에 이르렀다. 가게 소유자들은 할인권으로 도움을 주었고, 다른 사람들은 장신구나 예술품을 기부하기도 하였으며 혼자 사는 여성 당원들은 밤 집회에서 히틀러의 모습에 도취해서 꿈도 못 꾸던 감정의 격앙 상태에 이르른 다음에 국가사회당에 유산을 기증하겠다고 유언장을 작성하기도 하였다. 베히슈타인(Bechstein), 브루크만, 에른스트 '푸치' 한프슈텡글 같은 재산이 있는 히틀러의 친구들은 상당한 기부금을 내서 당을 도와주었다. 당은 또한 당원들에게 당비말고도 채권을 발행해서 비용을 장만하였다. 대개 당원이나 추종자들이 이 채권을 샀는데, 경찰 통계에 따르면 1921년 전반부에만 10마르크짜리 채권이 4만 장 이상 발행되었다.[11]

당은 초기 몇 년 간 지속적인 자금부족으로 고생을 하였다. 그리고 1921년 중기에도 입출금이 제대로 맞지 않았다. 초기 당원이었던 사람의 보고에 따르면 때로는 벽보 붙이는 데 필요한 접착제 비용조차 없을 때도 있었다. 1921년 가을 히틀러는 왕관 서커스 장에서 열기로 계획되었던 대규모 행사를 재정적인 이유로 포기한 적도 있었다.

이름 없는 시절이 끝나다. 그는 수많은 참모들을 가졌으며 빠른 자동차들을 탔다. 그리고 사교계 살롱의 중심인물이었고 우익 단체들의 자석 노릇을 하였다. 울리히 그라프, 마요르 부흐(Major Buch), 크리스티안 베버 등과 자동차에 앉은 히틀러.

물질적인 형편은 열렬한 활동 덕분에 당이 점점 더 사람들 눈에 띄기 시작한 1922년 여름부터 좋아졌다. 그때부터 당은 헌금자들과 밀접한 접촉을 갖게 되었다. 이들 헌금자들은 원래 당원은 아니지만, 재산을 가지고 있고 공산주의 혁명의 위협을 두려워하는 시민사회의 대표자들이었다. 그들은 우익의 군사적인 전투조직부터 종파적인 주간지 혹은 저항적인 생각을 가진 수많은 잡문작가들 패거리까지 모든 우익 방어조직을 지원해주었다. 그들은 히틀러를 출세시키려 했다기보다는 공산주의 혁명에 반대하는 가장 정력적인 힘을 이용하려 하였다.

히틀러가 바이에른 사회의 영향력 있고 재력이 막강한 그룹과 관계를 가지게 된 것은 디트리히 에카르트 덕분이었다. 에카르트 다음으로는 특히 막스 에르빈 폰 쇼이브너 리히터와 루덴도르프의 덕을 입었다. 루덴도르프는 스스로 실업가와 대지주의 대표자들로부터 상당한 액수의 지원을 받아서 임의로 여러 민족주의 전투조직에 나누어주었다. 에른스트 룀이 돈, 무기, 장비 등을 동원할 때 디트리히 에카르트의 친구인 에밀 간서 박사(Dr. E. Gansser)는 '국민클럽'에서 결성된 바이에른 바깥 지역의 경제계 인사들과 접촉을 만들어냈다. 히틀러는 1922년에 처음으로 그런 사람들 앞에서 자기 의견을 밝혀 보였다. 기부자들 중에는 기관차 제조업자 보르지히(Borsig), 제철소 연합의 프리츠 티센(F. Thyssen), 추밀 고문관 키르도르프(Kirdorf), 다이믈러 공장, 바이에른 산업연합, 그밖에 체코슬로바키아, 스칸디나비아, 스위스 경제계도 성공적으로 등장한 당에 재정적 후원을 해주었다.

1923년 가을에 히틀러는 취리히로 여행을 하였다. 그리고 소문에 따르면 '스위스 프랑과 달러 지폐가 가득 든 대형 트렁크'를 가지고 돌아왔다고 한다.[12] 속을 알 수가 없고 아이디어가 풍부한 쿠어트 뤼데케도 지금까지 확인되지 않은 외국의 어떤 단체에서 상당한 금액을 지원받아왔고, 그 돈으로 마침내 단원이 50명이 넘은 '자신의' 돌격대(SA)에 재정지원을 했다. 헝가리에서도 기부금이 왔고, 러시아, 발트 지역 도이치 이민자 그룹에서도 기부금이 들어왔다.

당 임원들 몇 명은 인플레이션 기간에 외국돈으로 봉급을 받았다. 예를 들면 돌격대 지휘부 상사이며 뒷날 히틀러의 기사가 된 율리우스 슈레크(J. Schreck)나 돌격대의 임시 사령관 호프만 대위가 그런 사람들이었다. 쇼이브너 리히터의 제안을 받고 예전의 장교였던 사람이 베를린 타우엔트치엔 거리에 만든 유곽도 민족의 일에 봉사하기 위해서 수익금을 뮌헨 중앙당으로 보내왔다.[13]

당에 주어진 이러한 재정적 후원은 그 원천이 다양한 만큼이나 후원의 동기도 다양하였다. 1922년 이후 히틀러의 대규모 사업들은 이러한 후원 없이는 생각할 수 없다는 말은 옳다. 그러나 광포하게 상승하던 선동가 히틀러가 오랜 고독의 세월을 보낸 다음 처음으로, 그리고 취한 듯이 항거할 수 없는 자신의 힘을 체험한 지금 물질적인 도움을 얻기 위해서 어떤 구속력이 있는 의무를 지지 않았다는 주장 역시 옳다. 국가사회주의의 반자본주의 감정은 그들을 질투하던 좌익측에 의해서 한 번도 진지하게 받아들여진 적이 없었다. 이러한 감정은 막연히 합리적 근거가 없는 상태로 남아 있었기 때문이다. 실제로 그것은 고리대금업자, 밀매상, 백화점 등에 대한 항거에서 온 것이기에 집사와 가게 소유자의 관점을 넘어서지 못했다.

그러나 이러한 감정이 아무런 빛나는 체계도 제시할 수 없었다는 사실이 오히려 그 분노에 신뢰를 얻어주었다. 이러한 감정은 유산계급의 도덕성을 문제삼았을 뿐, 그 물질적 기반을 문제삼지는 않았다. 초기의 당 연설가들 중 한 사람이 절망하고 불안한 대중을 향해서 다음과 같이 외쳤을 때 그는 이 운동의 선전효과가 큰 비합리성을 잘 표현해낸 것이다. "여러분, 잠깐만 참으십시오! 그러나 우리가 여러분을 부르면 저축은행을 보호하십시오. 우리 프롤레타리아들은 그곳에 얼마 안 되는 돈을 맡겨놓으니까요. 그러나 큰 은행으로 몰려가서 거기 있는 돈을 모두 꺼내다가 거리에 뿌리고 무더기로 태우십시오! 그리고 거리전차를 교수대 삼아 모든 유대인의 목을 매답시다!"

히틀러도 인플레이션과 비참한 대중을 배경으로 그와 비슷한 요구들과 비슷한 감정을 가지고 자본주의의 기만성을 되풀이 공격함으로써 엄청난 추종세력을 얻었다. 자본가들로부터 상당한 기부금을 얻었으면서도 그랬다. 당의 사무장 막스 아만은 1923년 11월 쿠데타 시도가 끝난 직후 뮌헨 경찰의 심문을 받는 과정에서, 히틀러는 헌금자들에게 "영수증 조로 당 강령만을 주었을" 뿐이었다고 주장했다.[14] 그 모든 의심에도 불구하고 전략적인 고백 이상을 그에게서 얻을 수 없다는 사실을 받아들여야 한다. 그밖에 부정부패는 히틀러의 이미지에 도무지 어울리지 않는다. 이러한 이미지는 그의 확고함, 그 사이 커진 자신감과 그의 망상의 힘을 과소평가한 것이다.

전투동맹

1월 말에 공권력에 맞선 힘의 대결에서 승리를 거둔 일은 국가사회주의를 바이에른 극우파 그룹들의 선두에 서게 만들었다. 그리고 파도처럼 연속된 집회, 시위, 행진 등에서 국가사회주의자들은 전보다 더 소란을 피웠고 미래를 확신하였다. 쿠데타 소문, 정부전복 계획 등이 자꾸 나타났다. 국가사회당의 지도자가 정열적인 구호로 선전한 여러 가지 분위기들은 상황이 전체적으로 바뀔 시기가 임박했다는 기대감을 드러냈다. 히틀러가 표현하였듯이 '경박한 쿠데타가 아니라 전례 없는 전체적 청산작업'이 눈앞에 왔다는 분위기였다.

그와 동시에 지난 몇 주 간의 경험을 이용하여 지도자 선전이 강화되었다. 이 경험들은 잘못을 범하지 않는 지도자라는 후광이 충분히 퍼지기만 한다면 예기치 못한 도전적인 결정들도 추종자를 만들어낸다는 사실을 그에게 가르쳐주었다. 이 선전은 다음과 같은 내용을 담고 있었다. 히틀러는 '운동 전체의 이념을 분명하게 눈앞에' 가지고 있다, 그는 '새로운 민족주의 독일을 위해 부름받은 지도자'다, '우리는 그가 이끄는 대로 따라야 한다'는 내용이었다.

여기서 처음으로 널리 퍼져서 종교적 형식이 된 지도자 숭배는 히틀러의 생일이 들어 있는 4월 하반기에 절정에 도달하였다. 알프레트 로젠베르크는 〈민족관찰자〉에다 히틀러라는 이름의 '신화적 울림'을 찬양하는 찬사를 썼다. 왕관 서커스에서는 당 지도부, 국민연합 대표자들, 9천 명의 추종자들이 모여서 이 투쟁을 재정적으로 후원하기 위해서 히틀러 헌금이 모금되었다. 사회자 헤르만 에서는 히틀러를 보고 '밤도 그 앞에서 길을 비키기 시작한' 사람이라고 말하면서 맞아들였다.[15]

그토록 분명하게 다가오는 결단의 순간에 대비하기 위해서 2월 초에 벌써 룀의 재촉에 따라 국가사회당은 몇 개의 국수주의 민족적인 군사조직체와 동맹을 맺었다. 하이스(Heiß) 대위가 이끄는 '제국기'와 그밖에도 '고지연합' '뮌헨 조국연합' '저지 바이에른 전투연합' 등이었다. '조국전투연합들의 노동공동체'라는 이름으로 공동 위원회가 결성되었고 이 모임의 군사적 지휘권은 헤르만 크리벨(H. Kriebel) 대위에게 맡겨졌다.

그럼으로써 이미 존재하고 있던 국수주의 단체들의 상부조직인 '바이에른 통일 조국연합(VVV)'에 맞서는 대응단체가 결성된 것이다. 조국연합은 예전의 주지사였던 폰 카르와 김나지움 교사였던 바우어(Bauer)의 지휘 아래 극히 다양한 단체들, 즉 하양·파랑(바이에른) 운동, 모든 도이치 운동, 왕당파, 그밖에도 제각각의 종족적인 단체들이 하나로 합쳐져서 만들어진 것이었다. 한편 크리벨의 검정·하양·빨강 전투동맹은 군국주의적이고 과격하고 '파시즘적인' 성향이었으며, 무솔리니 혹은 터키의 케말 파샤 아타

튀르크(K. P. Atatürk)의 예를 보고 국가전복에 대한 생각을 얻었다. 그러나 히틀러는 지금까지 무제한이었던 자신의 명령권을 일부 빼앗아간 당의 이런 확장이 얼마나 문제가 많은 것인가 하는 것을 5월 1일에 경험하게 되었다. 그는 정치적 도박에서의 행운에 익숙해져서 국가 공권력에 한 번 더 대립을 시도하였다.

'전투동맹'에 강령을 마련해주겠다는 시도가 벌써 파트너들의 병사적인 이성에는 맞지 않는 것이었다. 봄이 지나는 동안 그는 크리벨, 룀, 방위군 등이 자기가 개인적으로 혁명군대로 쓰기 위해서 만들었던 돌격대를 빼앗아가는 꼴을 지켜보고 있어야만 했다. 10만 병사를 비밀리에 양성하겠다는 목적으로 그들은 돌격대 연대(보통 세 개 연대에 해당하는 돌격대 특유의 연대 조직)들을 훈련시키고 밤훈련과 분열식을 계획하곤 하였다.

그 자리에 히틀러는 언제나 보통 시민의 차림으로 등장하곤 하였으며 때로는 인사말을 하기도 하였으나 지휘권을 주장하기는 어려운 형편이었다. 그는 화가 잔뜩 나서 돌격대 부대가 자기 목적에서 멀어지고, 전위적인 세계관에 의해서 방위군의 보충부대로 전락하는 꼴을 지켜보았다. 독자적인 명령권을 회복하기 위해서 그는 몇 달 뒤에 자신의 옛 전우인 요제프 베르히톨트(J. Berchtold) 소위에게 일종의 사령부 수비대를 만들라고 위임하였다. 수비대는 '히틀러 돌격부대'라는 이름을 얻었다. 그것은 뒷날 친위대(SS)의 토대가 되었다.

5월 1일의 실패

4월 말 히틀러와 전투동맹이 모여서 회의를 한 끝에 좌파 정당들의 연례적인 5월 1일 집회를 도전으로 간주하고 온갖 수단을 다하여 저지하기로 결정하였다. 동시에 그들은 소비에트 정권이 종말을 고한 4주년을 기념하기 위하여 자기들의 대규모 집회를 계획하였다.

우유부단한 폰 크닐링(v. Knilling) 정부(바이에른 주정부)는 지난 1월의 패배에서 아무것도 배우지 못한 채 전투동맹의 최후통첩을 절반만 승인하였다. 좌익측에는 테레지아 풀밭의 집회를 허가하였으나 시가행진은 거부하였다. 그러자 히틀러는 잔뜩 흥분한 모습을 드러냈다. 1월에 그랬던 것처럼 그는 민간의 판결에 대해서 군사적 힘을 개입시키려고 시도하였다. 4월 30일 극단적으로 긴박한 상황에서 크리벨, 바우어, 신임 돌격대장 헤르만 괴링 등이 정부청사에 출두하여 좌익측에 대하여 비상사태 선포를 요구하였다.

그 동안 히틀러는 룀과 함께 다시 폰 로소브 장군을 찾아가서 방위군이 개입해줄 것, 합의에 따라 병참기지에 있는 조국연합의 무기들을 내줄 것을 요청하였다. 히틀러로서는 끝도 없이 놀라운 일이었지만 장군은 두 가지 요청을 다 거절하였다. 그는 자신이 조국의 안전을 위해 어떤 일을 해야 하는지 안다고 했다. 그리고 소동을 일으키는 자는 누구든 쏘겠다고 말했다. 바이에른 주경찰국장 자이서(Seisser)도 그 비슷한 말을 했다.

히틀러는 다시 전망 없는 상황에 빠지게 되었다. 그것은 시끄럽게 예고된 5월제 방해를 포기하도록 만드는 상황이었다. 그러나 그는 지나치게 특징적인 행동으로 패배를 부인하였다. 그는 노골적으로 준비를 강화하였다. 로소브 앞에서 '빨갱이 시위'는 시위대가 오직 자신의 '시체를 넘어서 행진' 할 경우에만 가능할 것이라고 협박하였다. 그러면서 허풍스러운 운명론과 흥행주의 싸구려 정열도 함께 내보였다. 이때나 뒷날이나 지나치게 긴장된 진지함을 통하여 모든 퇴로를 차단하고 자신의 존재를 전부냐 무냐 하는 양자택일에 내놓는 극단적인 과격함이었다.

어쨌든 히틀러는 준비를 재촉하였다. 무기, 대포, 자동차 등이 준비되었고 마지막에 방위군을 기습적으로 속이기까지 하였다. 로소브의 금지에도 불구하고 그는 룀과 몇 명의 돌격대 대원을 병참부로 보내서 5월 1일 좌익 세력이 폭력행위를 할까 봐 주 정부가 염려하고 있다는 핑계를 대고 특히 기총과 기관총을 구했다. 쿠데타 비슷한 그런 행동을 보고 동맹 파트너 몇 명이 주저하면서 토론을 하기도 하였으나 그러는 사이 사건 자체가 사건 주동자들보다 앞서 나가고 있었다.

경계명령을 들은 히틀러의 부하들이 뉘른베르크, 아우크스부르크, 프라이징 등에서 뮌헨으로 속속 들어오고 있었다. 상당수는 무장상태였다. 툇츠

율리우스 슈트라이허와 함께.

온천에서 온 패거리는 화물차량에 낡은 야포를 매달고 왔다. 그레고어 슈트라서와 하인리히 히믈러가 이끄는 란츠후트 부대는 몇 대의 경기관총을 가지고 왔다. 모든 사람은 히틀러가 수백 번도 더 약속하였고 여러 해 동안이나 기다려온 혁명봉기를, '11월 수치의 제거'를 기대하고 있었다. 경찰총장인 노르츠가 크리벨에게 경고하였지만 겨우 이런 대답을 들었다. "이제 돌아갈 수 없습니다. 너무 멀리 와버렸어요…… 유혈사태가 벌어지든 말든 마찬가집니다."[16]

동이 트기도 전에 벌써 위풀밭(오버비젠펠트), 막시밀리안 광장과 그밖의 몇 군데 도시 중심지에 '조국연합' 사람들이 모여들었다. 이른바 위협적인 사회주의 쿠데타를 막기 위해서였다. 히틀러는 약간 늦게 위풀밭에 등장하였다. 그는 군대의 야영지 비슷한 가장자리로 들어서서 매우 극적인 태도로 철모를 머리에 쓰고 1급 철십자 훈장을 달았다. 그의 수행원 중에는 괴링, 슈트라이허, 루돌프 헤스, 그레고어 슈트라서, 그리고 뮌헨 돌격대를 지휘하는 의용군 대장 게르하르트 로스바흐 등이 섞여 있었다. 돌격대가 아직도 오지 않는 진군명령을 기다리면서 훈련을 시작하였다. 룀이 약속한 신호를 보내오지 않았기 때문에 이들 지휘자들은 어찌할 바 모르고 의견도 일치하지 않은 채 점점 신경을 곤두세우고 있었다.

그 사이 테레지아 풀밭에서는 노동조합들과 좌익 정당들이 전통적인 혁명적 구호들도 간간이 외치긴 하였지만 평화롭게 공동의식으로 뭉쳐서 5월제를 지냈다. 경찰이 위풀밭에서 도시로 통하는 방향을 상당히 넓게 차단하였기 때문에 예상되었던 좌우익간의 충돌도 일어나지 않았다.

룀은 이 순간에 자신의 상관인 로소브 장군 앞에 차렷 자세로 서 있었다. 장군은 병참부 소식을 전해듣고 화가 잔뜩 나서 훔쳐간 무기를 돌려달라고 요구하였다. 정오가 조금 지나서 룀 대위는 무장병사와 경찰의 호위를 받으며 위풀밭에 나타나서 장군의 명령을 전했다. 슈트라서와 크리벨이 좌익과 충돌을 일으키면 방위군이 마지막에는 자기들 편을 들게 될 것이라는 이유로 진군하려고 하였다.

그러나 히틀러는 여기서 포기하였다. 즉석에서 무기를 돌려주는 치욕은 피하였지만 조국연합은 어쨌든 무기를 자진 반납하였다. 분명한 참패였다. 그날 저녁 왕관 서커스 무대를 가득 채운 추종자들 앞에서 행한 연설의 강렬한 빛도 그러한 패배를 지우지는 못하였다.

첫번째 위기

수많은 징후들은 히틀러가 상승하던 시절에 여기서 처음으로 개인적인 위기에 빠졌다는 사실을 보여주고 있다. 그는 5월 1일의 실패를 동맹 파트너들, 특히 까다롭고 고집 센 민족주의 연합에 의존한 탓으로 돌릴 수 있었고 그것은 어느 정도 타당한 것이었다. 그러나 파트너들의 태도 뒤에는 분명히 자신의 약점과 실책도 들어 있다고 혼자 생각했을 것이다. 무엇보다도 그는 잘못된 생각을 좇았다. 급한 성질이 멋대로 튀어나와서 완전히 잘못된 명령을 내렸다. 그러면서 모르는 사이에 자신에게 힘이 되어 주었던 공화국 방위군을 자신의 배후세력으로 만들지 못하고 오히려 자신에게 맞선 위협적인 적으로 만들었다.

이것은 일년 간 폭풍 같은 상승을 경험한 다음 겪어보는 최초의 퇴각이었다. 여러 주 동안 히틀러는 자신의 능력을 의심하면서 디트리히 에카르트를 찾아가서 베르히테스가덴에 은둔했다. 가끔 가다가 연설하러 나타나거나 아니면 기분전환을 하러 뮌헨으로 갔다. 그의 전략적인 행동방식은 그때까지 주로 의존본능에 이끌리고 있었다. 이제 그는 이 5월제의 인상 아래서 논리적인 전략 시스템의 특성들을 발전시켜 나갔다. 그것은 국가공권력과 대립하지 않고 공권력을 자기편으로 만들어서 성공하는 것, '주지사의 허가를 받은 혁명'이라고 적절하게 표현된 '파시스트' 혁명개념에 대한 최초의 윤곽들이었다.[17] 그는 자기 생각들 중 일부를 기록하였고 그것은 나중에 《나의 투쟁》 안에 삽입된다.

그러나 여론의 비판적인 반응은 더욱 의심쩍은 것이었다. 수많은 채찍질하는 연설에서 히틀러는 지도자의 행동, 의지, 이념 등을 화려하게 묘사했다. 5월 1일 행사가 있기 일주일 전만 해도 영웅이 필요한데 수다쟁이만 쳐다보는 민족을 언변 좋게 탄식하였다. 그러면서 몽상적인 행동의 믿음을 찬양하였다. 위풀밭에서 보여준 망설임과 어쩔 줄 모르는 태도의 코미디는 그런 자화자찬과는 전혀 비슷하지 않았다. "히틀러와 그 패거리들이 허풍 떤 것이라고들 생각하였다."고 당시 어떤 보고에 나타나고 있다. 헤르만 에서가 6월 초에 〈민족관찰자〉에 억지 비명을 지르면서 밝힌 '위대한 아돌프'에―〈뮌헨 포스트〉지가 아이러니컬하게 이런 수식어를 붙였다―대한 암살 음모설도 그의 인기를 회복시키지 못했다. 이미 4월에 비슷한 폭로가 출간되기도 하였지만 그것은 국가사회주의자들 쪽의 창작이라는 사실이 밝혀졌다. "히틀러는 사람들의 상상력을 사로잡지 못하게 되었다."고 〈뉴욕신문〉의 어떤 특파원은 적어보냈다. 사태를 잘 아는 당시의 관찰자가 5월 초에 지적하였듯이 그의 별은 '대단히 빛바래' 보였다.[18]

베르히테스가덴의 풀죽은 고독 속에서 매우 감정적인 그의 눈에 아마 이별의 빛은 완전히 사라져버린 것처럼 보였을지도 모른다. 어쨌든 그는 대단히 위축되었다. 완전히 기가 죽어서 로소브와 깨진 유대를 회복하는 일을 완전히 포기하였다. 전투동맹과 지도자를 잃은 당에 새로운 목표와 결속감을 주는 일도 포기하였다. 고트프리트 페더, 오스카 쾨르너와 그밖에 몇 명의 추종자들이 그를 정상으로 회복시키고, 특히 '푸치' 한프슈텡글을 제외시키려고 시도해보았지만 그는 거의 들으려고 하지도 않았다. 한프슈텡글은 그에게 '아름다운 여인들'을 소개해주었고 그녀들은 도전적으로 '비단바지를 입고' 이리저리 몰려다니면서 '술판'을 벌였다.[19] 옛날의 무기력과 무관심 상태에 다시 떨어진 것 같았다.

처음에는 분명히 뮌헨 지방법원 검찰측이 5월 1일 사건에 대해서 이끌어낼 처리결과를 기다리고 있었다. 그는 유죄판결을 각오하지 않을 수 없는 상황이었으나 그와는 별개로 발러슈테트(Ballerstedt) 사건으로 두 달 간의 금고형을 살아야 할 처지였다. 그뿐이 아니었다. 바이에른 내무장관 슈바이어는 히틀러가 약속을 어겼다는 이유로 옛날의 의도를 실행에 옮겨서 그를 추방할 수 있게 된 것이다.

히틀러는 바이에른의 힘있는 사람들 사이에 존재하는 국수주의적인 성향을 이용하여 교묘한 역습으로 선수를 쳤다. 담당검사에게 보낸 진정서에 그는 이렇게 썼다. "내가 조국에 바치는 경의에 알맞는 공개적인 변호의 기회를 주지도 않으면서 몇 주 전부터 언론과 지방의회가 아주 끔찍하게 나를 욕하고 있기 때문에, 법정에서 자신을 변호하고, 그럼으로써 이러한 경의에서 일체 자유로워지는 일이 내게 허락된다면 나는 운명에 감사할 따름입니다." 그는 조심스럽게 이 진정서를 언론에 공개하겠다고 위협하였다.

이러한 암시는 물론 제대로 이해되었다. 담당검사의 걱정스런 소견서와 함께 이 편지를 받게 된 국수주의적인 법무장관 귀르트너(Gürtner)는 이 편지를 보고 아직도 유효한 옛날의 합의들을 기억해냈다. 그 자신이 국가사회주의자들을 가리켜 "우리 살 중의 살"이라고 불렀던 것이다.[20] 인플레이션, 대규모 파업, 루르 투쟁, 배고픈 폭동자들, 여러 가지 소요 등은 좌익에 의해서 폭발점으로 이끌려가는 상황이었고, 매일 심해지는 이러한 곤경은 국수주의적 지도자를 보호할 충분한 이유가 되었다. 비록 그 자신이 이러한 국가적 곤경의 일부라고 하더라도 말이다. 이 사건조사의 경과를 궁금하게 여기는 내무장관에게 알리지도 않고서 귀르트너는 검찰청에, 이 사건을 '좀 더 조용한 시기'로 미루는 것이 좋겠다는 자신의 소망을 알렸다. 1923년 8

월 1일 조사는 일시 중단되었다가 이듬해 5월 22일에 계속되었다.

극적인 반전

9월 초의 사건을 보면 히틀러가 그 동안 얼마나 엄청난 체면손상을 입고 있었는지 알 수 있다. 조국연합이 세당(Sedan) 승리 기념일에 뉘른베르크에서 '도이치의 날' 행사를 위해 모였다. 이것은 해마다 바이에른의 여러 지역에서 번갈아가면서 화려하게 벌이는 행사였다. 깃발, 꽃들, 퇴역장성들이 화려하게 둘러선 가운데 수십만 인파를 앞에 두고 연설과 행진을 벌이면서 모독받은 국민감정과 더 아름답고 나은 미래전망의 필요성을 찬양하였다.

이날 1922년 9월 2일 행사에 대해서 뉘른베르크 퓌르트 소속의 어떤 경찰관은 직무를 잊고 열광하여 보고서에 다음과 같이 썼다. "천둥과도 같은 만세소리가 내빈과 행렬을 둘러쌌다. 손수건을 든 수없는 팔들이 행렬을 향해 뻗어나왔다. 꽃과 화환의 물결이 사방에서 행렬을 향해 쏟아졌다. 수십만의 낙담하고 짓밟히고 절망한 사람들에게 노예상태와 곤궁에서 해방되리라는 희망의 빛줄기가 뻗쳐나와서 즐거워 외치는 것 같았다. 남자고 여자고 가리지 않고 수많은 사람들이 거기 서서 눈물을 흘렸다……."[21]

같은 보고서에 따르면 수십만 행진 참가자들 중에 국가사회주의자들도 상당수 섞여 있었다. 그러나 하늘로 솟아오르는 환호성 한가운데에 루덴도르프가 있었다. 그 사이 자신이 잃어버린 영역을 잊지 않고 있던 히틀러는 이런 대규모 행사의 영향 아래서 다시 동맹에 끼려고 하였다. 그는 하이스 대위의 '제국기' 연합과 프리드리히 베버가 이끄는 '고지 동맹'과 연합하여 '도이치 전투동맹'을 만들었지만 지도자 자리를 요구할 권리가 없었다.

5월 1일의 패배뿐 아니라 뮌헨을 떠나야 한다는 사실이 그에게 빠른 몰락을 예비했다. 그가 등장하여 센세이션을 만들어내지 않게 된 순간 벌써 이름, 권위, 선동가의 영광 등 모든 것이 물거품처럼 사라졌다. 끈질긴 룀이 3주 동안이나 쉬지 않고 졸라서야 전투동맹 지도자들 사이에서 친구인 히틀러의 명성을 겨우 어느 정도 되찾았다. 이제서야 히틀러는 동맹의 정치적 지휘권을 장악할 수 있는 위치에 이르렀다.

히틀러는 한편으로는 시위대와 함께 거리에서 사람들을 선동하려고 하면서 다른 한편 유명
인사들 사이에서는 신뢰할 만한 인물로 인정받으려 하였다. 도이치 날 행사에서.

아무런 의미도 없이 모든 힘을 소진하며 계속되는 루르 투쟁을 중단하기로 한 중앙정부의 결정이 그가 지휘권을 장악하게 된 외적인 요인을 만들어주었다. 정부를 떠맡은 지 6주 만인 9월 24일에 구스타프 슈트레제만(G. Stresemann)은 소극적 저항을 중단하고 프랑스에 대한 전쟁비용 보상금 지불을 다시 시작하였다. 히틀러는 지난 몇 달 동안 소극적 저항에 찬성하지 않았다. 그러나 그의 혁명적인 목적의식은 이렇게 인기 없는 정부의 새로운 조치를 수치스런 반역의 증거라고 낙인찍고 그럼으로써 정부전복을 위한 명분을 얻어내려고 하였다.

벌써 다음날로 그는 전투동맹 지도자들인 크리벨, 하이스, 베버, 괴링, 룀과 모임을 가졌다. 두 시간 반 동안 계속된 열렬한 연설에서 그는 자신의 생각들과 비전을 보여주었다. 그리고 자기에게 '도이치 전투동맹' 의 지휘권을 넘겨달라는 부탁으로 연설을 끝맺었다. 룀의 보고에 따르면 하이스는 마지막에 눈물까지 글썽이며 그에게 손을 내밀었고, 베버도 감동되었고, 룀 자신은 울면서도 마음속으로는 흥분해서 몸이 떨렸다.[22] 사건발전이 결정적인 순간을 향하고 있다는 확신으로 그는 다음날로 군에서 제대하고 완전히 히틀러에 합세하였다.

전투동맹의 지도자로서 히틀러는 자신의 결심의 힘을 보여주어서 모든 회의론자들이 틀렸다는 사실을 입증해 보일 속셈이었던 것으로 보인다. 즉각적으로 그는 1만 5천 명의 돌격대 부대에 경계태세를 취하라고 명령하고, 자신의 폭발력을 높이기 위해서 국가사회당원들에게 다른 민족주의 연합에서 탈퇴할 것을 요구하였다. 그리고 과격한 활동을 전개하였다. 하지만 거의 언제나 그렇듯이 이 모든 계획들, 전략, 명령 등의 원래 목적은 거칠고 화려한 선전활동이었던 것으로 보인다. 소란스런 선전활동 장면은 그에게 있어서 누구보다도 우세하다는 느낌과 동일한 것이었다.

이미 전에도 그런 적이 있었지만 그는 9월 27일 저녁에 한꺼번에 14개의 대규모 집회를 열어서 14번이나 똑같이 무한히 상승하는 느낌을 만들어내기로 계획하였다. 전투동맹의 의도는 물론 의심의 여지가 없는 것이었다. '노예상태와 수치에서' 해방을, 그리고 수도 베를린으로 진군하여 국수주의적 독재정부를 만들어내고, '내부에 있는 저주스런 적들' 을 제거하려는 것이었다. 히틀러는 벌써 3주 전인 9월 5일에 그러한 의도를 발설하였다. "베를린이 행군하여 뮌헨에서 끝을 맺느냐 아니면 뮌헨이 행군하여 베를린에서 끝을 맺느냐 하는 문제입니다! 볼셰비스트의 북부 독일과 민족주의 바이에른이 공존하는 것은 불가능한 일입니다."[23]

그러나 이 순간 그가 어떤 계획을 추구하고 있었는지, 특히 그가 쿠데타를 계획하고 있었는지 아니면 말만 하는 것이었는지 분명치가 않다. 상당수의 증거들은 그가 자신의 작용력과 대중의 분위기에 따라서 앞으로의 일을 결정하려고 했다는 사실을 암시해주고 있다. 선전술을 지나치게 믿은 나머지 대중의 열광을 통해서 국가권력까지 조종해보려고 하였다. 위에 언

루돌프 헤스와 함께 뮌헨 시가지에서 선전행진을 할 때의 모습.

급한 행사에서 그는 '끝없는 말싸움에서' 새로운 독일이 자라나온다고 말했다. 어쨌든 전투동맹 회원들에게는 엄격한 명령이 전달되었다. 뮌헨을 떠나는 것이 금지되었으며 심각한 경우에 대비하여 암호가 전달되었다.

뮌헨 정부는 떠도는 쿠데타 소문에 밀리고, '공산주의' 중앙정부에 대한 불신과 여러 가지로 특수한 바이에른의 원한을 가지고, 또한 구석에 처박히고 싶어하는 소망들을 가지고 히틀러를 앞질러버렸다. 사전예고도 없이 주지사인 폰 크닐링은 9월 26일에 비상사태를 선포하였다. 이미 1920년에도 한 번 그랬지만 이번에도 구스타프 폰 카르를 독재적 전권을 가진 계엄사령관으로 임명하였다. 카르는 전투동맹과 협조하는 것은 환영이라고 말했지만 히틀러에게는 일체 '과격행동'을 하지 말라고 경고하였다. 그리고 계획되어 있던 14개의 집회를 금지하였다.

히틀러는 화가 나서 제정신을 잃었다. 그것은 뒷날 여러 가지로 묘사된 발작형태로서, 자신의 열변과 분노의 외침에 스스로 열이 올라서 일종의 의식불명 상태로까지 치솟아오르는 것이다. 그러한 광란상태에서 히틀러는 혁명과 유혈사태로 협박을 하였지만 카르는 끄떡도 하지 않았다. 가장 막강하고 폐쇄적인 방위력인 전투동맹의 대표로서 히틀러는 자신이 국가권력의 파트너가 될 수 있다고 보았다. 그러나 카르는 그를 공권력의 한 대상으로 격하시켰다. 한순간 그는 반란을 일으키기로 결심한 듯했다. 밤이 지나면서 룀, 푀너, 쇼이브너 리히터 등이 그를 설득하여 이 의도를 거두어들이게 만들었다.

어차피 사태는 이미 히틀러의 의도를 훨씬 넘어가고 있었다. 그 사이 베를린에서는 공화국 대통령 에버트가 의장으로서 사태를 수습하기 위해서 각의를 소집하였다. 폰 카르는 너무나 자주 '조국을 구하기 위한 바이에른의 사명'을 부르짖어 왔다. 그리고 이런 표현은 공화국의 붕괴와 보수적인 귀족정권의 수립, 바이에른의 계속적인 독립상태와 바이에른의 왕정복고를 의미한다고 공공연히 떠들었다. 자신이 새로운 직위에 오른 다음 너무나 분명한 걱정거리를 만들어내지 않기 위해서였다. 나라의 화폐가 붕괴되고 경제가 무너진 절망적인 상황에서, 작센과 함부르크에서 공산당이 영향력을 확보하였고 서부의 분리주의 운동을 놓고 중앙정부의 권위가 마구 흔들리고 있어서 뮌헨 사태는 실제로 정세를 완전히 붕괴시키는 신호가 될 수 있는 상황이었다.

이토록 극적이고 한치 앞을 내다볼 수 없는 상황에서 나라의 장래는 방위군에 달려 있었다. 방위군 사령관 제크트 장군은 그 자신이 광범위한 사람들에 의해서 우익 독재권력의 대상자로 꼽히는 인물이었다. 그는 이 비상한 상황의 효과를 높이기 위해 약간 늦게 회의장에 나타났다. 실질적인 권력자로서 냉정한 특별의식을 지닌 채 그는 흥분한 각료회의 탁자로 걸어갔다. 에버트가 이 순간 방위군은 어디에 있는가 묻자 그는 이렇게 대답하였다. "방위군은 지금 제 뒤에 있습니다, 대통령 각하." 그럼으로써 한 순간 실질적인 권력상황이 분명하게 드러났다. 그러나 그는 같은 날 국가 비상사태 선포와 더불어 공화국 전국에 대한 전권을 위임받자 적어도 형식상의 충성심을 가지고 정치 지도층에 복종하였다.[24]

참으로 혼란스런 상황이었다. 소란스럽고 예측이 되지 않는 가운데 다음 몇 주간의 사건이 진행되었다. 제크트는 두 가지 주요문제를 서둘러서 해결하였다. 9월 29일에 퀴스트린에서 불법적인 검은 방위군이 부흐루커(Buchrucker) 소령의 지휘를 받아 궐기하였다. 이 부대는 루르 투쟁이 중단된 이후 자기들이 해체될까 두려워서 수많은 혼란스런 표지들을 만들어내서 우익, 특히 방위군에게 진군 신호를 주려고 하였다. 그러나 너무나 성급하게 이루어져서 충분한 협조도 얻지 못한 이런 시도는 짧은 시간 포위를 당하고 난 다음에 곧장 무너지고 말았다. 곧 이어서 제크트는 혁명시대의 잊지 못할 감정들을 증명하는 단호한 행동으로 작센, 튀링겐, 함부르크 등에서 좌익의 위협을 물리쳤다. 그런 다음 그는 바이에른과의 힘겨루기에 나섰다.

그 사이 바이에른에서 히틀러는 자신의 전략적 구상에 맞게 카르를 자기 편으로 삼았다. 카르와 로소브는 어떤 분노하고 모욕적인 기사 때문에 〈민족관찰자〉를 발간 금지하라는 제크트의 요구를 전혀 따르지 않았다. 이어서 로스바흐, 하이스 소령, 에르하르트 대위를 체포하라는 명령도 역시 무시되었다. 로소브가 파면되자 바이에른 계엄사령관은 헌정 중단상태에서 그를 바이에른 방위군 사령관으로 임명하였다. 새로운 도전을 통해서 베를린과의 갈등을 날카롭게 하기 위해서 가능한 일을 다하였다. 마지막에 그는 중앙정부의 개편을 요구하였고, 에버트 대통령의 편지에 대해서 공개적인 선전포고로 답하였다. 대법원에서 지명수배한 이전의 의용군 지휘자 에르하르트 대위를 잘츠부르크 은신처에서 데려다가 베를린 진군 준비를 하라고 지시하였다. 진군계획서는 최초의 공격날짜를 11월 15일로 잡았다.

이런 강한 행동에 이어 강경한 말들이 나왔다. 카르 자신은 바이마르 헌법의 비도이치 정신을 공격하였다. 정부를 가리켜서 '점토덩이'라고 불렀다. 자신은 국제 공산당 유대주의에 맞선 세계관에서 국가를 대표하는 사람이라고 주장하였다.[25] 그는 시끄러운 반응을 보여서 계엄사령관으로 임명된 데 따르는 다양한 기대들을 충족시키려고 하였다. 하지만 실제로는 히틀러의 의도를 도와준 꼴이었다. 5월 1일의 운명적 상황을 뒤집기 위해서는 카르가 오락가락하는 사이 〈민족관찰자〉의 기사 하나로 충분하였다. 베를린과의 갈등은 히틀러에게 바이에른 권력자들과의 동맹관계를 만들어주었다. 히틀러는 중앙정부에 맞서 혁명적인 출발을 하기 위해서 그들의 도움이 필요하였다. 제크트가 로소브의 퇴진을 요구하자 베를린과 대립하기 위해서 민족주의 연합이 모두 모여들었다.

히틀러는 기대도 하지 않았는데 거대한 기회들이 다가오는 것을 보았다. 겨울이면 결정이 날 것이라고 그는 〈이탈리아 소식(Corriere d'Italia)〉[26]지와의 인터뷰에서 말했다. 짧은 간격으로 여러 번이나 로소브를 찾아가서 화해를 하려고 하였다. 자기들은 이제 공동의 이해와 공동의 적을 가지고 있다고 행복하게 말할 수 있었다. 한편 로소브도 자기는 "히틀러의 생각과 열에 아홉까지 완전히 일치한다."고 확언하였다. 진짜 그런 일을 바라지도 않았건만 바이에른 방위군 사령관 로소브는 중심 역할 하나를 떠맡고 무대 중심부로 나오게 되었다. 그러나 반역자 역할은 그에게 어울리지 않았다. 그는 비정치적인 군인이었다. 그는 결정을 내리는 것을 꺼리고 자신이 빠져든 갈등상황을 견뎌내기가 힘들었다. 히틀러는 그를 계속 앞으로 밀어붙여야 했다. 로소브의 딜레마를 그는 적절하게 이렇게 요약하였다. 그토록 광범위한 우익을 거느린 지도자가 "자신의 상관에 반항하려면 마지막 순간도 넘어갈 정도로 확고해야 한다. 그렇지 않으면 그저 평범한 폭도나 모반자일 뿐이다."[27]

카르와 합의를 보기는 이보다 더 어려웠다. 히틀러는 9월 26일에 이 계엄사령관이 배신한 것을 잊을 수 없었다. 반면 카르는 자신이 이 과격하고 어떤 공격적인 미친 짓도 할 각오가 된 선동가를 '하얗고 푸른(바이에른) 이성(理性)으로 데려올' 임무를 가지고 있다고는 생각지 않았다. 히틀러에 대한 그의 관계는 이 허풍선이 재주있는 소동꾼에게 언제든 '정치에서 물러나라는 명령'을 내리고야 말겠다는 속셈을 가진 것이었다.[28]

이 모든 속셈과 상호 불쾌감에도 불구하고 중앙정부와의 대치상황은 그들을 한데 뭉치게 만들었다. 계속되는 의견차이는 지휘권에 관한 것이었으며 특히 진군시기에 관한 것이었다. 로소브, 자이서와 더불어 재빨리 합법적인 힘의 '3거두'가 된 카르는 이 문제에 대해서 약간의 신중을 기하고 히틀러의 대담한 말에 대해서 어느 정도 거리를 두려고 하였다. 히틀러는 초조하게 행동을 촉구하였다. "단 하나의 질문만이 민족을 움직일 것입니다. '언제 시작합니까?'"라고 그는 소리치고 거의 몽상적으로 종말론적인 표현을 하면서 임박한 붕괴를 축하하였다.

그는 이렇게 예언하였다. "자, 이제 운동이 이 순간을 위하여 준비해온 그 날이 왔습니다! 우리가 이 순간을 위해서 싸워온 그 순간이 된 것입니다. 국가사회주의 운동이 독일의 승리를 위하여 행진을 할 순간입니다! 우리는 한 번의 선거를 위해서 결성된 것이 아닙니다. 이 민족이 두려움과 절망에 가득 차서 붉은 괴물들이 다가오는 것을 보는 최고 위기에서 최후의 도움을 주기 위해서 이 운동이 결성된 것입니다……. 우리 운동에서 이제 구원이 나옵니다. 오늘날 이미 수백만이 그 사실을 느끼고 있습니다. 그것은 거의 새로운 종교적 신앙처럼 확고한 것이 되었습니다!"[29]

쿠데타를 준비하다

10월이 지나는 동안 모든 면에서 준비를 강화하였다. 음모, 비밀, 배신의 분위기에서 쉬지 않고 토론들이 이루어지고 거사계획이 세워졌다. 진격의 순간을 위해서 암호들이 교환되었다. 무기도 집결되고 전투연습도 이루어졌다. 10월 초에 이미 히틀러 일파의 쿠데타가 임박하였다는 소문이 아주 확실한 것이 되어서 전투동맹의 군사 지휘자 크리벨 중령은 폰 크닐링 지사에게 편지를 보내 모든 혁명의도를 부인하지 않으면 안 될 정도였다.

덤불처럼 뒤엉킨 이해타산, 조약, 견제작전, 잠복 속에서 서로 감시하고 수천 명이 그 어떤 명령을 기다리고 있었다. 집의 담벼락에는 구호와 반대 구호들이 쓰여지곤 했다. '베를린 진군'은 한꺼번에 모든 문제의 해결을 약속하는 마법공식이 되었다. 여러 주 전부터 히틀러는 출발 징후를 퍼뜨렸다. "이 11월 공화국은 이제 끝입니다. 점차 뇌우를 알리는 낮은 바스락소리가 시작되고 있습니다. 뇌우는 올 것입니다. 폭풍 속에서 공화국은 변화를 겪게 될 것입니다. 그만큼 성숙하였으니까요."[30]

카르에 비해서 히틀러는 어느·정도 확고한 입장인 듯이 보였다. 3거두가 히틀러를 빼놓고 진군하거나 아니면 "베를린으로 진군!"이라는 혁명적 표어가 아니라 "베를린에서 떨어지자!"는 분리주의자들의 구호를 가지고 대중을 동원할지도 모른다는 의심이 여전히 남아 있었다. 때때로 히틀러는 어쩌면 거사에 이르지도 못하는 것이 아닌가 두려워하기도 하였다. 자료들이 잘못된 것이 아니라면 10월 초에 벌써 그는 어떻게 동맹자들을 속여서 진군하도록 만들고 자신이 출발시에 선두에 설 수 있을까 하는 생각을 시작하였다. 그러나 올바른 시기만 놓치지 않는다면 갈등이 벌어질 경우 주민들이 카르가 아니라 자신의 편에 서리라는 사실 또한 의심하지 않았다.

그는 이들 둔감한 부르주아지를 경멸하고 있었다. 그들의 잘못된 오만, 대중 앞에서의 무능 등을 경멸하였다. 부르주아지 계급은 그에게서 대중을 빼앗아가고 싶어했다. 그는 어떤 인터뷰에서 카르를 '전쟁 이전의 허약한 관료'라고 불렀다. 그리고 "모든 혁명의 역사는 낡은 체제의 인물이 절대로 혁명을 장악할 수 없다는 사실을 보여준다. 오직 혁명가만이 혁명을 장악할 수 있다."고 했다.

권력은 물론 3거두가 가지고 있었다. 자신은 그러나 '국가사령관' 루덴도르프와 '두 다리로 굳건하게 서 있는 군단'을 자기편으로 하고 있다. 그는 군대의 정치적 한계성을 재빨리 알아차리고 온갖 멋진 말로 그들을 이용하는 법을 알아냈다. 그는 당시 이미 무한 자신감의 경향을 보이고 있었다. 그의 동료들은 그 소리를 듣고 비웃었지만 그는 자신을 감베타 아니면 무솔리니에 견주었다. 크리벨은 어떤 방문객에게 이렇게 설명하였다. 히틀러는 지도적 위치에 대해서는 물론 생각지도 않는다. 그는 선전에 대한 생각만 머릿속에 잔뜩 넣고 다닌다고 했다. 히틀러 자신은 로소브 측근의 어떤 고위 장교에게 자신은 독일을 구하는 직업을 가지고 있다고 느낀다고 말했다. 그리고 방위군을 얻기 위해서 루덴도르프가 필요하다고 했다. "그는 정치에서는 내게 전혀 간섭하지 않아요. 나는 베트만 홀베크(Bethmann-Hollweg)가 아닙니다……. 아시다시피, 나폴레옹도 통령이 되는 도중에는 별로 중요하지 않은 사람들만을 주변에 두지 않았습니까?"[31]

10월 하반기에 베를린에 진격하려는 뮌헨 쪽의 계획은 더욱 확고한 윤곽을 잡았다. 10월 16일에 크리벨은 북부에 국경수비를 세우라는 명령에 서명하였다. 그것은 물론 불안한 튀링겐 지역에 맞서기 위해 경찰의 필요에 따라 세우는 것이라고 했지만 실은 전쟁에 대비한 것이었다. '진군거점' '적대감의 표출'이라는 말이 나왔고, '공격정신' '전투 열의', 적대세력의 '섬멸'이라는 표현들이 나타났다. 그리고 시민전쟁을 위한 공개적인 동원령의 가능성이 제시되기도 하였다. 그 사이 임시지원병들은 베를린 시의 지도를 손에 들고서 전투훈련을 받았다. 특히 포병학교의 기수들 앞에서 히틀러는 우레와 같은 박수를 받으며 혁명의 속성을 찬양하였다. "제군들의 국기맹세의 최고 의무는 국기를 꺾어버린다는 것이다." 동맹자들의 전투력을 혼란시키기 위해서 국가사회주의자들은 지방경찰 소속 경찰관들에게 돌격대에 가입하라고 호소하였다.

나중에 히틀러의 진술에 따르면 60에서 80대에 이르는 야전 유탄포, 유탄포, 중포 등을 조심스럽게 은닉처에서 꺼내왔다고 한다. 10월 23일 전투동맹 회의에서 괴링은 '베를린 공격'을 위한 세부사항들을 알렸다. 그리고 블랙 리스트를 준비할 것을 권고하였다. "가장 잔혹한 테러가 행해져야 합니다. 별 어려움이 없을 만한 사람들은 쏘아버려도 됩니다. 그러나 제거가 필요한 지도자들은 한 사람 한 사람 찾아내야 합니다. 적어도 한 사람은 본보기로 포고가 떨어지자마자 즉시 사살되어야 합니다." '독일의 앙카라'가 출발을 위하여 무장하였다.[32]

경쟁자들의 질투

잘못된 경쟁의 분위기에서 이런 저런 기도들이 이루어졌다. 10월 24일에 로소브는 방위군 사령부에 방위군, 지방경찰, 조국연합의 대표들을 집결시켰다. 그들에게 베를린 진군시 방위군의 동원계획을 알리기 위해서였다. 구호는 '해돋이'라고 했다. 이 모임에 그는 전투동맹의 군사지휘자 헤르만 크리벨을 초대했지만 히틀러와 돌격대 지휘자들은 빼놓았다. 그에 대한 대답으로 히틀러는 즉시 당시 어떤 목격자가 표현한 것처럼 '거대한 군사쇼'를 벌였다. "이른 아침에 벌써 북소리와 음악소리가 도시에서 울려나오는 것을 들었다. 하루종일 온갖 장소에서 히틀러의 갈고리 십자가를 칼라에 붙이거나 아니면 고지 에델바이스를 모자에 붙인, 제복을 입은 사람들을 볼 수 있었다."[33] '수많은 소문들'에 대응하기 위해서라는 평계를 대고 카르는 자발적으로 자신은 현재의 중앙정부와 모든 협상을 거절한다고 선언하였다.

그것은 조용하고 분노한 경쟁과도 같았다. 누가 맨 먼저 출발해서 마침내 구원된 국민의 손에서 '승리의 월계관을 브란덴부르크 문에서' 받아쓰느냐 하는 것만이 문제인 것처럼 보였다. 지역적으로 채색된 열광이 모든 계획을 철저히 환상적인 요소로 채웠다. 그리고 수많은 활동계획에는 병졸들의 인디언 놀이 요소가 덧붙여졌다. 실질적인 역학관계를 오래 생각해보지도 않고서 이 주인공들은 이렇게 선언하였다. 이제는 '행군해서 어떤 문제들을 마침내 비스마르크 식으로 해결해야 할' 시간이라고. 또 어떤 사람들은 '질서세포 바이에른', 혹은 '베를린의 돼지우리를 깨끗이 치울 바이에른 주먹'을 찬양하기도 하였다.

수도 베를린을 거대한 바빌론으로 묘사하는 익숙한 이미지에는 마음 편한 어둠이 깃들여 있었다. 수많은 연설자들은 "차돌 같은 바이에른이 베를린으로 형벌의 출정을 떠나서, 이 거대한 묵시록적인 매춘부에게 승리를 거두고 어쩌면 그녀와 약간 재미도 본다"는 그림을 그려 보여서 인기를 끌었다. 함부르크에서 온 어떤 증인은 히틀러에게 이렇게 알려주었다. "북부 독일의 수백만 명이 앙갚음의 날 그의 편에 서게 될" 것이라고 했다. 그리고 모든 출신, 모든 생각을 가진 사람들이 그가 출정하기만 하면 뮌헨의 폭동에 가담하게 될 것이고 "도이치 민족이 1813년에 그랬듯이 이른 봄처럼 일어나는 일"이 바로 눈앞에 다가와 있다고 했다.[34] 10월 30일에 히틀러는 카르에게 돌진하지 않겠다는 약속을 철회하였다.

카르 자신도 물론 거사를 결심할 수가 없었다. 아마도 카르나 로소브는 스스로 앞장서서 쿠데타의 길로 나설 생각은 거의 하지 않았을 것 같다. 오히려 3거두는 그 모든 도전들, 위협, 출정계획들을 가지고 단순히 제크트와 보수적인 '북쪽의 신사분들'을 자극하여 자기들이 꾸며낸 독재개념을 실현하도록 만들 생각이었던 것으로 보인다. 그러다가 이 계획의 전망에 따라서, 그리고 바이에른에 이익을 가져다줄 순간에 끼여들려는 심산이었던 것 같다. 11월 초 그들은 사정을 살펴보라고 자이서 국장을 베를린으로 파견하였다. 그의 보고는 물론 실망스러운 것이었다. 광범위한 지지를 기대할 수는 없고, 특히 제크트는 소극적인 자세로 머물러 있다는 것이었다.

이어서 그들은 11월 6일 조국연합 지도자들을 불러모아 놓고 열정적인 톤으로 알렸다. 자기들만이 앞으로 닥쳐올 행동에 대한 권한과 명령권을 가지며 모든 독단적 힘을 꺾어버리게 될 것이라고 했다. 이것은 그들이 수많은 심정의 말들과 현재의 망설임 사이에서 잃어버렸던 행동의 법칙을 되찾으려는 최후의 시도였다. 히틀러는 이번 모임에서도 배제되었다. 같은 날 저녁 전투동맹은 가장 가까운 기회를 잡아 출정하기로 합의를 보았다. 3거두와 아직 결심하지 못한 사람들을 행동으로 자극하여 가능하면 많은 사람이 베를린 진군에 동참케 한다는 결정을 내렸다.

흔히 이 결정은 히틀러의 연극적이고 과민하고 망상적인 성격의 증거라고 이야기되어 왔다. 그리고 '비어 홀 쿠데타'니 '정치적 사육제'니 '뒷계단 쿠데타' 아니면 '서부극 놀이' 등의 말로 공개적인 조롱을 받아 왔다. 이 행동에는 이 모든 요소들이 들어 있는 것이 사실이다. 그렇지만 또한 히틀러의 상황판단 능력, 용기, 그의 전략적 일관성 등을 보여주는 것이기도 하다. 이토록 뒤얽힌 상황에는 익살극, 도둑놀이의 요소와 아울러 냉정한 합리성도 들어 있는 것이다.

히틀러의 딜레마와 정당화

실제로 1923년 11월 6일 저녁에 히틀러는 다른 선택의 여지가 없었다. 5월 1일의 심각한 패배가 있은 다음에 이러한 행동을 할 절박성은 분명하였다. 그는 추종자들이 점점 늘어나면서 수많은 정당들과 정치가들 중에서 단연 돋보였고 신뢰를 얻는 중이었는데, 그 모든 것을 위태롭게 하지 않으려면 별다른 도리가 없었다. 과격하고, 거의 실존적으로 진지한 분노를 계속 유지해야 했다. 어느 경우에도 굽히지 않아서 깊은 인상을 주었던 것이므로 이제 와서 은밀히 타협한다는 것은 생각할 수도 없는 일이었다. 전투 동맹 지도자로서 그는 병력을 이용할 수 있었다. 이 병력의 행동의지는 집단지도체제의 알력으로 방해를 받지 않았고 게다가 돌격대도 초조하게 행동을 기다리고 있었다.

그들의 불안은 여러 가지 이유를 가지고 있었다. 그것은 여러 주간이나 준비를 해온 다음 마침내 출정하여 목표를 이루고 싶다는 직업군인의 모험 욕구를 반영하였다. 많은 사람들은 미래의 민족주의 독재가 베르사유 조약의 제한을 무시하고 방위군을 확대하리라는 희망을 품었다. 몇 주 동안이나 행군준비 상태에 있으면서 일부 동맹은 방위군의 '가을철 연습' 작전에 참가하였다. 그러는 사이 모든 물자가 동났고, 히틀러의 비축물자도 바닥났다. 대원들은 굶주리게 되었다. 오직 카르만이 동맹을 후원할 수 있는 상황이었다. 에르하르트 대위는 뉘른베르크의 실업가들 앞에서 연설을 하고 2만 달러를 가져왔다.

히틀러가 빠져든 딜레마는 뮌헨 돌격대 연대 지휘자인 빌헬름 브뤼크너(W. Brückner)가 나중에 진행된 재판의 비밀회의에서 진술한 말 속에 잘 드러나고 있다. "방위군 장교들도 베를린 행군이 시작되지 않아서 불만스러워한다는 인상을 받았습니다. 그들은 히틀러도 다른 사람들처럼 거짓말쟁이라고들 말했지요. 당신들은 출발하지 않았습니다. 누가 시작하든 우리한테는 마찬가지였죠. 우린 무조건 따라갈 참이었으니까요. 히틀러에게도 직접 말했어요. 그날이 오면 나는 사람들을 붙잡을 수 없다고 말입니다. 이제 와서 아무 일도 안 일어나면 사람들은 배신할 거라고 말이죠. 이들 중에는 실업자들이 상당수였습니다. 그들은 마지막 남은 옷, 마지막 남은 신발, 마지막 남은 10페니히까지 교육받는 데 다 썼어요. 그리고 이렇게들 말했죠. 이제 곧 시작될 거야, 그럼 우린 방위군으로 들어가는 거고, 그럼 이 모든 곤란에서 벗어나는 거지, 하고 말입니다."[35] 히틀러 자신이 11월 초에 자이서와 나눈 대화에서, 이제 무슨 일이든 일어나야 한다, 안 그러면 전투 동맹 대원들은 경제적 곤궁에서 공산주의 진영으로 넘어가고 말 것이라고 말했다.

전투동맹 부대들이 뿔뿔이 흩어질 수도 있다는 히틀러의 고민에다가 시간이 흐르면서, 너무 오래 끌다가 혁명적인 불만이 스러질지도 모른다는 두려움까지 덧붙여졌다. 루르 투쟁이 끝나고 좌익이 패배한 것은 사회가 정상화되기 시작했다는 의미였다. 인플레이션도 전보다 분명하게 통제되는 듯이 보였다. 이 모든 위기가 사라지면서 유령들도 함께 물러갔다. 그 동안 국가의 위기상태가 히틀러에게 엄청난 선동의 여지를 마련해주었다는 것은 분명한 일이었다. 그는 이제 망설일 수가 없었다. 이런 결심이 자기가 한 이런 저런 약속에 어긋난다고 해도 어쩔 수 없었다. 더 걱정되는 것은 자기의 전략적 개념이 실현되지 않았다는 사실이다. 그는 주지사 각하의 동의 없이 혁명을 감행하기로 했다.

어쨌든 자신의 행동결심을 통해서 각하의 동의와 심지어는 참여를 얻어내기를 희망하였다. "우리는 바라는 것을 위하여 하나의 의지가 나타나면 거사가 이루어지리라 확신했습니다."라고 뒷날 히틀러는 법정에서 말했다. 거사를 해야 할 그 모든 이유에 맞서서, 계획된 쿠데타가 기대했던 성과를 거두지 못하고 3거두를 끌어들이지 못할지 모른다는 위험이 여전히 존재하고 있었다. 히틀러는 이 위험에 대해서는 그다지 신경쓰지 않았던 듯하다. 그들이 어차피 계획해 왔던 일을 강요할 생각이었기 때문이다.

그러나 이러한 오판은 마지막에 전체 계획을 망치고 히틀러의 현실감각 부족을 드러내 보였다. 그는 물론 이것을 절대로 인정하지 않고 오히려 현실을 무시한 자신을 자랑으로 여겼다. 그리고 성공적인 결말에 대해 51퍼센트의 확신만이라도 있었다면 자신은 쿠데타에 동참하였을 것이라는 로소브의 유명해진 말을 일종의 희망 없는 현실감각의 예라고 해서 어느 정도 경멸하였다.[36] 그러나 계산 가능한 이유에서만 이러한 행동 결심이 옳았다고 말하는 것은 아니다. 역사의 경과는 훨씬 더 큰 맥락에서 결국 히틀러가 옳았다고 말해주고 있기 때문이다. 독특한 붕괴로 끝나버린 이 쿠데타 기도는 히틀러에게 권력을 향하여 나아가는 결정적인 통로였다는 사실이 드러나기 때문이다.

바이로이트와 휴스턴 스튜어트 체임벌린

이 모든 과격한 준비며 작전이 펼쳐지고 있던 9월 말에 히틀러는 바이로이트에서 '도이치의 날' 행사를 개최하면서 반프리트(바그너 가문) 저택에서 리셉션을 요청하였다. 깊이 감동한 마음으로 그는 방들을 둘러보고 커다란 도서관이 딸린 바그너의 작업실을 살펴보고 정원에 있는 무덤을 방문하였다. 그러고 나서 그는 리하르트 바그너의 사위인 휴스턴 스튜어트 체임벌린을 소개받았다. 그는 젊은날 히틀러가 인상 깊게 읽었던 책들 중 한 권을 쓴 바로 그 사람이었다('사회적 다윈주의' 항목 참조. 대표적 종족이론가의 한 사람 : 역주).

거의 마비상태에 이른 노인은 아주 힘들게 그를 맞아들였으나 히틀러에게서 뿜어나오는 에너지와 목적의식을 알아보았다. 일주일 뒤인 10월 7일자 히틀러에게 보낸 편지에서 그는, 히틀러는 더 위대한 사람을 위한 선구자이며 동반자일 뿐 아니라 히틀러야말로 기사 자신이고 도이치 반혁명의 주동적 인물이라는 찬사를 써보냈다. 그는 보통 수준의 광신적 인물을 만나게 되리라고 생각하였으나 자신의 감각은 히틀러는 다른 사람과 다르며 훨씬 더 창조적이다, 그리고 분명하게 느껴지는 의지력에도 불구하고 폭력적인 인물이 아니라고 느꼈다고 했다. 자기는 마침내 안심하게 되었으며 영혼의 상태는 갑자기 변했다고 말했다. "독일이 가장 큰 곤궁의 순간에 히틀러 같은 인물을 탄생시켰다. 그것은 독일이 살아 있다는 것을 말해준다."고 했다.[37]

불안으로 동요하면서 오직 거친 환상 속에서만 확신을 가졌던 선동가는 거대한 생애의 결심을 바로 눈앞에 둔 시점에 이런 말을 들으면서 바이로이트의 선생님이 자신을 격려하는 소리라고 여겼다.

제4장 쿠데타

그러자 한 목소리가 외쳤다. '저기 그들이 옵니다. 히틀러 만세!'
—1923년 11월 9일의 목격자 증언

11월 8일까지 이틀 동안 신경질적인 활동들이 이어졌다. 모두들 서로 협상하고 뮌헨 전체가 전쟁 준비와 소문들로 와글와글하였다. 전투동맹의 원래 계획은 11월 10일 저녁 어둠이 시작되는 것과 동시에 뮌헨 북부에 있는 프뢰트마닝 들판에서 대규모 야간연습을 실시하고, 다음날 새벽에 보통 행진하듯이 뮌헨으로 들어와서 민족주의 독재체제를 선포하고 3거두에게 행동을 촉구한다는 것이었다.

그러나 준비회의를 하는 동안에 카르가 11월 8일 저녁에 시민 양조장에서 강연을 한다는 사실이 알려졌다. 그곳에는 주정부 내각과 로소브, 자이서, 관청과 경제계의 책임자들, 조국연합 대표들도 초대되었다는 것이다. 카르가 자기보다 선수를 칠지 모른다는 두려움에 사로잡혀서 히틀러는 다음 순간 모든 계획을 뒤집어엎고 바로 이틀날로 거사날을 잡았다. 급히 서둘러서 돌격대와 전투동맹 부대들이 소집되었다.

서막을 알리는 총소리

집회는(1923년 11월 8일) 20시 15분에 시작되었다. 길다란 검은 외투를 입고 철십자 훈장을 매단 히틀러는 시민 양조장으로 차를 달렸다. 최근에 구입한 빨간 벤츠 자동차의 옆좌석에는 알프레트 로젠베르크, 울리히 그라프와 아무것도 모르는 안톤 드렉슬러가 앉아 있었다. 안톤 드렉슬러는 이날 저녁 마지막으로 중요한 모임에 등장하였다. 비밀을 지키려는 이유에서 그에게는 시골의 집회에 가는 중이라고만 말했다. 이 자동차 속에서 비로소 히틀러가 모든 것을 털어놓고 8시 반에 거사가 시작된다고 알리자 드렉슬러는 침울하게 이 모든 계획을 위해 행운을 빈다고 말하고 소극적인 태도로 물러서버렸다.

홀 입구 앞에는 대규모 대중이 모여 있었다. 계획대로 방금 시작된 집회를 덮치지 못할까 두려운 나머지 히틀러는 그곳에서 경비를 맡은 경찰 간부에게 재빨리 입구를 비워놓으라고 명령하였다. 카르가 새로운 인간상을 제시하면서 '독재의 도덕적 권한'의 근거를 말하고 있을 때 히틀러가 홀 문에 나타났다.

증인들의 보고에 따르면 밖에서 대원들의 차가 도착하고 히틀러 돌격대가 몰려들어 건물을 전시(戰時)처럼 봉쇄하자 그는 몹시 흥분하였다. 그의 특징이지만 과장된 장면에 대한 애착을 드러내면서 맥주잔을 높이 쳐들었다가 무거운 기관총이 자기 옆에 세워지자 마지막으로 연극처럼 맥주를 죽들이키고 잔을 바닥으로 내리쳐서 깨뜨렸다. 그러고는 권총을 빼서 높이 쳐들고 무장한 돌격대의 선봉에 서서 홀 한가운데로 돌진해 들어갔다. 주위에서 맥주잔들이 바닥에 떨어지고, 의자가 뒤집어지는 동안에 그는 탁자 위로 뛰어올라가 유명한 일화가 되어버렸지만 주의를 집중시키기 위해서 천장에 권총을 발사하였다. 그러고는 어찌할 바 모르는 청중을 뚫고 단상으로 나아갔다.

"민족혁명이 시작되었습니다."고 그는 외쳤다. "이 홀은 6백 명의 중무장 병사들이 장악하였습니다. 아무도 홀을 떠나서는 안 됩니다. 얼른 조용해지지 않으면 기관총을 회랑에 배치하겠어요. 바이에른 정부와 중앙정부는 제거되었습니다. 임시정부가 세워질 것입니다. 방위군과 지방경찰 청사들은 점령되었습니다. 방위군과 지방경찰은 이미 갈고리 십자가 아래 모여

1923년 11월 9일의 쿠데타는 계획도 없이 진행되었다. 히틀러가 기수 노릇을 하며 육군장관실을 점거하고 있다.

들고 있습니다."

그러고 나서 그는 카르, 로소브, 자이서에게 '거친 명령조로' 자기를 따라 옆방으로 오라고 요구하였다. 그 사이 정신을 되찾고서 큰소리로 "연극이다!" "남아메리카냐!" 하고 외치는 사람들 사이에서 돌격대가 지난번 맥주홀 전투 때와 같은 방식으로 질서를 잡기 시작하자 히틀러는 이상한 방식으로 유령 같은 국가권위를 차지하기 위해 노력하였다.

승리냐, 죽음이냐!

전체 맥락이 온통 모순 투성이고 불확실한 것이지만 그래도 사건의 기본적인 윤곽은 분명하게 드러난다. 권총을 거칠게 흔들어대면서 히틀러는 그들 중 아무도 살아서 이 홀을 떠나지 못하리라고 세 사람을 협박하였다. 그러면서도 형식적인 태도로 이렇게 이상한 방식으로 일이 진행된 것을 사과하였다. 자신은 세 분께서 새로운 직책을 떠맡는 것을 쉽게 해드리려는 것뿐이라고 했다. 어차피 그들은 동참하는 길밖에는 없다고.

푀너는 독재적 전권을 가진 바이에른 지사로 임명되고 카르는 통치자, 그리고 자신은 새로운 중앙정부의 수반이 되었다. 루덴도르프는 베를린을 향한 행진에서 국민군대를 지휘하는 역할을 맡고 자이서는 경찰 장관직을 맡으라고 하였다. 그는 점점 더 흥분하면서 계속하였다.

"이런 발걸음이 여러분들에게 힘들게 여겨지리란 것을 압니다. 그러나 이 일은 이루어져야 합니다. 물론 여러분의 도약을 쉽게 해드려야지요. 여러분은 각자 맡은 바 자리를 지켜야 합니다. 그것을 수행하지 않을 경우 존재근거가 없는 거죠. 여러분은 나와 함께 싸우고 나와 함께 승리하든지 아니면 나와 함께 죽어야 합니다. 일이 잘못되면 나는 총알 네 발을 장전하겠습니다. 세 발은 나를 떠나는 동료들을 위한 것이고 마지막 한 발은 나 자신을 위한 것입니다."

그러고 나서 보고에 따르면 그는 연극적인 몸짓으로 권총을 자기 관자놀이에 갖다대고 확인하였다고 한다.

"내일 오전에 승리자가 안 되어 있다면 나는 이미 죽은 목숨입니다."

히틀러에게는 당황스러운 일이었지만 세 남자들은 그다지 감동을 받지 않았고, 특히 카르는 이 상황을 이겨내고 있었다. 이런 미친 도둑질과 자신에게 배당된 역할에 기분이 상해서 그는 말했다.

"히틀러 씨, 당신은 나를 쏘라고 명령할 수도 있고 당신 자신이 나를 쏠 수도 있소. 하지만 죽거나 안 죽거나 내게는 별 의미가 없어요."

자이서는 히틀러가 약속을 어겼다고 비난했고 로소브는 침묵하였다. 문과 창문에는 이따금 무장한 히틀러 추종자들이 나타나서 무기로 위협을 하곤 하였다.

한순간 이 세 사람의 말없는 무관심 탓으로 기습작전은 실패한 듯이 보였다. 히틀러가 맥주잔을 바닥에 던져서 기습신호를 주자 쇼이브너 리히터는 자동차를 타고 출발해서 거기 참석하지 않은 루덴도르프를 데리러 갔다. 히틀러는 루덴도르프와 그의 권위를 통해서 사태가 변하기를 바라고 있었다. 그 사이에 그는 한 번 더 불안한 홀로 돌아갔다. 자신의 실패에 실망해서 신경질적으로 그는 자기가 좀더 확실한 힘을 발휘할 수 있는 대중에게 돌아간 것이다.

역사가인 칼 알렉산더 폰 뮐러는 증인의 한 사람으로 이곳에 붙잡혀서 조롱당하고 거친 돌격대 대원들에게 위협당한 저명인사들의 분노를 서술하였다. 돌격대 지휘자 히틀러는 흥분해서 연단으로 달려갔다. 배경이 없고 불손한 이 젊은 남자는 정신이상의 발작증세가 있었고 보통 사람들에 대해서 특이한 작용력을 가지고 있었다. 그는 우스꽝스럽고 술집 웨이터 같기도 했으며 검은 코트로 위장한 듯한 모습으로 이 지방의 자신만만하고 냉정한 유력자들 앞에 섰다.

그리고 대단히 능숙한 연설을 해서 그는 "집회의 분위기를 단 몇 개의 문장으로 뒤집었다…… 마치 장갑처럼. 나는 그런 일은 겪어본 적이 거의 없었다. 그는 연단으로 갔지만 소동이 너무 커서 주목을 받기 위해서 총을 한 방 쏘았다. 나는 그 움직임을 보았다. 그는 브라우닝 권총을 뒷주머니에서 꺼내들었다……. 그는 10분 만에 사태가 해결될 것이라는 자신의 예언이 맞지 않은 것을 보러온 셈이었다."[1] 그러나 거기 모인 사람들 앞에 서서 얼굴들이 자기를 향하고 있고, 그 얼굴들이 기대에 차 있으며, 불안한 목소리들이 잦아들어 속삭임으로 변하는 것을 보자 그는 자신감을 되찾았다.

엄밀하게 말하면 그는 이 사람들에게 할 말이 별로 없었다. 사실들을 나열하듯이 짤막하고 명령적인 말투로 그때까지 희망과 예감과 소원의 극단적인 집합체에 불과한 것을 되풀이하였을 뿐이다. 새로운 이름들, 새로운 직위들, 그리고 새로운 제안들을 말했다. 그러고 나서 소리쳤다.

"임시 도이치 민족정부의 과제는 이 나라의 온 힘을 다해서, 그리고 도이치 관구들의 모든 힘을 끌어모아서 죄악의 바벨탑인 베를린으로 행진하고 도이치 민족을 구하는 것입니다. 나는 이제 여러분에게 묻겠습니다. 저 밖에 세 사람이 있습니다. 카르와 로소브와 자이서 말입니다. 이 결심이 그들에게는 정말 어렵답니다. 여러분은 도이치 문제를 이렇게 해결하는 것에 동의하십니까? 우리를 이끌어가는 것은 자만과 이기심이 아니고 우리는 우리 도이치 조국을 위해서 마지막 순간에 싸움을 떠맡으려는 것입니다. 우리는 연방국가를 건설하고자 합니다. 연방국가 내에서 바이에른은 바이에른에 어울리는 것들을 유지하게 되지요. 내일 이 나라에는 도이치 민족정부가 서 있거나 아니면 우리가 죽어 있을 것입니다!"

그가 청중에게 펼쳐 보인 설득력과, 카르, 로소브, 자이서도 이미 자기와 한편인 것 같은 기만술책은 '완벽하게 뒤집기 효과'를 일으켰다. 히틀러는 홀을 나설 때 "카르가 합류한다면 홀 전체가 자기의 편에 서게 될 것이라고 말할 수 있는 전권을 가지게 되었다."

루덴도르프의 등장

그러는 사이 루덴도르프가 나타났다. 그는 히틀러의 비밀주의와 제멋대로 관직을 분배하고, 자신에게는 군대만 떠맡긴 것 때문에 초조하고도 화가 나 있었다. 물어보지도 않고 사방을 둘러보지도 않고 그는 말하기 시작하였다. 세 사람에게 악수를 청하고 자기도 놀라기는 했지만, 그러나 위대한 역사적 사건이 이루어지고 있다고 말하였다. 전설적인 민족영웅의 모습을 직접 보고난 지금에서야 비로소 한 사람씩 굴복하기 시작하였다. 로소브는 루덴도르프의 말을 장교식으로 일종의 명령으로 받아들였다. 자이서도 그를 따랐다. 오직 카르만이 고집스럽게 반항하였다. 히틀러가 흥분해서 그가 자기들과 함께 가기만 하면 사람들이 그의 앞에서 무릎을 꿇을 것이라고 말하자 카르는 냉정한 태도로 자신은 그런 일에 가치를 두지 않는다고 대구하였다. 효과만 노리는 히틀러의 연극적 기질과, 정치적 관료의 냉정한 권력이해 사이의 차이가 이 두 문장 안에 분명하게 집약되어 나타나고 있다.

그러나 사방에서 압력을 받고 카르도 마침내 굴복하였다. 이 사람들은 함께 동지와 같은 장면을 연출하면서 홀로 돌아왔다. 겉보기에 합의가 이루어진 듯한 모습을 보고 홀에 모여 있던 사람들은 의자 위로 올라갔고, 열화와 같은 환성을 들으며 주연배우들은 악수를 하였다. 특히 루덴도르프와 카르가 창백하고 굳은 표현으로 과열된 태도를 보이는 대중 앞에 나섰던 반면, 증언에 따르면 히틀러는 '기쁨으로 빛나고…… 카르를 움직여서 동참케 한 것을 행복해' 하였다.

짧고 소중한 한순간 그는 그 동안 꿈꾸어온 것을 성취한 듯이 보였다. 유명인사들 사이에 섞여 환호성을 듣고 있었다. 그들의 박수갈채는 빈 시절 이후 수많은 개인적인 쓰라림을 보상해주는 것이었다. 카르와 국가 공권력을 자기 편으로 만들고 국민 사령관 루덴도르프와 나란히 서서 잠정적인 국가 독재관의 역할을 이미 거머쥐게 되었으니, 그토록 오랜 세월 아무런 결정도 내리지 못한 채 수없이 실패를 거듭해 온 실업자인 그가 그토록 출세한 것이다. '이 일은 후세에 동화처럼 여겨질 것'이라고 그는 자기 생애의 대담한 전진을 바라보며 놀라워하기를 좋아하였다.[2] 그리고 사실상 이 쿠데타가 어떻게 끝나든지 상관없이 그는 이 순간부터 지난 몇 해 동안의 지방무대에서 놀지 않고 전국적인 무대로 진출하였다고 말할 수 있다. 충심으로, 그러면서도 모르는 사이 우스꽝스러운 어조로 그는 인사말을 끝맺었다.

"나는 5년 전 육군병원에서 눈먼 병신의 몸으로 자신에게 맹세하였던 일을 이제 실현할 것입니다. 11월의 배신자들이 땅에 쓰러지기까지, 현재의 비참한 독일의 폐허에서 권력과 위대함, 자유와 장엄함의 독일이 부활해 일어나기까지 쉬지 않고 일하겠습니다. 아멘!"[3]

대중이 소리지르고 환호하는 동안에 다른 사람들은 짤막한 인사말을 하였다. 카르는 군주제, 바이마르 고향, 도이치 조국 등에 대한 몇 마디 알아들을 수 없는 고백을 했다. 루덴도르프는 전환점에 대해서 이야기하고 여전히 히틀러의 태도에 대해서 화가 난 채로 단언하였다. "순간의 위대성에 사로잡히고 깜짝 놀라서 나는 자신의 권리에 따라 도이치 민족정부에 자신

뮌헨 시장을 체포한 돌격대 부대.

을 맡겼다."

흩어지면서 그들은 주지사인 폰 크닐링과 현재의 주장관들, 경찰청장을
체포하는 일을 잊지 않았다. 체포된 사람들이 돌격대 대학생부대 지휘자인
루돌프 헤스에 의해서 민족 출판자 율리우스 레만(J. Lehmann)의 저택으로
호송되는 동안 히틀러는 다른 곳으로 가지 않을 수 없었다. 공병부대 막사
앞에서 사건이 벌어졌기 때문이다. 그가 22시 30분경 홀을 떠나자마자 로
소브, 카르, 자이서는 동지와 같은 태도로 루덴도르프에게 인사를 하고서
그 밤중으로 사라져버렸다.

약속위반 대 약속위반

쇼이브너 리히터와 되돌아온 히틀러가 그들이 의심스럽다는 말을 하자
루덴도르프는 잔뜩 성이 나서 도이치 장교의 약속을 의심하는 행위는 사절
이라고 소리쳤다. 두 시간쯤 전에 자이서는 히틀러에게, 이 쿠데타 시도로
약속을 깨뜨렸다고 비난했다. 이 두 개의 장면은 두 세계의 대립을 보여주
는 것이다. 한편에는 기본원칙, 명예심, 예비소위의 특징적인 명예심 등을

지닌 시민세계가, 다른 한편에는 권력목적만을 지향하는 새로운 남자의 아무런 배경도 없는 세계가 있었다. 시민적인 규범과 명예개념은 히틀러가 무시하는 게임 규칙을 언제나 다시 불러들이곤 하였다. 시민세계는 그런 규범과 명예개념을 계속 사용함으로써 히틀러에게 여러 해 동안이나 상당한 정도로 감상적이지 않은, 실질적인 우월성을 확보해주었다. 기본적 원칙들을 믿지 못하면서도 거기서 벗어나지 못하는 주변세계 한가운데서 히틀러에게 성공의 원칙을 마련해준 것이다. 이날 밤에 히틀러는 "약속위반에 대해서 약속위반으로 응답하고 게임에서 이기는 상대자들"을 보았다.[4]

어쨌든 그것은 히틀러에게는 위대한 밤이었다. 그가 소원하는 모든 것을 다 담은 밤이었다. 극적 요소, 환호성, 반발, 행동할 때의 병적인 쾌감, 현실이 상대할 수 없는 꿈들이 반쯤 실현된 상태에서 느끼는 비할 바 없는 흥분 등이 있었다. '승리의 행진'을 점점 더 과장된 화려함으로 준비하는 뒷날의 기념식에서 그는 바로 이 순간의 체험과 위대함을 보존하려고 하였다. 그는 룀을 포옹하면서 열렬한 어조로 말했다. "이제 더 좋은 시절이 올 거야. 독일을 곤궁과 수치에서 구한다는 위대한 목적을 위해서 우리 모두 밤낮없이 일하게 될 거야." 도이치 민족에게 보내는 성명서 하나와 두 개의 포고문이 만들어졌다. 그에 따르면 정치적 범죄를 판결하기 위한 정치법정이 열린다는 것이다. 그리고 "1918년 11월 9일 국가반역 주모자들에게…… 오늘 날짜로 추방을 선언하고" 그들을 "죽여서든 산 채로든 민족국가 정부에 양도하는 것"을 하나의 의무로서 요구하는 내용이다.[5]

위기와 결말

그 사이에 반대행동이 시작되었다. 로소브는 시민 양조장에서 돌아오자마자 지도급 장교들에게서 위협적으로 들리는 인사를 받았다. 그들은 히틀러와의 단결장면은 협박에 의한 것이었으리라고 생각한다고 말했다. 로소브 장군은 꿰뚫어볼 수 없는 마음속에서 실제로 무슨 생각을 하였든간에, 격분한 장교들 앞에서 쿠데타 의도를 포기한다고 선언하였다. 곧 이어서 카르도 하나의 성명서를 발표하였다. 그는 자신의 쿠데타 동의를 철회한다고 밝혔다. 해명서를 준비하는 과정에서 밝히고 있듯이 쿠데타 동의는 위협을 받는 가운데 나온 것이라고 했다. 동시에 그는 국가사회당과 전투동맹의 해산을 선언하였다.

계엄사령관 카르가 히틀러 추종세력이 뮌헨으로 진입하는 길을 차단하라는 명령을 내렸을 때도, 히틀러는 아무것도 모른 채 계획된 베를린 대행진을 위해서 아주 바쁘게 병력을 동원하고 있었다. 혁명적인 시작의 분위기 속에서 돌격대는 사회민주당의 〈뮌헨 포스트〉 건물을 파괴하였고 다른 소대들은 집에서 인질을 끌어내고, 이리저리 돌아다니며 무차별적으로 약탈하기도 하였다. 한편 룀은 쉰펠트 거리에 있는 방위군 지휘본부를 점거하였다.

아무도 시간 가는 것을 몰랐다. 가볍고 축축한 눈발이 날리기 시작하였다. 자정이 지나서도 카르와 로소브로부터 소식이 없자 히틀러는 불안해졌다. 심부름꾼을 보냈지만 돌아오지 않았다. 프리크(Frick)는 체포된 듯했다. 시간이 좀더 흐르자 푀너의 소식도 끊겼다. 이때쯤 히틀러는 자신이 속았다는 사실을 알아차린 듯하다. 생애에서 후퇴나 실망이 있을 때마다 그랬지만 과민한 신경이 한순간에 무너져내렸다. 그리고 단 하나의 의도가 무너지자 모든 것도 함께 무너졌다. 밤이 지나는 동안 슈트라이허가 대중에게 정열적으로 하소연해서 밀어붙여보자는 시민 양조장의 제안을 가지고 나타났을 때, 슈트라이허의 보고에 따르면 히틀러는 멍한 눈으로 자기를 바라보더니 체념하고 어찌할 바 모른 채 종이쪽지에 적어서 '조직 전체'를 그에게 넘겨주었다. 히틀러는 마치 모든 것을 포기한 듯했다.[6]

무감각의 단계를 지나자 절망의 발작이 뒤따랐다. 그 통제되지 않은 히스테리 발작은 뒷날의 경련과 미친 듯한 분노의 발작을 미리 보여주는 모습이었다. 미칠 듯한 저항을 결심했다가 모든 것을 과격하게 내던지듯이 다음날 시위행진을 하기로 결정하였다. "잘되면 좋다. 잘되지 않으면 우리는 목매달아 죽자."고 그는 말했다. 이 말도 두 번째로 승리를 기대하거나 아니면 몰락을 기대하는 말로, 승리와 자기파괴 사이에서 흔들리는 뒷날의 모습을 예견케 한다.

　그가 파견한 정찰조가 유리하게 들리는 소식을 가지고 돌아오자 그는 순간적으로 선동의 힘에 대한 희망과 열광과 신뢰를 되찾았다. "선전이야, 선전, 이젠 오직 선전에만 달렸어." 하고 그는 외쳤다. 즉시 그날 밤을 위해서 자신이 주요연사로 등장하는 14개의 대규모 군중집회를 기획하였다. 두 번째 행사는 그 다음날 1만 명의 사람들이 국민의 궐기를 기념하여 쾨니히 광장에서 축하를 하는 것으로 정했다. 새벽 무렵에는 벌써 그 행사를 위해서 플래카드를 주문하였다.[7]

　그것은 특이한 방법이었을 뿐 아니라 사실상 히틀러에게 남겨져 있는 유일하게 성공적인 해결책이기도 했다. 역사서술에 일관해서 등장하는 비난, 즉 그가 결정적인 순간에 혁명가로서의 능력이 마비되었다는 비난은 그다지 근거가 있는 말은 아니다. 그러한 비난은 히틀러의 전제와 목적을 제대로 고려하지 않았기 때문이다.[8] 물론 그의 신경은 마비되었다. 그러나 그는 전신국도 내각부서도 점거하지 못했고, 정거장도 군대막사도 아직 그의 통제 아래 들어오지 않았다. 그는 뮌헨에서 혁명으로 권력을 장악할 길이 없었고, 오직 뮌헨의 힘을 등에 업고서 베를린으로 행진해가려는 의도뿐이었다. 그렇기 때문에 이 순간 그의 체념은 비판자들의 판단보다 훨씬 더 날카롭고 현실적으로, 동지들이 떨어져나간 것과 동시에 쿠데타 기도 전체가 실패로 돌아갔다는 사실을 간파한 데서 나온 것이었다.

　시위행진과 계획된 선동의 물결을 통해서 그는 분명히 어떤 국면의 전환을 기대한 것은 아니었다. 그는 다만 근본적으로 두터운 여론의 벽을 형성하여, 내란 기도에 참가한 사람들을 정치적·형사상의 결과에서 보호할 장치를 마련하고 싶었을 뿐이다. 물론 그날 밤 여론이 미친 듯이 급변하는 과정에서 대중을 함께 끌어들여서 뮌헨을 넘어 오래 기다려온 베를린 행진을 시작할까 하는 생각이 간혹 떠오르기도 하였다. 자기의 상상력에 이끌려서 히틀러는 아침 무렵 선동대를 거리로 내보냈다. 그들은 "깃발을 답시다!" 하고 외치며 거리로 달려나갔다. "우리가 호응을 받는지 보고 싶다."는 것이다.[9]

　실제로 이러한 기획의 전망이 그다지 불리한 것만은 아니었다. 아침에 분명해졌지만 여론의 소리는 완전히 히틀러와 전투동맹 편에 있었다. 시청에, 그리고 도시의 수많은 건물과 주택에도 갈고리 십자가 깃발이 내걸렸다. 일부는 손수 만든 것이었다. 그리고 아침신문들은 간밤 시민 양조장 사건을 호의적으로 보도하였다. 전날부터 당은 287명의 신규등록을 받았고, 전투동맹이 도시 여러 곳에 만들어둔 가입사무소에 상당수의 사람들이 밀려들었다. 그리고 군대 막사에서는 하급장교와 일반병사들이 노골적으로 히틀러의 행동과 행진계획에 동감을 표현하고 있었다. 슈트라이허가 거리로 내보낸 연설자들은 쌀쌀한 11월 아침에 상당히 열에 들뜬 분위기에서 생생한 박수갈채를 얻었다.

목적 없는 행진

그러나 공식여론과 차단된 채, 사방에서 사람들의 추진력과 격려에 둘러싸여 있었지만 오전이 경과하는 동안 히틀러는 다시 주저하게 되었다. 그리고 이 시점에서 대중은 완전히 헌법상의 의미에서, 그와 그의 안전, 에너지, 그의 용기를 북돋우거나 아니면 꺾어버리는 요소처럼 보이게 되었다.

그는 이른 아침 전투동맹의 정보책임자 노인체르트(Neunzert) 소위를 베르히테스가덴의 왕세자 루프레히트(Rupprecht)에게 보내서 중재를 요청하였다. 그리고 소위가 돌아오기 전에는 아무 일도 하지 않으려고 하였다. 그는 시위대가 무장병력과 충돌할 수도 있으며 잊을 수 없는 5월 1일의 패배가 훨씬 더 비참한 방식으로 되풀이될지도 모른다고 두려워하였다.

히틀러가 망설이고 절망하면서 노인체르트가 돌아오기를 기다리는 동안 오랜 토론을 거친 다음 루덴도르프는 정열적으로 "행진합시다!" 하는 한마디로 모든 말을 끝냈다. 이어서 정오 무렵에 수천 명의 사람들이 기수 뒤에 대열을 만들었다. 지휘자들과 장교들은 앞으로 나오라는 명령을 받았다. 루덴도르프는 시민복장이었고 히틀러는 지난 밤의 프록코트 위에 트렌치코트를 입었다. 그의 옆에는 울리히 그라프와 쇼이브너 리히터, 다음에 베버 박사, 크리벨, 괴링 등이 섰다. 히틀러는 뒷날 이렇게 말했다. "우리는 그것이 마지막이라는 확신을 가지고 걸었다. 우리가 출발할 때 저 바깥 계단 위에

마리아 광장에서 슈트라이허와 다른 연설자들이 '환호성을 받으려고' 애쓰고 있다. 잠시 뒤에 쿠데타 기도는 총성 속에 붕괴되고 말았다.

서 누군가가 '이제 마지막이군!' 하고 말한 것을 알고 있다. 각자가 이런 확신을 마음에 지니고 있었다."[10] 그들은 노래를 부르며 출발하였다.

이자르 강의 다리 위에서 행렬을 막아선 강력한 주경찰 초소 한 곳은 한 발만 쏘면 체포된 인질 전부를 죽이겠다는 괴링의 위협을 받고 당황하였다. 불안해진 경찰관들은 시위대에게 순간적으로 밀려서 군중 한가운데서 무장해제당하고 군중들이 뱉는 침과 따귀를 맞았다. 뮌헨 시청 앞 마리아 광장에서 슈트라이허는 몰려든 군중을 앞에 놓고 높은 단상에서 연설을 하였다. 히틀러가 군중이 '구세주'인 양 자기에게 몰려드는 것을 보고도 묵묵히 행진만 했다는 사실에서 그가 처해 있던 위기의 정도를 읽어낼 만하다.[11] 그는 쇼이브너 리히터의 팔짱을 끼고 있었다. 그것은 이상하게 기델 곳을 찾는 종속적인 태도로, 그가 말하는 지도자의 이미지에는 어울리지 않는 태도였다. 행인들의 환호를 받으며 행렬은 목적도 없이 나가다가 도시 중심부의 좁은 골목길로 들어갔다. 왕궁 거리에 접근하게 되었을 때 지휘부는 〈오 명예로운 독일이여〉를 불렀다. 오데온 광장에서 다시금 경찰의 바리케이드와 맞닥뜨리게 되었다.

그 다음에 일어난 일은 어떻게 시작되어 어떻게 진행되었는지 분명하지가 않다. 일부는 상상력에 넘치고 일부는 변명조로 말한 혼란스런 증언들에서 오직 다음 사실만이 확실하게 드러날 뿐이다. 한 발의 총탄이 발사되었다. 이어서 성급한 교전이 60초 정도 계속되었다. 맨 먼저 쇼이브너 리히터가 총을 맞고 쓰러져 죽었다. 그와 함께 히틀러도 휩쓸려 쓰러지면서 팔을 삐었다. 두 번째로 당수 노릇을 했던 오스카 쾨르너도 쓰러졌다. 고지 재판소 판사인 푀너도 쓰러졌다. 시위에 참가한 사람 14명과 경찰관 3명이 거리에서 죽었다. 수많은 사람들이 부상을 입었고 그중에는 헤르만 괴링도 끼여 있었다.

비오듯 하는 총알 속에서 쓰러지거나 모두들 뿔뿔이 도망치는데 루덴도르프만 분노에 몸을 떨면서 꼿꼿한 자세로 경찰 바리케이드 한가운데로 걸어갔다. 단지 몇 명의 용감한 사람들이 그의 뒤를 따랐더라도 그날의 결과는 완전히 달라졌을지 모른다. 그러나 아무도 그를 따르지 않았다. 대부분의 사람들을 바닥에 누워 있게 만든 것은 비겁함이 아니고 국가공권력의 총구에 대한 우익의 본능적인 존경심에서 비롯된 것이었다.

총사령관 루덴도르프는 동지들의 비굴한 관점을 훨씬 넘어서는 장대한 자부심을 지니고 광장에서 담당장교를 기다렸다가 체포되었다. 그와 더불어 브뤼크너, 프리크, 드렉슬러, 베버 박사 등도 체포되었다. 로스바흐는 잘츠부르크로 도망쳤고, 헤르만 에서는 체코슬로바키아 국경 저편으로 도망쳤다. 오후가 지나는 동안 방위군 지휘본부를 점령하였던 에른스트 룀도 짧은 교전 끝에 전투동맹 소속 대원 2명이 목숨을 잃었다는 사실을 알게 되었다. 이날 그의 기수는 안경을 쓴 여자 같은 얼굴에, 뮌헨의 명망있는 한 고등학교 교장의 아들이었는데 이름은 하인리히 히믈러(H. Himmler)였다. 죽은 사람들을 어깨에 메고 무기도 없이 말도 없이 이별의 행진을 하면서 연맹은 도시 중심부를 지나서 해체되었다. 룀은 체포되었다.

체포당하다

루덴도르프의 단단한 용맹성은 특히 히틀러를 우스꽝스럽게 만들었다. 그는 같은 날 두 번이나 마비되었다. 오직 중요하지 않은 세부사항에서만 그의 추종자들의 증언이 서로 모순된다. 그는 모든 것이 결정되기 전에 엄호하는 추종자들의 무리에서 몸을 일으켜 무모하게 멀리 내다보았다고 한다. 죽은 사람과 부상자들을 뒤에 버려두었다. 그는 혼란중에 루덴도르프가 이미 죽은 줄 여겼다고 나중에 사과하듯이 말했지만 그럴수록 더욱더 거기 머물렀어야 했을 것이다. 그는 전체적인 혼란중에 구급차의 도움을 받아서 도망칠 수 있었다. 몇 년 뒤에 그 자신이 만들어서 전파한 전설에 따르면 그가 어찌할 바 모르는 아이를 포화중에서 구해냈다고 하면서 자기 주장을 확인하기 위하여 그 아이를 보여주기까지 하였지만 루덴도르프 일파에 의해서 반박을 받았다.[12]

히틀러는 뮌헨에서 60킬로미터 떨어진 슈타펠 호숫가 우핑에 있는 에른스트 한프슈텡글의 시골별장에 몸을 숨기고 고통스러운 팔 관절 탈골을 치료받았다. 이제 망했으니 끝을 내고 권총자살을 해야 한다고 그는 말했다. 그러나 한프슈텡글 부부는 그를 만류하는 데 성공하였다. 이틀 뒤에 그는 체포되었다. '창백하고 지친 얼굴에 몇 가닥의 머리카락이 흘러내린' 모습이었다. 그는 레히 강변에 있는 란츠베르크 요새로 이감되었다. 생애의 이런 파국상황에서도 인상적인 모습을 보이기 위해서 그는 끌려가기 전에 체포조의 장교에게 일급 철십자 훈장을 달아달라고 부탁하였다.

감옥에서도 그는 어두운 절망상태에 머물러 있었다. 처음에 그는 '총살될 것'이라 믿었다.[13] 다음 며칠 동안 아만, 슈트라이허, 디트리히 에카르트, 드렉슬러 등이 이감되어왔다. 뮌헨의 감옥에는 베버 박사, 푀너, 프리크 박사, 룀과 다른 사람들이 갇혀 있었다. 루덴도르프만은 체포되지 않았다. 히틀러 자신은 그가 자기에게 부당하게 행동했다고 느꼈다. 그가 살아 있었기 때문이다.

어쨌든 그는 자기 일을 망쳐놓았다. 며칠 동안 그는 자신이 다른 사람보다 앞장서야 하며, 단식투쟁으로 생명을 끝내야겠다는 생각을 지녔다. 안톤 드렉슬러는 나중에 그의 이런 생각을 말렸다고 주장하였다. 죽은 친구인 쇼이브너 리히터의 미망인도 그가 이 어두운 시절의 절망을 이겨내도록 도왔다. 장군홀 앞에서 벌어진 예기치 않았던 총격은 쉬지 않고 계속되던 3년 간의 상승과 전략적 전제조건들에 갑작스런 종말을 만들어냈을 뿐 아니라 현실과의 무서운 충돌을 의미하는 것이기도 했다.

최초의 광란적인 연설 체험 이후로 그는 위대한 영웅 역할의 박수갈채와 소음에 휩싸여서 점점 더 환상적인 가상세계로 빠져들어갔다. 꿈결과 같은 높이에서 대중최면과 자기최면의 기만술을 발전시켰고, 깃발과 군대와 승리의 행진을 보고 있던 참인데, 백일몽을 가리고 있던 베일이 갑자기 사납게 찢겨나간 것이다.

정상적인 재판절차가 준비되고 있다는 사실을 알자 그는 이상하게도 잃어버렸던 자신감을 되찾았다. 한순간 그는 위대한 장면의 낌새를 알아채고 그것을 위한 준비를 하였다. 연극적인 등장, 청중, 박수갈채 등이었다. 그는 나중에 1923년 11월 9일의 실패한 시도는 자기 생애에서 '어쩌면 가장 큰 행운'이었다고 표현하였다. 물론 재판의 기회를 말하는 것이다. 그 기회는 그를 절망과 자포자기의 분위기에서 빼내서 바라던 연기자의 처지로 되돌려놓았다. 새로 시작하여 모든 것을 되찾고, 계획도 없이 부끄럽게 끝나버린 쿠데타의 파국을 민족 선동가의 승리로 바꾸어놓을 기회를 갖게 된 것이다.

1924년 2월 24일에 블루텐부르크 거리에 있는 예전의 사관학교 건물에서 열린 쿠데타 관련자 재판은 모든 사람들이 "사건의 '본질적인 부분'은 절대로 건드리지 않겠다"는 침묵의 합의 속에서 이루어졌다는 것이 특징이다. 히틀러, 루덴도르프, 룀, 프리크, 푀너, 크리벨, 그리고 네 사람이 더 고발되었다. 반면에 카르, 로소브, 자이서 등은 증인으로 참석하였다. 그리고 이런 재판절차상의 대립에서 히틀러는 모든 이점(利點)을 이끌어냈다. 피고와 증인 사이의 이러한 대립은 복잡한 과거의 사정과는 별로 어울리지 않는 일이었다.

그는 카프 쿠데타의 주동자들처럼 자신은 잘못이 없다고 맹세하지는 않았다. "각자 모두 오른손 손가락 세 개를 세우고 맹세하는 자세를 취하며 자기는 아무것도 몰랐다고 말했다. 자기는 아무것도 의도하지 않았으며 바라지도 않았다. 그들이 자신들의 행동을 고백하고 의장 앞에 나서서 '그렇습니다, 우리는 그것을 원했습니다. 우리는 국가를 전복시키려 했습니다'라고 말할 용기를 갖지 못했다는 사실이 시민세계를 파괴시켰다." 그에 반해서 히틀러는 분명하게 자신이 의도했던 것을 고백하였다. 그러면서도 내란죄라는 비난만은 수긍하지 않았다.

그는 이렇게 설명하였다. "나는 죄가 있다고 고백할 수가 없습니다. 나는 그런 행동을 했다고는 고백하지만 내란죄를 범했다고는 고백하지 않겠습니다. 1918년 국가반역죄에 대항하는 행동에 내란죄란 성립되지 않습니다. 그밖에도 11월 8일과 9일의 행동만으로 내란죄가 구성될 수는 없습니다. 적어도 그보다 몇 주, 몇 달 전부터의 행동과 관계들이 다 포함되어야 합니다. 우리가 내란을 꾸미고 있었다면, 당시 나와 같은 생각을 가졌던 사람들이 내 옆에 나란히 앉아 있지 않다는 사실이 너무 이상합니다. 우리와 더불어 같은 행동을 했던 저 신사분들이 자기들도 함께 이야기하고 세부적인 문제에 이르기까지 준비하였다고 시인하지 않는 한 나도 내란죄를 지었다는 부분을 거부합니다. 나는 스스로 내란죄인이라고는 느끼지 않으며 그저 내 민족을 위하여 최상의 것을 바란 도이치 사람이라고만 느끼고 있습니다."[14]

공격받은 사람 중 누구도 이런 주장에 맞서지 못했다. 실제로 히틀러는 이런 방법으로 어떤 증인이 서술했듯이 재판을 '정치적 카니발'로 만들었을 뿐 아니라 피고의 역할을 고발자의 역할로 바꾸어버렸다. 검사는 어쩔 줄 모르고 한때의 3거두의 변호사 노릇을 맡게 되었다. 의장은 거의 아무런 이의도 달지 못했다. 그는 '11월 범죄자들'에 대한 비난과 도전에 대해서 전혀 비난하지 못했다. 우레처럼 쏟아지는 관중의 박수갈채가 온화한 비난을 퍼붓고 있었다. 푀너가 '에버트 프리체'에 대해 말하면서 바이마르 공화국을 가리켜서 "그 조직도 법도 나에게는 무관한 것"이라고 표현했을 때도 전혀 제지를 받지 않았다. 재판정은 당국이 "피고들과 다른 견해를 가지고 있다는 사실조차 알리지 못하였다."고 3월 4일 내각회의에서 바이에른의 주 장관 한 사람이 말했다.[15]

카르와 자이서는 이러한 상황을 보고 곧바로 체념하였다. 예전의 계엄사령관인 카르는 어두운 표정으로 앞만 쏘아보다가 수많은 모순점에도 불구하고 히틀러에게 모든 죄를 덮어씌우려고만 들었다. 그러면서 이러한 시도가 얼마나 히틀러를 돕고 있는지도 알지 못했다.

로소브만은 정력적으로 자신을 방어하였다. 거듭해서 그는 상대방의 수많은 약속위반을 비난하였다. "히틀러 씨가 아직도 그렇게 말하지만 그것은 사실이 아닙니다." 그는 자기 계급의 경멸감을 모두 내보이며 국가사회당의 당수가 "전략도 없고 고루하고 지루하고 때로는 난폭하고 때로는 감상적이며 어쨌든 열등하다."고 묘사하였다. 그리고 그에 대해서 심리적 전문가의 견해를 펼쳤다. "그는 도이치의 무솔리니, 도이치의 감베타로 자처하며, 군주제의 비잔틴 양식(아첨)을 계승한 그의 추종세력은 그를 가리켜 도이치의 메시아라고 한다."

히틀러가 격분하여 장군에게 소리를 질렀지만 의장의 의견에 따르면 '실질적인 가치도 거의 없는' '무례죄'를 얻지는 않았다. 다만 자제하라는 경고만 들었을 뿐이다.[16] 수석검사조차도 구형의 근거를 히틀러의 눈에 띄는 태도하고만 연결시켰다. 그의 '독특한 연설능력'을 칭찬하고 "그렇다고 그를 민족선동가라고 말하는 것은 부당하다."고 하였다. 선의의 존경심에 넘쳐서 그는 말을 계속하였다. "그는 사생활을 언제나 순수하게 유지하였습니다. 정당의 당수로서 자연스럽게 따르는 유혹을 생각해보면 특별히 인정할 만한 특성입니다……. 히틀러는 대단한 재능을 가진 인물로서 단순한 환경에서 나와서 공적인 분야에서 존경받는 지위를 쟁취하였습니다. 물론 진지하고 열심히 일해서 쟁취한 것입니다. 그는 풍부한 발상들을 위해서 자기희생에 이르기까지 헌신하였으며 병사로서 최고로 자기 의무를 수행하였습니다. 그가 스스로 만들어낸 지위를 이기적인 목적으로 이용하였다는 비난을 할 수는 없습니다."[17]

실패를 역이용하다

이 모든 상황의 이점이 함께 작용해서 히틀러가 재판을 역이용하기 쉽게 해주었다. 그러나 수없이 비웃음을 산 실패한 쿠데타를 가지고 하나의 승리를 만들어내고, 11월 9일 새벽의 고통과 우유부단함을 대담한 민족적 거사처럼 만들어버린 것은 결국 그 자신의 능력이었다. 히틀러는 무거운 패배를 겪은 직후에 심문을 받으면서 실패한 거사의 모든 책임을 스스로 떠맡았다. 그리고 나서 자기 행동은 조국을 위한 것이고 역사적 의무를 이행한 것이었다고 더 높은 차원에서 정당화하였다.

그러한 주장에 나타나는 직관적이면서도 도전적인 확신은 의심의 여지없이 그의 가장 인상적인 정치적 성공에 속하는 것이다. 그의 재판태도의 자신감 넘치는 특성을 반영하는 최후진술에서 그는 로소브가 자기를 가리켜 '선전꾼이며 기상신호'라고 부른 말에 빗대어 다음과 같이 말하였다.

소인배란 생각이 얼마나 작은지요! 내가 장관자리를 얻는 것을 그다지 바람직한 것으로 여기지 않는다는 사실을 인정해주십시오. 장관이 되었다는 사실로 역사에 이름을 남기려고 하는 것이 위대한 사람에게 어울리는 일이라고 생각지는 않습니다……. 내가 추구하였던 것은 첫날부터 장관보다는 1천 배나 더 큰 것이었습니다. 나는 마르크시즘을 파괴한 사람이 되고자 하였습니다. 나는 이 과제를 이룰 것입니다. 그리고 내가 이 과제를 이루면 장관이란 직함은 내게는 웃기는 것에 불과하지요. 내가 처음으로 바그너의 무덤 앞에 섰을 때, '여기 추밀고문관 음악감독 리하르트 폰 바그너 각하가 잠들다'라고 쓰지 못하게 한 사람이 잠들어 있다는 사실에 내 가슴은 자랑으로 넘쳐 흘렀습니다. 나는 이 남자와 도이치 역사의 수많은 남자들이 후세에 자신의 직함이 아니라 자신의 이름을 남기는 것으로 만족했다는 사실을 자랑스럽게 생각합니다. 당시 나는 겸손해서 '북치는 사람'이 되고자 했던 것이 아닙니다. 그것이 최고이고 다른 것이 작은 것이기 때문에 그것을 바랐던 것입니다.[18]

1924년 뮌헨에서 벌어진 히틀러 재판. 재판정으로 들어선 히틀러는 루덴도르프를(여기서는 휴정 때의 모습) 배경으로 밀어내버렸다.

전환점

그가 스스로 위대한 남자라고 자처하고 로소브에 맞서서 자신을 방어한 것이 지극히 당연한 일이라는 듯이 굴고, 거리낌없이 자신을 칭찬하는 어조로 말을 한 것이 처음부터 기습적인 작용을 하였으며, 재판과정에서 자신을 중심인물로 부상시켰다. 공식적인 기록은 엄격한 서열의식을 가지고 이루어졌기에 끝까지 루덴도르프―히틀러 서열을 지켰다. 그러나 1차대전의 총사령관을 보호하고자 하는 다방면의 노력은 히틀러에게 또 하나의 기회를 마련해주었는데, 그는 그 사실도 알아채고 이용하였다. 오직 혼자서만 책임을 떠맡음으로써 그는 루덴도르프라는 인물을 넘어서 공석으로 남아 있는 민족운동 전체의 지도자 역할까지 떠맡게 된 것이다.

심리가 계속되는 동안 그는 자기들의 시도에 들어 있던 도둑의 속성, 비현실성, 완전한 절망 등을 사라지게 만들었다. 마찬가지로 실제로는 대단히 수동적이고 어찌할 바 몰랐던 거사일 아침 자신의 행동도 슬며시 없어지게 만들었다. 모든 사람이 어리둥절하고 경탄하지 않을 수 없는 노릇이지만 사건의 경과는 점점 더 똑똑하게 계획되고, 철저히 목적지향적인 멋진 걸 작품이었다는 인상을 얻게 되었다. "11월 8일의 행동은 실패하지 않았다."고 그는 이미 법정에서 선언했을 정도였다. 그럼으로써 아주 공공연히 뒷날 신화를 만들 근거를 마련한 것이다. 최후진술에서 그는 감동적으로 정치와 역사에서 자신의 승리의 비전을 펼쳐보이고 있다.

우리가 양성한 군대는 나날이, 시간 시간 더 빠르게 성장하였습니다. 바로 이날 나는 이 거친 떼거리가 대대가 되고, 대대는 연대가, 연대는 사단이 될 순간이 다가온다는 자랑스런 희망을 가졌습니다. 낡은 포를 먼지 속에서 꺼내고 낡은 깃발을 다시 펄럭일 시간, 우리가 들어갈 각오가 되어 있는 영원한 신의 최후의 심판에서 용서를 얻을 시간이 다가온다는 희망을 말입니다. 그러면 우리의 뼈, 우리의 무덤에서 법정의 소리가 들리게 될 것입니다. 오직 우리를 재판할 권능을 가진 법정 말입니다. 우리에게 판결을 내릴 사람들은 여러분이 아니기 때문입니다. 우리에 대한 고발에 판결을 내리는 것은 바로 영원한 역사라는 법정입니다. 여러분이 내릴 판결을 나는 압니다. 그러나 저 법정은 우리에게 '너희들은 내란을 꾀했는가, 아닌가?' 하고 묻지는 않을 것입니다. 그 법정은 우리를 심판할 것입니다. 낡은 군대의 병참감을, 그 장교와 병사들을 심판할 것입니다. 도이치 사람으로서 자기 민족과 조국을 위해서 최선을 다하였고, 싸우다가 죽으려 한 이 사람들을 역사라는 법정이 심판할 것입니다. 여러분이 우리가 유죄라고 1천 번이나 판결하여도 영원한 역사법정의 여신은 미소지으며 검사의 구형과 이 법정의 판결을 찢어버리고 말 것입니다. 그 여신은 우리에게 무죄를 선고하기 때문입니다.

뮌헨 국민법정의 판결은 정확하게 말하자면 히틀러가 예견한 '영원한 역사법정'의 판결에 가까운 것이었다. 의장은 아주 애써서 3명의 민중판사들이 유죄선언을 내리도록 만들 수 있었다. 히틀러를 빠른 시일 내에 사면한다는 확답을 주고서야 겨우 그들의 동의를 얻어냈던 것이다. 선고 자체가 자기들의 말썽꾼을 축하하는 뮌헨 사회의 한 사건이었다. 판결 근거는 한 번 더 피고의 '순수한 애국정신과 가장 고귀한 의지'를 높이 평가한 것이었다.

히틀러에게 5년 간 금고형이라는 최저형량이 선고되었고 6개월의 형기를 마치면 집행유예를 기대할 수 있는 것이었다. 루덴도르프는 무죄선고를 받았다. 부담스런 외국인 강제추방 규정은 '히틀러처럼 도이치 방식으로 생각하고 느끼는' 사람에게는 해당되지 않는다는 법원의 결정이 내려지자 법정에 있던 청중의 우레와 같은 박수갈채가 터져나왔다. 판사들이 법정을 떠날 때 부뤼크너는 두 번이나 큰소리로 외쳤다. "그래, 옳아!" 하고. 이어서 히틀러는 환호하는 군중을 향해 법원건물의 창문에 모습을 보였다. 그의 뒤에는 꽃다발이 쌓였다. 국가는 한 번 더 대립에서 패배하였다.

그러고 나자 히틀러에게 상승의 시기가 끝난 것처럼 보였다. 11월 9일 직후에 뮌헨의 대중은 떼를 지어 모여들어서 그를 위해 억지 시위를 하였다. 이어서 실시된 바이에른 주의회 선거와 전국의회 선거에서 민족주의자들은 상당한 의석을 확보하였다. 그러나 당, 혹은 당활동이 금지된 이후 만들어진 위장단체는 히틀러의 마력과 마키아벨리적인 능력에 근거한 결집력이 없어지자 짧은 기간에 서로 질투와 분노에 사로잡혀 의미도 없이 싸우는 집단들로 찢어지고 말았다. 드렉슬러는 이미 히틀러가 "당을 그 빌어먹을 쿠데타로 완전히 파괴해버렸다."고 불평했다.[19]

1923년 말에 나라 안의 사정이 점차 안정되자 거의 오로지 공공연한 불평에서 양분을 얻었던 선동의 기회는 급격히 줄어들었다. 이 무렵 인플레이션이 극복되었고 운도 없이 시작된 바이마르 공화국에 그런대로 '행복한 시절'이 시작되었다. 온갖 지역적인 충돌들에도 불구하고 11월 9일 사건은 바이마르 역사라는 대규모 드라마의 급전(急轉)에 해당하는 부분이었다. 이 사건은 전후시대를 종결지었다. 장군홀 앞의 총격전은 특이한 각성을 가져왔다. 비현실성에 빠져들어 방황하던 국민의 눈길을 부분적으로라도 현실로 돌리는 데 기여하였다.

히틀러 자신과 그의 당 역사에도 실패한 11월 거사는 하나의 전환점이되었다. 그가 거기서 이끌어낸 전략적 교훈들과 개인적 교훈들은 그의 앞길을 결정짓는 것이다. 그는 뒷날 해마다 연기오르는 문들 사이로 기념행진을 하고 쾨니히 광장에서 저 희미한 11월 아침에 죽은 자들에게 청동의관에서 나오라고 외치곤 하였다. 이 사건에 대한 이러한 어두운 제례의식은 역사적 재료를 가지고 정치적 쇼를 보여줄 기회로 삼곤 하던 그의 연극적 성격에서만 나온 것은 아니었다. 그것은 오히려 성공한 정치가가, 자신의 중요한 정치적 성장체험에 바치는 숭배의식이었다. 사실상 그것은 그의생애 '가장 큰 행운'이었고, 당의 '진짜 탄생일'이었던 것이다.[20]

그것은 우선 바이에른을 훨씬 넘어서는, 독일까지도 넘어서는 여론을 그에게 마련해주었다. 당에는 순교자들, 전설, 박해받는 열성이라는 낭만적후광, 그리고 확고함의 영광까지 마련해준 사건이었다. 히틀러는 뒷날 기념식사에서 이 모든 이점들을 찬양하고 그것을 '섭리의 지혜' 덕으로 돌렸다. "착각하지 마십시오. 우리가 그 당시 행동하지 않았더라면 나는 절대로 혁명적인 운동을 창설할 수 없었을 것입니다. 사람들이 내게 '당신도 다른 사람들처럼 말하고, 다른 사람들과 똑같이 전혀 행동하지 않는다'고 말하면그 말이 옳았을 것입니다."[21]

장군홀 앞에서 국가 공권력의 총구 앞에 무릎을 꿇은 것은 국가의 힘에대한 히틀러의 관계를 확실하게 보여준 것이었고, 계속적인 권력장악 과정의 출발점이 되었다. 그 과정을 그는 다음 여러 해 동안 서서히 전개시키고모든 저항과, 자기편의 초조함에서 나온 반항에 맞서서 지켜나가게 된다. 그는 전에도 이미 권력과 그 총애를 구했다. 그리고 "1919년부터 1923년까지는 오직 쿠데타밖에 생각하지 않았다."[22]는 그의 고백을 말 그대로 받아들여서는 안 된다. 그러나 그는 이제 권력의 비호 속으로 들어가려는 본능적인 충동을 합리적인 것으로 만들고, 국가사회주의 혁명의 전략체계로 발전시키는 것을 배우게 된 것이다.

선동가에서 정치가로

11월의 체험은 현대 국체를 폭력적인 방법으로 정복한다는 것은 전망 없는 일이며 권력장악은 헌법의 토대에서만 성공할 수 있다는 사실을 가르쳐주었다. 그것은 물론 히틀러가 권력욕을 향한 행진에서 헌법을 구속력이 있는 제한으로 받아들일 준비가 되어 있다는 뜻은 아니었다. 단순히 합법성의 보호 안에서 불법적인 일을 해나가겠다는 뜻이었다. 그는 다음 여러 해 동안 행한 수많은 헌법에 대한 선서가 권력을 얻기 위한 싸움의 적법성을 찬양하고 있다는 사실을 의심해본 적이 없었다. 그리고 헌법을 청산할 시간을 공개적으로 거론하곤 하였다. 쇼이브너 리히터는 1923년 9월 24일자 기념 글에서 이미 다음과 같은 요구를 했다. "민족주의 혁명은 정치권력의 인수를 전제로 해서는 안 되며, 국가의 경찰력 확보가 민족주의 혁명의 전제가 되어야 한다."[23]

동시대의 어떤 아이러니컬한 표현처럼 '합법적인 아돌프(Adolphe Légalité)'로서 히틀러는 엄격한 질서의 사나이가 되었다. 유력인사들과 권력을 가진 기관의 호감을 얻으려고 애썼으며, 언제나 좋은 행동을 하겠다고 맹세하고 자신은 전통 편에 서 있다고 고백함으로써 혁명적인 의도를 감추었다. 폭력적인 공격성을 지닌 초기의 어조들은 누그러지고 아주 가끔씩만 두려운 모습을 드러내곤 하였다. 그는 국가를 패배시키려 한 것이 아니라 다듬어 나가려고 했다. 그것이야말로 히틀러의 혁명적인 야심에 대해서 오늘날에 이르기까지 수많은 관찰자와 해설자들을 기만하고, 보수적인 아니면 평범하게 반동적인 소시민 정당이라는 단순하게 왜곡된 모습을 만들어낸 전략적인 자세였다.

히틀러의 개념은 무엇보다도 방위군에 대한 관계를 변화시키도록 만들었다. 11월 9일의 실패를 그는 무엇보다 군사 지도부를 자기편으로 끌어들이지 못한 탓으로 돌렸다. 뮌헨 재판의 최후진술이 이미 방위군을 자기편으로 끌어들이려는 자세를 취하고 있다. 그런 자세는 뒤집을 수 없는, 거의 절대적으로 옹호된 새로운 전략원칙이 되었다. 재판정에서 그는 이렇게 외쳤다. "언젠가 방위군이 우리편이 되는 날이 올 것입니다." 그리고 예를 들면 1934년 6월 30일 유혈사태 때까지 정당 내부의 자체 군대의 역할을 엄격하게 이 목적에 종속시켰다. 동시에 그는 자신의 돌격대가 군대에 종속되지 않도록 만들었다. 돌격대는 방위군의 일부도 라이벌도 되어서는 안 되는 것이다.

히틀러가 장군홀 앞의 패배에서 이끌어낸 것은 강화된 전략뿐은 아니었다. 그것은 나아가서 정치에 대한 그의 관계 자체를 변화시켰다. 그때까지만 해도 그는 무엇보다도 범주적인 절대성을 통해서, 과격한 대안을 통해서 두드러지게 되었고 마치 '자연의 힘처럼' 작용하였다. 정치란 전쟁터에서 배웠던 존재방식대로 적을 향한 돌진이며, 전선을 뚫고 나가는 것이고, 격돌한 다음에는 승리냐 패배냐가 있을 뿐이라고 여겼다.

이제야 비로소 히틀러는 정치적 게임, 전략적 술책들, 겉보기 타협, 지루한 훈련 등을 완전히 파악한 것으로 보인다. 그리고 정치에 대해서 그저 감정적인, 단순하게 선동가적이고 '예술가적인' 관계를 마침내 극복한 것으로 보인다. 사건들과 자신의 충동적인 반응에 이끌려가던 선동가의 모습이 이 사건과 더불어 완전히 없어지고 치밀하게 행동하는 권력 기술자의 모습이 나타나는 것이다. 그럼으로써 11월 9일의 실패한 쿠데타는 히틀러의 생애에서 위대하고 결정적인 한 획을 긋는 것이었다. 그는 수업시절을 끝낸 것이다. 정확한 의미에서 말하자면 그것이야말로 히틀러의 정치입문이라고 표현할 수 있을 것이다.

자살자 체질

히틀러의 변호사이며 뒷날 폴란드 총독을 지낸 한스 프랑크는 뉘른베르크 조사보고서에서 이렇게 말했다. 히틀러의 '역사상의 삶 전체', 그리고 '그의 성격 전체의 본질'이 11월 쿠데타 과정에 핵심적으로 나타나 있다고 했다. 맨 먼저 눈에 띄는 것은 극히 모순되는 상태들이 나란히 나타난다는 점이다. 자기상승과 감정의 팽창, 이것은 애송이 도시계획가, 작곡가, 발명가 시절의 히스테리컬한 백일몽과 공상을 기억나게 만든다. 그런가 하면 바로 이어서 폭삭 주저앉는 태도, 절망한 도박꾼이 모든 것을 내던지는 몸짓이 나타난다. 무감각 상태로 침몰해버리는 것이다.

9월에만 해도 그는 추종자들 중 한 사람에게 자신감에 넘쳐서 이렇게 말했다. "로마 역사를 아시오? 나는 마리우스고 카르는 술라요. 나는 민족의 지도자지만 그는 지배계층을 대표하는 것이죠. 그러나 이번에는 마리우스가 이길 거요."[24] 그러나 최초의 저항의 표지가 나오자 그는 행위의 인물이 아니라 행위를 알리는 사람에 불과하였다는 사실을 고스란히 드러내고 말았다.

분명히 그는 위대한 과업에 자신을 맡길 능력을 입증하였다. 그러나 그의 신경이 그의 행위욕구를 따라가지 못하였다. 그는 '거인족의 싸움'을 예언하였고 시민 양조장에서 흥분의 순간에, 후퇴란 없다고 확언하고 사태는 '이미 세계사적인 사건'이 되고 말았다고 강조하였다. 그러나 세계사를 마주보며 수치스럽게 멀리 도망치고, "이 허위의 세상에 대해 아무것도 알고 싶지 않았다."[25] 고 법정에서 진술하였다. 그는 한 번 더 위대한 운명을 걸고 도박을 하였다가 판을 잃었던 것이다.

연설의 능력으로 그는 모든 것을 구하였다. 패배를 뒤집은 일은 그가 얼마나 현실에 정통하지 못한지, 또한 현실을 표현하고 채색하고 선전으로 마무리짓는 방법에 대해서는 얼마나 비상하게 통달하고 있는지 분명하게 보여주었다. 그가 법정에 등장하는 태도의 냉정함과 침착함은 그의 행동의 성급함, 무모하고 흔들리고 졸렬한 불안상태에 극단적으로 반대되는 모습이었다.

노름꾼 기질, 행운을 찾는 모험가적 요소는 출구 없는 상황으로 뛰어드는 성향 속에 나타난다. 1923년 결정적인 상황마다 그는 전략적인 후퇴 가능성을 남겨두지 않으려는 성향을 입증하였다. 처음에는 등을 기댈 벽을 찾는 듯하다가는 어차피 캄캄한 사태를 더욱 암담하게 만들었던 것으로 보인다. 정말 자살자 체질이라고 부를 만한 것이다. 이러한 의미에서 그는 무자비한 대안을 피하려고 하는 정치적 노력을 '정치적인 난쟁이'의 이데올로기라고 비웃었다. 그리고 '결코 지나치게 긴장하지 않는' 사람들에 대한 경멸감을 표현하였다. 비스마르크가 정치를 가능성의 예술이라고 말한 것은 '싸구려 변명'일 뿐이라는 것이다.[26] 1905년 이후로 일련의 자살 위협들이 그의 존재를 늘 따라다녔던 것은 분명히 멜로드라마적인 기질의 표현 이상이었다. 그것은 처음에는 극단적인 도전으로 나타나고, 다음에는 세계권력이냐 몰락이냐 하는 대안 없는 돌진에 나타났다가, 제3제국 수상관저의 지하 벙커에 있는 소파에서 끝나는 것이다. 당연한 일이지만 그가 위대한 정치로 들어서는 순간에도 그러한 자살의 위협이 함께 등장했다. 그의 수많은 등장들은 분명히 훨씬 더 긴장된 것이고, 그가 벗어버리지 못했던 장중한 익살의 경향을 띤 것이었다. 그러나 초창기 흥분한 쿠데타 주동자의 주변에 이미 거대한 파국의 그림자가 드리워져 있음을 볼 수 있다고 말한다면, 그것은 뒷날의 체험을 그의 이전 생애에 투사한 것에 불과한 것일까?

1923년 11월 9일은 돌파구였다. 그날 낮에 시위행렬이 오데온 광장에 접근해가고 있을 때, 어떤 행인이 저기 행렬 맨 앞에 있는 히틀러가 "정말 저 거리 모퉁이에 있던 그 자식"인가고 물었다.[27] 이제 그는 역사 속에 있게 되었다. 11월 9일이 그의 생애와 완전히 일치한다는 사실은 그가 패배를 이용하여 역사로 통하는 출구를 억지로 열었다는 사실도 포함한다. 뒷날에도 그렇지만, 파괴적으로 커진 틀 안에서 파국의 도움을 받아서 지속적인 역사의 장소에 억지로 도달했던 것이다.

HITLER 3부

《나의 투쟁》

제1장 국가사회주의의 세계상

히틀러가 란츠베르크 요새에 있는 자기 감방 벽에 걸어두었던 월계관은 깨지지 않은 의도에 대한 도전적인 암시 이상의 것이었다. 체포당해서 정치적 사건에서 강제로 격리된 일이 그에게는 정치적으로나 개인적으로나 너무나 잘된 일이었다. 그렇게 해서 그는 11월 9일의 재앙이 당에 가져온 결과들에서 벗어날 수 있었다. 분노하고 찢어진 추종자들의 불만을 멀리서 관찰하고, 게다가 민족주의를 위한 순교자라는 고난의 영광까지 둘러쓰게 되었다. 몇 년을 거의 아무 정신 없이 불안하게 보낸 다음 자기 자신을 돌아볼 기회도 생겼다. 자신과 자신의 사명에 대한 믿음을 돌아보게 된 것이다.

격앙된 감정이 잦아드는 동안, 처음에는 머뭇거리면서 요구했지만, 재판이 진행되는 동안 점점 강해진 민족 우익의 지도자 역할이 메시아적 과업을 지닌 유일한 지도자의 모습으로 점차 확고한 윤곽을 잡아나갔다. 일관성과 아주 높은 역할의식을 가지고 히틀러는 자신이 특별히 선택받았다는 의식을 동료 수감자들 사이에 퍼뜨렸다.

이 순간부터 이 선별의식은 그의 외양에 가면을 쓴, 얼음장 같은 면모를

란츠베르크 감옥에서 모리스, 크리벨 중령과 함께.

부여하였다. 그것은 미소도, 독특하지 않은 몸짓도, 자신을 잊은 태도도 일체 없애버렸다. 알 수 없는, 거의 추상적인 비개성의 모습으로 그는 장차 자기가 등장하는 장면들을 통과해나가게 된다. 11월 쿠데타 전에 이미 디트리히 에카르트는 히틀러의 위대함의 망상, 그의 '메시아 콤플렉스'에 대해 불평했다.[1] 이제 그는 점점 더 의도적으로 조각상의 자세로 얼어붙어버린다. 그것은 위대함과 지도자 능력에 대해 그가 가진 이미지의 기념비적인 영역에 잘 어울리는 모습이었다.

감방생활은 계획적인 자기 양식화 과정을 전혀 방해하지 못했다. 이어진 판결에서 40명의 쿠데타 참가자들이 선고를 받고 란츠베르크로 이송되었다. '히틀러 돌격대' 대원들인 베르히톨트(Berchtold), 하우크(Haug), 모리스, 아만, 헤스, 하이네스, 슈레크와 대학생인 발터 헤벨(W. Hewel)이었다. 교도소측은 히틀러에게 별 강제 없이, 오히려 친근한 방식으로 이런 추종세력 한가운데 머무는 것을 허용해주었다. 그의 특별한 요구들은 거의 모두 받아들여지다시피 했다. 거대한 회의실에서 식사시간에 그는 갈고리 십자가 아래서 의장 노릇을 하였고 다른 죄수들이 그의 방을 정돈하였으며 그는 유희와 잡일에 끼지 않았다. 그의 뒤를 이어 감옥으로 온 동료들은 '즉시 지도자께 신고하러' 가야 했다. 그리고 어떤 체험자의 보고에 의하면 밤 10시에 규칙적으로 '대장이 참석한 가운데 강연'이 있었다.

낮 동안 히틀러는 광범위한 서신교환에 몰두하였다. 언어적으로 특기할 만한 숭배문서는 요제프 괴벨스(J. Goebbels)라는 어떤 젊은 문헌학 박사과정 학생의 글이었다. 거기에는 히틀러의 법정 최후진술에 대해서 이렇게 적혀 있었다. "당신이 거기서 말한 것은 붕괴되고 신을 잃어버린 세계의 절망 한가운데서 나온 새로운 정치적 신념의 신앙고백입니다……. 어떤 신이 당신에게 우리가 고통받는 것을 말하도록 하셨습니다. 당신은 구원의 말로 우리 민족의 고통을 파악하였습니다……." 그리고 휴스턴 스튜어트 체임벌린도 그에게 편지를 썼다. 로젠베르크는 '수백만 개로 갈라진 우리 지도자의 상징'이라는 '히틀러 엽서'를 전파하였다. 외부세계가 수감된 사람을 기억하도록 하기 위해서였다.[2]

히틀러는 자주 감옥 뜰을 산책하였다. 그는 아직도 옛날의 불안정한 스타일을 다듬을 필요가 있었다. 심복들의 인사를 받으면서 카이사르의 얼굴을 하였고, 짧은 가죽바지, 민속적인 재킷을 입고 모자를 자주 썼다. 그가 이른바 동지들의 밤에 연설을 하면 "바깥 계단실에는 소리 없이 교도관들이 모여들어서 연설을 들었다".[3]

패배에 전혀 영향을 받지 않은 듯이 그는 자기 생애의 전설들과 비전들을 전개하였다. 그리고 언젠가 자신이 독재자가 될 국가에 대한 실질적인 계획들을 아주 특이한 연관성 속에서 들려주곤 하였다. 뒷날의 언급에 따르면 고속도로 건설과 국민차 이념은 바로 이 시기에 나온 것이었다. 면회시간은 일주일에 여섯 시간으로 제한되어 있었지만 히틀러는 매일 여섯 시간까지 추종자들, 청원자들, 친한 정치가들의 방문을 받았다. 그들은 란츠베르크로 찾아왔고, 그런 사람들 중에는 여성들도 아주 많았다. 그러므로 이 감옥을 '최초의 갈색집'(갈색집이란 뒷날 국가사회당의 당사건물을 칭한다: 역주)이라고 말한 것도 틀리지만은 않는다.[4] 재판이 끝난 직후 있었던 히

틀러의 서른다섯 살 생일에는 이 유명한 죄수에게 배달되어 온 꽃다발과
소포들이 여러 개의 방을 가득 채웠다.

변칙적인 독서

억지로 숨돌릴 시간을 얻은 그는 자기 자신에 대한 재고조사를 해볼 수
있게 되었다. 여기서 그는 감정들을 합리적인 것으로 만들려고 노력하였다.
이전에 읽다 만 것, 절반쯤 생각해둔 것 등을 최근의 독서결과와 합쳐서 세
계관 체계의 윤곽으로 만들어 나갔다. "이 시기는 나에게 그때까지 오직 본
능적으로만 느끼고 있던 수많은 개념들을 분명히 할 기회를 주었다."[5]

그가 실제로 무엇을 읽었는가는 전체적으로 간접증거에 따르거나, 아니
면 제3자의 발언에서 얻어온 것들이다. 그 자신은 정신적 종속이라는 의심
을 받을지 모른다는 독학자(獨學者)의 근심에 사로잡혀서 책이나 어떤 작
가를 언급하는 일이 극히 드물었다. 쇼펜하우어의 이름만 여러 번이나 서
로 다른 맥락 속에 등장하고 있다. 그의 작품을 히틀러는 이미 전쟁중에도
지니고 있었다고 하며, 상당히 긴 구절들을 인용할 수 있었다. 니체, 쉴러,
레싱의 경우도 마찬가지였다. 그는 언제나 다른 사람의 인용을 피하였고,
이러한 방법으로 독자적으로 깨달았다는 인상을 만들어냈다.

1921년의 자전적인 묘사에서 그는 청년기에 "민족경제 이론들을 철저히
연구하였다. 당시 이용할 수 있는 반유대주의 문헌도 전부 연구하였다."고
말했다. "스물두 살부터 나는 특별한 열의를 가지고 군사정치 문헌들을 잡
았으며, 아주 집중적으로 일반적인 세계사 문제를 탐구하는 일을 결코 중
단한 적이 없다."[6] 그러나 한 번도 어떤 작가나 제목을 언급한 적이 없었
다. 언제나 어느 정도 동떨어진 방식으로 분량을 말하고 자기가 공부하는
전체적인 영역만을 말하는 것이 고작이었다.

같은 맥락에서 상당히 멀리 내다보는 몸짓으로 예술사, 문화사, 건축사,
'정치적 문제들'을 읽는다고 거론하였다. 그러나 그가 그때까지 원전들이
아니라 두 번째, 세 번째 손을 거친 요약으로만 지식을 섭취했다는 의심이
든다. 한스 프랑크는 란츠베르크 시절에 그가 읽은 책들로 니체, 체임벌린,

랑케, 트라이치케, 마르크스, 비스마르크 등을 거론하였고, 도이치측과 연합국측의 전쟁회고록들을 거론하였다. 그러나 그런 책들과 나란히, 그리고 그보다 먼저 그는 상당히 멀리 떨어진, 거의 찾아내기도 힘든 원전들에서 추려낸, 학문적이지 않은 소책자들이 제시하는 침전물에서 자신의 세계상을 걸러냈다. 즉 종족주의적이고 반유대적인 책자들, 게르만 정신에 대한 이론서, 혈통의 신비와 우생학, 역사철학적인 논문들과 다윈주의 이론 같은 것들이었다.

히틀러의 독서에 대한 상당수의 동시대 증언들에서 믿을 만한 것은 그 집중도와 열의이다. 쿠비체크는 히틀러가 린츠에서 이미 세 개의 도서관에 동시에 등록하고 있었고, '책들에 둘러싸인 모습밖에는' 기억에 없다고 증언하고 있다. 그 자신의 표현을 빌자면 자기는 책을 '그냥 열어보았거나' 아니면 '얼추 읽곤' 하던 시절이었다.[7] 그러나 원탁대화에 이르기까지 히틀러의 연설과 글들, 그리고 주위사람들의 기억은 이상할 정도로 정신적인 무관심과 문자에 대한 무관심을 보여준다. 거의 2백 번의 원탁독백에는 간혹 두세 명의 고전작가가 등장할 뿐이다. 《나의 투쟁》은 단 한 번 몰취미한 유대주의 맥락에서 괴테와 쇼펜하우어를 거론하고 있을 뿐이다.

사실상 지식은 그에게 아무 의미도 없었다. 그는 지식의 높은 감정도 수고도 알지 못했고, 오직 그 쓸모만을 알았을 뿐이다. 그리고 그가 '올바른 독서의 기술'이라고 말한 연습은 자기 자신이 이미 가지고 있는 생각에 대해서 사용형식을 찾고 존경받는 선서보증인을 찾는 행위에 불과하였다. '어떻게든 이미 존재하는 이미지에 적합하게 꾸려넣는 방법'[8]이었을 뿐이다.

《나의 투쟁》

그는 7월 초에 쌓여 있는 책더미를 향한 것과 똑같은 욕망을 가지고 격렬하게 《나의 투쟁》 집필에 달라붙었다. 석 달 반 뒤에는 책의 제1부를 완성하였다. 그는 "자신을 움직이는 모든 것을 영혼으로부터 써내려가지 않을 수 없었다."고 했다. "밤늦게까지 타자기 소리가 울려나왔고, 그가 좁은 방에서 친구인 헤스에게 원고를 불러주는 소리를 들을 수 있었다. 그는 이미 완성된 부분을 대개는 토요일 밤에 소년들처럼 자기를 둘러싸고 앉은 운명의 동지들에게 낭독해 들려주었다."[9]

이 책은 처음에 '4년 반의 투쟁'을 청산하고 정리하는 의미로 시작되었지만 점차 자서전, 이데올로기적인 논문, 전략적 행동방침 등의 혼합물로 발전하게 되었고 동시에 지도자 신화를 완성하는 데 이바지하였다. 정치로 들어서기 이전의 비참하고 어두운 시절은 이 책의 변용시키는 묘사를 통해서, 축적과 내적인 준비과정이라는 성격을 얻었다. 곤궁과 결핍으로 대담하게 짜여진 모습과 고립을 통해서였다. 그것이 신의 뜻이기도 한, 30년 간의 사막 생활로 바뀐 것이다. 센세이셔널한 배후를 밝힌 체험고백을 기대하였던 출판업자 막스 아만(M. Amann)은 원고가 딱딱하고 지루한 것을 보고 대단히 실망하였다.

그러나 히틀러의 명예욕은 처음부터 아만이 생각했던 것보다 훨씬 더 높은 것이었음을 인정하고 들어가야 한다. 그는 폭로하려고 했던 게 아니라 최근에 생겨난 자신의 지휘요구를 위하여 지적인 바탕을 튼튼하게 만들려고 했다. 그리고 스스로 그토록 찬양한 대로, 정치가와 강령입안자가 천재적으로 결합된 예를 보여주려고 하였다. 그의 대단히 높은 의도에 대하여 열쇠가 되는 구절이 책 제1권 한가운데 눈에 잘 띄지 않는 자리에 들어 있다.

정치가의 기술은 가능성의 기술이라는 말이 진정 맞는다면 강령입안자야말로, 불가능한 것을 요구하고 원하면 신들의 마음에 들게 되리라는 약속을 받은 사람들이다……. 인류의 긴 세월 동안 정치가와 강령입안자가 결합되는 일은 단 한 번만 가능하다. 그러나 이러한 결합이 내면적일수록 정치가의 활동에 반대하는 저항도 더 커지게 마련이다. 그는 가장 가까이 있는 평범한 시민도 분명히 알 수 있는 요구들을 위해서 일을 해야 할 뿐 아니라 극소수의 사람들만이 이해하는 목적들을 위해서도 일을 해야 한다. 그래서 그의 삶은 사랑과 미움으로 찢기게 된다……

　　그럴수록 성공은 드물다. 그렇지만 수백 년 만에 한 번 어떤 사람에게 성공이 닥쳐오면 아마도 그의 노년에는 다가오는 명성의 나직한 빛이 그를 둘러싸게 될 것이다. 물론 이렇게 위대한 사람들은 역사에서는 마라톤 주자들이다. 당대의 월계관은 죽어가는 영웅의 머리에 겨우 씌워지게 될 것이다.[10]

콤플렉스와 왜곡된 사상의 집합체

　　이렇게 나직한 빛에 둘러싸인 현상이란 다른 사람이 아니라 자기 자신을 가리킨다는 것이 이 책의 끊임없는 암시내용이다. 죽어가는 영웅의 모습은 자신이 겪은 실패를 비극적으로 변용시키려는 노력이다. 히틀러는 비상한 진지함으로 갈채를 배려하면서 집필에 몰두하였다. 이 책으로 그는 학교교육이 부족하였지만, 그리고 미술 아카데미에서 실패하였고, 남자 하숙집의 치명적인 과거에도 불구하고 자신이 시민적인 교양수준에 도달하였음을 입증하려고 하였다. 자기가 생각이 깊고, 현재의 의미말고도 미래에 대한 구상을 제시할 수 있다는 사실을 입증하는 것이 이 책의 주제넘은 의도였다.

　　큰소리치는 앞모습 뒤에 자신의 지적인 능력에 대한 독자의 의심을 두려워하는, 제대로 교육받지 못한 사람의 염려가 분명하게 웅크리고 있다. 자신의 언어에 기념비적인 특성을 주기 위해서 그는 자주 명사를 여러 개나 길게 나열하였다. 많은 명사들은 형용사나 동사에서 만들어낸 것이어서 그런 단어들의 무게는 공허하고도 인공적인 효과를 냈다. "민주적인 결정을 통해 성취된 동의과정에서 ……라는 의견을 대표함으로써……." 전체적으로 호흡이 없는 언어이고 자유가 없으며 마치 경련상태에 있는 것 같다. "최근에 나는 이 새로운 세계의 이론적 문헌에 탐닉하고 그 가능한 효과들을 분명히 하면서 이 효과들을 정치적·문화적·경제적 생활에서의 실질적인 현상과 그 효율성의 사건들과 비교해보았다……. 점차 나는 내 자신의 확신에 대한 확고한 기반을 얻었다. 그래서 이 시기 이후로 이 문제에서 나의 내면의 관점의 변화를 일으킬 입장에 서지 않게 되었다……."[11]

　　여러 추종자들의 교열과정을 거쳤음에도 불구하고 완전히 제거되지 못한 수많은 문체상의 탈선은 박학다식한 척하는 저자의 태도에 원인이 있다. '우리 민족의 정치적 오염의 쥐새끼들이' 그렇지 않아도 부족한 학교교육을 '심정으로부터, 그리고 광범위한 대중의 기억으로부터 갉아먹어' 버렸고, '제국의 깃발을…… 전쟁의 품에서' 꺼냈다고, 혹은 사람들을 '단순히 육체로 타락하도록' 만들었다고 그는 말하고 있다.

루돌프 올덴(R. Olden)은, 히틀러 문체의 과도한 긴장으로 때때로 논리가 어떠한 피해를 입는가를 지적하였다. 예컨대 히틀러는 곤궁에 대해서 이런 말을 했다. "'졸라 죽이는 독뱀의 집게 속에 들어가보지 않은 사람은 그 독니를 절대로 알지 못한다.' 이 몇 마디 말에는 너무나도 많은 오류들이 있어서 논문 한 편을 써도 제대로 고칠 수 없을 정도라는 것이다. 독뱀은 집게를 가지고 있지 않으며, 인간을 조여죽일 수 있는 뱀은 독니를 가지고 있지 않다. 그러나 인간이 그런 뱀에게 목졸라 죽임을 당하더라도 독니를 알게 되지는 않는다."[12]

이 책에는 사고의 과장된 무질서와 동시에 그런 무질서 한가운데서도 날카로운 확신들이 나타나고 있다. 그러한 확신들은 깊은 비합리성에서 직접 튀어나온 것이며 드물지 않게 적절한 형식이나 인상적인 그림들을 보여주고 있다. 이 작품을 특징짓는 것은 모순되고 차단된 모습들이다. 그의 완고함과 완강함은 폭풍우 같은 구절들에 대한 억누를 길 없는 취향과 모순된다. 언제나 느낄 수 있는 양식화 의지는 자기통제의 결핍과 모순되고, 논리는 둔감과 모순된다. 단조롭고 광적으로 억누른 자기중심주의만이 모순 없이 드러난다. 이러한 자기중심주의는 책이 두꺼우면서도 이 책에 사람이 등장하지 않는다는 사실과 잘 어울린다. 이 책은 전체적으로 읽기가 매우 힘들고 까다롭지만 그런데도 상당히 정확하게 저자의 초상화를 보여준다. 그는 남이 자기를 꿰뚫어볼까 하는 근심에 사로잡힌 채 스스로를 보여주는 사람이다.

자기 책의 이러한 폭로적인 특성을 알아채고 히틀러는 뒷날 이 책과도 거리를 두고자 노력하였다. 그는 간혹 《나의 투쟁》은 〈민족관찰자〉의 사설들을 형편없는 문체로 엮어놓은 것이라고 말하기도 하고 '창살 속의 공상'이라고 밀쳐버리기도 하였다. "어쨌든 확실한 것은 내가 제국수상이 되리라는 사실을 1924년에 미리 알았더라면 이 책을 쓰지는 않았을 것이라는 점이다." 그는 전략적인 혹은 문체상의 확신들만을 유보하고 싶다고 암시하였다. "내용상으로는 아무것도 고치고 싶지 않다."[13]

교양시민적인 과시욕과 오스트리아 관리 스타일의 과장 섞인 질질 끄는 벌레 같은 복합문 등 책의 외람된 문체는 책에 접근하기를 어렵게 만들었다. 그 결과 나중에 1천만 부나 찍어서 보급된 이 작품은 다른 수많은 의무 문헌들의 운명을 이어받아서 읽히지 않고 서가에 꽂히기만 하였다. 언제나 똑같이 암울한 강박관념을 드러내는, 환기되지 않은 그의 모든 콤플렉스와 감정이 기반하고 있는 의식바탕도 접근을 어렵게 만든다. 히틀러는 자신의 의식의 바탕을 잘 준비된 연설가로 등장할 경우에만 감출 수 있었다.

이상하게 파괴적인 소문이 독자로 하여금 어떤 페이지들, 특히 매독에 관한 장(章)을 멀리하게 만들었다. 그러나 그보다는 전체적으로 수없이 지저분한 표현들, 뒤틀린 그림들, 꼬집어 말하기는 힘들지만 분명하게 드러나 있는 문체의 가난뱅이 냄새 등이 독자들에게 역겹게 느껴졌다. 전쟁과 전후 활동에 몰두해서 란츠베르크에 갇힐 때까지 고작해야 어머니 같은 여자 친구들만 알았던 망가진 젊은 남자의 금지관념들은 그가 세계상에 부여한 답답한 흐름에 반영되었다.

그의 주변에 있던 사람의 증언에 의하면 그는 "어떤 여자와 연관된 소문에 빠질까"[14] 하는 두려움에 사로잡혀 있었다고 한다. 역사, 정치, 자연 혹은 삶에 대한 모든 관념들은 한때 남자 하숙집에 살았던 사람의 공포와 욕망을 담고 있다. 언제까지나 계속되는 사춘기의 자극적인 발푸르기스 밤의 꿈을 담고 있는 것이다. 그런 사람은 세계를 짝짓기, 음란, 성도착증, 능욕, 혈통오염 등의 그림들로만 본다.

유대인의 최종목표는 다른 민족들을 탈민족화하고, 뒤죽박죽 사생아로 만들고, 최고종족의 수준을 떨어뜨리고, 민족의 지식인들을 제거해서 민족뒤섞기를 지배적인 추세로 만들고, 그 자리에 자기 민족을 투입하는 것이다……그는(유대인) 계획적으로 여인들과 소녀들을 망칠 뿐 아니라 대규모로 다른 사람들의 혈통의 제한을 뚫고 들어가는 것을 꺼리지 않는다. 유대인들이야말로 라인 강에 검둥이들을 데려오는 사람들이다. 언제나 똑같은 속마음과 명백한 목적을 가지고 사생아 만들기를 강제로 도입해서 증오스런 백인 종족을 파괴하려는 것이다. 백인의 문화적·정치적 수준을 떨어뜨리고 스스로 주인의 자리에 오르려는 것이다……. 오늘날 우리의 멋쟁이 패션제품을 통해서 육체의 아름다움이 덜 중요해지지 않았더라면 수십만의 소녀들이 다리가 휘고 역겨운 유대놈 사생아들에게 유혹된다는 일은 완전히 불가능했을 것이다……. 이들 검둥이 기생충 민족은 계획적으로 우리의 경험 없고 젊은 금발 소녀들을 욕보이고, 그럼으로써 이 세상에서 대체할 수 없는 어떤 것을 파괴하는 것이다……. 민족주의 세계관으로 보면 인간이 개와 말과 고양이의 품종개량만을 근심하지 말고, 인간을 높이는 일을 걱정하는 더 고상한 시대를 만들어내어야 한다……. [15]

국가사회주의의 특성

분명히 노이로제 증세를 보이는 이 책의 발산물, 부자연스러움, 조각난 무질서 등은 이미 오래 전부터 국가사회주의 이데올로기의 의미를 낮추어보는 이유의 일부가 되어왔다. "아무도 그것을 진지하게 여기지 않았고 그럴 수도 없었으며, 이런 문체 자체를 이해하지 못했다."고 헤르만 라우슈닝은 썼다. 그리고 더욱 정밀한 배경체험을 바탕으로 이렇게 확언하였다. "원래 히틀러가 바라고 있던 것은…… 《나의 투쟁》에 들어 있지 않다."[16]

상당한 문체상의 광채와 사료(史料)적 효과를 가지고서 그는 국가사회주의를 '허무주의 혁명'이라고 해석하였다. 그의 말로는 히틀러와 히틀러가 주도한 운동은 어떤 이념이나 대략적인 세계관 없이, 효과를 보아가면서 지지를 얻을 만한 분위기와 경향들을 그때그때 이용했을 뿐이라고 한다. 민족주의, 반자본주의, 관습숭배, 외교상의 개념들, 그리고 종족신념이나 반유대주의마저도 언제나 흔들리는, 완전히 원칙 없는 기회주의에 노출되어 있었다는 것이다. 그러한 기회주의는 아무것도 존중하거나 두려워하거나 믿지 않았고 가장 화려한 맹세조차도 전혀 가차 없이 깨뜨리는 것이다.

국가사회주의의 전략적인 배신 특성은 그야말로 끝이 없으며 모든 이데 올로기는 권력의지를 감추기 위한 시끄러운 앞면일 뿐이라고 한다. 이 권력의지는 언제나 오직 자신만을 원하며, 모든 성과를 오직 거칠고 야심만만한 새로운 모험을 위한 기회와 단계로만 여긴다는 것이다. 의미도, 구체적인 목적도, 만족도 모른 채 말이다. "이 운동을 이끌어가는 힘들은 완전히 조건도 강령도 없으며 행동만 준비되어 있고, 그 최고의 핵심멤버들은 본능적이며, 지도부의 정예요원들은 극히 사려 깊고 냉혹하고 매우 교묘한 자들이었다. 국가사회주의는 자신의 운동에 대해서 항상 제시할 수 있는 어떤 목적도 가진 적이 없으며 지금도 없다." 30년대에 어떤 사람이 국가사회주의 이념을 보고 조롱조로 '표상 없는 의지의 세계'라고 말한 것도 비슷한 맥락이었다.

국가사회주의가 언제나 높은 정도의 적응력을 보여주고 히틀러 자신이 강령과 이데올로기 문제에 대해서 놀라울 정도로 무관심하다는 것은 사실이다. 예를 들면 25개 조항이 낡은 다음에도 그는 거기 매달렸다. 전략적 고려에서 그는 모든 변화는 혼란을 부를 뿐이고 어차피 강령이란 상관없는 것이라고 고백하였다. 국가사회주의 기본서로 여겨지는, 중요전략가 알프레트 로젠베르크의 대표저서에 그다지 얽매이지 않는다는 사실을 설명하면서 자신은 "너무 어려워서…… 극히 조금밖에 읽지 않았다."고 말했다.[17]

그러나 국가사회주의가 정통이론을 발전시키지 않았고, 무릎만 꿇으면 정통사상을 입증한 것으로 여겼다고는 하지만, 그래도 오직 전략적으로만 생각하는 성공의지와 지배의지였던 것은 아니다. 권력만을 절대적인 것으로 여기고, 이데올로기는 그때그때의 요구에 따라 멋대로 이용하는 종류의 권력의지는 아니었다는 말이다.

국가사회주의는 실질적인 지배와 독트린 두 가지 다였다. 그 두 가지는 서로 얽히고 뒤섞여 있다. 개별적으로 전해지는 목적의식 없는 권력욕에 대한 극단적인 고백들을 살펴보아도 히틀러와 그의 가까운 주변사람은 언제나 자기들이 가진 선입견과 억눌린 유토피아의 포로들이었다. 국가사회주의는 권력을 높여줄 가능성에 대해서 질문하지 않고서는 이념상의 동기를 받아들이지 않았다. 그러면서도 결정적인 권력의 고백들은 대단히 희미하고 알아보기 힘든 것이라도 이념적 동기를 빼고는 이해되지 않는다.

히틀러는 그의 놀라운 인생행로에서 전략으로 얻을 수 있는 것은 무엇이든지 기민한 전략으로 쟁취하였다. 그의 성공에 나타나는 상당히 인상적인 상황이다. 성공 자체는 이념화된 공포, 희망, 비전들의 복합체와 관계가 있다. 히틀러 자신이 그러한 복합체의 희생자이며 동시에 그것을 이용한 사람이었다. 그리고 그의 성공은 강제적인 사유능력과 관계가 있다. 그는 역사와 정치, 권력과 인간존재에 대한 몇 가지 기본문제들에 대한 사색에서 그러한 사유능력을 이용할 줄 알았다.

히틀러 세계상의 일관성

그러므로 《나의 투쟁》으로 세계관을 표현하고자 한 시도가 불충분하고 문학적으로 실패한 것으로 여겨지고 있지만, 비록 단편적이고 무질서한 것이긴 해도 이 책은 분명히 국가사회주의 이데올로기의 모든 요소들을 포함하고 있다. 히틀러가 원했던 것이 실제로 그 책 안에 쓰여 있다. 비록 그 시대 사람들이 그것을 찾아내지 못했다고 하더라도 말이다. 흩어진 부분들을 정리하고 그 논리적 구조들을 찾아낼 줄 아는 사람이라면 마침내 '숨막힐 정도로 철저하고 일관된 이념의 건물'[18]을 찾아내게 된다. 히틀러는 그것을 란츠베르크 감옥 이후 몇 년 동안 계속 다듬고 체계화해 나갔지만 전체적으로는 더 이상의 발전을 겪지 않았다.

초기의 고정관념들은 세부적인 부분에 이르기까지 정치적 상승의 세월과 통치의 세월 동안 계속 살아남았다. 그리고 마지막을 앞에 두고도 그 마비시키는 힘을 유지하고 있었으니 허무적인 태도와는 아주 거리가 멀었다. 다원주의적인 생존투쟁 이념으로 둘러싸인 공간의지, 반공산주의, 반유대주의 등은 그의 세계상의 일관성을 이루고 있으며, 그의 최초와 최후의 진술내용을 결정짓고 있다.

그것은 물론 새로운 이념이나 새로운 사회적인 행복을 제시하는 세계관은 아니었다. 그것은 19세기 중엽 이후로 넓게 퍼진, 기묘한 민족주의의 천박한 학문에 속했던 수많은 이론들을 멋대로 짜맞춘 것이었다. 히틀러의 '스폰지 기억력'이 지나간 세월의 탐욕스런 독서에서 빨아들인 것들은 놀라운 변화를 거쳐서 상당히 새로운 맥락으로 다시 나타났다. 시대의 이념의 폐허에서 일으켜세운, 어두운 구석들이 없지도 않은 대담하고 두려운 건축물이었다.

히틀러의 독창성은, 극히 이질적이고 거의 조합이 불가능한 것들을 하나로 엮어내는 능력이었으며, 이데올로기라는 조각이불에 밀도와 구조를 부여하는 능력이었다. 그의 지성은 사상들을 생산하지는 못했으나 거대한 힘을 생산해냈다고 표현될 수 있을 것이다. 그 힘은 이념혼합체를 조여서 단단하게 만들고 거기에 얼음장 같은 냉혹성을 부여하였다.

휴 트레버 로퍼(Hugh Trevor-Roper)는 이러한 정신의 차가운 착란세계를 인상적인 이미지로 표현하였다. "정말 위풍당당하게 화강암처럼 단단한 모습으로, 그러면서도 불쌍할 정도로 뒤죽박죽 잔뜩 긁어모아서, 썩어가는 쓰레기더미에 둘러싸인 채 그 어떤 야만인의 입상처럼 거대한 힘과 거친 정신을 표현하고 있다. 낡은 깡통과 죽은 해충들, 재와 껍질들과 오물, 여러 세기의 지적인 쓰레기들에 둘러싸인 채".[19]

어떤 사상에도 권력문제를 질문해보는 히틀러의 능력이 특별한 무게를 지니고 나타난다. 재치있는 이념으로 인해 오히려 실패해버린 민족운동의 대표자들과는 반대로 그는 사상 자체를 '단순한 이론'이라고 해서 중히 여기지 않았다. 실천적이고 조직능력이 있는 핵심이 그 안에 들어 있을 경우에만 사상을 자기 것으로 삼았다. 그가 '당 목적에 맞는 관점들에 따른 생각'이라고 부른 것은 모든 이념, 경향들, 심지어는 맹목적 신앙에도 권력에 걸맞는, 그러니까 원래 의미에서 정치적 형식을 부여하는 그의 능력이었다.

그는 이미 오래 전부터 두려움에 싸인 시민계급의 방어이념을 요약하였다. 그 원래의 관념들을 더 조잡하게 만들고, 공격적이고 목적의식 뚜렷한 행동이론을 마련한 것이다. 그의 세계관에는 시민시대의 악몽들과 지적인 유행들이 모두 다 드러나 있다. 1789년(프랑스 혁명) 이후로 잠복해서 작용하는, 러시아와 독일에서 활성화된 좌익혁명에 대한 거대한 공포가 사회적 공포로 나타난다.

종족적·생물학적 공포로는 도이치계 오스트리아 사람으로서 외세에 대한 공포가 있다. 서툴고 몽상적인 도이치 사람들이 민족들 간의 경쟁에서 패배할 것이라는, 수많은 형태로 나타나는 민족적인 염려가 민족주의적 공포로 드러나며, 자기 계급의 위대성의 시대는 끝나고 안전의 느낌이 부서지는 것을 바라보는 시민계급의 시대공포도 나타난다. 히틀러는 소리쳤다. "아무것도 고정되어 있지 않다. 우리 내부에 어느 것도 뿌리를 내리지 못하고 있다. 모든 것은 외면적이며 우리를 스쳐지나간다. 우리 민족의 생각은 불안하고 성급해졌다. 삶 전체가 완전히 찢기고 있다……."[20]

종말론적인 다원주의

무한한 공간을 탐하고, 빙하기에서 움직이고 싶어하는 그의 극단적인 성향은 이러한 근원적인 공포감을 세계위기의 징후로 확대시켰다. 이러한 위기 속에서 시대들이 태어나고 몰락해 가고, 인류의 운명은 유희의 대상이 된다. "이 세상은 끝에 와 있다!" 그는 거대한 세계질병의 관념에 사로잡혔다. 바이러스, 흰개미의 폭식, 인류의 궤양 등에 의한 질병이었다. 나중에 그가 회르비거(Hörbiger)의 빙하설에 관심을 가지게 된 것은 무엇보다도 지구의 역사와 인류발전이 강력한 우주적인 파국에 이른다는 주장이 그에게 설득력을 가지기 때문이었다. 그는 몰락이 다가오는 것을 보고 얼마나 열광하였던가.

이런 세계상에 들어 있는 대재앙의 모습에서 그는 자신의 특별한 소명의식을 이끌어냈다. 역사 앞에서 사명감을 가진, 치유하는 특성이었다. 전쟁 중 마지막 시점에 이르기까지 그 모든 군사적 필요성에 거역하면서까지도 그가 유대인 근절작업을 계속해 나간, 여러 모로 이해하기 힘든 일관성은 병적인 고집에서 유래한 것이 아니다. 그것은 모든 일상의 이해관계를 훨씬 넘어선 거인들의 싸움을 하고 있다는 생각, 우주를 구하기 위해 선택되어서 악을 '다시 악마에게 돌려보내는' '다른 힘'이 되어야 한다는 생각에 뿌리를 박은 것이었다.[21]

강력한 우주적 싸움이라는 생각은 이 책의 모든 주장과 앞모습을 지배하고 있다. 그러한 주장들이 아무리 부조리하고 공상적인 것일지라도 그것들은 이 생각의 해석에 형이상학적인 진지함을 부여하였다. 그리고 어둡고 장엄한 연극적 관점으로 이끌어간다. "우리는 몰락할지도 몰라, 아마도. 그러나 우리는 세계를 함께 끌고갈 거야. 무스필리(Muspilli), 세계방화 말이야." 언젠가 그는 종말론적 기분에 휩싸였을 때 이렇게 말한 적이 있다.

《나의 투쟁》에는 그가 자신의 맹세에 세계를 함께 끌어들이는 우주적인 특성을 부여하는 구절들이 수없이 많다. 그는 이렇게 확인하였다. "공산주의라는 유대식 이론은 우주의 토대로서, 사상적으로 인간이 이해할 수 있는 모든 질서를 종말로 이끌어갈 것이다." 하나의 이데올로기를 세계의 질서원칙으로 끌어올리는 이런 무의미한 가설은 우주적인 영역에서 생각하려는, 항거할 길 없는 히틀러의 성향을 보여주고 있다. 그는 '별들' '혹성들' '세계의 기(氣)' '수백만 년들'을 극적인 사건 속으로 함께 끌어들이고, '창조' '지구' '천공' 등을 배경으로 이용하였다.[22]

그것은 분명한 방식으로 모두에 대한 모두의 싸움이라는 원칙과 약자에 대한 강자의 승리라는 원칙을 감추어주고, 일종의 종말론적인 다원주의로 발전해나가는 배경이었다. 히틀러는 이렇게 말하곤 하였다. "지구는 떠도는 술잔과 같은 것이고 따라서 언제나 가장 강한 사람의 손에 들어가려는 경향을 가지고 있다. 수만년 전부터……."[23] 그는 영원히 계속되는, 치명적인 상호 갈등에서 일종의 세계법칙을 찾아냈다고 믿었다.

자연은…… 생명체들을 이 지구에 자리잡게 하고서 힘에 의한 자유로운 게임을 구경한다. 용기와 근면성에서 가장 강한 존재가 자연의 총아가 되어 존재의 지배권을 얻게 된다……. 오직 약하게 태어난 자만이 이런 법칙을 잔혹하다고 느낀다. 그럼으로써 그는 오직 약하고 제한된 인간이 될 뿐이다. 이 법칙이 지배하지 않는다면, 모든 유기적 생명체의 최고발전이란 생각할 수 없는 것이기 때문이다……. 자기보존의 욕구만이 언제나 마지막에 승리하게 마련이다. 그러한 욕구에서 보면 이른바 휴매니티란 멍청함, 게으름, 망상적인 아는 체하기 등의 혼합을 표현한 것으로서 3월 햇빛에 눈처럼 녹아버리고 마는 것이다. 영원한 싸움을 하면서 인류는 위대해졌다. 영원한 평화 속에서 인류는 몰락하고 말 것이다.

단단한 자연법칙

이러한 '단단한 자연법칙'은 모든 사색의 출발점이며 연관점이 되고 있다. 그것은 역사란 다름아닌 생존공간을 둔 민족들 간의 생존싸움이라는 생각을 만들어내고 있다. 이러한 생존싸움에 '모든 가능한 수단'이 다 허용되어 있다는 것이다. 즉 '설득, 간계, 영리함, 인내, 선의, 교활함, 그리고 잔인성까지도' 말이다.

전쟁과 정치 사이에는 근본적으로 아무런 모순도 존재하지 않으며, '전쟁이야말로 정치의 최종목적'이라는 것이다.[24] 그것은 자연사건의 규범들과 일치하는 것만을 존중하는 정의 혹은 도덕의 개념들을 특징짓는 생각이다. 그리고 민족주의적 공격성을 강조하는 귀족주의적인 지도자 이념과 종족적인 특질 도태의 이념들에 양분을 주었다. 그는 유럽 전체에서 '혈통에 따른 고기잡이'를 해서 금발에 흰 피부의 인종이 '자신의 혈통 근거를 확장' 시키는 것을 돕게 만들고, 패하지 않는 종족으로 만들려 한다고 했다.

이렇게 전체적인 전투철학의 표지에서 보면 복종이 사상보다 더 중요하고, 헌신의지가 통찰력보다, 광신적 맹목성이 최고의 미덕보다 더 중요하였다. 결혼은 자기주장의 결합이고, 집은 '생존싸움을 해나갈 성(城)'이 되었다. 동물세계와 인간사회를 거칠게 유추해서 히틀러는 가차 없는 사람들이 감성적인 사람들보다 우월하다고 찬양하였다. 그의 말로는 원숭이들은 모든 "아웃사이더를 적으로 간주하고 덤벼들어 죽인다. 원숭이에게 타당한 것은 더 높은 차원에서 인간에게도 타당하다고 보아야 할 것이다……"[25]

그러한 언급에 아이러니가 얼마나 적은가 하는 것은 자신의 채식주의를 보증하기 위해 원숭이의 식사습관을 예로 들면서 원숭이가 올바른 길을 보여준다고 말하는 것으로 보아 분명한 일이다. 또한 자연을 보면 예컨대 자전거는 올바른 것이고 비행선은 '완전히 미친 짓'임을 알 수 있다고 했다.

인간은 자연법칙을 탐구하고 그것을 따르는 길밖에 달리 도리가 없다는 것
이다.

인간은 자유로운 자연상태의 잔인한 도태원칙보다 '더 나은 생각'을 해
낼 수가 없다. 자연은 부도덕한 것이 아니다. "고양이가 쥐를 먹는다는 것
이 누구 잘못일까?"라고 그는 비웃었다. 이른바 인간의 휴매니티란 '인간
의 허약함에 봉사할 뿐이며, 사실은 자기 존재를 가장 잔혹하게 절멸시키
는 짓'이다. 싸움, 굴복, 파괴 등은 변경할 수 없는 것들이다. "한 존재는
다른 존재의 피를 마신다. 하나가 죽어야 다른 것이 양분을 얻는다. 휴매니
티 같은 헛소리는 집어치워야 한다."[26]

타인의 권리, 타인의 행복의 요구에 대한 히틀러의 완전한 무관심, 그의
극단적인 부도덕성은 "신적인 존재법칙에 조건 없이 굴복한다."는 이 생각
에 가장 날카롭게 드러나고 있다. 물론 거기에는 시대의 데카당스와 약자
의식을 보충해보려는 후기 시민사회 이데올로기의 요소가 드러나 있다. 주
저하지 않는 삶을 찬양하고, 가차 없고 원시적인 것을 본래의 것으로 여기
려는 경향이었다.

물론 어느 정도는 히틀러가 자연법칙에 기대어 자신의 개인적인 냉정함
과 감정 없음을 변명하려 했다고 추측된다. 초개인적인 원칙을 들이댐으로
써 마음이 홀가분해지고, 싸움, 살인, '피의 희생' 등은 신의 계율을 겸손
하게 실천하는 행동으로 바뀌게 되는 것이다. "유대인에게서 나 자신을 지
키는 것은 주님의 일을 위해서 싸우는 것이다."라고 그는 《나의 투쟁》에 썼
다. 그리고 거의 20년이 지난 다음 전쟁과 유대인 근절의 한가운데서 도덕
적인 만족감을 지닌 채 이렇게 확인하였다. "나는 양심이 깨끗하였다."[27]

전쟁과 파괴는 위협받는 세계의 기본질서를 회복하기 위해서 필연적인
일이었기 때문이다. 그것은 그의 정치의 도덕이며 형이상학이었다. 자기가
좋아하는 방식대로 거대하고 불확실한 거리를 두고 시대들을 눈앞에 떠올
려보면, 그리고 민족들과 문명들의 몰락 이유들을 생각해보면 언제나 본능
에 대한 불복종이라는 생각에 도달하곤 하는 것이었다. 거대한 지배체계들
이 피로, 허약상태, 파국에 도달하는 것은 자연을 무시한 것, 특히 종족을

뒤섞은 일에서 원인을 찾을 수 있었다. 모든 생명체가 종족의 순수성에 대한 뿌리 깊은 충동을 존중하고, "박새는 박새에게, 참새는 참새에게, 황새는 황새에게, 들쥐는 들쥐에게" 가는 데 반해서 인간은 자연의 법칙에 거스르는 행동을 하고 생물학적인 배신을 하려는 유혹에 노출되어 있다.

이것은 리하르트 바그너가 죽은 날인 1883년 2월 11일에 베네치아에서 쓰기 시작하였지만 완성은 못했던 〈인간의 암컷에 대해서〉라는 논문에서 다루었던 주장이었다. 민족들이 성불능에 빠져 늙어죽는 것은 원래의 질서를 거부한 데 대한 복수라는 것이다. "피의 혼합과 그를 통해서 생겨나는 종족 수준 저하야말로 모든 문명들의 죽음의 원인이다. 인간은 전쟁에 패해서 몰락하는 것이 아니고 오직 순수한 피에만 깃들여 있는 저항력의 상실로 몰락하는 것이기 때문이다. 이 세상에서 좋은 종족이 아닌 것은 폐품이 되고 만다."[28]

창조적인 종족핵 이론

그 뒤에는 창조적인 종족핵이라는 생각이 들어 있다. 그에 따르면 태초부터 소수의 아리안족 엘리트가, 우둔하고 역사도 없이 스러져간 열등한 민족들의 대중을 지배하여 왔다. 종속된 사람들의 도움을 받아서 자신들의 천재적인 능력을 발전시키기 위해서였다. 국가들을 건설하고 문명들을 만들어낼 수 있는 이 빛나는 프로메테우스의 모습은 "언제나 새로이 불을 만들어내었고 그 불은 인식이었다. 그것은 말없는 비밀의 밤을 밝혀서 사람들에게 지상의 다른 생물들의 지배자가 되는 길을 보여주었다." 이 아리안 종족핵이 종속된 종족과 섞이기 시작하면 문명의 하강과 몰락이 나타났다. "지구의 이 지역에서 인간의 문화와 문명이란 아리안족의 존재와 뗄 수 없이 결합되어 있기 때문이다. 이 종족의 죽음이나 몰락은 이 지역에 문명 없는 시대라는 어두운 베일을 다시 내려뜨리는 일이 될 것이다."[29]

이것이야말로 인류가 새로 직면한 위험이라는 것이다. 고대의 위대한 왕국들의 몰락과는 달리 이제는 문명의 몰락이 아니라 더 높은 인종 자체의 종말이 오려고 하기 때문이다. 아리안 핵의 파멸이 그 어느 때보다도 진전되어 있기 때문이다. "이 지구상에서 게르만 혈통은 점차 쇠진을 향해 다가가고 있다."고 히틀러는 절망해서 말했다. 다가오는 승리를 의식하면서 사방에서 어둠의 세력들이 몰려들고 있다. "유럽을 생각하면 나는 몸이 떨립니다." 하고 그는 어떤 연설에서 외쳤다. 구대륙은 이제 '피와 슬픔의 바다에 빠져들고' 있다는 것이다.[30] 다시 '비겁한 허풍쟁이들과 자연을 비판하는 자들'이 자연의 기본법칙을 공격하려 하고 있으며, 수많은 위장 아래 몸을 감춘 채 '종합적인 총공격'의 요원들이 활동하고 있다.

공산주의, 평화주의, 국제연맹, 모든 국제적 운동과 국제기구들, 그리고 유대-기독교의 사랑도덕, 이 도덕의 전세계적인 변형태들이 인간을 설득하려고 한다. 즉 인간이 자연을 극복하고, 감히 자기 충동의 주인이 되어서 영원한 평화를 실현시킬 수 있다고 설득하려고 한다. 그러나 그 누구도 '하늘에 대하여 반항'할 수는 없는 법이다.[31] 의심할 수 없는 자연의 의지는 종족들의 존재와 싸움을 통한 발전을 인정하고 있으며, 주인과 노예로 갈라지는 것과 잔인한 종족유지를 인정하고 있다는 것이다.

이러한 해석체계에서 어렵지 않게 고비노의 흔적들을 알아볼 수 있다. 이미 앞에서 언급한 종족불평등에 대한 고비노의 이론은 최근의 종족 뒤섞임에 대한 공포를 표현한 것이었다. 그리고 모든 문명의 몰락을 혈통의 혼란과 연결시켰다. 점차 밀려나는 지배층의 계급적 원한에서 나왔다는 사실을 거의 감추지 못한, 프랑스 귀족의 종족 콤플렉스, '망가진 천민 혈통'에 대한 거부감 등은 이념상의 자의(恣意)와 천재적인 모호함으로 동시대 잡문문필가 패거리에 지속적인 자극을 주었다. 그래서 상당히 많은 과장적인 유사문헌들이 나오게 되었는데, 그것들은 다시 리하르트 바그너의 '영웅주의'와 '파르시팔'에 대한 에세이까지 이르렀다.

히틀러는 이러한 주장을 한 번 더 종합해서 선전에 쓸모있도록 만들고, 시대의 모든 불쾌감, 공포심, 위기현상 등에 대한 설득력있는 설명체계로 만들어낸 것이다. 베르사유, 소비에트 정부에 대한 두려움, 자본주의 질서의 압력, 현대예술, 밤의 생활과 매독 등이 아주 오래된 싸움의 형식으로 여겨지게 되었다. 그 싸움에서 저급한 종족이 인간귀족 아리안에게 대항하여 덤벼들고 있는 것이다. 이 모든 것 뒤에 숨어서 싸움을 조종하는, 전술가이며 권력을 탐하는 최고 원수는 가면을 벗기고 보면 신비로운 영역으로 올라선 '영원한 유대인'의 무시무시한 모습이다.

유대인, 모든 죄악과 공포의 원흉

그것은 지옥의 일그러진 도깨비 모습이었다. '지구를 뒤덮은 것'이고 철천지 원수고 '반대세계의 주인'이며 광란과 심리적 계산으로 이루어진 처치곤란한 존재였다.[32] 적을 여럿으로 나누지 않는다는 원칙에 따라서 히틀러는 유대인을 가능한 모든 죄악과 공포의 원흉으로 만들어버렸다. 유대인은 문젯거리고 그 모순이며, 명제이고 반명제이며, 말 그대로 '모든 일에 죄가 있는' 존재였다. 증권의 독점지배, 볼셰비즘, 휴매니티 이데올로기, 소련에서 3천만 명이 희생된 일 등 모든 것이 다 유대인 책임이었다.

그 사이에 죽은 디트리히 에카르트와 히틀러의 대화가 란츠베르크에 갇혀 있는 동안 출간되었는데 거기서 히틀러는 이사야 19장 2~3절, 출애굽기 12장 38절 등을 인용하면서 유대교, 기독교, 볼셰비즘이 동일한 것이라고 주장하였다.[33] 이집트에서 유대인들이 추방된 것은 휴매니티 사상으로 천민들을 사주하여('우리의 경우와 꼭 마찬가지로') 혁명적인 분위기를 만들어내려는 시도의 결과였다고 한다. 그럼으로써 어렵지 않게 모세가 최초의 볼셰비즘 지도자라는 사실을 알아볼 수 있다는 것이다. 사도 바울이 로마 세계제국을 무너뜨리기 위해서 기독교를 어느 정도 창안해내었듯이 레닌도 현대의 질서를 끝내기 위해서 공산주의 이론을 이용하였다. 구약성서의 구절은 모든 시대를 통해서 되풀이되는, 더 가치 있고 창조적인 종족에 대한 유대인의 공격 모델을 보여주었다는 것이다.

히틀러는 유일한 죄인 유대인을 지구상의 원수로 만들어버리는 자신의 반유대주의에 들어 있는 선전기술적인 측면을 절대로 놓치지 않았다. 유대인이 없다면 "우리가 그를 만들어내야 한다. 우리는 눈에 보이지 않는 적뿐만 아니라 눈에 보이는 적을 필요로 한다."[34]고 그는 말했다. 그러나 동시에 유대인은 그의 감정의 고정점이었다. 그것은 주관적인 모습으로 보면 악마적인 선전관(宣傳觀)과 그다지 차이가 나지 않는 병리적인 망상증이었다. 그가 미워하고 바라는 모든 것을 극단적으로 투사한 것이었다.

모든 마키아벨리적인 합리성에도 불구하고 그는 세계지배에 대한 유대인의 갈망이라는 주장에서 심리적인 효과뿐만 아니라 모든 현상을 이해하기 위한 열쇠를 찾아냈다. 오직 자기만이 이 거대한 시대위기의 본질을 파악하고 그것을 치유할 수 있다는 그의 커가는 확신은 바로 이 '구원의 형식'[35]에 자리잡은 것이다.

1924년 7월 말에 란츠베르크에 그를 찾아온 어떤 보헤미아의 국가사회주의자가 유대인에 대한 그의 입장이 변했는가 물어보자 그는 이렇게 대답하였다. "그럼요, 물론이죠. 유대인에 대한 투쟁방식을 바꾸었다는 것은 옳은 말입니다. 나는 지금까지 너무나 온건했다는 사실을 깨달았거든요! 책을 써나가면서 앞으로는 성공적으로 우리 자신을 관철하기 위해서 가장 날카로운 투쟁수단을 써야 한다는 인식에 도달하게 되었습니다. 이것은 우리 민족뿐 아니라 모든 민족에게 있어 생존의 문제입니다. 유대인은 세계의 페스트거든요."[36]

사실 이러한 증오의 유례 없는 강화와 잔인성은 란츠베르크 시절의 사색의 결과만은 아니었다. 이미 1923년 5월에 히틀러는 왕관 서커스 장에서 이렇게 외친 적이 있었다. "유대인은 종족이기는 하지만 인간은 아닙니다. 유대인은 영원하신 신과 똑같은 형상이라는 의미에서의 인간이 될 수 없습니다. 유대인은 악마와 똑같은 형상입니다. 유대인은 모든 민족에 대한 결핵종족입니다."[37] 그러나 수많은 이념조각들과 감정들을 처음으로 눈에 확 들어오게 정리하면서 그는 세계관(觀)이라는 건물을 확실하게 만들어낸 이론가의 지적인 확신과 자신감을 얻었다.

그가 유대인의 인간으로서의 특성을 의심하고 그 근거로 기생충학 용어를 끌어다 쓰는 것은 이미 단순한 선동가의 외침이 아니었다. 치명적이고도 치료를 확신하는 진지함이었다. 자연법칙 자체가 '기생동물' '영원한 거머리' '민족들의 흡혈귀'에 대한 조치를 요구하고 있으며, 그러한 조치는 확고한 독자적인 도덕을 가진다. 그의 사상체계의 일관성 속에서 말살과 대량학살은 이러한 도덕의 최고 승리가 되는 것이다. 히틀러는 마지막까지 이러한 맥락을 인식하고 거기서 결론을 이끌어낸 과격성을 인류에 대한 공적처럼 주장하였다. 그는 나폴레옹처럼 정복자로서의 명성만을 가졌던 것은 아니었다고 했다. 나폴레옹은 '다만 인간일 뿐 세계적 사건은 아니었던' 것이다.[38]

1942년 2월 말에 이른바 최종 해결책을 결의하였던 반(Wann) 호수 회의가 있은 직후에 그는 원탁에서 이렇게 설명하였다. "유대인이라는 바이러스의 발견은 이 세상에서 일찍이 감행되었던 가장 위대한 혁명의 하나이다. 내가 이끄는 이 싸움은 지난 세기에 파스퇴르와 코흐(세균학자들)가 했던 것과 같은 싸움이다. 얼마나 많은 병들이 유대 바이러스의 탓으로 생겨난 것인가! ……우리는 유대인을 말살해야만 건강을 되찾을 것이다." 그는 다른 모든 사람보다 더 깊이 생각하고 더 많이 꿰뚫어보는 사람의 확신을 가지고 자연질서의 창조자인 자신에게 주어진 세속적인 사명을 깨달았다. 자신의 '거인적인 의무' 말이다.[39]

그것은 고비노를 본질적으로 교정한 것이었다. 히틀러는 종족과 문화가 죽는 과정을 몰락의 모든 원인이 되는 유대인 현상으로 의인화했을 뿐 아니라 역사에 유토피아를 되돌려주었다. '고비노의 우울하고 숙명적인 염세론을 공격적인 낙관론으로' 바꾸어버림으로써 그렇게 했다는 것이다.[40]

이 프랑스 귀족과 달리 히틀러는 종족의 몰락이 피할 수 없는 일이 아니라고 주장하였다. 그는 유대인의 세계음모 전략은 아리안족의 유산인 독일에서 결정적인 적수를 찾아냈다고 생각했다. 다른 어느 곳에서도 생물학적인 감염이나 자본주의와 볼셰비즘의 협동음모가 여기서처럼 체계적이고 파괴적으로 이루어진 곳은 없었다. 그러나 바로 그러한 사실에서 그는 자신의 의지를 불러낼 에너지를 이끌어냈다. 독일은 지구의 상속권을 결정하는 세계의 전쟁터다.

이러한 생각을 보면 그가 도이치 및 유럽의 전통적인 반유대주의와 얼마나 멀리 떨어져 있는지 분명히 알 수 있다. 그리고 그의 유대인 망상증은 국가적 크기를 가진 다른 비전들보다도 그를 더욱더 광증으로 이끌어갔다는 사실도 볼 수 있다. "우리 민족과 우리 국가가 피와 돈에 굶주린 유대인 민족폭군의 희생제물이 된다면 지구 전체가 이 히드라에 먹히고 말 것이다. 독일이 이 포위에서 벗어난다면 모든 민족들에게 가장 위험한 위협이 전세계에서 부서진 것으로 간주해도 될 것이다." 그러면 저 천년왕국이 독일에 나타날 것이다.—그는 겨우 하나의 도정을 뒤로 하자 벌써 몹시 서두르면서 이 천년왕국의 시작을 축하하였다— 그러고 나면 깊은 몰락에서 질서가 다시 생겨나고 통일성이 실현될 것이다. 주인과 노예는 서로 마주 서고, 현명하게 이끌어가는 '세계의 핵심민족들'은 서로 존중하고 보호하게 될 것이다. 세계질병의 뿌리, 이 모든 본능적 불안과, 자연을 거역하는 혼합의 원천이 마침내 제거되었기 때문이다.[41]

그 자신이 '본능적'이라고 부른 확실성을 그의 길에 마련해준 것은, 결코 완성된 적은 없지만 이토록 굳게 입을 다문 이데올로기였다. 그가 시대의 은총을 얼마나 인정했든지 세계상태의 해석과 목숨을 건 투쟁의식은 그것과 완전히 무관하였다. 그러한 투쟁의식은 그의 정책에 확실한 일관성과 무감동의 특성을 부여하였다. 확정을 꺼리는 태도, 거의 모든 동료들이 한 목소리로 보고하는 결단에 대한 히틀러의 두려움은 언제나 전략적인 대안들에만 해당하는 것이었다.

근본적인 문제에 대해서 그는 전혀 망설이거나 뒤로 물러서지 않았다. 뒤로 미루어놓고 기다리는 것을 아주 좋아했다고는 하지만 그는 극히 초조하고 확고한 태도로 위대한 최종대립을 서둘러 추진하였다. 히틀러 정권의 수많은 비인간성을 극히 단순하게 무지의 탓으로 돌리는 것보다 더 그를 잘못 본 것은 없었다. 실제로 그는 일어난 일보다 더 많은 것을 알고 있었고, 어느 누가 생각했던 것보다 더 많이 알고 있었다. 그의 가까운 추종자 한 사람이 확인해주었듯이 그는 '과격한 국가사회주의자'였다.

이데올로기와 외교정책

그의 이념적 관념들의 긴장된 복합체는 특별히 외교정책에 반영되었다. 공상적으로 보이는 목표설정 탓으로 구체적인 정책강령으로 이해되지는 못했지만 그래도 마지막까지 충실하게 따랐던 본질적인 노선은 이미 《나의 투쟁》 안에 드러나 있다. 독일의 패배를 출발점으로 삼고, 혼탁한 종족적 자질이 회복되는 정도에 영토회복의 정도를 연계시켰다. '혈통의 찢김'이라고 부르는 것이 도이치 제국에서 '세계지배권을 빼앗아' 갔다고 했다. "도이치 민족이 역사발전에서 다른 민족들에게도 도움이 되었던 양떼 같은 통일성을 얻게 되면 그날로 도이치 제국은 지구의 주인이 될 것이다."

국가사회당에서도 널리 퍼져 있던 '공간 없는 민족'이란 민족주의의 전통적 표어에 대해서 그는 '민족 없는 공간'이란 표어를 내세웠다. 국가사회주의의 국내정치 사명은, 마스 강과 메멜 강 사이의 텅 빈 공간으로 민족을 보내는 일이다. "오늘날 우리 앞에 있는 것은 공산주의 인간대중일 뿐 도이치 민족은 아니기" 때문이다.[42]

그의 눈앞에 떠도는 혁명의 모습은 엘리트주의적이고 생물학적인 관념들로 채워진 모습이었다. 그것은 새로운 지배형식과 기관들만을 목적으로 삼지 않고 새로운 인간을 목적으로 삼는 것이었다. 새로운 인간의 도래는 수많은 연설과 고시문에서 '진짜 황금시대'의 시작이라고 찬양되었다. "국가사회주의를 오직 정치운동이라고만 이해하는 사람은 그것에 대해서 아무것도 모르는 사람이다. 국가사회주의는 종교 이상이다. 그것은 새로운 인간 창조의 의지다."라고 히틀러는 말했다.[43]

따라서 새로운 국가의 가장 절박한 과제들 중에는 '더 이상의 사생아 만들기'를 중단시키고, '결혼을 지속적인 종족 오염의 수준에서 구해내고' 다시금 '주님과 똑같은 사람들을 생산하고 인간과 원숭이 사이의 튀기를 만들어내지 않도록' 한다는 것도 들어 있다. '억압의 이종(異種)교배'를 통해서 줄어들게 된 순수한 아리안이 다시 지배적인 위치를 차지하게 되는 이상적 상태를 히틀러는 생물학적이고 교육적인 지루한 과정의 결과라고 보았다.

1939년 1월 25일 고위장교들을 대상으로 한 비밀연설에서 그는 1백 년이나 걸리는 발전에 대해서 이야기하였다. 그 마지막에는 다수가 선별의 표지를 이용하게 되고, 그 표지들을 가지고 세계를 정복하고 지배하게 된

다는 것이다.[44]

그는 생존공간의 확보를 거듭 요구하곤 하였다. 생존공간이란 '흘러넘치는' 주민을 위해서 식량을 확보하고, '굶주림'의 위협에서 벗어나고, 산업과 무역에 의해서 위협받는 농부들의 상태를 원상태로 회복시키는 것만을 뜻하는 것이 아니었다. 그것은 오히려 세계정복 전략에 출발기지로서 쓸모가 있어야 하는 것이다. 탐욕스런 상상력을 가진 민족은 오늘의 동맹과 정세에 더 이상 얽매이지 않도록 해줄 만한 공간, 일정한 크기의 영토를 필요로 한다.

역사상의 위대성을 지리적인 넓이와 결합시키는 이런 생각을 히틀러는 마지막까지 지니고 있었다. 종말이 다가오기 직전 벙커 속에서 명상하면서 그는 자신에게 무모한 정복을 강요한 운명을 탄식하였다. 거대한 공간이 없는 민족은 위대한 목적을 실현할 수 없기 때문이었다. 그래서 그는 미래의 위협에 대처하는 네 가지 가능성 중에서 산아제한, 내부의 식민지화, 해외의 식민지화 등을 한편으로는 소심한 꿈이고, 다른 한편으로는 '품위 없는 과제'라고 비난하였다. 분명하게 미국을 염두에 두고서 오직 대륙 정복 전쟁의 가능성만이 올바른 것이라고 했다.

"선의에 대해서 거부된 것은 주먹이 뺏아야 한다."고 그는 란츠베르크에서 썼다. 그리고 이어서 자신의 확장 욕망의 방향을 말하였다. "유럽에서 기반과 토양을 가지려고 했을 때 이것은 전체적으로 오직 러시아를 희생시켜서만 일어날 수 있는 일이었다. 그러고 나서 새로운 제국은 다시금 그 옛날 기사단들의 길로 행진해 나가야 했다."[45]

이러한 생각 뒤에는 다시 위대한 세계전환의 관념이 나타난다. 그가 알아낸 바로는 역사는 새로운 시대의 시작점에 서 있다는 것이다. 한 번 더 역사는 강력한 바퀴를 굴렸고 운명과 기회들을 새로 나누어주고 있다. 함대들로써 먼 나라들을 정복하고, 부를 쌓고, 전진기지들을 건설하고, 세계를 지배하던 해군력의 시대는 이제 종말의 국면에 들어서고 있다는 것이다. 기술이 발전하기 전 시대의 고전적인 연결통로였던 바다는 이제 현대성의 조건 아래서 넓은 제국의 지배를 힘들게 만들고 있다.

거대한 식민지는 시대착오적인 것이고 몰락하도록 운명지워져 있다. 현대의 기술적인 수단들, 가능성, 도로, 활주로, 철도 등은 끝없는 영역으로 퍼져나가고 밀집된 거점체계들로 연결되어 있다. 그래서 옛 질서는 뒤집혔다. 미래의 세계왕국은 지상병력이 될 것이라고 그는 주장하였다. 단단하고, 이음새 없이 조직된, 방어력을 갖춘 거대병력 말이다. 시대는 이미 그리로 향한 길 위에 있으며, 과거의 유산은 이미 공표되었다.

뒷날 히틀러의 외교상의 연속적인 기습은 분명히 그의 본질에 있는 극단적인 불안으로 인한 것이다. 그러나 동시에 그것은 시대에 대항한, 역사의 경과에 대항한 절망적인 돌진이었다. 세계를 분할하는 과정에 독일이 또다시 너무 늦게 나타나는 것이 아닐까 하는 근심이 끊임없이 그를 괴롭혔다. 독일의 새로운 세계시간이 시작될 때 미래의 지배권을 놓고 경쟁할 만한 세력들을 검토해보면 그는 언제나 거듭 러시아에 부딪치곤 하였다. 종족적 · 정치적 · 지리적 · 역사적 요인들이 한 목소리로 지적하는 것은 동쪽으로 가라는 것이었다.[46]

이러한 시대의 지평을 앞에 두고 히틀러는 외교정책상의 구상들을 발전시켰다. 그는 (국경) 수정론자로서 인생행로를 시작하였다. 베르사유 조약의 파기와 동시에, 필요하다면 무력으로 1914년의 국경선을 회복하고 모든 도이치 사람들을 강력한 대국 안에 하나로 모을 것을 요구하였다. 이러한 생각에서 이 평화조약의 악의적인 실천자였던 프랑스에 대한 적대감을 공공연히 드러내고 프랑스가 이탈리아 및 영국과 뚜렷한 견해차를 보이는 점을 이용하여 보복의 출발점을 얻으려고 하였다. 그러나 대규모로 생각하는 히틀러의 성향은 시선을 곧장 대륙 전체로 향하고, 국경정책에서 공간정책으로 넘어가고 있다.

동쪽으로 방향을 돌림

모든 사색의 출발점은 독일이 '가차 없는 권력정책을 앞에 내세울 경우에만' 군사적 · 정치적 · 지리적으로 위협받는 중간지대에서 살아남을 수 있다는 것이었다. 빌헬름 시대의 외교정책을 살펴보면서 히틀러는 일찍이, 독일이 해상무역과 식민지를 포기하고 영국과 힘을 합쳐 러시아에 적대하든가, 아니면 해상무역과 식민지를 계속 추구하면서 러시아와 힘을 합쳐 영국에 적대하든가 하는 두 가지 대안을 가진다고 생각했다.[47]

그 자신은 20년대 초에 분명히 두 번째 가능성을 선택하였다. 왜냐하면 영국은 제국을 '원칙상의' 적대자라고 여겼기 때문이다. 이러한 관점에서 그는 분명히 친(親) 러시아 정책을 발전시켰다. 쇼이브너 리히터와 로젠베르크 같은 이민자 그룹의 영향을 받은 가운데, '민족주의적이고' '다시 건강해진' '유대 · 볼세비즘의 질곡'에서 벗어난 러시아와 힘을 합쳐서 서방에 맞선다는 정책이었다.

나중에 그의 확장주의적 동방정책의 중심점이 되는 슬라브 종족의 열등감에 대한 확신이나 생존공간 개념이 이때만 해도 아직 아무런 역할도 못하고 있었다. 1923년 초에야 비로소, 무엇보다도 소비에트 정권이 안정되는 것을 보면서, 동맹관계를 뒤집어서 영국과 힘을 합쳐 러시아에 대적하자는 생각이 떠올랐다. 자료를 조사한 바에 따르면 히틀러는 일년 이상 새로운 구상을 거듭 검토해보고, 발전시키고, 그 결과와 실현 가능성을 따져보았다. 그러고 나서야 《나의 투쟁》의 유명한 4장에서 러시아에 대적하는 생존공간 투쟁의 생각을 강령으로 전개하는 것이다.

그렇다고 프랑스에 대한 전쟁을 포기한 것은 아니었다. 그것은 최후의 벙커 독백의 순간까지 일관되게 히틀러의 외교정책으로 남아 있었다. 그러나 이러한 생각은, 남부 티롤을 양도함으로써 이탈리아의 호의를 사고, 모든 식민지 요구를 포기함으로써 영국과 바라던 동맹을 맺는 등 독일이 동쪽으로 방해받지 않고 진출하려는 전제조건들을 마련하는 가운데 뒤로 물러섰을 뿐이다.

1925년에 쓴 《나의 투쟁》 제2권에서 이미 히틀러는, 전적으로 비논리적이고, 우연하고, 너무 좁고, 군사지리적인 목적에도 맞지 않는 국경선 회복을 지향하는 수정주의 개념을 극히 날카롭게 거부하였다. 그것은 나아가 독일을 이전의 전쟁상대국들 모두에 대립시키고, 뿔뿔이 흩어진 적들의 동맹을 다시 하나로 만들어줄 뿐이라고 했다.

그는 강조체로 다음과 같이 요약하고 있다. "1914년의 국경선 회복을 요구하는 것은 자신을 범죄자로 드러내는 결과와 정도를 보이는 정치적 무의미"라고 했다. 그 대신에 대공간을 획득하는 일은 "신 앞에서, 그리고 우리 도이치 후세 앞에서 피흘린" 것을 정당화시켜주는 유일한 행동이며, 책임있는 정치가들에게 그 어느 날인가 '민족을 희생하였다는 죄목을 벗겨줄' 유일한 행동이라는 것이다.[48]

러시아의 광대함 속으로 전쟁을 끌어들이는 것, '동쪽에 있는 옛날 도이치 공간'에 거대한 대륙제국을 건설하기 위한 게르만 대이동의 이념은 그때부터 히틀러 정책의 핵심사상이 되었다. 그 자신이 이 사상에 대해서 '분열되지 않은 헌신'과 '마지막 에너지의 힘'까지도 고백하였고, 의미심장한 정치적 행동의 '유일한 목적'이라고 찬양하였다. 이러한 결정도 세속의 등급을 얻었다.[49]

그럼으로써 우리 국가사회주의자들은 전쟁 이전 시대의 외교정책을 의도적으로 강조하는 바이다. 우리는 6백 년 전에 끝난 곳에서 다시 시작한다. 우리는 서부와 남부 유럽을 향한 영원한 게르만 이동을 중단하고 눈길을 동쪽에 있는 나라로 향한다. 우리는 마침내 전쟁 이전 시대의 식민지 및 무역정책을 종결짓고 미래의 영토정책으로 넘어가려는 것이다.

이러한 개념이 자신의 사고의 출발점들을 논리적으로 발전시켜서 나온 것이냐, 아니면 이론으로 돌아가는 가운데 제3자에게서 얻은 것이냐 하는 질문은 그대로 놔두어도 괜찮을 것이다. 이러한 구상에 결정적인 전기를 마련해준 생존공간 사상은 분명히 루돌프 헤스를 통해서 히틀러의 이념세계 속으로 들어온 것이다.

헤스는 진짜 추종자의 긴박감을 가지고 히틀러를 '이 사람'이라고 불렀다. 그는 이 사람에 대한 열렬한 경탄 덕분으로 란츠베르크 시절에 모든 경쟁자를 물리치는 데 성공하였고, 특히 에밀 모리스의 비서직위를 인정하지 않았다. 헤스는 1922년에 이미 히틀러와 자기 스승인 칼 하우스호퍼(K.

Haushofer)의 개인적인 접촉을 알선
하였다. 하우스호퍼는 영국인 헬포드
매카인더(H. Mackinder) 경이 창설한
'지정학(Geopolitik)'의 결실풍부한
생각을 제국주의적인 확장철학으로
발전시킨 인물이었다. 히틀러의 정복
개념을 특징짓는 온갖 마키아벨리적
인 냉담함에도 불구하고 그의 정복개
념은 매카인더가 '심장땅'이라고 불
렀던 것에 대한 몽롱한 확신에서 완
전히 자유로워지지 못했다.

감옥 뜰에 나란히 선 히틀러와 에밀 모리스.

　　지정학의 창시자가 약속한 바에 따
르면 땅덩어리가 거대한 탓으로 어떤
공격에서도 보호되고 상처를 입지 않은 동유럽과 유럽 쪽 러시아는 '세계
지배의 보루'였다. "심장땅을 정복한 자가 세계를 지배한다." 이런 엉터리
학문 형식들에 있는 마적인 합리주의야말로 히틀러적 지성의 특수한 구조
에 어울리는 것처럼 보인다. 지식도 그에게는 어두운 영역을 가졌던 것이
다.50)

　　그러한 영향이 아무리 분명한 것이라고 하더라도 어쨌든 히틀러의 '비상
한 조합능력'은 외교정책의 골격을 만들어내려는 시도에서 가장 인상적으
로 드러난다. 외교정책의 개념은 여러 유럽 강대국에 대한 독일의 관계, 프
랑스에 대한 보복의 필요성, 공간과 정복의 열망들, 시대변화의 요소와 다
양한 이념적인 고정관념들을 사상적으로 응집된 하나의 체계로 만들어낸
것이다. 이 개념은 종족사적인 테마로 돌아가서 절정을 이루는데, 그로써
하나의 원이 완성되고 있다.

　　운명 자신이 여기서 우리에게 손가락질을 해주려고 하는 것 같다. 러시아
를 볼셰비즘에 넘겨줌으로써 운명은 러시아 민족에게서 지금까지 그 국가의

존속을 만들어내고 보장해주었던 지성을 빼앗았다. 러시아 국체의 구조는 러시아에 있는 슬라브 민족의 국가정치적인 능력의 결과가 아니라 게르만적 요소가 열등한 종족에게서 만들어내는 국가형성 작용에 대한 놀라운 예가 되었기 때문이다. ……수백 년 전부터 러시아는 상부 지도층의 이런 게르만 핵에 의해서 소모되어 왔다. 이 핵은 오늘날 거의 흔적 없이 말살되고 근절된 것으로 여겨질 수 있다. 그 자리에 유대인이 들어섰다. 자신의 힘으로 유대인의 질곡을 끊어버리는 것이 러시아에는 불가능한 일이듯이, 유대인으로서도 이 강력한 제국을 지속적으로 유지하기란 불가능한 일이다. 유대인은 조직의 요소가 아니라 해체의 효소다. 동쪽에 있는 거대왕국은 붕괴될 시간이 되었다. 러시아에서 유대지배의 종말은 국가로서 러시아의 종말이기도 할 것이다. 우리는 운명적으로 이러한 파국의 목격자가 되도록 선택되었다. 그것은 민족적인 종족이론의 정당성을 아주 강력하게 확인해주게 될 것이다.[51]

이러한 생각에서 20년대 초에 벌써 뒷날 히틀러가 추구하게 될 외교정책의 기본구상이 형성되었다. 초기에 영국과의 동맹 노력, 로마와의 축, 프랑스에 대한 전쟁, 동부의 정복을 위한 말살전쟁, 그리고 '세계의 심장땅'의 접수 등이었다. 도덕적인 고려들이 그런 일을 어렵게 하지는 않았다. 전쟁 의도를 목적으로 포함하지 않는 동맹은 무의미한 것이라고 그는 《나의 투쟁》에서 확인하고 있다. 국경선이란 언제나 사람들에 의해서 만들어지고 변경되는 것이고, '생각 없는 약자만' 불변하는 것으로 여긴다. 정복자의 힘이 권리를 입증하는 것이며, '가진 자가 갖는다'. 그것이 그의 정치 도덕의 원칙이었다.[52]

그가 자신의 악몽들과 역사이론들과 생물학적 곡론들, 그리고 상황분석에서 이끌어낸 이 강령은 머리카락이 곤두서고 정신이상의 느낌이 들지만 그 모든 과격성은, 남부 티롤이나 알사스를 돌려달라고 요구하는 온건한 수정주의측의 개념보다 훨씬 더 많은 성공을 약속하는 것이었다. 민족주의 파트너들과는 달리 히틀러는 독일이 현존하는 권력 및 질서 체계 안에서는 기회가 없다는 사실을 파악하였다.

정상적인 것에 대한 그의 깊은 원한이 그가 근본으로부터 의문을 가지기 시작하였을 때에 도움이 되었다. 게임을 거부한 자만이 승리할 수 있었다. 그는 바깥을 향하고, 이 체계를 망가뜨리겠다고 공개적으로 협박하던 소련에 대항함으로써 체계의 힘들이 그의 편이 되었다. 그 힘들은 모르는 사이에 독일을 "대단히 강력하게 만들어서…… 극히 엄밀한 의미에서 세계제국의 정복은 브롬베르크나 쾨니히스휘테를 따로 되찾는 일보다도 더 쉬웠고"[53] 모스크바 공격은 슈트라스부르크나 보첸 공격보다 훨씬 전망이 있었다.

세계적 권력이냐, 아니면 몰락이냐

목적이 그렇듯이 히틀러는 위험을 알아보았고 받아들였다. 그는 1933년에 이전의 계획을 확실하게 실현시키려고 착수하였다. 그에게 있어 선택이란 언제나 말뜻 그대로 정확하게 세계적 권력이냐, 아니면 몰락이냐의 두 가지 중 하나를 의미하였다. 1930년에 에얼랑겐에서 교수와 학생들을 앞에 두고 행한 어떤 연설에서 그는 이렇게 말한 적이 있다. "모든 존재는 확장을 지향하고 모든 민족은 세계지배를 지향하는 법입니다." 그의 의견으로는 이 명제는 다른 사정 없이 자연법칙에서 나온 것이라고 했다. 그것은 어디서나 강자의 승리와 약자의 절멸 혹은 조건 없는 굴복을 명하는 것이다.

그래서 게임에서 모든 것을 다 잃고 몰락을 눈앞에 둔 마지막 시점에도 흔들리지 않고, 한때의 추종자들을 깊이 당혹케 하는, 일관된 발언을 알버트 슈페어에게 하는 것이다. "(도이치) 민족이 가장 원시적인 생존을 계속하기 위해 필요한 토대를 고려할 필요는 없다." 왜냐하면 이 민족은 "약자로 판명이 났고, 그렇다면 미래는 오직 더 강력한 동방민족의 것이기 때문이다."[54] 독일은 전쟁 이상의 것에서 패배하였다. 그는 완전히 희망이 없어진 것이다. 그는 마지막으로 자신의 생애와 사고에 명령을 내리는 판결기관이었던 자연법칙, '모든 지혜의 잔인한 여왕'에게 굴복하였다.

출감

거의 일년이 지난 다음인 1924년 말에 벌써 히틀러가 '국비 대학교'라고 불렀던[55] 수감시기가 끝나게 되었다. 뮌헨 지방재판소 검찰의 요청을 받은 교도소장 라이볼트(Leybold)는 1924년 9월 15일에 집행유예에 동의하지 않을 수 없게 만드는 보고서를 보냈다. "히틀러는 자기 자신뿐 아니라 자신의 동료죄수들까지 질서와 기율을 지키는 사람임을 입증하고 있다. 그는 절제력이 있고 겸손하며 친절하다. 아무런 요구도 없고, 조용하고 이해심이 있고 진지하고 전혀 공격적이지 않고 감방생활의 제한들을 따르기 위해 꼼꼼한 노력을 하고 있다. 그는 개인적인 허영심이 없는 사람이며, 감옥의 식사에 만족하고, 담배나 술을 하지 않으며, 동지애를 발휘하여 다른 수감자들 사이에서 일종의 권위를 가지게 되었다. ……히틀러는 민족주의 운동을 새로이 불붙이려 하고 있으나 전처럼 폭력적이고, 긴급상황에서(!) 정부에 대항하는 수단을 쓰지 않고, 정부와의 교감을 가지려고 한다."

이 보고서가 서술하는 모범적인 생활과 전략은 법정이 내세운 6개월 형량을 채운 다음에 가능한 집행유예의 전제조건이었다. 집행유예를 박탈당한 국가사회당 지도자가 어떻게 해서 이념적으로 부패한 장관의 독단으로 법절차를 벗어났는지 거의 이해할 수 없는 일이다. 그는 여러 해 동안이나 갖은 불안과 싸움을 꾸며내고, 중앙정부의 무효를 선언하고, 장관들을 체포하고 사망자를 냈는데도 여전히 자신을 보존할 수가 있었던 것이다.

검찰측 항의는 처음에 법원의 결정을 중지시키는 효력을 발휘하였다. 그러나 국가권력은 이 범법자에 대해서 국가가 허약했던 점을 용서해줄 준비가 되어 있었다. 그 결과 국가권력은 법적으로 꼭 필요한 것으로 규정되어 있는 히틀러의 추방문제도 어설프게 처리하였다. 뮌헨 경찰청은 9월 22일 중앙정부 내무부 장관에게 보낸 보고서에서 히틀러 추방을 '필수적인' 일이라고 표현하였고 새로운 바이에른 지사 헬트(Held)는 추방할 경우 오스트리아 당국이 히틀러를 받아들일 것인지 알아보기까지 하였다.[56]

그러나 그 이상은 아무 일도 없었다. 히틀러 자신이 처신을 바르게 하겠다는 의사를 가능한 방식으로 알리기 위해 최선을 다하였다. 그는 그레고어 슈트라서가 지방의회에서 히틀러가 계속 감옥에 있는 것은 바이에른의 수치고, '돼지떼, 개처럼 천한 돼지떼'가 바이에른 주를 통치한다고 말했을 때 못마땅하게 여겼다. 그리고 룀의 지하활동도 그의 신경에 거슬렸다.

상황은 다시금 그에게 불리하게 돌아갔다. 12월 7일 실시된 의회(국회의원) 선거에서 민족주의 진영은 겨우 3퍼센트의 표만을 얻어서 그 이전까지는 31명이었던 의원이 14명으로 줄어들었다. 극우파의 활동이 이미 절정을 지났다는 생각도 12월 19일의 상급 지방법원의 결정에 어느 정도 영향을 주었다. 그래서 상급 지방법원은 쿠데타 주동자의 집행유예를 반대하는 검찰의 불만을 물리치고 서둘러서 히틀러의 석방결정을 내렸다. 12월 20일 란츠베르크의 수감자들이 크리스마스 축제를 준비하고 있을 때 뮌헨에서 온 전보 한 통이 히틀러와 크리벨의 즉시 석방을 명령하였다.

미리 정보를 입수한 몇몇 친구와 추종자들이 자동차를 가지고 와서 감옥 문 앞에서 히틀러를 기다리고 있었다. 실망스러운 숫자였다. 운동은 산산조각나고, 추종자들은 흩어지거나 적이 되었다. 뮌헨의 집에는 헤르만 에서와 율리우스 슈트라이허만 모습을 나타냈다. 위대한 등장도 아니었고 승리도 아니었다. 히틀러는 많이 풀죽은 모습으로 불안하고도 긴장된 태도를 보였다.

같은 날 저녁에 그는 에른스트 한프슈텡글을 찾아갔다. 집으로 들어서면서 곧바로 고통스럽게 말했다. "사랑의 죽음을 연주해줘요." 란츠베르크에서 이미 때때로 종말의 기분이 그를 엄습했다. 어떤 비꼬는 애도기사는 그가 젊어서 죽었노라고 적었다. "게르만의 신들이 그를 정말 사랑했다."고.⁵⁷⁾

제2장 위기와 저항

히틀러가 란츠베르크에서 출감해보니 아닌 게 아니라 용기를 꺾는 방향으로 상황이 바뀌어 있었다. 작년의 흥분은 잠잠해지고 히스테리 발작들은 사라졌고 흩날리는 먼지와 연기 속에서 평범하고 비낭만적인 일상의 윤곽들이 다시 나타나고 있었다.

이러한 변화는 화폐가치가 안정되면서 자리잡은 것이었다. 그것은 우선 사회적 기반에 대한 신뢰감을 다시 회복하였고, 그 결과 무질서한 혼란을 만들어내던 군사적 요소들, 극히 부족한 액수로만 유지되던 의용군과 준군대 조직체들에게서 물질적 기반을 빼앗아갔다. 공권력은 점차 확고함과 권위를 되찾았다. 1923년 11월 9일에 선포된 비상사태는 1924년 2월 말에 해제되었다. 1924년 한 해가 경과하는 동안 슈트레제만 시대의 친선정책이 최초의 효과를 나타냈다. 그것은 개별적이고 구체적인 결과들보다는 전체적으로 개선된 독일의 심리적 태도로 설명되었다.

전쟁 기간의 낡은 증오심과 원한이 점차 풀리기 시작하였다. 도즈 안(Dawes-Plan, 1924년에 나온 독일 문제에 대한 연합국측의 해결안 : 역주)에서 배상문제의 해결책이 눈에 보이게 되었다. 프랑스 사람들은 루르 지방에서 철수를 준비하였고, 안전협약과 독일의 국제연맹 가입이 거론되었다. 그리고 이제부터 들어오기 시작한 미국의 차관자본이 수많은 경제문제들을 개선하였다. 거리 모퉁이마다 빈민구호소와 사회복지기관 앞에 늘어선 빈민들 모습에 끔찍한 색깔을 부여하였던 실업이 눈에 띄게 줄어들었다.

상황의 변화는 선거결과에도 반영되었다. 1924년 5월 선거에서 과격파 세력은 한 번 더 성공할 수 있었지만, 같은 해 12월 선거에서는 분명하게 패배하였다. 바이에른에서만 민족주의 계열은 거의 70퍼센트의 지지를 잃었다. 이러한 변화가 순식간에 민주적 중도파의 강화로 나타나지는 않았지만, 독일이 위기와 전복위협과 실망의 세월을 보낸 다음 마침내 정상화의 길로 접어들었다는 사실을 알려주고 있었다.

갈가리 찢긴 추종세력

이제 막 등장한 수많은 직업 없는 직업정치인들과 마찬가지로 히틀러도 모험과 시민적이지 않은 필요성에 의해 결정되는 불규칙한 존재기간을 끝내야 할 시점에 도달하였다. 그리고 애송이 시절의 공포였던 '평화와 질서'에 다시금 직면하게 되었다.[1] 냉정하게 바라보면 그의 처지는 정말 희망이 없었다. 연설의 힘으로 법정에서 승리를 하였음에도 불구하고 그 사이에 별로 평가받지도 못하고 절반쯤 잊혀진 실패한 정치가의 처지로 떨어지고 말았다. 당은 온갖 조직을 금지당했다. 〈민족관찰자〉도 마찬가지였다. 방위군과 대부분의 개인 지지자들도 뒤로 물러섰고 내전놀이가 끝난 다음에 다시금 일상의 의무와 사업으로 돌아가버렸다. 1923년을 돌아보며 많은 사람들은 어깨를 으쓱하면서 정신나간 고약한 시대라고 여겼다. 디트리히 에카르트와 쇼이브너 리히터는 죽었고 괴링은 망명중이었고 크리벨도 망명을 떠났다. 가까운 추종자들은 대부분 아직 복역중이거나 아니면 싸움에서 지고 흩어져버렸다.

체포되기 직전에 히틀러는 급히 연필로 휘갈겨쓴 메모를 알프레트 로젠베르크에게 남겼다. "친애하는 로젠베르크, 이제부터 당신이 운동을 이끌어주시오." 관련성이 풍부한 롤프 아이트할트(Rolf Eidhalt)라는 가명으로—철자를 흩었다가 다시 배열하면 아돌프 히틀러라는 이름이 나온다[2]—로젠베르크는 옛날 추종자들 중 남은 사람들을 모아서 '큰 도이치 민족공동체(Großdeutsche Volksgemeinschaft=GVG)'를 만들었다. 돌격대는 수많은 스포츠 단체들, 합창단, 사격클럽 등으로 위장되어 존속하였다.

그러나 로젠베르크가 권위가 없고 말수가 많은 탓으로 운동은 곧 적대적으로 싸우는 패거리들로 찢어지고 말았다. 루덴도르프는 옛날 국가사회당 당원과 폰 그레페(v. Graefe)와 레벤틀로브 백작(Graf Reventlow)이 이끄는 '도이치 민족자유당'의 통합을 주장하였고, 슈트라이허는 밤베르크에서 '바이에른 민족단'을 만들었다. 그 또한 독자적인 요구를 내세웠다. '큰 도이치 민족공동체' 안에 남아 있던 슈트라이허와 에서, 아르투어 딘터(A. Dinter) 등은 각자 지휘권을 잡으려 하였다. 딘터는 과도한 피의 망상들을 소설형식으로 썼고, 튀링겐 지방에 근거를 둔 인물이었다. 그에 반해서 루덴도르프는 폰 그레페, 그레고어 슈트라서, 이어서 에른스트 룀과 힘을 합쳐서 '국가사회주의 자유당'을 만들어서 모든 민족주의 집단들의 통합단체로 조직해나가고 있었다. 히틀러가 감옥에 있는 기간을 이용하여 스스로 민족운동 내부의 정상을 차지하거나, 아니면 히틀러를 지도적 지위에서 선전꾼의 역할로 끌어내리기 위하여 끝없는 싸움과 간계들이 펼쳐졌다.

이토록 실망스런 상황을 보고도 히틀러는 놀라지 않았다. 오히려 그는 그것을 새로운 희망의 기회와 출발점으로 삼았다. 로젠베르크는 나중에 고백하기를 히틀러가 자기를 임시지도자로 임명한 사실에 깜짝 놀랐다고 했다. 그리고 히틀러의 그런 결정은 의도적으로 당이 이와 같이 파괴되기를 바랐던 것이 아닌가 하고 타당성있는 추측을 하였다. 뒷날 자신의 지휘요구를 확실하게 만들기 위해서 말이다. 드물지 않게 나온 이런 비난은 히틀러의 요구를 오해한 데서 나온 것이다. 히틀러는 자신에게 내려진 운명의 부름까지 양도할 수는 없었다. 구원의 역사는 대리 구원자라는 것을 알지 못하는 법이기 때문이다.

로젠베르크, 슈트라이허, 에서, 푀너, 룀, 아만, 슈트라서, 폰 그레페, 폰 레벤틀로브, 루덴도르프 사이의 싸움질을 히틀러는 가만히 바라보고 있었다. 그의 추종자 한 사람이 말했듯이 그는 "손가락 하나 까딱하지 않았다." 오히려 그는 적대자들을 번갈아가면서 부추기고 민족주의 진영들 간의 통합 열의를 방해하였다. 자기가 갇혀 있는 동안 가능하면 아무것도 결정되지 않고, 권력중심이 형성되거나 지휘 요구의 근거가 마련되지 않도록 했다.

같은 이유에서 그는, 의회선거에 참여한 것은 합법적 권력쟁취라는 새로운 전략에 합당한 것이었는데도 그것을 비난하였다. 국회의원은 면책권을 통해서 어느 정도 독자성을 얻게 되기 때문이다. 그는 국가사회주의 자유당이 1924년 5월의 의회선거에서 총의석 472석 중에서 32석이나 차지한 것을 못마땅하게 여겼다. 곧 이어서 보낸 '공개서한'에서 그는 당 지휘권을 포기하였다. 전권을 포기하고 정치적 동기에서 자신을 방문하는 일을 일절 금지하였다.

루돌프 헤스는 어느 정도 자만의 목소리를 깔고서 감옥에서 쓴 어떤 글에서 추종자들의 '어리석음'을 말했다.[3] 히틀러는 그의 높은 목소리를 보고 상당한 보상감을 느꼈다. 란츠베르크에서 나왔을 때는 오직 폐허만이 남아 있었지만, 어쨌든 진짜 경쟁자는 없었다. 확고한 반대자들의 전열(戰列) 대신에 그는 무능한 파벌들의 초조함을 보았다.

그는 자신도 가세해서 만들어낸 쇠약증 상태에 빠진 민족운동이 오랫동안 기다려온 구원자로서 등장하였다. 히틀러는 이 폐허에서 논란의 여지가 없는 지휘권을 다시 잡을 수 있었다. 그는 솔직하게 이렇게 고백하였다. "전에는 절대로 가능하지 않은 일이었겠지만 당시(출감한 뒤) 나는 당의 모든 사람들을 향해서 이제는 내가 원하는 방식으로 싸움을 계속해 나가겠다고 말할 수 있었다."[4]

그는 돌아오면서 멀리 뻗어나간 희망만을 본 것은 아니었다. 그는 갈가리 찢긴 추종자들의 극히 모순되는 요구들에 마주서게 되었다. 빽빽하게 늘어선 우파 진영에서 모든 파벌들의 이해관계를 벗어나 이 정당에 분명한 특성을 부여할 수 있는가 하는 점이 그의 정치적 장래를 결정할 판이었다. 그것은 한편으로는 아주 뚜렷하면서도 다른 한편으로는 그다지 의미가 크지 않아서 다양한 요구들을 한데로 합칠 수 있는 그런 특성이어야만 했다.

그가 루덴도르프와 함께 민족진영 연합운동을 조직하리라는 수많은 사람들의 기대는 무산되었다. 그는 모든 것 위에 우뚝 서서 숭배의 높이까지 올려진 지도자의 모습만이 자기가 생각하는 통합의 힘을 만들어낼 수 있으리라는 사실을 인식하고 있었다. 서둘러서 동맹을 맺는 것이 중요한 일이 아니었다. 경계선을 긋고 조건 없는 개인적 요구를 발전시키는 일이 더 중요하였다. 다음 몇 주 동안 히틀러의 전략적 행동은 이러한 생각에서 나온 것이었다.

헬트와의 협상

퇴너의 충고에 따라서 그는 우선 새로 바이에른 지사가 된 헬트에게 협상을 요청하였다. 바이에른 민족당 당수인 헬트는 엄격한 카톨릭이고 연방주의자였다. 히틀러와 그의 동지들은 한때 정열적으로 그와 싸웠다. 그렇기 때문에 1925년 1월 4일에 이루어진 이 만남의 흥미진진한 요소를 줄이기 위해서 히틀러는, 아직도 란츠베르크에 남아 있는 동지들의 석방문제를 교섭할 의도라고 밝혔다. 그러나 실제로는 합법화의 일보를 내디딘 것이다. 민족진영 내부의 비판자들은 그가 이러한 방문으로 '로마와의 평화'를 만들려 한다고 비난하였다. 사실상 그는 공권력과의 평화를 원하고 있었다. 루덴도르프와 달리 자신은 적들에게 자기가 그들을 죽이려고 한다는 사실을 예고할 마음이 없다고 냉소적으로 말했다.[5]

이 시도의 성공은 그의 앞으로의 정치적 운명을 위해서 민족 진영 내부의 지도자 자리 확보 못지않게 중요한 일이었다. 독재적으로 운영되는 군사적 정당의 건설과 권력획득의 야심을 위해서 강력한 국가기관의 신뢰를 회복하고 11월 9일의 교훈을 잊지 않는 것이 극히 중요하였기 때문이다. 즉 정치란 압도와 열광과 공격으로만 이루어진 것이 아니고 이중적 존재여야 한다는 교훈이었다.

이중적 존재가 되기 위해서 그는 새로운 역할을 해낼 수 있어야 했다. 가장 중요한 것은 혁명적이면서도 동시에 기존질서의 옹호자로 보여야 한다는 것, 과격하면서도 절제있게 보여야 한다는 것, 질서를 위협하면서도 질서의 수호자 노릇을 해야 한다는 것, 정의를 파괴하면서도 그 회복을 위해 노력한다는 믿음을 확보해야 한다는 것 등이었다. 히틀러가 이러한 전략의 모순을 이론적으로도 의식하고 있었는지는 확실치 않다. 그러나 그의 행동은 이것을 실천하는 방향으로 계속 전진해 나갔다.

냉정한 지사에게 그는 우선 자신의 충성심을 확인하고 앞으로는 합법적으로 행동하겠고, 11월 9일의 쿠데타는 오류였다고 맹세하였다. 그 사이 자신은 국가의 권위를 존중해야 한다는 사실을 배웠다, 자신은 이미 시민적 애국자로서 힘닿는 대로 거기 공헌하겠다, 그리고 무엇보다도 공산주의의 파괴적인 힘에 맞선 싸움에서 정부편에서 노력할 각오가 되어 있다고 주장하였다. 물론 그런 활동을 위해서 자신의 정당과 〈민족관찰자〉를 필요로 한다고 했다.

그가 이러한 제안을 민족주의당의 반 카톨릭주의와 어떻게 결합시킬 생각인가 하는 질문에 대해서 히틀러는 그것은 루덴도르프 개인의 망상이라고 공격하였다. 자신은 그렇지 않아도 이 장군에 대해서 회의적이었으며 그와는 아무런 관계도 없다고 했다. 전부터 종파적인 싸움은 자기 마음에 들지 않았지만 이미 시험이 끝난 민족주의 힘들이 서로 힘을 합쳐야 했을 뿐이었다고 했다.

헬트는 이러한 능변에 냉담하였다. 그는 히틀러가 마침내 국가의 권위를 존중하겠다는 마음을 먹게 되어서 기쁘다고 했다. 그러나 히틀러가 그럴 마음이 없다고 해도 상관이 없다. 주지사인 자신은 어차피 누구에게나 국가 권위를 주장할 셈이었다. 11월 9일과 같은 사태가 바이에른에서 되풀이되어서는 안 된다. 어쨌든 그는 히틀러의 보호자이기도 하였던 친구 귀르트너 박사(Dr. Gürtner)의 권고를 받아서 마침내 국가사회당과 당기관지의 금지를 해제하기로 결정하였다. 그는 히틀러와 회담을 하고 나서 "이 맹수는 길들여졌다."고 회담의 인상을 요약하였다.[6]

굴복이냐, 제명이냐

며칠 뒤에 히틀러는 지방의원들 앞에 모습을 나타냈다. 마치 당의 상태가 충분히 고립되지 않았다는 듯이 그는 쓰라린 도전을 하였다. 이제 자신의 소도구가 되어버린 하마가죽 채찍을 손에 들고서 그는 주의회 건물로 들어섰다. 민족진영 의원들은 환영의 인사말을 기대하고 거기 모여 있었다. 긴 서론도 빼고 그는 그들을 공격하고 그들의 지도력 결핍과 개념 없음을 비난하고, 그들이 헬트가 제안한 정부에 참여하기를 거부하였다고 격분하였다.

깜짝 놀란 일행이 품행바른 사람이 포기할 수 없는 원칙들이라는 것이 있다, 그리고 적대자에게 도이치 민족을 배신했다고 비난하면서 그와 더불어 정부를 구성할 수는 없는 법이라고 반박하였다. 그리고 의원 한 사람이 히틀러가 이 연합정권과 협조하기로 약속하고 때이른 석방을 얻어낸 모양이라는 의심을 표시하자 히틀러는 운동을 위해서 자신의 석방은 스물댓 명의 민족당 소속 의원들이 지키고 있는 원칙들보다 1천 배나 중요하다고 경멸적으로 답변하였다.

실제로 그는 날카롭고도 도전적인 지휘 요구를 통해서 자기에게 복종하려 들지 않는 사람들을 제명하려고 했던 듯하다. 그는 뒷날 반어적인 경멸감을 가지고 당이 1923년에 ‘인플레이션 이익’을 얻었다고 이야기했다. 당은 너무 빨리 성장하였으며, 그것이야말로 당의 취약성과 위기의 순간에 저항력이 없는 결정적인 이유였다는 것이다. 이제 그는 거기서 결론을 이끌어냈다. 민족주의 진영 지도자들은 협조하려 하지 않는 히틀러의 태도를 비난하고 장군홀 앞에서 함께 흘린 피를 들먹였다.[7]

그러나 그런 신비적인 감상주의보다 1923년의 속박상태에 대한 기억이 히틀러에게는 훨씬 더 중요하였다. 당시에 까다롭거나 고집스러운 수많은 동지들을 계속 고려해야 했다는 사실, 그리고 거기서 이끌어낸 결론, 즉 협조체제란 일종의 속박상태라는 사실을 기억하고 있었다. 이제 바깥쪽, 즉 공권력을 향해 공손한 자세를 취한 반면 운동 내부에는 끈질기게 복종의 태도를 고집하였다. 그래서 이런 대립의 결과 24명의 주의회 의원들 중에서 겨우 6명만이 그의 편에 남고 다수가 다른 당으로 넘어가는 일을 기꺼이 감수하였다.

그러나 이러한 충돌만으로 그치지 않았다. 그는 초조하게 새로운 대립들을 시작하였고 소규모로 변한 운동의 가장자리에 있는 다른 조각들을 계속 떼어버렸다. 그는 다른 수많은 민족주의적이고 극우적인 집단과 자신을 구별하는 특성을 강조하곤 하였으며 모든 형태의 협동을 비난하였다. 14명의 국회의원들 중에서 겨우 4명만이 그의 진영에 남게 되었고, 그들도 만만치 않게 반발하면서 헤르만 에서와 율리우스 슈트라이허 같은 수상쩍고 깨끗하지 못한 추종자들과 결별하라고 요구하였다. 히틀러는 앞으로 몇 달 동안의 괴로운 싸움은 깨끗함을 위한 싸움이 아니라 당내 단독 지배권의 문제라는 사실을 이들 반대자들보다 더욱 분명하게 깨닫고 있었으므로 한 발짝도 양보하지 않았다.

루덴도르프와 결별하다

그러는 사이 그는 루덴도르프와 결별을 준비하였다. 11월 9일 정오에 히틀러가 장군홀 앞에서 도망친 일은 절대로 되돌릴 수 없는 일이고, 도이치 장교는 그런 남자 밑에서 일할 수 없을 것이라는, 장군의 용서할 수 없는 발언만이 그런 조치의 이유는 아니었다. 오히려 이 남부 독일의 '총사령관'이, 그 자신의 고집과 두 번째 부인이며 의사인 마틸데 폰 켐니츠(M. v. Kemnitz)의 과도한 명예욕으로 해서 계속 새로운 분규에 휘말려들면서 당에 부담스러운 존재로 변했기 때문이었다.

그는 카톨릭 교회와 갈등을 일으켰고, 바이에른의 왕세자와 불필요한 체면싸움을 일으켰고, 장교단과 사이가 나빠져서 상당수의 옛날 전우들이 그에게 장교단에서의 추방을 통고했을 정도였다. 그리고 분파 이데올로기의 준종교적인 우매함 속으로 점점 더 구제불능으로 빠져들어 갔다. 이러한 이데올로기는 수많은 모반의 공포들, 게르만 신들에 대한 믿음, 문명 비관론 등과 깊이 연관되어 있었다.

히틀러 자신은 초기 시절의 보수반동주의, 란츠 폰 리벤펠스, 툴레 결사의 정신나간 생각 등의 양상을 보이는 이런 성향과는 오래전에 이미 결별하였다. 《나의 투쟁》에서 그는 이러한 민중 낭만주의에 대한 경멸감을 표현하였다. 사실은 자신의 관념세계도 어느 정도 유치하게 그러한 낭만적 요소를 지니고 있었으면서 말이다. 질투심도 작용하였다. 군사적으로 엄격한 민족에게서 예전에 상병이었던 자신이 장군을 따라잡기 힘든 측면이 있다는 사실을 그는 너무나 잘 알고 있었다.

특징적인 일이지만 어떤 민족진영 그룹이 1925년 초 어떤 편지에서 루덴도르프를 '영원한 각하, 위대한 지도자'라고 부른 반면 히틀러는 '오늘의 어두운 상황에 불을 비치는 불의 정신'이라고 불렀다. 히틀러는 1차 세계전쟁의 장군이 자신의 수행원인 울리히 그라프를 군대식 명령으로 자신에게서 빼간 것을 개인적인 모욕이라고 느꼈다. 그리고 최초의 대담에서 벌써 그에게 격렬한 비난을 퍼부었다. 동시에 점차 끓어오르는 적대감으로 북부 도이치 국가사회주의 자유운동의 지도자들인 폰 그레페와 폰 레벤틀로브와의 대립을 시도하였다.

그들은 공공연하게, 히틀러가 옛날의 권력을 되찾을 수는 없다, 그는 재능있는 선동꾼이긴 하지만 정치가는 아니라고 선언했다. 변화된 자신감을 드러내는 뒷날의 편지에서 히틀러는 폰 그레페에게 이렇게 답변하였다. 자신은 전에 북치는 사람이었다. 그리고 앞으로도 그럴 것이다. 다만 오직 독일을 위해서일 뿐이며 "하느님께서 나를 도와주시는 한!" 절대로 그레페와 그 패거리를 위해서 북치는 사람은 되지 않을 것이라고 했다.[8]

당을 새로 창설함

1925년 2월 26일에 처음으로 〈민족관찰자〉가 다시 발행되었다. 그리고 다음날 실패한 쿠데타 장소였던 시민 양조장에서 국가사회당의 새로운 창설(재창설이 아니라)을 예고하였다. 사설 '새로운 시작'에서, 그리고 동시에 출간된 당조직을 위한 기본노선 책자에서 히틀러는 다음과 같이 지휘권에 대한 요구를 하였다. 우선 모든 전제조건을 거부하였다. 그리고 에서와 슈트라이허에 대한 비난을 염두에 두고서 당을 이끌어가는 것은 그 추종자의 도덕성이나 파벌들간의 갈등과는 별 상관이 없고, 정책을 추진하는 일이라고 주장하였다. 자신을 비판하는 사람들을 가리켜서 그는 '정치적 아이들'이라고 불렀다. 그의 정력적인 진로에 대한 최초의 반응으로 온 나라에서 충성 표명이 나왔다.

모두 히틀러에게!

다음날의 장면은 전략적으로 세심하게 고려되었다. 자신의 호소 효과를 높이기 위해서 히틀러는 두 달이나 연설 활동을 일절 중지했다. 이러한 방식으로 그의 지지자들의 기대와 라이벌들의 신경질이 극단적으로 높아졌다. 그는 방문객을 맞아들이지 않았다. 심지어는 외국의 대표단도 거절하였고, 모든 정치적인 서한은 '읽지 않고 서류바구니에' 던져버린다고 알리게 했다.

이날 집회는 저녁 8시에 시작하기로 되어 있었지만 이른 오후에 벌써 '입장료 1마르크' 짜리 최초의 참석자들이 나타났다. 6시에 경찰은 홀을 폐쇄해야 했다. 약 4천 명의 지지자들이 이미 자리를 잡았다. 그들 중 상당수는 등을 돌렸거나 적대적인 음모에 관련된 자들이었다. 그러나 히틀러가 홀에 들어서자 분위기는 최초의 과도한 숭배의식으로 변했다. 참석자들은 탁자 위로 올라가서 환호성을 지르고 돌로 된 1리터, 2리터들이 맥주조끼를 흔들어대고, 행복에 겨워 서로 얼싸안았다. 막스 아만이 사회를 보았다. 안톤 드렉슬러가 에서와 슈트라이허를 추출해야 참석하겠다는 조건을 내세웠기 때문이었다.

망설이는, 아니면 고집스런 이 모든 당원들을 향해서 히틀러는 두 시간에 걸쳐서 대단히 효과적인 연설을 행했다. 그는 일반적인 이야기로 시작해서 아리안족의 문화창조적인 업적들을 찬양하였다. 그리고 외교정책을 언급하면서 평화협정은 파괴되었고, 배상합의는 무효라고 선언하였다. 그렇지만 유대의 혈통 오염을 통해서 독일이 몰락할 것이라고 말했다. 그 옛날의 강박관념으로 돌아가서 그는 베를린의 프리드리히 거리에 나타난 유대인은 모두가 금발의 도이치 소녀를 팔에 끼고 있다고 지적하였다. 공산주의는 "몰락할 수도 있고, 그에 대항해서 더 그럴싸하면서도 똑같이 잔인하게 행동하는 다른 주의를 마주세울 수도 있다."고 했다.

그리고 나서 루덴도르프를 비판하였다. 그는 어디서나 적대자를 만들어내고 있다, 그러면서 어떤 것을 적이라고 부르면서 실은 다른 것을 뜻할 수도 있다는 사실을 알아채지 못한다고 했다. 그리고 핵심에 이르렀다.

> 누군가 와서 내게 조건을 제시하려고 하면 나는 이렇게 말하겠습니다. '친구여, 우선 내가 자네에게 제시하는 조건을 기다려보게. 나는 대중을 얻기 위해 애쓰지는 않네'라고 말입니다. 당원 여러분, 일년이 지나서 여러분이 직접 판단해보십시오. 내가 올바르게 행동했다면 그야 좋은 일이죠. 내 행동이 옳지 못했다면 나는 내 직위를 여러분 손에 돌려드리겠습니다. 그러나 그때까지는 이렇게 하는 것이 좋겠습니다. 즉 나 혼자서 당을 이끌어가고, 내가 혼자서 책임을 지는 동안에는 다른 누구도 내게 조건을 제시하지 않기로 말입니다. 그리고 나는 우리 운동에서 이루어지는 모든 일에 대해서 모든 책임을 지겠습니다.[9]

분노로 빨개진 얼굴로 그는 모여든 사람들에게 여러 가지 적대감을 파묻어버리고, 과거를 잊어버리고, 당내의 싸움을 끝내라고 간청하였다. 그는 추종하라고 청하지 않았고, 타협을 암시하지도 않았으며, 단순히 복종이냐 아니면 결별이냐를 요구하였다. 마지막에 환호성이 울려퍼져서, 새로운 국가사회당에서 자기 혼자 이끌어가는 지도자 정당의 권위적인 노선을 취하려는 그의 의도를 확인해주었다.

이러한 환호성의 한가운데로 막스 아만이 끼여들어서 대중을 향해서 소리쳤다. "싸움은 이제 끝이다. 모두 히틀러에게 향하자!" 그 순간 갑자기 단상에는 옛날의 적대자들이 나타났다. 슈트라이허, 에서, 페더(Feder), 프리크, 튀링겐의 기사 딘터, 바이에른 파벌지도자 부트만(Buttmann) 등이었다. 이 압도적인 장면에서 그들은 소리지르면서 의자와 탁자 위로 올라선 수천 명의 사람들이 지켜보는 가운데 서로 손을 내밀었다. 슈트라이허는 약간 당황한 태도로 '신의 사명'에 대해서 말했다. 최근에 지방의회파 앞에서 상병 히틀러에게 날카롭고도 조롱섞인 반대를 표명하였던 부트만은 자기가 가졌던 온갖 주저하는 마음이 "지도자가 말씀하시자 내 안에서 녹아 없어졌다."고 선언하였다.

루덴도르프의 압도적 모습으로도, 폰 그레페, 슈트라서, 로젠베르크, 룀 등이 개별적으로나 혹은 연합해서도 해내지 못했던 일을 그는 약간의 조치로 벌써 성취한 것이다. 이러한 체험이 그의 권위와 자신감을 강하게 만들어주었다. 부트만의 표현대로 과거에도 있었지만 루덴도르프와 다른 경쟁자들로 인해서 매우 제한적으로만 그에게 붙여졌던 칭호가 이날부터 논쟁의 여지 없이 그의 것이 되었다. 즉 '지도자'였다.

연설 금지령

헤르만 에서가 표현한 것처럼 민족주의 진영의 경쟁자들이라는 '악당 같고 저주스런 음모덩이'들과 대결해서 이전보다 더욱 독재적인 당의 지배권을 확보하자마자 히틀러는 곧바로 두 번째 목표의 실현에 착수하였다. 곧 국가사회당의 조직을 자신의 전략적 목적에 맞는 유연하고도 강력한 기구로 만드는 일이었다.

폭력이 아니라 합법적으로 혁명을 달성하려는 결심에 대해서 그는 이미 란츠베르크에서 비웃는 추종자 한 사람에게 이렇게 확언하였다. "내가 활동을 다시 하게 된다면 나는 새로운 정책을 추구해야 할 겁니다. 무기의 힘으로 권력을 장악하는 것이 아니라 카톨릭과 공산당 의원들이 화를 내겠지만 우리는 의회에 진출합니다. 투표로 이기려면 총으로 쏘아버리는 것보다 시간이야 오래 걸리겠지요. 그러나 마지막에는 그들의 헌법이 우리에게 승리를 만들어줄 거예요. 합법적 절차는 모두 느린 법이니까요."[10]

그것은 히틀러가 짐작했던 것보다 훨씬 더 느리고 힘든 일이었다. 그리고 언제나 다시 후퇴, 저항, 갈등을 맞이하였다. 그 자신이 최초의 힘든 불운에 대해서 책임질 상황이 닥쳐왔다. 바이에른 정부는, 어떤 것을 적이라 말하면서 다른 것을 뜻할 수도 있다는 그의 발언을 원래 뜻 그대로 헌법에 대한 적대감의 표지로 이해하였다. 뿐만 아니라 적이 자기 시체를 넘어가 든지 아니면 자기가 적의 시체를 넘어갈 것이라는 발언에 대해서도 화를 냈다. 그는 이 말 끝에 계속 이렇게 말했던 것이다. "이 투쟁이 다음번에 나를 쓰러뜨리면 철십자가가 내 시체를 덮는 천으로 쓰이기를 바랍니다."

이러한 고백은 그의 충성 확인의 진실성에 대한 의심을 일깨워서 처음에 바이에른 당국이, 그리고 이어서 대다수의 주들도 그가 공식적으로 연설하는 것을 일시 금지하였다. 집행유예와, 언제나 위협적인 추방령과 연관해서, 전반적인 사정을 배경으로 놓고 보면 그에게 내려진 이 금지령은 일체의 전망을 없애버리는 것처럼 보였다. 그의 노선의 일시적 실패를 의미하는 것이었다.

그러나 그는 불안감이나 분노의 흔적을 드러내지 않았다. 일년 반 전인 1923년 여름에만 해도 한 번의 퇴각이 그를 길에서 밀쳐내서 젊은 날의 무기력과 약점을 다시 불러왔었다. 그러나 지금 그는 끄떡도 하지 않고, 연설금지라는 개인적인 타격을 입고 가장 중요한 수입원을 잃어버린 일에 전혀 영향을 받지 않았다. 그는 이제부터 당 기관지를 위해서 쓰는 사설의 사례비로 생활비를 확보한 상태였다. 그는 자주 브루크만 집에서 40에서 60명 정도의 소규모 손님들을 앞에 두고 연설을 하였다. 그리고 모든 마취제, 모든 흥분제가 없어졌으므로 선전과 위장을 위해서 새로운 수단을 써야만 했다.

당시의 관찰자들은 모두 히틀러가 감금되어 있는 동안에 변했다는 사실을 증언하고 있다. 생기 없는 정신병자 같은 모습에 처음으로 윤곽과 개성을 마련해준 엄격하고 엄숙한 모습들을 알아본 것이다. "좁고 창백하고 병적이고, 자주 거의 텅 빈 듯하던 얼굴이 훨씬 더 강력한 형태로 집중되었다. 이마부터 턱에 이르는 골격의 강한 구조가 이제 두드러지게 드러났다. 전에 꿈꾸는 듯이 보였던 요소는 사라지고 이제 분명한 강인함의 모습이 나타났다."[11]

이 강인함은 이제 모든 재앙을 통해서 그에게 끈질긴 특성을 주었다. 그러한 끈질긴 힘으로 그는 30년대 초에 마침내 승리의 행진이 시작되기까지 정체기간을 잘 견디어냈다. 1925년 여름에 모든 희망의 저점(底點)에서 국가사회당의 지도자 모임에서 그에게 대리인을 내세우자는 제안이 나왔을 때 그는 당 운동은 자신과 함께 일어서든지 아니면 망하든지 할 것이라는 도전적인 이유를 들어서 그 제안을 거부하였다.[12]

그의 가까운 주변을 보면 그의 말이 옳았다. 자연스러운 일이지만 지난 몇 달 간 의도적으로 만들어낸 충돌과 분리는 중간급의 아니면 종속적인 추종자만 그의 곁에 남는 결과를 만들어냈다. 그리고 그의 측근은 다시 가축상인, 운전기사, 경호원, 이전의 직업군인 무리로 한정되었다. 그는 당의 처음 시작 시절부터 그런 사람들에 대해서는 감상적이고, 거의 인간적인 관계를 가져왔다. 이들 패거리의 대개 좋지 못한 평판이나 그들의 떠들썩한 조잡함과 유치한 행동에 전혀 개의치 않았다. 무엇보다 이러한 사람들과의 교류는 그가 시민적이고 탐미적인 원래의 출신계층과 얼마나 무관한 사람이었던가를 분명하게 보여주는 부분이었다.

때로 들어오는 항의에 대해서 그는 언젠가 어느 정도 불확실성의 흔적을 지닌 채, 자기 생각으로도 측근을 잘못 선택한 것 같다, '잘못이 없지 않은' 인간의 본성 탓이라고 대답했다.[13] 그러나 수상이 되고 난 다음에도 여전히 이러한 유형의 사람들이 그가 좋아하는 측근이었다. 히틀러가 한때는 비스마르크의 것이었던 방에서 영화를 즐기거나 아니면 시시한 대화를 위해서 저고리 단추를 끄르고 무거운 안락의자에서 두 다리를 쭉 내뻗곤 하던 저 길고 공허한 저녁의 사적인 모임에서는 여전히 그런 사람들이 분위기를 지배하였다. 배경도, 가족도, 직업도 없이, 성격이나 경력에서도 철저히 단면만을 지닌 이런 사람들은 한때 남자 하숙집에 살았던 히틀러에게 수많은 친근한 기억들을 일깨웠다.

크리스치안 베버, 헤르만 에서, 요제프 베르히톨트, 막스 아만 같은 사람들에게서 다시 보았던 것은 저 빈 시절의 후광이나 냄새였을지도 모른다. 경탄과 정직한 헌신만이 그들이 제공할 수 있는 전부였다. 그가 '오스테리아 바바리아' 나 '노이마이어 카페' 같은 곳에서 장광설의 독백을 시작하면 그들은 놀란 모습으로 그의 입술만 바라보았다. 그들의 비판 없는 열광에

서 그가 마약처럼 꼭 필요로 하지만 참아야 했던 대중의 열광에 대한 대용
품을 보았다는 것도 이해가 되는 일이다.

그레고어 슈트라서

이 마비의 시기에 히틀러가 얻은 빈약한 성공 중에는 무엇보다도 그레고
어 슈트라서를 얻은 점을 꼽을 수 있을 것이다. 실패한 11월 쿠데타에 이
르기까지 란츠후트의 약사였고 저지 바이에른 대관구 지도관이었던 이 인
물은 가끔가다만 전면에 등장하곤 하였다.

그는 원래 '전선 체험'을 통해서 정치에 들어오게 되었다. 히틀러가 없는
기간을 이용하여 스스로 앞으로 나서려고 애쓰면서 그는 '국가사회주의 자
유운동'의 틀 안에서 특히 북부 독일과 루르 지방에서 어느 정도의 지지세
력을 만들어냈다. 뚱뚱하면서도 상당히 예민한 이 남자는 음식점들을 이리
저리 돌아다니고 호머를 그리스어 원전으로 읽고, 우울한 바이에른 소도시
유명인사의 원형처럼 행동하였다. 그는 인상적인 인물이었으며, 자신의 연
설 재능 이외에도 기자인 동생 오토를 공격적인 동지로 이용할 수 있었다.

여러 가지로 부서지고 냉정하고 신경쇠약증에 걸린 히틀러와는 잘 어울
리기 어려웠다. 히틀러라는 사람과 지저분하고 비굴한 측근이 다 그의 마
음에 들지 않았다. 정치적인 견해에서 두 사람의 의견일치는 여러 가지로
해석이 흔들리면서 전체적으로는 규정되지 않는 '국가사회주의'라는 개념
에만 한정되었다. 그러나 그는 히틀러의 마법과, 추종자를 모아 하나의 이
념을 위해서 동원하는 능력에 감탄하였다.

새로운 당 창설을 위한 모임에 그는 참석하지 않았다. 히틀러가 1925년
3월 초에 국가사회주의 자유운동과 결별한 대가로 북부 독일 전역에 대해
서 상당히 독자적인 국가사회당 지휘권을 제안하자 슈트라서는 자기는 추
종자이지 대등한 동지로서 히틀러에게 합류할 수는 없다고 강조하였다. 그
는 도덕적인 주저와 의심을 여전히 지니고 있지만, 그러나 무엇보다도 미
래를 위한 이념이 중요하다고 했다. "그래서 나는 히틀러 씨에 협조하기로
하였다."[14]

히틀러 주변의 새로운 사람들. 그레고어 슈트라서와 요제프 괴벨스.

에른스트 룀과의 결별

그러나 이러한 접근은 상당한 손실을 불러왔다. 슈트라서가 폭풍 같은 에너지로 북부 독일에 당조직을 마련하고, 짧은 시간 안에 슐레스비히 홀슈타인, 폼메른, 저지 작센 사이에 7개의 새로운 대관구(大管區, 국가사회당과 히틀러 통치 시대의 행정구 : 역주)를 만들어내는 동안 히틀러는 무슨 대가를 치르더라도, 더 많은 후퇴를 겪는 한이 있더라도 자신의 권위와 노선을 지키겠다는 확고한 결심을 보여주었다. 그는 에른스트 룀과 결별하였다.

뮌헨의 법정에서 유죄판결을 받았으면서도 석방된 전직 대위 룀은 즉시 의용군과 전투동맹 시절의 옛 전우들을 긁어모아 새로운 모임, 즉 '전우회'를 만들었다. 상황이 점차 정상화되어가는 것을 보면서 어찌할 바를 모른 채 이 영원한 병사들은 거의 예외 없이 룀의 전략적 능력과 조직능력 아래 모여들었다.

란츠베르크에서 이미 히틀러는 이런 활동을 근심스럽게 지켜보았다. 그것은 자신의 조기석방, 민족주의 운동 내에서 권력확보와 새로운 전략을 어느 정도 위협하는 것이기 때문이다. 1923년 11월의 교훈에 따르면 이제부터 군대조직과 그들의 무장한 자신감, 음모적인 행태, 병졸놀이 따위와 결별해야 했다. 히틀러의 의지에 따르면 국가사회당이 필요로 하는 것은 준군사적으로 조직된, 오직 정치적 지휘, 따라서 자신에게만 복종하는 당의 군대였다. 그에 반해서 룀은 방위군을 위한 비밀부대라는 한때의 이상에 붙박여 있었고, 심지어 돌격대를 당과 완전히 분리시켜서 오직 자신의 전우회 하부조직으로 만들려는 생각까지 가지고 있었다.

근본적으로 보면 돌격대의 명령권과 기능을 놓고 다투는 오래된 싸움이었다. 느리고 둔한 룀과 달리 히틀러는 그 사이 원한과 인식을 얻었다. 그는 로소브와 그 휘하 장교들이 11월 8일과 9일에 배신한 사실을 용서하지 않았다. 또한 그날 밤의 사건에서, 맹세와 합법성은 장교들 대다수에게 있어 뛰어넘을 수 없는 도덕적 장벽이라는 사실도 배웠다. 로소브의 배신은 관례에 어긋나고 명예스럽지 않은 불법적인 일에서 벗어나고자 하는 절망적인 시도이기도 했다. 카르, 히틀러, 로소브 자신의 갈팡질팡하는 마음, 상황이 그러한 불법적 일 속으로 군대를 이끌어들였던 것이다. 그리고 히틀러는 거기서 결론을 이끌어냈다. 군과는 어떤 형태로도 뒤섞이지 말 것. 바로 거기에 온갖 불법성의 시작이 들어 있기 때문이다.

4월 초반에 갈등이 불거져나왔다. 룀은 몽상적인 애착으로 히틀러에게 매달렸다. 그는 정직하고 자발적이고, 자신의 견해와 친구들에 대해서 똑같이 충성스러웠다. 히틀러는 정치 이력 초창기에 룀에게서 얼마나 많은 도움을 받았는지 잊지 않고 있었던 것 같다. 그러나 동시에 시대가 변했고, 한때 영향력이 있던 사람이 그 사이 변화된 상황에 적응하려 들지 않는 고집스럽고 힘든 친구로 변했다는 사실도 보았다.

얼마 동안 그는 망설이면서 룀의 고집에 양보를 했다. 그러나 마침내 아무런 감정의 동요도 보이지 않고 결별을 결심하였다. 4월 중순에 이야기를 나누던 도중에, 룀은 한 번 더 국가사회당과 돌격대의 엄격한 분리를 요구하였고, 자신의 부대는 비정치적인 개인군대로 남아서 당과 일상적인 투쟁과 무관하게 유지되어야 한다고 고집을 부리다가 언성이 높아졌다.

히틀러는 특히 룀의 생각이 1923년 여름처럼 아직도 자신을 다른 사람들의 의도를 위한 포로로 만들고, 또다시 '선전꾼'으로 격하시키려는 데 자존심이 상했다. 화가 잔뜩 나서 룀에게 우정을 배신하였다고 비난하자 룀은 대화를 중단해버렸다. 다음날 그는 서면으로 돌격대 지휘권을 반납하였고 히틀러는 답변하지 않았다.

룀은 전우회 지휘권도 내놓고 난 다음 4월 말에 히틀러에게 한 번 더 편지를 썼다. 그는 다음과 같은 말로 편지를 끝맺었다. "이 기회를 이용하여 우리가 함께 보냈던 아름답고 힘든 시간들을 기억하면서 자네에게 그 전우애를 진심으로 감사하고, 또한 자네의 개인적인 우정만은 없애지 말아달라고 부탁하고 싶네." 그러나 히틀러는 여전히 아무 대답도 하지 않았다. 다음날 민족주의 신문에 사직서를 넘겨주자 〈민족관찰자〉는 아무런 주석 없이 그것을 실었다.[15]

세력 약화

히틀러에게 불안정한 전망마저 사라졌다는 사실을 알려줄 뿐 아니라, 주로 개인적인 이유에서 이루어진 루덴도르프와의 결별이 정치적으로 타당한 일이었음을 알려주는 사건이 이 무렵 발생하였다. 1925년 말에 사회민주당 출신의 대통령 프리드리히 에버트가 죽었다. 그레고어 슈트라서의 권유로 민족주의 진영은 '시민정의당'의 대통령 후보, 유능하지만 완전히 이름 없는 야레스 박사(Dr. Jarres)에 맞서서 루덴도르프를 후보로 내세웠다. 그러나 장군은 겨우 1퍼센트 남짓한 표를 얻어서 완패하였고, 그것을 히틀러는 잔혹한 만족감이 없지도 않은 심정으로 바라보았다.

선거가 끝난 지 며칠 만에 그의 곁에 남은 사람 중에서 유일하게 믿을 만하고 중요한 동지인 푀너 박사가 교통사고로 죽었다. 그러자 그는 정말로 정치적 경력의 마지막에 이른 것처럼 보였다. 당은 뮌헨에 겨우 7백 명의 당원이 있을 뿐이었다. 안톤 드렉슬러는 그와 결별하고 자신의 온건한 성향에 알맞는 정당을 창설하였다. 히틀러의 싸움부대는 그곳을 찾아가 쑥밭으로 만들고 경쟁정당을 엉망으로 만들곤 하였다. 그와 비슷한 일이 다른 유사 단체들에도 일어났다. 드물지 않게 히틀러 자신이 하마가죽 채찍을 손에 들고서 집회에 쳐들어가서 연설은 금지되어 있었으므로 단상에서 대중을 향하여 미소짓고 인사를 하기도 했다. 공화국 대통령을 선출하는 재선거에 앞서서 그는 지지자들에게 그 사이 입후보한 폰 힌덴부르크 사령관(Feldmarschall v. Hindenburg)을 지지하라고 명령하였다.

그가 힌덴부르크를 지지한 것은 그 어떤 '장기적인 정치적 고려'에서 나온 것이라고 하기는 어렵다.[16] 뿐만 아니라 그가 영향을 미칠 수 있는 얼마 안 되는 표는 그다지 중요한 것도 아니었다. 그렇지만 그가 '질서정당'의 전선으로 합류하였음을 과시적으로 보여주었고, 거의 모든 강력한 기관들에 대한 열쇠를 장악하였거나 앞으로 장악하게 될 남자, 이 '대리황제'에게 접근해 갔다는 사실은 중요한 것이다.

지속적인 후퇴가 히틀러의 당내 지위를 약화시켰다. 특히 튀링겐, 작센, 뷔르템베르크 등지에서 지배권을 얻기 위해 계속 악전고투해야 했던 반면, 그레고어 슈트라서는 북부 독일에서 당의 건설을 계속해 나갔다. 그는 쉬지 않고 움직였다. 대개의 밤을 기차나 대합실에서 보냈으며 낮 동안에는 지지자들을 방문하고, 관구들을 창설하고, 당 임원들을 소집하고 회의를 하거나 집회에 참석하곤 하였다. 1925년과 1926년에 그는 거의 1백 개의 회합에서 주연설자로 토론을 맡았다. 반면에 히틀러는 침묵의 판결을 받고 있었다.

슈트라서의 경쟁적인 명예욕보다는 오히려 이러한 사정이 일시적으로 당의 무게중심이 북부로 옮겨간 것 같다는 인상을 일깨웠다. 슈트라서의 충성심 덕분에 히틀러의 지도적 지위는 전체적으로 인정되고 있었지만, 이 멜로드라마적이고 소시민적인 보헤미안(히틀러)과 그의 '로마 노선'에 대한 냉정하고 청교도적인 북 도이치 사람들의 불신이 거듭 드러나곤 하였다. 그리고 드물지 않게 뮌헨 중앙당에 대한 광범위한 독립의 인정을 전제로 해서만 새로운 당원들을 얻을 수 있었다.

지구당 지도자들을 당 지도부가 임명한다는 히틀러의 요구도 북부에서는 제대로 시행되지 않았다. 당원지침서를 간행하는 권리를 사이에 둔 중앙당과 관구들 사이의 갈등은 오랜 세월을 끌었다. 히틀러는 극도로 예민한 권력의지를 가지고서 그러한 조직상의 부수적인 문제들이 중앙당이 통제력을 가지느냐 아니면 무능하냐를 결정하는 문제가 되리라는 사실을 간파하였다. 그러나 이 문제에 대해서 전혀 양보하지 않았으면서도 개별적인 관구들의 독자적 권력을 오랫동안 참아야 했다. 북부 라인란트 관구는 1925년 말에도 뮌헨 중앙당의 당원지침서를 이용하기를 거부하였다.[17]

'새로운 유형' 요제프 괴벨스

엘버펠트에 자리잡은 라인란트 관구의 사무장은 젊은 인텔리였다. 기자, 작가, 증권 브로커 등이 되어보려는 노력이 허사로 돌아간 다음에 그는 마침내 어떤 도이치 민족주의 정치가의 비서가 되어서 국가사회주의, 이어서 그레고어 슈트라서와 연결되었다. 그는 파울 요제프 괴벨스(P. J. Goebbels)라는 이름이었다. 그를 슈트라서에게 끌어들인 요인은 무엇보다도 그의 지적 과격주의였다.

그는 정열적인 문학작품과 일기장에서 자기 자신에 전율을 느끼면서 이렇게 확인하였다. "나는 가장 과격한 사람이다. 새로운 유형이다. 혁명가의 유형이다."[18] 그는 높고도 특이하게 매혹적인 음성을 가지고 있었고, 그 시대에 신뢰를 얻을 수 있는, 열정을 함축성과 결합시킨 문체를 가졌다. 그의 과격주의는 주로 민족주의 이념과 사회주의 혁명이념을 이용하였다. 그의 새로운 후원자인 슈트라서의 개념들과 주장들을 얄팍하고 날카롭게 서술한 것 같았다. 피가 통하지 않는, 이상스럽게도 추상적인 감정세계에 자리잡고 있는 히틀러와는 달리 감정적인 그레고어 슈트라서는 전후시대의 곤궁과 비참의 체험에서 낭만적인 특성을 가진 사회주의를 이끌어냈다.

그것은 국가사회주의가 프롤레타리아 계층에 침투하는 것도 가능하리라는 기대와 결합된 것이었다. 그는 한동안 요제프 괴벨스를 자기 동생 오토와 나란히 자신의 정책노선의 지적인 대변자로 보았다. 이 노선은 제대로 시행되지 못했고, 히틀러의 '파시스트적인' 남 도이치 국가사회주의에 대한 일종의 사회주의적 대안(代案)의 표현으로서만 중요성을 가지는 것이다.

슈트라서 일파와 그들의 생각

북도이치 국가사회주의자들의 특별의식은 처음에 1925년 9월 10일 하겐에서 창설된 노동결사로 나타났다. 그레고어 슈트라서와 나란히 괴벨스가 모습을 드러냈다. 참석자들은 거듭 뮌헨 중앙당에 대한 공격을 하였고, '서부 블록'이니, '반대공격'이니, '뮌헨의 완고한 보스'니 하는 말을 하면서 당 지도부가 당 정책 문제에 관심이 적다고 비난하였다. 그레고어 슈트라서는 〈민족관찰자〉의 '끔찍하게 낮은 수준'을 탄식하였다.

그러나 당연한 일이지만 수많은 비난들 중 어느 것도 히틀러 개인이나 당수로서의 위치 자체를 향한 것은 없었다. 그의 지위 자체는 약화시키기는커녕 강화되어야 한다는 것이 참석자들의 생각이었다. 그가 아니라 '중앙의 무질서한 살림'에 대한, 그리고 에서와 슈트라이허의 '능숙한 허풍'에 대한 비난이었다.[19] 전체적으로 상황을 잘못 평가한 가운데 슈트라서 일파는 '파멸적인 뮌헨 노선' '에서의 독재' 올가미에서 히틀러를 해방시키고 자신의 일에 충실하도록 만들기를 희망하였다.

이미 초기 시절부터 퍼져 있었고, 모든 증거와 외양에 반대하면서 마지막까지 남아 있던 이해하기 힘든 관념을 여기서 다시 만나게 된다. 즉 '지도자'는 불안하고 인간적인데 다만 잘못된 충고자들과, 이기적이거나 악의적인 요소들에 둘러싸여 있을 뿐이라는 생각이다. 그런 작자들이 지도자가 자신의 정직한 의지를 좇는 것, 재앙의 흐름을 간파하는 것을 방해한다는 생각이었다.

이 집단의 정책은 괴벨스가 손수 작업하는 반월간 잡지 〈국가사회주의 편지〉에 발표되었다. 그것은 무엇보다도 운동의 시야를 현재로 향하도록 하고, 동경에 가득 찬, 회고적인 중산층 이념의 협소함에서 벗어나려고 하였다. 뮌헨에서 "신성하게 여겨지는 거의 모든 것이 여기서는 의문으로 바뀌거나 공공연히 부패로 여겨졌다". 특히 이 잡지는 북부의 다른 사회적 조건, 그러니까 바이에른과는 달리 프롤레타리아적·도시적인 사회구조를 고려해서 반자본주의적 성향을 강조하였다.

어떤 베를린 당원이 편지에 쓴 것처럼 국가사회주의는 '과격화된 부르주아' 로 이루어져서는 안 되며, '노동자와 사회주의라는 말에 두려움' 을 가져 서는 안 된다는 것이다.[20] 어떤 정책적 고백은 다음과 같이 요약되었다. "우리는 사회주의자다. 경제적 약자를 착취하고, 부당한 보수를 주는 오늘 날 자본주의적 경제체제의 철천지 원수들이다……. 우리는 어떤 대가를 치 르더라도 이러한 체계를 파괴하기로 결심하였다."

이러한 의미에서 괴벨스는 (민족)국가주의적 사회주의와 공산주의 사이 의 접근공식을 탐색하였고, 동일한 태도와 신념의 목록을 작성하였다. 그는 계급투쟁 이론을 거부하지 않았으며, 러시아의 붕괴는 '국가사회주의 독일 에 대한 우리의 꿈을 영원히 파묻어버릴' 것이라고 했다. 동시에 전세계의 원수 유대인이라는 히틀러의 이론에 분명한 의문을 표시하였다. "자본주의 유대인과 볼셰비키 유대인이 동일한 존재라는 말은 사실이 아닐 듯하다." 그리고 유대인 문제는 "생각하는 것보다 훨씬 복잡하다."고 대담하게 주장 하였다.[21]

외교정책도 뮌헨 지도부와 현저히 달랐다. 슈트라서 일파는 시대의 사회 주의적 호소를 받아들였다. 그러나 '프롤레타리아 계급을 향한 호소로 여 기지 않고, 프롤레타리아 국민들을 위한 호소' 로 이해하였다. 배신당하고, 치욕을 겪고, 착취당한 독일이 그 국가들의 선두에 서야 한다는 것이다. 그 들은 세계를 억압하는 민족과 억압당한 민족으로 나누었다. 그리고 《나의 투쟁》에서 '정치적 헛소리' 라고 평가된 바 있는 수정주의적 요구를 하였다.

히틀러가 소비에트 러시아를 광범위한 정복계획의 대상으로 여겼고, 로 젠베르크는 러시아를 '유대인 형리 식민지' 라고 불렀다면, 괴벨스는 유토 피아를 향한 러시아의 의지를 극히 높이 평가하였다. 슈트라서 자신은 "프 랑스의 군국주의에 대항하여, 영국의 제국주의에 대항하여, 월스트리트의 자본주의에 대항하여" 모스크바와의 동맹에 찬성하였다.[22] 슈트라서 일파는 정책 설명에서 대토지 소유를 없애고, 모든 소규모 기업은 조합에 들 것과, 20명 이상의 노동자를 가진 모든 작업장의 부분적인 사회주의회를 주장하 였다. 민간업체의 경우 노동자에게 10퍼센트를 배당하고, 국가에 30퍼센 트, 지역에 6퍼센트, 소속구역에 5퍼센트를 배당하였다. 그들은 또한 입법의 간편화, 계급차별 없는 학교, 보수를 부분적으로 현물로 지급하는 것 등의 제안에 찬성하였다. 보수를 현물로 지급하는 것은 인플레이션 시대에 생겨난 화폐에 대한 불신을 낭만적으로 표현한 것이었다.

하노버 당대회

이러한 기본적 정책노선들은 1925년 11월 25일 하노버에서 열린 당대회에서 그레고어 슈트라서가 제안하였다. 북부와 서부 도이치 관구들의 중앙에 대한 저항과, 관구지도자 루스트(Rust)가 표현해서 박수갈채를 받은 '뮌헨의 교황'에 대한 저항적인 분위기는 예상한 정도를 넘어서 분명하게 드러났다. 1월 말에 다시 하노버에 있는 관구지도자 루스트의 집에서 열린 다른 회합에서 괴벨스는, 히틀러가 참관자로 파견한 고트프리트 페더가 회합의 모든 쟁점을 기록하자 재빨리 문을 가리키며 나가달라고 요구했다. 자료들이 틀리지 않는다면 그는 이 모임에서 "소 부르주아 아돌프 히틀러를 국가사회주의 당에서 쫓아내기를" 요구하였다.[23]

이렇게 모반적인 어조보다도 실무적인 언급들이 더욱 뚜렷하게 히틀러의 당내 신망이 그 사이 얼마나 추락하였는가를 알려주고 있다. 슈트라서는 12월에 자신의 정책입안을 만들었다. 그것은 상당히 멋대로 조합한 옛날의 25개 조항을 대체하고, 당을 소시민의 이해를 대표한다는 나쁜 평판에서 구해내기 위한 정책안이었다. 그것은 중앙당이 알지도 못하는 사이에 12월 중에 널리 퍼졌다.

히틀러가 이러한 독단적인 행동에 대해서 '분노'하였는데도 불구하고 아무도 페더의 항의에 귀를 기울이지 않았고, 이 일로 인해서 모든 표결에서 그에게 투표권을 거부하였다. 25명의 참석자 가운데 오직 한 사람, '바보 멍청이에 어쩌면 음모꾼'인 쾰른 관구지도자 로버트 라이(R. Ley)만이, 괴벨스가 '화폐가치 인상의 뜻'이라고 부른 페더와 더불어 히틀러 편을 들었다.[24]

그 사이 이 지역 여론에서 열렬하게 논의된 문제, 도이치 영주가문들의 재산을 국유화하느냐, 아니면 1918년에 압류된 그들의 재산을 돌려주느냐

하는 문제에 대해서 노동결사는 히틀러의 견해에 반대하였다. 히틀러는 전략적인 고려에서 영주들과 기득권 세력을 편들 필요성을 보았다. 그에 반해서 슈트라서 일파는 좌파 정당들과 마찬가지로 예전 영주들의 재산 박탈에 찬성하였다.

물론 당 지도부를 공격할 의도는 아니라는 말뿐의 고백을 앞세우기는 하였다. 그리고 뮌헨 중앙당의 동의도 받지 않고서 〈민족주의적 사회주의자〉라는 신문을 발간하고, 그레고어 슈트라서가 란츠후트에 있는 자신의 약국을 저당잡히고 얻은 돈으로 출판사를 차리기로 결정하였다. 그것은 금세 상당한 정도의 콘체른으로 발전하였다. 6주간의 신문으로 그는 일시로 뮌헨 중앙당의 에어 출판사(Eher-Verlag)를 크기면에서 추월했을 뿐 아니라, 콘라트 하이덴의 평가에 따르면 '정신적인 다양성과 정직성이라는 측면에서' 그쪽의 출판물을 능가하기에 이르렀다.[25]

하노버에 모여든 이들 패거리가 히틀러와 권력시합을 벌이기로 결심했다는 사실은, 히틀러가 추진하는 합법적 충성전략을 공격적이고 극단까지 이르는 '파국정책'으로 바꾸자는 그레고어 슈트라서의 요구로 나타났다. 그는 국가를 해치고 질서를 파괴하는 모든 수단, 곧 쿠데타, 폭탄, 파업, 거리폭동, 소동 등을 전투적인 권력정복 의지에 어울리는 것으로 여겼다. 바로 뒤이어 괴벨스는 이 개념을 이렇게 표현하였다. "우리 목적을 위해 배고픔, 절망, 희생 등을 이용할 수만 있다면 우리는 모든 것을 성취할 것"이라고 했다. "우리 민족 안에 등대불을 밝혀서 민족주의적·사회주의적 절망의 위대한 불을 일으키는 것"이 그의 의도였다.[26]

그때까지 히틀러는 이 일파의 활동에 대해서 침묵을 지켰다. 그들이 일시적으로 당내 제2의 정부 형태로 보이는 권력중심을 만들어내고, 그레고어 슈트라서의 이름이 북 독일에서 그 자신의 이름보다 '더 많은' 명성을 날려도 그랬다. 괴벨스는 일기장에서 이렇게 환호성을 울렸다. "아무도 뮌헨을 믿지 않는다. 엘버펠트가 도이치 사회주의의 메카가 되어야 한다."[27] 자신을 명예회장으로 끌어내리고, 흩어진 민족주의 진영을 더 큰 운동 안에 포섭해 들이려는 의도에 대해서도 히틀러는 경멸적으로 무시하고, 《나의 투쟁》에서 그들에게 몇 페이지의 조롱을 보냈을 뿐이다.

히틀러, 산 속의 평화에 파묻히다

히틀러의 이러한 은둔은 부분적으로 개인적인 동기에서 나온 것이었다. 그 사이에 그는 베히슈타인 부부가 토지를 소유하고 있는 베르히테스가덴 근처 오버잘츠베르크(=윗소금산)에 있는 함부르크 상인의 별장을 세냈다. 그것은 1층에 커다란 거실과 베란다가 있고, 2층에는 세 개의 방들이 있는, 크지는 않지만 아름다운 집이었다. 방문객들에게는 이 집이 자기 것이 아니라고 강조하곤 하였다. "다른 '정당거물'들의 고약한 행실을 본받아 보스로서의 거동이라는 말이 나오지 않도록" 하려는 것이었다.[28]

그 사이 과부가 된 이복누이 앙겔라 라우발(A. Raubal)에게 자기 집의 살림을 맡아달라고 부탁하였다. 열일곱 살 난 딸 겔리(Geli)가 그녀를 따라왔다. 그는 이 예쁘고, 경박스럽고, 조카라고 강조하곤 하던 소녀를 귀여워하였다. 그것은 곧 정열적인 관계로 바뀌었다. 물론 이 관계는 그의 참을성 없음과 낭만적으로 과장된 여성에 대한 이상(理想), 숙질 사이의 관계라는 스캔들 등으로 인해서 곧 부담스러운 것으로 변했다가 절망적인 것으로 끝나고 말았다.

아주 드물게 히틀러는 자신의 숙소를 떠났다. 그것도 보통은 조카딸과 함께 뮌헨의 오페라를 보러 가거나 아니면 때로 시내에 있는 친구들을 방문하러 갈 때뿐이었다. 친구들이라야 한프슈텡글, 브루크만, 에서, 호프만 부부 등이었다.

당에 대해서는 거의 신경을 쓰지 않았다. 남 독일에서도 그가 당지도자의 일을 게을리하고, 당의 자금을 개인용도로 이용하며, 예쁜 조카딸과 함께 시골의 파티만 즐긴다는 비판이 커졌다. 그러나 히틀러는 이러한 비난에 별로 개의치 않았다. 1925년 여름에 《나의 투쟁》 제1권이 나왔다. 이 책이 거의 성공을 거두지 못하고 첫해에 1만 부도 팔리지 않았건만 히틀러는 연설 욕구가 꽉 막혀 있는데다가 변명이 필요하기도 해서 제2권을 구술하기 시작하였다.

자신을 둘러싼 운명적인 사건들에 얼마나 얽매이지 않았던가 하는 것은 이 시기에 그가 스케치북이나 자그마한 편지함에 고풍스러운 과시용 건축물, 개선문, 멋진 둥근 지붕 홀 등을 그렸다는 사실이 보여주고 있다. 숭고하게 통제된 여백을 가진 극장 배경그림은, 깨지지 않는 세계정복 계획들, 세기의 기대, 그 모든 실패와 당시의 통탄스런 상황에도 불구하고 절제된 표현을 보여주고 있다. 1925년 히틀러 스케치.

　아마도 침착한 태도로 그는 이 산 속 평화에서 북 도이치 지지자들의 당정책 논의를 바라보았다. 그의 은둔은 결정을 내리는 일을 두려워하는 그의 특성에 의한 것이었을 뿐 아니라, 이론에 대한 실용주의자의 무관심 탓이기도 했다. 그는 개념들을 경멸하고 꼭 필요할 경우에는 어떤 용어를 써서든지 어떤 일이든 막아내곤 하였다. 그는 또한 은밀히 란츠베르크에서 성공을 거두었던 유희가 되풀이되기를 기대하였던 것 같다. 경쟁자들을 부추기고, 대립을 촉진시켜서 결국 그들의 개입을 축소시킴으로써 자신의 권위를 높이는 방법 말이다. 슈트라서의 파국전략으로 이제는 상황이 심각하게 되었다. 이러한 시도를 보고 그는 당연히 개인적인 도전의사를 알아보았다. 그들의 의도는 자신의 집행유예와 아울러 정치적 장래까지 불안하게 만들었던 룀의 기도와 다르지 않았다. 그래서 그는 초조하게 기회를 기다렸다. 적대자들에게 한방 먹이고 자신의 권위를 되찾을 기회였다.

뒤돌아보면 히틀러의 초조하고도 지배적인 특성이 당의 성공적인 재출발 뒤에 1923년 11월의 돌진에 못지않게 당을 파괴한 것처럼 보였다. 그의 성질은 전략적인 개념들을 분명히 바보로 만들고 말았다. 1925년 8월에 어떤 지구당은 1월에 138명의 당원이 있었는데 이제는 겨우 30명만 활동하고 있다고 보고하였다. 히틀러가 이 시기에 안톤 드렉슬러에게 행한 모욕주기 작전에서 추종자이며 증인인 어떤 사람이 그를 비난하였다. 그리고 맺음말에서 국가사회당은 그의 방법을 가지고는 장기적으로 아무런 성과도 거두지 못할 것이라고 했다. "당신은 아주 슬픈 종말을 맞을 것입니다!"[29]

히틀러만은 계속되는 자신의 실패의 고리 속에서도 별다른 영향을 받지 않은 것 같았다. 자신의 세계관을 이미 형상화해낸 확고함과 고집은 이런 위기를 어떤 의기소침의 흔적이나 체념적인 기분 없이 넘기도록 해주었다. 그는 그런 발전을 그대로 둔 것처럼 보이며, 어느 정도 만족감을 가지고 이 극단적으로 극적인 상황에 마주섰던 것으로 보인다. 자신을 둘러싼 운명적인 사건들에 얼마나 얽매이지 않았던가 하는 것은 이 시기에 그가 스케치북이나 자그마한 편지함에 고풍스러운 과시용 건축물, 개선문, 멋진 둥근 지붕 홀 등을 그렸다는 사실이 보여주고 있다. 숭고하게 통제된 여백을 가진 극장 배경그림은, 깨지지 않는 세계정복 계획들, 세기의 기대, 그 모든 실패와 당시의 통탄스런 상황에도 불구하고 절제된 표현을 보여주고 있다.[30]

제3장 싸움을 위해 일어서다

히틀러가 마주선 상황은 거의 불가능한 것을 요구하고 있었다. 란츠베르크에서 돌아온 다음 그를 둘러쌌고, 그의 도전들과 모욕과 분리책략 등에 대해서 구원자이며 중재자라는 더 높은 권리를 부여하였던 메시아적인 후광은 일년이 지나자 사라져버렸다. 당은 그 정도의 부담을 한 번 더 견디어낼 처지에 있지 않았다. 정치적 전망을 지켜내려면 그는 반대자들을 파괴해서 자기에게 끌어들여야 했다. 북 도이치 사람들의 사회주의 성향과 파국 전략을 물리치고 당의 통일성을 회복하여야 했으며, 무엇보다도 그레고어 슈트라서를 돌아오게 만든 다음 슈트라이허, 에서, 아만 등 뮌헨 친구들과 화해하도록 만들어야 했다. 히틀러의 전략적 능숙함, 지금에 와서는 해독하기 힘든 인간을 다루는 기술, 그의 마법 등이 이보다 더 확실하게 드러난 경우는 드물었다.

이 싸움을 위한 지렛대로 그는 영주가문에 대한 재산몰수 문제를 이용하였다. 사회주의 정당들에 의해서 제안된 국민투표는 모든 전선과 정치적 결속을 막론하고 무차별적인 대립을 만들어냈다. 그러므로 이 문제는 현재의 파당을 무너뜨리기에 특별히 적합한 것으로 보였다. 하노버에서도 이 문제는 정열적으로 토론되었고, 합의는 오직 타협적인 형식으로만 나왔다.

노동자 계층뿐 아니라 중산층, 소규모 저축자들과 재산가들 등 원래의 당 지지계층은, 영주가문이 스스로 잃어버린 것을 되찾아야 한다는 사실에 대해서 각기 분노를 터뜨렸다. 그러면서도 이전의 영주들에 맞서기 위해서 공산주의자들과 동맹을 맺고, 재산을 몰수해서 혁명의 부당성을 부분적으로 인정한다는 생각도 이들의 민족주의적 감성에 참을 수 없는 일이었다. 그러므로 연속적인 싸움질이 계속되었다.

슈트라서를 굴복시키다

히틀러는 재빨리 결심해서 이러한 상황의 전략적인 이점을 이용하였다. 1926년 2월 14일자로 그는 밤베르크에 전국적인 당 지도자 대회를 소집하였다. 이 도시를 선택한 것부터가 이미 세심한 고려에서 나온 것이었다. 밤베르크는 그에게 무조건 충성하는 율리우스 슈트라이허의 아성이었다.

몇 주 전 크리스마스 축제 때도 히틀러는 이곳 지구당에 나타났다. 그밖에도 그는 대개는 별스럽지 않은 지역조직을 가진 북 도이치 관구지도자들이 도착할 때에 깃발장식과 눈에 띄는 플래카드, 밀집된 대형행사의 안내문 등을 통해서 강력한 인상을 받도록, 그리고 가능하다면 용기를 조금 잃어버리도록 배려하였다. 나아가서 그는 임시소집자와 참석자의 명단 조작을 통해서 자신의 지지자들이 뚜렷한 다수가 되도록 만들었다.[1]

거의 다섯 시간 동안 계속된 연설로 그는 온종일 걸리는 일정을 시작하였다. 그는 영주재산 몰수에 찬성하는 사람들을 가리켜 유대인 은행주(銀行主)와 증권사주(證券社主)의 재산을 보호하려 했다는 이유로 성실하지 못하다고 말했다. 그는 옛날의 영주들이 권리도 없는 것을 얻어서는 안 된다고 단언하였다. 그러나 그들 자신의 것을 그들에게서 빼앗아도 안 된다는 것이다. 당은 사유재산과 권리를 보호해야 한다고 했다. 이어서 남 도이치 지지자들의 커가는 박수갈채 속에서 조목별로 들어갔다.

그러자 북 도이치 사람들도 한 사람씩 망설이면서 이쪽으로 합류하였다. 슈트라서 일파의 정책을 검토하고, 거기에 맞서 1920년의 당 정책을 내세웠다. 이것은 "우리 종교와 세계관의 근본 취지입니다. 그것을 흔드는 것은 우리의 이념에 대한 신념을 가지고 죽어간 사람들에 대한 배신행위가 될 것입니다."

괴벨스의 일기는 반대자들 사이에서 내심의 혼란이 커지는 과정을 보여준다. "마치 얻어맞은 것 같다. 히틀러란 어떤 사람인가? 반동분자인가? 어처구니없을 정도로 서투르고 불안하다. 러시아 문제는 완전히 옆으로 치워졌다. 이탈리아와 영국은 자연의 동지들이란다. 끔찍하군! 우리의 과제는 볼셰비즘을 파괴하는 것이란다. 볼셰비즘은 유대의 권력이라고! 우리가 러시아를 상속해야 한다고! 1억 8천만 명을!!! 재산문제에 대한 영주들과 정부의 계약이라고……! 끔찍한 일이다! 정책은 충분하단다. 그것으로 족하다. 페더는 고개를 끄덕인다. 라이도 끄덕인다. 슈트라이허도 끄덕인다. 에서도 끄덕인다. 당신을 모임에서 만나다니 내 영혼이 괴롭구나!!! 짧막한 토론. 슈트라서가 연설하고 있다. 말이 막히고, 더듬고, 떨면서, 미숙한 태도로. 선량하고 정직한 슈트라서, 아, 맙소사, 우리는 저 아래 있는 돼지들보다 별로 나을 게 없구나! ……나는 아무 말도 할 수 없다! 마치 머리에 한방 맞은 것 같다."[2]

히틀러는 상대방이 의견을 철회하도록 만들지는 못했다. 슈트라서는 반볼셰비즘은 본능에 어긋난다고 말하고, 자본주의 체제의 혼란정책을 위한 모범이라고 불렀다. 반볼셰비즘은 민족주의 세력들로 하여금 자본주의의 착취자 이익에 봉사하도록 만드는 것이라고 했다. 그러나 패배는 완벽한 것이었다. 오토 슈트라서는 뒷날 자기들의 굴욕을 변명하면서 다음과 같이 말하였다. 히틀러가 간교하게도 평일에 이 대회를 소집하였다, 그래서 당직 이외의 직업을 가진 북 도이치 관구 지도자들이 참석하지 못하도록 만들었다, 그레고어 슈트라서와 괴벨스만 밤베르크에 참석했다는 것이다.

그러나 2월 14일은 일요일이었다. 슈트라서 일파의 이름 있는 거의 모든 대표자들이 그 자리에 참석하였다. 슐레스비히 홀스타인에서 온 힌리히 로제(Hinrich Lohse), 폼메른 지방에서 온 테오도어 팔렌(Th. Vahlen), 하노버의 루스트, 함부르크의 클란트(Klant) 등이었다. 그러나 좌파 국가사회주의 이념을 옹호하기 위해서 아무도 일어서지 않았고 그들은 모두 자기들 중의 연설가인 요제프 괴벨스만 바라보았다. 그들 모두 괴벨스처럼 머리에 한 방 맞은 듯한 기분이었다. 괴벨스가 히틀러의 최면술적인 힘에 의해서, 그의 화려한 등장과, 자동차 행렬, 뮌헨 사람들의 기구와 물질적 경비에 의해서 말도 못할 정도로 압도되고 있었다면 그레고어 슈트라서는 적어도 그 순간에는 히틀러의 능숙함과 유혹의 힘에 패배하였다.

'배신자 콘체른'[3]에 대한 공격이 절정에 달했을 때 히틀러는 갑자기 보란 듯이 그에게 오더니 팔로 그의 어깨를 감쌌다. 이러한 행동이 슈트라서 자신을 되돌려놓지는 못했지만, 거기 모여든 사람들에게는 어떤 효과를 냈고, 슈트라서로 하여금 화해적인 반응을 보이도록 강요하였다. 북부와 서부 도이치 관구 지도자들의 노동자 계층은 실질적으로 해체되었다. 그들의 정책입안은 제대로 토론도 되지 못했다. 영주들의 재산몰수는 거부되었다. 3주 뒤인 5월 5일에 그레고어 슈트라서는 등사된 서한을 동지들에게 보내서 정책입안서를 돌려보내달라고 긴급히 요청하였다. "아주 특별한 이유에서"라고 그는 썼다. 자신은 "히틀러 씨를 위해서 이 문서를 완전히 회수할 의무를 가지고 있기 때문"이라고 했다.[4]

히틀러의 정력적인 반대는 슈트라서 일파의 좌파 강령보다는 오히려 좌파적 생각을 향한 것이었다고 말할 수 있을 것이다. 어쨌든 그는 이념의 전조를 이념 자체보다 더 높게 평가하지는 않았으며, 언제라도 임의로 사회주의 관념들을 받아들이거나 아니면 장식적으로 이용하곤 하였다. 그러므로 괴벨스가 밤베르크 당대회 전에 '히틀러를 우리편으로 끌어들이기'[5]를 소망했던 것은 이유가 있었던 셈이다. 그러나 히틀러가 당 운동을 위해서 무의미하고 치명적인 위험이라고 생각한 것은, 토론하고, 문제를 일으키는, 지적인 변명의 필요성과 의심의 영향을 받는 국가사회주의자였다.

그런 유형의 인물들이 슈트라서 형제 주변에 모여들고 있었다. 히틀러는 슈트라서 자신을 통해서 저 분파를 형성하는 유형이 돌아올까 두려워하였다. 그러한 유형의 파괴적인 힘이 전에도 민족주의 운동을 파멸시켰다. 히틀러는 극단화시키는 성향에 따라서 곧 모든 이념논쟁을 분파주의와 동일하게 여기게 되었다. 그는 추종자들 사이의 개인적인 갈등을 좋아하였고, 때로는 촉진시키기도 하였지만 정책을 놓고 의견차이를 가지는 것만은 싫어하였다. 그런 일은 그의 생각으로는 에너지를 낭비하고 외부로 향한 타격력을 약화시킨다는 것이다. 기독교의 성공비밀 중 하나는 그 교리를 변화시키지 않았다는 사실에 있다고 말하곤 했다. 히틀러의 '카톨릭' 기질은 견고하고 변화되지 않는 형식을 고집하는 그의 신념에 잘 나타나고 있다.

몇 주 뒤에 벌써 그는 어떤 기회를 이용해서 낡은 당 강령이 분명한 약점을 가지고 있는데도 불구하고 '변할 수 없는 것'이라고 선언하였다. 바로 이러한 낡고 고색창연한 특성들이야말로 그것을 토론의 대상에서 숭배의 대상으로 바꾸어주는 것이다. 그것은 질문들에 답변하려는 것이 아니라 에너지를 마련해주는 것이라야 한다. 히틀러의 의견으로는 해석이란 오직 분열만 만들어낸다는 것이다. 그가 엄격한 일관성을 가지고 지도자와 이념이 동일한 것이라고 주장한 것은 잘못을 범하지 않는 지도자, 변화될 수 없는 강령이라는 원칙과 잘 들어맞는다. "맹목적 믿음은 산을 움직인다."고 히틀러는 말했다. 그의 심복 중 한 사람은 이렇게 말했다. "우리의 강령은 두 마디로 요약된다. 즉 '아돌프 히틀러'다."[6]

이념논쟁의 종결

밤베르크 당대회와 그레고어 슈트라서의 굴욕은 이미 국가사회주의 좌파의 종말을 의미하는 것이었다. 좌파는 시끄럽고, 특히 오토 슈트라서가 쓴 책에서 온갖 소동을 일으켰지만 앞으로는 오직 방해하는 이론일 뿐 진지한 정치적 대안이 되지 못했다. '사회주의'는 비정치적인 애국주의 구호로 대체되었다. 정당의 선동에서 '밀매 자본주의자'의 모습은 점차 물러나고, 구스타프 슈트레제만이나 다른 정부 대표자 같은 '국가이익을 떨이로 파는 자들'이란 표현이 나타났다. 그와 동시에 이 대회는 국가사회당을 최종적으로 엄격한 지도자당으로 만들었다. 이제부터는 마지막날까지 어떤 이념적인 노선투쟁도 없게 되었다. 오직 자리와 총애를 얻기 위한 싸움만 남게 된다. "우리 운동의 동화력(同化力)은 무서울 정도다."라고 히틀러는 만족스럽게 확인하였다. 동시에 국가사회주의는 자체적인 사회적 구상으로 공화국 질서에 도전하는 일을 포기하였다.

국가사회주의는 공화국에 맞서 이념이 아니라 투입 준비가 된, 잘 훈련된, '지도자'의 카리스마를 가진 전투력을 내세웠다. 히틀러의 설명대로 '우리의 높으신 분들께 그 많은 공포심을 유발한' '일방성이라는 원시적 힘'이었다. 그러고 나서 아직 완전히 성공하지 못한 이미지였지만 "독(毒)은 대립하는 독으로만 깨뜨릴 수 있다는 사실을 아는 남자의 주먹"을 내세웠다. "더 강한 두개골, 가장 강력한 결단력, 더 강력한 이상주의가 사태를 결정지어야 한다."는 것이다. 다른 자리에서 그는 이렇게 확인하기도 하였다. "그러한 싸움은 '정신적' 무기로 싸우는 것이 아니고 광신주의로 싸우는 것이다."[7]

국가사회당을 다른 모든 정당과 정치적 투쟁운동과 구분하고, 또한 유연한 공산당 간부들에 비해서도 분명한 우세를 확보해준 것은 이 정당의 가차없는 도구적 성격이었다. 공산당 간부들 사이에서도 언제나 일탈, 회의(懷疑), 지적 거부의 요소들이 나타나곤 하였다. 그러나 국가사회당에서는 반대파의 저항 없는 자진해체와 더불어 광범위한 종속의지가 일깨워진 것처럼 보인다. 슈트라서의 수많은 추종자들은 이제 '정당운동을 지도자의 손에 쓰기 좋고, 흠없는 도구로' 만드는 일을 명예로 삼게 되었다.[8]

히틀러는 자신의 최고 지도자들에 대해서도 이제부터 날카로운 승마용 채찍으로 절대적 명령권을 갖게 되었다. 그들은 이제 별로 중요하지 않은 결정권조차도 갖지 못했다. '좋은 국가사회주의자의 원형'은 '지도자를 위해서 언제라도 맞아죽을 각오가 되어 있는' 사람이었다. 전당대회는 히틀러를 제1의장으로 뽑자는 확고한 제안을 형식적인 익살극처럼 명랑한 태도로 받아들였다.[9] 실제로 괴링이 나중에 말한 것처럼 '지도자'의 압도적인 권위 옆에서는 누구도 감히 '그가 올라설 돌 이상'이 되지 못했다.

히틀러 스스로 자신의 절대적 지휘권을 역사적으로 증언하고 있다. 1926년 당대회에서 그는 이렇게 말했다. "우리가 개인숭배를 하고 있다고 사람들이 우리를 비난합니다. 그것은 사실이 아닙니다. 역사상 모든 위대한 시대에 언제나 단 한 사람만이 두드러지게 나타나는 법이죠. 어떤 운동이 아니라 오직 사람들만이 역사에서 거론되는 것입니다."

히틀러는 보통 과도한 승리를 좋아하는 성격과는 달리 밤베르크의 성공을 유화적인 태도와 결합시켰다. 그레고어 슈트라서가 자동차 사고를 당하자 그는 '엄청난 꽃다발을 들고서' 환자를 찾아가서 환자의 편지에 따르면 '매우 친절'한 태도를 보였다. 슈트라서 일파의 대변인 중 한 사람으로서 뮌헨 당 지도부에서 가장 나쁜 평판을 가졌던 괴벨스도 히틀러의 직접적인 구애를 받았다. 그리고 뮌헨 시민 양조장 회합의 주요 연사로 와달라는 초대를 받았다.

집회가 끝났을 때 히틀러는 압도된 태도로 눈에 눈물을 글썽이며 그를 포옹하였다. "그는 부끄러울 정도로 우리에게 친절하다."고 괴벨스는 감동해서 적었다.[10] 동시에 히틀러는 새로 얻은 권위를 확고하게 제도로 굳혀나가기 시작하였다.

권력확보와 승리축하

1926년 5월 22일 뮌헨에서 열린 전당대회는 국가사회당에 아주 노골적으로 히틀러 개인을 위해 마련된 새로운 회칙을 선보였다. 그에 따르면 당의 주인은 뮌헨에 있는 국가사회주의 도이치 노동자연합이었다. 그 지도부는 동시에 전국지도부가 된다. 최초의 의장은 연합법에 맞게 선출되었다.

그러나 히틀러의 지지기반인 뮌헨 지구당의 수천 명 당원이 당 전체를 위한 선거 심의기구를 도맡아버렸다. 그로써 당은 완전히 금치산이 되고 말았다. 뮌헨 지구당원들은 다시 극히 까다롭게 조정된 방식으로만 제1의장에게 설명을 요구할 권한을 가지므로 의장의 당 지배권은 무제한이고 통제받지 않게 되었다. 다수결정이라도 그에 대해서는 구속력이 없었다. 권력 없는 파벌이 생기는 것마저 원천봉쇄하기 위해서 관구 지도자들도 지구당 대회에서 선출되지 않고 제1의장이 임명하기로 하였다. 위원회 의장도 마찬가지였다.

이러한 권력안전 체계를 한 번 더 안전하게 하기 위해서 조사 및 조정위원회(USCHLA)가 만들어졌다. 이것은 일종의 당 재판소로서 개인이나 혹은 지구당 전체를 국가사회당에서 제명할 권한을 가지는 것이었다. 이 위원회 최초의 의장은 퇴직 육군준장인 하이네만(Heinemann)이었다. 그는 위원회를 당 내부의 부정과 부도덕에 대항한 투쟁기구라고 잘못 생각하였다. 그래서 히틀러는 부리기 좋은 발터 부흐(W. Buch) 소령으로 위원장을 바꾸었다. 위원으로는 열성이 있는 울리히 그라프(U. Graf)와 젊은 변호사 한스 프랑크를 임명하였다.

6주 뒤인 7월 초에 히틀러는 바이마르에서 당대회를 열어서 자신의 승리를 축하하였다. 이 당대회는 새로운 시대의 발전과 성향을 미리 보여준 것이었다. 모든 비판적인, 아니면 히틀러가 경멸적으로 말한 '정신력 풍부한' 움직임, 모든 '익지 않고 불확실한 이념들'은 억압되었고, 처음으로 뒷날의 당대회 운영방식이 드러났다. '제1의장의 서명을 받은' 신청서들만 허용되었다. 당 정책상의 견해차이를 드러내고 '말다툼'을 벌이는 정당이 아니라 '극단적으로 잘 용접된 지도부'의 이미지를 대외적으로 보여주려고 했다.

개별적인 특별대회 의장들은 히틀러가 '원칙적 노선' 안에 정해놓은 대로 '지도자라고 느끼되 표결결과의 집행기관으로 자처하지' 않아야 했다. 원칙적으로 표결 자체가 금지되고 '끝없는 토론들을 중단해야' 했다. 토론 해봐야 정치적 문제들을 '연합대회가 열리는 장소에서 해결할 수도 있으리라' 는 오류만을 부채질할 뿐이라고 했다. 그리고 단상의 연설시간이 엄격하게 제한되었다. '전체 프로그램이 한 사람으로 해서 망가지지 않도록' 하기 위해서였다.[11]

히틀러가 바이마르 국립극장 집회가 끝난 다음에 가죽혁대와 각반바지, 방풍 재킷을 입은 모습으로 무개차에서 5천 명의 지지자들의 사열식을 검사할 때 처음으로 이탈리아 파시스트 방식으로 팔을 쭉 뻗쳐서 인사를 했다는 것은 깊은 의미가 있는 일이었다. 제복을 입은 돌격대 종대의 모습을 보고 괴벨스는 환호하면서 제3제국이 다가오고 독일이 깨어나는 모습을 보았지만, 당시 관찰자들의 판단에 따르면 모든 임의성을 억압한 것이 당에 오히려 무기력한 모습을 부여하였다. 이념의 빈곤과 의견이 없는 것을 휘황찬란한 의식으로 덮어버리는 기술은 이때만 해도 뒷날처럼 아직 그토록 절정에 도달하지 못했다.

귀빈들 중에는 재향군인회 철모단 지휘자 테오도어 뒤스터베르크(Th. Düsterberg)와, 곧 이어서 돌격대로 자리를 옮기는 황제의 아들 아우구스트 빌헬름 왕자(A. Wilhelm)도 끼여 있었다. 그리고 몇 개의 민족주의 단체들도 당의 통일성과 힘에 압도되어서 자기들의 독자성을 포기하고 국가사회당에 합류하였다. 그러나 동시에 그레고어 슈트라서의 입에서 나온 '죽은 국가사회주의'라는 공식이 바이마르의 인상이었다.

돌격대의 역할문제

돌격대는 아직도 불안과 반동적인 에너지의 마지막 요소로 남았다. 거기서는 슈트라서 일파의 과격한 구호들이 특별히 오래 메아리를 울리고 있었다. 히틀러는 룀을 퇴직시키고 난 다음 일년 이상을 기다렸다가 1926년 가을에 퇴직 소령인 프란츠 페퍼 폰 살로몬(F. Pf. v. Salomon)을 새로운 돌격대의 최고 지휘자(OSAF)로 임명하였다. 그는 여러 의용군과 암살활동에 연루되었고, 나중에는 베스트팔렌 대관구 지도자를 지낸 인물이었다.

그를 임명하면서 히틀러는 전통적인 돌격대의 역할문제를 해결하려고 하였다. 즉 보조적인 군대조직도, 비밀조직이나 지역구의 싸움부대도 아니고, 중앙당의 엄격한 통제를 받는 선전 및 대중테러 기구가 되어야 한다는 조직원칙을 발전시키려고 하였다. 국가사회주의 이념을 광신적이고 순수한 전투력으로 바꾼 기구였다. 준군대적인 온갖 특수임무와 작별하고, 궁극적으로 돌격대를 당에 편입시키기 위해서 그는 바이마르 국립극장에서 '충성서약'과 신비스런 의식과 함께 새로운 단위부대들에게 자기가 손수 도안한 연대기(旗)들을 넘겨주었다.

그는 폰 페퍼에게 보낸 편지에서 이렇게 말했다. "돌격대의 교육은 군사적 관점에서 이루어져서는 안 되고 당 목적에 맞도록 이루어져야 합니다." 옛날 군대식 조직이 강력하기는 하였지만 이념이 없었고 그래서 실패했다는 것이다. 비밀조직과 암살 서클은, 적이 이름 없는 형태로 머리와 영혼에

돌격대의 새로운 지도자 페퍼 폰 살로몬과 함께.

작용하고 있으며 적의 대변인들을 개별적으로 제거해서 적을 없앨 수 없다는 사실을 이해하지 못했다는 것이다. 그러므로 투쟁은 "작은 복수나 모반 행위의 분위기를 벗어나서 공산주의와 그 조직체, 그리고 조종자들을 향한 세계관적인 파괴전쟁이 되어야 합니다⋯⋯. 비밀집회의 형태가 아니라 강력한 대중행진의 형태로 일해야 하며, 단도와 독, 피스톨이 아니라 거리를 점령함으로써 운동을 위한 길을 활짝 열어줄 수 있는 것입니다."[12]

시간이 흐르면서 이른바 '돌격대 명령과 원칙적 지침'에서 폰 페퍼는 돌격대의 특성과 활동 가능성을 구분하고 엄격한 훈련기술의 대중심리 효과에 대한 독특한 감각을 발전시켰다. 행사명령을 내리면서 그는 모든 장면, 행진동작, 팔 들어올리기, 혹은 '하일' 외침 등을 정하고, 대규모 장면의 효과를 조심스럽게 계산하는 연출자처럼 느꼈다. 드물지 않게 그의 고지서는 심리기술적인 교훈의 성격을 띠곤 했다.

"돌격대가 대중 앞에 나서는 유일한 형식은 닫힌 장면이다. 그것은 동시에 가장 강력한 선전형식들 중 하나다. 내면과 외면이 균형잡히고 잘 훈련된 수많은 남자들을 보는 것은, 그들의 쉬지 않는 전투의지를 분명하게 보거나 짐작할 수 있을 경우, 모든 도이치 사람에게 깊은 인상을 심어주게 될 것이다. 문서와 연설과 논리가 한 것보다 더 설득력 있고 감동시키는 언어로 가슴에 속삭이게 될 것이다. 조용한 침착함과 자명성은 힘의 인상을 강조한다. 행진하는 부대의 힘 말이다."

그러나 돌격대를 무기 없는 선전부대로 바꾸고 흥행적 매력을 부여하려는 시도는 군대의 특수의식을 만족시키지 못하고 전혀 성과를 거두지 못했다. 모든 대응적인 노력에도 불구하고 그들을 자신의 정치적 목적의 양순한 도구로 만들려는 노력은 오직 제한적으로만 성공하였다. 그 이유는 이 직업군인들의 이념 없는 시골식 사고방식 때문이기도 했고, 군대기구가 정치기구에 대해서 언제나 특수한 지위를 차지해온 나라(군국주의 국가 : 역주)의 전통 때문이기도 했다.

페퍼의 재교육 구호는 '투쟁운동'으로서의 돌격대가, 말하는 부분에 불과한 정치기구(PO)에 대해서 도덕적으로 우월하다는 느낌을 완전히 지워버릴 수는 없었다. 돌격대는 정치기구 'PO'를 'P-제로'라고 부르곤 하였다. 이러한 의미에서 돌격대는 자신들을 '우리 기구의 왕관'이라고 추켜세웠다. "그들은 우리 돌격대를 흉내내지 못한다."고 이른바 의회정당에 대한 경멸적인 생각을 품고서 으스댔다.[13] 물론 의회정당은 이것을 지속적인 곤란이라고 여기지도 않았다. 그것은 국가사회당의 당 군대 조직에서 생겨난 곤란한 점들로, 열등감에 가득 찬 세계전쟁의 장교와 군인들에게 다음 세대에나 가능한 굴종적이고 허약한 군주적 인간형의 까다로운 행동균형을 요구한다는 딜레마였다.

머지않아 룀처럼 고집센데다 더욱 독자적이고 냉정하며 전임자처럼 감상으로 약해지지도 않는 폰 페퍼와 최초의 갈등이 나타난다. 이 '기력 없는 오스트리아 사람(히틀러)'이 무섭지 않다고 프로이센 추밀고문관의 아들(폰 페퍼)이 말하였다.[14]

베를린 돌격대가 특별히 반항적으로 행동하였다. 이곳의 하부조직들은 그들 특유의 범죄적 성향과 사기꾼 행동으로 특징지을 수 있는 정책을 계속 밀고나갔다. 관구지도자 슐랑게 박사(Dr. Schlange)도 거기에 반대할 수가 없었다. 정치기구의 베를린 쪽 지도자들과 돌격대 지휘자들 사이의 싸움은 때로는 따귀를 주고받는 수준에까지 이르렀다. 그러나 이런 소동은 베를린 국가사회당의 의미에는 어울리지도 않는 것이었다.

이곳 지구당은 당원이 채 1천 명도 되지 못하는데다가 이제서야 겨우 주목을 받기 시작하였다. 슈트라서 형제가 이른 여름에 이곳에서 신문업을 시작하였기 때문이다. 1926년 10월의 상황 보고서에는 이렇게 적혀 있다. "이 달의 당 내부 사정은 좋은 것이 아니었다. 우리 관구에서는 베를린 조직의 완전한 파괴까지도 생각할 정도로 날카로운 상황이 만들어졌다. 제대로 된 지도자를 가져본 적이 없다는 점이 이 관구의 비극이다."[15]

괴벨스, 히틀러에게 매료되다

같은 달 중에 히틀러는 참을 수 없게 된 이 상황을 끝냈다. 그의 전략적인 섬세함이 이런 행동에 잘 드러나고 있다. 그는 혼란을 틈타서 베를린 지역의 정당조직을 그레고어 슈트라서의 관할에서 빼내고, 그의 가장 유능한 추종자를 매수해서 자기편으로 끌어들였다. 요제프 괴벨스를 수도의 새로운 관구 지도자로 임명한 것이다. 7월에 이미 이 야심만만한 반대자는 뮌헨과 베르히테스가덴(히틀러의 별장)으로 초대를 받고 자신의 극좌파적인 신념에 대해서 심한 의심을 품게 된 참이었다. 그리고 욕을 해대던 히틀러에 대해서 일기장에다가 간결하게 '천재'라고 묘사하였다. '신적인 운명의 창조적 도구'라고 하면서 마침내 이렇게 고백하였다. "나는 그의 앞에서 떨면서 서 있다. 그는 어린아이 같고, 사랑스럽고, 선량하고, 자비롭다. 고양이처럼 간교하고 영리하고 능숙하며, 사자처럼 포효하고 거인답다. 한 인간, 한 남자…… 그는 나를 어린아이처럼 다룬다. 선량한 친구이며 스승!"[16]

이렇게 과도한 생각은 이 약삭빠른 기회주의자가 슈트라서에게서 떨어져나오면서 느낀 당혹감을 약간 힘들게 감추고 있다. 같은 자리에 슈트라서에 대해서 이런 말이 적혀 있다. "그는 마침내 이성을 잃었다. 여전히 마음만은 지니고 있지만. 나는 때로 그를 매우 사랑한다." 히틀러는 이질감이 재빨리 진행되도록 세심하게 신경을 썼다.

그는 괴벨스에게 직위를 주면서 특수한 전권을 함께 주었다. 그것은 새로운 관구 지도자의 위상을 강화할 뿐만 아니라, 슈트라서와 마찰면을 만들어내도록 고려된 것이었다. 히틀러는 분명하게 돌격대를 괴벨스 휘하에 들어가도록 만들었다. 돌격대는 관구 지도자들에 대해서 열성적으로 독립성을 지키는 것이 보통이었다.

슈트라서를 달래기 위해서 혹은 그의 저항 에너지를 마비시키기 위해서 그를 당의 선전부 책임자로 승진시켰다. 그러면서도 .갈등을 피할 수 없고 지속적인 것으로 만들기 위해서 괴벨스를 슈트라서의 영향권에서 다시 빼냈다. 옛날 친구들과 동지들은 새로운 베를린 관구 지도자가 더러운 배신을 했다고 비난하였다. 그러나 머지않아 모든 국가사회주의 좌익파들은 제각기 배신을 하였다. 배신을 안 할 경우에는 슈트라서 형제처럼 파면당했다가 나중에 도망치거나 아니면 죽게 되었다.

괴벨스가 베를린 관구 지도자가 되면서 북 도이치 지역의 이미 흔들리던 좌익 세력은 완전히 붕괴되기 시작하였다. 슈트라서는 아무것도 모른 채 헤스와 로젠베르크 같은 뮌헨 당 간부의 저항을 무릅쓰고 자신의 동지를 임명해줄 것을 요구하였다. 그러나 괴벨스는 히틀러의 비밀스런 의도를 더 잘 알아맞힌 듯했다.

어쨌든 그는 곧바로 공산당을 향해서뿐 아니라 어제의 동지들을 향한 공개적인 전투에 나섰다. 그는 싸움을 만들어내고, 슈트라서 형제에 대항한 경쟁지인 뻔뻔스런 가두잡지 〈공격〉을 발간하였다. 그리고 그들이 유대인 혈통이며 대자본가에게 매수되었다는 소문까지 퍼뜨렸다. 자기는 '바보 중에 얼빠진 상바보'였다고 그레고어는 나중에 괴벨스를 염두에 두고 탄식하였다.[17]

냉정하고 뻔뻔스럽고, 꼬치꼬치 캐어묻는 감상적인 입증의 대가로, 괴벨스는 정치적 선동의 새로운 시대를 열었다. 그는 다른 누구보다도 정치선동의 현대적 가능성을 잘 인식하였고 끝까지 이용하였다. 이름 없는 베를린 당 조직을 여론에 올리기 위해서 그는 흉측한 곤봉부대를 모아서 확고하게 실내싸움, 소동, 총싸움질 등을 일으켰다. 1927년 3월의 경찰보고에 따르면 리히터펠데 동부 정거장에서 공산주의자들과 유혈싸움을 벌인 다음에 '그때까지 거기 있던 모든 것이 폐허로' 변했다고 한다.[18]

이러한 방식으로 베를린에서 국가사회당이 금지령을 받았지만, 그런 일은 추종자들에게 순교자 의식과 작당의 느낌을 만들어주었다. 의미 없는 지역이었던 베를린 당 조직은 어쨌든 두드러지게 되었고 시간이 흐르면서 이른바 '빨갱이 베를린'의 막강한 전선을 상당부분 침입해들어가는 데 성공하였다.

당 조직 확장

히틀러는 이러한 당의 외부적인 확장 노력과 동시에 당 내부 조직의 꾸준한 확장을 위해 정성을 들였다. 그는 유일한 지도자의 카리스마적인 모습 아래 폐쇄적인 중앙집중 명령구조를 목표로 삼았다. 서열에 따른 심급, 정상의 모든 고지문들이 지닌 엄격한 명령 및 지시말투, 그리고 점차 더해가는 형태 단일화 등으로 당의 준군대적 성격이 드러나게 되었다. 그러한 지휘형태는 전쟁체험의 특징을 지닌 것이었다.

괴벨스는 때로 당을 향해 '결정적인 순간에는 모든 당원들에 이르기까지 단추를 극히 살짝만 눌러도' 복종해야 한다는 과제를 내걸곤 하였다.[19] 당이 직면하고 있던 제한과 관청의 통제는 이러한 의도들을 오히려 부추겼다. 외부의 적대감에 대한 의식과, 당기구의 긴장감과, 히틀러의 전체주의적 지휘는 서로 맞물려 결정적으로 진행되었다. 별 수고도 없이 뮌헨 중앙당은 가장 저급 단계까지 영향력을 확대하였다. 히틀러가 《나의 투쟁》 초판에서 고백하였듯이 보잘것없는 민주적 요소를 제거하고 '게르만적 민주주의'를 '무조건적 지도자 권위의 원칙으로' 대체하였다. 이제 그는 '오직 싸움의 원천'일 뿐인 '지구당의 너무 많은 당원집회'들을 경고하였다.[20]

당 조직 이외에도 잘 훈련되고, 수많은 담당영역으로 분할된 관료조직이 생겨났다. 그것은 국가사회당이 쿠데타를 일으킬 정도로 급격하게 상승한 다음에도 여전히 남아 있던 시골조직의 성격을 마침내 제거하였다. 히틀러가 개인적인 태도나 업무 스타일에서 무질서한 면모를 보이기는 했지만 그는 당원에 대한 3중 등록체계를 자랑으로 삼았고, 새로운 사무소나 등록 카드, 혹은 분류함을 받았다고 보고할 때면 몽상적인 어조에 빠져들곤 하였다.

예전의 군대상사식 원시 관료체계 대신에 점점 더 새로운 직급과 하부조직을 가진 광범위한 그물망이 나타났다. 1926년 한 해에만 뮌헨 중앙당의 자리가 세 배나 늘어났다. 국가사회당의 당 기구는 곧 사회민주당(SPD)의 전설적인 당 조직을 능가하기에 이르렀으나, 당원 숫자가 많지 않고, 아주 천천히 늘어나는 것에 비해서 어울리지 않게 큰 것이었다. 더구나 히틀러는 당을 자그마하고 단단한, 선전 및 폭력전문가로 이루어진 덩어리로 만들어내려는 생각을 가졌다. 그는, 1천만 명으로 이루어진 조직은 어쩔 수 없이 평화로운 것이 되며, 당은 자발적으로가 아니라 오직 광신주의적 소수파에 의해서만 행동하게 된다고 거듭 강조하였다.[21]

국가사회당은 1923년에 5만 5천 명이었다가 1925년 말에는 겨우 절반 수준이 남았다. 그러던 것이 일년 뒤에는 당원 수가 거의 10만 명에 이르렀다. 이렇게 부풀어오른 체계는 히틀러에게 무조건적인 자신감이 있어야 가능한 대중정당으로 출발하기 위한 광범위한 틀을 제공했다. 뿐만 아니라 그것은 다른 세력을 후원하고 분할하는 다양한 가능성을 마련해주었기 때문에 그런 행동을 통해서 그는 자신의 세력을 더욱 늘리고 확고하게 만들었다.

그림자 국가를 만들다

같은 시기에 그림자 국가(Schattenstaat 의원내각제의 '그림자 내각'을 만들면서 히틀러는 이런 이름을 붙였다:역주)를 만들기 시작하였다. 그 일은 정력적으로 추진되고 끊임없이 확장되었다. 《나의 투쟁》에서 이미 히틀러는 자신이 계획하는 국가전복을 위한 전제로서 하나의 운동을 생각하고 있었다. 이 운동은 '자체 내에 이미 '미래의 국가를 지니고' 있을 뿐만 아니라 '(히틀러)자신이 국가의 완성된 몸체를 이용할 수 있어야' 한다고 했다. 이러한 의미에서 당 내부의 당직들은 대신할 수 없는 참다운 민족의 이름으로 '바이마르 비국가(非國家)' (바이마르 공화국을 낮춰부른 것:역주)의 기구들에 대항하여 경쟁을 선언하고 정당성을 물고늘어지기 위한 것이기도 했다.

그림자 국가의 행정기구들은 정부측 행정기구에 맞추어서 생겨났다. 예를 들면 국가사회당의 외무부, 법무부, 국방부 등이었다. 다른 부처들은 국가사회주의의 우선정책 주제에 맞추어서 만들어졌다. 국민건강 및 종족부, 선전부, 거주부, 농업정책부 등이 있었고 부분적으로는 대담하게 딜레탕트적인 구상과 입법계획을 가진 새로운 국가를 준비하였다. 1926년 이후로 국가사회주의 의사연합, 법수호자 연합, 대학생연합, 교사연합, 공무원연합 등이 당의 보조기구들로 생겨났다. 심지어는 원예와 가금(家禽)경제 영역까지도 이런 조직체들 중에 버젓이 자리를 차지하였다.

1927년에 여성 돌격대의 결성을 잠깐 고려했다가 취소한 다음 이듬해 '붉은 갈고리 십자가' (뒷날 나치 여성대)가 만들어졌다. 이것은 점점 폭발적으로 늘어나는 정치화된 여성들을 사로잡고, 동성애적인 남성정당 안에서 여성들에게 실용적인 자선분야에만 제한된 활동영역을 할당해주기 위한 것이었다. 괴벨스가 1940년의 비밀 선언서에서 말했던 것과 사정이 꼭 같지는 않았다고 하더라도, 그러니까 1933년에 국가사회주의가 권력을 장악했을 때 '그 조직과 경험과 정신적·영적 원칙들을 국가단위로 옮기기'만 하면 되었고, 그것은 이미 '모든 것을 준비하고 모든 것을 생각해둔' '국가 속의 국가' 라는 정도까지는 아니었다고 하더라도, 어쨌든 국가사회당이 권력에 대한 요구를 다른 어떤 정당보다 더 효과적이고 도전적으로 준비하고 있었다는 것만은 사실이다.[22]

전국 지도자와 관구 지도자들은 1933년보다 오래 전부터 벌써 장관의 거동을 보였다. 돌격대는 공식행사에서 일시적으로 경찰 임무를 담당하기도 하였으며 드물지 않게 히틀러는 국제 회의에서 '야국(野國)(야당이 아니라)'[23] 지도자로 행세하였다. 논란의 여지가 많은 이 이념이 자주 사용된 정당 상징물에도 적용되었다. 즉 갈고리 십자가는 점점 더 진정한, 명예로

운 독일의 국가 기호로 여겨지고, 호르스트 베셀 노래(Horst-Wessel-Lied)
가 그림자 국가의 국가(國歌)가 되었다. 그리고 갈색 셔츠, 휘장, 기호와
당 기념일 등은 국가와는 대립할 수밖에 없는 소속감을 만들어냈다.

그 시절 국가사회주의가 발전시키고, 뒷날 미로와 같은 권력체계 안에서
만족을 얻게 되는 그 모든 관료주의적 열광에도 불구하고 그의 지휘 방식
은 강하게 주관적인 요소들로 이루어져 있었다. 이러한 주관적 요소들은
언제나 실용적인 규범을 넘어서는 것이었다. 그래서 위급한 경우에 부닥치
면 이런 규범들의 신빙성이 별로 없어졌다. 당내 위계질서에서 차지하는
위치는 서열 자체보다 그 자리에 있는 사람이 얻는 총애의 표지에 의해 결
정되었다. 그래서 모든 규범은 임의에 따르고, 법칙은 기분에 따르게 되었
다.

나아가서 거칠 것 없이 충동에 따르는 '지도자의 뜻'은 가장 높고 논의
의 여지 없는 헌법적 사실로 여겨지게 되었다. 그는 하부 지휘관들을 임명
하고 해고하였으며, 후보자와 선거인 명부를 결정하였고, 그들의 수입을 조
절하고, 그들의 사적인 사정까지 통제하였다. 지도자 원칙은 원칙적으로 제
한이 없었다. 함부르크 관구지도자 알버트 크렙스(A. Krebs)가 1928년 초
에 관구 내에서 갈등을 겪은 뒤 퇴직하겠다고 선언했을 때 히틀러는 이 청
원을 거부하였다. 그러고 나서 장황한 형식의 서류심문을 거쳐서 지도자의
신뢰만이 권력있는 지위를 허용하거나 빼앗는다는 사실을 당 전체에 보여
주었다. 자기만이 업적을 칭찬하거나 잘못을 질책하고, 조정하고, 감사하
고, 용서한다는 것이다. 그러고 난 다음에야 퇴직을 선언하였다.[24]

점점 더 두드러지게 드러나는 히틀러라는 인물은 그러한 수단들을 통해
서 점점 더 확정적으로 구조를 결정하였다. 당 기구조차도 그의 전기(傳記)
의 특성들을 반영하였다. 광범위하고 기형적 단계를 가진 직책들에 대한
과도한 관료주의적 정열, 직함의 숭배, 아무것도 아닌 권한의 숭배 등은 이
미 관리 아들의 유산을 보여주는 부분이다. 주관적 요소가 지배하는 것 역
시 히틀러가 법도 없고 사회적 연결고리도 없는 방위군의 밑바닥 출신이라
는 사실을 보여준다. 오래된 과대망상적 성향도 끝없이 과장하는 대규모

질서에 드러나 있다. 가장 하잘것없는 기구들에도 화려한 칭호를 제공한 것은 고등사기꾼의 과시욕에 불과하였다.

그림자 국가라는 생각과 전국적 규모의 당 관료조직 설비는 미래에 대한 참을성 없는 기대이며, 현실을 앞당기려는 시도이기도 했다. 지치지 않는 집회활동이 계속되었으니 1925년 한 해만 해도 히틀러에게 보고된 바에 따르면 약 2천4백 회의 시위를 벌였다. 여론은 거기에 거의 관심을 보이지 않았고, 신문 사회면을 장식하기 위한 이 모든 분노한 싸움질과 주먹질, 이 모든 소동은 거의 성과를 얻지 못했다.

공화국이 안정되었던 그 몇 해 동안에 국가사회당은 괴벨스 말마따나 적들의 미움조차도 받지 못했고 히틀러 자신도 성공을 의심하는 듯했다. 그러면 그는 현실에서 벗어나 숨막히는 전망으로 넘어가곤 하였다. 그리고 자신의 확신을 미래로 넘겼다. "우리의 이념이 승리를 거두기까지 20년 혹은 1백 년이 걸릴지도 모릅니다. 오늘 이 이념을 신봉했던 사람들은 죽을지도 모릅니다. 그러나 민족, 인류의 발전이라는 점에서 보면 한 인간이란 무엇이겠습니까?"라고 물었다.

다른 기분일 때는 자기가 미래의 대규모 전쟁을 지휘하는 모습을 그려보기도 했다. 한번은 헤크 카페에서 케이크 접시를 앞에 놓고 슈테네스(Stennes) 대위에게 커다란 음성으로 말했다. "그러면, 슈테네스, 우리가 승리하게 되면 승리의 가로를 만들자구. 되버리츠에서 브란덴부르크 문에 이르는 길에 60미터 넓이로, 오른쪽과 왼쪽에 트로피와 약탈품을 세워둔 승리의 가로 말이야."[25]

최초의 뉘른베르크 당대회

그 사이 중앙당은 약 30개의 지구당(전체 수 대략 2백 개 중에서)이 1927년 8월 중순으로 예정된 당대회를 위한 벽보를 주문하는 일을 게을리했다고 탄식하였다. 그리고 대중집회를 조직하는 일이 힘들다는 말도 했다. 아마도 이런 이유에서 히틀러는 처음으로 당 대회를 오래된 제국도시 뉘른베르크(Nürnberg)의 낭만적인 배경 속에서 치르기로 결정했을 것이다. 그곳

히틀러의 연출 아래 이루어진 뉘른베르크 최초의 당대회는 뒷날 완성되는 숭배의식의 전조들을 보인다. 당대회 폐회식을 겸한 분열식에서의 히틀러.

은 근처에 있는 밤베르크와 비슷하게 율리우스 슈트라이허가 막강한 영향력을 가진 곳이었다.

바이마르와는 달리 이번에는 히틀러의 연출을 느낄 수가 있었다. 당의 폐쇄성과 전투준비 등을 효과적으로 표현하였다. 그의 초기 추종자 중 한 사람은 이날을 계기로 그를 '대중지휘의 마술사'라고 불렀다. 실제로 이 대회에서 뒷날 인기있는 의식으로 발전하는 최초의 시작을 볼 수 있다. 깃발과 삼각기와 악단을 동원하고 특수한 행렬을 이루어서 전국 방방곡곡에서 돌격대와 당 조직부대들이 도착하였다. 외국에서도 수많은 대표단들이 왔다. 그리고 일년 전에 창설된 히틀러 청년단이 처음으로 모습을 나타냈다. 바이마르에서 이미 다채롭게, 그러나 우연적으로 작용한 단일화는 여기서 거의 완전하게 실현되었다.

히틀러 자신도 옛날 의용군 물품에서 넘겨받아서 돌격대로 도입된 갈색 셔츠를 입었다. 그는 개인적으로는 물론 이 셔츠를 추하다고 여겼다. 루이트폴트 숲에서 거행된 대규모 행사는 12개 연대기(旗)들의 화려한 축성식으로 끝났다. 그러고 나서 히틀러는 시장광장에서 무개차에서 팔을 쭉 뻗은 자세로 움직이지 않고 자기 추종자들의 분열행진을 바라보았다. 나치 신문은 분열식 참석자가 3만 명이라고, 〈민족관찰자〉는 10만 명이라고 보도했지만 냉정하게 보면 약 1만 5천 명 정도로 추산된다. 갈색의 환상적 의상을 입은 여자들과 소녀들은 히틀러 앞으로 지나갈 허락을 받지 못했다.

당대회는 노조문제를 위한 회의소집을 추천하였고(열린 적이 없다), 당의 재정적 어려움을 극복하기 위한 '헌금반지'를 만들기로 결정하였고, 지적인 계층에도 선전을 할 수 있도록 학회를 창설할 것을 요청하였다.[26] 얼마 뒤에 함부르크에서 히틀러는 처음으로 수천 명의 슐레스비히 홀스타인 농부들을 앞에 놓고 연설하였다. 당의 정체현상으로 인해서 새로운 사회계층에서 지지세력을 구하지 않을 수 없다는 내용이었다.

'정지의 시기'에 벌어들인 '수압'들

국가는 그 사이 1923~1924년의 안정화 요인들을 성공적으로 발전시켰다. 새로운 배상협정, 로카르노 조약과 독일의 국제연맹 가입, 켈로그 협약, 그리고 처음에는 도이치 수상 슈트레제만과 프랑스 수상 브리앙(Briand) 사이의 개인적인 친분으로 시작해서 점차 공식적인 분위기로 넘어가게 된 프랑스와의 상호이해 등이 분명한 효력을 드러냈다.

시대는 긴장완화와 국제적 균형을 지향하고 있었다. 포괄적인 미국의 차관은 공화국에 적지 않은 부채를 안겼지만 동시에 경제의 합리화와 현대화를 위한 투자확대를 가능하게 만들었다. 1923년에서 1928년 사이의 지표 상승은 거의 모든 분야에서 다른 모든 유럽국가들을 능가하는 수준이었을 뿐만 아니라 영토가 줄었는데도 전쟁 전 독일 수준을 능가하는 것이었다. 1928년에 국민 소득은 1913년의 소득보다 약 12퍼센트나 높았고, 사회적 개선들은 상당한 수준에 이르렀으며 실업자 수는 약 40만 명으로 줄어들었

다.[27]

시대가 국가사회주의의 과격주의와 반대 경향을 보이는 것은 분명하였다. 히틀러 자신도 때로는 몇 주 동안이나 거의 모습을 보이지 않은 채 오버잘츠베르크(윗소금산)에 틀어박혀 지냈다. 그러나 그의 은둔은 그가 마침내 얼마나 확고한 자신감을 가지게 되었는지를 보여준다. 그는 간혹가다만 분명하게 계산된 거리를 두고서 훈계나 위협을 해서 자신의 권위를 보여주었다.

1926년 12월 10일에 《나의 투쟁》 제2권이 나왔다. 그러나 기대하였던 결정적인 성공을 거두지는 못했다. 제1권은 1925년에 거의 1만 부를, 이듬해에는 거의 7천 부를 팔았지만 1927년 전작품의 매상은 5,607권으로 줄었고, 1928년에는 겨우 3,015권에 이르렀다.[28]

어쨌든 그의 수입은 윗소금산에 있는 집의 생활을 가능케 해주었다. 베히슈타인 부인은 집의 설비비를 대주었고, 바이로이트의 바그너 집안은 여러 가지 침대보나 식탁보 등의 물품과 도자기 등을 보내주어 집안을 장식하게 해주었다. 그들은 나중에 바그너 전집과 그의 〈로엔그린〉의 원본 총보 중 한 페이지를 보내주었다. 그 무렵쯤 해서 히틀러는 2만 마르크를 내고 6인승에 덮개가 없는 메르세데스(벤츠) 자동차를 한 대 구입하였다. 그 자동차는 그의 기술적·과시적 욕구에 잘 들어맞았다.

전후에 발견된 그의 세금관계 자료를 보면 이 비용은 신고된 수입액을 훨씬 초과하는 것임을 재정당국에 숨길 수가 없었다. 세무서에 보낸 편지는 군대 기피자로 잡히고 난 뒤 린츠 시당국에 보냈던 편지를 생각나게 하는 감상적인 약삭빠름을 다시 보여주고 있다. 그는 이 편지에서 자기 생활이 빈궁하고 소박하다고 맹세하였다. "내 것이라 부를 만한 부동산이나 금융재산이라곤 어디에도 없습니다. 나의 개인적인 욕구를 꼭 필수적인 것에만 한정시키고 있습니다. 술도 담배도 입에 대지 않으며 가장 저렴한 식당에서 식사하고 약간의 집세를 빼고 나면 정치적 문필가의 광고비에 속하지 않는 비용이라곤 아예 없다시피 합니다…… 이 자동차도 내게는 이런 목적을 위한 것일 뿐입니다. 자동차가 있어야 일상의 업무를 수행할 수 있으니까요."[29]

　1926년 9월에 그는 세금을 지불할 능력이 없다고 밝히면서 은행빚이 많다고 거듭 말했다. 몇 년 뒤에도 그는 때때로 이 시절의 계속적인 돈 부족을 회상하였다. 때로는 사과만 먹고 산 적도 있다고 말했다. 티르쉬 거리에 있는 과부 라이헤르트(Reichert)의 집에 얻은 셋방은 사실상 거의 돈이 들지 않았다. 자그마하고 옹색한 가구가 딸린 방이었고, 바닥에는 닳아빠진 리놀륨 장판이 깔려 있었다.

　수입을 늘려보려고 히틀러는 헤르만 에서와 사진기사 하인리히 호프만과 함께 〈화보관찰자〉를 만들었다. 이 사진기사에게 그는 자기 그림에 대한 전매권을 주었었다. 이 〈화보관찰자〉를 위해서 그는 '금주의 정치'라는 표제로 정기적인 기사를 기고하기로 하였다. 그의 주석의 단조로움과 눈에 띌 정도로 약화된 문체는 이 시기의 주제 빈곤을 보여준다.

　이 기다림, 계획, 정지의 시기 한가운데인 1928년 여름에 그는 살아 있는 동안에는 출간되지 않은 두 번째 책을 쓰기 시작하였다. 그것은 그 사이 다듬어진 외교개념들을 포괄적으로 묘사한 책이었다. 그는 어느 정도 힘들여서, 그리고 강력한 호소로써 다양한 힘에 의해서 불안하게 움직여가는 당을 한데로 붙잡고 합법화 노선에 대한 불만을 물리쳤다. 공화국의 안정을 보고도 그는 자신의 추종자들처럼 너무 빠른 결론으로 이끌리지 않았다. 모든 약한 것과 부서지기 쉬운 것을 간파하는 그의 본능은 그의 원한에 참을성을 주었다. 특이한 어조로 그는 상황의 저항들과 전망없음을 보고 특별한 성공의 자신감을 잡아냈다. 그는 자신의 추종자들에게 이렇게 외쳤다.

　"우리 운동이 승리한다는 무조건적인, 아니 수학적으로 계산가능한 근거는 바로 그 점에 있습니다. 우리가 과격파 운동인 한, 여론이 우리를 주목하는 한, 현재의 국가 상황이 우리에게 반대하는 한 우리는 가장 소중한 인적자원을 모아들이는 일을 계속할 것입니다."

　국가사회당의 뮌헨 지구 크리스마스 축제에서 그는 당의 처지, 박해, 곤궁 등을 초기 기독교의 처지와 비교하였다. 그는 자신의 대담한 이미지와 크리스마스의 분위기에 휩쓸려서 이렇게 비교를 확대하였다. 국가사회주의

아직 권력과 멀리 떨어진 상태에서 히틀러는 비용이 많이 드는 정치가의 무대 장치를 장만했다.

는 "그리스도의 이상을 현실로 만들게 될 것이다. 그리스도가 시작만 하고 끝내지 못한 일은 그가—히틀러가—완성하게 될 것"[30]이라고 했다. 그보다 앞서 진행된 아마추어 연극 〈구원〉은 현재를 '곤궁과 노예상태'로 묘사함으로써 그의 등장을 준비하였다. "성탄절의 떠오르는 별은 구원자를 가리킨다."고 〈민족관찰자〉는 연극 내용을 서술하였다. "막이 갈라지면서 도이치 민족을 수치와 곤궁에서 구해내는 새로운 구원자를 보여준다. 바로 우리의 지도자 아돌프 히틀러다."

그런 선언은 바깥 세계에서 볼 때는 그를 둘러싼 낯선 후광을 더욱 강화시키는 것이었다. 경력의 초기 시절처럼 기묘한 출현에 대한 명성이 그를 따라다녔다. 그러한 출현은 진지하게 고려된다기보다는 바이에른 정치의 그림 같은 특성으로 설명되었다. 그의 습관이었고, 점점 확장해 가던 형식도 여러 가지로 의심스런 놀라움을 불러일으켰다.

예를 들면 장군홀로 행진해갈 때 가지고 갔던 깃발을 '피의 깃발'로 존경하도록 하였다. 모든 군기의 축성식에서 이 깃발의 끝을 건드림으로써 신비스런 힘을 넘겨받는 것이다. 그리고 당원들은 종족적으로 흠잡을 데 없는 혈통을 가지고 있음을 분명하게 하기 위해서 편지를 주고받을 때 서로 '도이치로 태어난 사람들이여'라고 호칭하였다.[31] 다른 활동들 역시 줄지 않는 형태로 국가사회당이 자신의 의도를 추구하는 진지함과 요구를 보여주는 것들이다. 1926년 말에 당은 연설가 학교를 열었다. 추종자들에게 기술과 지식과 자료를 전해주기 위해서였다. 자신들의 주장에 따르면 1932년 말까지 약 6천 명의 연설가를 교육하였다고 한다.

서커스 천막으로 돌아오다

1927년 이른 봄에 작센 정부와 바이에른 정부는 새로 얻은 근거와 국가사회당을 무시하는 마음으로 당의 지도자에 대한 연설금지를 해지하기로 결정하였다. 히틀러는 기꺼이 그쪽에서 요구한 선언을 하였다. 즉 절대로 법에 어긋나는 목적을 추구하지도 않고, 법에 어긋나는 수단을 쓰지도 않겠다는 맹세였다. 새빨간 벽보들이 그가 3월 9일 20시에 왕관 서커스 장에서 다시금 뮌헨 주민들을 향하여 연설하게 될 것이라고 예고하였다. 경찰 보고서는 인상적으로 마치 모범적 사례처럼 이 행사의 경과를 묘사하고 있다.

서커스 장은 7시 10분에 벌써 절반이 넘게 들어찼다. 무대에서 아래로 하얀 동그라미 속에 갈고리 십자가가 들어 있는 붉은 깃발이 드리워졌다. 무대는 간부당원들과 연설자들을 위한 것이다. 특별석들도 갈색 셔츠가 퍼져 있는 것으로 보아 특별한 당원들을 위한 것인 듯하다. 단상에는 악단이 자리잡았다. 특별한 장식은 눈에 띄지 않는다.

의자에 앉은 사람들은 흥분하고 기대에 넘쳐 있다. 사람들은 히틀러 이야기, 그가 한때는 왕관 서커스 장에서 굉장한 성공을 거둔 이야기들을 하고 있

다. 여기저기 눈에 띄게 많이 섞여 있
는 여자들도 그에게 열광한 듯이 보
인다. 사람들은 옛날 영광의 날들을
서로 이야기하고 있다……. 뜨겁고
달큰한 분위기 속에는 센세이셔널한
욕구가 떠돌고 있다. 음악은 몇 개의
소리 맑은 군대음악을 연주하고, 그
사이 계속 새로운 패거리들이 몰려들
어온다. 〈민족관찰자〉는 이리저리 돌
아다니고 계속 칭찬을 듣는다. 카운
터에서 국가사회주의 노동자당의 강
령을 받았다. 입구에서는 종이 한 장
씩을 손에 들려준다. 거기에는 어떤
도전에도 휩쓸려들지 말 것과 질서를
지키라는 경고가 들어 있다. 작은 깃
발들을 팔고 있다. '환영의 깃발, 각
10페니히'. 그 깃발들은 검정·하

연설금지가 해제된 뒤 어떤 경찰보고서에는, "그는 팔짓
과 손짓을 해보이고 흥분해서 이리저리 펄쩍펄쩍 뛰면서,
주의 깊게 자신을 바라보는 수천 명의 관객을 쉬지 않고
매혹시키려고 한다."고 적혀 있다.

양·빨강이나 아주 빨간색 바탕에 각기 갈고리 십자가가 들어 있다. 여자들이
열심히 사고 있다.

그 사이 줄들이 채워진다. '전과 마찬가지로 해주십쇼!' 라는 말이 들린다.
원형의 공연장도 사람들이 들어차고 있다……. 대개는 하류 직업인들로, 노동
자, 영세영업자, 영세상인 등이다. 방풍 재킷과 긴 양말을 신은 수많은 청소년
들. 과격 노동계층 대표자는 거의 눈에 띄지 않는다. 한 명도 없는 것 같다.
사람들은 좋은 옷을 입고 있으며 어떤 신사들은 연미복 차림이다. 서커스 장
을 거의 가득 채운 사람들은 어림잡아 7천 명 정도에 이르고 있다…….

7시 반의 사정이었다. 그때 입구에서 '하일' 하는 외침이 들리고 갈색 셔츠
들이 행진해 들어온다. 음악이 울리고 서커스 장은 떠나갈 듯한 환호성으로
가득 찬다. 히틀러가 갈색 레인코트를 입고 나타나서 심복들에 둘러싸인 채

서커스 장 전체를 통과해서 단상으로 올라간다. 사람들은 기쁨으로 흥분한 몸짓을 하고 손짓하고 계속 '하일'을 외치고 있으며, 의자에 올라서서 발을 굴러댄다. 그러자 극장처럼 나팔소리. 갑작스러운 조용함.

　구경꾼들의 열광적인 인사를 받으며 갈색 셔츠들이 대오를 이루어 들어온다. 맨 앞에는 두 줄로 북치는 사람들, 다음에 깃발이다. 사람들은 파시스트 방식으로 팔을 뻗어 인사한다. 관중은 그들에게 환호를 보낸다. 깃발들이 스쳐지나가고, 번쩍이는 연대기들이 지나간다. 화환 속의 갈고리 십자가, 독수리들, 옛 로마의 군기를 흉내낸 것들이다. 약 2백 명 정도가 분열행진을 했다. 그들은 둥근 공연장을 채우고 거기에 자리잡고 섰다. 군기와 연대기를 든 기수들은 무대를 채운다.

　히틀러는 서둘러 무대의 앞쪽으로 나선다. 그는 자유롭게 말한다. 처음에는 느린 어조로, 나중에는 빠른 속도로 말하고, 과장된 정열로 말하는 구절들은 목소리를 낮추어서 거의 알아들을 수 없을 정도다. 그는 팔짓과 손짓을 해보이고 흥분해서 이리저리 펄쩍펄쩍 뛰면서, 주의 깊게 자신을 바라보는 수천 명의 관객을 쉬지 않고 매혹시키려고 한다. 박수갈채가 그를 중단시키지 않으면 그는 연극적으로 두 손을 번쩍 쳐든다. 연설의 뒷부분에 자주 등장하는 '아닙니다' 하는 말은 연극적인 느낌을 풍긴다. 그리고 의도적으로 강조된다. 연설 자체는…… 보고자의 입장에서 볼 때 그다지 뛰어난 것은 아니었다.[32]

되찾은 연설의 자유가 국가사회당이 직면한 난제들을 해결해 주지는 않았다. 그 동안의 연설 금지는 오히려 히틀러에게 유리했다는 사실이 드러났다. 그가 출연했더라도 어쩌면 집회의 홀들을 가득 채우지 못했을 즐거운 무관심의 시대에 그의 이름이 마모되는 것을 막아주었기 때문이다. 그래서 그는 스스로 연설활동을 줄였다.

　1927년에는 공식연설을 56회 했다. 2년 뒤에는 27회까지 줄여 버렸다. 그는 이때쯤 해서야 반신적(半神的)인 은둔상태가 어떠한 이점을 가져다주는지 분명하게 깨달은 것으로 보인다. 대중에게 돌아온 순간에 그는 불리한 상황의 압도적인 힘과 경쟁관계에 들어선 것이다. 곧 실패가 나타나고 그와 더불어 비판이 뒤따랐다. 비판은 그의 지휘 방식과 엄격하게 지켜지는 합법화 정책을 향한 것이었다. 히틀러에게 완전히 복종적이고, 지도자 숭배의 예언자 중 한 사람인 괴벨스조차도 1927년의 팸플릿 〈나치―사회주의〉에서 무조건적인 합법 노선을 비판하였다. 다수를 얻으려는 노력이 실패할 경우 당이 어떻게 행동할 것인가 하는 질문에 대해서 저항적인 태도로 확언하였다. "무엇이라구?! 그럼 우린 이를 악물고 각오가 되어 있다. 그러면 우리는 이 국가에 맞서 행진하고, 독일을 얻기 위한 최후의 위대한 일격을 감행하고 말의 혁명가는 행동의 혁명가가 될 것이다. 그러면 우리는 혁명을 할 것이다."

히틀러의 개인적 태도에 대해서도 비판이 이루어졌다. 공로가 있는 동지들을 얕보는 듯한 태도, 오랜 정당인이 비난한 것처럼 '히틀러 씨를 둘러싼 애창되는 장벽', 그의 방만한 업무집행, 혹은 조카딸에 대한 질투심 등에 대한 것이었다. 1928년 이른 여름에 에밀 모리스가 겔리 라우발의 방에 있는 것을 히틀러에게 들켰을 때 히틀러가 너무나 격분해서 그를 위협했기 때문에 그는 창문에서 뛰어내려서 겨우 자신을 구했다고 한다.

조사 및 조정위원회의 의장인 발터 부흐는 자신이 '노골적인 복종'을 하고 있다는 사실을 알아채고 자신의 인상을 전달할 필요성을 느꼈다. "히틀러 씨, 당신은 점차 인간에 대한 경멸에 이르는 것 같군요. 나는 두려운 근심을 느낍니다."[33]

오류 없음에 대한 요구

당내의 시끄러운 분위기를 보고 히틀러는 1928년에 계획된 당대회를 취소하고 그 대신 뮌헨에 지도자 대회를 소집하였다. 그는 모든 하부조직에 준비모임을 금지하였다. 8월 31일 대회가 열리자 그는 흥분해서 복종과 기율을 칭찬하였다. 오직 조건 없이 결탁한 엘리트들만이 '역사의 소수파'로서 역사를 만들어갈 수 있다는 것이다. 국가사회당은 많아야 60만에서 80만의 당원을 가질 수 있다. "그것이 쓸모 있는 인원입니다!" 나머지 다른 사람들은 단순한 지지자들로서 당의 목적을 위해서 쓸 수 있을 뿐이라고 했다. "작은 그룹의 광신자들이 대중을 이끌어갑니다. 러시아와 이탈리아를 보세요……. 강력한 소수파를 가진 다음에 비로소 다수를 얻기 위한 싸움을 싸웠습니다."라고 설명하였다.[34] 그는 자기 옆에 '고문단'을 두라는 제안을 조소로써 물리쳤다. 자기는 조언자가 필요치 않다. 곧 이어서 그 제안자인 튀링겐 관구 지도자 딘터를 당에서 제명해버렸다. 그보다 앞선 서신 교환에서 그는 딘터에게 정치가로서 '무오류성을 요구한다'고 확언했다.

곧 이어서 이제 널리 쓰이게 된 명령수령 형식에 따라 조직되지 않은 새로운 당대회가 소집되었다. 거기서 그는 토론이 이루어지는 동안 보란 듯이 지루하다는 얼굴을 하고서 침묵을 지키고 앉아 있었다. 그러자 점차 쓸모 없다는 느낌과 마비의 느낌이 퍼지게 되어서 결국 대회는 전체적으로 의기소침한 가운데 끝났다. 참석자 중 한 사람은 나중에, 히틀러가 이 대회의 개최에 동의한 것은 이러한 방식으로 그것을 분명히 파괴하기 위해서였던 것 같다고 추측하였다.[35]

눈에 잘 띄지 않는, 그러나 엄격하게 조직된 당의 지도자로서 히틀러는 자신의 기회가 오기를 기다렸다. 그는 용기를 잃어버릴 이유를 전혀 알지 못했다. 그는 이제 처음으로 당내외적으로 자신의 독자성을 쟁취하였기 때문이다. 이 시기부터 때때로 당은 공식적으로 '히틀러 운동'이라는 이름으로 등장하기도 한다. 영향력 있는 후원자와 강력한 기구를 통한 특별한 후원이 없이도 당은 자신의 힘으로 승리까지는 아니라도 버틸 수 있다는 사실을 입증하였다.

"연극을 시작해보자구"

1928년 5월 20일에 새로운 중앙의회(국회) 선거가 있었다. 국가사회당은 2.6퍼센트의 표를 얻어서 9위를 차지했다. 그들의 열두 명 의원 중에는 그레고어 슈트라서, 고트프리트 페더, 괴벨스, 프리크와 그 사이 재산 있는 아내와 광범위한 관계를 얻고서 스웨덴에서 돌아온 헤르만 괴링이 끼여 있었다. 히틀러 자신은 '국가가 없는 사람'이라는 이유로 입후보하지 않았다.

자신의 곤궁과 당황을 장점으로 묘사해내는 특유의 능력으로 그는 이러한 장애를 새로운 거리감을 만들어내는 데 이용하였다. 경멸하는 의회제도를 인정하는 것과는 거리가 먼 태도로 시대의 열망, 사업, 욕망들보다 높은 곳에 서 있는 독자적인 지도자라는 역할을 만들어낸 것이다. 오랫동안 고심한 끝에 선거에 참여하기로 한 결정은 당이 의원들의 특권을 얻는다는 생각에 적잖이 영향을 받은 것이었다.

괴벨스는 선거가 끝난 지 일주일 만에 쓴 기사에서 당의 합법화 맹세가 어떤 것인지 알려주는 발언을 하고 있다. "나는 의회의 성원이 아니다. 나는 IdI이고 IdF이다. 즉 면책권 소지자(Inhaber der Immunität)고 무임승차권 소지자(Inhaber der Freifahrkarte)다. 우리에게 의회란 무엇인가? 우리는 의회에 반대하는 의미에서 선출된 것이다. 우리는 권력을 위탁한 사람들이 생각하는 대로 의무를 행할 것이다……. IdI는 쓰레기더미를 보고 쓰레기더미라고 부르고 둘러대면서 변명하지 않아도 된다는 허락을 받은 사람이다." 이 고백은 다음과 같은 말로 끝맺고 있다. "이제 당신들은 놀랐는가? 그러나 우리가 벌써 끝에 와 있다고 믿지는 마시라……. 당신들은 앞으로도 우리를 많이 놀릴 것이다. 자, 그러니 연극을 시작해보자구."[36]

제3의 가치

이러한 발언의 경멸적인 광채는 그들의 스스로 달아오른 특성을 감추지 않았다. 국가사회당은 과장된 몸짓의 파편정당이었다. 냉정하게 잘 준비를 갖추고, 간부들을 투입해놓고서 히틀러는 상황이 새로 과격해지기를 기다리고 있었다. 상황이 과격해지면 대중정당으로 나서려는 것이다.

온갖 열의를 다하고, 온갖 조직적인 불안을 다 동원했지만 그는 이제까지 쓸모 있고 광채 없이 움직이는 공화국의 그늘에서 밖으로 나서지 않았다. 열정적인 혼란상태에서 그토록 효과만점이었던 그의 카리스마는 정상적인 상황에서 부서져가려고 했다. 때때로 민족이 마침내 공화국과의 평화, 볼품 없는 회색 상황과 평화를 맺을 준비가 된 듯이 보이기도 했다. 그 모든 만들어낸 현실, 영웅적·낭만적 추억을 잃어버리고, 일상적인 역사와 화해를 하려는 듯이 보였다. 의회선거는 물론 중간 시민계층의 해체과정을 분명하게 보여주었고, 수없이 등장한 파편정당들의 모습으로 체계의 감추어진 위기를 알리고 있었다. 또한 당의 추종세력도 거의 15만 명에 육박하고 있었다.

다음해 초에도 여전히 본 대학 교수인 사회학자 요제프 슘페터(J. P. Schumpeter)는 "우리 사회상황이 아직도 대단히 큰, 어쩌면 더욱 커지는 안정"을 얻고 있다고 지적하였다. "어떤 의미에서도, 어떤 영역에서도, 어떤 방향으로도 강력한 일격, 비약, 혹은 파국은 있을 법하지 않다."[37]

히틀러가 상황을 더욱 예리하게 파악하였다. 공화국의 이 짧은 행운의 시기에 도이치 사람들의 심리에 대해서 그는 이렇게 말했다. "우리는 제3의 가치를 가지고 있습니다. 즉 전투욕이죠. 그것은 외국 이론과 독트린의 폐허더미에 파묻혀 있지만 여전히 존재하고 있습니다. 거대하고 강력한 정당은 그 반대를 증명하려고 노력하고 있지만 갑자기 아주 낯익은 군악대가 와서 연주를 시작하면 뒤따르는 사람들은 꿈에서 깨어날 것입니다. 행진하는 민족의 동지가 되어서 그들도 함께 행진할 것입니다. 오늘날이 그렇습니다. 우리 민족에게는 더 나은 이 점을 보여주기만 하면 됩니다. 그러면 여러분은 보게 될 것입니다. 우리는 벌써 행진하고 있습니다."[38]

그 이후로 그는 행진의 시작을 위한 표지만을 기다렸다. 당이 시대를 초월하여 모든 허구와 허망한 신념의 체계인 자신의 역동성과 희망과 목적의식과 선택된 지도자의 이미지를 주장할 수 있느냐 하는 것이 문제였다.

1928년 5월의 선거를 분석하면서 오토 슈트라서는 '국가사회주의의 구원복음'이 대중의 반응을 얻지 못했다고 탄식하였다. 그리고 특히 프롤레타리아 계층에 뚫고 들어가는 일에 실패했다고 탄식하였다.[39] 사실상 당의 지지계층은 샐러리맨, 영세사업자, 농부들과 낭만적 저항을 생각하는 젊은 층이었다. '아주 낯익은 군악대'가 깨우는 소리를 다른 사람들보다 훨씬 민감하게 알아듣는 전위대인 젊은층이었다. 그러나 겨우 몇 달 뒤에 벌써 장면은 전체적으로 변하게 된다.

4부

권력을 향한 투쟁

1914년의 독일

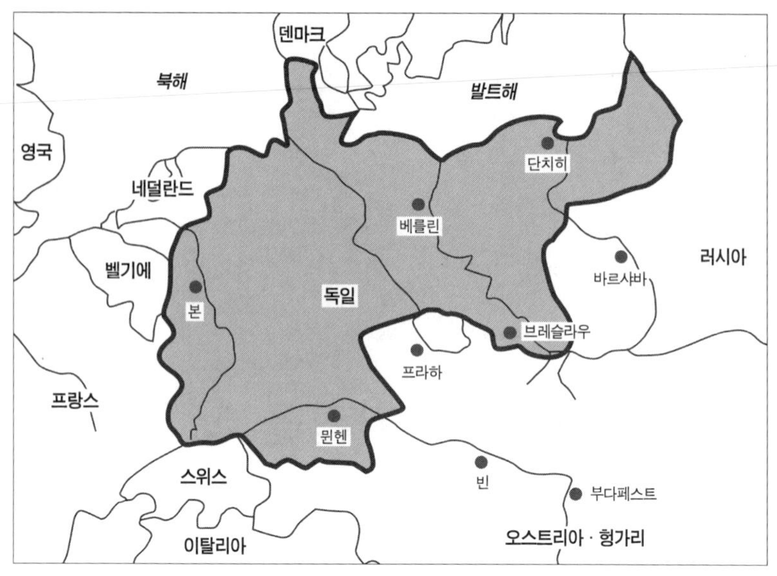

1920년의 독일

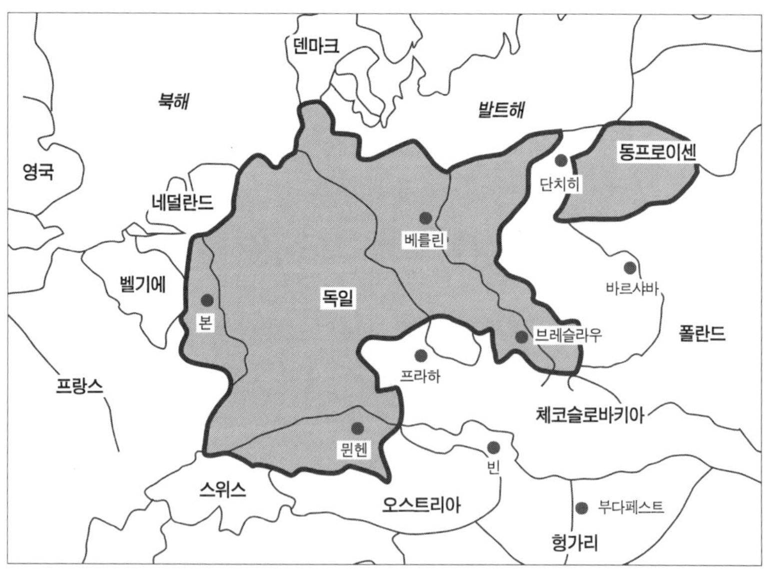

베르사유 조약 중에서 폴란드에게 영토의 일부를 양도하라는 부분이 독일인에게 가장 큰 분노를 자아냈다. 이 항목은 동프로이센 지방과 독일의 나머지 영토를 갈라놓는 일종의 분리지대를 만들어냈다. 그것은 독일과 폴란드 사이에 계속적인 분쟁의 원인이었고, 끊임없는 위협의 산실이었다.

제1장 큰 정치판에 뛰어들다

히틀러는 1929년 여름에 막 안정되고 있던 공화국 체제에 최초의 대규모 공격을 시작하였다. 그리고 순식간에 앞으로 돌격하였다. 그는 오래 전부터 동원 가능한 구호를 찾고 있었는데 슈트레제만의 외교정책이 갑자기 공략지점을 제공한 것이다. 이용할 수 있는 모든 수단을 다하고, 새로 시작된 전쟁 배상금 논쟁을 이용해서, 그는 국가사회당을 고립된 파편 정당의 역할에서 해방시키고 큰 정치판의 중심부로 끌어올리려고 했다.

그의 이런 돌격이 곧이어 나타나는 세계 경제공황과 시간적·심리적으로 밀접하게 맞닿아 있다는 사실이 유리하게 작용하였다. 그래서 그는 마치 전주곡처럼 자신의 수단, 조직, 전략 등을 일단 시험해볼 기회를 가졌다. 전쟁 배상금을 둘러싼 싸움은 계속되는 지속적 위기의 첫 박자가 되었다. 이어지는 위기는 공화국을 사로잡았고, 히틀러에게 붙잡혀 풍부한 발상으로 촉진되어서 공화국의 종말에 이르는 것이다.

엄격하게 말하자면 1929년 10월 초 구스타프 슈트레제만의 죽음이 전환점이 되었다. 도이치 외무장관은 복잡한 외교 개념에 대한 저항에 부딪쳐서 많은 힘을 소모하였다. 그의 생각은 '배상금 조건 이행 정책'이라는 제목을 달고 있지만, 실제로는 베르사유 조약의 점진적인 제거를 목적으로 하는 것이었다. 죽기 직전까지 그는 내심의 의혹이 없지는 않았으나 그래도 새로운 배상금 규정을 수용하는 쪽으로 방향을 잡고 있었다. 새로운 규정이란 미국 은행가인 오웬 영(Owen D. Young)이 이끄는 배상청구 위원회에 의해서 고안된 것이었다. 그것은 유효한 조건들을 적잖이 개선하려 했을 뿐 아니라, 슈트레제만의 고집과 외교적 능숙함 덕택으로 연합군 점령군이 라인란트에서 일찍 철수하는 계획도 포함하고 있었다.

그러나 이 협정은 국내에서 과격한 저항에 부딪쳤다. 그리고 공화국이 강제상태에 있다고 생각하는 사람들을 실망시켰다. 초기 연부금도 낼 수 없는 상황에서 거의 60년 동안이나 지불 의무를 짊어진다는 것도 심각한 문제였다.

칼 두이스베르크, 아돌프 하르나크, 막스 플랑크, 콘라트 아데나우어, 한스 루터 등의 인물들이 끼여 있는, 재계, 학계, 정계의 유명인사 2백여 명이 공개 성명서에서 큰 우려를 표시하였다. 전쟁이 끝난 지 11년이 지난 지금 이 계획은 시대의 열망이 들어 있는 모든 종족이 한 가족이라는 이념을 웃음거리로 만들어버렸다. 표면적인 수많은 화해의 몸짓 뒤에서 승전국과 패전국 사이의 대립이 계속되고 있음을 분명하게 밝혀준 것이다.

더욱이 1988년까지 계속되는 부채상환 요구는 이미 많은 문제를 일으켰던 231조 전범조항을 근거로 한 것이었다. 그것은 도이치 민족의 자의식을 심하게 손상시켰던 바로 그 조항이었다. 과격한 민족주의 단체들은 이 비현실적인 계획을 보고 "le boche payera tout(도이치 사람들이 전부 지불하라)"는 역효과를 가진 것이라고 주장하였다. 점차적으로 전쟁 결과를 극복하는 과정이어야 하고, 따라서 공화국의 안정에 도움을 주어야 할 것이 반대로 "바이마르 '체제'에 대한 원칙적 반대세력의 결정(結晶)지점이 된 것이다."[1]

후겐베르크와 극우파의 결집

1929년 7월 9일에 극우파는 '영 안(案)에 반대하는 국민청원을 위한 전국위원회' 아래 하나로 뭉쳤다. 협정에 서명이 이루어진 약 9개월 뒤까지 캠페인은 쉬지 않고 계속되었고, 극좌파에서 공산당까지 가세하였다. 이 캠페인에서 위원회는 협정의 철회를 추진하였다. 복잡한 종속 양상을 몇 마디 도발적인 슬로건으로 축약시켜서 수없이 되뇌었고, 그로써 날카롭게 전개된 원수 이미지에 증오가 자리를 잡도록 애썼다. 이런 합의는 '태어나지도 않은 아이에게 사형선고'를 내리는 것이고, '도이치 민족을 끌고다'로 끌고가서 형리가 '비웃으면서 십자가에' 못을 박는 짓이라고 했다. 동시에 여기서 처음으로 단결하여 뭉친 '범야권 연합'은 전범조항 삭제, 모든 배상의 종결, 점령지구에서의 조속한 철수, 도이치 민족의 '노예화'에 협조한 모든 장관과 정부대표의 처벌 등을 요구하였다.

추밀고문관 알프레트 후겐베르크(A. Hugenberg)가 이 위원회를 이끌었다. 그는 야심만만하지만 생각이 좁고 가차없는 63세의 남자였다. 처음에 동부의 거주담당관으로 출발해서 크루프 회사의 이사를 역임한 후 수많은 자회사를 거느린 언론 왕국을 건설하였다. 그것은 광범위한 종류의 신문들과 출판사, 통신사, UFA 영화회사 등을 거느린 것이었다. 중공업 분야의 정치적 신임 인물로서 그는 상당한 액수의 돈을 다루고 있었고 이 모든 수단들을 이용해서 '사회주의자 공화국'을 멸망시키고, 노조를 파괴하고, 그 자신의 말처럼 아래로부터의 계급투쟁에 대항하여 상류층의 계급투쟁으로 응답하려고 애썼다. 자그마하고 둥글둥글한 몸집에 커다란 코밑수염, 짧게 깎은 머리 모양으로 그는 싸움 잘하는 은퇴한 수위 같은 느낌을 풍겼다. 그 자신이 바라는 대로 당당하고 원칙적이며 분노한 사람처럼 보이지는 않았다.

1928년 가을에 '어둠에서 나온 사나이' 후겐베르크는 도이치 국가민족당(DNVP)의 지휘를 맡으면서 과격한 원한의 대변자가 되었다. 일단 성공한 듯이 보이던 우파의 공화국 합류는 즉시 패배하였다. 국가민족당은 방법론으로나 개별적인 당 강령에 이르기까지 히틀러 정당을 모방하기 시작하였다. 그것은 히틀러 당을 시민적으로 풍자한 것 이상이 되지 못했다. 후겐베르크는 증오스런 공화국에 대적하는 어떤 수단도 마다하지 않았다. 영

안에 대한 토론이 벌어지는 동안 그는 어떤 글에서 3천 명의 미국 기업가들에게 최초의 위기 상태에 빠져든 이 나라에 차관을 주지 말라고 경고하였다.[2] 이 새로운 의장을 맞이하자마자 당원들의 약 절반 정도가 떠나버렸지만, 후겐베르크는 끄떡도 안 하고, 자기는 양 많은 죽보다는 작아도 단단한 벽돌 덩어리를 원한다고 말했다.

그가 준비한 국민청원은, 새로운 과격 노선의 첫 번째 절정이었으며, 그는 흩어진 우파들, 특히 철모단(재향 군인회), 모든 도이치 당원, 지주연맹, 국가사회주의자들을 자기 지휘 아래 한데 모아서 공격을 조직하려고 했다. 잃어버린 영향력을 일부나마 옛날 상류층에서 얻으려는 것이었다.

우파는 1918년 혁명 기회를 놓친 덕분에 아직도 영향력, 지위, 물질적 수단 등을 가지고 있었지만 민중을 자기 편으로 만들지는 못했다. 천민당 지도자에 비해 자기가 '더 나은 신사'라는 건방진 태도로 후겐베르크는 히틀러가 선동가적 재능을 지녔다고 믿었다. 사회적 망상 속에 격리된 보수주의 활동 쪽으로 대중을 다시 불러들이기에 적합한 재능이었다. 히틀러를 이용하다가 때가 되면 그를 능가해서 제압해버리면 될 것이라고 후겐베르크는 생각하였다.

히틀러의 생각도 그보다 덜 음흉하지는 않았다. 하인리히 로제(H. Lohse) 의원은 이 결합 소식을 들었을 때 근심스럽게 말했다. "지도자(히틀러)가 후겐베르크를 어떻게 다루어야 하는지 알기를 바랄 수밖에요."[3]

그러나 히틀러는 속을 사람이 아니었다. 처음부터 그는 분명하게 오만불손한 태도로 등장하였다. 그리고 괴벨스의 표현대로 이 모든 '좀먹은 잿빛 귀족계급'과 부르주아 반동분자인 후겐베르크에 대한 경멸감을 조금도 감추지 않았다.

당내 '좌파'가 심술궂게 관찰하는 가운데 그는 상대방이 요구하는 모든 양보를 철저히 거절하였다. 자기가 어떤 조건 아래서 그들을 도울 것인지 스스로 결정하겠다고 했다. 처음에는 따로 추진하기를 제안하였으나 마침내 연합활동에 동의하였다. 물론 그는 선전을 위해서 완전한 독립성과, 준비된 재원 중의 상당 부분을 요구하였다. 그리고 새로운 동지들을 일부러 혼란케 하거나 아니면 기를 꺾을 셈으로, 자기 휘하의 가장 유명한 자본주의의 적, 그레고어 슈트라서를 공동의 재정위원회에 자기 측 대표로 임명하였다.

전략가 히틀러

후겐베르크와의 동맹은 히틀러를 마침내 목적지로 데려다줄 계속될 전략적 승리 중에서 첫 번째 승리였다. 상황을 인식하고, 어디에 이익이 있는지 꿰뚫어보고, 약점을 찾아내고, 순간의 연합을 만들어내는 것이 히틀러의 비상한 능력이었다. 설득력까지 갖추고 있기에 더욱더 효과적인 이런 전략적 감각은, 연설 능력, 군부, 산업체, 법, 갈색 부대 테러 등과 함께 그의 성공의 이유가 된다.

히틀러의 출세 이야기에서 마적인 음모 혹은 완력의 요소를 지적하는 것이 한동안 유행하였다. 그것은 사태를 제대로 이해하지 못해서 생긴 일이다. 모든 반대 증거에도 불구하고 국가사회당의 당수를 북치는 사람, 도구 등으로만 생각하고, 히틀러가 정치 영역에서도 능력을 입증했다는 사실을 보지 못한 데서 나온 것이다.

히틀러는 전략적 능숙함, 처음의 망설임, 부분적으로는 도전적이고 부분적으로는 불만스러운 협상 태도, 그리고 정직함, 명예욕, 정력 등을 가지고 있다는 인상 등을 통해서, 상대방이 자신의 출세를 앞세워 재정적인 후원을 해주도록 만들었다. 그들은 물론 정치적으로 그런 후원의 대가를 치러야 했다. 그의 성공은 자기 측의 저항을 통해서도 얻어졌다. 당내 저항세력은 그에게 전혀 양보를 하지 않았고, 슈트라서의 전투적 출판사가 내는 신문들은 협상이 진행되는 동안, 굵은 난을 치고 굵은 활자로 히틀러의 말을 인용 보도하였다. 도이치 민족에 대한 가장 큰 위험은 공산주의가 아니라 오히려 시민정당들이라고 했다.[4]

히틀러의 전략적 승리를 평가하려면, 권력에 굶주린 도이치 국가민족당이라는 보수파의 맹목성도 읽어내야 한다. 이 보수파는 국가사회주의의 힘과 활동성에 기생하여, 속으로 경멸하기도 하고 경탄하기도 하는 반항아 히틀러와 연합해서 오래 전에 이미 확증된 역사와의 이별을 늦추어보려고 하였다. 그래도 히틀러의 성공은 주목할 만한 일이었다.

4년 반 동안이나 그는 기다리면서 준비를 갖추었다. 칼 뤼거의 잊지 못할 교훈대로 저 '강력한 기관들', 정치적·사회적 영향력을 지닌 사람들과 연합하기 위해서 애써왔다. 마침내 그런 제안이 나왔을 때 그는 지나친 권력욕의 인상을 만들지 않도록 조심했다. 자신의 권력장악 개념에 따라 오랫동안 기다려온 일이었지만, 오히려 냉정하고 자신감에 넘친 태도로 반응하고, 자신의 조건들을 내세웠다.

여러 해 동안이나 눈에 띄지 않고 잠잠한, 아니면 비웃음이나 받는 과격파 정당의 정상 자리를 차지하는 것을 개인적·정치적 야심으로 삼아온 사람의 기분을 짐작할 수 있어야만, 후겐베르크가 제안한 후원 약속이 그에게 얼마나 대단한 의미를 가진 것인가를 짐작할 수 있다. 그것은 엉터리 혁명가라는 악명, 쿠데타를 일으킨 사람이라는 악명에서 벗어나게 해줄 것이다. 영향력 있는 시민 후원자들에 둘러싸인 채 대중 앞에 나서서 존경받는 유명인사들의 평판을 이용할 가능성을 돌려준 것이다. 그것은 전에도 한 번 가지고 놀아본 적이 있는 기회였다. 이제 그는 그것을 좀더 신중하게 인식하는 확고함을 보여주었다.

선전기구의 활용

동맹체결과 동시에 국가사회당은 처음으로 압도적인 선전기구를 펼쳐놓을 이 기회를 이용하였다. 전례 없는 과격성과 무게를 지닌 선전수단을 보여주었다. 그 비슷한 것은 독일에 한 번도 존재한 적이 없었다고 히틀러는 어떤 편지에 썼다. "우리는 다른 어떤 정당도 한 적이 없는 방법으로 우리 민족을 헤집어 엎었습니다."[5] 그 오랜 기다림의 세월 동안 행동을 갈망하던 추종자들의 분노가 이런 폭발로 분출된 것 같았다.

민족주의 연합 파트너 중 누구도 국가사회당의 거침없고 날카롭고 선동적인 재치를 따라가지 못했다. 아주 처음부터 국가사회당은 영 안은 캠페인의 계기일 뿐이라는 사실을 전혀 의심하지 않았다. 근본적으로는 이른바 무능과 배신에 빠진 채 돈에만 관심을 갖는 '체제'를 소란스럽게 재판한다는 방향으로 선동하였다. 히틀러는 11월 말 헤르스브루크에서 행한 연설에서 이렇게 말했다. "이제 독일 붕괴에 대한 책임이 있는 사람들에게서 웃음이 스러질 시간이 다가옵니다. 두려움이 그들을 사로잡을 것입니다. 그들은 재판관이 온다는 사실을 알아야 합니다."

후겐베르크와 다른 보수연합 동지들은 국가사회주의자들의 거친 선동에 매혹당한 채 자기들이 풀어놓은 강력한 파도를 바라보았다. 그들은 새로 부추기고 용기를 주곤 하였다. 이미 오래 전에 자기들도 그 파도에 먹혀버렸건만, 여전히 자기들이 사태를 주도하고 있다는 눈먼 자신감에 빠져 있었다.

이런 상황에서 히틀러는 캠페인이 외면적으로 성공할 수 없다는 사실을 어렵지 않게 간파하였다. '도이치 민족의 노예화에 반대하는 법안'을 위한 초안은 국민청원을 위해 필요한, 유권자 10퍼센트의 지지를 겨우 얻어냈다. 하지만 의회에서 이 제안은 반대 318표에 82표의 찬성만을 얻었을 뿐이다. 1929년 12월 22일에 이루어진 국민투표도 패배로 끝났다. 겨우 14퍼센트의 찬성표로 이번 국민청원은 법안 통과에 필요한 찬성표의 약 1/4 정도를 얻은 것에 불과하였다. 그것은 일년 전에 의회선거에서 국가사회당과 국가민족당이 얻었던 표를 합친 것보다 거의 5퍼센트나 적은 것이었다.

히틀러에게 있어서 그것은 어쨌든 큰 정치판으로 뛰어드는 마지막 통과 절차였다. 후겐베르크 기업의 다양한 출판매체를 통한 후원 덕분에 그는 단번에 인기를 얻었을 뿐 아니라 방향을 잃고 흩어진 우파에 자신이 가장 강력한 에너지라는 사실을 보여주었다. 그는 여론에 '대단히 강력한 변화'가 일어났다고 말했다. 그리고 "불과 몇 년 전만 해도 당연하다는 듯이 건방지고 오만한, 아니면 어리석은 태도로 당을 거부하던 성향이 이제 기대에 가득 찬 희망으로 바뀐 것이 놀랍다."고 했다.[6]

캠페인이 시작된 다음인 1929년 8월 3~4일에 그는 뉘른베르크에 전당대회를 소집하였다. 그럼으로써 무엇보다도 자신의 보수진영 파트너들에게 자기 당의 힘과 파괴력을 보여주려고 했다는 추측이 가능하다. 그것은 전통적인 당 대회가, 군사적으로 기획되고 연출의 규칙과 심리적 규칙에 따른 대중 집회로 넘어가는 최초의 과도기 행사였다.

숫자 정보가 맞는다면 약 20만 추종자의 30개가 넘는 특수 행렬이 독일 전국 방방곡곡에서 이쪽으로 밀려왔다. 그들의 유니폼, 깃발, 악대 등이 여러 날 동안이나 뉘른베르크 시를 지배하였다. 장엄한 의식으로 축성을 받은 24개의 새로운 연대기(旗)들 다수는 바이에른, 오스트리아, 슐레스비히 홀스타인에서 온 것들이었다. 거창한 폐막식에서 약 6만 명의 돌격대 대원들이 똑같은 제복을 입고, 완전무장한 채로 세 시간 반 동안이나 행진음악에 맞추어 히틀러 앞을 통과하는 분열식을 거행하였다. 몇 개 부대는 이 며칠 간의 쾌감에 빠져서 폭력적인 행동을 하려고까지 했다.

국가사회당의 정부 참여를 '지금도 앞으로도 영원히 금지' 해야 한다는 당내 과격파 건의의 배후에도 같은 분위기가 있었다. 당을 '정치권력 쪽으로 데려다줄' 행동은 모두 합법적이어야 한다는 간결하면서도 독특한 말로 히틀러는 이런 건의를 거절하였다. 히틀러의 합법화 노선은, 무엇보다도 빠른 속도로 커가는 당 군대의 자신감에 의해서 거듭 위협받았다. 이미 그해 말에 돌격대 숫자는 방위군 숫자와 같아졌다.[7]

재계와의 관계 구축

후겐베르크와의 동맹은 히틀러에게 재계와의 광범위한 관계를 마련해주었다. 재계는 여러 해 동안이나 슈트레제만의 외교정책을 뒷받침해 왔으나, 지금은 영 안에 정열적으로 반대하고 있었다. 그때까지만 해도 히틀러는 프리츠 티센(F. Thyssen) 같은 몇 명의 예외를 빼면 소규모 기업가들에게서만 물질적 후원을 받았다. 영주들의 재산 몰수 문제에서 반사회주의적인, 사유재산 옹호의 태도를 취했지만 별다른 소득이 없었다. 그러나 이제는 풍부한 재원에 접근할 길이 열렸다.

연설금지 기간에도 그는 특별히 루르 지방을 차례로 여행하면서 수백 명의, 대개는 회의적인 기업가들을 앞에 놓고 폐쇄적인 집회를 열어서 국가사회주의에 대한 두려움을 없애기 위해 노력했다. 국가사회주의는 사유재

산의 정열적인 옹호자라고 주장하였다. 성공은 귀족의 증거라는 자기 생각
에 맞게 그는 대기업가란 지도하기 위해 태어난 더 높은 종족이라고 찬양
하고, 전체적으로 자신은 '기업주에게 불가능한 어떤 일도 요구하지 않는'
사람이라는 인상을 일깨웠다.[8]

그리고 뮌헨 사교계와의 관계도 다시 좋아졌다. 거기서 그는 언제나처럼
대단히 환영받는 손님이었다. 엘자 브루크만 같은 여자는, 자신의 말에 따
르면 히틀러를 '중공업계의 지도적인 사람들과 연결'시켜주는 것을 '생애
의 과제'로 삼았다. 1929년에 그녀는 늙은 에밀 키르도르프(E. Kirdorf)와
의 만남을 주선하였다. 일생 동안 위를 향해서는 반대하고 아래를 향해서
는 경멸해 온 이 거친 노인에게서 히틀러가 강한 인상을 받았듯이, 키르도
르프 역시 상대방에게 매료당해서 한동안 그의 소중한 후원자가 되었다.
그는 히틀러의 생각을 팸플릿으로 쓰게 한 다음 그것을 개인비용으로 인쇄
해서 산업가들 사이에 돌리기도 했다. 뉘른베르크 당 대회에 그는 귀빈으
로 참석하였고, 그 며칠 동안 자신을 가득 채웠던 그 압도의 느낌을 절대로
잊지 못할 것이라고 나중에 편지로 써보냈다.[9]

1929년의 지방의회 선거에서 처음으로 이 모든 새로운 수단과 후원들은
내세울 만한 성과를 거두었다. 작센과 메클렌부르크 슈베린에서 국가사회
주의자들은 봄에 이미 거의 5퍼센트의 득표를 하였다. 프로이센 지방선거
진출은 더욱 인상적이었다. 코부르크에서는 시장을 냈고, 튀링겐에서는 빌
헬름 프리크가 나와서 국가사회당 최초의 주 장관이 되었다. 그는 국가사
회주의 기도문을 학교에 도입하고, 중앙정부와 갈등을 만들어냄으로써 곧
바로 자기 목소리를 냈다. 전체적으로는 자기 정당의 연합정부 수립 능력
을 입증하려고 애썼다.

과시용 무대 장치

과시적인 기질에 맞게 히틀러는 자신의 성공에 값비싼 배경 장치를 마련
하려고 했다. 그것은 다시 장래의 성공을 예비하는 것이기도 했다. 중앙당
사는 1925년 이후 셸링 거리에 단순하지만 목적에 맞는 건물에 자리잡고

있었다. 특히 히틀러는 프리츠 티센과 당원들이 모은 헌금으로 뮌헨의 브리엔 거리(Briennerstraße)에 있는 바를로브 궁을 사서 그것을 '갈색집(das Braune Haus)'으로 개조하였다.

건축가 파울 루트비히 트로스트(P. L. Troost)와 함께 그는 뒤늦게 젊은 날의 꿈으로 되돌아온 듯이 자신을 잊고 내부설비를 구상하고, 가구며 문, 상감 세공 등을 스케치하였다. 커다란 바깥 계단을 올라가면 곧장 그의 집무실로 들어가게 된다. 그곳에는 한두 개의 무거운 가구들 이외에는 오직 프리드리히 대왕의 초상화와 무솔리니의 흉상, 플란더스 지방에서 리스트 연대가 공격하는 모습을 그린 그림 등만이 있었다.

옆방의 고문관실에는 말굽 모양의 거대한 책상 주위로 붉은 모로코 가죽이 씌워진 60개의 안락의자가 놓여 있었다. 의자 등받이에는 당의 상징인 독수리가 새겨져 있었고, 입구 양편에 있는 청동판에는 1923년 11월 9일의 희생자들 이름이 새겨져 있었다. 방 안에는 비스마르크와 디트리히 에카르트의 흉상이 놓여 있었다. 이 홀은 원래의 목적으로는 쓰이지 않고 다만 히틀러의 연극적 필요로만 쓰였다. 히틀러는 오래 전부터 고문단을 두라는 모든 제안을 단호하게 물리쳐왔다.

갈색집 지하에 있는 식당에는 디트리히 에카르트의 초상화 아래 '지도자 자리'가 특별히 마련되어 있었다. 그곳에서 그는 몇 시간씩 부관들과 경건한 운전기사들 사이에 앉아서 굉장한 장광설을 늘어놓으며 억누를 길 없는 수다 욕구를 채우곤 하였다.

그는 이제 개인적인 생활도 당의 자금 형편에 맞추었다. 1929년 이후에는 그의 서류에서 상당히 불어난 부채의 상환이나 갑작스런 이자 따위가 사라졌다. 동시에 그는 뮌헨의 상류시민층 거주지인 왕자섭정 거리(Prinzregentenstraße) 16번지에 방 아홉 개짜리 큼직한 집으로 들어갔다. 티르쉬 거리 셋집의 여주인 라이헤르트 부인과 아니 빈터(A. Winter) 부인이 살림을 맡았다.

이복누이인 라우발 부인은 전처럼 윗소금산 기슭에 있는 바헨펠트 집 살림을 맡았다. 조카딸인 겔리도 왕자섭정 거리의 집으로 이사왔다. 그녀는 외삼촌인 히틀러의 극장에 대한 열정으로 노래 수업과 연극 수업을 받았다. 숙질 관계에 대한 소문이 그를 괴롭혔지만 그는 또한 비시민적인 자유와, 조카에 대한 애착 속에 숨어 있는 거대하고 운명적인 삶의 연관을 소중하게 여겼다.

후겐베르크와의 결별

히틀러는 영 안에 대한 캠페인이 끝난 직후에 위험하지만 효과만점인 행동을 통해서 새로 얻은 정치적 자신감을 알렸다. 후겐베르크를 둘러싼 보수파 파트너들과 보란 듯이 관계를 끊은 것이다. 성의 없음, 약점, 국민청원 실패에 대한 책임 등을 들어서 그들을 비난하였다. 같은 의도를 가지고 같은 싸움을 해온 동지애를 통해서 전혀 방해받지 않는 그의 이런 배신 행동은 그에게 한 번 더 전략적인 도움을 주었다. 갑작스런 방향 전환은 그가 '자본주의 개새끼 후겐베르크'와 동맹했다고 비난하는[10] 자기 진영의 불안한 비난을 침묵케 했을 뿐 아니라 공화국에 반대하는 우익 진영 유일의 힘이라는 명성을 굳혀주었다. 그리고 자기 자신이 감당해야 할 패배에 대한 책임을 부인해버렸다.

그와 같이 대담한 행동은 수적으로 여전히 열세인 작은 정당에는 거의 어울리지 않는 것이기에 오히려 더욱 경탄을 불러일으켰다. 그러나 히틀러는 이제 한 번 일깨운 당 운동에 대한 관심을 유지하고 강화하는 것이야말로 중요한 일이라는 사실을 인식하였다. 공격적인 의도에 알맞게 그는 중앙당을 새롭게 조직하였다.

그레고어 슈트라서는 당 기구 제1분과(정치기구)를 맡고, 퇴역 대령 콘스탄틴 히에를(K. Hierl)이 당 기구 제2분과(국가사회주의 국가=그림자 국가)를 맡았다. 괴벨스는 전국 선전부 책임자가 되었다. 1930년 2월 2일자 편지에서 히틀러는 '거의 예언자적인 확실성을 가지고' 예언하였다. "길어봐야 2년 반이나 3년 안에…… 우리 당이 승리하게 될 것이다."

새로운 계층으로 진출

그는 후겐베르크와 결별한 뒤에 거의 중단하지 않고 변함없는 과격성으로 공화국에 반대하는 캠페인을 주도적으로 계속하였다. 일년 전에 이미 당시 선전책임자 하인리히 히믈러의 서명을 받은 당 중앙의 지침서가 이른바 선전 활동의 실천을 요청했다. 그것은 정치 선전의 새로운 전략을 표현한 것이었다.

각 관구(지역구 혹은 히틀러 치하의 행정구역 : 역주) 조직은 조심스럽게 준비된 기습적인 작전을 가지고 마지막 마을에 이르기까지 하나도 빠짐없이 찾아갈 것. 일주일 이내에 당의 모든 연설가는 수백 번의 행사에서 자기 능력의 '최후의 한계까지' 다 쓸 것. 모든 도시와 지역은 이 기간 동안 히틀러가 손수 선정한 벽보와 등사지, 삐라 등으로 완전히 넘쳐나도록 만들 것, '선전의 밤'을 조직할 것, 그런 밤에는 악대의 행진곡에 맞추어 돌격대가 나타날 것. 돌격대가 "그 자리에 참석하는 것말고 자체적으로 해도 괜찮은 일들은, 스포츠 행사, 활인화(活人畵), 연극 공연, 노래, 돌격대 연설, 당 영화 상영 등이다."라고 규정되어 있다.[11] 1930년 6월 작센 지방선거를 앞두고 당은 그런 행사를 1천3백 번 이상 치렀다.

이러한 지방 투입은 특정한 사회 계층 안에 뿌리를 내리려는 노력, 특히 샐러리 맨과 농부들을 상당수 확보하려는 노력이었다. 이렇게 강력하게 돌진해 들어감으로써 당은 조합, 상공업 조합, 직업 조합 등에서 주도권을 장악하였다. 예를 들면 농촌에서 당은 슐레스비히 홀스타인 농부들이 검은 깃발 아래 시위행진을 벌일 때처럼 긴급한 상황이 닥치면 '토지 개혁'이라는 이해할 수 없는 구호로 맞서곤 하였다. 모든 것을 농부들의 잠재적인 반유대주의로 유도하였다. 어떤 강습 지침서에 씌어진 바에 따르면 이 반유대주의는 '미칠 정도로 부추겨야' 한다고 했다.[12]

히틀러는 발터 다레(W. Darré)라는 외국의 어떤 젊은 도이치 사람을 루돌프 헤스의 소개로 알게 되었다. 그는 농업정책에 대한 책을 완성해 1930년 3월 초에 출간하였다. 이 책은 농부를 '민족의 가장 고귀한 계층'이라고 찬양하면서, 폭넓은 보조금 제안을 한 것이었다.

샐러리 맨들을 위해서도 당은 종전(終戰), 도시화, 사회적인 구조변화의 압력 등을 가장 힘들게 겪은 이 계층에 널리 퍼진 일반적인 위기의식을 이용하였다.

그에 반해 공장노동자층은 처음부터 당과 거리가 멀었다. 그러나 1929년 초 샐러리 맨과 농업노동자들이 당에 몰려들기 시작하면서 이제 '모든 일하는 사람의 정당'이라는 주장이 타당하게 되었다. 모든 계층이 몰려들면서 전국적으로 작은 세포들과 후원지점들이 생겨나게 되었는데, 그것은 당의 위대한 출발을 위한 준비였다.

검은 금요일

이러한 성과들은 히틀러에 의해 쉬지 않고 추진된 당의 활동과, 또한 전통적으로 분열된 우익의 어지럽고 감상적인 생각을 하나로 모아 전략적으로 강화하는 히틀러의 능력 덕분만은 아니었다. 그것은 차라리 그 사이 시작된 세계 경제공황 덕분이었다.

독일의 경제공황은 1929년 초 실업자 수가 처음으로 3백만 한계를 넘어섰을 때 이미 시작되었다. 봄이 끝나면서 도산기업의 숫자는 경종을 울릴 정도로 증가하였다. 11월 처음 며칠 동안 베를린에서만 55개의 파산신고가 접수되고 매일 5백에서 7백의 공시선서가 행해졌다.[13] 이 숫자는 1929년 10월 24일의 경제적·심리적 결과를 반영하고 있다. 그것은 뉴욕 증시가 붕괴된 '검은 금요일'이라는 이름으로 알려진 날로 특히 독일에서 끔찍하게 작용하였다.

독일의 경제적 발전을 가능케 하고 특히 자치 단체의 경박스런 지출경제를 촉진시켰던 외국 차입금은 대부분 단기차관이었다. 이제 불안해진 채권자들이 차관을 회수하였다. 세계무역의 급격한 감소로 인해 수출을 늘려서 이러한 손실을 메울 전망도 없어졌다. 세계 시장가격의 하락과 더불어 농업경제도 위기에 빠졌고 처음에는 지원금으로 근근이 꾸려나갔지만 지원금이 다시 일반적인 부담이 되었다.

하나의 재앙이 다른 재앙을 불러 말 그대로 연쇄반응을 일으켰다. 주식

가격의 폭락에 따라 실업자 수가 늘고, 작업 정지, 압류 등이 늘어났다. 신문마다 난을 나누어서 강제경매 공고가 나왔다. 정치적 반작용도 없을 수 없었다. 1928년 선거 이후로 나라는 사회민주당의 헤르만 뮐러(H. Müller)를 수반으로 하는 대연합 정권 아래서 힘들게 갈등을 겪으며 통치되고 있었다. 세금수입이 줄어서 이제 엄격한 절약이 필요해지자 정부내 보수파와 좌파 사이에 누가 위기의 부담을 떠맡아야 하느냐 하는 문제를 놓고 심각한 다툼이 벌어졌다.

총체적 위기

아무도 이 시점에선 무사할 수 없다는 사실이 이미 명백해졌다. 독일의 위기는 총체적이라는 점이 가장 두드러진 특성이었다. 경제적이고 사회적인 동반 위기 상황은 영국이나 특히 미국에서도 민감한 현상이었다. 다만 이 나라들은 정치적·도덕적·지적 척도가 무너지고, 모든 원인을 넘어서서 기존질서에 대한 신뢰의 위기, 포괄적인 의식의 위기로까지 떨어지지는 않았다.

이 위기가 독일에 가져온 변화는 객관적인 경제적 조건들만으로는 충분히 파악되지 않는다. 위기는 오히려 심리적인 현상이었다. 영원히 계속되는 곤궁에 지치고, 전쟁, 패배, 인플레이션 등으로 영적인 저항력은 약해지고, 이성과 명료함을 계속 호소하는 민주주의의 멋진 말솜씨에 완전히 넌더리가 난 상태에서 사람들은 이제 감정에 자신을 내맡겼다.

그들은 처음에는 물론 이 파국의 숙명적이고 꿰뚫어볼 길 없는 힘 앞에서 비정치적이고, 체념한 태도로 반응하였다. 개인적인 생존이 지속적인 근심거리였다. 매일 노동청에 가보기, 식품가게나 긴급구호소에 줄 서기, 살아남기 위한 비참하고 하찮은 고통들, 쓸쓸한 주점이나 길모퉁이, 어두운 집구석에서 쓰라린 생의 감정을 안고 무감각하고 절망적으로 어슬렁거리는 것.

1930년 9월의 실업자의 수는 3백만 한계를 넘어섰다. 일년 뒤에는 거의 450만 명이 되었고 1932년 9월에는 5백만 명이 넘었다. 통계수치는 1932

대중은 전체적인 곤궁에 대해서 처음에는 비정치적인 반응을 보였다. 그들은 단순한 생존을 위해서 모든 에너지를 다 쏟아부어야 했다.

년 초에 이미 임시 노동자를 빼고도 6백만 명의 실업자 수를 기록하고 난 다음이었다. 두 가구 중 한 가구가 실업을 당한 꼴이었다. 1,500만에서 2천만 명의 사람들이 지원금에 의지하였다. 미국 기자인 니커보커(H. R. Knickerbocker)의 계산에 따르면, 구호대상자가 지원금으로 굶어죽기 위해서는 10년쯤 걸릴 것이므로 어떤 의미에서는 살아 있기에 충분하다고 할 만큼, 보잘것없는 액수였다.[14]

전체적인 낙담과 무의미의 감정이 모든 것 위에 덮였다. 위기의 동반현상들 중에는 유례 없는 자살 파동을 꼽을 수 있다. 그 희생자들은 처음에는 주로 파산한 은행가와 실업가들이었지만 위기가 진행되면서 점점 더 많은 중산층과 소시민 계층 사람들로 번져나갔다. 작은 상점의 주인들, 샐러리맨, 연금생활자 등이었다. 그들의 예민한 계층의식은 빈곤을 단순한 결핍으로만 여기지 않고, 사회적인 계급 추락이라는, 품위 손상 표지로 받아들였다. 때때로 온 가족이 함께 자살하였다.

출생률이 떨어지고 사망률은 증가하면서 20개 대도시의 주민수가 줄어들었다. 혼란된 그림의 전체 모습과 타락한 자본주의의 그로테스크한 비인간성은 한 시대의 몰락이라는 자의식을 만들어냈다. 말기적 분위기에서는 언제나 그렇듯이 전체적인 세계상황의 급격한 변화를 바라는 마음과 비합리적 동경이 깨어났다. 야바위꾼들, 점성술사, 예언가, 손금 보는 사람들, 영매(靈媒)들이 판을 쳤다. 기도는 아니라도 거의 종교적인 감정들을 가르쳐주는, 그리고 분명하게 은총의 현상으로 눈길이 끌리는 곤궁의 시간이었다. 은총의 현상이란 인간의 일만이 아니라 규범, 질서, '정치' 이상을 약속해주는, 즉 잃어버린 생의 의미를 보여주는 것을 뜻하였다.

대중정당으로 출발

히틀러는 다른 누구보다 본능적으로 이러한 욕구를 파악하였고 자신에게 유리하게 이용하는 방법을 알고 있었다. 이것은 모든 의미에서 그의 시간이었다. 지난 시절에도 종종 나타나곤 하던 게으름의 발작, 개인적인 영역으로의 후퇴 성향 등이 단번에 극복되었다. 그 동안에는 그의 열정에 적합한 계기가 부족했다. 도즈 안(Dawes-Plan), 점령군, 슈트레제만의 외교정책 등은 적합한 공격 대상이 못 되었다. 이러한 사정들과 자기가 불붙이려는 흥분상태 사이의 불균형을 피할 수 없었다.

그러나 지금 마침내 그는 자신의 선동가적인 활동에 극적인 배경을 제공하는 파국의 무대장치가 세워진 것을 보았다. 그의 선동에서 고정적인 부분들은 베르사유 조약과 슈트레제만의 외교정책, 의회주의, 프랑스 군의 점령, 자본주의, 공산주의, 특히 유대인의 세계 음모 등이었다. 이제서야 이러한 개념 하나하나가 모든 사람이 느끼고 있는 현재의 불쾌·비참과 아주 잘 결합될 수 있게 된 것이다.

다른 경쟁자들에 비해 히틀러가 우세한 점은 대중의 개인적인 소망과 절망감에 정치적 결정의 색채를 주고, 서로 대립적인 기대들을 향해 자신의 의도를 알리는 능력에 있었다. 다른 정당의 대변자들은 당황한 태도로 사람들을 대했다. 어찌할 바 모른다는 사실을 인정함으로써 그들은 파국을 맞이한 모든 무기력한 사람들의 연대감에 의지하였다.

그와 반대로 히틀러는 낙관적·공격적으로, 미래에 대해 확신에 찬 모습을 보여주었고 증오심을 키웠다. "내 생애에 한 번도 이 시절처럼 기분 좋고 내적으로 만족을 느낀 적은 없었다."고 그는 말했다.[15] 수많은 경계경보를 울리며 그는 계급 추락의 공포에 사로잡힌 혼란된 사람들에게 호소하였다. 우파나 좌파, 자본주의나 공산주의에 의해 똑같이 짓눌린 느낌을 갖고, 현존질서가 자기들을 원조하기를 그만두었다고 비난하는 사람들이었다.

그의 정책은 이것이나 저것이나 모든 것을 거절하였다. 반자본주의적, 반프롤레타리아적, 혁명적, 복고적인 것이었고, 냉정한 미래의 비전을 제시하면서 동시에 그 좋았던 옛 시절의 향수 어린 그림들도 불러냈다. 예전의 계층으로 복권하기를 열망하는 혁명적인 분노라는 모순에 알맞게 만들어진 것이었다. 의도적으로 모든 전통적인 대립들을 교차시켰다. 히틀러는 '체제'의 바깥 멀리에 과격한 모습을 드러냄으로써 현재의 곤궁에 대해 자신은 책임이 없다고 선언하고 동시에 현존질서에 대한 자신의 판결을 정당화하였다.

그의 말을 확증해주기라도 하듯 의회기구들은 최초의 적재력 시험에서 실패하였다. 위기가 아직 정점에 도달하기도 전인 1930년 초에 대연정이 붕괴되었다. 연정 붕괴는 공화국의 종말 조짐이었다. 이미 오래 전부터 속으로 타고 있던 의견 차이가 표면으로 드러났다. 그것은 실업자보험의 부담 나누기 문제에 대한 좌우익 정당의 사소한 의견 차이였다.

사실 헤르만 뮐러 정권은, 거의 모든 정치 진영에서 돌발적으로 드러난 반대편으로 도망치려는 경향에 부딪쳐 깨진 것이다. 과격파로 넘어간 주민들은 사회민주당과 도이치 국가민족당이 이미 보여준 것을 다른 차원에서 반복하였다. 이러한 과정은 공화국이 가지고 있는 뒷배경이 얼마나 허약한가, 그리고 충성의 기초가 얼마나 믿을 수 없는 것인가를 보여주었다.

공화국이 몇 년 안에 상당한 성취를 했던 것은 사실이다. 그러나 그 성취의 색깔은 잿빛이었다. 가장 호경기 때에도 공화국은 근본적으로 사람들을 지루하게 만들었을 뿐이다.

히틀러가 비로소 공화국 정치가들이 일상적 쓸모에 지쳐서 알지도 못하고 받아들이지도 못했던 추진력을 가동하였다. 유토피아와 개인을 넘어서는 목적들을 향한 충동, 너그러운 마음과 헌신의지를 향한 욕구, 지도자의 모습을 향한 원초적인 동경 — 꿰뚫어보기 어려운 현대의 권력과정들은 지도자의 모습에서 눈에 보이는 것으로 되기에 — 그리고 현재의 난국에 대한 영웅적인 해석을 향한 열망 등이었다.

'제3의 가치'라는 구호는 공허한 경제적 약속을 훨씬 넘어 방향감각을 상실한 대중을 국가사회당의 길로 끌어들였다. 히틀러는 이제 대중정당에 대한 망설임을 없앴다. 처음으로 광범위한 당 조직을 위한 유연성이 입증되었다. 당 강령이라는 쇠사슬에 전혀 구애받지 않고, 또한 특정한 계급적 제한에서도 자유로운 상태로 국가사회당은 극단적으로 대립적인 요소들을 힘들이지 않고 끌어모을 수 있었다. 국가사회당은 출신, 나이, 동기에 상관없이 모든 사람을 위한 여지를 가지고 있었고, 당원의 이미지는 특정한 구조가 없으며, 엄격한 계급개념을 모조리 부인하였다.

히틀러 당을 단순히 경제적·사회적 양상 아래서의 반동적인 시민과 농부들의 운동이라고 파악하고, 이러한 추종세력의 물질적 관심에서 그 역동성을 해석하려고 한다면 히틀러 당의 상승에 대한 결정적인 이유를 제대로 보지 못한다.

영세한 공장경영자·농부·대기업가·소비자 등은 각기 다른 방식으로 당에 필요불가결한 사람들이었는데 이들 사이의 다양한 대립이 벌써 계급운동의 가능성을 제한하는 것이었다. 그것은 그때까지 모든 정당이 부딪쳤던 한계이기도 했다. 계급적 한계는 극복할 수 없는 것으로 보였고, 가장 힘든 경제적·사회적 비참의 시기에 모든 계층을 향한 공허한 약속이라는 전략을 통해서도 해결될 수 없는 문제였다.

그것은 너무 많은 전문가들이 있었기에 아무도 속일 수 없는 문제였다. 물질적인 소망에 관계하려고만 하면 곧장, 임금은 높이고 물가는 낮추고, 배당금은 늘리고 세금은 줄이고, 연금은 높이고 관세도 높이겠다고 약속하고, 농산물 생산이라는 측면에서는 생산자들에게는 높은 가격을, 소비자들에게는 낮은 가격을 약속해야만 대중을 끌어모을 수 있는 것이다.

히틀러의 기술은, 열광적인 호소로 경제적인 모순들을 뛰어넘고, 적들과 분리시켜서 자신을 효과적으로 부각시키기 위해서만 물질적 관심을 이용하는 것이었다. 그는 이렇게 외쳤다.

"나는 다른 사람들처럼 행복이나 편한 생활을 약속하지 않습니다. 오직 이것만을 말씀드릴 수 있습니다. 우리는 국가사회주의자가 되고자 합니다. 그리고 우리는 알고 있습니다. 우리 중 수백만 명이 실업수당을 받고 입을 것도 없는 처지라면 우리가 국가주의자라고, '독일, 모든 것 위에 독일'이라고 외칠 권리가 없다는 사실을 말입니다."[16]

그의 우세함은, 사람들의 태도가 오직 경제적인 동기에만 있는 것이 아니라는 인식에 근거한 것이었다. 그는 오히려 존재를 위한 초개인적인 동기를 가지려는 그들의 욕구에 기댔다. 그리고 계급 차를 뛰어넘는 '제3의 가치'를 믿었다. 즉 국가적인 명예, 위대함, 결탁, 희생의 각오라는 구호들이 가지는 힘을 믿었다. 아무런 이익도 없는 헌신의 각오를 믿은 것이다. "그러면 여러분은 보게 됩니다. 우리는 벌써 행진하고 있습니다!"

아직도 당에 대한 공감과 당에 몰려드는 세력은 여전히 중간층에 제한되어 있었다. 그들은 기본적인 정치적 관념을 가졌고, 옛날부터 존재기반에 문제가 많아지면 복잡하지 않고 냉정한 질서의 안정감 속으로 도망치려는 성향을 보였던 계층이다. 그들의 소원, 원한, 관심은 현존하는 정당 영역에서 정확하게 대변되지 않았다. 좋아하지도 않는 공화국 체제가 그들을 정치에서 멀어지게 했다. 굶주림과 두려움을 통해서 목적 없이 흔들리던 그들은 다시금 '자기들의' 당을 찾게 되었다. 히틀러와의 만남에서 그들은 엄청난 선동가의 힘에 굴복하였을 뿐 아니라, 그에 못지않게 운명 같은 것에 압도되었다.

히틀러도 계급 추락의 두려움에 압도된 시민이었고, 수많은 시민적인 야심에서 패배한 사람이었다. 그후 그는 정치에 들어왔고, 그것이 그를 해방시키고 출세시켰다. 사람들은 그런 그의 정치가 그와 같은 마법으로 자기들에게도 작용하기를 갈망하였다. 그의 운명은 그들 자신의 운명을 신격화한 것이었다.

대중정당으로의 출발 시기에 국가사회당을 이끌어가고, 그 기간 동안 당의 사회적 이미지를 주로 결정한 것은 이 '침몰하는 중간층'이었다. 경제적 곤궁이 직접적으로 국가사회당의 구호들에 대한 호감을 높여주었다고 생각하는 것은 물론 잘못이다. 히틀러 당은 불황이 가장 깊이 타격을 입힌 대도시와 산업지역이 아니라 소도시와 농촌지역에서 가장 큰 호응을 얻었기 때문이다. 전체적으로 흠을 입지 않은 질서라는 배경에서 보면, 비참의 침입은 어느 정도 곤궁과 친숙해 있던 대도시보다 훨씬 더 원천적이고 파괴적으로 지방에 타격을 입혔다. 여기서 혼란이라는 개념은 공산주의라는 말과 동일한 것이었다.[17]

위기가 진행됨에 따라 국가사회당은 노동자 계층에서 최초의 성과들을 얻었다. 기업세포조직(NSBO)을 동원해서 이른바 '기업 공산주의'를 극복하겠다는 ('나치세포가 없는 일자리는 없다'고 괴벨스는 시에 적었다) 그레고어 슈트라서의 구상은 전체적으로 실패하였다. 히틀러가 광범위한 국가사회주의 노동조합 조직이라는 생각에 냉담한 반응을 보였기 때문이다. 사회민주당의 예는 그에게 하나의 정당이 어떻게 노동조합과 동맹을 맺고 세계혁명이라는 이념을 얻을 수 있으며, 그리고 나서 월급봉투 문제에 사로잡혀서 인류의 해방을 시야에서 놓쳐버리는가 하는 것을 보여준 것 같다.

어쨌든 사회 혁명적인 노동자당이 '반유대주의 소시민 정당'의 골짜기로 추락하는 위험을 막으려는 나치 잔류 좌파의 시도를 그는 거의 지원하지 않았다. "단 한 명의 노동자를 얻는 것은 열두 명의 각하들이나 '높으신' 나으리들이 입당선언을 하는 것보다 비할 수 없이 소중하다."고 그들 중 한 명은 말했다.[18]

그러나 히틀러는 다시 자신의 생각으로 성과를 얻었다. 계급의식을 내세운 노동자들에 대해서 국가사회당은 오랫동안 아무런 성과도 거두지 못하였는데, 이제 실업자 수가 증가하면서 그것이 이루어졌다. 실업자의 이상적인 수용 그릇은 특히 돌격대였다. 함부르크에서는 4,500명의 대원 가운데 2,600명이 일자리 없는 사람이었다. 그것은 거의 60퍼센트에 육박하는 수치다. 브레슬라우에서는 심한 서리가 내렸을 때 중대 하나가 신발이 없어서 시찰을 나갈 수가 없을 정도였다.

조용한 내전

실업자가 일주일에 두 번 나가야 하는 실업확인소 앞에서 조직적인 신참자 모집 부대가 당사자들의 근심과 곤궁에 알맞게 만들어진 선전지 〈실업자〉를 나누어주고 거기 늘어서 있는 사람들과 긴 토론을 벌이곤 하였다.

자기 영역에서 나치의 도전을 받았다고 생각한 공산주의자들이 반대 활동을 벌이면서 주먹다짐과 거리싸움으로 발전하였다. 그것은 점차 양측에 더 많은 사람들이 투입되면서 '조용한 내전' 상황으로 넘어갔다. 이런 내전 상태는 1933년 1월까지 얼마간 끊어지지 않는 피의 흔적을 남기다가 한편이 권력을 잡으면서 갑자기 끝났다.

1929년 3월의 디트마르셴에서 이미 괴로운 싸움이 시작되었다. 이 싸움이 경과하는 동안 두 명의 돌격대원인 농부 헤르만 슈미트(H. Schmidt)와 소목수 오토 슈트라이벨(O. Streibel)이 죽고 30명이 중경상을 입었다.

그때부터 대립은 점차 대도시로 퍼졌다. 대도시의 노동자 구역, 뒷골목 등이 이 작은 전쟁의 어두운 배경이었다. 전쟁은 구석진 술집이나 지하술집을 거점으로 이루어졌다. 이른바 '돌격대 술집'이라는 것으로 그것은 어떤 동시대인이 표현한 것처럼 '전투지대의 방어진지'였다.[19] 특히 대도시에서 돌격대와 공산당 전투조직인 붉은 전선(戰線)연맹 사이에 패싸움이 벌어지곤 해서, 이따금 거리 전체를 소란스럽게 만들고 전투와도 같은 소음으로 가득 채우면서 수많은 사상자를 내곤 했다. 종종 중무장한 경찰부대를 대규모로 투입해서야 싸움을 끝낼 수 있었다.

'아돌프 히틀러가 칼 마르크스를 집어삼킨다!'

베를린은 이제 점점 더 국가사회주의 권력장악 전략의 중심지가 되었다. 공산주의 계열 당들이 옛날부터 모든 경쟁자들을 물리치고 세력을 확보하고 있는 전통적인 좌경 도시는 합법화 전략을 위해서 정복해야만 할 보루였던 것만이 아니다. 국가사회당은 베를린에 얼마 안 되는 도당을 거느린 괴벨스라는 인물을 갖고 있었다. 그는 '빨갱이'들이 스스로, 무너지지 않는다고 자만하고 있는 자기들 힘의 중심부인 베를린에서 그들을 쫓아낼 만한

대공황 시절 두 개의 구원이념이었던 공산당 기와 국가사회당 기가 베를린 뒷골목 한 건물에 나란히 꽂혀 있다.

에너지와 뻔뻔스러움을 갖춘 인물이었다.

'아돌프 히틀러가 칼 마르크스를 집어삼킨다!'는 것이 그가 싸움을 개시하면서 내세운 대담한 구호들 중 하나였다. 국가사회당은 그때까지 시민적인 교외 지역에서 아무런 방해도 받지 않고 자기들끼리만 싸우면서 지부를 이끌어왔다. 괴벨스는 이 교외에서 나와 도시 북부와 동부의 비참한 프롤레타리아적인 구역 한가운데로 대원들을 몰고가서 거리와 기업들을 장악하고 있는 좌익에 시비를 걸었다.

더블 단추가 달린 가죽재킷을 입은 창백하고 수척한 그는 그 시절 인물 유형에서 가장 특징적인 인물의 하나였다. 실망한 대중에게 너무 오랫동안 세계혁명의 흉내만 보여온 좌파의 불안감은, 베를린 공산당 지도부가 1928년 8월에 괴벨스식 경쟁에 대해 반응하면서 유명해진 구호에 잘 드러나 있다. "공장에서 파시스트를 내몰아라! 어디서 만나든 그들을 패줘라!"는 구호였다.

히틀러의 예에 따라 괴벨스는 적이 보인 모범을 보고 실천 방안을 발전시켰다. 구호 합창, 악대 행렬, 대규모 시위, 아파트 문 앞의 소품 판매행위 따위는 사회주의 정당의 선전 방법에서 얻어다가, 히틀러가 발전시킨 '위대한 뮌헨 스타일'과 합친 것이다. 괴벨스는 당의 촌스러운 면모에다가 새로운 계층이 가져온 대도회적이고 지적인 특성들을 가미하였다.

그는 청중의 감탄을 불러일으킬 정도로 정신력이 풍부하고 뻔뻔스럽고 시니컬했다. 공화국의 구호인 "모두 공화국을 보호하라(Schützt alle die

Republik!)"의 머리 철자들을 모아서 유대 말처럼 들리는 '샤드레 (Schadre)'라는 말을 만들어냈다. 상대방의 선전에 쓰인 '베를린 최고 악당'이란 말을 일종의 명예로운 타이틀처럼 자랑하고 다녔다.

그리고 〈공격〉지에서 아주 꼼꼼하게 배열한 자살자 명단 위쪽에다가 아름다움과 품위의 삶을 약속하였던 1918년 혁명시기의 구호를 이렇게 인용하였다. "아름다움과 품위로 사는 이런 삶의 행복을 더 이상 견딜 수가 없었다." 그리고 자살자들의 이름이 나오는 것이다.[20]

적에게서 무제한 배울 각오가 되어 있고, 권력에 따르는 건방진 태도와 잘난 체하지 않는다는 점은 국가사회주의자들을 옛날 방식의 보수주의자들과 구별해주고, 그들의 노련함에 현대적인 면모를 부여해주는 것이었다. 그들은 당연한 일이지만 시민적인 신문들보다는 극좌파 신문에 훨씬 더 주목하였다. 그리고 추종자들을 가르치기 위해서 좌파 출판물에서 가져온 공산당의 훈령을 '주목할 만한 구절들'에 싣곤 하였다.[21] 공산당의 실천 방안에서 배운 것처럼 그들은 거칠게 등장해서 상대방이 사기를 잃도록 만들려고 했고, 자기 편이 약할 경우에는 악의 없는 이상주의의 결과로 돌리곤 하였다.

돌격대 지휘자 호르스트 베셀(H. Wessel)은 어떤 창녀를 놓고 공산주의 경쟁자와 다투다가 부분적으로는 질투심에 찬 상대방의 총을 맞고 죽었다. 그러자 괴벨스는 멀쩡한 태도로 '커다란 아이 심정을 가진 영웅' '그리스도 사회주의자'였다고 그를 추켜세웠다. 붕대를 친친 감은 거리싸움의 부상자들을 들것에 실어서 연단 옆에 진열해 보여주는 것도 그의 효과 만점 무대장치에 포함되었다. 디트마르셴의 유혈사태에 대한 경찰 보고는 사상자의 선전 효과를 묘사하고 있다. 그것은 피의 희생자를 내는 것이 히틀러 정당에 얼마나 효과적인 선전수단이었나를 확인해준다. 그 결과 국가사회주의자들은 약 30퍼센트 정도의 신규가입자들을 얻었다고 한다.

그리고 그 뒤로 "단순하고 늙은 농부 아낙네들이 갈색 앞치마에 갈고리 십자가를 그려 붙이고 다녔다. 그런 노파들을 보면 금세 그들이 국가사회주의 정당의 목표나 의도에 대해서 아무것도 모르고 있다는 것을 느낄 수

있다. 그러나 그들은 독일에서 정직한 모든 사람들은 이용만 당하고, 정부
는 무능하고…… 오직 국가사회주의자들만이 자기들을 이런 비참에서 구해
줄 구원자가 될 수 있다고 확신하고 있다."[22]

독자적 형태의 청년운동

국가사회당의 가장 특기할 만한 시작은 청년들 사이에서 이루어졌다. 다
른 어떤 정당과도 달리 국가사회당은 청년세대의 기대와 희망을 이용할 수
있었다. 자연스러운 일이지만 열여덟에서 서른 살의 세대는 현재의 대량실
업사태에 직면해서, 명예욕과 자기입증 의지가 공허하게 되어버렸기 때문
에 이 위기에서 가장 심한 상처를 입은 세대였다.

그들은 과격하고 현실도피적이 되어서 거대한 공격적 잠재력을 가지고
있었다. 그들은 주변세계, 양친의 집, 교육자들, 전래의 권위 등을 경멸하
였다. 기성세대는 오래 전에 물 건너간 옛날의 시민적 질서를 절망적으로
되찾으려고만 하였다. "우리는 배후에 믿을 것이 없다. 그렇다고 부정하기
에는 너무 건강하다!"는 것은 어떤 시에 나오는 말이다.[23]

지적인 청년층에서도 같은 분위기였다. 독일은 전쟁에 패했을 뿐 아니라
혁명에서도 패했으니 지금이라도 그것을 따라잡아야 한다는 것이었다. 다
수의 젊은이들은, 무기력을 찬양하고, 허약하고 우유부단한 태도를 민주주
의의 타협의지라고 자랑하는 바이마르 공화국을 경멸하였다. 젊은층은 사
회주의 국가의 유물론과 '쾌락주의적인 이상들'을 거부하였다. 거기서 그
들은 자기들을 가득 채우는 비극적인 생의 분위기를 전혀 찾을 수 없었다.

그들은 공화국과 아울러 전통적인 정당 유형을 거부하였다. 그것은 청년
운동에 의해 일깨워져서 전쟁에서 전설적으로 확인된 '유기적인' 공동체
형식에 대한 욕구를 충족시키지 못했다. 지겹게 옳은 척하는 얼굴을 한 전
통적인 정당 당수의 사진을 보면서 '노인네들의 지배'에 대한 원한이 불붙
었다. 이 넓적하고 자기만족적인 얼굴에는 시민 계층 젊은이들을 가득 채
우고 있는 불안, 거대한 '시대 변화'에 대한 의식 등이 도무지 나타나 있지
않았다.

상당수의 젊은이들은 공산당에 합류하였다. 그러나 공산당의 계급투쟁적인 편협함이 많은 사람들의 접근을 어렵게 만들었다. 다른 젊은이들은 다양하게 모자이크를 한 민족주의 볼셰비즘 운동에 자기들의 부서진 꿈인 박사학위 시험의 표현들을 주려고 하였다. 다수의 청년들, 특히 대학을 마친 청년들은 국가사회주의에 넘어왔다.

국가사회당은 그들의 자연스러운 대안(代案)이었다. 국가사회주의 선전의 흔들리는 이데올로기에서 그들은 무엇보다도 혁명적인 어조를 들었다. 그들은 기율과 희생을 구하고 있었다. 나아가 언제나 합법성의 가장자리에서 힘들게 움직이면서, 가차없는 헌신의지가 합법성의 울타리를 넘어서는 것을 허용하는 이 운동의 낭만성에 이끌렸다. 그것은 당이라기보다는 오히려 전투공동체로서, 한 남자의 전부를 요구하였고, 부서지는 세계에 맞서 군인다운 새로운 질서를 내세우는 운동이었다.

젊은 대원들이 몰려들면서 국가사회당은 대중정당 이전에 독특한 양식의 청년운동의 특성을 얻었다. 예를 들어 함부르크 관구에서는 1925년에 당원의 2/3가 서른 살 미만이었고, 할레에서는 86퍼센트나 되었고, 나머지 관구에서도 수치가 비슷하였다. 1931년에 베를린 돌격대 대원의 70퍼센트가 서른 살 미만이었다. 당 전체로 이 연령층은 거의 40퍼센트에 이르고 있었다.

그에 비해서 사회민주당(SPD)은 그 절반 정도도 못 미쳤다. 사회민주당 의원들의 10퍼센트 정도만이 마흔 살 미만이었다면, 국가사회주의자 정당에서는 거의 60퍼센트나 되었다. 젊은이들을 격려하고 자극하고 책임을 맡기는 히틀러의 노력은 정말 효과적이라는 사실이 입증되었다.

괴벨스는 스물여덟에, 칼 카우프만(K. Kaufmann)은 스물다섯에 관구 지도자가 되었고, 발두어 폰 시라흐(Baldur v. Schirach)는 스물여섯에 전국청년단장으로 임명되었고, 히믈러는 스물여덟에 친위대(SS) 전국지휘자로 임명되었다. 이런 젊은 지휘자들의 무조건적인 헌신과 변함없는 신념의 힘, 그들의 '육체적인 순수한 에너지와 투쟁욕'은 나중에 그들 중 한 명이 회고한 대로 "당에 추진력을 불어넣었다. 그런 추진력은 오래된 시민정당들에선 그 비슷한 것도 내세울 수 없는 힘이었다."[24]

브뤼닝 정권

이 모든 표지들은 아직 당이 대규모의 비약적인 발전을 하기 이전인 1929년에 이미 당의 구성을 특징지웠다. 그럼에도 당의 사회학적인 이미지는 어느 정도 의도적인 요구와 숱한 통합구호 안에 흐려진 채 여전히 명확하지 않았다.

히틀러는 그러한 통합구호들 뒤에 숨어서, 정치의식화된 노동자층을 얻으려는 선전이 거의 성과를 보이지 않고, 국가사회당이 대체로 원래의 지지기반에만 한정되고 있다는 사실을 감추어보려고 했다.

처음으로 국가적인 방해공작이 나타났다. 1930년 6월 5일에 바이에른 주정부는 단체복을 금지하였고, 일주일 뒤에 프로이센은 갈색 셔츠를 금지하였다. 그래서 돌격대는 앞으로 흰색 셔츠를 입고 등장해야만 하였다. 다시 2주 뒤에 정부는 공무원들에게 국가사회당과 독일 공산당(KDP)에 가입하는 것을 금지하였다. 정부의 방어 의지는 늘어나는 소송 숫자로 나타났다. 1933년까지 약 4만 건의 소송이 이루어졌고, 14만 년의 징역과 거의 50만 마르크의 벌금이 선고되었다.[25]

그러나 이런 몸짓도 '체제'에 분명히 스며 있는 허약함의 인상을 억누르지는 못했다. 대연정의 부끄러운 종말 이전에 이미 헌법을 좋아하지는 않았으나 형식상 헌법을 준수하고 있던 힌덴부르크 대통령의 주변으로, 무능한 의원내각제를 중단하고 강력한 대통령 중심제를 취하자는 생각이 흘러들어왔다.

대통령이 이러한 생각에 대해서 어디까지 저항을 했든 그는 새로운 정부 형성에 처음으로 정열적인 목소리를 내면서 개입하였다. 하인리히 브뤼닝 (H. Brüning)을 수상으로 선출한 것은 대통령이 장차 정부 업무에도 개입할 생각을 가지고 있었음을 암시한다. 왜냐하면 이 새로운 수상은 충성심, 성격의 엄격함, 의무의식 등을 낭만적인 근엄성과 합친 사람으로, 언제라도 말없이 자기희생할 각오가 되어 있었다.

힌덴부르크는 자기희생의 각오를 주변에 늘 요구해왔다. 브뤼닝은 업무를 인계받은 직후에, 실업자 수가 나날이 증가하고, 위기의 공포가 커가고 있던 시점에, 의회 표결에서 패배를 겪더니 타협의 가능성을 제대로 찾아보지도 않고서 부당하게 서둘러서 의회를 해산해버렸다. 내무장관 비르트(Wirth)는 반대파들에게 의회의 위기가 체제의 위기에 이르지 않도록 승복하라고 하소연하였으나 소용이 없었다. 마치 민주주의가 자기 자신에게 스스로 넌더리가 난 것 같았다. 새 선거는 9월로 예정되었다.[26]

약간 소강상태에 접어들었던 국가사회주의 선전은 다시 불붙고 영 안에 반대하는 싸움에서 깊은 인상을 주었던 저 날카로운 캠페인의 음조가 되살아났다. 다시금 당의 선전지휘부가 몰려나와서 시끄럽고 소란스럽게 도시로 지방으로 흩어져 들어갔다. 잠시도 중단하지 않고 거리 음악회, 스포츠 축제, 자전거 타기, 소등신호, 함께 교회 가기 등의 행사를 벌였다. 그들은 이성적일 줄도 알고, 과격하거나 열광을 보일 줄도 알며, 상대방보다 더욱 민속적일 수도 있었다.

"인간 폐물은 쫓아내라! 그들의 낯짝에서 가면을 벗겨내라! 그들의 모가지를 붙잡아라! 9월 14일에 그들의 기름 낀 배때기를 밟아주자, 그리고 영광의 빗자루로 쓸어서 그들을 사원으로 쫓아보내자!" 전국 선전책임자로 임명된 다음 처음으로 능력을 입증해 보여야 하는 괴벨스는 이렇게 썼다.

에른스트 블로흐(E. Bloch)는 국가사회주의자들의 '어리석은 열광'을 부정적으로 평가하였다. 그러나 그러한 평가조차도 그들의 우세한 부분이었다. 공산주의자들은 승리를 확신하고 있었으면서도 여전히 역사가 아니라 일상만 있는 것처럼 잿빛으로, 별 기력 없는 활동을 보이고 있었기 때문이다.

연설자 코스를 마친 2, 3천 명의 연설가들이 대규모로 투입되었다. 그들은 당의 이념적 판단들을 원시적으로 배워 익혀서 떠드는 치들이라 거의 새로운 추종세력을 얻지는 못하였다. 그러나 수많은 작은 선전꾼들이 떼를 지어 몰려나오는 것은 지치지 않고 활동한다는 인상을 주는 것이었고, 히틀러의 생각으로는 그것은 광범위한 최면효과를 가지는 것이었다. 동시에 실력을 입증한 관구 연설가와 전국적 수준의 연설가들이 비싼 돈을 들여

준비된 행사에 등장하였다.

프로이센 내무부의 어떤 건의서는 이렇게 표현하였다. "1천 명에서 1만 5천 명 사이의 관중을 동원한 집회들은 대도시에서 매일 일어나는 현상이다. 미리 예정된 집회장소가 청중의 수에 맞지 않는 탓으로 하나 혹은 여러 개의 동시 집회가 열리는 경우도 많다."[27]

지도자, 스타, 선거운동 조직자 등 모든 것의 정상에 히틀러 자신이 서 있었다. 그는 바이마르의 대집회로 선거운동을 시작하였다. 그 뒤로는 자동차, 비행기, 철도를 이용하여 쉬지 않고 돌아다녔다. 그가 나타나는 곳은 어디든지 대중이 모여들었다. 그가 계획도, 위기와 방어의 이론도 없었다고 해도 그랬다. 그러나 그는 답변을 가지고 있었다. 그는 누구 책임인지 말할 수 있었다. 연합군, 부패한 체제 정치가들, 공산주의자들, 유대인 등이었다. 그는 이러한 곤궁을 끝낼 전제조건들도 알고 있었다. 의지와 자신감과 권력의 회복이었다.

감정에 대한 호소는 언제나 제대로 작동하였다. "일상의 문제에 대해서는 내게 말하지 마십시오!" 도이치 민족은 일상의 문제로 망했다는 것이다. "일상의 문제는 위대한 문제에 대한 시각을 흐려놓는 것입니다." 그는 의회주의 체제 위기의 이유로, 정당들과 그들의 목적이 지나치게 '일상적인 잡일'에 매달린 것을 들었다. '사람들이 희생을 바칠 각오가 되어 있는' 것 이상으로 잡일에 매달렸다는 것이다.[28] 그는 언제나처럼 주어진 처방을 따라서 당시의 수많은 불행들을 몇 가지의 파악하기 쉬운 원인 탓으로 돌렸다. 무시무시한 배후 인물들이 음모를 꾸미는 어두운 세계 파노라마를 펼쳐 보이면서 이 몇 가지 원인들에 폭과 악마적 후광을 부여하는 것이다.

그는 연설의 재능 못지않게 장엄한 행사와 결연한 모습으로 효과를 만들어냈다. 자신의 암시들이 표어로 바뀔 수 있다는 사실을 언제나 염두에 두었다. 날카롭고 지속적인 수많은 개념들을 제시하였다. 그것은 그가 퇴장한 다음에도 오랫동안 통제되지 않는 의식의 심층부에 남아서 스스로 작용할 것이었다. 그 몇 주 동안 그는 비상한 조직의 체험 이외에도 광범위하게 펼쳐진 맹렬한 선거운동에 대한 심리적 기교를 터득하였다. 2년 뒤에 그것들이 이용될 것이었다.

국가사회주의 선동의 에너지와 소란스러움과는 매우 대조적으로, 강령의 빈곤은 국가사회당을 지속적으로 과소평가받도록 만들었다. 비판적인 동시대 사람들은 우월감을 느끼며 국가사회당을 약간 미친 시대의 소란스럽고 부담스러운, 약간 미친 현상이라고 주장하였다. 쿠어트 투홀스키(K. Tucholsky)는 히틀러에 대해서 상당히 정확하면서도 대단히 잘못된 평가를 하였다. "그 남자는 전혀 없다. 그는 자기가 만들어낸 소음일 뿐이다."[29]

형식적인 합법화 선언 뒤에 거의 숨김없이 드러나 있는 헌법에 적대적인 국가사회당의 특성을 밝혀 보인 내무부 건의서는 아무런 주목도 받지 못했다. 그 대신 너무 빨리 성장한 정당 내면의 모순, 당 지도층의 지적인 평이함, 조잡함, 명예욕 등에 자기파괴적인 폭발물질이 숨어 있을 것이라고만 여겼다.

오토 슈트라서와의 결별

이러한 기대는 1930년 여름에 국가사회당을 한 번 더 지속적으로 뒤흔든 위기를 통해서 확인된 듯이 보였다. 뒷날의 관찰을 통해 보면 그것은 당의 기강 확립과 타격력에 도움을 준 숙청활동이었다. 사방의 격앙된 환호를 받으며, 점점 더 마비시키며 다가오는 떨림 속에서, 되풀이될 수 없는 기회를 포착한 히틀러는 당내 최후의 비판세력과 독자적인 반대파를 숙청함으로써 스스로 무장을 갖추었다.

처음에 그는 점차 모순 속으로 빠져들고 있던 당내 좌파에 대립을 강요하여 계속 뒤로 밀쳐냈다. 국가사회당이 변두리 정당으로 남아 있고, 오직 소동을 일으켜야만 사람들 눈에 띄고, 의회나 정부에서 자기들의 원칙을 실천할 처지에 있지 않은 동안에는 이념상의 의견 차를 그럭저럭 감출 수 있었다.

그러나 최근 지방선거의 성과는 계속해서 적절한 자기해명을 요구하였다. 오토 슈트라서와 투쟁출판사를 중심으로 한 그의 추종세력은 언제나 되풀이해서 히틀러의 합법화 노선에 의문을 제기하고 공격적인 '파국전략'

을 찬성하였다. 그들은 우악스러운 반자본주의를 자랑하였고, 폭넓은 국유
화를 역설하였으며, 소련과의 동맹을 촉구하고, 당 노선을 벗어나서 지방의
파업 활동을 지원하였다. 당연한 일이지만 그런 행동으로 그들은 방금 만
들어낸, 당에 많은 이익을 가져다주는 재계와의 관계를 위태롭게 만들었다.
뿐만 아니라 강령을 확립하려는 과격한 성향으로 히틀러의 전략인 강령 회
피와 모든 계층을 향한 개방성을 어지럽게 뒤흔들었다.

1월에 이미 국가사회당의 지도자는 오토 슈트라서에게 투쟁 출판사를
내놓으라고 요구하였다. 앞뒤 다르게, 온갖 아첨과 협박과 매수를 동시에
시도해 보이다가 다시 눈에 눈물을 글썽이면서 반항적인 동지를 뮌헨 중앙
당의 언론총책임자 자리에 임명했고, 출판사를 위해서는 약 8만 마르크를
제공하려 했다. 그는 옛날 군인이며 오래된 국가사회주의자인 슈트라서를
지원하려 한 것이었다.

그러나 슈트라서는 자신만이 참된 국가사회주의 이념의 승리자라고 여
기고 모든 제안과 모든 위협을 거부하였다. 원칙적인 문제에 대한 담판이
1930년 5월 21일~22일에 당시 히틀러의 베를린 본부였던 링크 거리의
'상수시' 호텔에서 벌어졌다. 막스 아만, 루돌프 헤스, 오토 슈트라서의 형
그레고어 등이 지켜보는 가운데 두 적수는 일곱 시간 동안 흥분해서 각자
의 주장을 주고받았다.

이 대화는 슈트라서의 수기에 기록되어 남았다. 뒷날 원탁에서 말없는
절망이기도 했던 독학자의 광범위한 태도로 히틀러는 이 대화를 예술에 대
한 설교조의 표현으로 시작하였다(예술은 혁명적인 단절을 알지 못하고 '영원
한 예술'로 존재한다. 예술이라는 이름을 얻을 만한 것은 그리스·북유럽적인 것뿐
이다. 나머지 모든 것은 오류이다). 그러고 나서 개성의 역할에 대해서 이야기
하고 종족, 세계경제, 이탈리아 파시즘을 논하고, 그런 다음에는 처음부터
드러나 있던, '빌라도 문제'[30]인 사회주의 문제로 넘어갔다.

그는 슈트라서가 이념을 지도자보다 높은 자리에 둔다고 비난하였다.
"모든 당 동지에게 이념을 결정할 권리를 주고, 심지어는 지도자가 이른바
이념에 충실한지 그렇지 않은지를 결정할 권리까지도 주려고 한다. 그것은

우리 당에서는 아무런 의미도 없는 가장 나쁜 민주주의다."라고 그는 흥분해서 외쳤다. "우리 당에서는 지도자와 이념은 같은 것이고 당의 동지들은 당의 최종 목적을 유일하게 알고 이념을 스스로 구현하고 있는 지도자가 명령하는 것을 따라야 한다." 그리고 자기는 동지들의 기율을 바탕으로 해서 만들어진 당 조직이 '몇몇 망상적인 문사(文士)들 손에 망가지도록 맡겨둘' 생각은 전혀 없다고 했다.

서열적인 관계 이외의 인간관계를 이해하지 못하는 히틀러의 무능이 이 대면에서처럼 명백하게 드러난 적은 없다. 그는 지적인 반성의 경우에도 그렇듯이 모든 생각, 모든 반대에 대해서 권력문제를 마주세웠다. 누가 배치권을 가지는가, 누가 명령하는 사람이며 누가 명령을 받는 사람인가? 모든 것은 지배자와 하인의 대립으로 축소되었다. 거칠고 교육받지 못한 대중이 있고, 대중을 자기의 도구와 조작대상으로 삼는 위대한 인물이 있다. 이 대중을 합법적으로 보호하고 돌보려는 욕구를 만족시키는 것, 그것이 그의 생각에 따르면 사회주의였다.

그가 시민적 반동세력과의 새로운 관계를 배려하느라 당의 혁명적인 사회주의를 방해한다고 슈트라서가 비난하자 히틀러는 격분해서 대답하였다. "나는 사회주의자요. 예를 들면 재산이 많은 레벤틀로브 백작과는 달라요. 나는 단순한 노동자로 출발했소. 오늘날에도 내가 운전기사와 다른 음식을 먹는다고는 생각지 않소. 하지만 당신이 사회주의라는 개념으로 이해하는 것은 다만 극단적인 마르크스주의일 뿐이오. 노동자들은 대개 빵과 놀이밖에는 구하지 않아요. 그들은 어떤 이상에 대한 이해력이 없어요. 우리는 상당히 많은 노동자들을 얻으리라고 생각할 수는 없소. 우리는 그 어떤 도덕적 연민에 따라 움직이지 않고, 자신들이 더 나은 종족이라는 이유에서 지배권리를 분명히 확신하고, 광범위한 대중에 대한 지배권을 가차없이 내세우고 확보하는 새로운 주인 계층을 선별하려는 것이오……. 당신의 체계는 실제 생활과는 아무런 관계도 없는 탁상공론일 뿐이오."

그는 자신의 출판자를 향해 말했다. "아만 씨, 당신은 속기 타이퍼스트가 갑자기 당신의 말에 끼여드는 일을 참겠습니까? 생산품에 대한 책임을 지는 기업가가 노동자들에게도 빵을 분배합니다. 우리의 위대한 기업가들은 돈을 긁어모으는 것, 잘사는 것 등만을 중요하게 여기지 않고, 책임과 권력을 가장 중요하게 여기죠. 그들은 자기 자신의 쓸모로 해서 정상에 올라선 것이며, 더 높은 종족이 입증하는 이러한 선별을 근거로 지도할 권리를 가지는 것입니다."

흥분된 토론을 마친 다음에 슈트라서가 그에게, 권력을 차지할 경우 생산체계는 변하지 않는 거냐고 물었을 때 히틀러는 대답하였다. "그야 물론이죠. 당신은 내가 경제를 방해할 만큼 돌았다고 생각합니까? 사람들이 국가의 이익에 따라 행동하지 않을 경우에만 국가가 개입할 것이오. 그렇다고 재산 몰수나 공동결정권이 필요한 것은 아니죠."

현실적으로는 오직 하나의 체제만 있을 것이기 때문이라는 것이다. '위로는 책임을, 아래로는 권위를'이라는 것이 수천 년 전부터의 체계였으며, 지금 달라질 수는 없는 일이라고 했다.[31]

히틀러의 사회주의

히틀러의 사회주의 개념에서는 인간적인 추진력도, 사회의 새로운 구상에 대한 필요성도 찾아볼 수 없다. 그 자신이 확인한 것처럼 그의 사회주의는 "경제생활의 기계적인 구조와는 아무런 상관도 없다." 오히려 그것은 '국가주의'라는 단어에 대한 보충개념으로 개인에 대한 전체의 책임을 뜻한다. 반면에 '국가주의'는 개인이 전체를 위하여 헌신하는 것을 뜻한다. 국가사회주의에서 이 두 가지는 하나로 합쳐진다는 것이다.

이런 술책은 모든 이해관계를 도와 정당성을 갖도록 해주고 개념들을 도박의 칩 수준으로 격하시켜버렸다. 히틀러 사회주의에서 자본주의가 우선 성취되었다. 사회주의는 오직 자본주의적 경제체제 아래서만 실현될 수 있는 것이었다. 국가사회주의는 권력 전략을 고려해서 좌익의 표지를 내걸었다. 그것은 안으로나 밖으로나 강력한 국가를 요구하였으며, '익명의 대중' '영원한 미성년자 다수'에 대한 확고한 지휘를 요구하였다.[32]

당 역사의 출발점이 무엇이었든 1930년에 국가사회주의 도이치 노동자

당 (NSDAP)은 히틀러의 생각에 따르면, 인기 있는 단어의 분위기를 이용하기 위해서 '사회주의' 정당이었다. 그리고 역동적인 사회적 힘을 확보하기 위해 '노동자당'이기도 했다. 전통, 보수적 가치관이나 기독교에 대한 고백처럼, 사회주의적인 구호들도 조작 가능한 이데올로기적인 전진기지였다.

그것은 위장, 교란 등에 이용되고, 기회에 따라 번갈아 표어를 바꿀 수 있도록 해주었다. 열광하여 입당한 어떤 젊은이는 괴벨스와 이야기하는 중에 당 지휘부가 강령의 원칙들을 얼마나 대수롭지 않게 여기는가를 경험하였다. 페더의 농노제도 중지는 사회주의 요소를 포함한다는 말을 했다가, 그는 이런 헛소리를 경청하는 사람은 깨져야 한다는 대답을 들었다.[33]

오토 슈트라서가 자신의 주장에 들어 있는 불합리성과 개념 조작을 그토록 당당하게 밝혀낸 것이 히틀러의 마음을 대단히 상하게 만들었다. 아무 말 없이 그는 뮌헨으로 돌아와서, 그런 대립의 경우에 보이는 방식대로 여러 주 동안이나 전혀 의견을 드러내지 않았다. 그래서 슈트라서는 불확실한 상태였다. 그가 "장관 자린가 아니면 혁명인가?"라는 소책자에서 논쟁의 경과를 묘사하고, 당 지도자가 공동의 이념에 들어 있는 사회주의 핵심 부분을 배신하였다고 비난하자 히틀러는 반격하였다. 노여움이 너무 커서 문체상의 실수까지 보이는 편지를 써서 그는 베를린 관구 지도자에게 슈트라서와 그의 추종자들을 즉각적으로 제명시키라고 명령하였다. 그는 이렇게 썼다.

여러 달 전부터 나는 국가사회주의 노동자당의 책임 있는 지도자로서, 당 내 운동 계열 속으로 불일치, 혼란, 기율 없음 등을 끌어들이려는 시도를 주시해왔습니다. 사회주의를 위해서 싸우려 한다는 가면을 쓰고서 우리의 유대·자유주의·공산당 적들과 똑같은 정책을 추구하려는 시도입니다. 이들 그룹이 요구하는 일은 바로 적들의 소원이기도 합니다……. 그래서 나는 당을 해체시키는 이 요소들을 가차없고 예외 없이 당에서 쫓아내는 것이 필수적인 일이라고 생각합니다. 우리는 이미 운동의 본질적인 내용을 정했고 만들어놓았습니다. 그것을 우리는 이 운동의 근간으로 삼았고, 그것을 위해 싸우고 있으며, 그것을 위해 감옥에서 고생했던 것이며, 단절에서 그것을 끌어내어 오늘날의 이 높이까지 끌어올렸습니다. 우리가, 그리고 무엇보다도 내가 이 운동의 바탕에 둔 본질적인 내용에 잘 맞지 않는 사람은 이 운동 안으로 들어와서는 안 되고, 다시 이곳을 떠나야 합니다. 국가사회주의 정당은 내가 지도자로 있는 한, 뿌리 없는 문사들이나 혼란스런 살롱 볼셰비스트의 논쟁 클럽이 되어서는 안 됩니다. 당은 오늘날의 형태 그대로 남아야 합니다. 즉 기율의 조직체로 말입니다. 정치적인 떠돌이의 공론적인 어리석음을 위해 만들어진 것이 아니라 계급개념이 사라지게 될 독일의 미래를 위해서 싸우는 조직체입니다.[34]

6월 30일에 괴벨스는 베를린 토끼숲 홀에서 관구 당 대회를 소집하였다. "질서에 편입되지 않는 자는 쫓겨나야 합니다!"라고 그는 외쳤다. 자신들의 견해를 밝히려고 참석했던 오토 슈트라서와 그의 추종세력은 돌격대에 의해서 강제로 홀에서 쫓겨났다. 슈트라서 그룹은 '진짜배기 스탈린주의'라고 말하고 당 지도부에 의한 의도적인 '사회주의자 탄압'이라고 떠들었지만 그들의 세력은 급격하게 움츠러들었다.

다음날 벌써 그레고어 슈트라서는 투쟁 출판사 신문의 발행인 자리를 내놓고, 동생과는 극히 날카로운 형태로 거리를 두었다. 폰 레벤틀로브와 다른 유명한 좌익 인사들도 이들 반란 그룹을 떠났다. 상당수는 물론 경제적인 고려에서 그렇게 행동했다. 직위와 봉급과 행동 명령을 다 히틀러에게서 받고 있기 때문이었다. 그러나 대다수는 의심할 바 없이 히틀러가 그들에게 일깨우고 수많은 불충 행동들을 넘어서 지키도록 만든 '거의 도착적인 충성심'으로 그런 행동을 하였다.

자신에 넘친 괴벨스는 당은 '이러한 태업 기도를 땀처럼 흘려 내보낼 것'[35]이라고 말했다. 7월 4일에 오토 슈트라서의 신문은 "사회주의자들이여, 국가사회당을 떠나자!"는 기사를 냈다. 그러나 거의 아무도 그를 따르지 않았다. 그러므로 당에는 사회주의자가 거의 없었으며, 자신들의 정치적 행동을 이론적으로 해석하려고 하는 사람조차 거의 없다는 사실이 드러난

셈이었다.

오토 슈트라서는 새로운 정당을 결성하여, 처음에는 '혁명적 국가사회주의자'라고 칭했다가 나중에 '검은 전선'으로 불렀다. 그러나 문필가적인 분파 그룹이라는 냄새를 아주 떨쳐버리지 못했다. 투쟁 출판사의 신문을 읽는 것은 히틀러 당에서 금지되었다. 그러나 그들이 좋아하는 주제는 어차피 거의 주목을 받지 못하던 참이었다.

지도부의 친숙한 영역에서 벗어나는 일은, 역사의 호소를 듣는 것처럼 보이는, 확고하게 세계파국에 대항하는 싸움을 해온 국가사회주의 정당에는 현학적이고 어울리지 않는 일이었다. 그리고 이론적인 개념 논쟁에 대해서 아무도 관심이 없었다. 대중은 당의 강령이 아니라 히틀러라는 사람에게 희망과 치유의 기대를 걸고 있었기 때문이다.

오토 슈트라서의 탈퇴는 국가사회당 내부에서 사회주의 원칙 논쟁을 끝냈을 뿐만 아니라 그레고어 슈트라서에게는 엄청난 권력상실을 의미하였다. 그 뒤로 그는 집안의 배경도 신문도 갖지 못하게 되었다. 그는 여전히 당의 전국 조직책임자 자리에 있으면서 뮌헨에 거주하며 수많은 관계들을 장악하였으나 당원들과 여론의 눈에서 점차 사라졌다. 반 년 전만 해도 〈세계무대〉지(誌)는 그가 '머지 않은 장래에 주인인 히틀러를 구석으로' 몰아붙이고 스스로 당권을 장악할 것이라고 예측했다.[36] 지금 그는 권력을 잃어버리고 그럼으로써 2년 뒤의 패배에 미리 도장을 찍은 셈이었다. 2년이 지나서 그는 최후의 반항적인 몸짓으로 체념을 이겨냈지만 결국 지치고 망가진 상태로 당에 등을 돌렸다.

슈테네스 반란

슈트라서 위기의 후유증으로는 돌격대의 동부지역 부지휘자인 전직 경위 슈테네스의 지휘 아래 있던 베를린 돌격대의 반란을 꼽을 수 있다. 당부대인 돌격대의 불만은 사회주의 논쟁과는 별 관계가 없었다. 오히려 정치기구(PO)측의 보스화, 도당화의 표지들과, 힘든 선거운동에 비해 낮은 보수 등과 관계가 있었다.

돌격대가 지쳐빠진 상태로 저녁마다 '뼈빠지게' 일하는 동안 정치기구는 사치스럽게 치장된 궁전을 세웠다는 것이 자주 나오는 비난이었다. 갈색집에 돌격대를 위해서 대리석과 청동으로 된 기념비가 세워졌다는 반박에 대해서 그건 오히려 비석처럼 보인다고 대꾸했다. 정치기구에는 "돌격대는 오직 죽기 위해서 존재한다."는 확신이 퍼져 있다고 어떤 돌격대 지휘자가 썼다.

괴벨스는 슐레지엔에서 어찌할 바를 모르고 히틀러와 친위대(SS)의 도움을 요청하였다. 반항적인 돌격대가 며칠 뒤에 헤데만 거리에 있는 관구 사무실로 밀려들어 왔을 때 히믈러의 검은 부대(친위대)와 최초의 유혈사태를 빚었다. 히틀러가 나타나자 일시적으로 반란이 멎었다는 사실은 히틀러의 권위를 조명해주는 부분이다.

당연하지만 그는 처음에 슈테네스와 말하기를 피하고 직접 부대원들을 설득하려고 했다. 무장 친위대를 대동하고 돌격대 지부의 술집들을 하나씩 돌면서 단위부대에 하소연하고 때로는 눈물까지 흘리면서 승리가 눈앞에 다가와 있다고 말했다. 그리고 혁명의 병사인 그들에게 합당한 임금을 약속하였다. 임시로 그는 그들에게 법률상의 보호와 더 나은 보수를 약속하였고, 그 돈은 당원당 20페니히씩 돌격대 특별세를 거두어서 충당하였다. 노고에 대한 보답으로 친위대는 자기들의 표어를 얻었다. "너의 명예는 충성!"

반란의 종결은 돌격대 최고 지휘자 폰 페퍼의 사임을 뜻하였다. 그는 처음에는 저항했지만 점차 체념한 태도로 돌격대의 분명한 영향력 감소와 맞물린 정치기구의 권력 증대를 바라보았다. 이러한 무게중심 이동의 원인들 중에는 무엇보다도 히틀러가 자기 주변에 만들어낸 비잔틴 양식, 곧 아첨의 선호 때문이었다. 대중의 환호가 나날이 자기에게 힘을 실어주는 것을 의식하면서 히틀러는 숭배의 욕구를 발전시켰다. 정치기구의 소시민적인 간부들이 군대식 서열의식을 가진 돌격대 지휘자들보다 그러한 욕구에 더 잘 적응하였다.

그 결과 정치기구는 얼마 안 되는 돈을 분배할 때나 대의원 명단을 작성할 때나 다른 후견 활동을 입안할 때 당연히 유리한 위치를 확보하였다. 갈등의 배후에는 엉터리 예술가인 남 도이치 보헤미안 유형과, 다른 한편의 엄격한 '프로이센' 유형 사이에 존재하는 완전한 이질감도 작용하였다. 프로이센 유형은 폰 페퍼라는 인물과 그의 협소한 지휘부 안에 한동안 더 남아 있었다. 돌격대 최고 지휘자의 계급상의 우월감을 화난 눈초리로 지켜보면서 히틀러는 때때로 그는 폰 페퍼(후추)가 아니라 폰 퀴멜(퀴멜 열매)이라는 이름이 더 알맞을 것이라고 말하곤 하였다.[37]

나중에 1938년, 1941년에도 그런 것처럼 군사력과의 갈등이 일어나자 히틀러는 8월 말에 페퍼를 해임하고 직접 돌격대 최고 지휘자 자리를 맡았다. 일상적인 지휘업무를 위해서 그 사이 볼리비아에서 군대교관 노릇을 하고 있던 에른스트 룀을 불렀다. 히틀러는 그럼으로써 운동을 궁극적으로 지배하였다. 폰 페퍼가 발전시킨 돌격대의 특별권리까지 이제 자기 안에 합치게 된 것이다.

며칠 뒤에 벌써 히틀러는 모든 돌격대 지휘자에 대해 '무조건적인 충성 맹세'를 의무화하였고, 이어서 모든 돌격대 대원에게도 같은 의무를 부과하였다. 그밖에도 신규가입할 때에 새로운 의무조항이 붙게 되었다. "모든 명령을 지체 없이 확실하게 실천한다. 나의 지도자들은 불법적인 일을 나에게 요구하지 않는다는 사실을 알고 있기 때문이다."라는 항목이었다. 히틀러가 위기의 경과를 보고하면서 자신의 태도를 정당화한 〈민족관찰자〉 기사에는 '나'라는 말이 131번이나 나온다.[38]

지도자와 교황

히틀러의 절대적 요구가 그 사이 돌격대에서 아무런 반발도 일으키지 않은 것은 기록할 만한 일이다. 제도적으로나 심리적으로 당 운동은 마침내 도구적 구조가 된 것이다. 히틀러는 과거의 모든 갈등에서도 그랬듯이 오히려 이 공격으로 자신의 위치와 위신을 강화하였다.

6월에 이미 그는 새로 지은 갈색집의 고문관실에서 몇 명의 선발된 당 기자들을 놓고 카톨릭 교회의 서열과 조직을 날카롭게 강조하면서 총체적인 당 지휘 방침을 발표하였다. 카톨릭 교회의 모범에 따라 당은 '민중 속에 서 있는…… 정치적 사제들이라는 광범위한 토대' 위에 피라미드적 지휘체계를 쌓아올린다. 그것은 "단계별로 지역 지도자와 관구 지도자를 거쳐서 고문단, 그리고 최종적으로 당 지도자—교황에 이르게 된다."

한 참석자의 보고에 의하면 그는 관구 지도자와 주교, 장래의 고문관과 추기경을 비교하기를 서슴지 않았고, 아무 주저 없이 종교적인 영역의 권위, 복종, 신앙 등의 개념을 세속적인 영역에 혼란스럽게 섞어 받아들였다. 아무런 아이러니도 없이 그는 다음과 같은 말로 연설을 끝맺었다. 자신은 "로마에 있는 교황이 신앙 문제에 있어서 정신적인—아니면 종교적인이라고 해야 할까—오류 없음에 대한 요구를 가진다는 사실에 이의가 없다. 나는 그 문제에 대해서 잘 알지 못하니까. 그런 만큼 정치는 더 잘 안다고 생각한다. 그러니 교황도 앞으로는 나의 요구에 대해서 이의를 갖지 않기를 바란다. 즉 나는 국가사회주의 노동자당을 이끌어감에 있어서 나 자신과 나의 추종자들에게 정치적인 오류 없음의 권한을 요구하는 것이다. 세상이 교황의 요구에 이미 익숙해져 있듯이 이 요구에 대해서도 즉시로 아무런 반대 없이 익숙해지기를 바란다."[39]

이런 발언 자체보다 더 사태를 분명하게 보여주는 것은 당혹감이나 어떤 반발을 보이는 반응이 일체 없었으며, 히틀러가 현학적인 에너지로 끈질기게 추구하던 당내 복종노선의 성과가 뚜렷하게 드러났다는 사실이다. 수많은 전제조건들이 그 동안 그를 도와주었다. 당 운동은 점점 더 카리스마적이 되고 지휘권과 신앙의 기율에 근거한 전투공동체로 여겨지게 되었다.

바로 이 점에서 국가사회당은 이익과 당 강령을 중심으로 한 전통적인 정당에 비해 역동적인 자신감을 창출해냈다. 동시에 당 운동은 '늙은 전사'들의 출신과 경험을 토대로 하였다. 그들은 거의 모두 1차 세계전쟁에 참가하였으며 엄격한 명령체계 속에서 형성된 체험을 가졌고, 게다가 많은 사람들은 가정에서 이미 엄격한 사관학교의 윤리관을 가진 교육방침에 따라 교육받은 사람들이었다. 히틀러는 권위적인 교육체계에서 이익을 얻었다. 63명의 관구 지도자 중 20명 이상이 교사 출신이라는 점은 우연 이상

의 일이었다.[40]

1930년 여름 두 번의 당내 위기를 힘들이지 않고 조정하고 나자 국가사회당에는 히틀러에게서 나오지 않은 권한이나 권위란 존재하지 않게 되었다. 오토 슈트라서, 슈테네스, 혹은 폰 페퍼가 만들어내는 위험이 아무리 별것 아니었다고 해도, 그 이름들은 여전히 절대적인 권력요구에 제한을 가하는 이론적 대안(代案) 구실을 하였다. 이제 남도이치 돌격대 대장 아우구스트 슈나이트후버(A. Schneidhuber)는 어떤 진정서에 이렇게 적었다. 당 운동의 의미와 매력이 점차 커가는 것은 당 간부들의 업적이 아니라 "오직 '히틀러'라는 모토 덕분이다. 모두가 이 모토 아래 하나가 된다."는 것이다.[41]

활발하게 움직이는 선전원들에게 둘러싸인 채, 그리고 점점 더 의도적으로 종교적 영역과 세속적 영역을 뒤섞은 가운데 '지도자'는 모든 반성, 비판이나 당내의 표결 결과가 전혀 닿을 수 없는 고독한 기념비적 영역으로 올라갔다. 자신의 관구 지도자와 갈등을 겪게 된 어떤 추종자 한 명이 그에게 하소연하자 그는 불쾌한 어조로 이런 답장을 써보냈다. 자신은 당의 '하인'이 아니라 그 창설자이며 지도자다, 모든 불만은 '나를 당신 가까이에 있는 당의 냄새만 피우는 사람보다 더 눈멀었다고 여기는' '어리석음'이나, '가혹함' '뻔뻔스런 건방짐'에서 나오는 것이라고 말했다. 국가사회당 기관지는 이제 오직 히틀러의 신격화, 유대인 공격으로만 가득 채워지게 되었다고 이 무렵의 어떤 관찰자가 적었다.[42]

당연한 일이지만 그럼으로써 히틀러가 추종자들에게서 멀어져서 지나치게 거리를 둔다는 비난이 다시 강하게 일어났다. 슈나이트후버는 '거의 모든 돌격대 대원'을 사로잡은 소외감을 표현하였다. "돌격대는 지도자와 더불어 그의 영혼을 얻기 위해 싸웠으나 아직도 그 영혼을 얻지 못했다. 그러나 돌격대는 그 영혼을 가져야 한다."고 말하면서, '지도자를 향한 외침'은 메아리가 없다고 했다.

이미 전부터 개별적으로 등장하다가, 이제 괴벨스에 의해서 베를린에 도입된 인사말이며 전투 명령어인 '하일 히틀러!(Heil Hitler. Heil은 인사말에 쓰이지만 그밖에도 구원, 안전, 건강, 이익, 행복 등을 뜻한다 : 역주)'가 널리 쓰이게 된 것도 우연만은 아니었다. 그밖에도 행사안내 벽보들은 '아돌프 히틀러' 라는 연설자를 알리는 일이 점점 드물어지고, 그 대신 이름 없이 멀찍이 떨어진 곳에 '지도자' 라는 말만 등장하게 되었다. 여행중에도 그는 호텔 로비나 사무소 같은 데서 흥분해서 자신을 둘러싸는 당원들이 자기에게 가까이 다가오는 일과 천박하게 알리려는 열광에 넘쳐서 아는 척하는 것을 극도로 꺼렸다. 믿을 만한 당원들만 마지못해 소개받았고, 낯선 사람들과 친밀한 자리를 마련하는 일을 싫어했다.

물론 그는 좌익의 특성을 극복해버린 다음부터 유리한 특성들을 드러낼 수 있었다. 그리고 판단에 따라서는 여성들 사이에서 인기 있는 잡담을 나눌 수도 있고, 소탈한 사람의 거친 태도로 노동자 동지와 이야기를 할 줄도 알고, 금발의 어린이 얼굴을 향하여 아버지 같은 동지애를 보일 줄도 알았다. "점잔 뺀 악수와 눈을 올려뜨는 모습을 볼 수는 없었다."고 당시의 관찰자가 지적했다.[43]

그러나 여기에도 의도적인 허세가 어느 정도 작용하고 있어 가까운 측근들에게 감출 도리는 없었다. 끊임없이 그는 대중성, 감동적인 몸짓, 혹은 위대한 몸짓의 효과를 계산하였다. 아무도 자신의 이미지에 그토록 많은 주목을 기울인 사람은 없었고, 아무도 그처럼 의도적으로 자신을 흥미 있는 사람으로 만들어야 한다는 강박관념을 가졌던 사람은 없었다. 그는 다른 모든 사람들보다 정확하게, 그 시대에 스타의 유형이 어떤 의미를 가지는지, 그리고 정치가와 스타는 같은 법칙을 따른다는 사실을 깨닫고 있었다.

그는 이미 오래 전부터 예민한 건강 때문에 담배를 피우지 않았다. 그리고 차츰 술을 즐기는 것도 그만두었다. 그 두 가지 사실을 이용해서 그는 금욕적인 생활방식에 대한 명성까지도 얻었다. 그런 점에서 그는 자기 역할을 의식한 당시 도이치 정치의 가장 현대적인 현상이었다. 민주주의적인 대중사회가 요구하는 것에 대해서 그는 후겐베르크는 물론 브뤼닝에 이르는 자기 적수들보다 더 정확하게 판단하였다. 그들은 공적인 효과를 장악하지도 못했으며, 출신과 과거의 사정에 뿌리를 두고 사태를 판단하였음을 분명히 보여주었다.

이 시간 이후로 아무도 히틀러에게 이렇다 할 만한, 입증 가능한 영향력을 행사했다고 주장할 수 없다. 디트리히 에카르트 시절, 그리고 알프레트 로젠베르크 시절은 이제 아득한 옛날 일이었다. "나는 절대 잘못하지 않소! 내 말 한마디 한마디가 역사적인 것이오."라고 그는 오토 슈트라서와 최초의 담판 과정에서 소리질렀다. 그가 '지도자 교황'의 모습으로 자신을 양식화할수록 그의 학습 욕구는 떨어졌다. 오직 경탄하는 사람들과 수행원들에게만 둘러싸인 채 그는 점차 지적으로도 고립의 상태 속으로 빠져들어갔다.

젊어서 경탄을 보냈던 모범인물인 칼 뤼거를 보며 그는 인간에 대한 염세적 판단을 찬양했다. 이제 그 자신이 적이나 추종자 구분 없이 인간에 대한 경멸감을 거의 감추지 않았다. 보수적인 기본본능에 맞게 그는, 인간이란 천성적으로 악하다고 여겼고, 어떤 편지에서는 '땅 위를 어슬렁거리고 돌아다니는 것들'이라고 썼다. 그리고 "대중은 눈이 멀었고 어리석으며, 자기가 무슨 일을 하는지도 모른다."고 했다.[44]

선거전

인간 경멸 못지않게 그의 인간 소모도 컸다. 쉬지 않고 그는 사람들과 지위를 경질하였다. 실각시키고, 처벌하거나 승진시켰다. 분명히 거기에 그의 성공 비결이 있었다. 그러나 그는 추종자란 가차없이 취급당하려 하고 지나치게 승진하려는 욕구를 가지고 있다는 사실을 경험에서 배웠다. 그는 선전꾼들을 사정없이 선거전으로 내몰았다. 당 간부와 협력자들은 전통적으로 비정치적인 계층 출신들이었다. 그들은 아직 힘이 남아돌았고 주저하지도 않았다. 그칠 줄 모르는 선거전에 열광하여 그것을 자신의 직업으로 삼았다.

그들의 저돌성은 기존의 정당들이 의무적으로 치르는 느슨한 태도의 선거전을 매우 인상적인 방법으로 추월하였다. 선거전 이틀 동안에만도 베를린에서 스물네 번의 대규모 국가사회당 집회가 있었다. 그들의 벽보는 다시 모든 집과 성벽들과 정원 울타리들을 장식하여 도시를 새빨간 색깔로 물들였다. 1페니히짜리 당 기관지는 엄청난 부수로 찍혀 대문 앞이나 기업체에 나누어주도록 당원들에게 분배되었다.

히틀러 자신도 8월 3일과 9월 13일 사이에 스무 번 이상의 대규모 집회에 주요연사로 등장하였다. 추종자들의 선전 열의를 그는 일종의 선별 과정으로 여겼다. "이제 자석이 거름더미를 스쳐지나간다. 그러고 나면 이 거름더미에 얼마나 많은 쇠가 있었는지, 자석에는 얼마나 많은 쇠가 붙었는지 보게 될 것이다."[45]

선거는 1930년 9월 14일에 치러졌다. 히틀러는 50석, 기분이 좋을 때면 60에서 80석을 내다보았다. 그는 붕괴된 중산층의 유권자들, 처음으로 투표소에 나가는 젊은이들, 그리고 여러 해 동안이나 기권한 사람들을 주요 지지층으로 보았다. 오랫동안 기권해온 사람들은 모든 정치적 논리로 보아 그를 지지할 것이 틀림없었다. 물론 그들이 투표하러 나갈 경우에 한해서지만 말이다.

제2장 합법과 비합법

1930년 9월 14일은 바이마르 공화국 역사의 전환점 중 하나가 되었다. 그것은 민주적인 정당정부의 최후를 의미하였으며 전체적으로 국가의 최후 비명이 시작되고 있음을 알렸다. 새벽 3시경에 투표결과가 나오자 모든 것이 갑자기 바뀌고 말았다. 국가사회당은 갑자기 권력의 바로 앞 대기실에 이르러 있었다. 경탄과 비웃음을 함께 받는, 소란스런 아돌프 히틀러는 정치적 장면을 결정하는 인물들 중 하나가 되었다. 공화국의 운명은 이미 낙인찍혔고 이제는 추격전만 남았다고 국가사회당 기관지는 환호하였다.

투표자의 18퍼센트 정도가 국가사회당의 호소에 호응하였다. 당은 지난번 선거에서 81만 표를 얻었는데, 2년 만에 640만 표를 얻게 된 것이다. 12석이 아니라, 그리고 히틀러가 추측한 것처럼 50석이 아니라, 107석을 차지하게 되었으며, 사회민주당에 뒤이어 두 번째 정당으로 부상하였다.

정당사엔 이와 같은 비약이 없었다. 시민 정당들 중에서 오직 '카톨릭 중앙당(das katholische Zentrum)'만이 제 위치를 지켰다고 주장할 수 있었다. 그밖의 정당들은 엄청난 손실을 입었다. 네 개의 온건파 정당들은 겨우 72석만을 차지하였다. 후겐베르크의 '도이치 국가민족당(Deutschnationale Volkspartei)'은 정확하게 반으로 줄었다. 지난번 선거에서 14.3퍼센트였던 것이 이번에 7퍼센트를 넘지 못했기 때문이다. 과격정당과 손잡은 것이 자살 비슷한 효과를 낸 것이다. 겨우 41석을 확보하여 국가사회당에 대해서 외견적으로만 패배한 것이 아니고 히틀러의 우익진영 지휘 요구를 확인해준 꼴이 되었다.

사회민주당도 상당한 손실을 입었다. 국가사회당말고는 공산당만 얼마 안 되나마 선거에서 승리를 거두었다. 지난번 선거에서 10.6퍼센트였다가 13.1퍼센트를 득표한 것이다. 그런데도 공산당원들은 역사만 믿고 지겨운 자기 신격화에 빠져서 선거결과를 자기들의 승리라고만 해석했다. "9월 선거의 유일한 승리자는 공산당이다."[1]

당시 사람들은 이 선거결과의 역사적인 의미를 분명하게 이해하였다. 강조점은 각기 다르지만 정당정치의 깊은 위기, 자유주의적이고 자본주의적인 질서의 생명력 속으로 깊이 파고들어온 회의의 표현이라고 설명되었다. 그와 맞물려서 모든 상황의 근본적인 변화에 대한 열망이 점점 더 커졌다. "과격정당에 의석을 선물해준 대부분의 투표자들은 전혀 과격한 사람들이 아니고 그저 과거의 것에 대한 믿음이 없을 뿐이다." 1/3 이상이 이 다음에 무엇이 올 것인지 알지도 못하고 물어보지도 않은 채 현존 질서를 근본적으로 거부하였다. 그것은 '분노의 투표'였다.[2]

이 자리에서 10년 전 공화국의 탄생을 특징지었고 결국 그것을 주인 없는 나라로 만들게 된 강제적 상황을 한 번 더 기억할 필요가 있다. 그것이 이제 공화국에 반격을 가한 것이다. 근본적으로 공화국 체제란 국민의 인내를 얻었을 뿐이며 많은 사람들의 의식 속에서 역사의 공위(空位) 기간으로 여겨졌다. 어떤 낭만적인 비판자가 말하였듯이 '강력한 광경이 없는' '열광'과, '대담한 파렴치'와, '지속적인 말'과, '위대한 사람'을 배출하지 못한 과도적인 현상이었다.[3]

좌파든 우파든 점점 더 광범위한 계층이 그런 위대한 사람과 더불어 국가가 다시 제 본분을 찾기를, 그리고 전통적인 모습을 되찾기를 기대하고 있었다. 절망적인 위기의 분위기 속에서 민주적 정당정권에 대한 억눌린 의심들, '도이치 아닌' 정당정치에 대한 경멸감이 다시 드러나게 되었고 어떤 반론으로도 이겨낼 수 없는 설득력을 얻게 되었다. 히틀러가 수없이 반복한 주장, 곧 이 국가는 적들에 대한 공물이고, 베르사유 조약의 가장 고약한 쇠사슬일 뿐이라는 주장은 이제 상당한 공명을 얻게 되었다.

당연한 일이지만 외국에서도 비슷한 판단들이 수없이 나왔다. 특히 영국과 미국의 신문들은 선거결과를 평화협정의 잔혹한 부조리와 승전국의 표리부동한 태도에 대한 반응이라고 해석하였다. 오직 프랑스만이 전체적으로 분개하였다. 그러면서도 이렇게 드러난 극우 성향이 라인 강 건너편 이웃나라에 대해서 더 엄격한 정책을 펼쳐나갈 핑곗거리와 정당화를 마련해주지 않을까 하는 은밀한 희망도 가졌다.

흥분한 외국의 반응에서 처음으로 이후 약 10년 동안이나 히틀러의 정책을 따라다닌 저 음성들 중 하나를 들을 수 있다. 그를 자신들의 목적을 위한 도구로 여겨 칭찬하면서 그의 침략과 도덕적인 도전들을 감싸주는 목소리였다.

〈데일리 메일〉지에 기고한 글에서 로더미어(Rothermere) 경은 이렇게 말했다. 이 남자의 승리를 위험으로만 보지 말고, 그가 '온갖 이익들'을 제공한다는 사실도 인식해야 한다고 말이다. "그는 볼셰비즘에 대한 방어벽을 강화시켜줄 것이다. 유럽 문명을 향한 소련의 전쟁이 독일 쪽으로 향하는 무서운 위험을 차단할 것이다."[4]

국가사회당의 성공은 상당 부분이 젊은이들과 비정치적인 기권자들을 동원한 덕분이었다. 투표 참가율은 1928년 선거에 비해 450만 명 가량이 늘어서 80.2퍼센트에 이르렀다. 공산당도 물론 얼마 안 되는 숫자이지만 이 계층의 덕을 입었다. 이상한 일이지만 그들은 분명하게 민족주의적인 구호들을 동원해서 승리를 거두었다.

국가사회주의자들이 어느 정도로 자기들의 승리를 예상 못했던가 하는 것은 그들이 당선자 수인 107명의 후보를 다 내세우지도 않았고, 처음에 그만한 후보자를 당내에 준비해두지도 않았다는 사실에서 알 수 있다.[5] 물론 도이치 국적을 갖지 못한 히틀러 자신은 입후보하지 못했다.

미래의 물결

선거결과는 여러 모로 '산사태'라고 묘사되었다. 그 파급은 산사태보다 더 절망스러운 것이었다. 투표일 밤의 당혹감 속에 국가사회주의자들의 쿠데타 계획에 대한 조잡한 소문들이 나타났다. 그것은 상당한 금액의 외국 자본을 철수시키는 결과를 가져왔으며 이미 파멸 단계에 있던 자본의 위기를 더욱 부채질하였다. 동시에 돌발적인 운동처럼 여론의 관심과 호기심이 새로운 정당에 집중되었다. 경기를 타는 사람들, 걱정하는 사람들, 예감에 부풀어오른 기회주의자들이 변화된 권력 상황에 편승하였다.

특히 늘 깨어 있는 언론인들이 서둘러서 미래의 물결에 합세하려고 들었다. 폭넓은 보도를 통해서 전통적인 나치, 언론의 약점을 보강하여 '미래의 물결(the wave of the future)'을 이루었다. 이제 국가사회당에 속한다는 것은 '현대적'인 일이 되었다. 황제의 아들 중 하나인 아우구스트 빌헬름 왕자(아우비 Auwi)가 이미 봄에 입당하였으며, 히틀러가 이끄는 곳은 어디든지 누구든지 따를 수 있다고 말했다.

영 안의 입안에 참가했고 처음에는 국가사회주의자들의 비판에 맞서 그것을 옹호하였던 히얄마르 샤흐트(Hjalmar Schacht)까지 입당하자 수많은 사람들이 그 뒤를 따랐다. 연말인 두 달 반 동안에만 국가사회당 당원은 거의 정확하게 10만 명이 늘어서 38만 9천 명에 이르렀다. 이익단체들도 이러한 권력이동과 변화된 성향에 따르려고 하였다. "거의 자동적으로 국가사회당에는 운동을 팽창시키고 견고하게 해줄 관계들과 위치들이 늘어났다."[6]

"이제 거대한 대중이 만세를 부르며 우리에게 합류한다면 우리는 패배한 것입니다."라고 히틀러는 2년 전인 1928년 뮌헨의 지도자대회에서 장담했다. 괴벨스는 지금도 경멸감에 차서 '9월생들(9월 선거 이후 신참자들 : 역주)'이라고 말했다. 자신은 자주 "우수와 감동을 지니고 아직 우리가 나라 전체에서 작은 분파만을 이루고 있던 시절, 수도의 국가사회주의가 열서넛

의 추종세력만을 가지고 있던 저 좋던 시절을 되돌아본다."고 말했다.[7]

생각 없는 대중이 당에 넘쳐들어와 혁명적인 의지를 망치고 마침내 잊을 수 없는 1923년의, '인플레이션으로 축재하는 꼴'이 나서, 후퇴상황이 발생하면 곧바로 사방으로 흩어져 도망치지 않을까 하는 걱정까지 생겼다. "우리는 파산한 시민계급의 시체로 부담을 느껴서는 안 된다."는 말이 선거 5일 만에 나온 어떤 건의서에 적혀 있었다.[8]

그러나 그레고어 슈트라서가 표현한 것처럼 예상과 달리 당은 별로 노력하지도 않았는데 사람들이 '국가사회주의 이념의 거대한 항아리로 몰려들어' 와서 하나로 녹아들었다. 당의 적수들이 여전히 진정시키는 표현들을 찾고 있는 동안 사람들은 계속 폭풍처럼 몰려들었다. 승리 직후가 공격에 가장 유리한 시기라는 심리 원칙에 따라서 히틀러는 9월 14일 직후에 벌써 당에 새로운 성공을 가져다줄 행사들을 개시하였다.

11월 30일 브레멘 시의회 선거에서 당은 의회선거보다 득표수를 거의 두 배로 높이고 의석의 25퍼센트 이상을 차지하였다. 모든 다른 정당들은 손상을 입었다. 단치히, 바덴, 메클렌부르크 등의 선거결과도 이와 비슷하였다. 이러한 성공에 도취해서 히틀러는 때때로 지금 이 순간에도 외부의 도움 없이 정부를 '선거로 때려 이길' 수 있을 것이라고 믿었던 것 같다.

합법화를 비웃음

10월 13일에 소란스럽게 의회가 시작되었다. 아직도 계속되는 프로이센의 단체복 금지에 대한 항의로 국가사회당 소속 의원들은 의회건물에서 갈색 셔츠로 갈아입고 큰소리를 내면서 분명한 항의의 몸짓으로 회의실에 등장하였다. 정열적인 연설에서 그레고어 슈트라서는 '뻔뻔스러움과, 부패와 범죄의 체제'에 대항하여 도전을 선언하였다. 자신의 정당은 최후의 수단으로 내전도 꺼리지 않으며, 의회는 자기들의 목표를 막지 못한다고 말했다. 국민이 결정하는 것이며, 국민은 이제 자기들 편에 있다고.

그 동안 밖에서는 공산당과의 싸움이 벌어졌다. 그리고 괴벨스가 조직한, 유대인 상점과 행인들에 대한 최초의 박해가 이루어졌다. 질문을 받은 히틀러는 이러한 폭력은 부랑자, 도둑, 공산당 도발자들이 일으킨 일이라고 대답하였다. 〈민족관찰자〉는 덧붙이기를 제3제국에서 유대인 상점의 진열장은 지금 공산당 경찰이 지키는 것보다 더 안전할 것이라고 했다. 동시에 10만 명이 훨씬 넘는 금속노동자들이 공산당과 국가사회당의 후원을 받아서 파업을 했다. 무너지는 질서를 보여주는 풍경들이었다.

히틀러 자신은 한순간도 전략적인 태도에서 망설이지 않은 것 같다. 1923년 11월의 잊지 못할 교훈들 중에는 붕괴되고 해체되는 과정의 질서라고 하더라도 거리의 공격보다 우세하다는 경험이 들어 있었다. 당내의 낭만적인 엉터리 혁명가들은 탄약 연기 없는 혁명이란 상상도 못하고 9월 14일의 승리 직후에 다시 베를린 진군과 혁명과 싸움판을 이야기하였다.

그러나 그는 그들에게 맞서서 합법적 개념을 내세웠다. 합법화라고 하지만 물론 순수하게 전략적인 동기에서 나온 것이라는 사실을 감추려 하지도 않았다. 그는 뮌헨에서 말했다. "원칙적으로 우리는 정당정치를 추구하는 정당이 아닙니다. 그것은 우리의 전체적인 관점과 모순되는 것이죠. 우리는 다만 억지로 정당정치를 추구하는 정당일 뿐입니다. 우리를 강요하는 것은 헌법입니다……. 우리가 방금 거둔 승리에서 우리의 싸움을 위한 새로운 무기를 얻은 것에 불과합니다."

괴링은 조소적인 태도로 사태를 정확하게 알려주는 이런 설명을 하였다. "우리는 이 국가와 현재의 체제에 맞서 싸우고 있다. 우리는 그것을 끊임없이 파괴하려 한다. 그러나 합법적인 방법으로 말이다. 우리가 공화국을 수호하는 법을 갖기 전에 우린 이 국가를 증오한다고 말했다. 그러나 그 법을 갖게 된 이후로 우리는 국가를 사랑한다고 말한다. 지금도 우리가 말하는 것이 무슨 뜻인지 누구나 잘 알고 있다."[9]

히틀러의 엄격한 합법화 노선은 방위군을 적잖이 염두에 둔 것이었다. 방위군 때문에 자신은 국가를 전복하려는 생각을 포기하지 않을 수 없었다고 뒷날 그는 회고하였다.[10] 공적인 질서가 무너져내릴수록 군의 권력과 영향력은 더욱 결정적인 것이 되었기 때문이다. 쿠데타와 새로 결성된 돌격대에 대한 접촉금지령은 군과 국가사회당 사이의 관계를 상당히 악화시켰다.

1929년 3월에 벌써 히틀러는 군부를 향해 최초의 조심스런 제안을 했다. 그런 목적으로 행한 연설에서 그는 제크트 장군이 세운 '정치와 무관한 군인들'이라는 원칙을 비난하고, 장교들에게 있어서 좌파가 승리하고 난 다음의 미래란 '형리이며 정치적인 인민위원'이라고 예견하였다. 그리고 국민의 위대성과 무기에 대한 존경심에 기초한 자신의 의도를 더욱더 거창하게 추켜세웠다.[11]

정확한 심리적 계산 덕분에 이 연설은 특히 젊은 장교 그룹에게 효과가 있었다. 9월 선거가 끝난 지 며칠 만에 라이프치히의 법정에서 세 명의 울름 수비대 장교에 대한 재판이 벌어졌다. 국방부의 명령을 어기고 국가사회당에 합류하고 군대 내에서 당을 위한 선전 활동을 벌였다는 이유였다. 변호사 한스 프랑크의 청을 받고 히틀러는 증인으로 출두하였다. 센세이션으로 평가된 이 재판은 그가 대규모 청중 앞에서 군부에 대한 접근 노력을 계속하고, 동시에 자신의 정치적 목적을 효과적으로 밝힐 기회를 마련해주었다. 심문 사흘째인 1930년 9월 25일에 그는 방금 최초의 승리로 오만해진, 성공한 당수의 자부심을 지닌 채 법정에 출두하였다.

질문이 계속되는 동안 히틀러는 자신의 확신은 세 가지 동기를 가진 것임을 밝혔다. 사방에서 나타나는 현상으로 민족이 외세에 굴복하는 국제화의 위협이 첫 번째이고, 개성의 가치상실과 민주주의 사상이 부각되고 있다는 점이 두 번째이며, 도이치 민족이 평화주의 사상으로 위협적으로 오염되는 것이 세 번째 동기라고 했다.

1918년 자신은 광신적인 도이치 정신, 당수의 절대적 권위, 무조건적인 투쟁의욕을 가진 정당으로 이 불안한 경향들에 맞설 의도로 투쟁을 시작하였다. 그러나 자신은 군부에 반대할 생각을 해본 적이 없다. 군대를 망가뜨리는 자는 민족의 적이다. 돌격대는 국가를 공격하려는 생각이나 군부와 경쟁하려는 의도에서 만들어진 것이 아니라고 했다.

그런 다음 그는 투쟁의 합법성에 대한 질문을 받았다. 히틀러는 국가사회당은 폭력을 필요로 하지 않는다고 대담하게 선언하였다. "두세 번만 선거를 거치면 국가사회주의 운동은 의회의 다수를 차지하게 될 것이고, 그러면 우리는 국가주의 혁명을 할 것입니다." 그게 무슨 뜻인가 묻자 히틀러는 대답하였다.

'국가주의 혁명'이란 순수하게 내부 정치적인 의미로 파악됩니다. 국가사회주의자들에게 있어 그것은 노예상태에 빠진 도이치 정신을 높인다는 뜻이죠. 독일은 평화조약으로 재갈이 물렸습니다. 도이치 입법이란 평화조약을 도이치 민족 속에 뿌리내리려는 시도에 불과합니다. 국가사회주의자들은 이 조약을 법으로 여기지 않고, 강요된 것으로 여깁니다. 우리는 전쟁에 대한 우리의 책임을 인정할 수 없습니다. 특히 전혀 무고한 다음 세대에게 그러한 짐을 떠맡길 수는 없습니다. 우리는 외교적인 방법으로, 그리고 쉬지 않고 조약을 무시함으로써 그것을 공격할 것입니다. 그에 맞서 온갖 수단을 다하여 우리 자신을 방어하려면 우리는 혁명의 길에 서게 됩니다.

혁명의 개념을 외부세계로 돌리는 이런 대응은 물론 속마음을 감춘 것이다. 외부를 향한 혁명은 불법적인 수단도 취하는가 하는 의장의 질문을 받고 히틀러는 거침없이 확언하였다. "세계의 입장에서 보면 전체적으로 불법적인 수단도 쓰게 됩니다."라고. 이른바 내부의 배신자들을 겨냥한 수많은 위협에 대하여 질문을 받자 이렇게 대답하였다.

나는 여기 맹세하고 전능하신 신 앞에 섰습니다. 내가 합법적으로 권력에 오르게 된다면 합법적인 정부 안에서 국가법정을 열 것입니다. 그것은 우리 민족의 불행에 책임이 있는 사람들을 법에 따라 심판할 것입니다. 그렇게 되면 아마도 합법적으로 몇 명의 목이 나뒹굴겠지요.[12]

이어서 방청석에서 박수갈채가 터졌다는 사실은 법정의 분위기를 알려준다. 국가사회당이 행한, 헌법에 반대되는 활동들의 풍부한 증거를 제시한 내무부의 반대증언은 주목을 받지 못했다. 이렇다 할 반응도 보이지 않고 법정은 다음과 같은 히틀러의 설명을 받아들였다. 자신은 권력을 얻기 위해 투쟁하는 동안에만 헌법에 얽매인다고 여기며, 합법적인 권력을 장악하게 되면 자신은 헌법을 없애거나 다른 것으로 대치할 것이라고 말했다.

실제로 당시 지배적인 이론에 따르면 합법적인 수단으로 헌법을 제거하는 것은 엄격한 민주적 헌법의 이상(理想)에 어긋나는 것이 아니었다. 국민의 주권은 국민의 자발적인 주권 포기도 포함하는 것이다. 여기에 바로 붕괴의 구멍이 있었고 그 구멍을 통해서 히틀러는 방해받지 않고 돌진해 들어가서 모든 반대를 마비시키고 국가를 정복하고 자신에게 종속시키는 것이다.

그러나 히틀러의 헌법에 대한 선서 뒤에는 그의 조소적인 성격에 분명히 드러난 의지만 숨어 있는 것이 아니었다. 그것은 폭력에 법조문이라는 외투를 입힐 수 있을 때까지만 폭력을 포기하겠다는 명백한 의지였다. 히틀러는 자신의 합법화 노선에 불안한 이중성을 마련해주려는 분명한 노력을 보였다. 한편으로 자신은 '합법성의 바닥 위에 단단하게' 자리잡고 있다고 큰소리치면서, 다른 한편으로는 추종자들을 향한 사나운 연설에서 은유와 불안한 상징으로 폭력 성향을 드러냈다. "우리는 적으로 온 것입니다! 늑대가 양의 우리를 침입하는 것처럼 우리는 들어갑니다."

당 지도부의 선언들만 엄격한 의미에서 합법적이었다. 그밖에 베를린 베딩의 뒤뜰, 알토나와 에센의 밤거리에서는 살인과 패싸움, 법 위반이 지배하고 있었다. 목격자들을 향해서는 어깨를 으쓱하면서 '지역 단위부대들의 공격'이라고 얼버무렸다.

합법화 노선의 순전히 수사적인 성격을 괴벨스는 라이프치히에서 실형을 선고받은 젊은 장교에게 털어놓았다. 셰링거(Scheringer) 소위에게 명랑하게 이렇게 설명했던 것이다. "나는 이 맹세(히틀러의)를 천재적인 장기의 한 수라고 생각해. 그 다음엔 형제들이 우리에 대항해서 무슨 일을 하겠어? 그들은 공격할 기회만 기다려온 거지. 이제 우리는 엄격하게 합법적이야, 합법 좋아하시네."[13]

히틀러의 의도의 이런 불확실성, 즉 헌법에 대한 충성의 맹세와 협박을 번갈아하는 이런 태도야말로 원래 의도가 그랬듯이 여러 모로 그에게 도움이 되었다. 그의 태도는 광범위한 청중에게서 불안감을 완전히 빼앗지 않으면서도 그들을 안심시켰다. 그런 불안감이 수많은 투항자와 변절자들을 만들어냈다. 동시에 그러한 태도는 정치에 접근할 수 있는 사람들, 특히 힌덴부르크와 군부에 대해서는 동맹의 약속을 포함하는 것으로 여겨졌다. 그리고 그러한 태도는 아직도 베를린 진군을 기대하고 있는 추종자들의 환상을 채워주었다. 마치 지도자가 천재성으로 상대방의 눈을 속이고 있다고 눈을 찡긋거리며 알려주는 듯이 보였던 것이다.

이러한 의미에서 히틀러의 라이프치히 맹세는 적잖은 효과를 거둔 것이었다. 전체적으로 보아서 모든 방향으로 문을 열어놓는다는 히틀러의 전략은 교활하고 날카로운 계산이었을 뿐 아니라 또한 성격이기도 했다. 그것은 그의 본질에 깊숙이 들어 있는 우유부단함과 맞아떨어지기 때문이다. 그러면서도 그것은 지나치게 대담하며 고도의 균형감을 요구하는 일이었고, 그 점에서 그의 모험 욕구와 잘 어울렸다. 실패할 경우, 너무 서두르는 바람에 성공 전망이 거의 없는 쿠데타 아니면 정치에서 퇴각하는 길밖에 남지 않기 때문이다.

돌아온 에른스트 룀

히틀러에 의해서 추구된 전략의 이념, 그리고 그 위험과 어려움을 가장 분명하게 드러내보인 것은 바로 돌격대였다. 히틀러의 복잡한 개념은, 갈색 셔츠 부대(돌격대) 안에서 법에 대한 형식적인 존경심과 정치적 투쟁의 낭만을 결합시키는 것을 전제로 하고 있었기 때문이다. 무기를 버리기로 약속하면서도 무기의 정신을 숭상해야만 하였다. 폰 페퍼는 바로 이 모순된 요구에 부딪쳐서 실패한 것이다.

1931년 초에 에른스트 룀이 최고 지휘자 직위를 넘겨받고 곧바로 돌격대를 군대식으로 더욱 강하게 조직하는 일에 착수하였다. 전국을 5개의 주요지역과 18개의 지역으로 분할하고, 각 연대(Standarte. 국가사회당의 연대)

는 황제시대에서 가져온 연대번호를 받았다. 비행 돌격대, 해상 돌격대, 개척 돌격대, 위생 돌격대 등의 특수한 군대단위 체계는 군대와 비슷한 구조를 더욱 분명하게 해주었다. 동시에 룀은 알기 어렵게 되어 있는 폰 페퍼의 개별적인 지침들을 하나의 '돌격대 근무규정'으로 요약하도록 했다. 마치 기계적인 강요에 따르기라도 하는 것처럼 그의 계획들은 시민전쟁군대라는 옛날 이념을 목표로 삼았다.

히틀러가 1925년과 달리 이번에 그것을 허용해준 것은 그 사이 자신의 권위에 대한 확신이 생겼기 때문만은 아니었다. 오히려 룀의 생각이 자신의 이중 노선과 잘 맞았기 때문이다. 폰 페퍼의 사임과 더불어 시작된 돌격대 개혁을 전체적으로 살펴보면 히틀러식 엉터리 개혁의 모든 특성들을 알아볼 수 있다. 사태를 명확하게 결정하는 대신 몇 명의 지휘자들이 바뀌었고, 충성맹세가 이루어지고, 경쟁적인 기구가 만들어진 것 등이다.[14]

돌격대와 지속적인 갈등을 겪으면서 히틀러는 조심스럽게 친위대(SS)를 일종의 대응조직으로 만들었다. 그것은 엘리트 '내부경찰' 조직이었다. 친위대는 1929년에 280명까지 줄었으나 히틀러는 이것을 점차 룀에게서 독립시켜 나갔다. 그리고 돌격대 개혁의 결말은 다른 모든 경우와 같았다. 피할 수 없는 갈등을 만들어내는 성향을 가차없는 피의 기습전으로 해결한 것이다.

룀의 지휘 아래서 비로소 돌격대는 대형부대로 발전하기 시작하였다. 새로운 지휘부의 비상한 조직능력 덕분에 1932년 말까지 대원이 거의 50만 명으로 불어났다. 돌격대의 집과 돌격대의 음식에 이끌려서 수많은 실업자들이 갈색 부대로 몰려들었다. 그들의 반사회적인 증오심은 부대 안에 있는 모험가들의 원한과 합쳐져서 비상한 공격성으로 발전하였다. 룀 자신은 돌격대 지휘부에서 폰 페퍼의 인맥을 몰아낸 다음 그 자리에 자신의 동성애 친구들을 앉혔다. 악명 높은 수많은 친구들이 그들의 뒤를 따랐으므로, 곧 룀이 '개인군대 속의 개인군대'를 만든다는 소문이 퍼졌다.

점점 커지는 격렬한 반대에 대해 히틀러는 유명한 명령으로 맞섰다. 그는 돌격대 최고지휘부의 벌받을 만한 행동에 대한 보고를 받고 그것을 '터무니없는 일이라고 극히 날카롭게' 물리쳤다. 돌격대는 "정치적 목적을 위한 남자들의 모임이지…… 양반집 따님들을 교육하는 도덕 기관이 아니다." 각 개인이 자기 의무를 이행하느냐 그렇지 않느냐가 중요하다. "사생활은 국가사회주의 세계관의 본질적인 원칙들에 어긋날 경우에만 관찰대상이 될 수 있다."라고 했다.[15]

정치적 범죄

이러한 사면장은 돌격대 내부에서 사실상 무법적인 요소들이 판치는 것을 허락해준 셈이었다. 온갖 합법성의 맹세에도 불구하고 히틀러의 군대는 곧 유례 없는 소란과 공포의 분위기를 만들어냈다. 그것은 독재정권이 나타나야 한다는 요구의 근거로 발전하였다. 경찰의 확인에 따르면 돌격대의 무기창고에는 온갖 종류의 고전적인 범죄무기들이 다 들어 있었다. 납 곤봉, 손가락 마디에 끼우는 타격용 반지무기, 고무 호스 등이었다. 그리고 피스톨은 들킬 위험이 있을 경우에 반지 연맹의 모범에 따라서 '아가씨들'이 무기 소지자라고 자처하고 나섰다.

돌격대에서 쓰인 속어들도 지하 범죄세계의 스타일을 보여준다. 뮌헨의 부대들은 지참하고 다니는 피스톨을 '라이터', 고무곤봉을 '지우개'라고 불렀다. 베를린 돌격대는 폭도의 뒤집힌 자존심으로 이 전투집단의 이른바 혁명 맹세들이 선전술에 불과하다는 사실을 보여주는 별명들을 가졌다. 베딩에 있는 돌격대 중대는 '도둑떼 중대'라는 이름이었고, 중심부의 부대는 '춤조합'이라고 했다. 어떤 대원은 '맥주통 왕', 다른 대원은 '사격수', 또 다른 사람은 '리볼버 구멍'이라고 불리는 식이었다.[16] '베를린 돌격대 노래'에는 프롤레타리아식의 망상, 폭력 성향, 이데올로기 부족 등의 특징들이 나타나 있다.

이마엔 노동의 땀방울
그래도 뱃속은 텅 비었다.
그래서 돌격대원은

종족전쟁 준비가 끝났다.
유대놈이 피를 흘리면
그때야 우린 자유다.

그러나 그것은 순간적으로만 나타나는 두려운 뒷모습이었다. 앞모습은 행진하는 종대의 엄격한 절제, 단체복과 명령하는 지도부 등이었고, 그것은 국민에게는 질서의 상징으로 보였다. 히틀러는 나중에 이렇게 말했다. 독일은 이 혼란의 시절에 질서를 갈망하였고, 어떤 대가를 치르더라도 그것을 되찾고자 하였다고.[17]

깃발과 악대를 뒤따라서 자부심 강하게 행진하는 갈색 대열이 점점 더 자주 이미 죽어버린 거리에 나타나곤 하였다. 그들의 엄격한 기율은 공산주의자들의 비참한 잿빛 행진에 비해서 두드러진 효과를 냈다. 공산주의자들은 제대로 조직되지 못한 모습으로 목관악기 악대의 자극적인 콧소리를 뒤따라 행진하면서 주먹을 쥐고 "배고파!" 하는 구호를 외쳤다. 극히 가난한 사람들의 곤궁을 보여주기는 하지만 그것을 넘어서지 못하는 그림이었다. 그 시절 정치적인 작은 전쟁에서 얼마나 확고한 희생의 각오를 가졌던가 하는 것은 어떤 서른네 살의 돌격대 연대지휘자가 그레고어 슈트라서에게 보낸 편지에 들어 있다.

……나는 국가사회당을 위해 일하면서 30번 이상 법정에 섰으며, 신체손상, 저항, 그밖에 나치에게는 당연한 법위반의 이유로 전과가 여덟 번이나 있습니다. 벌금의 일부를 아직도 내야 하고, 게다가 또 다른 소송절차를 거쳐야 합니다. 그밖에도 나는 적어도 스무 번이나 크고 작은 부상을 입었습니다. 뒷머리, 왼쪽 어깨, 아랫입술, 오른팔 팔꿈치 위에 칼자국 흉터가 있습니다. 그밖에 단 한푼도 당비를 요구하거나 받아본 적이 없이 아버지에게서 물려받은 사업에서 번 나 자신의 돈을 쓰면서 우리 운동을 위해 내 시간을 바쳤습니다. 오늘 나는 경제적인 파탄을 앞에 두고서……[18]

공화국은 이러한 확고한 의지에 맞설 만한 수단을 갖고 있지 않았다. 그리고 히틀러 운동이 일단 커진 다음에는 시민전쟁 비슷한 상황을 각오하지 않고서는 반대수단을 취할 힘도 없었다. 공화국 옹호자들은 반박논리의 힘으로 비합리주의의 돌진을 막을 수 있으리라는 희망을 가졌다. 그리고 민주주의 제도의 교육적 파급을 믿고 인간적인 사회적 상태로 사태를 뒤집을 수 있으리라고 믿었다.

그러나 이 시점에 이미 낡은 진보사상의 흔적이 남아 있는 그러한 신념은 소용없다는 사실이 밝혀져 있었다. 그러한 신념은 이성과 분별력을 전제로 한 것이었기 때문이다. 그러나 시대는 이미 두려움, 공포, 공격성이 뒤섞여서 판치고 있었다. 히틀러 선전꾼들의 지성이 대단치 않아도, 위기의 두려움에 대한 그들의 답변이 신통치 않아도, 반유대주의 암시가 살벌하여도 사람들을 별로 노엽게 하지 않았다. 그리고 국가사회주의자들은 전문가들의 분명한 반박에도 흔들리지 않고 계속 상승하였다. 1931년 초에 수상인 브뤼닝이 동 프로이센과 슐레지엔의 비참한 지역을 순방할 때에 그는 차갑고 거의 적대적인 응대를 받았다. 대중 사이에서 '기아 독재자' 라는 제목이 붙은 삐라가 그를 맞았고, 휘파람소리가 나곤 했다.

그 사이 의회의 국가사회당 의원들은 '체제' 의 파괴자이며 옹호자로서의 이중적인 역할을 점점 더 잘해내게 되었다. 자기 파가 강화되었기 때문에 지금까지와는 완전히 달리 의회를 마비시킬 힘이 있었다. 큰소리를 지르고 기율 없는 태도를 보여서 '수다쟁이들의 집' 이라는 의회의 명성을 거듭 확인해주었다. 그리고 진지하게 사태를 안정시키려는 노력에 맞서서, 사태를 개선시켜봐야 조건이행 정책에 도움을 줄 뿐이라는 이유로 반대하였다. 정부가 국민에게 어떠한 희생을 요구해도 국가반역 행위라는 이유로 반대한 것이다.

그와 함께 그들은 의사진행 방해의 기술적인 방법들을 이용하였다. '공산주의자' 가 말을 하려고만 하면 소란, 의회규칙 어기기, 단체 퇴장 등을 행하였다. 의회규칙 위원회의 보고에 따르면 107명 의원들에 대해서 무려

4백 번의 형벌 요청이 있었다는 사실은 이들 일파의 관습을 무시한 공격성
을 보여주는 부분이다.

1931년 2월 의원 면책특권의 남용 가능성을 제한하는 법이 의결되었을
때 국가사회당 소속의원들, 이어서 도이치 국가민족당, 이어서 공산당 의원
들이 차례로 완전히 의사당을 떠났다. 그들은 신문기사와 추종세력 확보라
는 면에서 더 큰 효과를 기대할 수 있는 길거리와 대중집회장으로 활동무
대를 옮겼다. 괴벨스는 의사당에 남은 사람들을 '앉은뱅이 정당'이라고 비
웃고, 4일 만에 힘도 없는 의회가 아니라 5만 명이 넘는 사람들을 앞에 놓
고 연설을 할 것이라고 예고하였다.[19] 물론 튀링겐 주 내무장관 프리크의
도움을 받아서 야당측의 의회반대 의회를 바이마르에서 열겠다는 선전 의
도는 좌절되었다. 중앙정부가 주정부에 대해서 강제집행권을 행사하겠다고
위협하였기 때문이다.

의회국가 최후의 비명

국가사회당 소속의원들의 의사당 탈출 결정은 물론 논리성이 전혀 없는
것은 아니었다. 그들이 의회를 마비시키기 위하여, 그리고 의회의 위신을
추락시키기 위하여 온갖 행동을 다한 것은 사실이었다. 그러나 의회는 그
와 상관없이 어차피 정치적 결정의 장소가 아니었다. 1930년 9월 선거가
있기도 전에 브뤼닝은 파탄에 이른 의회를 무시하고 바이마르 헌법 제48조
에 있는 대통령의 비상사태 권한에 의존하여 국가를 통치하고 있었다. 의
회에서 정상적으로 다수의석을 확보할 가능성이 막힌 이후로 절반쯤 독재
적인 통치행위를 계속하기 위해서 그는 거의 오로지 대통령의 특별권한을
이용하였다.

이 사실을 '바이마르 공화국의 사망 순간'이라고 보는 사람은[20] 이러한
권력이탈은 거의 모든 정당이 정치적인 책임을 벗어나려는 태도를 보였기
때문에 가능한 일이었다는 사실을 생각해야 한다. 사태가 권위적으로 바뀌
게 된 것은 '비정치적인 대중'의 책임이라는 생각이 여전히 존재하고 있다.
그러나 '권위주의 국가구조'가 나타나기만 하면 우파에서 좌파에 이르는

모든 정당들은 위기의 순간에 재빨리 체념하고서 대통령이라는 '대리황제'에게 책임을 떠넘기려고만 하였다. 각 정당들은 대통령 뒤에 숨어서, 어차피 이루어지지 않으면 안 되는 인기 없는 결단들과 자기 당이 직접적으로 연관을 갖지 않도록 하려고 하였다. 국가사회당 소속 의원들이 의사당을 떠났을 때 그들은 다른 정당들보다 정책적인 일관성을 유지한 셈이었다. 그들의 성공 '비밀'은 그것과 상관이 있다.

이제는 더 이상 정당국가도 아니지만 어쨌든 정당국가에 대한 염증은 정부가 안팎으로 분명하게 실패를 거듭하면서 더욱 커져만 갔다. 브뤼닝의 광범위하고, 거의 자학적인 확신으로 계속된 엄격한 긴축정책은 재정적인 어려움도 판매위기도 극복하지 못하였다. 엄청난 실업자 무리도 줄어들지 않았다. 배상문제와 군비축소 문제에서도 성공을 거두지 못했다. 프랑스는 9월 선거결과에 놀라 어떠한 양보에도 반대하면서 히스테리 발작을 보였다.

1931년 초에 무역협정을 맺어서 경제공황과 함께 시작된, 국가들간의 전반적인 경제전쟁을 끝내고 관세장벽을 허물려는 움직임마저 제지당하고 말았다. 독일과 오스트리아가 자발적으로 양국 경제정책의 자율성을 침해하지 않는 관세협정을 맺고 다른 나라들의 가입을 촉구하였을 때, 프랑스는 그것을 베르사유 조약의 주요조항을 깨려는 시도라고 여기고 당시 외교관 한 사람이 회고록에도 쓰고 있다시피 "구대륙에서 평화가 다시 위협을 받는다."고 여겼다.[21]

독일과 오스트리아에 있는 프랑스 은행들은 곧바로 단기어음들을 제시하였고, 두 나라를 '엄청난 부도사태'로 몰아갔다. 이러한 사태는 두 나라가 가을로 예정했던 계획을 수치스러운 상황에서 포기하도록 만들었다. 오스트리아는 엄청난 경제적 양보를 해야만 했다.

한편 독일에서는 히틀러와 급진 보수파가 정부의 체통 손상을 노골적으로 축하하였다. 이어서 계속된 협조 노력은 모든 사람의 비웃음과 무시를 받았다. 6월 20일에 미국 대통령 후버(Hoover)가 배상금 지급을 일년 동안 연기하자고 제안했을 때 '전쟁 시작과 같은 분위기'[22]가 프랑스 의회를 지배하였다. 이 계획과 가장 밀접한 관련을 가진 프랑스는 그에 대한 협상을 질질 끌었다. 독일의 붕괴사슬이 생각 이상으로 위기를 강화시킬 때까지 그러한 태도는 계속되었다.

당시 어떤 관찰자는 베를린에서도 전쟁이 터지기 전의 시절이 연상되었다고 했다. 그러나 거리는 그때보다 오히려 더 텅 비어 있고, 도시와 도시의 극도로 긴장된 분위기를 뒤덮고 있는 침묵이 그때보다 오히려 더 컸던 것이 특별히 기억난다고 했다.[23] 언제나 그렇듯이 주말에는 격렬한 대립과 패싸움이 벌어지곤 했다. 1931년 말에 히틀러는 엄청난 끝올림을 해서 지나간 한 해 동안 당내에 50명의 사망자와 4천 명의 부상자가 나왔다고 발표하였다.

현실에서 그렇듯이 이론상으로도 점점 눈에 띌 정도로 의회민주주의의 후퇴가 이루어졌다. 의회의 자포자기, 위기관리의 무능, 거리 사건에 대한 정부 권위의 실추 등은 헌법개정 논의를 점차 활발하게 만들었다. 수많은 개혁안에는 우익이나 좌익 과격파의 전체주의적 생각에 대한 염려와 의회민주주의에 대한 경멸감이 합쳐져 나타났다. 특히 보수진영의 시사평론가들에 의해서 '새로운 국가'나 '법치국가의 독재' 등의 이론으로 만들어져 나온 답답한 생각들은 중도적인 방향을 제시해서 과격한 히틀러라는 대안을 수정해보려는 의도를 담은 것들이었다.

쿠어트 폰 슐라이허

민주주의가 점차 퇴색하는 것을 보고 대통령 주변에서 논의되기 시작한 권위적·반동적인 헌법안들도 같은 의도를 가졌다. 점차 왕조를 재건해서 민주정권과 전통 및 국민의 복고적 성향을 화해시켜보겠다는 의도를 가진 이러한 생각의 가장 무게 있는 대표자들은 수상인 브뤼닝, 국방장관 그뢰너(Groener), 그의 정치적 심복이자 국방부 차관 쿠어트 폰 슐라이허(K. v. Schleicher) 장군 등이었다. 슐라이허는 힌덴부르크 대통령과의 친분 덕분에 정치무대의 결정적인 배후인물로 부상한 사람이었다.

브뤼닝을 수상으로 임명할 때 슐라이허는 이미 두드러진 역할을 했고,

능숙하고 날카롭고 노회하게 자신의 영향력을 확대해서 이제부터 어떤 수상이나 장관도 자신의 동의가 없이는 임명되거나 해임될 수 없도록 만들었다. 정치적인 특성의 윤곽을 희미하게 만들고, 섬세하게 짜여진 음모의 그물을 보이지 않게 만드는 그의 특성은 곧 '군복 입은 실세'라는 명성을 얻었다. 그는 섬세한 본성대로 조소적이고, 충동적이며, 선입견이 없는 사람이었다. 그리고 위험의 낌새를 알아채면 줄타기 광대의 기질을 드러내곤 하였다. 군대가 자기 친구들과 이웃도 감시하도록 만들었다. 경박성, 책임감과 음모를 좋아하는 등 그의 성격은 공화국 말기증세 중에서도 가장 심각한 현상의 하나였다.

슐라이허의 생각은 히틀러가 동원한 것 같은 광범위한 민중운동은 국가의 권력수단으로 통제할 수 없다는 점에서 출발하였다. 소란을 일으키는 무시무시한 잿빛의 대중 앞에 장교단이 마주섰을 때의 충격적인 혁명 체험이 국방부의 깨어 있는 지도층에게, 군대는 절대로 국민과 대립해서는 안 된다는 인식을 심어주었다. 슐라이허는 국가사회당의 당수를 심각하게 여기지 않고, 그를 '몽상가이며 어리석음의 우상'이라고 비웃었지만 그래도 그는 히틀러에게 엄청나게 몰려드는 사람들의 동기만은 존중하였다.

이 운동의 의심스런 측면들, 무법성, 원한, 이념적 광신주의의 결합을 ─ 장교들 중 한 사람이 국가사회당의 '러시아적 특성'이라고 불렀던[24] ─ 그는 놓치지 않았다. 그러나 그러한 특성들이야말로 그에게 자신의 계획을 서두르라고 자극하였다. 힌덴부르크가 아직 살아 있고 군부가 전체적으로 붕괴현상에서 아직 벗어나 있는 동안에 그는 히틀러를 '교육시키고' 정치적 책임이라는 사슬에 붙잡아두어야 한다고 여겼다. 또 베르사유 조약이라는 제약을 앞두고 히틀러 추종세력을 '방어의지' 강화에 이용하려고 하였다. 그는 룀과 그레고어 슈트라서를 통해서 조심스럽게 히틀러에게 접근하기 시작하였다.

대중무대와 집회의 버릇없는 영웅에 대한 잃어버린 영향력을, 교육적 지도의 형태로 되찾으려는 비슷한 생각이 마침 알프레트 후겐베르크를 움직이고 있었다. 힌덴부르크 대통령이 1931년 여름에 그에게 히틀러의 '이 열광한 젊은이들'에 대해서 탄식하면서 국가사회당은 '믿을 만한 국민정당이 아니다'라고 생각한다고 말했을 때, 후겐베르크는 바로 그렇기 때문에 동맹을 맺어야 한다고 대답하였다. 그리고 자신은 국가사회주의자들을 정치적으로 훈련시키는 데 이미 공헌한 바가 있다고 말했다.[25] 그 동안의 모든 실패의 경험들에도 불구하고 후겐베르크도 히틀러와의 관계를 회복하려고 하였다.

태도, 관계, 협상

이렇게 사방에서 밀려든 접근 시도들은 마침 국가사회당 당수가 감행하려는 전진 시도와 만나게 되었다. 그때까지 9월 선거의 성공이 아무런 결실도 보지 못했기 때문에 그는 새로운 시도를 시작하였다. 선거결과는 그를 정치무대에서 주요배우의 한 사람으로 만들어주었지만, 고립이 계속되면서 그는 어느 정도 말없는 역할만을 맡아왔다.

어떤 관찰자는 이렇게 적었다. "히틀러는 넉 달을 잃어버렸다. 그는 영원을 주고도 다시 사지 못할 귀중한 시간을 아무 일도 하지 않은 채 보내버린 것이다. 세상의 어떤 권력도 그에게 9월 15일 패배자들의 떨림과 관리들의 당혹감을 두 번 다시 마련해주지 않을 것이다. 그때 시간은 도이치 지도자의 편이었다. 합법적이냐, 불법적이냐, 누가 그런 걸 물었던가? 그러나 이 도이치 지도자는 비겁하고 허약한 잠옷 입은 존재일 뿐이며, 얼른 살쪄버리는 소시민 폭도일 뿐이다. 운명이 자신과 월계관을 한 번에 삭여버리는 산(酸) 속에 집어넣어도 아주 편안하게 지내다가 뒤늦게야 그것을 깨닫는 사람이다. 이 북 치는 인간은 진영 안에서만 송아지 가죽으로 만든 북을 쳤다……. 브루투스는 잠들어 있다."[26]

정치적 확신이 아니라 오히려 불안정하고 순간에 결정되는 감정에 따라 모여든 추종세력을 이끄는 히틀러는 실제로 다른 누구보다 높은 정도로 계속 새로운 엄청난 성공을 거두어야 할 처지에 있었다. 당은 1931년에도 성공의 행진을 계속하였다. 5월 초에 샤움부르크 리페의 지방의회에서 26.9퍼센트를 차지했고, 2주 뒤에 있었던 올덴부르크 선거에서는 37.2퍼센트를 차지해서 처음으로 지방의회에서 제1당이 되었다.

그러나 근본적으로 이러한 성공들은 9월 선거에서 이미 더 큰 차원에서 이루었던 것을 작은 차원에서 반복하는 것에 불과하였다. 그것으로 당이 권력에 다가가지는 못하였다. 그리고 추종자들이 광장에서 혹은 좁은 길들을 통과하며 '(권력의) 문 앞에 선 히틀러!'라는 구절을 읊어보아도 마치 그런 말은 바로 거기까지만 간다는 말처럼 들렸다.

의회를 마비시킨다는 전략에 따라서 의회에서도 어차피 큰 성과를 거둘 수 없는 처지였다. 그래서 점점 불어나는 당원 숫자, 집회 신기록, 혹은 새로운 순교자에 대해서, 빨리 맥빠지는, 점점 더 긴장된 환호성만 남았다.

봄이 되자 다시 발터 슈테네스가 이끄는 베를린 돌격대에서 초조해 하면서 지속적인 정체에 대한 원망이 밖으로 터져나왔다. 그러나 돌격대 지휘자가 당에서 공식적으로 이탈해서, 흔들리는 괴벨스를 자기 편으로 끌어들이기 전에 히틀러의 직위해제가 먼저 나왔다. 새로운 보증, 새로운 충성의 맹세를 통해서 반란자들의 불쾌감이 가라앉았다.

선거전을 통해서 '체제'를 쓰러뜨리겠다는 약속을 지키기 위해서 히틀러는 광범위한 활동에서 모든 영향력 있는 세력의 신뢰와 후원을 얻으려고 열심히 노력하였다. 대중들 사이의 성공만으로 정권을 장악할 수 없으리라는 사실을 그는 전보다 더욱 분명하게 깨달았다. 권력을 대통령과 그의 측근에게 넘겨주는 헌법 48조는 의회권력과 선거 승리의 의미를 축소시켰다. 유권자 숫자가 아니라 대통령의 의지가 수상직을 결정하였다. 어떤 의미에서 다수를 얻는 것보다 힌덴부르크의 신임을 얻는 것이 더 중요한 일이었다.

합법을 가장하다

언제나 그렇듯이 히틀러는 여러 차원으로 한꺼번에 발을 내디뎠다. 라이프치히 합법화 맹세는 품행 단정과 동맹의 제안을 포함한 것이었다. 연초에 폰 슐라이허의 손가락이 그를 가리켰고, 국가사회주의자들에게 국경수비에 동참하는 일이 허락되었다. 그에 대한 보상으로 히틀러는 2월 20일자 명령을 통해서 돌격대에게 거리싸움을 중지시켰다. 그리고 카셀의 조직이 명령을 어기고 무기를 마련하였다는 이유로 조직을 일시적으로 해체시켰다.

한편 룀은 4월의 건의서에서 히틀러가 수상직을 차지하면 돌격대는 '어쩌면 필요없게' 될지도 모른다고 선언하지 않으면 안 되었다. "착한 아돌프는 충성심이 흘러넘친다."고 그뢰너는 어떤 친구에게 써보냈다. 히틀러는 아무런 골칫거리도 만들어내지 않는다는 것이다.[27]

카톨릭 주교들이 성명서를 통해 국가사회당에 날카롭게 경고해오자 히틀러는 즉시 신뢰하는 부하인 헤르만 괴링을 로마로 보내 화해를 시도하였다. 〈데일리 익스프레스〉지를 위한 인터뷰에서 그는 배상을 중지하기 위해서 독일 영국간의 적극적인 협조가 필요하다고 역설하였다. 그는 통찰력과 성숙한 모습을 보이면서 결속 요인을 강조하였다.

공산당 의원인 빌헬름 피에크(W. Pieck)가, 붉은 군대는 내부의 혁명적인 해방군을 도우러 달려갈 준비가 되어 있다고 선언하자 히틀러는 미국 신문에 대고, 국가사회당은 밀려오는 세계 볼셰비즘에 대한 방벽이라고 설명하였다. 당시의 어떤 서술은 이런 사실을 기록하고 있다. "그는 욕을 훨씬 덜 한다. 이제는 유대인을 아침식사에 올리지" 않으며 "편집광적으로 보이지 않는 것"을 중요하게 여긴다.[28]

시민적인 평판을 염려해서 그는 겉모습에도 신경을 쓰게 되었다. 베를린에 오면 언제나 머물곤 하던 작고 초라한 '상수시' 호텔을 떠나서 약간 도전적인 의도가 없지도 않지만 어쨌든 수상관저 건너편 빌헬름 광장에 있는 '황제궁(카이저호프)' 호텔로 숙소를 바꾸었다. 길들이려는 생각을 가졌던 우익 지도자들은 히틀러가 마침내 국가 쪽으로 방향을 돌렸다고 안심하였다.

그는 아직 냉담한 태도를 보이던 기업가들의 마음을 얻기 위해서 광범위한 차원에서 노력하였다. '황제궁' 호텔에서 사교클럽을 열고, 유력인사들과 잘 통하는 폰 디르크센 부인(Fr. v. Dirksen)이 적절한 때에 나이든 여성친구의 역할을 다시 떠맡았다. 그는 그녀의 열성 덕을 많이 보았다. 베히슈타인 부인도 전처럼 그를 위해서 열심히 활동을 벌였다.

다른 관계들은 대가족을 이끌고 있는 괴링과 경제지 기자인 발터 풍크(W. Funk)의 소개로 이루어졌다. 경제위기에 고생한 소기업가 빌헬름 케플러(W. Keppler)는 공감을 가진 실업가들과 당을 연결해주고, '경제인 동호회'를 만들었다. 그것은 나중에 히믈러와 결합해서 엄청난 명성을 얻게 되었다.

광범위한 산업계 가문과 연결되어 있고, 8월부터 국가사회당의 언론부장을 맡은 오토 디트리히(O. Dietrich)는 이렇게 말했다. "1931년 여름에 지도자는 뮌헨에서, 저항의 중심부에 있는 표준적인 경제계 인사들과 그들이 중심이 된 시민적인 중도정당의 인사들을 설득하기로 갑자기 결심하였다." 그는 광범위한 순회여행에 나서서 독일 전국을 6인승 벤츠 자동차를 타고 돌면서 친근한 대화를 시도하였다. 그중 몇 개는 아무런 의심도 불러일으키지 않기 위해서 '한적한 숲의 초원, 신의 자유로운 자연 속에서' 이루어졌다. 키르도르프의 영지에서 그는 30명이 넘는 중공업 사업가들에게 연설하였다.[29]

사회주의적인 목적을 포기한 것을 부각시키기 위해서, 의회에서 '은행과 증시 지배자들'의 재산 몰수를 요구하였던 그레고어 슈트라서와 고트프리트 페더에게 그는 명백하게 제안을 철회하도록 강요하였다. 공산당 소속 의원들이 그 제안을 한 번 더 제출하였을 때 그는 의원들에게 그 제안에 반대표를 던지도록 강요하였다. 경제정책에 대해서 그는 이때부터 아주 애매한 의견 표시를 하였다. 동시에 고집스러운 고트프리트 페더와 거리를 두고 그가 공개석상에 등장하는 것을 금지하였다.

7월 초에 히틀러는 마침내 베를린에서 후겐베르크와 만났다. 이어서 재향군인 철모단 지휘자인 젤테(Seldte)와 뒤스터베르크(Düsterberg)와 협상을 가졌다. 그들은 다시 그와 동맹을 맺고 싶어했다. 그러고 나서 그는 폰 슐라이허와 육군 사령관 하머슈타인 에크보르트(Hammerstein-Equord) 장군을 함께 만났다. 그리고 브뤼닝, 그뢰너와 만나고, 한 번 더 슐라이허와 브뤼닝을 만났다. 이러한 대화들은 의도를 탐색하는 일과, 히틀러가 원칙적

으로 반대하는 체제 안으로 그를 이끌어들이려는 목표에 접근하는 데 도움
이 되었다. 그리고 그뢰너 장군이 말했듯이 히틀러를 '이제 2중 3중으로
합법화의 기둥에' 붙들어매도록 해주었다.[30]

그러나 이들 적수 중 누구도 히틀러의 단호함과 비타협적인 특성을 제대
로 파악한 사람은 없었다. 그들은 모두 그의 위장술에 속아넘어간 것이다.
그 결과 국가사회당 당수가 고립에서 벗어나서 대등한 협조자의 지위를 얻
게 되었을 뿐이다. 이러한 만남들은 추종자들을 자극하였고, 적들을 혼란하
게 하였으며, 유권자들에게 영향을 미쳤다. 히틀러가 이러한 변화를 얼마나
간절히 기다려왔는가 하는 것은 브뤼닝과의 대화를 위해서 베를린으로 오
라는 소식을 들었을 때 그가 보여준 반응으로 알 수 있다. 헤스, 로젠베르
크, 그의 대리인 바이스(Weiß)가 뮌헨의 그의 곁에 있을 때 전보가 한 장
날아왔다. 그는 성급하게 펼쳐 보더니 거기 있는 사람들에게 흥분해서 외
쳤다. "이제 그들을 마음대로 주무르게 됐어! 그들은 나를 대화 상대자로
인정했어."

그가 얼마만큼이나 위장술을 보여줄 능력이 있었던가 하는 것은 그뢰너
의 판단이 알려주고 있다. "히틀러의 의도와 목적은 선하다. 그는 다만 열
광적이고, 불타오르고, 다재다능한 사람이다. 호감이 가는 인상에, 겸손하
고 점잖은 사람이고, 열성파 독학자의 겉모습을 보여준다." 지도적 인사들
과 친밀한 의견 교환을 할 때면 그는, 약간 무시하는 듯한 아이러니가 바닥
에 깔려 있기는 하지만 '아돌프'라는 이름으로 불렸다.[31] 데뷔는 성공적이
었다.

슐라이허의 주선으로 10월 10일로 일정이 잡힌 힌덴부르크 대통령과의
만남은 실패로 끝났다. 사실상 대통령 궁에서는 결정적인 망설임이 있었다.
대통령의 아들인 오스카(Oskar)는 히틀러가 대통령을 방문한다는 소식을
듣고 "그자는 소주를 마시려고 할걸요."라고 심하게 비꼬았다. 괴링을 대동
하고 찾아온 히틀러는 대통령과 만나고 있는 동안 신경이 날카로워져서,
자기 당의 목적을 떠벌이느라고 나라의 어려운 처지를 감안해서 정부를 후
원하라는 대통령의 권고를 놓치고 말았다. 점점 늘어가는 폭력행위에 대한

훈계에 대해서 그는 정작 상대방을 만족시키지도 못하면서 수다스럽게 단언을 하였다. 대통령은 어쨌든 이 '보헤미안 상사'를 체신부 장관으로 만들 각오는 되어 있지만 수상만큼은 안 된다고 생각했다는 소문이 나중에 측근에서 새어나왔다.[32]

하르츠부르크 우파 모임

힌덴부르크 대통령과의 만남에 이어서 히틀러는 하르츠부르크 온천으로 향했다. 다음날 벌써 민족주의 계열 야당은 강력한 데모를 하면서 결속을 축하하고 '체제'에 대한 전반적인 공격의 틀을 만들었다. 한 번 더 후겐베르크는 광범위한 열병식을 위해서 우파가 가지고 있는 권력, 돈,

브라운슈바이크에서 열병식을 사열하면서.

체면 등 모든 것을 긁어모았다. 국가사회당과 도이치 국가민족당의 지도부와 의회와 프로이센 주의회 소속의원들, 도이치 국가민족당, 경제당, 철모단, 제국연맹 등의 지도자들이 모였다. 나아가 수많은 후원자들, 두 명의 호엔촐레른 왕자를 위시한 예전 왕가의 후손들, 모든 도이치 운동의 의장직을 맡은 법률고문관 클라스, 폰 뤼트비츠(v. Lüttwitz)와 폰 제크트 같은 퇴역 장성들, 그리고 수많은 재계와 산업계의 유명한 이름들, 그중에는 히알마르 샤흐트, 연합 철강소의 에른스트 푄스겐(E. Poensgen), 철강무역연합의 루이 라베네(L. Ravené), 함부르크의 블롬(Blohm), 그리고 폰 슈타우스(v. Stauß), 레겐단츠(Regendanz), 소게마이어(Sogemeier) 등과 같은 은행가도 끼여 있었다. 공산주의자들을 제외하면 공화국의 적은 모두 다 모인 꼴이었다. 원한과 목표로 하나가 된 불평분자들의 다채로운 모임이었다.

히틀러 자신은 극히 입을 조심하였다. 그는 마지못해 겨우 참석하겠다고 동의를 했다. 아마도 힌덴부르크 대통령을 방문한 것이 실패로 돌아갔다는 사실이 그의 불쾌감을 높였던 것 같다. 영 안에 반대해서 단결했을 때처럼 그는 다시 자기 편의 강력한 반발을 생각하지 않을 수 없었다. 그리고 이런 부르주아와의 결합은 그 자신에게도 역시 불쾌한 일이었다.

그래서 그는 행사가 시작되기 직전에 추종자들을 소집하고 프리크를 내세워서 '마구잡이로 뒤섞인 시민계층'과의 동맹은 순수하게 전략적인 고려에서 나온 행동이라고 변명하였다. 무솔리니도 국가주의 연합이라는 우회로를 통해서 권력을 장악하지 않았던가. 프리크의 말이 끝나자마자 그는 효과적인 기습공격 스타일로 개인적인 수행원들을 거느리고 홀에 나타나서 추종자들이 화려한 의식으로 약속을 하도록 하였다. '민족주의 통일전선'은 그 동안 온천 요양소에서 그의 등장을 기다리고 있었다.

준비과정에서 이미 국가사회당 당수에게 수많은 양보를 하였던 후겐베르크에게 이번 모임은 아직 마지막 굴욕이 아니었다. 히틀러는 영향력 있는 상대방의 민감성을 전혀 고려하지 않고 도전적으로 야심만만한 동맹개념을 여지없이 깨뜨려버렸다. 그는 전날 밤에 모인 편집회의에도 빠졌고 그런 일은 쓸데없는 시간 낭비라고 선언했다. 집회의 열광적인 절정을 이루어야 할 마지막 행진에서 돌격대 부대가 행진하고 난 다음 철모단이 다가오자 그는 보란 듯이 무대를 떠났다. 회식에도 참석하지 않고서, 수천 명의 추종자들이 '굶은 상태로 근무'하고 있는데 자신만 회식에 참석할 수 없다고 알려왔다. "많은 참석자들에게 좋지 않은 언론 보도를 피하려는 고려에서" 겨우 "공공연한 결렬"을 피했을 뿐이라고 후겐베르크는 실망해서 탄식하였다.[33]

히틀러에게 있어서 하르츠부르크의 불협화음은 전략적인 술책은 아니었다. 불만이 숭배자를 만들어낸다는 성모의 비결이 아니었다. 오히려 이 만남은 이전보다 더욱 초조하게 권력에 대한 질문을 제기하였다. 후겐베르크의 단결 주장은 이 축제를 개최하는 사람으로서 마땅한 지휘요구를 담은 것이었다. 히틀러는 특유의 일관성으로 협동은 곧 속박을 의미할 수도 있

모든 민족주의 우익의 모임인 하르츠부르크 집회는 히틀러의 냉정한 태도로 실패로 끝났다. 보란 듯이 보수주의자들을 한 번 더 도발하기 위해서 국가사회당의 당수는 일주일 뒤에 바로 이웃한 브라운슈바이크에서 자기 진영의 열병식을 개최하였다. 이 자리에서 그는 국가사회주의 운동은 목표를 1미터 앞에 두고 있다고 선언하였다.

다는 사실을 간파하였다. 어쨌든 독일은 앞으로 우스꽝스럽게도 두 명의 '구원자'를 보게 되리라는 사실을 간파한 것이다.

그런 혼란스런 인상을 몰아내기 위해서 그는 하르츠부르크 집회가 끝난 지 일주일 뒤에 브라운슈바이크의 프란츠 들판에서 대규모 시위를 벌이기로 하였다. 10만 명 이상의 돌격대원들이 특별열차 편으로 수송되어 왔다. 여섯 시간 동안 분열식이 계속되는 동안 거대한 갈고리 십자가 자락을 늘어뜨린 비행기들이 공중을 빙빙 돌았다. 히틀러는 연대기 축성식이 벌어지는 동안 이것은 권력장악 이전 마지막 축성식이 될 것이고, 당은 '권력의 1미터 앞'까지 와 있다고 선언하였다. 모든 의심을 진정시키기 위해서 〈공격〉지 10월 21일자는 다음과 같이 설명하였다. "하르츠부르크는 전략적인 부분 목적이었다. 브라운슈바이크는 변함없는 궁극 목적을 알린 것이었다. 마지막에는 하르츠부르크가 아니라 브라운슈바이크가 있는 것이다."

히틀러와 시민계급

하르츠부르크에서 쌀쌀했던 히틀러의 태도에는 시민세계에 대한 그의 반감이 어느 정도 드러났다. 이러한 감정을 그는 완전히 통제한 적은 한 번도 없었다. 실크 해트, 프록코트, 빳빳하게 풀 먹인 셔츠 깃 등이 그를 화나게 만들었으며, 그들이 지니고 있는 직함, 훈장, 자만심 등도 마찬가지였다. 자신의 지배 요구가 도덕적인 이념에 뿌리를 둔 것이라고 믿고, 기꺼이 자신의 '역사적인 역할'에 대해서 이야기하는 그런 사람들이었다. 허약함과 부패에 대해서 정확한 히틀러의 감각은 이 완강한 의지력 뒤에 깨어지기 쉬운 특성이 숨어 있는 것을 냄새맡았고, 중산층 태도를 지닌 이 미라 같은 패거리 안에 들어 있는 시대에 뒤떨어진 요소를 알아챘다.

카페를 드나들던 젊은 멋쟁이, 저 빈둥거리던 예술가 지망생 히틀러의 동경은 바로 이런 시민세계였다. 그는 온갖 거부에도 불구하고 그 세계의 사회적·이념적·미적 가치관을 비판 없이 받아들여서 오랫동안 간직했다. 그러나 이 세계는 그 사이 파산상태에 이르러 공시선서를 해버린 세계였다.

그 세계의 대표자들과 달리 그는 이 사실을 잊지 않았다. 후겐베르크를 보면서 그는 저 약고, 거만하며 허약한 폰 카르, 시민적인 유명인사들의 모습을 대표하는 그 폰 카르를 다시 보는 듯했다. 그들은 지배권의 요구와 개성을 지닌 사람들이었다. 그것은 생각만 해도 벌써 거의 반사적으로 경멸적인 형용사들이 쏟아져 나왔다. 특히 '비겁한' '멍청한' '바보 같은' '썩어빠진' 등과 같은 표현들이었다. "어떤 계층도 정치적인 문제에 있어서 이른바 시민계층보다 더 멍청한 것은 없다."고 그는 자주 강조하곤 하였다. 그리고 자신은 오랫동안이나 소리지르는 선전과 부정확한 태도를 가지고 일부러 이 계층을 당에서 멀리 떼어놓으려고 애썼다고 했다.

〈라이프치히 최신 뉴스〉의 주필 리하르트 브라이팅(R. Breiting)이 1931년 5월에 인터뷰를 하러 방문하자 히틀러는 이런 말로 대화를 시작하였다. "당신은 우리가 대항하여 싸우고 있는 시민계층의 대표자군요." 그리고 자신은 죽어가는 시민계급을 구하라고 뽑힌 사람이 아니다, 오히려 시민계층을 밀어내려고 하는 사람이며 공산당보다도 그쪽을 더 끝장내려고 한다고 했다.[34] 긴장감이 없지는 않았으나 그는 문화시민적인 자신의 출발에 대해서 거리감을 강조하곤 하였다.

"오늘날 어떤 교양 없는 자가 내게 잔인하게 자기 의견을 표현하면 나는 이 잔인성이 언젠가는 밖으로 분출될 것이라는 희망을 가진다. 시민계층 사람이 꿈을 잃고 돌아다니다가 문화니, 문명, 미적인 세계 만족 따위를 이야기하면 나는 그에게 이렇게 말한다. '너는 도이치 민족에게는 끝장난 사람이다! 넌 베를린 서부에 속하는 인간이야! 그리로 가서 깜둥이 춤이나 끝까지 껑충거리다가 뒈져버려라!'"[35]

그는 간혹 자신을 '프롤레타리아'라고 칭하기도 하였다. 그럴 때면 사회적인 소속감보다는 사회적인 거부감을 표현하고 있다는 인상을 절대로 떨쳐버리지 못했다. "나는 절대로 시민성의 양상으로 이해되지 않는 사람"이라고 그는 주장하곤 하였다. 그가 여러 가지로 표현하였던 노동자 계층에 대한 희망, 이 '참된 귀족 계층'에 대한 감탄성 발언 속에는 노동하는 계층에 대한 공감이 아니라 오히려 자신을 거부한 다른 계층에 대한 증오심이 나타나고 있다.

시민계층에 대한 그의 증오심에는 근친상간적 혼합감정이 뒤섞여 있다. 처음에는 거부되고 그 다음에는 속임을 당한 시민적 성향을 가진 사람의 실망감이 언제나 다시 드러나곤 하였다. 그가 측근에 둔, 특별히 좋아한 건달 유형들, 이 거칠고 원시적인 '운전기사 계층'인 샤우프(Schaub), 슈레크(Schreck), 그라프, 모리스 등은 이러한 원한을 반영하고 있다.

이 원한은 몇 명 안 되는 사람들에 의해서만 일시적으로 깨뜨려질 수 있는 감정이었다. 예를 들면 에른스트 한프슈텡글, 알버트 슈페어 등과 같은 사람들이었다. 단치히의 국제연맹 위원인 칼 야콥 부르크하르트(C. J. Burckhardt)에게 히틀러는 1939년에 '처량하게' 말했다. "당신은 내게는 낯선 세계 사람이군요."[36]

이 낯선 세계로 가는 통로는 없었다. 하르츠부르크 집회가 보여주듯이 오래 계속되는 전략적인 관계도 만들어낼 수 없었다. 집권당에 대한 공동의 전략도, 이미 여러 번이나 논의된 바가 있었지만 그림자 내각을 만들지도 못했고, 눈앞에 닥쳐온 대통령 선거에 대비해서 후보 단일화도 이루지 못했다. 시민 진영이 갈색 돌격대를 바라보면서 그토록 열광적으로 생각하였던 공동의 투쟁이라는 생각도 자의식 강한 히틀러 쪽 사람들의 조롱만 얻었을 뿐이다.

후겐베르크는 하르츠부르크에서 국가사회당, 나머지 우파 진영, 그리고 돈과 명예를 가진 그룹들 사이의 동맹관계를 만들어내려고 희망했다. 이 모든 일을 배후에서 조종하고 여우같이 교활한 활동을 펼치는 자신이야말로 민족주의 진영의 위대한 조종자라고 여겼다. 그러나 히틀러는 그를 밀어붙여서 완전히 굴복하든가 아니면 민족주의 통일전선이라는 이념 자체를 포기하든지 두 가지 중 한 가지를 선택하지 않을 수 없도록 만들었다.

국가사회주의자들과 시민적인 우익 사이의 '시험결혼'[37]이 언제나 그랬듯이 이번의 시도도 실패하였고, 하르츠부르크 집회는 시작이라기보다 오히려 종말이었다. 그것은 후겐베르크에게는 자신이 조종자라는 망상과의 이별을 뜻했고, 우익 진영이 생각했던, 북 치는 사람, 비어홀 선동가, 환쟁이라는 히틀러에 대한 이미지와의 결별을 뜻했다. 그러나 그것은 아직도 동맹이라는 생각 자체를 버린다는 뜻은 아니었다. 후겐베르크는 "우리 자신이 '뒤죽박죽'이라고 느끼지도 않았고, 보조기관차 노릇을 하고 나서 나중에 짓밟혀버릴 생각도 없었다."고 항의했다. 그러나 그의 길은 계속 그의 의도와는 반대로만 나갔다.

독점자본주의 음모설

그러므로 자주 거론되는 '하르츠부르크 전선(戰線)'이라는 말은 역사적 사실이라기보다는 정치적 전설의 개념에 가깝다. 그것은 제3제국의 생성배경에 어두운 음모들이 있다고 보고, 특히 훈장들로 빛나는 가슴, 프록코트, 계급적 태도에 히틀러가 눈이 멀었다고 여기는 저 음모설을 위한 빛나는 증거라고 여겨지고 있다. 히틀러는 타당한 일이지만 그들 시민적인 유력인사들을 경멸하였다. 하르츠부르크 전선은 특히 히틀러와 대자본 사이의 음모를 밝혀 보이는 부분이라고 여겨지고 있다.

물론 국가사회당의 당수와 상당수의 영향력 있는 기업가 사이에 모종의 연결관계가 있었다. 그리고 당이 이러한 관계에서 물질적인 이익과 체면상승 효과를 얻은 것도 사실이다. 그러나 당에 이로웠던 것들은 다 부서져 가는 온건파 정당들에게도 더 일찍부터, 그리고 더 높은 정도로 주어졌던 것들이다. 한편이 표를 얻은 것이나 다른 편이 표를 잃은 것이나 이러한 재력 있는 후원자 관계만으로 설명되지 않는다.

히틀러는 기업가들의 소극적 자세를 거듭 불평하였다. 무솔리니는 "싸움이 훨씬 쉬웠다. 그는 이탈리아 산업계를 자기 편에 가지고 있었기 때문이다……. 도이치 산업계는 도이치 민족의 재생을 위해서 무엇을 하고 있나. 아무 일도 안 한다!"[38]고 그는 말했다.

1932년 4월에도 그는 거의 붕괴된 도이치 국가민족당이 자기 당보다 산업계에서 더 많은 돈을 받고 있다는 사실에 상당히 당황하였다. 발터 풍크가 32년 말에 루르 지방으로 모금여행을 나섰을 때 그는 단 한 건의 2~3만 마르크짜리 후원금을 얻었을 뿐이었다.

이러한 후원금 규모는 지나치게 높게 평가되곤 하였다. 1930년에서 1933년 1월 30일까지 약 6백만 마르크를 현실적이라고 보는 사람이라면, 약 1만 개의 지역조직, 광범위한 간부직, 거의 50만에 육박하는 개인군대, 그리고 1932년 한 해에만 열두 번이나 치러낸 선거전 등을 위해서는 돈이 두 배가 있어도 이런 거대한 당 조직을 유지할 수 없을 것이다. 국가사회당의 일년 예산은 콘라트 하이덴이 밝힌 것처럼 실제로 이 시기에 6천만 내지 7천만 마르크에 이르렀다. 그러한 거대 조직은 히틀러가 때로 냉소적으로 자신을 도이치의 가장 위대한 경제 지도자의 한 사람이라고 부르도록 만든 원인이었다.[39]

그러므로 음모설이 진지한 증인들까지 내세우고 있지만, 그래도 대자본가와 국가사회당을 연결시키기 위해서 광범위하고 불분명한 개념들에 도달하는 것은 우연이 아니다. 그에 반해서 엉터리 학문적 논의에서 히틀러는 극히 진지하게, 배후에서 조종하는 자본주의적인 '나치 도당'이 '힘들여서 비싼 돈을 주고 산 정치 후보자'라고 여겨졌다. 그를 자본가들의 '공공관계(Public-Relations)'를 위한 매니저라고 본 것이다.[40]

사실은 그와 반대로 기업가들 사이에, 그리고 산업분야별로 뚜렷한 이해의 차이가 존재하였다. 적잖은 유대인 기업들을 빼더라도 수출업자, 증권

계, 대형 유통업자, 화학산업, 그리고 크루프(Krupp), 회시(Hoesch), 보시(Bosch), 클뢰크너(Klöckner) 등과 같은 전통 있는 기업가 가문들은 적어도 1933년 이전까지는 히틀러에 대해서 대개는 경제적인 고려에서 후원을 보류하였다. 히틀러가 라인 베스트팔렌 대기업계와 접촉하도록 상당한 도움을 주었던 오토 디트리히(O. Dietrich)는 당시의 보고서에서 경제계가 "우리의 가장 힘든 싸움의 시기에…… 히틀러를 믿지" 않으려 한다고 탄식하였다. 1932년 초에도 '상당한 숫자의 경제계의 저항'을 느낄 수 있었다.

뒤셀도르프 산업가 클럽을 앞에 놓고 행한 히틀러의 1932년 1월 26일자 유명한 연설은 바로 이러한 저항을 극복하기 위한 것이었다.[41] 그리고 나서 당에 주어진 재정적인 후원금은 아주 긴급한 걱정은 없애주었지만 그래도 여전히 바라던 액수에 미치지 못하였다.

1932년 말에 샤흐트, 은행가인 폰 슈뢰더(v. Schroeder)와 알버트 푀글러(A. Vögler)가 힌덴부르크에게 제출한, 히틀러를 수상으로 임명해달라는 진정서는 요구를 받은 기업가 다수가 서명을 거절하는 성과를 거두었을 뿐이다. 샤흐트는 히틀러에게 보낸 편지에서, 결심하기가 그토록 무거운 것을 보니 중공업은 과연 그 이름에 합당하다고 투덜거렸다.[42]

히틀러와 대자본가들 사이의 밀접한 결합설은, 어째서 수백만 유권자들이 산업계의 수백만 마르크보다 훨씬 앞서서 히틀러를 지지하였는가를 설명해주지 못한다. 히틀러가 뒤셀도르프 연설을 했을 때 그의 정당은 680만명 이상의 당원과 추측컨대 1천만 명 이상의 유권자를 확보하고 있었다. 그들이 그의 세력기반이었으며, 그들을 사로잡았던 '거대한 반자본주의 열망'을 그는 고집스럽고 완고한 기업가들의 생각보다 더욱 고려해야 했다. 기업가들을 위해서는 똑똑한 척하는 오토 슈트라서를 제물로 바쳤을 뿐이다. 오토 슈트라서는 어차피 그의 미움을 사고 있었는데 이들 기업가들에 맞서 자신의 추종자들이 베를린 금속노동자 파업에 참가하도록 만들어서, 국가사회주의자들의 파업이 그래도 공산주의자들의 파업보다 낫다는 사실을 보여주었다.[43]

히틀러 당이 대자본가에게 매수되었다는 주장은, 어째서 이 새로운 종류의, 거의 무(無)에서 출발한 대중운동이 전통 있고 탁월하게 조직된 도이치 좌파를 힘들이지 않고 추월할 수 있었던가 하는 질문에 전혀 답을 하지 못한다. 그 주장은 원래 이 문제에 답변하려고 만들어진 것이었지만 이 문제에 대해서 전혀 답변할 수가 없는 것이다. 이러한 주장은 악마를 믿는 일이거나 아니면 정통 공산주의의 주장일 뿐이다. 그 어느 쪽이든 좌익측의 합리성 상실의 표현이며 말하자면 '좌익의 반유대주의'[44]라는 주장과 같은 것이다.

국가사회주의를 둘러싼 '호감' 또는 공감을 지적하는 것은, 산업계가 국가사회주의와 음모로 연결되어 있다는 주장과는 다른 일이다. 산업계 내부의 상당한 세력들이 히틀러의 수상직을 못마땅하게 여기면서도 분명한 관심을 보였다. 그리고 그를 물질적으로 후원할 마음은 없었으면서도 많은 사람들이 그의 노선을 거부하지는 않았다. 그들은 그러한 감정을 어떤 구체적인 경제정책상의 기대와 결합시키지 않았으며, 국가사회당 내부에 있는 사회주의적·반시민적 분위기에 대한 불신을 완전히 버리지도 않았다. 공감을 느끼는 몇 명의 기업가들은 1932년 여름에 당내 좌파의 경제적 과격주의에 맞서기 위해서 일자리를 만들어내기까지 하였다.

전체적으로 보아서 기업가들은 시민 민주주의와 그 성과, 요구, 대중의 권리 등을 완전히 수긍한 적이 없었다. 공화국은 그들의 국가가 되지 못했다. 히틀러가 약속한 질서의 회복이란 그들에게는 기업의 자율권, 세금특혜, 노조 권력의 종말 등을 뜻하는 것이었다. 산업계의 대표자가 말한 적이 있는 '이 체제에서 구원'이란 표어는 권위주의적인 질서관을 배경으로 해서만 이해가 되는 일이었다.[45]

도이치 사회구조의 어느 분야에도 이 기업가 그룹만큼 질기게 권위주의 국가의 화석(化石)이 남아 있는 분야는 없었다. 그들의 기술적인 현대성은 자본주의 이전의 사회관과 결합되어 있었다. 공동의 목표를 세웠거나 어두운 음모를 꾸며서가 아니라, 공화국 '체제'를 극복하려는 반민주적인 풍토라는 점에서 대자본가들이 국가사회당의 상승에 일부 책임이 있는 것이다. 물론 대자본의 대표자들은 히틀러에게 속았다. 그들은 히틀러가 펼쳐 보이는 질서의 태도, 완강한 권위숭배만을 보았으며, 과거지향적인 면모들만을 보았다. 그리고 그가 역시 지니고 있던 미래지향적인 측면을 보지 못하였다.

뒤셀도르프 산업가 클럽 연설

히틀러는 뒤셀도르프 산업가 클럽에서 행한 연설에서 비상한 공감 능력으로 기업가들의 권위주의적이고, 권력과 질서를 중시하는 국가관을 파악해서 자기 편으로 이끌어들였다. 이 연설은 그의 연설 기술을 가장 인상적으로 증언하는 연설의 하나이다. 검은색 더블 양복을 입고, 세련되고 정확한 동작으로 그는 처음에는 도무지 속을 알 수 없는 대기업가들을 앞에 두고 자기 정책의 이념적 기본을 설명하였다. 두 시간 반 동안 계속된 이 연설은 주장, 말투, 강조점 등 모든 점에서 조심스럽게 청중의 특성에 맞춘 것이었다.

처음에 히틀러는 국내정치 우선이라는 자신의 주장을 펼치고, 독일의 운명은 주로 외교관계에 달려 있다는 브뤼닝 수상의 노선에 명백하게 반대하였다. 외교정책이란 오히려 민족의 "내적인 체질에 의해서 결정된다."고 주장하였다. 그밖의 것은 모두 체념일 뿐이며, 국가적인 자포자기 혹은 통치 잘못에 대한 핑계에 불과하다는 것이다. 독일에서 국가의 내적인 체질은 민주주의의 평준화 작용을 통해서 파묻혀버렸다는 것이다. "한 국민의 소수에만 나타나는 유능한 두뇌들이 나머지 다른 사람들과 똑같은 가치로 취급된다면, 천재의 능력과 개성 가치에도 다수결의 원칙이 나타나게 됩니다. 사람들이 국민의 지배라고 잘못 말하는 다수결의 원칙이죠. 이것은 국민의 지배가 아니라 사실상으로는 어리석음의 지배이며, 평범, 무능, 허약함, 불충분함의 지배입니다. 한 민족이 삶의 모든 영역에서 가장 유능한 사람들, 그것을 위해 태어난 개인들의 지배를 받고 인도를 받는 것이야말로 국민의 지배입니다. 자연의 법칙에 따라 각각의 영역에 대해서 잘 모르는 다수의 지배를 받지 않고 말입니다."

민주적 평등원칙이란 사소한 것이 아니라 이론적으로 중요한 이념이다.

그것은 얼마 지나지 않아 삶의 모든 영역으로 힘을 뻗쳐서 천천히 민족을 오염시키게 될 것이다. 그는 이 기업가들을 향해서, 사유재산은 근본적으로 민주주의 원칙과는 합치될 수 없는 것이라고 설명하였다. 민주주의의 논리적·도덕적 합리화는, 인간과 그의 업적이 서로 무관한 것이라는 확신에 자리잡고 있기 때문이라는 것이다. 그러고 나서 그는 공격의 핵심부분에 도달하였다.

경제 영역에는 절대적인 가치의 차이가 존재하고 정치 영역에서는 그렇지 않다고 말하는 것은 미친 소리입니다! 경제적인 삶은 업적, 개성의 가치라는 생각, 그러니까 실질적으로 개성의 권위에 자리잡고, 정치적으로는 개성의 권위를 부정하고 다수의 법칙, 민주주의를 주장하는 것은 모순입니다. 경제적인 생각과 정치적인 생각 사이에 천천히 틈새가 벌어지게 되고, 그것을 메우기 위해서 경제적인 영역도 정치적 영역과 똑같이 만들려는 시도가 이루어질 것입니다……. 정치적인 민주주의와 비슷한 것이 경제 영역에서는 공산주의입니다. 우리는 오늘날 이 두 가지 기본원칙이 모든 영역에서 서로 싸움을 벌이는 상태에서 살고 있습니다…….

국가에는 어떻게 해도 민주화될 수 없는 하나의 조직체, 그러니까 군대가 있습니다. 민주화되면 군대 자체가 해체될 것입니다……. 군대란 아래를 향해서는 절대적 권위, 위를 향해서는 절대적 책임이라는, 절대적으로 반민주적인 기본원칙이 유지되어야만 존속될 수 있습니다. 정치적 생활이 완전히—읍 면 단위에서 시작해서 의회에 이르기까지—민주주의의 사고방식에 기초한 국가에서 군대는 서서히 이질적 존재가 되지 않을 수 없다는 결론이 나옵니다.

히틀러는 이러한 구조적 대립을 수많은 다른 예들에 적용하여 보여주고, 민주적이고 따라서 공산주의적인 생각이 독일에서 두려울 정도로 퍼져나간다고 묘사하였다. 그는 볼셰비즘에 대한 공포를 상세히 서술하였다. 그것은 '독일의 몇몇 거리에서만 미쳐 날뛰는 무리'가 아니라, '아시아 대륙 전체를 집어삼키려 하고…… 전세계를 서서히 뒤흔들어 쓰러뜨리려고 하는 세계관'이라고 했다. 그는 계속해서 이렇게 말하였다.

볼셰비즘은 중단되지 않으면 그 옛날의 기독교처럼 전세계를 완전히 변화시킬 것입니다…… 세계관의 문제이니만큼 30년이나 50년이란 별다른 것도 아닙니다. 그리스도 이후 3백 년 만에 기독교는 남유럽 전체를 천천히 장악하기 시작하였습니다.

독일에서 공산주의는 특별한 정신적 혼란과 내적인 붕괴로 인해서 다른 어느 나라보다 널리 퍼져 있다고 했다. 수백만의 사람들이 공산주의에서 "자신들의 실질적인 경제상황을 세계관으로 보충할 길"을 보고 있다는 것이다. 그래서 현재의 어려움의 원인을 외부의 상황에서 찾고 외적인 수단으로 그것과 싸우려 하는 시도는 실패할 수밖에 없다. 경제적인 조치들이나 '스무 번의 비상사태 선포'를 해도 민족의 파멸을 막을 수 없을 것이다. 이러한 추락의 원인은 정치적 특성을 가진 것이므로, 정치적인 결단을 요구하는 것이며, 그것도 '근본적인 해결책'을 요구한다는 것이다.

그것(해결책)은 경제가 붕괴하는 것은 국가가 붕괴하기 때문이며 그 반대가 아니라는 인식에 근거합니다. 번성하는 강력한 국가라는 보호세력 없이 번성하는 경제는 없으며, 카르타고의 군함이 없이는 카르타고의 경제도 없었다는 사실을 인식해야 합니다.

국가의 권력과 안녕은 내적인 조직, '어떤 기본적인 문제들에 대한 공통의 세계관의 확립' 결과라고 했다. 독일은 오늘날 거대한 내적 분열의 상태에 직면해 있다. 국민의 절반은 넓은 의미에서 볼셰비스트고, 나머지 절반은 민족주의적이다. 한편은 사유재산을 옹호하고 다른 편은 그것을 일종의 도둑질이라고 생각하고 있으며, 한쪽에서는 국가반역을 범죄라고, 다른 쪽에서는 그것을 의무라고 여기고 있다. 이러한 분열을 통제하고, 독일의 무기력을 극복하기 위해서 자신은 이 운동과 세계관을 만들어낸 것이라고 말했다.

여러분은 여기서 가장 탁월한 민족국가주의 감정에 넘치고, 모든 영역, 모든 분야에서 지도자의 절대적 권위라는 생각에 기초한 하나의 조직체를 보고 계십니다. 국제주의적인 사상뿐 아니라 민주적 사상을 극복하고, 명령과 복종을 알고 있으며, 그럼으로써 처음으로 독일 정계에 업적의 원칙에 따라 만들어진 수백만의 조직을 만들어낸 유일한 정당입니다. 추종자들이 거침없는 전투의지로 무장한 조직, 정치적인 적들이 '너희들의 등장은 우리에 대한 도전'이라고 선언하면 물러서는 것이 좋겠다고 생각하지 않는 조직체입니다. 물러서지 않고 잔인하게 자신의 의지를 실현시키고, 적을 향해 이렇게 맞받아 소리치죠. 우리는 오늘 싸운다! 우리는 내일도 싸운다! 너희가 오늘 우리의 모임을 보고 도전이라고 여겨도 우리는 다음 주에 다시 또 다른 모임을 열 것이다……. 우리더러 '거리로 나가면 안 된다'고 하면 우리는 그래도 거리로 나갈 것이다! 우리더러 '그럼 우리가 너희를 때리겠다!'고 하면 너희가 우리에게서 아무리 많은 희생자를 만들어내도, 이 젊은 독일은 여전히 행진할 것이다……. 그리고 사람들이 우리의 참을성 없음을 비난하면 우리는 참을성이 없다고 인정할 것입니다. 그렇지요, 우리는 공산당을 독일에서 마지막 뿌리까지 뽑아버리기로 확고하게 결심했으니까요. 우리는 싸움을 좋아해서 이 결심을 한 것이 아닙니다. 독일 전국을 미친 듯이 돌아다니는 것보다는 더 멋진 삶이 있을 테니까요…….

(그러나) 오늘날 우리는 도이치 운명의 전환점 앞에 서 있습니다. 현재의 발전이 계속된다면 독일은 어느 날인가 어쩔 수 없이 볼셰비즘의 혼란에 도달하게 될 것입니다. 이러한 발전을 중단시키려면 우리 민족은 강철 같은 기율의 학교에 들어가야 합니다……. 정당들, 단체들, 통합체들, 세계관, 계급의 망상, 계급투쟁 따위의 이 모든 덩어리가 뭉쳐서 강철같이 단단한 민족공동체가 만들어져 나오는 일에 성공하거나 아니면 독일은 이런 내부 결합에 실패하면서 결국 멸망하게 될 것입니다…….

사람들은 내게 이런 말을 하지요. '당신은 민족주의 독일의 북 치는 사람일 뿐이다!' 라고 말입니다. 그리고 내가 북 치는 사람일 뿐이라면 또 어때요?! 도이치 민족 안으로 하나의 새로운 신념을 북을 쳐서 알린다면 그것은 현재의 신념을 천천히 낭비해버리는 것보다 비할 바 없이 위대한 정치적 행위가 될 것입니다. (박수갈채) ……신사 여러분, 나는 잘 알고 있습니다. 국가사회주의 자들이 거리를 통해서 행진해가면, 그리고 갑자기 저녁때 소란이 일어나면 시민들은 커튼을 걷어올리고 밖을 내다보며 말하지요. '또 밤잠 설치게 생겼군……' 하고 말입니다. 그러나 그것이 희생임을 잊지 마십시오. 오늘 국가사회주의에 소속된 수십만 명 돌격대와 친위대 대원들이 트럭에 올라타고, 집회를 보호하고, 행진을 해나가야 한다면, 밤마다 희생하고 아침 여명에 일터와 공장으로 돌아가거나, 혹은 실업자라서 실업수당을 타러 간다면 말입니다…… 국민 전체가 이 수십만 명과 똑같이 자신이 부름받았다는 신념을 가진다면, 국민 전체가 똑같은 이상주의를 가지게 된다면, 독일은 세계의 눈앞에 오늘과는 다른 모습으로 서게 될 것이라는 사실을 말입니다! (박수갈채)[46]

수많은 박수갈채가 터져나와서 '개성의 권위'라는 이름으로 제국주의적인 권력국가와 기업가의 특권에 대한 히틀러의 변호를 중단시키곤 했음에도 불구하고 행사의 마지막에 프리츠 티센이 선창한 "하일, 히틀러 씨!"라는 외침을 따라 한 사람은 참석자의 1/3 정도에 지나지 않았다. 그리고 이 연설의 물질적인 수확은 기대에 훨씬 못미치는 것이었지만 결정적인 수확은 히틀러가 마침내 오래 계속된 고립에서 벗어났다는 사실이었다. 히틀러가 아니라 이제 국가가 점차 고립에 빠져들어 갔다. 사방에서 적대자들이 무너져내리는 공화국을 둘러싸 포위해버렸다. 사회민주당이 주도하는 연합정부가 통치하던 프로이센 지역에서, 국민투표를 통해서 주의회를 해산시키려는 시도에는 철모단, 국가민족당, 국가사회당, 도이치 국가민족당 등과 공산당까지 힘을 합쳤다. 그 모두를 합쳐봐야 유권자의 37퍼센트의 표를 얻은 것에 지나지 않았지만 적대자들이 만들어낸 이런 광범위한 전선은 지속적인 효과를 만들어내었다.

무엇보다도 공산주의자들과 국가사회주의자들 사이에서 벌어지는 싸움,

그 둘이 합쳐서 경찰과 벌이는 싸움, 거리의 무질서, 주말의 유혈사태 등은 국가의 권위가 망가졌다는 징후들이었다. 유대인의 설날에 그라프 헬도르프(G. Helldorf)가 지휘하는 베를린 돌격대는 심한 소동을 일으켰고, 대학에서는 인기 없는 교수들에게 항거하는 소동이 일어났다. 당원들에 대한 재판에서는 유례 없는 풍경들이 벌어졌다. 시민전쟁은 없었다. 그러나 언젠가는 머리가 떨어져 구를 것이라는 히틀러의 말은 여전히 국민의 귓속에 울리고 있었다. 거리에서는 유권자들의 공감과 의석을 얻기 위하여 경쟁을 벌이는 정당들 사이의 유혈사태 이상의 일이 벌어지고 있다는 생각이 퍼져나갔다.

히틀러는 얼마 전에 이렇게 말했다. "시민 정당들 사이에는 파괴가 아니라 오직 선거의 승리가 목적이다." 그리고 이렇게 덧붙였다. "우리는 공산주의가 승리하면 우리가 파괴되리라는 사실을 정확하게 알고 있다. 우리도 다른 것은 기대하지 않는다. 다만 우리가 승리하면 공산주의는 파괴될 것이다. 그것도 남김없이 파괴될 것이다. 우리도 관용을 알지 못한다. 우리는 최후의 신문이 파괴되고, 최후의 조직이 없어지고, 최후의 교육장소가 제거되고, 최후의 공산주의자가 전향하거나 제거될 때까지 쉬지 않을 것이다. 중도란 없다."[47)

거리에서 시작된 일은 내전의 전초전이었다. 그것은 1919년에 중단된 혁명의 결정전을 계속하는 것이었고, 1933년 초에 '영웅 양조장'에서, 그리고 돌격대의 강제 수용소에서 끝나게 될 일종의 전초전이었다.

복스하임 문서 사건

이렇게 초긴장 상태의 분위기에서 히틀러를 극단으로 몰아가려는 생각이 적들을 지배하였다. 1931년 말 국가사회당이 의석의 38.5퍼센트를 얻어서 가장 강력한 당으로 부상했던 헤센 주의 선거가 끝난 지 열흘 만에 어떤 국가사회당 변절자가 프랑크푸르트 경찰국장에게 공산당의 폭동 시도가 있을 경우 헤센 국가사회주의자들의 행동방침을 적은 문서를 넘겼다. 이것은 히틀러 추종자들의 국가반역적인 집회가 열렸던, 보름스 근교에 위치한 영지의 이름을 따서 '복스하임 문서'라고 불리는 것이었다.

여기에는 돌격대와 유사조직을 통해서 권력을 접수하고, '주민의 철저한 기율'을 위해서 '단호한 조치'를 취해야 한다는 표현이 들어 있었다. 그리고 모든 저항 행위 혹은 불복종 행위에 대해서는 일괄적으로 사형을 확정하고, 특수한 조건 아래서는 '재판 없이 즉결처형'을 실시하도록 되어 있었다. 사유재산과 이자 의무는 즉각 보류되고, 주민은 공개석상에서 식사를 하고, 노동의무를 이행해야 한다. 유대인은 물론 의무나 식사에서 제외되었다.[48]

이 문서의 발각에 대한 히틀러의 반응은 그가 점점 더 의식적으로 적대자들의 근심과 여론의 두려움을 전략적인 유리함으로 바꾸었음을 보여준다. 어쨌든 그는 반 년 전 합법화 노선 위반이 있었을 때와는 달리 이 문서를 작성한 사람에 대한 일체의 조치를 피하고 단순히 그에 대한 책임만을 거부하였다. 그것은 세부사항에서 자신의 생각과 어긋나고 무엇보다도 절반쯤 사회주의적 요소들 중 새로운 노선과 맞지 않는 부분들이 있기는 했지만 전체적으로는 자신이 항상 원하던 권력장악의 이상적인 상황을 표현하고 있었다.

공산당의 궐기시도에 대한 그의 생각도 이 계획안과 별로 다르지 않았다. 공산당의 시도에 위협을 받은 국가권력은 도와달라고 요청할 것이고, 돌격대는 공권력과 더불어 계획을 실천할 것이다. 그러므로 합법성의 이름과 겉모습을 갖추고서 폭력을 행사할 수 있을 것이라는 생각이었다. 그것은 히틀러가 이미 1923년 11월 8일에서 9일로 넘어가는 밤에 카르에게서 받아내려고 했으나 소용이 없었던 바로 그 외침이었다.

그는 다른 수많은 정치가들처럼 단순히 권력을 얻으려고 한 적이 없었다. 언제나 공산당의 치명적인 포위에 맞서서 구원하는 군대를 이끌고 구원자로 나타나서 지배권을 장악하고 싶어하였다. 이러한 결말부분은 그의 극적이고도 종말론적인 성향에 잘 어울리는 것이었다. 그러한 성향은 언제나 지구를 둘러싸고 어둠의 세력과 한판 붙는다는 생각과 맞물린 것이었으며 바그너의 모티브들이었다. 즉 백마의 기사 로엔그린, 성배(聖杯)와 위협받는 금발여인의 모습이 막연하게 투영되어 있었다. 나중에 이러한 상황 설정이 나타나지 않고, 공산당의 쿠데타 기도가 괴벨스의 표현처럼 '불붙지' 않게 되자 그는 그런 일을 거의 꾸며내기까지 하였다.

"가련한 체제여!"

복스하임 문서가 발견되었어도 아무런 결과가 나타나지 않았다. 사방에서 나타나는 성급한 충성의 붕괴에 대해 한줄기 빛을 던져주었을 뿐이다. 이제는 관료계층도, 사법기관도 국가반역 사건을 공개적으로 추적할 수도 없었으며, 정계도 어깨를 으쓱하며 체념한 태도로 이 사건을 처리했다. 그리고 최후의 순간에 그것을 결정적인 행동의 계기로 삼을 기회마저 없애버렸다. 너무나 분명한 증거자료들을 놓고 히틀러를 체포해서 재판을 하지 못하고 그들은 오히려 협상하려고 들었다. 그것도 그의 위협에 불안을 느껴서 엉뚱한 방향으로 노력하였다.

이제야 비로소 그는 슐라이허, 힌덴부르크 대통령, 영향력 있는 정치가들, 기업가들, 유력인사들에 의해서 대화상대자로 받아들여지게 되었다. 말하자면 다시 '대통령 각하'의 곁으로 다가갈 수 있게 되었다. 경찰의 혹은 사법기관의 조치가 국가사회주의 운동을 이 시점에서 진지하게 위협할 수 있는지, 아니면 오히려 생각지도 않은 심리적 효과만 불러일으키는 것이 아닌지 의심스럽게 되어 버렸다.

어쨌든 프로이센의 내무장관 세베링(Severing)은 1931년 12월에, 히틀러를 황제궁 호텔의 기자회견장에서 기습체포하여 프로이센에서 추방한다는 계획을 포기하였다. 그리고 폰 슐라이허는 그 무렵 어떤 기자회견 도중에 국가사회주의자들에 대한 적절한 조치에 대한 요청이 나왔을 때 이렇게 대답하였다. "우리는 그럴 만한 힘이 없어요. 우리가 그렇게 한다면 우리만 제거될 것입니다!"[49]

히틀러 정당이 소시민 쓰레기이고, 선동적인 허풍꾼이라는 생각이 변하기 시작하였다. 개별적으로, 그러나 분명한 형태로 마비의 느낌이 퍼져나갔다. 그것은 자연력에 대한 무력감과 어느 정도 닮은 모습이었다. "이것은

'청년운동'이다. 이것은 멈출 수 없다."고 영국의 어떤 무관이 독일 장교들의 생각을 요약하였다.

우리가 여기서 지켜보게 될 국가사회당 부상(浮上)의 역사는 바이마르 공화국의 쇠약과 소멸의 역사라고 하는 쪽이 더 맞을 것이다. 저항할 힘이 없었을 뿐 아니라 히틀러가 연설에서 제시해 보인 것 같은 미래의 비전도 없었다. 공화국이 계속 살아남으리라고 기대하는 사람은 별로 없었다.

"가련한 체제여!"[50]라고 괴벨스는 일기장에 냉소적으로 적었다.

제3장 권력의 문 앞에서

히틀러를 부상시킨 것은 선동가적인 기술, 전략적인 능력, 과격한 열광만은 아니었다. 마치 반이성(反理性)이 온갖 간계를 동원하여 그의 길을 열어주기 위해 활동한 듯이 보인다. 우연히도 1932년에 집중된 다섯 번의 대규모 선거들이 그가 자기 고유의 선동영역에서 얼마나 우세한지 실증할 기회를 마련해주었다.

봄에는 대통령의 임기가 끝났다. 선거의 위험과 과격화 효과를 피할 생각으로 브뤼닝은 일찌감치 헌법개정을 통해서 힌덴부르크 대통령의 임기를 종신으로 연장할 계획을 세웠다. 그의 계획이란 오로지 시간을 벌기 위한 것이었다. 겨울 동안 위기는 거의 상상도 못할 정도로 악화되었다. 1932년 2월에 실업자 수는 6백만을 넘어섰다. 그러나 정치가의 적응력보다 전문가의 실무적 고집을 중요한 원칙으로 여기는 브뤼닝은 자신의 노선을 굳게 지켰다. 그는 전쟁배상금의 궁극적 면제, 군축회담 성공, 독일의 평등권 등을 추구하고 있었다. 봄을 기다리면서 엄격한 내핍생활의 원칙을 고수하였다.

그러나 사람들은 그의 엄격함이나 그의 희망에는 관심이 없었다. 그들은 굶주림과 추위와 비참의 품위 없는 동반현상들에 고통받고 있었다. 그들은 언제나 희생을 호소하면서 계속되는 비상사태를 미워하였다. 정부가 비상사태를 없애려고 노력하지 않고 비상사태를 유지, 관리한다는 비난이 널리 퍼졌다.[1]

브뤼닝의 가차없는 내핍정책은 국민경제의 관점에서 보아도 문제가 많았다. 수상이란 자는 피와 땀과 눈물을 가지고도 인기 있는 정열적인 희생의 노랫가락을 지어낼 줄 몰랐다. 그저 실무적인 냉정한 태도만을 보였기에 그의 정책은 정치적으로 아무런 성과도 거두지 못하고 사람들의 절망감을 제대로 파악하지도 못했다는 사실이 더 문제거리였다. 이 비참이 단순히 비참일 뿐이라고 생각하는 사람은 아무도 없었다. 공화국에 대한 거부감은 이러한 곤궁의 뜻을 밝힐 줄 모르고, 자꾸 새로운 희생을 요구하면서 그 의미를 알려줄 줄 모르는 정치적 무능에 주요한 원인이 있었다.

브뤼닝의 시간 벌기 정책은 대통령의 지원을 전제로 하고 있었다. 그러나 놀라운 일이지만 힌덴부르크 대통령은 자신의 임기를 연장하려는 의도에 반대하였다. 그는 이미 84세의 나이였고, 오래 전부터 대통령직에 넌더리가 나 있었다. 게다가 임기연장 계획과 더불어 반드시 나타나게 될 자신에 대한 토론이, 이미 실망한 우파 친구들의 새로운 공격을 불러일으키게 될까 두려워하고 있었다.[2] 임기 연장이 2년으로 한정되고, 여러 사람이 나서서 설득하고, 특히 91세의 나이에도 자신은 피곤할 새가 없다고 말했던 빌헬름 1세 황제의 이야기를 듣고서야 비로소 그는 망설이면서 동의하였다. 그러나 뒤에서 모든 일을 조종한 사람이 브뤼닝임을 간파한 대통령은 이 일로 해서 그에 대한 신뢰를 잃고 말았다. 브뤼닝은 자신의 계획이 성공함으로써 자신이 기대했던 것을 잃어버린 것이다.

브뤼닝의 장기놀이와 히틀러의 딜레마

브뤼닝이 여러 정당들과 협상을 벌이는 가운데 히틀러가 어쩔 수 없이 중심인물로 부상하였다. 어떠한 헌법개정도 그의 동의가 없이는 불가능하였기 때문이다. 동시에 이러한 협상들은 그를 극히 위험한 선택의 기로에 세웠다. 그는 '체제 수호자들'과 공동전선을 펼치고 이런 방법으로 브뤼닝의 입장을 강화하고 자신의 과격주의를 부정하든가, 아니면 여러 모로 경건한 감정을 불러일으키는 늙은 대통령, 국민의 구원자이며 대리황제인 힌덴부르크 대통령에 맞서서 선거전을 치르는 일을 선택해야 할 처지에 놓였다. 선거전은 당 운동의 성공 신화를 극히 위태롭게 할 수도 있으며, 나아가서 힌덴부르크에 대한 대립을 노출시킬 위험이 있었다. 힌덴부르크에게 대립하는 것은 권력에 접근하기 위해서 대통령의 권한이 결정적이라는 사실을 생각해보면 치명적인 결과를 가져올 것이 분명하였다.

그레고어 슈트라서는 브뤼닝의 제안을 받아들이라고 충고하였지만 룀과 특히 괴벨스는 강력하게 반대하였다. 괴벨스는 일기장에 이렇게 기록하였다. "여기서 문제가 되는 것은 대통령이 아니다. 브뤼닝 씨는 예상할 수 없는 기간 동안 자신의 지위와 자기 내각을 안정시키려고 한다. 지도자(히틀러)는 생각할 시간을 달라고 했다. 여러 방향으로 상황이 고려되어야 한다…… 권력을 둔 장기게임이 시작되었다. 어쩌면 한 해가 다 걸릴지도 모르는 일이다. 속도, 영리함, 그리고 부분적으로는 교묘한 방식으로 장기말을 써야 하는 한판 승부다. 중요한 점은 우리가 강자로 남아 있고 절대로 타협을 하지 말아야 한다는 점이다."[3]

브뤼닝의 장기수를 통해서 운명적인 처지로 끌려들어간 히틀러는 한동안 어찌할 바를 몰랐다. 후겐베르크는 임의의 서투른 거부감으로 제안을 거절하였지만 히틀러는 여전히 망설이고만 있었고, 그가 마침내 내놓은 대답은 의심과 함께 조심성을 보여주는 것이었다. 후겐베르크는 언제나 히틀러의 과격주의 뒤에 숨어서 끊임없이 상대방을 넘어서려고 애썼다. 히틀러는 과격주의를 도구로 이용해서 간교한 합리성의 요소와 뒤섞으려는 전략을 쓰고 있었다. 이 두 사람의 반응은 후겐베르크의 지겨운 전략적 판단과 히틀러의 차이점을 뚜렷하게 드러내주었다. 어쨌든 히틀러는 너무나도 많은 조건들을 붙여서 거절의사를 밝혔기 때문에 그것은 협상을 계속해 나가자는 제안처럼 보였다. 그는 대통령과 수상 사이에 거리감이 생겨난 것을 확실한 본능으로 간파하고 그것을 한 발자국 더 벌려놓으려고 애썼다. 요란한 수다를 떨면서 스스로 헌법의 수호자로 자처하였고, 대통령의 맹세를

수호하려는 듯한 장기적인 전략으로 수상의 계획에 대해서 수많은 법적인
이의를 내놓곤 하였다.

출마를 결심하다

히틀러는 근본적으로는 힌덴부르크에 맞서서 출마하기로 결심을 한 상
태였지만 이 결심을 공표하기까지 몇 주간을 질질 끌었다. 그의 생활철학
은 대통령의 '호의'를 얻는 것이지 그에 맞서는 것이 아니었기 때문이다.
그리고 그는 힌덴부르크 신화에 도전하는 것이 얼마나 위험한 일인지 자신
의 부하들보다 더욱 날카롭게 간파하였다.

그러므로 괴벨스와 다른 사람들이 입후보 사실을 공표하라고 그를 졸랐
지만 별 소용이 없었다. 그는 국가사회당 소속이었던 브라운슈바이크의 주
내무장관 클라게스(Klagges)의 도움으로 도이치 국적을 취득하라는 제안에
는 동의하였다. 그것은 입후보하기 위해서 필요한 조치였다.[4] 그의 망설임,
결정을 꺼림, 운명적인 상황에서 최후의 순간에 결정이 저절로 무르익어
나오기를 기다리는 성향 등이 이번 경우에 특별히 두드러지게 나타났다.
그런 성향은 그가 몽유병자의 정확성을 가지고 있다는 이미지에 대립되는
것이었다. 엄격하게 말하자면 결정은 이미 오래 전에 내려져 있었다. 괴벨
스의 일기장은 히틀러의 괴로운, 거의 기묘한 변덕을 한 걸음 한 걸음 보여
주고 있다.

1932년 1월 9일. 모든 것이 혼란스럽다. 지도자가 어떤 결심을 했는지는
거대한 수수께끼다. 다만 경탄할 따름이다! 1932년 1월 19일. 지도자와 대통
령직 문제에 대해서 토론하였다. 내가 나누었던 대화들을 보고하였다. 여전히
결정이 내려지지 않았다. 나는 그 자신이 입후보하라고 열렬히 주장하였다.
진지한 의도에서 보면 다른 것은 문제가 되지 않는다. 우리는 숫자계산을 해
보았다. 1월 21일. 이 상황에서는 우리가 후보자를 내세우는 것 이외에는 다
른 방법이 없다. 힘들고도 불쾌한 싸움이지만 그래도 이겨내야 한다. 1월 25
일. 당은 이제 전투 분위기로 떨고 있다. 1월 27일. 힌덴부르크 대통령을 위

한, 혹은 반대하는 선거구호가 나오지 않으면 안 될 것 같다. 지금 우리는 우리의 후보를 내세워야 한다. 1월 29일. 힌덴부르크 위원회가 열리다. 우리는 이제 색깔을 드러내야 한다. 1월 31일. 지도자의 결정은 수요일에 내려진다. 그것은 의심의 여지가 없다. 2월 2일. 지도자의 입후보 문제가 너무나도 중요해서 다른 것은 문제가 되지 않는다……. 낮에 지도자와 오랫동안 이야기하다. 그는 대통령 선거를 위한 견해를 피력했다. 스스로 후보직을 수락하기로 결심했다. 그러나 우선 상대방이 확정되어야 한다. 사회민주당이 먼저 결정을 내려야 한다. 그러고 나면 우리의 결정을 공표하기로 했다. 이것은 유례가 없는 고통의 싸움이다. 그러나 이겨내야 할 싸움이다. 지도자는 전혀 서두르지 않고 명석한 두뇌로 자신의 장기말을 놓고 있다. 2월 3일. 관구 지도자들은 대통령 출마 선언을 기다리고 있다. 기다려도 헛일이다. 장기 놀이판이 벌어져 있다. 어떤 말을 쓸지 미리 말하지는 않는다……. 당은 온통 불안 투성이고, 긴장되어 있지만 그래도 모두들 침묵 속에 기다리고 있다……. 지도자는 여가 시간에 새로운 당사 건물 설계와 수도의 대규모 개축 설계에 몰두하곤 한다. 그는 완전한 계획을 가지고 있다. 그리고 그가 얼마나 많은 문제들을 전문가처럼 다루는지 깜짝 놀라게 된다. 밤이면 충실하고 오랜 당원들이 내게로 온다. 그들은 모두 아직 지도자의 결심을 모르기 때문에 풀죽어 있다. 그들은 지도자가 너무 오래 기다린다고 걱정한다. 2월 9일. 모든 것이 아직도 불분명한 상태다. 2월 10일. 바깥은 쨍하니 차가운 겨울 날씨. 맑은 결정(決定)들이 맑은 대기 속에 놓여 있다. 오래 기다리지 않을 것이다. 2월 12일. 지도자와 함께 황제궁에서 한 번 더 숫자들을 계산해보다. 위험하기는 하지만 감행되어야 한다. 결정은 내려졌다……. 지도자는 다시 뮌헨에 있다. 공개발표는 며칠 연기되다. 2월 13일. 이번 주에 대통령직에 대한 결심이 나와야 한다. 2월 15일. 이제 우리의 결정을 더 이상 감출 필요는 없다. 2월 16일. 나는 선거전이 이미 시작된 것처럼 일하고 있다. 몇 가지 어려움이 따르는 일이다. 지도자가 아직도 공식적으로 입후보 선언을 하지 않았기 때문이다. 2월 19일. 황제궁 지도자 옆에서. 오랫동안 그와 단 둘이 이야기했다. 결정은 내려졌다. 2월 21일. 영원한 기다림에 거의 녹초가 되고 있다.

다음날 저녁 괴벨스는 베를린 스포츠궁에 당원대회를 소집하였다. 1월 25일 그에게 연설금지가 내려진 이후 처음으로 등장하였다. 선거날짜는 그 사이 3주 앞으로 다가와 있었으나 히틀러는 아직도 망설이고 있었다. 이날 낮에 괴벨스는 '황제궁' 호텔로 갔다. 히틀러에게 자신이 계획하고 있는 연설의 흐름을 알려주기 위해서였다. 그가 후보 문제를 거론하자 히틀러의 결심을 알려도 좋다는, 거의 절망적으로 기다려왔던 허락을 받아냈다. "천만다행이다!"라고 쓰고, 이어서 다음과 같이 적었다.

> 스포츠궁은 대만원. 서부, 동부, 북부 지역의 당원대회. 처음부터 열광적인 환영. 내가 한 시간이나 준비의 말을 한 다음 지도자의 입후보를 공식적으로 선언하자 거의 10분 동안이나 열광의 폭풍이 일어났다. 지도자를 위한 힘찬 선언들. 사람들은 일어서서 환호하고 외쳤다. 아치형 천장이 무너져내릴 듯했다. 장엄한 광경. 반드시 승리하고야 말 움직임이다. 말로 할 수 없는 환희의 열광이 넘쳤다. 밤늦게 지도자가 전화를 했다. 나는 보고하였다. 그러고 나자 그는 우리 집으로 왔다. 자신의 입후보 선언이 그토록 박수갈채를 받은 것을 기뻐하였다. 그는 역시 우리의 지도자다.[5]

마지막 문장은 괴벨스가 지난 몇 주 동안 히틀러의 허약함을 보고 너무나 분명하게 느꼈던 의혹을 드러내고 있다. 그러나 그 과정이 히틀러의 우유부단함에 대한 가장 분명한 증거의 하나이듯이 그가 결심을 하고 난 다음에 일에 덤벼든, 무기력 상태에서 얻어낸 갑작스럽고 격렬한 에너지 또한 그에게 특징적인 것이었다. 2월 26일에 그는 '황제궁' 호텔의 기념식에서 일주일 동안 브라운슈바이크 참사관으로 임명되었다. 그럼으로써 도이치 국적을 취득하였다. 다음날 그는 스포츠궁에서 적수들을 향하여 이렇게 외쳤다. "나는 당신들의 구호를 안다! 당신들은 이렇게 말한다. '우리는 무슨 일이 있어도 지키겠다'고. 나는 이렇게 외치겠다. 우리는 무슨 일이 있어도 당신들을 무너뜨리겠노라!고…… 나는 동지들과 함께 할 수 있으니 어쨌든 행복하다." 그는 개채찍을 휘둘러서 자신을 독일에서 쫓아버리겠다

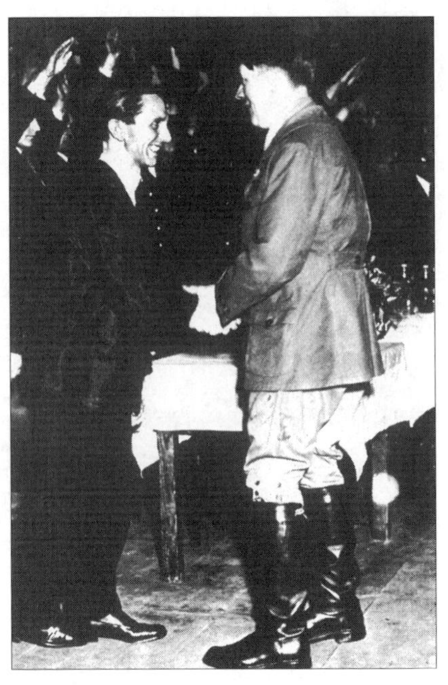

베를린 스포츠궁에서의 승리. 히틀러와 괴벨스.

고 위협한 베를린 시 경찰총장 체진스키(Grzesinski)의 말을 받았다. "당신은 편안하게 개채찍으로 내게 협박을 할 수 있습니다. 이 싸움의 마지막에 채찍이 아직도 당신들 손에 남아 있는지 두고 봅시다." 동시에 그는 브뤼닝이 자기에게 강요한 힌덴부르크에 대한 적대감을 피해보려고 애썼다. 그리고 '위대한 전쟁의 지도자로 도이치 국민에게 그 이름이 길이 남아야 할' 힌덴부르크 장군께 이렇게 외치는 것이 자기 의무라고 말했다. "어르신, 우리는 어르신을 너무나 존경하기에 우리가 파괴하려고 하는 자들이 어르신 뒤에 숨는 꼴을 보고 있을 수가 없습니다. 옆으로 물러서 계십시오. 그들은 싸움을 원합니다. 그리고 우리도 싸우고 싶습니다."[6] 괴벨스는 너무나 행복해서 지도자는 '다시 상황의 꼭대기에' 올라섰다고 적었다.

히틀러와 국가사회주의자들이 그 사이 어느 정도까지 정치적 상황을 장악하게 되었는가 하는 것은 그로써 분명해졌다. 힌덴부르크, 공산당 후보 에른스트 텔만(E. Thälmann), 시민적인 극우파 후보인 테오도어 뒤스터베르크(Th. Duesterberg) 등 세 명의 후보들이 오래 전부터 이미 선거운동을 벌여왔음에도 불구하고 싸움은 이제야 비로소 본격적으로 시작되었기 때문이다. 국가사회주의자들은 다시금 거칠고 모든 것을 뛰어넘는 힘을 보여주었다. 돌발적으로 진행되는 행사활동은 당의 재정 형편이 나아졌다는 사실을 보여줄 뿐 아니라 선동 지점의 그물망이 점점 더 촘촘하게 짜여지고 있음을 보여준다. 2월에 벌써 괴벨스는 선전부를 베를린으로 이전시키고 선거전은 '세계가 이제까지 한 번도 본적이 없는 것'이 될 것이라고 예언하였다. 당의 엘리트 연설가들이 소집되고, 히틀러 자신이 3월 1일부터 11일까지 자동차를 타고 독일을 종횡으로 돌아다니면서 약 50만 명을 놓고 연설하였다. 그가 요구하였던 대로 이 '위대한 스타일의 선동가' 옆에는 '고통받는 민족의 정열을 채찍질하는 몰이꾼 부대'가 나란히 섰다.[7]

그들의 재치, 현대의 기술적인 매체들을 최초로 동원한 풍부한 아이디어 등이 모든 경쟁자들보다 훨씬 우월하다는 사실을 다시 입증하였다. 축음기 음반을 5만 장이나 발송하고, 발성영화를 제작하여 영화관 주인들에게 시작 전 프로그램으로 방영하도록 강요하고, 선거화보들을 발간하고, 괴벨스가 말한 것처럼 벽보와 깃발 전쟁을 벌여서 하룻밤 사이 도시나 도시의 일부를 요란한 빨간색으로 도배하다시피 하였다. 며칠씩이나 종대를 이루어서 화물차량들이 거리를 통과하며 달렸다. 자동차에는 나부끼는 깃발 아래 모자의 턱끈을 내린 돌격대 부대원들이 서서 노래하거나 아니면 "독일이여 깨어나라!"를 외치곤 하였다. 이토록 요란한 선전활동은 당 내에 자기최면술적인 승리의 분위기를 만들어냈다. 예컨대 당선축하를 위한 친위대의 술 소비를 제한한 히믈러의 명령 같은 데서 이런 분위기가 표현되고 있다.[8]

상대편에는 이상스럽게도 고독한 브뤼닝의 모습만이 나타나고 있을 뿐이다. 그는 대통령에 대한 존경심에서 요란한 선거운동을 제한하였다. 사회민주당이 선거전에 참가하면 그들이 오직 히틀러를 물리치기 위해서 힌덴부르크를 밀고 있다는 사실이 너무 분명하게 드러날 것이기 때문이다. 그리고 그들의 불쾌감에 대해서는 힌덴부르크 자신이 응답해주었다. 그는 딱한 번 행했던 라디오 방송연설에서 자기가 '검정―빨강 연정(카톨릭 중앙당과 사회민주당의 연정)' 측 후보라는 비난을 물리쳐버렸던 것이다. 어쨌든 모든 전선을 뒤흔들어놓고, 모든 충성심을 갈라놓은 선거는 힌덴부르크와 히틀러 사이의 싸움이라는 사실이 드러났다. 선거 전날인 3월 12일에 베를린 〈공격〉지는 자신감에 넘쳐서 이렇게 말했다. "내일이면 히틀러가 대통령이 된다."

힌덴부르크의 승리

그토록 고조된 기대에 대해서 결과는 상당히 충격적인 한방이었다. 그것은 상당히 인상적인 힌덴부르크의 승리였다. 그는 49.6퍼센트를 얻어서 30.1퍼센트를 얻은 히틀러를 기대 이상으로 따돌렸다. 오토 슈트라서는 승리감에 넘쳐서 거리에다가 벽보를 붙이도록 했다. 모스크바에서 퇴각하는 나폴레옹의 역할을 맡은 히틀러의 모습을 그린 벽보였다. 그림 아래에는 '대규모 군대는 파괴되었다. 황제 폐하께서는 안녕하시다'고 적혀 있었다. 뒤스터베르크는 6.8퍼센트를 얻었다. 그의 이러한 패배는 민족주의 진영 내 경쟁에서 히틀러에게 유리하게 판정된 부분이었다. 텔만은 13.2퍼센트의 표를 얻었다. 수많은 곳에서 국가사회주의자들은 갈고리 십자가 기를 절반 내려서 조기(弔旗) 형식으로 게양하였다.

그러나 힌덴부르크도 헌법에 명시된 대로 절대 다수표를 얻지 못했으므로 재선거를 해야만 했다. 히틀러가 이 상황에 대처한 모습은 특기할 만한 것이다. 당 내에서는 두려운 좌절감이 퍼졌고 개인에 따라서는 분명히 전망이 없는 2차 선거를 포기하려는 생각까지 나돌고 있는 판에 히틀러는 전혀 감정의 동요를 보이지 않고 선거 당일인 3월 13일 저녁에 벌써 당, 돌격대, 친위대, 히틀러 청년대, 나치 운전기사대 등에게 더욱더 힘찬 새로운 활동을 호소하였다. "1차 선거전은 끝났습니다. 2차 선거전이 벌써 시작되었습니다. 2차전도 내가 직접 지휘하겠습니다."고 알렸다. 괴벨스가 찬가에서 찬양한 대로 당은 '단 하나의 관현악적인 공격정신'으로 다시 정비되었다. 그러나 가까운 수행원 한 사람이 늦은 밤시간에 어두운 집에서 그를 만나보니 그는 침울한 사색에 빠져 있었다. "분수에 넘치게 돈을 걸었다가 판을 잃은, 실망하고 용기를 잃은 도박꾼의 모습"이었다.[9]

독일 하늘의 히틀러!

알프레트 로젠베르크는 〈민족관찰자〉에서 용기를 잃은 추종자들을 격려하였다. "독일이 아직 겪어보지 못한 분노와 가차없는 태도로 계속 나아가야 한다…… 우리 싸움의 이유는 우리에 맞선 모든 것에 대한 증오다. 이

제 용서는 없다." 며칠 뒤에 거의 50
명의 저명인사들이 히틀러를 지지하
고 나섰다. 귀족들, 장군들, 함부르크
명문가들, 교수들이었다. 선거날짜는
4월 10일로 잡혔다. 증오, 원한, 내전
구호들로 무장한 좌우익 과격파의 선
동을 억누를 속셈으로 정부는 부활절
이 다가온다는 명목으로 '당쟁 중지
령' 을 내렸다. 그것은 선거전을 대략
일주일로 제한하는 조치였다. 그러나

히틀러와 율리우스 샤우프.

구석으로 몰리면 언제나 그랬듯이 히틀러는 바로 이러한 제약을 자신의 가
장 효과적인 선전술로 바꾸어버렸다. 연설의 재능을 가능하면 널리 이용하
고, 가능한 한 많은 사람들 앞에 직접 나서기 위해서 그는 자신과 가까운
측근인 슈레크, 샤우프, 브뤼크너, 한프슈텡글, 오토 디트리히, 하인리히 호
프만 등을 위해서 비행기를 한 대 전세냈다.

4월 3일에 그는 처음으로 저 유명한 독일 비행을 시작하였다. 이렇게 비
행기를 타고서 참모부에서 조직한 집회 서너 개씩을 매일 돌았다. 도합 21
개 대도시에 기획된 집회들이었다. 그리고 당 선전부는 이 비행 기획을 전
설로 만들었다. 이 비행기 여행은 풍부한 아이디어, 대담한 현대성, 공격
욕, 그리고 어디에나 존재한다는 섬뜩한 인상을 만들어냈다. '독일 하늘의
히틀러!' 가 표어였다. 그 이중적인 의미는 수많은 기대와 수많은 두려움을
표현하는 것이었다. 히틀러는 자신을 둘러싼 환호성을 보면서 어느 정도
자아도취 상태에서 자기는 신의 도구이며, 독일을 해방시키기 위해서 뽑힌
사람이라고 말했다.[10] 예측했던 대로 힌덴부르크는 선거에서 53퍼센트, 2
천만 표를 얻어서 힘들이지 않고 절대 다수표를 확보하였다. 히틀러도 지
난번보다 훨씬 더 많은 표를 얻었다. 1,350만 표를 얻어서 36.7퍼센트를
얻은 것이다. 뒤스터베르크는 아예 입후보하지 않았고, 텔만은 10퍼센트
남짓의 표를 얻었을 뿐이었다.

같은 날 아직 피로와 열기와 승리감에 도취된 분위기에서 히틀러는 14일 뒤로 다가온 프로이센, 안할트, 뷔르템베르크, 바이에른, 함부르크 등지의 지방의회 선거전에 돌입하였다. 그것은 다시 주민의 4/5가 참가하는 거의 전국적인 규모의 선거전이었다. "우리는 한순간도 쉬지 않고 곧바로 결정한다."고 괴벨스는 적었다.[11] 히틀러는 또다시 독일 비행에 나섰다. 8일 동안 스물다섯 개 도시에서 연설하였다. 그의 측근은 한 개인이 만난 사람들 수로는 '세계기록'이라고 허풍스럽게 말했다. 그러나 사실은 그렇지 않았다. 오히려 히틀러 개인의 모습은 쉬지 않는 활동성 뒤로 사라져버렸다. 마치 "우리의 삶 전체가 성공과 권력을 향한 몰이사냥이다."라는 활동원칙이 앞에 나서서 일을 하고 있는 것 같았다.

그럼으로써 이미 알기 어려웠던 이 사람의 개성이 광범위한 영역에 걸쳐 사라져 없어지고, 전기 기록을 할 수 없게 만든다. 히틀러의 주변은 히틀러라는 현상에 색깔, 독자성, 인간적 광채 등을 부여하려고 노력하였으나 헛일이었다. 거의 어떤 효과든지 다 만들어낼 수 있는 선전술조차도 이 문제에 부딪치면 한계를 드러냈다. 괴벨스나 오토 디트리히의 일기와 체험담은 그 예를 웅변해주고 있다. 어린아이들의 친구, 길 잃은 비행기 속의 정확한 항해사, '절대로 안전한' 권총 사격수, '빨갱이 무리' 한가운데 정신성 풍부한 두뇌 등의 일화들을 널리 퍼뜨려보아도 그것은 삶에 대한 친밀성이 아니라 오히려 거리감만을 만들어냈다. 다만 그가 스스로에게 부여한 소도구들만 어느 정도 개인적인 윤곽을 마련해주었다. 레인코트, 펠트 모자, 가죽두건, 채찍, 짤막한 검은 콧수염, 이마 옆으로 쓸어넘긴 머리 등이었다. 그러나 언제나 똑같은 모습을 하고 있는 이런 소도구들조차 그의 개성을 오히려 없애버렸다. 괴벨스는 이 시기에 지도적인 위치에 있는 당원들을 사로잡았던, 모든 개인적 윤곽을 지워버리는 분주함을 이렇게 묘사하였다.

다시 여행이 시작되고 있다. 서서, 걸으면서, 차 타고 가면서, 비행기 타고 가면서도 계속 일이다. 가장 중요한 토론들은 계단이나 집 현관이나 문가에서, 그리고 정거장으로 가는 차 속에서 이루어진다. 거의 생각할 겨를이 없다.

철도, 자동차, 비행기로 독일 전국을 이리저리 돌아다닌다. 시작하기 반 시간 전이나 아니면 그보다 더 늦게 어떤 도시에 도착해서, 연단으로 올라가서 연설을 한다…… 연설이 끝나면 마치 옷을 다 입은 채로 뜨거운 온천에서 빠져나온 꼴이다. 그래도 다시 자동차에 올라서 두 시간을 달린다…….[12]

성공을 위하여 줄곧 달리기만 하던 이 마지막 2년 반 동안 겨우 몇 번의 상황만이 히틀러를 비개성적인 모습에서 빠져나오게 만들었다. 그것은 그의 개인적인 성격에 대한 한 순간의 조명이었다.

겔리 라우발의 죽음

독일을 종횡으로 달리는 몰이사냥중이던 1931년 9월 초에 뉘른베르크를 뒤로 하고 함부르크로 여행하는 중 그는 조카인 겔리 라우발이 왕자섭정 거리에 있는 집에서 자살하였다는 소식을 들었다. 보고에 따르면 그는 완전히 놀라서 깊은 충격을 받고 즉시 방향을 바꾸어 돌아갔다. 모든 증언들이 틀린 것이 아니라면 그의 생애의 어떤 사건도 이 사건만큼 그에게 깊은 충격을 준 것은 없었다. 여러 주 동안이나 그는 신경발작 상태에 빠져 있었고, 몇 번이나 정치를 그만두겠다고 결심하였다. 극히 풀죽은 상태로 생명을 끊겠다는 암시를 한 것도 한 번 이상이었다.

그의 불행한 생애의 순간들을 따라다니는 바닥 없이 추락하는, 모든 것을 내던져버리는 행동이었다. 그것은 다시 그의 존재의 과도한 긴장상태를 보여주었다. 남들에게 보이고 싶은 그대로의 사람이 되기 위해서 영원히 애쓰는 사람의 과도한 긴장이었다. 그에게서 나오는 에너지는 강인한 인간의 본질에서 나오는 것이 아니라 노이로제에 걸린 인간의 동작인 것이다.

위대함은 감정이 없다는 그의 생각에 잘 맞는 일이지만 그는 사람들을 피해서 여러 날 동안이나 테게른 호숫가에 있는 집에 틀어박혔다. 가까운 측근의 말에 따르면 나중에도 조카 이야기를 시작하기만 하면 그는 이따금 눈물을 글썽였다고 한다. 불문율에 따르면 아무도 그녀의 기억을 불러내서는 안 되었다. 죽음의 예식을 사랑하는 열정적인 기질에 따라서 그는 그녀

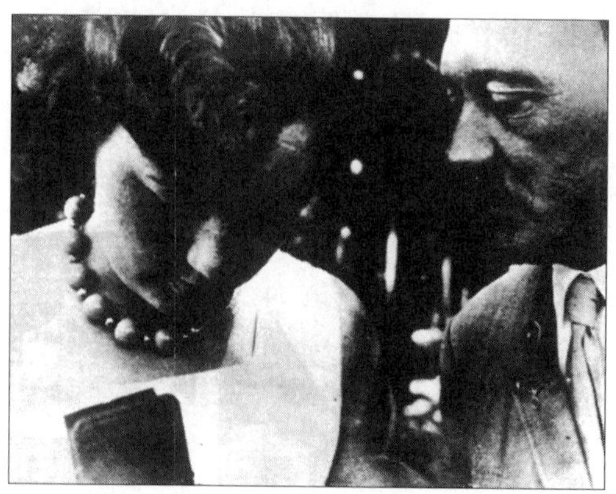

히틀러의 조카 겔리 라우발은 '알프 삼촌'에 대해서 몽상적이고 순수한 경탄을 느꼈다. 그녀는 그의 유일하고 위대한 사랑이었다. 그녀가 의문에 찬 자살을 한 다음 히틀러는 선거운동을 위한 연설 여행을 확대하는 것으로 도피처를 삼았다.

에 대한 추억도 과도한 숭배의 대상으로 만들었다. 산장에 있는 그녀의 방은 그녀가 남겨두고 떠난 그대로 보존되었다. 한편 그녀가 쓰러진 채로 발견된 바닥에는 그녀의 흉상이 놓였다. 히틀러는 해마다 기일이 되면 이곳으로 찾아와 몇 시간씩 묵상에 잠기곤 하였다.[13]

히틀러의 인간관계의 빈곤과 감정의 냉정함에 대해서 특별한 배경을 이루는 과장된 찬양의 요소가 조카의 죽음에 대한 그의 반응을 독특한 것으로 만들고 있다. 그것은 그의 연극적 욕구와 자기연민에서만 비롯된 것이 아닌 것 같다. 이 사건은 그의 개인적인 삶의 열쇠가 되는 사건들의 하나라고 보아야 할 것 같다. 이 사건은 이미 상당히 복잡했던 그의 여성관계를 항구적인 것으로 고정시키는 데 적잖은 역할을 하였던 것이다.

현존하는 증언들을 믿을 수 있다면 어머니가 죽은 이후로 그에게 여자들은 오직 보충적이거나 부수적인 역할만을 하였다. 남자 하숙집이나 뮌헨 맥주집에서 우연히 어울린 사람들, 방공호, 군대 막사, 유니폼과 남자들 사이의 동료애로 특징지어지는 정당활동 등이 그의 세계였다. 이 세계를 보충하는 영역은 비록 혐오스러운 것이긴 했지만 사창가였다. 그의 힘들고 뻣뻣한 기질로 해서 그나마 몹시 어렵게 가지는 파렴치하고 일시적인 관계들 뿐이었다. 젊은이들의 우상인 슈테파니(Stefanie)에 대한 애착에서 여자들에 대한 그의 관계의 편협한 특성을 볼 수 있다. 친구들 사이에서 그는 '여성 혐오자'로 여겨졌다.[14]

그는 언제나 수많은 사회적 관계들 속에 있었고, 수많은 사람들이 언제나 그의 주변에 있었건만 그의 전기(傳記)에는 무서울 정도로 사람의 모습이 비어 있고 개인적인 관계들이 없다. 자신을 드러내는 일을 특별히 두려워하였기에, 측근의 표현에 따르면 그는 언제나 '어떤 여자와의 소문에 휩싸이는 것'을 두려워했다고 한다.

겔리 라우발의 모습과 더불어 처음으로 이러한 콤플렉스가 좀 느슨해지는 듯했다. 그녀는 '알프(Alf) 삼촌'에 대해서 몽상적이고 처음에는 분명히 아직 어린애다운 애착을 보였다. 친척관계라는 사실을 통해서 양식화되지 못한 행동에 대한 두려움, 정치가다운 자세를 포기할까 하는 두려움, 자신을 폭로하는 행동에 대한 두려움 등이 어느 정도 줄었던 것 같다. 그래도 겔리에 대한 감정은 여전히 문제 많은 의식수준에서 나온 것이었다. 열여섯 살 소녀를 집에 받아들였을 때의 아버지 같은 애착, 그리고 난 다음 그녀가 자신의 어머니 노릇을 하기 전에 애인으로 삼았지만 여기에는 근친관계의 요소가 남아 있었다. 히틀러의 인생행로를 스쳐간 수많은 여성들, 최초의 운전기사의 동생인 예니 하우크(J. Haug)에서 헬레나 한프슈텡글, 유니티 미트포드(Unity Mitford)를 거쳐서, 그가 오스트리아식으로 '나의 공주님' '나의 작은 백작 아가씨' '얌전이' '바람둥이'라고 친근하게 불렀던 여자들, 그리고 에바 브라운(Eva Braun)에 이르기까지 그 모든 관계에서 겔리 라우발과의 관계만큼 중요한 것은 없었다. 그녀는 그의 유일한, 그리고 이런 말이 어울리지 않기는 하지만 어쨌든 위대한 사랑이었다. 그것은 금지의 느낌들, 트리스탄의 분위기, 비극적인 감상으로 가득 찬 관계였다.

더욱 특이한 것은 그가 언제나 능숙하게 사용한 심리적인 직감에도 불구하고 아직 균형감각 없고 충동적인 젊은 아가씨의 문제적인 상황에 대해서 전혀 알지 못했다는 사실이다. 몇 가지 증언들에 따르면 이 자살은 삼촌과의 관계가 참을 수 없게 된 데서 벗어나려는 절망적인 탈출 행동이었던 듯하다. 어떤 사람들은 변태적인 히틀러가 어느 정도 뒤틀린 태도로 부추긴 끝에 소녀가 자살한 것이라고 주장하기도 한다. 그리고 또 일부는 둘 사이에 성적인 접촉 자체를 의문시하기도 한다. 장화 신은 인물 히틀러에 대한 조카의 무분별한 행동이라는 것이다.[15] 그녀가 삼촌의 명성을 즐겼고 그의 스타 의식을 나누어 가졌을 것이라는 것만은 거의 확실하다.

그러나 여러 해 동안이나 함께 몽상하고, 오페라를 즐기고, 시골 소풍, 카페를 돌아다니는 즐거움 등을 함께 맛보던 이 관계는 점차 숨막히는 관계로 변화되어 갔다. 히틀러의 어두운 측면들, 곧 그의 질투심, 끊임없이 나오는 지나친 요구들, 예컨대 별 재능이 없고 야심도 없는 어린 조카를 유명한 음악선생들에게 보내서 그녀를 바그너 오페라의 여주인공으로 만들려고 하는 식의 요구들, 그리고 끊임없는 간섭 등은 그녀가 자신의 삶을 살아갈 가능성을 제한하였다. 히틀러의 주변에서 나온 말에 따르면 함부르크로 떠나기 직전에 격렬한 싸움이 있었다고 한다. 소녀가 얼마 동안 빈에 가겠다고 말한 데서 시작된 싸움이었다. 모든 증언이 잘못된 것이 아니라면 이렇게 뒤엉키고 전혀 출구가 없어 보이는 상황이 마침내 그녀를 자살로 몰아간 것이었다. 정치적 상대 진영에서 나와서 일시적으로 떠돈 소문들은 지나치게 선정적이었다. 그들은 소녀가 히틀러의 아이를 임신해서 권총자살을 했다고 비방하였다. 혹은 히틀러 자신이 살해의 책임이 있다, 겔리 라우발이 삼촌에게 역사적 사명을 못하도록 말려서 친위대가 비밀처형해버렸다는 등의 소문이었다. 히틀러는 때로 이 '끔찍한 더러움'이 자신을 파괴하였다고 탄식하고, 이 몇 주 동안 이런 소문을 퍼뜨린 적들을 절대로 용서하지 않을 것이라고 어두운 태도로 말했다.[16]

치정살인 같은 연설

그는 정신을 되찾자 곧바로 함부르크로 가서 수천 명이 환호하는 가운데 자극적인 연설을 했다. 이런 연설이 진행될 때면 청중은 집단적인 황홀경에 빠져들었다. 제약에서 벗어난 순간, 위대한 기쁨의 순간을 갈망하였다. 그러한 순간은 군중의 날카로운 외침으로 드러나곤 하였다. 전체적인 맥락이 너무나 분명해서 그 흐름을 놓칠 수 없을 정도다. 히틀러 연설의 승리는 공허하게 끝나는 성행위를 대체한다고 해석할 수 있다. 더욱 깊은 의미가 없는 건 아니지만 히틀러는 곧잘 대중을 '계집'에 비유하곤 하였다. 《나의 투쟁》의 해당 페이지를 잠깐 들여다보기만 해도 인간관계가 결핍된 이 고독한 인간이 점점 더 탐닉했던 대중과의 결합에서, 연단에 높이 서서 자신의 청중을 굽어보면서, 무엇을 찾으려 했는지 분명해진다.

《나의 투쟁》에는 대중의 표상이 그에게 불러일으키는 철저히 에로틱한 열정이 아주 특이한 문체상의 자유를 만들어내고 있다. 자신을 완전히 드러낸 말투로 그는 대중을 자신의 '유일한 신부'라고 부른다.[17] 연설을 통해서 느끼는 저항할 길 없는 사정(射精)의 욕구는 똑같은 기분을 느끼는 대중을 찾아냄으로써 적잖이 자극을 받았다. 지속적인 곤궁에 지쳐서 몇 가지 기본 욕구들만으로 움츠러들어 있던 대중은 이제 그의 연설을 듣고 '충동적인' 반응을 해오는 것이다. 당시의 실황녹음은 이러한 행사들이 가진 독특한 성적 교접의 특성을 분명하게 들려준다.

시작 부분의 숨이 멎을 듯한 정적, 그러다가 대중의 짧막하고 날카로운 외침들, 흥분의 고조, 최초의 해방의 외침, 그러다가 마침내 어지러운 소란, 새로운 흥분, 물밀듯이 쏟아져 들어오는 연설의 오르가슴을 느끼며 내지르는 황홀경의 신음소리.

르네 시켈레(René Schickele) 같은 시인은 때로 히틀러의 연설이 '치정 살인 같다'고 말하곤 했다. 그리고 수많은 다른 관찰자들도 이 행사들의 날카롭고 감각적으로 달아오른 분위기를 발푸르기스 밤과 마녀들의 무도장 같은 용어를 써서 표현하려고 하였다.

선동꾼 의식

물론 연설가 히틀러의 성공 이유를 충동적이고 성적인 대용효과를 노린 황홀경만으로 설명하려는 사람은 실망하게 마련이다. 그의 특징인 도취상태와 합리성이 여기서도 뒤섞여 있다. 무대조명을 받으며 몸짓을 하고, 창백한 모습에, 거칠고도 낭랑한 음성으로, 비난, 외침, 증오의 수다를 터뜨리는 그는 언제나 자기 감정을 냉정하게 통제하는 사람이었고, 그 모든 경솔함 가운데서도 자신의 본능에 일정한 방법을 부여하는 것을 방해받지 않았다. 그것은 그의 모든 행동방식을 특징짓는 이중성이었다. 그 이중성이야말로 그의 성격의 기본사항이었다. 이런 점에서 연설기술은 합법화 전략과 같은 것이며, 뒷날 권력쟁취의 방법, 혹은 외교상의 조작술과 같은 것이다. 그가 세웠던 정권 자체도 이러한 모습을 띤 것이었고, 바로 그렇기에 '이중국가'라고 정의되었던 것이다.[18]

계획적으로 훈련된 심리적인 제압기술의 합리성, 광범위하게 확대된 기술상의 도구들, 이런 것이 이 시기의 성공을 초기의 성공과 구분해주는 점들이다. 히틀러의 성공은 언제나 그가 극단적인 한계까지 밀고나간다는 사실에 근거하는 것이었다. 그러나 그는 감정상으로만 과격해진 것이 아니라 계산을 하는 데 있어서도 더욱 과격해졌다.

1920년 8월의 어떤 연설에서 이미 그는, 명료한 인식의 근거에서 '본능적인 것을 일깨우고 채찍질하고 선동하는 것'[19]을 자신의 의무로 삼았다. 그 뒤에는 이미 그 자신의 대중적 성공의 비밀에 대한 개념이 숨어 있었다. 그러나 곧 세계 경제공황이라는 비할 바 없이 예민한 조건 아래서 이러한 통찰력은 그의 선동 스타일에 냉정하게 계산해서 적용되는 방법을 만들어내었다. 그것은 그가 모든 선전의 목적이라고 부른 심리적 '항복'을 얻어내기 위한 방법이었다. 괴벨스에 따르면 선거전을 계획하면서 그는 모든 개별적인 항목을 '가장 세부적인 데 이르기까지 조직'하고 아무것도 우연에 내맡기지 않았다. 노선, 투입되는 행진, 집회의 크기, 청중의 정확한 혼합상태, 긴장을 고조시키기 위해서 깃발 펼치기, 행진곡 리듬, 열광적으로 외치는 하일 외침소리 등을 연출하면서 연사의 등장을 언제나 일부러 늦추다가 갑자기 타오르는 조명을 받은 연사가 목말라 애태우며 현기증을 느낄 준비가 된 대중 앞으로 나서는 것이다.

언젠가 당의 초기 시절에 히틀러는 오전에 집회를 계획하였다. 홀에 사람이 가득 찼는데도 불구하고 이 청중들과 "매우 불행하게 전혀 어떤 결합도, 작은 접촉도" 이루지 못했다. 이 일이 있은 이후로 행사는 모두 저녁

'인간의 의지의 자유를 방해' 하는 실험으로서의 연설. 연설의 극단적인 흥분상태에서도 그는 자기감정을 냉정하게 통제하는 인물이었고, 본능의 방법론자였다.

시간으로 잡았다. 독일 비행의 기간에도 그는 가능한 한 이 원칙을 지켰다. 그렇지 않아도 밀집된 행사를 저녁 시간으로 모으는 일이 이루 말할 수 없는 어려움을 만들어냈다. 그래서 슈트랄준트에 갔을 때처럼 때때로 그는 늦게 도착해서 새벽 두시 반경에야 겨우 모습을 나타낸 경우도 있었다. 4만 명의 청중은 거의 일곱 시간을 기다렸다. 그가 연설을 끝내자 아침이 밝아오고 있었다. 시간처럼 공간에 대해서도 그는 특별한 의미를 두었다. 〈파르시팔〉 공연이 이루어지는 동안 어두운 바이로이트 축제극장의 '신비스런 마법'이나 '카톨릭 교회의 인공적으로 만들어진, 그러나 신비스런 어둠'은 '인간의 의지의 자유를 방해'하려 하는 선전꾼의 의도를 한결 쉽게 도와준다는 것이다.[20]

사고의 차단

그는 간혹 자신의 인식을 자랑스럽게 떠벌이면서 이런 말을 한 적이 있었다. "그러나 진실로 그런 모든 행사는 두 개의 대립하는 힘의 싸움을 표현하는 것이다." 자연에 대한 그의 생각에 따르면 모든 싸움에 어울리는 것이지만 선동꾼에게는 모든 제압의 수단을 사용하는 것이 허용되어 있다. '사고의 차단' '최면상태' '광신적 헌신에 의한 수용상태'를 만들어내야 한다. 공간, 시간, 행진곡, 조명, 대중집회 등이 심리기술적인 투쟁의 수단이다. 히틀러는 해설하듯이 이렇게 설명하였다. 한 개인이 "스스로 작은 존재라고 느끼던 일터나 대기업에서 빠져나와서 처음으로 대규모 행사장에 들어서서 자기와 비슷한 느낌을 가진 수천 명의 사람들에게 둘러싸인 것을 보면, 무엇인가를 갈구하면서 이 최면상태, 열광상태의 강력한 효과 속으로 다른 3, 4천 명의 사람들과 함께 휩쓸려들어가면, 눈에 보이는 성공, 수천 명의 공감이 이 새로운 가르침이 옳다는 것을 그에게 말해주면, 그리고 처음으로 이제까지 믿어온 것의 진실성을 의심하게 되면 그는 벌써 우리가 대중최면이라는 말로 표현하는 것의 마법과 같은 영향에 굴복한 것이다. 의지력과 동경, 그리고 다른 수천 명의 힘이 각각의 개인 속에 누적효과를 만들어낸다. 의심하고 흔들리는 마음으로 이런 집회장에 들어온 사람은 내면의 확신을 가진 상태로 집회장을 떠나게 된다. 그는 공동체의 일원이 된 것이다."[21]

그는 '모든 인간적 약점을 정밀하게 계산' 하는 자신의 발상법과 선동의 원칙들에 '수학적' 성공의 확실성이 있다고 인정하였다. 그는 두 번째 독일 비행을 하는 동안 괴를리츠에서 연설을 하고 나서 조명을 받은 비행기가 밤하늘에서 수천 명의 머리 위를 선회하는 비행이 만들어낸 효과를 발견한 다음부터는[22] 언제나 이 방법을 다시 사용하곤 하였다. 헌신과 지도자에 대한 동경의 분위기를 만들어내기 위해서였다. 그러한 분위기에서 그는 자신을 우상으로 만들었다.

그는 공공연하게 당 운동을 위해서 피의 증인들과 순교자를 베풀어주신 전능자의 은총을 찬양하였다. 1차 대통령 선거에 패배한 다음에 그는 당 기관지를 향해 "지루하고, 천편일률적이고, 자율적이지 못하고, 미지근하고 정열이 없다."고 비난하였다. 그리고 수많은 돌격대원들의 죽음에서 무엇을 만들어냈는가 질문했다. 어떤 참석자가 그의 말을 기억한 것에 따르면, 자기들은 죽은 동지들을 "북 치고 피리 불며 파묻었다. 그런데 어째서 깨진 두개골, 칼로 찢긴 피투성이 셔츠 등을 당 기관지의 진열창에 내놓아 사람들에게 보여주지 않았는가? 어째서 이 신문들은 그 멍청한 정치적 헛소리를 떠드는 대신, 죽은 사람들의 관 옆에 몰려든 민중을 선동하고, 살인자와 그 조종자들에 대하여 반항하도록 부추기지 않았던가? 장갑 순양함 포템킨의 선원들은 나쁜 음식물에 대한 반감으로 혁명을 만들어냈다. 그런데 우리는 동지들의 죽음을 가지고 국민적 해방전쟁을 만들 수도 없단 말인가?"[23]

그러나 그의 모든 생각들, 그의 모든 심리적인 정열은 언제나 다시 대중집회로 돌아오곤 하였다. 그것은 "작고 가여운 인간에게 작은 벌레가 거대한 용의 한 부분이 된 것 같은 자부심에 찬 신념을 만들어낸다. 그 용의 빛나는 숨결 아래서 증오스런 시민세계는 불꽃 속으로 날아가버릴 것"이라고 했다.[24] 전략적이고 제의적인, 언제나 똑같은 질서를 행사진행의 바탕에 깔았다. 점점 더 효과적으로 자신의 출현을 드높이기 위해서 그 질서를 이용하였다. 깃발, 행진곡의 박자, 기대에 찬 외침이 대중을 점점 더 자극적인 불안으로 몰아넣는 동안 그 자신은 극도로 신경이 예민한 상태로, 쉬지 않고 광천수를 마시면서 호텔 방안이나, 당 사무소에 남아 있었다. 그리고 짧은 간격으로 홀의 분위기를 보고받았다. 이따금 그는 마지막 지시를 내리거나 악센트를 담은 전달문을 주기도 하였다. 그리고 드물지 않게 대중의 초조감이 가라앉고 인위적으로 드높인 발작적인 분위기가 마비되려고 할 때쯤에야 일어서곤 하였다.

자기최면

그는 긴장을 높이는 긴 과정을 생각하고, 완전히 뒤에서부터 연단에 등장하곤 하였다. '바덴바일 행진곡'을 독자적인, 오직 자신만을 위한 입장음악으로 삼았다. 그 음악이 멀리서 그의 입장을 알리며 울리면 속삭임이 가라앉고 사람들은 팔을 쳐들고 허공을 향하여 외치면서 자리에서 일어섰다. 이중 의미를 이용하여 행복한 존재의 출현을 알리는 것이다. '그'가 나타난 것이다. 당시의 수많은 영상들은 그가 발을 구르며 흐느끼는 사람들의 울타리 사이로 조명등을 받으면서 등장하는 모습을 보여준다. 괴벨스가 적은 대로 "살아 있는 사람들로 이루어진 …… 개선의 길을 통과하여"[25] 등장하는 모습이다. 앞에는 드물지 않게 여자들이 있고, 그 자신은 고독하고, 폐쇄되고, 영적 유린을 향한 욕망으로 도취된 모습이다. 그는 자기 개인만 쓰는 도입연설이나 인사말을 거부하였다. 그는 연단에 서서 한순간 기계적으로 손을 흔들면서 말없이 넋나간 모습으로, 쉬지 않고 눈길을 움직이면서 대중의 외침 속에 나타난 힘으로 자신을 가득 채우고 밀려 올라가려고 한다.

자주 몇 분 동안이나 참을 수 없을 정도까지 집중을 위한 정적이 계속되고 난 다음 최초의 말이 둔하게 쓰다듬듯이 정적 속으로 퍼져나간다. 시작 부분은 단조롭고 진부하고, 대개는 초기 시절의 전설들에 관한 것이다. "내가 1918년 이름 없는 병사였을 때……" 이런 형식적인 시작 부분에서 그는 긴장감을 연장시키면서 말을 질질 끈다. 이런 시작은 그가 후각을 곤두세우고 스스로 조율할 수 있도록 도와준다. 그러다가 누군가 내지르는 외침이 그에게 영감을 준다. 하나의 답변, 날카로운 언급이 나오면 열렬히 기다리던 최초의 박수갈채가 터져나오고 그것은 상호접촉을 마련해준다.

그는 격앙되어 도취상태에 빠져들고, 어떤 관찰자가 언급한 것처럼 "약 15분쯤 지나면 옛날의 원시적인 비유를 이용해서 표현할 수 있는 현상이 나타난다. 즉 정령이 그의 안으로 들어가는 것이다."[26] 거칠고 폭발적인 움직임과 함께 쉿소리로 변한 음성이 가차없이 절정으로 올라간다. 그러면 그는 말들을 마구잡이로 토해낸다. 귀신을 부르듯 열광에 사로잡혀서 두 주먹을 얼굴 위로 치켜올리고 눈을 감고 대체 성행위의 흥분상태에 완전히 몸을 내맡기는 것이다.

그의 연설은 조심스럽게 준비된 것이고, 언제나 앞에 놓여 있는 메모를 철저하게 지키는 편이지만 근본적으로 대중과의 긴밀한 의사소통 속에서 이루어졌다. 일시적으로 그의 추종자 노릇을 했던 어떤 사람의 눈에는 마치 그가 청중의 감각을 호흡하는 것처럼 보였다. 그가 가지고 있는 이런 비상한 민감성은 그의 주변에 확실한 여성적 후광을 만들어냈다. 그러한 민감성은 청중과의 밀교(密敎)적인 결합을 가능하게 하는 것이다. 청중은 성서의 의미로 '그를 보고 자신을 아는' 것이다. 그가 대중의 가장 비밀스런 움직임을 함께 나누고 그들의 혼란스런 상태를 모범적인 방식으로 자기 안에 지니지 않았더라면, 심리적인 예민함도, 집회를 연출하는 합리성도 그에게 그토록 엄청난 마법의 힘을 주지는 못했을 것이다. 대중은 그의 연단 앞에서 만나 자신을 축하하고 자신을 숭배하였다. 그것은 병적인 만남이었고, 도취된 억압의 축제에서 개인적 위기의식과 집단적 위기의식의 한판 만남이었다.

그러므로 히틀러는 어떤 집회에서나 그 집회가 듣고 싶어하는 것만을 말하였으며, 진짜 내용은 극히 표피적으로만 건드렸다는, 언제나 되풀이되는 주장이 정확한 것이다. 그는 기회주의적인 대중적 말재주꾼이 아니라 제압, 공포, 증오라는 수많은 감정들을 위한 입이었다. 그는 그러한 감정들을 하나로 통합해서 정치적 동력으로 바꾸었다.

미국인 기자 니커보커는 뮌헨의 대중집회가 끝난 다음 이렇게 표현하였다. "히틀러는 혼란스럽게 이야기했다. 그는 거대한 집회에서 설교하는 전도사였다. 도이치 정계의 빌리 선데이(B. Sunday 미국의 야구선수, 복음설교가 : 역주)다. 그가 개종시킨 사람들은 그와 함께 가고 그와 함께 웃고 그와 함께 느꼈다. 그들은 그와 함께 프랑스 사람들을 비웃었다. 그와 함께 공화국에 야유를 보냈다." 그러한 결합에서 그는 "자신의 노이로제를 일반적 진리로 체험하고, 집단 노이로제를 자신의 강박관념에 대한 공명의 근거로 삼았다."[27] 그는 바로 이런 이유에서 그토록 자신의 성과에 매달렸다. 연설 능력을 완전히 발휘하기 위해서는 박수갈채가 필요하였다. 홀 안에 한 줄기 반대의 분위기만 있어도 방해받았다. 처음부터 그가 어디에 등장하든지 항상 데리고 다녔던 돌격대는 질서를 유지하는 역할만을 한 것이 아니라 모든 반대와 저항의 느낌들을 숨죽이게 만들고 협박을 통해서 환호성을 불러일으키는 역할을 하였다. 히틀러는 불친절한 청중을 만나면 곧바로 연설의 실마리를 잃어버리고, 연설을 중단하고 즉석에서 말없이 그곳을 떠났다는 보고가 여러 개나 된다.

그는 극히 전통적인 의미에서 대중의 환호성을 필요로 하였다. 이러한 환호성은 그를 일깨우고, 그를 긴장상태로 잡아두고, 계속 앞으로 나가게 했기 때문이다. 그는 이런 소란의 한가운데서 자신이 '전혀 다른 사람'이 된다고 말했다.

역사가 칼 알렉산더 폰 뮐러(K. A. v. Müller)는 자신의 교육과정에 참가했던 히틀러의 초기 연설을 보고, 그가 청중들에게 흥분을 전달하고, 청중의 흥분이 그에게 다시 목소리를 주는 듯한 느낌을 받았다. 물론 그는 탁월한 전략가이고, 유능한 권력조직자며, 정확한 심리학자였다. 온갖 단절, 빈자리, 열등한 특성들을 가지고 있었지만 당시의 비상한 공공 현상의 하나였다. 그를 온갖 밑바닥에서 끌어올린, 저 이겨내기 어려운 천재성을 그는 대중과의 결합에서 얻었다. 평범한 것을 강력한 예언적인 구상으로 끌어올리고, 자신을 지도자로 변화시켰다. 일상적인 상태에서 지도자 역할을 하는 것은 그에게 언제나 쉬운 것만은 아니었다. 그의 기본상태는 무감동이고, '오스트리아식의' 피로감에 물든 것이었다. 그는 언제나 그 모든 게으름,

칼튼 찻집의 '즐거운 과부'와 초콜릿 케이크, 혹은 끝도 없는 건축 이야기 등으로 만족을 얻는 것처럼 보였다. 그를 둘러싼 대중의 시끌벅적한 혼돈 이야말로 그에게 저 영원한 의지의 행동을 위한 충동력을 부여하였다. 의 지력은 그에게 행동의 기쁨, 지속성, 확고한 공격성을 마련해주고, 비상하 게 긴장된 선거전과 독일 비행 기간에도 심리적인 일관성을 주었다. 그런 시끌벅적한 혼란상태는 그가 쉬지 않고 필요로 하는 마약이었다.

1931년 10월 초에 처음으로 브뤼닝과 비공식적으로 만났을 때 그는 수 상의 자세한 설명이 끝난 다음에 한 시간 동안이나 말을 계속했는데 말하 는 동안 점점 더 격렬해지고 거침없는 모습으로 변했다. 그는 미리 돌격대 에게 일정한 간격으로 노래를 부르면서 창 밑으로 행진해 가라고 명령을 해놓고 그들의 소리에 자극을 받았던 것이다. 이것은 분명히 브뤼닝의 마 음을 혼란시키고 자신의 마음을 충전시키기 위한 조치였다.[28]

대중의 추종동기

히틀러를 효과적인 선동가 이상으로 만들고, 예를 들면 요점을 잘 찍어 서 사람들을 휩쓸어가는 괴벨스에 비해서 확실하게 우위를 확보해준 것은 바로 대중과의 이런 깊은 결합이었다. 선거유세를 위해서 비행기를 이용하 겠다는 발상은 이러한 배경에 놓고 보아야만 그 재치를 다 이해할 수 있다. 그는 등장하는 곳마다 메시아적인 빛을 던졌다. 히틀러는 여러 시간이나 끈질기게 기다린, 부글부글 끓어오르고 있는 대중 위로 구원자처럼 내려와 서 그들을 둔감과 절망감에서 끌어내어, 그 자신이 표현한 대로 '앞으로 밀 어주는 히스테리'로 데려갔다.

괴벨스는 이런 집회를 '우리의 정치적 작업의 예배의식'이라고 불렀다. 그리고 어떤 함부르크의 여교사는 1932년 4월에 12만 명이 모인 선거유세 장을 찾은 다음에 히틀러가 "도움을 주는 사람, 구원자의 모습으로, 지나치 게 커진 곤궁에서 해방시키는 사람"으로 등장했을 때의, '사람을 사로잡는 경건성'을 서술하고 있다. 철학자 프리드리히 니체의 동생인 엘리자베트 푀르스터 니체는 히틀러가 바이마르를 방문한 다음 그는 '정치적이라기보

선거유세기간 바이마르에서 괴벨스와 히틀러.

다는 종교적인 의미를 가진 사람이라는 인상'을 받았다고 말했다.[29]

사람들이 그에게 몰려들게 하고, 그의 승리의 상승을 가능케 했던 것은 이념적 요소들이 아니라 이런 형이상학적인 특성들이었다. 히틀러의 대중적인 성공은 무엇보다도 종교심리적인 현상이었다. 그것은 정치적 신념이라기보다는 오히려 영적 상태로 보였다.

히틀러는 분명히 전통적인 사고와 반응방식의 확장된 체계와 결합할 줄도 알고 있었다. 즉 권위에 대한 도이치의 애착, 비현실적인 사고형성의 경향과, 깊은 복종의 필요성, 정치에 대한 독특한 무관심 등이었다. 그러나 그렇게 일반적인 접속 지점의 바로 뒤에서 벌써 일체감은 대개 끝나게 마련이었다. 히틀러의 증오의 구호에 공명한 것은 무시무시한 도이치의 반유대주의가 아니었다. 그는 다만 눈에 보이는 적이라는 공격대상을 다시 붙잡은 것뿐이다. 그가 모아들인 것은 아주 독특한 도이치 사람들의 전투정신이 아니라 오랫동안 무시되어온 자기 존경, 민족적 자존의 감정이었다. 대중은 그가 제약 없는 제국주의적 욕구를 우크라이나 평원의 모습들로 유혹하였기 때문에 그를 따른 것이 아니었다. 역사에 다시 동참하고자 하는 욕구 때문에 그를 따랐다. 《나의 투쟁》이 엄청난 부수로 발행되었지만 실제로 그것을 읽은 극소수의 독자층은 히틀러의 구체적 강령에 나타나는, 이념에 대한 지속적인 무관심을 지적하곤 하였다.

사람들이 종종 회고하듯이 국가사회당의 상승과 권력획득은 제국주의와 반유대주의라는 목적을 내걸고 도이치 사람들이 세계에 대항한 음모가 아니었다. 대중동원 시절에 히틀러의 연설은 특이할 정도로 구체적인 의도표명이 적었다. 그리고 그의 이념적인 고정 지점인 반유대주의와 생존공간에 대해서도 이상할 정도로 소홀하게 취급된다. 가장 눈에 띄는 특징은 공허하고 일반적인 주제, 세계관과 무관한 은유를 이용한다는 것이다. 확실하게 잡히는 목표라는 점에서 그의 연설들은 《나의 투쟁》의 공개적인 태도에 훨씬 못미치는 것이었다. 히틀러 자신이 2차 세계전쟁이 일어나기 몇 달 전에 자기 자신이 만들어낸 위기 한가운데서, 자신이 여러 해 동안이나 무해(無害)정책을 펼쳤다고 고백하였다. 상황이 자신에게 평화의지라는 가면을 쓰도록 강요하였다고 밝혔다.[30]

위대한 연설가의 자의식을 가지고 그는 점점 더 내용과 구체적인 개념성으로부터 자유롭게 되고 형식에 치중하였다. 지속적인 성공은 국가사회주의가 얼마나 카리스마적인 운동이고, 얼마나 이념적이지 않은가 하는 것을 보여주었다.

그것은 강령이 아니라 지도자를 바라보는 운동이었다. 지도자를 통해서 비로소 불명확한 이념 혼합이 윤곽과 맥락을 얻었다. 그는 이념이 둔하고 혼합된 상태에서 나와 모습을 드러내도록 만들었다. 사람들이 따르는 것은 음조이고, 최면을 거는 음성이었다. 그리고 히틀러는 남아 있는 동경과 주도적인 꿈들을 분명하게 이용할 줄 알았다. 그에게 환호성을 올린 사람들 다수는 그의 연단 앞에서 자기들의 피로와 자기들의 공포를 잊으려고 했다. 민스크나 키에브를 생각하지 않았고, 분명히 아우슈비츠를 생각하지는 않았다. 대다수는 무엇보다도 상황이 달라지기를 바랐다. 정치적인 고백은 현존하는 것의 맹목적인 거부에서 그다지 멀리 떨어져 있지 않았다.

구호와 표어들

좌우익의 모든 경쟁자들보다 훨씬 날카롭게 히틀러는 이러한 부정의 심리에 들어 있는 가능성들을 인식하였다. 그의 선동가적인 전략은 중상과 전망, 현실에 대한 증오스런 트집잡기, 그리고 강력한 미래의 약속 등으로 이루어져 있었다. 그것은 강한 국가 찬양, 국민 추켜올리기, 민족의 재탄생 요구, 정치적인 행동의 자유 등이었다. 특별히 그는 도이치 통일의 필요성을 역설하였고, 국민의 '자기해체'를 탄식하였다. 계급투쟁을 '열등한 자들의 종교'라고 부르고, 국가사회주의 운동을 '국민의 가교(架橋)'라고 불렀다. 그리고 도이치 사람들이 언젠가 다시 세계의 '문화비료'가 되고 말 것이라는 두려움을 일깨웠다.

자기 흥분과 대중 동원의 수단이 되는 그의 본래 주제는 현실의 평가절하였다. '독일의 폐허', 국민의 비참, 공산주의의 위험, '정당국가의 반자연적인 음탕함' '소규모 저축자의 비극', 배고픔, 실업, 자살 등이었다. 일부러 일반적인 형식을 취한 비참의 서술은 그의 대중적인 성공의 가장 큰 공통분모를 마련해주었던 것만이 아니다. 히틀러는 또한 정확한 의도표명이 정당의 내적인 분열을 일으키며, 목표를 불확실하게 해야만 정당운동의 추진력이 오히려 커진다는 사실을 인식하였다. 대중, 그리고 최종적으로 권력은 현실의 가장 과격한 부인(否認)을 가장 불명확한 미래의 약속과 결부시키는 사람에게 돌아오게 되어 있었다. 그래서 그는 이 특이하고도 수없이 변화해온 상(像)과 대립상, 저주와 유토피아를 결합시켰다. "우리 민족이 서른 개의 당으로 찢어져 있다면, 그리고 서로 화합하지 못한다면 그것이 도이치일까요? 이 모든 슬픈 정치가들에게 나는 이렇게 말하고 싶군요. '독일은 단 하나의 정당이 되어야 한다, 영웅적인 위대한 민족의 정당이 되어야 한다'고 말입니다!"[31]

동시에 현존하는 것에 대한 엄격하고 선동적인 구호는 단순화의 기회를 그에게 주었다. 그는 이러한 단순화가 바로 자신의 성공의 이유이며 나아가 자기 원칙의 확실한 확인이라고 보았다. "모든 선전은 민속적으로 되어야 하며, 선전의 정신적 수준은 가장 능력이 제한된 사람의 수용능력에 맞추어야 한다."는 원칙이었다.

1932년 3월의 연설에서 나온 한 구절이 하나의 예를 보여준다. 이 연설에서 그는 이 정권이 13년이나 유지되었으면서 오직 '파국의 결과들' 만을 만들어냈다고 비난하였다.

> 혁명의 시절에 시작하여 질곡과 노예의 시절까지, 조약들과 비상사태의 시대에 이르기까지 우리는 실수에 실수, 붕괴에 붕괴, 비참에 비참이 쌓이는 것을 보았으며, 낙담과 무기력, 희망 없음이 이 파국의 이정표였습니다……. 농부들의 상태는 오늘날 바닥까지 떨어졌고 생업은 붕괴되고 수백만이 저축한 돈을 잃어버렸고, 다른 수백만은 일자리도 없습니다. 이전에 있었던 모든 것은 변했고, 이전에 위대하였던 모든 것은 무너지고 말았습니다. 아직 우리에게 남아 있는 것이라면, 이 불행에 대해서 책임을 져야 할 사람들과 정당들입니다. 그들은 오늘도 여전히 그 자리에 있습니다.[32]

그렇게 수없이 되풀이되고 변조된, 너무나도 설득력 있게 들리는 이러한 고발형식들, 저항을 부채질하는 구호들, 조국, 명예, 위대함, 권력, 복수 등 애매한 처방들을 가지고 그는 대중의 힘을 한데 모았다. 그는 자신이 그토록 고발하면서 만들어내는 혼돈을 감정의 흥분이 지속적으로 부추기도록 신경을 썼다. 그리고 현존하는 사정을 파괴하는 모든 것을 다 이용하였다. 현존하는 체제에서 모든 역동성이 발전해 나와서 자기에게 유리하게 작용하도록 하려고 했기 때문이다. 아무도 변화에 대한 점점 커지는 욕구를 그보다 더 믿음직하고, 확고하고, 대중적으로 요약해낸 사람은 없었다. 1932년 초에 베를린을 방문하고 나서 해럴드 니콜슨(H. Nicolson)은 사람들이 너무나도 절망해서 '대안처럼 보이기만 하면 무엇이든지 받아들일 정도' 라고 일기에 적었다.[33]

사회적인 추진력을 일으키기를 바라는 히틀러의 불확실한 선동은, 모든 사회적인 갈등을 넘어서 대립들을 말로 덮어싸야 할 처지로 그를 몰고갔다. 베를린의 프리드리히 숲에서 자정에 행해진 히틀러의 연설에 대해서 괴벨스는 이렇게 적었다. "거기에는 모든 사회 하층민들이 모였다. 그들은 지도자의 연설에 완전히 감동하였다." 그러나 거기에는 아주 잘 나가는 사람들도 적지 않았고, 중간계층에 속하는 사람들도 있었다. 부어마이스터(Burmeister)라는 교수는 그를 '도이치 예술가들의 후보자'로 추천하였고, '인간을 사로잡는 그의 연설기술의 심정의 소리'를 찬양하였다.

지방연합 지도자들과 국경지방의 귀족 지도자들 앞에서 히틀러가 두 시간 동안 위기, 이익, 사회적 갈등 등을 다룬 연설을 하고 났을 때 어떤 지주는 '모두의 이름으로' 토론을 하지 말자고 제안하였다. "방금 들은 것을 머리 속에서 신성하게 만들어야 할 시간에 다른 것으로 방해받아서는 안 되기" 때문이라고 했다. 히틀러는 자신의 연설을 충심으로 받아들여줄 것을 요구하면서, 회의론자들과는 "세계를 정복할 수 없으며, 하늘 나라도, 한 국가도 기습할 수가 없다."는 이유를 댔다.[34]

그의 표어들, 절충적인 철학 나부랭이, 날카롭게 기초를 만든 감정들을 긁어모아 놓으면 누구라도 자기가 원하는 것을 거기서 찾아낼 수 있었다. 두려워하는 시민층은 질서와 사회적 세력을 회복하겠다는 약속을, 혁명적인 젊은 세대는 새롭고 낭만적인 사회의 구상을, 도덕을 잊은 노동자 계층은 안전과 빵을, 십만 군대는 경력과 화려한 제복의 전망을 얻었다. 지식인들은 이성(理性)경시와 생의 우상화라는 유행하는 분위기에 대한 대담하고 생생한 답변을 얻었다. 이러한 다양성은 사방을 향한 거짓말보다는 오히려 비정치적인 기본음조를 잡아내는 능력에 기초한 것이다. 나폴레옹처럼 그는 누구라도 자신의 그물 속으로 들어오면, 자기가 권력을 장악하는 날 그어떤 희망이라도 걸지 않을 계층은 없다고 말할 수 있었다.[35]

1932년은 의심의 여지없이 히틀러가 연설가로서 가장 큰 승리를 거둔 시기였다. 그의 가장 가까운 측근에 따르면 그보다 이전 시기에 개별적인 집회에서는 더욱 풍부하고, 믿음이 가는 연설을 했으며, 뒷날 수상시절, 완전히 제의적인 대중집회에서 거의 측량할 수도 없이 수많은 대중을 사로잡기도 했다. 그러나 구원의 열망, 자신의 카리스마적인 전향력에 대한 의식, 하나의 목적을 향한 극단적인 긴장, 고통스런 비참의 배경을 앞에 놓고 자

대중집회장을 떠나는 히틀러. 거대한 연설행사들이 있은 다음에 부관인 브뤼크너는 히틀러를 경호하였다. "그분을 좀 놔두십쇼 그분이 피곤한 게 안 보입니까!"

신이 선택받았다는 믿음이 그토록 '연금술적인' 결합상태에 이른 적은 없었다. 히틀러에게 이 시기는 깊은 인상을 새겨넣는 원초적 체험의 시기였다. 그것은 언제나 되풀이해서 그의 결정에 영향을 미쳤다. '영웅 서사시' '싸워서 극복해낸 지옥', 혹은 '거인들간의 싸움'이라고 찬양되는 '투쟁시기'의 신화 속에 이러한 감정이 살아남았다.[36]

집회의 결말부분은 조심스럽게 계산된 시작부분의 제의 의식과 잘 어울렸다. 악단은 소란과 환호성 사이로 독일 노래나 당 찬가 하나를 연주하였다. 그것은 종결과 동감의 인상을 만들어낼 뿐 아니라, 히틀러가 전신을 땀으로 흠뻑 적신 채 아직도 마비되고 긴장된 모습으로 그 장소를 떠나서 기다리는 자동차에 올라탈 때까지 모여든 사람들을 붙잡아두는 역할도 하였다. 그는 대중이 몰려들거나 돌격대나 친위대가 넓은 종대를 이루어 횃불행진을 하는 동안 운전기사 옆에 서서 인사하고, 기계적으로 미소짓곤 하였다. 그는 피곤하고 힘이 빠지고 탈진한 채 호텔 방으로 돌아갔다. 위대한 대중연설을 한 다음 집회의 과도한 분위기를 마무리짓는 어지러운 감정 탐닉에 빠진 상태였다. 이러한 순간에 그가 조용하게 초점 없는 눈길로 멍하니 앞을 응시하고 있는 것을 목격한 어떤 관찰자에게 부관인 브뤼크너가 길을 막아서면서 "그분을 놔두십쇼. 완전히 지쳤어요!" 하고 말했다. 관구 지도자 한 사람은 이런 연설이 있은 다음날 아침에 호텔 방안에서 그가 '고독하게, 등을 구부린 채, 피곤하고 우울한 모습으로, 둥근 탁자에 웅크리고 앉아서 천천히 야채 수프를 떠먹는' 모습을 목격하였다.[37]

선거결과

히틀러는 자기가 불러일으킨 선동효과만으로 권력에 도달할 수는 없었다. 프로이센의 주의회 선거에서 국가사회당은 36.3퍼센트의 표를 얻어서 지금까지의 사회민주당과 온건파 정당 연합정권을 물리쳤다. 그러나 절대다수를 얻지는 못했다. 그것은 석달 뒤인 7월 31일 의회선거에서도 마찬가지였다. 당은 230석을 얻어서 지금까지의 의석수를 두 배 이상으로 늘렸고 가장 강력한 정당으로 부상하였다. 그러나 그 모든 것은 히틀러가 확장 가능성의 한계에 부딪쳤다는 사실을 보여주는 것이기도 했다. 그는 중도파와 우파 시민 정당들에 큰 손실을 주었거나 부분적으로 흡수해버렸지만 그래도 중심으로의 진출은 아직도 막혀 있었다.

엄청난 선거 비용, 끊임없는 대중집회, 행진, 벽보와 삐라 부착, 당 연설가들을 지쳐빠지도록 투입하고, 히틀러 자신도 세 번째 독일 비행에 올랐다. 그는 보름 만에 50개 도시에서 연설하였다. 이 모든 일들은 프로이센 지방의회 선거에서 당에 1퍼센트의 득표 증가를 가져다주었을 뿐이었다. 이미 당시에 괴벨스는 이 결과에 대해서 이런 주석을 붙였다. "이제 무슨 일인가가 일어나야 한다. 우리는 짧은 시일 내에 권력을 장악해야 한다. 그러지 않으면 우리는 선거에서 이겨서 죽을 것이다."[38]

이러한 기대에 대해서 곧 최초의 연결점들이 나타났다. 순수한 긴급사태 체제로 넘어가면서 특히 재선 이후로 힌덴부르크 대통령은 몇 명의 개인들에게 자신의 직책을 맡기다시피 했다. 그리고 점점 더 뚜렷하고 멋대로 자신이 바라는 것이 곧 국가의 복지라고 여겼다. 몇 명의 무책임한 조언자들에 의해서 그러한 생각이 뒷받침되었다. 그들 중에는 그의 아들 오스카도 있었다. 당시의 인기 있는 유행어에 따르면 '헌법에 안 나오는 인물'이었다. 특히 비서관인 마이스너(Meißner)와 슐라이허 장군, 젊은 보수파 의원 게레케(Gereke) 박사, 혹은 힌덴부르크의 이웃 영지의 주인인 폰 올덴부르크 야누샤우(v. Oldenburg-Januschau) 등이었다. 그는 황제시대부터 '반동적 촌뜨기' 역을 해왔고, 예를 들면 언제라도 한 명의 소위와 열 명의 병사로 의회를 해산시킬 수 있도록 해야 한다는 따위의 주장으로 여론을 들끓게 만들던 인물이었다. 그밖에 몇 명의 동 프로이센 귀족들, 뒷날에는 프란츠 폰 파펜(F. v. Papen)도 그중에 들었다.

다음 몇 달은 그들의 배후 작용 시기였다. 그들의 동기와 이익을 결정하는 것은 언제나 분명하지는 않았다. 강력하고 도전적인 덩어리처럼 히틀러는 정치무대에 갑작스럽게 등장하였다. 그들의 의도는 그를 자기들에게 합류시키고, 좌익에 대한 위협 수단으로 이용한다는 것이었다. 그것은 구식 독일이 망상적인 오만에 사로잡혀서, 역사에서 잃어버린 역할을 되찾으려고 애쓴 최후의 시도였다.

여러 가지 음모

그들의 최초의 희생자는 아이러니컬하게도 브뤼닝이었다. 수상은 대통령의 후원을 믿고서, 저 '강력한 인물' 중 몇 사람을 적으로 만들었다. 그의 적인 히틀러는 바로 그들의 호의를 받아서 그토록 지속적으로 성공을 거두게 된다. 정부는 여러 모로 나타나는 산업계의 요구들을 수용할 준비가 되어 있지 않았기에 산업계는 점점 더 심하게 정부에 등을 돌렸다. 이제는 힌덴부르크와 계급상의 동지인 지주들도 정부에 등을 돌렸다. 그들은 특히, 어려움에 빠진 영지의 수익성에 따라서 물질적 지원 여부를 결정하고, 희망 없을 정도로 빚을 많이 진 영지들은 실업을 완화시키기 위한 대규모 신도시 건설에 이용하려고 하는 브뤼닝의 의도에 분개하였다. 곧장 이익집단들의 대대적인 공격이 시작되어서, 수상이 볼셰비즘 사상을 품고 있다는 비난까지 나왔다. 늙고 판단력 흐려진 대통령에 대한 여러 가지 압력들을 개별적으로 입증할 수는 없지만 그것이 브뤼닝과 결별하려는 대통령의 결심에 일조한 것만은 의심의 여지가 없다. 그리고 힌덴부르크는 브뤼닝이 재선과정에서 자신을 엉뚱한 진영과 대립하도록 만든 인물이라고 믿고 있었다. 주변의 속삭임까지 가세하니 자기가 빠져들었던 깊은 개인적인 갈등을 용서하려 들지 않았다. 브뤼닝은 군부를 대표한다고 주장하는 슐라이허의 신임을 잃어버리자 곧 정치적인 종말을 맞았다.

이 사건은, 정부의 활발한 행동으로 보이지만 사실은 통치활동 내부의 감추어진 대립이 밖으로 드러나고, 그와 함께 공화국 최후의 비명이 된 돌격대와 친위대의 금지령으로 대두되었다. 복스하임 문서가 발견되면서 국가사회주의자들이 폭력적인 국가전복도 고려하고 있다는 새로운 근거가 노출된 셈이었다.

당 군대는 점점 더 초조하고 자신감에 넘치는 행동을 하였다. 히틀러는 이중성을 가진 합법화 전략을 따르면서 때때로 걱정하는 듯한 태도로 자신이 얼마나 오랫동안 갈색 셔츠 부대를 잡아둘 수 있을지 모르겠다고 말하곤 하였다. 루덴도르프는 흥분해서 간혹 독일을 '돌격대 점령지역'이라고 부르기도 했다. 1차 대통령 선거 이틀 전에 괴벨스는 일기장에 이렇게 적었다. "돌격대와 친위대 지휘부와 다음 며칠 동안의 행동방식에 대해서 논의했다. 어디나 불안뿐이다. 쿠데타라는 말이 유령처럼 떠돈다."[39]

선거일에 룀은 돌격대 부대에 경계령을 내리고, 베를린을 갈색 셔츠로 포위해버렸다. 프로이센 경찰은 몇 개의 돌격대 조직 중심들을 뒤지다가 중요한 문서를 찾아냈다. 그것은 대규모의 반역행위는 아니지만 히틀러의 당선이 확실해질 경우를 위한 세부적인 경계조치와 행동조치들을 지시한 것이었으며, 쿠데타 암호 '할머니가 죽었다'를 담고 있는 것이었다.[40] 그리고 폴란드가 침공해올 경우에 국토방위 참가를 거부하라는 명령이 동부지역 돌격대에 내려진 사실도 밝혀졌다. 특히 힌덴부르크 대통령에게 영향을 미칠 만한 발견이었다. 몇 개 지방정부의 성급한 재촉에 따라 제안된 돌격대와 친위대의 금지령은 만장일치로 결정되었으며, 이 결정은 오랫동안 품고 있었으면서 언제나 미루어 온 생각들을 종결짓게 만들었다.

그러나 금지령이 내려지기 며칠 전에 몇 가지 사건이 극적인 전환점을 마련하였다. 금지령에 찬성하고 자신이 그것을 만들어냈다고 자랑하던 슐라이허가 '하룻밤 새' 모든 생각을 뒤집고, 금지령이 내려지지 않도록 쉴새 없이 반대활동을 펼친 것이다. 이러한 반대활동에는 곧 힌덴부르크 대통령까지 연루되었다. 슐라이허는 대통령에게 금지령으로 이미 실망한 우익측 추종자들에게서 더욱 인기를 잃게 되리라고 암시했던 것이다. 슐라이허의 반대행동은, 돌격대와 함께 예를 들면 철모단과 공화국에 충성스런 국기단 같은 모든 군대조직을 해체하고, 대규모의 민방위군과 군 스포츠 연합을 만들어서 공화국 방위군의 하부조직으로 삼는 편이 낫지 않을까 하는 고려에서 나온 것이었다. 나아가서 이런 행동은 과격한 금지는 싫고 더욱 섬세하게 일을 꾸미는 것을 좋아하는 그의 음모꾼 같은 성격과 관계가 있었다. 예를 들면 그는 히틀러에게 돌격대를 탈군대화시키기 위한 여러 가지 요구들을 하였는데, 그러한 요구들은 실현 불가능한 것이어서 돌격대가 그것을 거부하면 히틀러가 곤란한 처지에 빠지게 될 만한 것들이었다.

어느 정도 주저하면서, 그리고 돌격대와 친위대에 근무하는 자신의 '옛 전우들'을 근심스럽게 바라보면서 힌덴부르크 대통령은 금지령에 서명하였다. 그리고 4월 14일에 경찰이 대대적인 활동을 하는 가운데 히틀러의 개인군대는 해체되고 사령본부, 막사들, 학교, 병기창고 등이 점령되었다. 그것은 1923년 11월 이후 국가사회당에 대하여 국가공권력이 내린 가장 강력한 조치였다. 개별적인 인물들이 아니라 개인군대의 존재 자체가 금지령의 동기라는 당국의 설명은 오래간만에 다시 국가의 자기 주장 의지를 드러낸 것이었다. "조직된 권력을 유지하는 것은 오직 국가만이 가지는 권한이다. 개인이 그러한 권력을 조직하고 국가가 이것을 용인하면 그것은 이미 평화와 질서를 위태롭게 한다……. 권력국가에서 군사력은 국가의 헌법에 맞는 조직으로 만들어져야 한다는 것은 의심의 여지가 없는 일이다. 그러므로 모든 개인적인 군대조직은 본질적으로 합법적인 조직이 될 수가 없다……. 해체 조치는 국가 유지 자체에 도움이 되는 일이다."[41]

룀은 처음에 자신의 40만 군대의 공격성과 힘에 의지해서 실력행사를 해보이려고 결심했던 듯하다. 그러나 히틀러는 합법화 의지를 굽히지 않았다. 곧 이어서 그는 돌격대를 정치기구 안에 흡수하였고, 이러한 방식으로 조직에 손상을 입히지 않았다. 파시즘 운동은 국가의 최초의 저항을 받으면 벌써 힘없이 싸움터를 비운다는 사실이 다시 입증되었다. 1920년에 이탈리아에서 가브리엘 다눈치오가 대포를 단 한 방 쏘아서 퓨메 시를 소탕하였던 것처럼 히틀러도 합법화 전략에 따라서 금지조치에 가장 엄밀하게 복종하였다. 두려움 때문은 아니었다. 총 한 방은 총 한 방 이상이 될 것이고, 금지령은 제한된 방어조치와는 다른 것이었다. 그것은 보수파 지배와 혁명적인 민족운동의 결합체인 '파시즘 정국'의 무력화를 뜻하는 것이었다.

슐라이허나 그의 측근에서, 정부 내에 견해가 엇갈리고 있다는 정보를 히틀러에게 보내왔기 때문에 그는 안심하고 기꺼이 굴복했던 것인지도 모른다. 이어서 그는 자신의 전략을 수립하였다. 그는 아주 여유 있게 행동하였다. 히틀러 운동을 제압한 조치가 내려진 그날 저녁에도 괴벨스는 황제궁 호텔에서 히틀러와 나누었던 대화에 대해서 기록하고 있다. "우리는 권력을 떠맡게 될 경우의 인사문제를 논의하였다. 마치 우리가 이미 정부 내에 있는 것처럼. 내 생각으로는 어떤 운동이 성공의 반대편에서 이토록 자신만만해본 적은 없었을 것이다!"[42]

브뤼닝의 몰락

벌써 이튿날로 힌덴부르크가 그뢰너 국방장관에게 특별히 냉랭한 글을 써보낸 것은 대규모 음모의 신호였다. 이 음모는 법률지들의 열렬한 캠페인과 함께 이루어졌는데, 이러한 캠페인에 민족주의 진영의 유력인사들이 한 목소리로 합류하였다. 황태자는 국방장관이 "돌격대와 친위대에 소속되어 가치 있는 교육을 받고 있는 놀라운 인적자원을 파괴하는" 일을 돕다니 "이해가 되지 않는다."고 했다. 슐라이허는 자신을 언제나 '양자'처럼 대우해준 직속상관인 국방장관에게 사퇴를 권고하였다. 그리고 악성 비방을 퍼뜨리거나 어쨌든 적어도 이런 비방을 반박하지 않았다. 그뢰너 장관은 병들어 있으며 평화주의자다, 혹은 두 번째 결혼에서 아이가 지나치게 일찍 태어나는 바람에 군대가 악성 루머에 빠지게 되었다는 따위의 비방들이었다. 대통령에게 슐라이허는, 이 아이는 방위군 안에서 핀란드 달리기 선수의 이름을 따서(아이가 너무 빨리 나와서 : 역주) '누르미(Nurmi)'라는 이름으로 불린다고 설명하였다.[43]

동시에 슐라이허는 국가사회당 지도부에 자신은 개인적으로 돌격대 금지령에 전혀 찬성하지 않는다고 알렸다. 언제나 그랬듯이 그는 국가사회당을 권력에 참여시켜서 그 번개를 뺏을 생각이었다. 당시에 유행하던 말처럼 영향력 있는 전문가들의 내각으로 그들을 '포위하려는' 생각이었다. 물론 개인군대까지 거느린 호민관에게 이런 마법이 전혀 힘을 쓰지 못한다는 사실을 무솔리니가 보여주기도 했으련만 그렇게 생각하였다.

4월 말에 그는 히틀러와 최초의 협상을 하였다. "대화는 상당히 잘 진행되었다."고 괴벨스는 적었다. 곧 이어서 마이스너와 오스카 폰 힌덴부르크까지 합세한 두 번째 만남이 있었다. 이번에는 그뢰너뿐 아니라 브뤼닝 내각 전체의 실각에 대한 언급이 있었다. 괴벨스는 이렇게 적었다. "모든 것이 잘돼 간다…… 그 누구도 모른다는 사실, 그리고 브뤼닝 자신은 전혀 모른다는 사실이 주는 행복한 느낌."

드러나지 않도록 안에서 붕괴시키는 작업을 약 한 달쯤 한 뒤에 사태는 결정되었다. 5월 10일에 그뢰너는 의회에서 우파의 분노한 공격에 맞서 돌격대 금지령을 옹호하였다. 그러나 연설 재주도 없는 그가 '국가 속의 국가'이고, '국가에 맞선 국가'인 국가사회당에 반대하는 항의를 시작했지만 국가사회주의자들이 일으킨 분노의 소동에 밀려 시작부분도 제대로 넘기지 못하였다. 어찌할 바 모르고 혼란에 빠진, 이미 지쳐버린 장관과 더불어 그가 시작하였던 금지령도 함께 패배를 맛보게 되었다. 어쨌든 곧 이어서 슐라이허와 군사령관인 하머슈타인 장군이 그에게 항명하면서 그는 방위군의 신뢰를 얻지 못하고 있으니 퇴임해야 한다고 알렸다. 그뢰너는 힌덴부르크 대통령에게 호소하려 했으나 아무 소용도 없자 이틀 뒤에 사직서를 제출하였다.

이들 도당의 계획에 의하면 어차피 그것은 전주곡에 지나지 않았다. 외투를 잡아당겼으니 당연히 그 외투를 입고 있던 공작도 딸려나올 형편이었다. 5월 12일에 힌덴부르크 대통령은 거의 2주 일정으로 노이데크로 출발하였다. 브뤼닝이 면담을 요청하자 대통령은 못마땅하게 여기며 거절하였다. 대통령은 이때 분명히 자신의 계급동지들의 압력을 받고 있었다. 그들은 이제 흔들리는 수상의 지위를 맹공격하고 있었다. 이유가 무엇이었든 그것은 '대지주들과 늙은 장교들의 완고한 태도로 정직성과 원칙에 대한 고려 없이' 나온 이유들이었다.

힌덴부르크가 5월 말에 베를린으로 돌아왔을 때 그는 이미 수상과 결별하기로 결심한 상태였다. 브뤼닝은 외교상의 성공을 눈앞에 두고 있었다. 5월 30일 그가 대통령을 만나러 가기 직전에도 군비축소 문제에서 결정적인 전기를 약속해주는 정보가 그에게 전달되었다. 그러나 음모로 가득 찬 보고서는 마지막 순간에 그가 대통령에게 그 사실을 보고할 기회를 막아버렸다. 일년 전에만 해도 힌덴부르크는 브뤼닝이 자신의 마지막 수상이다, 자신은 그와 헤어지지 않을 것이라고 약속했다. 그러나 지금 그는 모욕적일 정도로 짧은 겨우 몇 분 간 면담한 상태에서 해임되었다. 힌덴부르크는 스카게락(Skagerrak) 전투일을 기념하는 수병의 행진을 참관하려고 하였다. 전쟁기념과 별로 중요하지 않은 군대행사가 공화국의 운명을 결정하는 사색보다 더 중요했던 것이다.[44]

프란츠 폰 파펜

브뤼닝의 후임으로 슐라이허 장군은 대통령에게 정치경력이 아마추어 수준에 머물러 있던 어떤 남자의 이름을 들먹였다. 프란츠 폰 파펜(F. v. Papen)은 오래된 베스트팔렌 귀족가문 출신이었다. 그는 봉건적인 기병연대에서 근무하였고, 1차 세계대전 중이던 1916년에 대사관 무관으로서 음모사건에 연루된 탓으로 미국에서 추방되었을 때에 처음으로 어느 정도 일반에 알려지게 된 인물이었다. 그는 유럽으로 돌아오는 길에 경솔하게도 자신의 비밀활동에 대한 중요한 서류를 영국관리에게 넘겨주고 말았다. 자르의 중요한 산업계 인사의 딸과 결혼을 해서 그는 상당한 정도의 부와 중요한 산업계 인사들과 접촉을 가지고 있었다. 동시에 카톨릭 귀족으로서 고위 성직자들과 연결되어 있었고, 예전에 총사령부 장교였던 까닭으로 방위군에도 다양한 인맥을 가지고 있었다. 어쩌면 이렇게 수많은 이익집단이 만나는 지점에 위치하고 있다는 사실이 슐라이허의 관심을 끌었던 것인지도 모른다. 파펜은 거의 기묘한 방식으로 고풍스러웠다. 완고함, 오만함, 불평 많은 건방진 태도 등으로 인해서 시사만화에서 〈이상한 나라의 앨리스〉의 등장인물로 그려졌고, 당시 사람들은 그 그림이 그의 특성을 잘 그려낸 것이라고 느꼈다. 그는 경박하고, 너무 서두른다고 알려졌으며 아무도 그를 진지하게 취급하지 않았다. "일이 성공하면 그는 대단히 만족한다. 그러나 실패하면 전혀 반성하지 않는다."[45]

그러나 바로 이런 사치스럽고 용감하고 태평한 태도야말로 슐라이허의 눈에 파펜이 특별한 적임자로 보이도록 만든 이유였다. 그러한 그의 특성은, 점차 구체적으로 고려되고 있던, '온건한' 독재체제 아래서 의회제도를 소멸시키려는 계획을 밀고나가기에 알맞은 특성으로 보였다. 경험 없고, 겉모양만 생각하는 파펜은 수상직 자체와 그것이 가져다주는 대표기능만으로 허영심을 만족시킬 것이고 그밖의 점에서는 쓰기 편한 도구가 되어주리라는 생각도 작용하였다. 바로 이런 생각은 명예를 탐하면서도 공식석상에 나서기를 두려워하는 슐라이허의 기질에 잘 맞는 것이었다. 친구들이 파펜은 두뇌가 아니라고 깜짝 놀라서 그를 말렸을 때 그는 이렇게 대답하였다. "그는 두뇌일 필요도 없어, 모자 노릇만 하면 되니까."

파펜이 그런 광범위한 관계망 덕분으로 사회민주당보다 보수적인 모든 정당들의 연합정부를 구성하거나 아니면 그들을 의회주의적으로 만들 수 있을 것이라고 슐라이허가 믿었다면 그는 곧 실망하였다. 새로운 수상은 정치적 기반이 전혀 없었다. 브뤼닝을 배신한 일에 격분하여 카톨릭 중앙당은 과격한 반대파로 변했고, 후겐베르크도 자신의 야망이 한 번 더 무시되었기 때문에 몹시 화를 냈다. 공식적으로 적대적인 거부감에 부딪치자 새 수상인 파펜도 화가 났다. 그는 수상직에 취임하자마자 브뤼닝이 마련했던 성공을 자기 것으로 삼고, 로잔 회담에서 배상금 문제를 종결지었는데도 기대했던 효과는 전혀 없었다. 사실상 그의 내각은 민주적인 것도 아니었고, 각 분야별로 합법적인 조직으로 여겨지지도 않았다. 그것은 대통령의 애국적 호소를 거절할 수 없었던 가문 출신의 남자들로만 이루어진 내각이었다. 그래서 그들은 힌덴부르크를 '장교들이 장군을 둘러싼 것처럼 둘러싸고' 있었다.[46]

일곱 명의 귀족, 두 명의 합병기업 회장, 뮌헨 시절 히틀러의 보호자였던 프란츠 귀르트너, 그리고 장군 한 명 등으로 구성된 내각이었다. 여기에는 중산층이나 노동자층의 대표자는 한 명도 없었다. 그림자들이 되돌아온 것 같았다. 국민의 분노, 비웃음, 항의가 아무런 소용도 없었다는 사실은 이 늙은 지도층이 얼마나 현실감각을 상실하고 있었던가를 보여준다. 그것은 당시 '귀족 내각'이라고 불렸으며 순전히 힌덴부르크의 권위와 방위군의 힘에만 의존하고 있었다.

정부가 극단적으로 인기를 얻지 못하자 히틀러도 조심스럽게 뒤로 물러서게 되었다. 슐라이허와의 협상에서 그는 새로운 선거를 공고하고, 돌격대에 대한 금지조치를 해제하고, 국가사회당에 완전한 활동의 자유를 줄 경우 정부를 승인하겠다고 약속했다.

브뤼닝이 해임된 지 몇 시간 지나지 않은 5월 30일 오후에 그는 파펜의 지명에 동의하는가 하는 대통령의 질문을 받고 그렇다고 대답했다. 새 수상이 7월 4일에 의회해산으로 그의 불운한 조치들을 시작하고, 곧 이어서 돌격대 금지령의 해제를 생각하고 있을 때 국가사회주의자들은 벌써 그에게서 멀어지기 시작하였다. "우리는 시민적인 과도내각에서 가능한 한 빨리 물러나야 한다. 그 모든 것은 예민한 감각의 문제다."라고 괴벨스는 적었다. 며칠이 지나자 이런 구절이 나온다. "이 시민적인 똘마니들 근처에서 빨리 벗어나는 것이 우리에게 무엇보다 중요하다. 그렇지 않으면 우리는 이미 패배한 것이나 마찬가지다. 나는 〈공격〉지를 타고서 파펜 내각을 향하여 새로운 공격에 나서야겠다."

돌격대 금지령이 기대했던 것처럼 곧바로 풀리지 않자 그는 어느 날 저녁 "금지령에도 불구하고 항의하기 위해서 완전 제복을 갖춘 40~50명의 돌격대 지휘자들을 거느리고 포츠담 광장의 커다란 카페에 나타났다. 우리는 경찰이 우리를 체포하기만을 원했다……. 우리는 자정쯤 아주 천천히 포츠담 광장을 지나 포츠담 거리를 걸어갔다. 그러나 어떤 자식도 움직이지 않았다. 순찰대장은 몹시 당황해서 우리를 바라보다가 고개를 옆으로 돌리고 말았다."[47]

이틀 뒤인 6월 16일에 금지령은 마침내 해제되었다. 그러나 그 사이의 망설임은 오히려 '다가오는 새로운 세력 앞에서 국가권력이 무릎을 꿇었다'는 인상만 만들어냈다.[48] 마지막 순간에 나온 그런 친절의 대가로 국가사회주의자들이 나중에 정부에 참여한다는 동의를 얻어내려는 파펜의 속이 뻔히 들여다보이는 시도는, 슐라이허가 미리 손을 썼기 때문에 전략적으로 이미 너무 늦었다. 뿐만 아니라 그것은 히틀러의 광범위하게 뻗은 권력욕의 범위와 과격성에 대해서 거의 그로테스크할 정도의 무지를 보여주는 것이었다. 파펜은, 굽히지 않고 냉정하게 온갖 반대요구들로 공박해오는 상대방에게서 의회선거가 끝난 다음에 만날 약속을 얻어낸 것으로 위안을 삼을 수밖에 없었다.

그와 동시에 갑자기 거리에서 내전 비슷한 대립상황이 다시 벌어지더니 진짜 절정에 도달하였다. 금지령이 해제되고 7월 20일까지 5주 동안 프로이센에서만 거의 5백 건의 충돌에 사망 99명, 부상자가 1,125명이나 되었다. 7월 10일은 전국에서 17명의 사망자가 나왔고 수많은 장소에서 방위군이 본격적인 싸움에 개입하지 않을 수 없었다. 에른스트 텔만이 돌격대 금지령 해제는 공식적인 살인 권유였다고 말한 것은 옳았다. 물론 그는 자기 편인 공산당 투쟁조직이 적극적인 활동을 벌이는지 소극적인 활동을 벌이는지는 언급하지 않았다.

7월 17일에 함부르크 알토나에서 그해 여름에 가장 심각한 혈전이 벌어졌다. 약 7천 명의 국가사회당 항의시위대가 공산당 노동자 지역을 통과하는 것을 보고 공산주의자들은 지붕과 창문을 통해 불 공격으로 응답하였다. 그것은 다시 과격한 대응을 불러일으켜서 서둘러 쌓은 바리케이드를 넘어 전투가 벌어졌다. 결국 사망자 17명과 수많은 중상자들을 냈다. 1932년 7월의 그 투쟁에서 목숨을 잃은 68명 가운데 30명이 공산주의자였고, 38명이 국가사회주의자였다. 괴벨스는 이렇게 적었다. "서로 두들겨패고 총을 쏘고 있다. 이 정권의 마지막 구경거리."[49]

위로부터의 쿠데타

돌격대를 인정한 것이 국가사회주의자들의 자의식을 강화시켰다는 사실을 깨닫지 못하고 파펜은 한 걸음 더 나갔다. 으뜸패를 내놓아서 거의 고립되어버린 정부의 위신을 강화하고, 히틀러와 그 추종세력에게 화해적인 태도를 보이려는 희망에서 파펜은 7월 20일에 프로이센 주정부의 주도적인 인사 세 명을 수상 집무실로 부르더니 갑자기 비상권한으로 주지사 브라운(Braun)과, 이 자리에 함께 있던 주 내무장관 세베링을 해임한다고 밝혔다. 비상계엄 사령관으로서 자신이 주지사의 임무를 떠맡겠다고 선언하였다. 세베링이 강제력 앞에서만 물러설 것이라고 대꾸하자 파펜은 '비상사태에도 여전히 신사'라고 말하면서 그게 무슨 뜻인지 물었다. 장관은 오직 강제력에 굴복해서만 자신의 집무실을 비워줄 것이라고 말했다. 이렇게 해서 그날 저녁에 일방적으로 경찰력을 행사하겠다는, 수많은 비판을 받은 '협정'이 이루어졌다. 미리 준비된 두 번째의 비상사태법에 힘입어 파펜은 베를린과 브란덴부르크 일원에 군사적 비상사태령을 내리고 이렇게 해서 정치적 권한을 장악하였다.

저녁에 내무장관 집무실에 나타난 세 명의 경찰간부의 요청을 받고 세베링은 자신은 오직 강제력에 굴복하여 자기 자리를 내놓는 것이라는 말과 함께 그곳을 떠나 옆에 있는 자기 집으로 갔다. 오후에 이미 그 비슷한 방법으로 아무런 저항도 받지 않고 두려움의 대상이었던 프로이센 경찰 지휘관들이 제압되었다. 베를린 시경찰 총장 체진스키와 부총장인 바이스, 경감 하이만스베르크(Heimannsberg) 등이 잠깐 체포되어서 경찰청사의 마당으로 끌려나갔을 때 전하는 바로는, 몇 명의 경찰관들이 총장에게 국기단 구호로 작별인사를 했다고 한다. 그들은 '자유!' 하고 외쳤는데, 그토록 오랫동안 허약하였고, 열의도 없었고, 이제는 체념상태에서 포기되는 바이마르의 자유에 대한 작별인사로 어울리지 않는 것도 아니었다.[50]

물론 광범위한 저항이 고려되었다. 어떤 관찰자에 따르면 체진스키와 하이만스베르크는 내무부 국장인 클라우제너(Klausener)와 힘을 합쳐서 세베링에게 '모든 수단을 동원한 전투실시'를 고집하였으며, 특히 '베를린 경찰의 즉각적이고 가차없는 투입, 총파업 선포, 중앙정부와 대통령의 즉각적인 체포, 그리고 대통령의 무력화 선언'을 요구하였으나 이 제안은 거부되었다고 한다.[51]

저항은 효력도 없는 언론상의 항의와 국사범 재판소를 소집하는 것으로 그치고 말았다. 이때 프로이센 정부는 훈련받은 경찰병력 9만 명, 국기단, 공화주의 정당들, 노동조합들에 대한 권한을 가지고 있었고 그밖에도 온갖 중요한 직책들을 장악한 상태였다. 그러나 내전에 대한 염려, 현재의 실업상황에서 총파업의 효력에 대한 의심, 그밖에 수많은 비슷한 고려들이 저항계획을 가로막고 말았다. 아무런 방해도 받지 않고, 오직 적들의 수동적인 체념의 눈길만을 받으면서 파펜은 '공화국의 가장 강력한 방벽'의 권한을 장악하였다.

프로이센 정치가들의 동기에 대해서는 무게와 존경을 금할 수 없으며 이 모든 상황을 고려해보면 그들의 결정이 합리적이었다고 할 수 있을 것이다. 그런데도 역사 앞에서 보면 그들의 합리성은 별것 아니다. 항의시위조차 생각하지 못했다. 사건의 진행과정에서 세베링과 신경쇠약에 걸리고 도덕적으로 파괴된 그의 동지들은, 명예심과 하직함으로써 지난 13년 동안의 미숙과 태만을 잊게 만들 뿐 아니라, 새로워진 민주적 자의식을 위한 추진력을 얻을 수도 있다고는 생각해보지도 않았다. 1932년 7월 20일, 절대로 얕잡아볼 수 없는 이날의 의미는 심리적인 결과들로 나타난다. 그것은 공화국 수호자들의 저항이 얼마나 별것 아닌가를 보여주어서 한편의 용기를 빼앗고 다른 편에게는 중요한 사실을 가르쳐준 사건이었다.

이 사건은 국가사회주의자들의 초조감만 키워놓았다. 이제는 세 개의 날카롭게 대립하는 진영이 권력싸움을 벌이고 있었다. 첫째로는 파펜을 중심으로 한 민족주의적 · 권위주의적인 세력으로, 의회에서는 유권자의 10퍼센트도 확보하지 못하고 있었지만 힌덴부르크 대통령과 군부의 지원을 받고 있었다. 둘째로는 이미 역할이 끝나버린 민주주의 세력, 그들은 여전히 상당한 정도로 여론의 지원을 받고 있었다. 그리고 마지막으로 서로 적대하는, 국가사회주의와 공산당이라는 전체주의 세력이 있었다. 그들은 합쳐서 53퍼센트라는 부정적 다수를 장악하고 있었다. 이 두 세력이 그렇듯이 모든 진영은 서로 차단되고 마비되어 있었다. 1932년 여름과 가을 내내 계속 새로운 전략적 수단을 써서 상대진영을 부수려는 시도들이 끊이지 않고 이어졌다.[52]

8월 5일에 히틀러는 베를린에서 멀지 않은 영주산(퓌르스텐베르크)에서 슐라이허를 만났다. 여기서 처음으로 그는 전권을 요구하였다. 자신에게는 수상직을, 그밖에 내무, 법무, 농업, 항공 장관직과, 새로 만든 선전부 장관직, 그리고 7월 20일의 비상사태법에 근거해서 프로이센 주지사 및 내무장관직도 요구하였다. 그리고 포고령을 통해서 통치할 수 있는 무제한의 권한을 가진 전권위임법(全權委任法)을 요구하였다. 괴벨스의 표현대로는 "권력을 차지하면 우리는 그것을 다시는 내놓지 않을 것이다. 우리 자리에서 우리 시체를 끌어내지 않는 한 말이다."

권력을 넘겨받기 직전에 와 있다는 확신을 가진 채 히틀러는 슐라이허와 헤어졌다. 헤어질 때 그는 명랑한 기분으로 영주산 집에서의 만남을 기념하여 기념비를 세우는 것이 어떠냐고 제안하기도 했다. 자신의 요구에 무게를 싣기 위하여, 그리고 벌써 직장을 떠나서 승리의 날에 축하와 방종과 약속받은 직위를 준비하려고 소동을 피우는 돌격대를 진정시키기 위해서, 히틀러는 단위부대들이 베를린을 둘러싸고 행진하는 것을 허용하였다. 그들은 점점 더 촘촘한 원을 이루며 도시를 둘러쌌다.

1923년 시민양조장에서 그랬던 것처럼 그가 마지막 순간에 피스톨을 빼들려는 것 같았다. 전국 방방곡곡에서, 그러나 특히 슐레지엔과 동 프로이센에서 유혈충돌이 더 많아졌다. 8월 9일에 나온 정치테러 금지령은 "정치적인 싸움의 열정에 사로잡혀 분노와 증오로 상대방을 공격하여 죽이려 하는" 자에게 사형을 선언하였다. 그러나 다음날 밤에 상부 슐레지엔에 있는 포템파라는 마을에서 정복을 입은 다섯 명의 돌격대원이 어떤 공산당 노동자의 집에 침입해서 그를 침대에서 끌어내다가 어머니가 보는 앞에서 문자 그대로 발로 밟아서 죽였다.

대통령의 거부

이러한 과정들이 어디까지 국가사회당의 권력에 대한 기대를 방해하는 전기를 마련하였는지 분명하지 않다. 아마도 슐라이허 스스로 이미 길들인다는 생각을 포기했던 것 같다. 어쨌든 히틀러를 우파 연합의 수상으로 임명해서 책임감 안에 묶어두고 이런 방법으로 그의 인기를 줄여보겠다는 그의 계획은 우선 대통령의 격렬한 반대에 부딪쳤다. 대통령은 그 사이에 파펜의 민첩함과 뻔뻔스런 매력에 반해서 아버지 같은 애착을 느끼게 되었으며, 그런 파펜을 보헤미아의 광신자이며 엉터리 메시아인 히틀러와 바꾸려고 하지 않았다. 히틀러는 그밖에도 대통령이 좋아하는 대리황제 노릇을 문제로 삼고 있었다.

8월 13일에 국가사회당 지도부와 확대회담을 열었을 때 슐라이허는 파펜과 힘을 합쳐서 히틀러의 전권(全權) 요구를 거절하고 그 대신 부수상 자격으로 현재의 내각으로 들어오라고 제안하였다. 불같이 화가 나서, 그리고 전부냐 무냐 하는 기분에 사로잡혀서 히틀러는 그따위 요구를 거절하였다. 그리고 파펜이 어느 정도 '서로 신뢰하고 성과가 있는 협조'의 시기가 지나면 히틀러에게 유리하도록 수상직을 포기하겠다는 너그러운 제안을 덧붙였는데도 고집스럽게 거절하였다. 그의 연극적 상상력이, 먼지 속에 빠진 마비된 세계에 지배자로서의 자신의 소명을 보여주겠다는 상상을 했다는 사실을 볼 수 있다.

자동차로 베를린으로 오는 도중에 그는 킴 호숫가의 어떤 음식점에서 '커다란 계란 케이크를 먹으면서' 자신의 지휘자들을 향해서 이미 공산주의자들에게 감행할 살륙의 모습을 그려보여주었다. 그리고 지금 갑자기 자기가 기만당했다고 여겼다. 그의 삶에서 후퇴가 있을 때마다 실망에 이어 거대한 절망의 몸짓이 뒤따랐다. 같은 날 오후에 힌덴부르크의 부름을 받았을 때도 그는 부름에 응하지 않으려고 결심했던 것 같다. 대통령궁측에서 아직 아무것도 결정되지 않았다고 분명한 확인을 해주어서야 그에게 한 번 더 희망을 줄 수 있었다. 그러나 힌덴부르크는 히틀러가 현재의 정부를 지지할 마음이 있는가 물어보는 것으로 만족하였다. 히틀러는 물론 없다고 대답했다. 늙은 대통령이 개인들에게 자기 의사를 관철할 때 잘 쓰곤 하던 애국심에 대한 호소도 히틀러에게는 소용이 없었다. 그래서 경고와, '얼음장 같은 작별'만 남았다. 돌아가는 길에 히틀러는 흥분해서 대통령의 몰락을 예언하였다.[53]

곧이어 서둘러 발표된 성명서를 보고 히틀러는 자기가 또다시 당했다고 느끼면서 분노는 더욱 커졌다. 힌덴부르크는 히틀러의 요구를 "아주 분명하게 거절하였다. 정부권력을 일방적으로 사용하려고 하는 국가사회주의 운동에 정부권력 전체를 넘겨주는 것은 양심상으로나 의무상으로 조국에 책임질 수 없는 일이기 때문이다."라고 성명서에 씌어 있었다. 또한 히틀러가 이전의 약속에 따라서 대통령의 신임에 의해 만들어진 정부를 지지하지 않았다는 사실에 대해서 공식적인 유감이 표현되어 있었다. 관공서 용어로 완곡하게 표현되어 있지만 약속위반에 대한 비난이었고 과거의 인물들인, 자이서, 증오스런 폰 카르 등을 기억나게 하는 암시였다. 물론 몇 달 뒤에는 이런 생각들은 잊혀지고 말 것들이었다.

국가사회주의자들은 지체 없이 더욱 격렬한 반대를 계속하였고, 파펜에게 항구적인 선불정책이 얼마나 생각 없고 허망한 것이었는가를 분명하게 보여주었다. 8월 22일에 정치적 테러 금지령에 근거해서 포템파의 살인자들이 사형선고를 받게 되자 국가사회주의자들이 장악하다시피 한 법정에서 소동이 일어났다. 정복 차림으로 나타난 슐레지엔의 돌격대 지휘자 에드문트 하이네스(E. Heines)는 법정에 대고 요란하게 보복하겠다고 위협했다. 히틀러는 선고를 받은 사람들에게 전보를 보냈다. 그것은 '끔찍한 사형판결을 받은 동지들'에게 자신의 '무제한의 신의'를 보장하고 빠른 해방을 약속하는 내용이었다.

2년 전부터 조심스럽게 지켜온 시민적 태도라는 가면을 과격한 태도로 벗어던지고, 예전의 험악한 시절에 하던 대로 살인자들과의 연대감을 표현하였다. 이러한 과격함은 그의 분노의 정도를 보여주는 것이었다. 여기에는 물론 추종자들의 흥분에 대한 고려도 어느 정도는 작용하고 있었다. 특히 돌격대가 다시금 깊이 실망하고 있었다. 돌격대는 이제 전국에서 가장 숫자가 많은 전투조직으로서 난폭한 자의식을 가지고 있었고 빌헬름 거리의 연미복 입은 부르주아들을 경멸하였다. 돌격대측에서는 히틀러가 어떻게 계속되는 굴욕을 아무렇지도 않게 참고 있는지 이해할 수 없었다. 자신의 충성스런 전사들을 마침내 길거리로 내보내어 피의 축제를 벌이도록 하지 않는지 알 수 없는 노릇이었다. 돌격대는 그런 축제를 벌일 권한을 가지고 있다고 믿고 있었다.

어쨌든 히틀러도 이제는 돌격대를 전보다 더욱 위협적인 방식으로 이용하였다. 열흘 동안이나 거의 쉬지 않고 캠페인을 벌인 끝에 9월 2일에 파펜이 양보해서 얼마 남지 않은 마지막 위신까지 손상시켰다. 그는 사형선고를 받은 자들을 종신형으로 감형해달라고 대통령 특사를 신청하였다. 그들은 몇 달 지나지 않아서 종신형 감방에서 풀려났다. 9월 4일자 히틀러의 연설에도 속은 사람의 분노와 노여움의 소리가 여전히 들어 있다.

나는 나으리들이 무슨 생각을 하시는지 압니다. 그들은 자리 몇 개를 내주고 우리 입을 틀어막아 버리려는 거지요. 이 낡아빠진 마차로는 오래 갈 수 없을 것입니다…… 아니죠, 여러분, 나는 흥정하고 팔고 에누리해주려고 당을 만든 것이 아닙니다! 우리 당은 아무 양(羊)이나 뒤집어쓰고 돌아다니라고 만든 사자가죽이 아닙니다. 당은 당입니다. 그뿐입니다! …… 나를 장관 자리 몇 개로 꼬실 수 있을 거라고 정말 믿으셨나요? 나는 정말 당신들을 상대하지 않겠습니다! 내게 있어 그 모든 것이 얼마나 무관한 일인지 나으리들은 전혀 상상도 못할 것입니다. 사랑하는 하느님께서 그러기를 바라셨더라면 우린 한 알짜리 안경을 가지고 이 세상으로 왔겠지요. 가당치도 않은 소리! 저들은 높은 자리들이 자기들 것이 아니기 때문에 그것을 차고 앉아 있는 겁니다.[54]

힌덴부르크와 파펜에 의해서 굴욕적으로 거절당한 사건에 대한 히틀러의 분노는 아주 강한 것이었기에 처음에 그는 합법화 노선을 포기하고 유혈봉기를 통해서 권력을 차지할까 하는 유혹까지도 느꼈던 것 같다. 그 스캔들은 정치적으로만 그를 거부한 것이 아니고 그의 시민적인 소속 욕구에도 상처를 입혔기 때문이다. 전보다 더 자주 위협적인 문구가 집회장에 울려퍼졌다. "청산의 시간이 다가옵니다!" 그는 파펜 정권을 무너뜨리기 위해서 카톨릭 중앙당과 협상을 시작했다. 그 과정에서 한 번은 실망한 좌파의 도움을 받아서 의회의 결정과 국민투표를 거쳐서 힌덴부르크를 하야시키자는 모험적인 제안이 나온 적도 있었다. 그리고 지난 몇 주 동안에 복수욕에 불타서 그는 자신과 측근에게 혁명적인 방식으로 요직들을 점유하는 상황과 기회들을 상상해서 묘사해 보였다. 그리고 또다시 상세하게 공산당 적들을 힘으로 쓰러뜨리는 장면을 상상하였다. 어쨌든 그가 몇 년 전부터 힘들여서 추구해 온 합법적인 길은 냉정하고 조심스러우며 그의 본질의 의존 본능적인 측면에만 잘 어울리는 것이었다. 그에 반해서 그의 공격성, 지나치게 긴장된 상상력과, 피를 흘리지 않고는 역사적 위대성을 생각할 수 없다는 발상법은 앞의 면모와 반대되는 것이다.

잔인성에 대한 명상

국가사회당 소속인 단치히 시장 헤르만 라우슈닝(H. Rauschning)이 이때쯤 윗소금산에 있는 그의 집을 방문했을 때 이러한 내면의 모순이 그를 뒤흔들고 있었다. 라우슈닝은 강력한 민중대표의 이러한 소시민적 삶의 방식에 깜짝 놀랐다. 창가에는 면직물 커튼, 이른바 농부들의 가구, 매달린 새장에는 지저귀는 새, 그리고 연로한 부인들과의 교제 등이 모두 놀라운 일이었다. 히틀러는 파펜에 대해서 격렬한 인신공격을 하고, 민족주의적인 시민계급을 '독일의 진짜 적'이라고 불렀다. 포템파 판결에 대한 항의는 상당히 교육적인 방식으로 정당화하였다. "우리는 잔인해야 합니다. 잔인성을 위한 양심을 회복해야 합니다. 그렇게 해야만 우리는 우리 민족에게서 상냥함과 감상적인 편협성을 몰아낼 수 있습니다. 이 '평온함'과 초저녁 술좌석의 즐거움 말입니다. 우리는 아름다운 감정들을 위한 시간이 없습니다. 우리 민족이 역사적 사명을 완수하도록 하려면 민족을 강요해서 위대하게 만들어야 합니다."

그는 그렇게 역사적인 도전의 전망 속에 빠져들어가 자신을 잃어버리고 스스로를 비스마르크에 견주다가 갑자기 단치히와 독일 사이에는 국가간 범죄자 인도조약이 있는가 물었다. 라우슈닝이 그 질문을 제대로 이해하지 못하자 히틀러는 자기는 어쩌면 도주처가 필요할지 모른다고 친절하게 설명하였다.[55]

그리고 나서 그는 기분내키는 대로 다시 자신감을 보였다. 파펜의 경박함, 단순성, 양보의 각오, 모든 민족주의 요소들과 대통령이 노령에 대해서 느끼는 주저하는 듯한 불안감, 이 모든 것이 그의 지구력을 강화시켜주었고, 그에게 안도감을 주어서 고집스럽게 만들었다. 포템파의 살인자들을 '동지'라고 부른 지 며칠 지나지 않아서 히얄마르 샤흐트의 편지가 그에게 전달되었다. 이 편지는 '친애하는 히틀러 씨'에게 발신자의 '변치 않는 공감'을 확인해주었다. 그는 어차피 멀지 않아 히틀러에게 권력이 돌아오리라는 확신을 표현하고, 서둘러서 경제계획에 매달리지 말라고 충고하였다. 그리고 이런 말로 편지를 끝맺었다. "나의 일이 나를 어디로 데리고 가더라도—그리고 내가 성채 안에 갇혀 있는 경우라도—나는 당신의 충실한 조력자로 남아 있을 것입니다."

미국 통신사인 연합통신의 대표가 이 무렵 히틀러에게 무솔리니의 경우처럼 베를린으로 행진할 생각인가 물어보았을 때 히틀러는 이중적인 의미로 대답하였다. "무엇하러 베를린으로 행진해 갑니까? 난·이미 거기 있는데요!"[56]

제4장 드디어 수상관저로

고전 드라마의 법칙에 따라서 1932년 가을부터 근거 있는 희망을 일깨우면서 위기를 극복할 듯한 전환점이 사건진행에 나타났다. 마치 연출자의 상상력이 작동하고 있기라도 한 듯이, 근본적으로 국가사회주의의 상승을 도와주었던 전제조건들이 한 번 더 혼란에 빠졌다. 아이러니의 한 순간 게임은 모든 국면에서 뒤집어지는 듯이 보였고, 히틀러의 과장된 권력 기대를 폭로하는 듯이 보였다가, 장면은 급격히 무너져내렸다.

8월 13일 이후로 파펜은 히틀러의 뜻을 더 이상 받아주지 않겠다고 분명히 결심하였다. 그의 설명이 그다지 믿을 만하지 않아서 그런 결심의 상세한 동기들은 이해하기 힘들다. 그래도 이렇게 뒤늦은 깨달음에 도달한 계기는, 괴벨스가 나중에 '겉보기 너그러움'이라고 정확하게 표현한[1] 국가사회주의자들의 이중적인 기만노선이었다.

성공의 강요에 떠밀리던 당이 순간적으로 직면한 불안정한 상황은, 지속적인 거부의 전략 속에 어떠한 기회들이 들어 있는지 분명하게 보여주었다. 정부의 권위기반이 약해서 수상은 하는 수 없이 포템파 재판을 흐지부지 만들었다. 그러나 신경질적으로 된 히틀러가 살인자들에게 보낸 위로 전보는 그 자신의 속셈을 폭로하고 말았다. 곧 이어서 그는 한 번 더 심각한 잘못을 저질렀다.

파펜이 9월 12일에 소집한 의회에서 그는 얼결에 자신에게 전략적으로 불리하기만 한 의회해산안을 받아들이고 만 것이다. 파펜에게 복수하고자 하는 욕구가 다른 생각을 앞서버렸다. 하원의장으로 선출된 헤르만 괴링의 도움으로 그는 수상에게 도이치 정당 역사상 가장 참혹한 패배(42 대 512)를 안겨주었다. 그러나 파펜은 보복으로 의회가 개원하기도 전에 만든 의회해산 명령을 적은 유명한 붉은 지도를 의회에 내보이는 데 성공하였다. 의회 운영을 망치고 체면의 손상을 분명하게 보여준 사건이었다. 방금 개원한 새 의회는 약 한 시간 가량의 회의를 한 다음에 벌써 해산되었다. 새로운 선거날짜는 11월 6일로 확정되었다.

모든 증거가 잘못된 것이 아니라면 히틀러는 원래 이러한 급변을 피해보려고 했다. 그것은 분명히 그의 이해에 어긋나는 것이기 때문이다. 괴벨스는 이렇게 적었다. "모두 깜짝 놀란 것 같다. 아무도 우리가 이런 결정을 할 용기를 가졌다고는 믿지 않았다. 우리는 다만 기쁠 따름이다."

그러나 병적인 전투욕구는 곧 사라져버리고 여러 해 전에 없어졌던 풀죽은 상태에 빠졌다. 당은 변덕스런 유권자들 덕택에 눈부신 상승을 누렸다. 유권자들은 패하지 않는다는 인상에서 그에게 승리를 만들어주었다는 사실을 히틀러 자신이 너무나 정확하게 알고 있었다. 8월 13일의 패배, 다시 대립으로 돌아선 것, 포템파 사건, 힌덴부르크 대통령과의 갈등, 이 모든 것이 그를 선출해야 한다는 믿음과, 그가 비할 바 없는 역할을 한다는 믿음을 손상시켰다는 사실을 분명하게 느꼈다. 성공의 분위기가 한 번 뒤집히면 당의 내적인 법칙으로 보아 당의 매력도 사라져버릴 것이고 바닥 없이 추락하는 것도 가능한 상황이었다.

파펜의 무력화 전략이 성공한 것도 히틀러를 불안하게 만들었다. 지난 일년 동안 값비싼 선거전들을 치르고 난 지금 당은 거의 힘의 한계에 도달하였다. 자금도 바닥이 났다. 히틀러의 충신은 점점 더 의기소침한 태도로 고백하고 있다. "우리의 적들도 우리가 이번 전투에서 신경이 날카로워져서 힘을 잃어버릴 것이라고 계산하고 있다."

4주 뒤에 그는 추종자들 사이에서 돈과 인력을 놓고 불화를 빚고 있다고 말한다. "조직은 수많은 선거전을 통해서 대단히 신경이 날카로워졌다. 그들은 너무나 오랫동안 방공호 속에 엎드려 있는 중대처럼 과로하고 있다."

근심어린 어조로 그는 자신의 낙관론을 펼친다. "우리의 기회는 나날이 좋아지고 있다. 전망이 상당히 나쁘다고 하더라도 그것은 불과 몇 주 전의 위안 없던 전망과는 비교할 수 없을 정도로 좋은 것이다."[2]

히틀러만은 적절한 결심을 한 다음이면 언제나 그랬듯이 자신에 넘쳐서 이런 분위기에서 벗어나 있는 것처럼 보였다. 10월 전반부에 그는 네 번째 독일 비행 길에 올랐고, 점점 더 커지는 상승의 필요성에 맞게 연설의 숫자와 비행 거리 기록을 갱신하였다. 바로 얼마 전에 자신을 방문해서 중무장한 '군신(軍神)의 아들들'에 둘러싸인 채, 호전적인 자동차 행렬을 이루어 포츠담의 전국 청년단 대회까지 따라갔던 쿠어트 뤼데케에게 자신의 생각을 들려주었다. 희망과 현실이 뒤얽힌 상태에서 자신이 수상이 된다는 생각이었다.

그러나 그도 힘의 한계에 도달한 듯이 보였다. 자동차가 달리는 동안 수행원은 미국에 대한 보고를 해서 그가 잠들지 못하게 해야만 했다. 미국은 그에게 칼 마이(Karl May. 19세기 독일 작가. 주로 미국 인디언을 상대로 한 모험 이야기들을 써서 오랫동안 청소년들의 많은 인기를 얻었다 : 역주)의 기억들로 가득 채워진 곳이었다. 그가 장담한 바에 따르면 위네토우, '늙은 그림자 손'의 이야기들은 언제나 강한 긴장감을 만들어낸다는 것이다. 눈이 감기려고 할 때마다 깜짝 놀라면서 그는 이렇게 중얼거렸다. "계속, 계속하라구, 난 잠들면 안 돼!"

7만 명의 히틀러 청년단이 벌이는 인상적인 선전 쇼가 끝나고 이틀 뒤에 뤼데케가 히틀러와 작별했을 때 히틀러는 완전히 지쳐 보였다. 기차의 좌석 구석에서 겨우 힘 없는 작별인사를 할 힘밖에는 없었다.[3]

선거전의 홍분, 권력의 약속, 연극적인 등장, 숭배와 집단착란 등이 그를 붙잡고 있었다. 사흘 뒤 뮌헨의 지도자 대회에서 그는 괴벨스의 말대로 '형

식상 대단히 위대한' 모습을 드러
냈다. 그리고 '아주 광범위한 전망
으로 우리 투쟁의 발전과 현상태에
동화와 같은 윤곽'을 부여하였다.
"그는 사실상 우리 모두 위에 있는
위대한 인물이다. 그는 절망적인 분
위기에 빠질 때마다 당을 깨워 일
으킨다."

그들이 직면하고 있던 어려움은
점점 더 커졌으며 그들의 정치적인
역량으로 감당할 수 없을 정도로
보였다. 무엇보다도 자금 부족이 분
명하게 마비시키는 기능을 하였다.
파펜과 그의 '반동내각'과 대립전
선을 만들어내는 바람에 어쩔 수
없이 국가민족당 계열의 자본가 그
룹과 적대적인 입장에 빠졌고, 그들

권력을 향한 싸움의 마지막 국면. 대중집회의 흥분, 연극적인
등장, 숭배와 집단착란 등이 그를 붙잡았다. 독일 비행 중에.

의 기부금은 당연히 전보다 더 적어졌다. "돈을 만들기가 극히 어렵다. '재
산과 교양'을 갖춘 어르신들은 모두 정부 편을 들고 있다."[4]

선거전도 '귀족도당' '시민적 불량배' '타락한 귀족 클럽 정권'에 반대
하는 방향으로 이루어졌다. 당의 선전지침도 입에서 입으로 '파펜과 그의
내각에 대한 직접적인 공포 분위기'를 조성하기 위한 구호들을 전파하는
것이었다.[5]

그레고어 슈트라서와 그의 일파는 나중에는 실망하고 말 것이지만 어쨌
든 한 번 더 위대한 희망의 시기를 맛보았다. '반동을 거부하자!'는 것이
히틀러가 내놓은 공식적인 선거구호였다. 그것은 정부의 기업가 위주 경제
정책에 대한 열렬한 공격, 도이치 민족주의 집회들을 강제해산시키기, 철모
단 지도자들에 대한 조직화된 기습 등의 형태로 나타났다.

국가사회당의 사회주의는 여전히 강령이 없었고 학문 이전 의식의, 주문을 읊는 듯한 비유로만 스스로를 규정하고 있었다. 그것은 스스로 "매수되지 않는 도이치 직업관료인 프로이센 장교의 업적주의 원칙이고, 성벽이며, 시청, 주교좌 교회, 자유 제국도시의 구빈원이며, 그 모든 것"이라 했다. 그것은 또한 "노동자 계층에서 노동자주의로 넘어가는 것"이라고 했다. 그러나 이러한 정직한 모호성이야말로 그것을 민중적인 것으로 만들어주었다.

'정직한 노동을 위한 정직한 살림'이라는 말이 야간학습에서 배운 치유의 믿음보다 더 분명하게 보여주는 것이다. "오늘날 세계 경제체제의 분배 기구가 자연의 수확품을 제대로 분배하는 법을 모른다면 이 체제는 잘못된 것이고 변화되어야 마땅하다." 이런 구호는, 모든 것이 변화되어야 한다는 기본감정에 잘 들어맞았다. 그레고어 슈트라서가 어떤 연설에서 '반자본주의적 동경'이라는 말을 했는데, 그것은 곧 표어가 되어서 당시 시대 분위기를 광범위하고도 이론적인 개념으로 잡아내는 가장 인기 있는 표현이 되었다. 공산주의자가 아니라 그레고어 슈트라서가 그러한 표현을 찾아낸 것이다. 이 표현은 사람들 사이에 회자되면서 위대한 시대 전환기 시대의 증거가 되었다.[6]

베를린 교통파업

선거 며칠 전 분명하게 지치고 기진맥진한 상태에서 이루어지던 선거전이 막바지에 이르렀을 때, 그 동안 당이 좌익 구호를 외쳐온 것이 진지한 의도였음을 보여줄 기회가 찾아왔다.

11월 초에 베를린 운수업체들의 파업이 발생했다. 그것은 노동조합의 투표결과에 반하여 공산주의자들이 주동한 파업이었다. 그리고 기대와 달리 국가사회주의자들이 이 파업에 곧바로 합류하였다. 돌격대와 붉은 전선은 공동으로 5일 동안이나 대중교통 수단을 길거리에 세우고 철도의 구간들을 막았다. 파업 감시 초소들을 세우고 일하려는 사람들을 두들겨 패고, 긴급으로 조직된 보조교통의 운행을 힘으로 방해하였다.

행동 통일은 언제나 좌익 과격파와 우익 과격파의 운명적인 공통점이라고 평가되어 왔다. 그러나 그것과는 별개로 이 순간에 국가사회당에는 다른 선택의 여지가 없었다. 시민적인 유권자들 사이에 두려움이 커져서 재정적인 후원이 거의 전면적으로 중단되었지만 별다른 도리가 없었다. 괴벨스는 이렇게 적었다. "언론 전체가 우리에게 욕을 퍼부어댄다. 이것이야말로 볼셰비즘이란다. 그렇지만 우리에게는 별다른 도리가 없었다. 도로공사 노동자들의 가장 원시적인 생존권이 달려 있는 이 파업에서 우리가 빠졌다면 노동자 계층에 굳힌 우리의 확고한 지위가 흔들렸을 것이다. 이제 우리는 선거 이전에 반동에 대항한 우리의 노선이 정말로 내면에서 나온 것이며 우리가 바라는 것이라는 사실을 공공연히 알릴 기회를 가졌다."

그리고 며칠 뒤 11월 5일자. "최후의 돌진이다. 패배에 맞서기 위한 당의 절망적 몸부림…… 마지막 순간에 1만 마르크를 구할 수 있었다. 그 돈은 토요일 오후 선전비로 들어가게 될 것이다. 할 수 있는 것은 모두 다 했다. 이제 운명의 결정만 남았다."[7]

11월 6일 선거 패배

운명은 1930년 이후 처음으로 국가사회당원들의 권력요구에 불리한 판정을 내렸다. 2백만 표를 잃고 의석 34석을 잃었다. 사회민주당도 의석 몇 개를 더 잃어버렸다. 다만 도이치 국가민족당이 11석, 공산주의자들이 14석을 더 얻었다. 전체적으로 보아서 여러 해 전부터 진행된 시민적 중도정당들의 붕괴가 멎은 것으로 여겨지는 결과였다.

국가사회당의 후퇴에서 눈에 띄는 것은 이것이 전국적으로 고루 일어난 현상으로 지역적인 패배가 아니라 전체적인 패배를 보여주고 있다는 사실이었다. 지난번 선거에서 가장 강력하고 믿을 만한 지원을 보여주었고, 원래 대도시 소시민 정당의 이미지를 변화시켜주었던, 슐레스비히 홀스타인, 저지 작센, 포메른 같은 농업지역에서도 국가사회당은 상당한 표를 잃었다.[8] 지도자들은 "이 벌어진 틈을 다시 메우기까지 열심히 일하고 싸우겠노라."고 약속하였지만 다음 몇 주 동안 이루어진 지방선거에서도 침체가 계속되었다. 당의 승리의 행진은 끝난 것으로 보였다. 당이 아직도 대단한 약속을 할 수는 있었지만 이제 신화는 아니었다. 당이 평범한 대정당으로 남느냐 아니면 신화로 남느냐 하는 문제가 대두되었다.

파펜의 독재노선

선거 결과에 만족한 사람은 누구보다 파펜이었다. 위대한 개인적 승리를 의식하는 태도로 그는 히틀러에게 묵은 싸움을 그만두고 모든 민족주의 세력의 결속을 시도하자고 제안하였다.

그러나 수상의 자신만만한 어조를 통해 오직 자신이 허약하다는 사실만 더욱 뚜렷하게 의식하게 된 히틀러는 며칠 동안이고 베를린에서 멀리 떨어진 채 통 모습을 드러내지 않았다. 선거가 끝난 저녁에 그는 정부와의 협상에 대한 생각을 일찌감치 떨구어버리라고 호소하였다. 그리고 "일부는 공개되어 있고, 일부는 은폐된 적들이 쓰러지기까지 가열찬 싸움을 계속할 것"을 선포하였다. 적들의 반동적인 정책은 나라를 볼세비즘의 팔에 밀어 넣는 것이라고 했다.

파펜이 공식적인 서한을 보내왔을 때야 비로소 그는 며칠 더 잘 계산된 망설임을 보이고 나서 거부하는 답변을 보냈다. 이번에도 이룰 수 없는 조건들을 여러 개나 붙인 거부였다. 수상은 다른 정당들이 그와 같은 행동을 할 경우 날카로운 거부의사로 받아들였다.

이제 정부는 거의 전국적인 불쾌감을 얻으면서 마지막 남은 대안을 추진하기 시작하였다. 의회를 다시 해산하고 그렇게 해서 위험할 뿐 아니라 비용이 많이 드는 정치적인 유예기간을 한 번 더 만들거나, 아니면 오랫동안 생각해 오던 대로 공식적으로 헌법에 손을 대고, 대통령과 군부의 힘을 빌어서 처음에 국가사회당, 공산당, 그리고 가능하면 다른 정당들도 금지한다는 구상이었다. 그러고 나서 의회의 우파들을 과감하게 잘라버리고 새로운 선거법을 도입하는 것이다. 그리고 힌덴부르크를 일종의 초법적인 권위로 만들어서 그가 소집한 옛 지도층의 대표자들 한가운데 안정시킨다는 구상이었다.

분명하게 실패한 민주적·의회주의적인 '열등한 사람들의 지배'가 있은 다음에 파펜의 주변에서 구상된 새로운 국가는 '우수한 사람들의 지배'를 허용할 것이고, 그럼으로써 국가사회주의식의 야만스런 독재체제를 바로잡게 될 것이라고 생각하였다. 파펜이 10월 12일자 연설에서 몇 가지 부분을 드러내보인 이러한 해결책의 세부사항은 아직 불분명하고 단순한 입장표명에 불과한 것이었지만 그래도 전체적으로 보면 사고 유희의 단계를 이미 넘어선 것이었다. 힌덴부르크의 이웃이며 친지인 늙은 올덴부르크 야누샤우는 반동적인 성향을 노골적으로 드러내면서, 자기와 자기 친구들은 짧은 시간 안에 "도이치 민족에게 헌법을 낙인으로 새겨주어서 민족이 듣지도 보지도 못하게 만들 것"이라고 말했다.[9]

파펜이 "놀이공처럼 정치적·사회적 힘들에 의해서 이리저리 던져지지 않고 그 모든 힘들 위에 굳건히 서 있는"[10] 강력한 국가권력을 만들겠다는 의도를 알리자 그는 갑자기 슐라이허측으로부터 생각지도 않은 저항을 받게 되었다. 장군은 파펜이 광범위한 민족주의 연합을 펼쳐서 히틀러 당을 통제하는 데 쓸모 있는, 유순하고 민첩한 도구라고 여겼기 때문에 그를 기용하였다. 그런데 파펜은 도구가 되기는커녕 히틀러와 성과 없는 개인적인 투쟁상태에 빠졌을 뿐 아니라, 힌덴부르크 대통령의 변함 없는 신뢰를 바탕으로, 여론에 등장하기를 꺼리는 장군에게 쓸모 있게 여겨졌던 유순한 특성마저 잃어버렸다.

슐라이허는 때로 방문객을 향해 이렇게 비웃곤 하였다. "자 이제 무슨 말을 하시겠소, 우리 귀여운 프란츠(파펜)가 자신을 발견했단 말씀이야."[11]

파펜과 달리 그는 1932년의 위기에 몰린 산업국가의 문제점을 기사의 관점에서 보지 않았으며, 국가가 무조건 강해야만 한다고 속좁게 생각하지도 않았다. 그래서 수상의 모험적인 개혁안이 그를 화나게 했으며, 그는 그런 안을 위해서 방위군을 내줄 생각이 없었다. 이러한 계획은 군대를 국가사회당 및 공산당과 내전 비슷한 대치 상황에 빠뜨릴 것이기 때문이다. 국가사회당과 공산당은 거의 1천8백만의 지지자를 등에 업고 어쨌든 백만 단위를 헤아리는 군사적 추종세력을 갖춘 집단이었다. 슐라이허가 결정적으로 전향하게 된 것은, 그 사이 변화된 권력상황에서 국가사회당을 길들이

몰락하는 공화국의 대표자들. 수상 폰 파펜과 그의 후임 수상이 되는 슐라이허가 1932년 여름에 칼 스호르스트 경마장에 모습을 보였다. 왼쪽에는 프랑스 대사인 프랑수아 퐁세.

고 서서히 마멸시킬 확실한 기회를 보았다고 여겼기 때문이다.

그러한 생각을 품은 채 그는 파펜에게 형식적으로 물러서서, 당 지도자들과 '우파 연합 내각'에 대한 협상을 대통령 자신에게 맡기라는 제안을 하였다. 파펜은 11월 17일에 이 제안을 따르면서 속으로는 대화가 실패로 돌아가고 자신이 다시 기용되기를 바랐다. 이틀 뒤에 히틀러는 서둘러 소집된 사람들의 환호를 받으면서 황제궁 호텔에서 불과 몇 미터 떨어진 대통령궁으로 차를 달렸다. 그러나 이 대화도, 이어진 두 번째 회합도 성과 없이 끝났다.

히틀러는 고집스럽게 특수한 전권(全權)을 가진 대통령식 내각을 요구하였다. 그에 반해서 파펜의 조종을 받은 힌덴부르크는 이런 전권을 내놓으려 하지 않았다. 나라가 계속해서 비상사태법에 따라 통치되어야 한다면 파펜을 해임할 아무런 이유가 없다고 주장하였다. 히틀러를 의회의 다수파 정당 정권의 수상으로 임명할 수는 있다고 했다(대통령의 특권을 누가 가질 것인가 하는 문제를 놓고 줄다리기가 벌어지고 있다. 히틀러는 대통령의 특권을 지닌 수상직을 요구하고 있는 데 반해 대통령은 그것을 양보하려고 하지 않는 것이

다 : 역주). 국가사회당 당수가 그런 제안을 받아들일 생각이 없었기 때문에 힌덴부르크의 국무비서관인 마이스너(Meißner)는 11월 24일자 편지로 그에게 통보하였다.

> 매우 존경하는 히틀러 씨, 대통령께서는 당신이 대통령식 내각의 지휘권을 인수할 각오가 되어 있다는 점에 대해서 감사합니다. 그러나 대통령은, 거듭해서 배타적 특권을 강조해 왔고, 대통령 개인에 대해서나 그가 필요하다고 여기는 정치적·경제적 조치들에 대해서 주로 부정적인 입장을 취해 온 정당의 당수에게 대통령의 전권을 넘겨주는 일을 도이치 국민 앞에서 책임질 수는 없다고 생각합니다. 대통령께서는 이러한 상황에서 당신이 이끄는 대통령식 내각이 결국은 일당독재로 넘어가서, 도이치 민족에 존재하고 있는 대립들을 극단적으로 날카롭게 만드는 결과를 초래할까 두려워하고 있습니다. 그는 대통령으로서의 맹세와 자신의 양심에 걸고 그런 일을 초래한 책임을 질 수 없다고 생각합니다.[12]

그것은 또 다른 예리한 비난이었다. "혁명은 다시 닫힌 문 앞에 서 있다."고 괴벨스는 분노한 어조로 적었다. 이번에는 패배가 언론에 알려지는 것만은 막을 수 있었다. (대통령에게 보내는) 상세한 편지에서 그는 상당히 예리한 감각으로 힌덴부르크가 내세운 조건들의 내적인 모순을 분석하고, 1월 30일에 결정되는 해결 방안의 기본적인 윤곽을 처음으로 그려 보았다. 통치방식을 헌법 48조에 따라, 합헌적으로 가결된 전권위임법으로 대체하자는 히틀러의 제안이 특히 대통령궁의 비상한 관심을 끌었다.

그것은 정치적인 거래에 휘말려드는 일에서 힌덴부르크 대통령을 해방시켜주고, 견디기 힘든 책임을 면제시켜줄 수 있는 제안이었다. 이 제안의 무게는 앞으로의 발전 과정에서 지나치게 평가되어서는 안 되겠지만, 마이스너의 편지에서 그토록 분명하게 거부의사를 밝힌 대통령으로 하여금 이 남자의 권력요구에 결국 항복하도록 만드는 데 상당히 기여한 것이었다. 얼마 전까지만 해도 대통령이 고작 체신부 장관 자리를 넘겨주려고 했던 그 남자였다.

슐라이허의 저항과 수상 취임

파펜은 물론 모든 협상이 결렬된 다음에 자신이 다시 수상직으로 복귀되리라고 믿었지만 실망하고 말았다. 그 사이에 슐라이허가 그레고어 슈트라서를 통해서 국가사회당과 접촉을 하면서 국가사회주의자들을 자기가 이끄는 내각에 참여시킬 가능성을 검토하기 시작했기 때문이다. 이런 교활한 계획은, 이 너그러운 제안이 히틀러의 부하들 사이에 상당한 폭발력을 지닌 갈등을 만들어내리라는 생각을 바탕으로 한 것이었다. 슈트라서는 최근 당의 패배를 보고 거듭 양보전략을 주장하는 데 반해서 특히 괴벨스와 괴링이 고집스럽게 모든 '얼치기 해법'에 반대하면서 분산되지 않은 전권을 요구하고 있었기 때문이다.

슐라이허가 정탐을 계속하는 동안 그는 12월 1일 저녁에 파펜과 함께 대통령궁으로 부름을 받았다. 힌덴부르크 대통령에게서 입장표명을 해달라는 요청을 받고 파펜은 자기가 생각하는 대로 국가전복 형식의 헌법개정안을 밝혔다. 이것은 이미 여러 달 동안이나 공개적으로 거론한 다음 거의 형식적으로 대통령의 승인을 요청한 것에 불과하였는데 슐라이허가 갑자기 극적인 반대의견을 펼쳤다. 그는 파펜의 의견을 불필요하고도 위험한 것이라고 말하면서 내전의 위험성을 그려 보였다. 그리고 국가사회당에서 슈트라서 계보를 빼내고, 철모단, 노조, 사회민주당에 이르기까지 모든 주요세력을 모아서 자신이 지휘하는, 당파를 초월한 내각을 만들어야 한다는 의견을 밝혔다. 그러나 힌덴부르크는 이유도 제대로 캐보지 않고 고집스럽게 이 제안을 거부하였다. 자신의 계획은 대통령에게 맹세를 깨는 위험을 피하게 해줄 것이라는 슐라이허의 지적도, 이 늙은 대통령이 총애하는 파펜 수상에 대해서 가지고 있는, 헌법 문제를 초월할 정도의 애착을 흔들어놓을 수는 없었다.

그러나 슐라이허는 패배할 사람이 아니었다. 대담이 끝난 직후 파펜이, 강제력을 통한 헌법개정을 위해서 방위군을 투입할 준비가 되었는지 물어보자 슐라이허는 솔직하게 거부하였다. 그는 이 자리에서도, 그리고 다음날 내각회의에서도 국방부의 연구결과를 지적하였다. 즉 사흘 동안의 전쟁놀이의 결과를 요약하고, 베를린 교통파업에서도 드러났던 국가사회당과 공산당의 힘에 맞서 효과적으로 대응할 만한 힘이 군대에 없다고 단언하였다. 더욱이 총파업과 더불어 동부국경에서 폴란드가 침입해오는 경우를 예상해보면 말할 것도 없다고 했다.

이렇게 해서 그는 거의 스러져가는 소수파의 지원을 받는 수상과 그의 지나치게 대담한 복구계획을 지원하기 위해, 당파를 초월한 방위군을 투입하는 일에 대한 의혹을 드러냈다. 슐라이허의 설명이 내각구성원들에게 미친 강력한 인상을 보자 파펜은 자신이 속았고 웃음거리가 되고 말았다는 사실을 알았지만 지체없이 대통령을 방문해서 새로운 상황을 보고하는 수밖에 없었다. 한 순간 그는 슐라이허의 해임을 요구하고 새로운 국방장관과 자신의 계획을 계속 추진할 결심을 했던 듯하다. 그러나 이번에는 힌덴부르크가 그를 말렸다. 이어서 나온 눈물나는 장면을 파펜 자신이 상당히 분명하게 서술하고 있다.

거의 고통스럽게 울리는 음성으로…… 그는 나를 향했다. '지금 내가 의견을 바꾼다면, 친애하는 파펜, 당신은 나를 악당이라고 여기겠지요. 하지만 나는 내 인생의 마지막에 내전에 대한 책임까지 떠맡기에는 이미 너무 늙었어. 그러니 하느님의 이름으로 폰 슐라이허 씨가 자기 행운을 시험해보라고 놔두는 수밖에 없소.'

이 거구의 강한 남자가 작별하기 위해 내게 손을 내밀 때 두 줄기 굵은 눈물이 그의 뺨 위로 흘러내렸다. 우리의 협동기간이 끝난 것이다. 영적인 교감의 정도는…… 몇 시간 뒤에 장군께서 이별 기념으로 내게 주신 그림 아래에 적힌 '나는 동지를 가졌네!' 라는 헌사를 보면 국외자라도 알 수 있을 것이다.[13]

그러나 그것은, 대통령의 마음을 재빨리 얻고, 또한 '정치적 위기에 사려 깊은 가교를 놓을 마지막 기회를 걸고 승부를 가릴 수 있는'[14] 파펜에게 있어서 사임이었을 뿐 이별은 아니었다. 생각지도 않던 추락에 대해서 그가 느낀 모욕감은, 슐라이허가 이제는 배후의 은신처에서 앞으로 나와서 아무런 보호물도 없이 강렬한 조명을 받게 된 데 반해, 자신은 대통령 곁에 남아서 슐라이허가 해오던 조언자의 역할을 하게 된 것을 보고 상당히 완화되었다.

파펜이 공직에서 사임한 다음에도 국가와 재산을 장악한 사람의 자부심을 가지고 대통령궁과 마당 하나 사이를 둔 수상관저에 계속 살았다는 사실은, 힌덴부르크 대통령과의 '영적인 교감' 못지않게 중요한 일이었다. 마이스너와 오스카 폰 힌덴부르크까지 가세하면 그것은 일종의 집안 공동체였다. 그들은 노회한 슐라이허 장군의 여러 가지 노력들을 차갑고 불쾌한 눈길로 주시하면서 방해하고, 마침내 비싼 대가를 치르고 실패하도록 만든 사람들이었다.

국가사회당의 위기

시국은 슐라이허가 의도한 대로 아주 유리하게 돌아가고 있었다. 히틀러가 직면한 위기는 거의 절정에 도달하였고, 그것은 지금까지 겪은 그 어떤 퇴각보다 무거운 것이었다. 추종세력의 초조감과, 희망은 실망으로 바뀌어서 모든 영역에서 터져나오고, 당은 빚으로 압사당할 지경이었다. 이제까지는 돈 있는 기부자들의 기부금이 없어진 것에 불과했다면, 지금은 채권자들이 불안을 느끼기 시작하였다. 당 기관지들을 인쇄하는 인쇄업자, 제복 재단사들, 옷감 공급업자들, 사무소의 임대인들, 수많은 어음 소지자들이었다.

히틀러는 뒷날 야비한 논리로 이렇게 고백하였다. 당시 자신은 수많은 채무증서에 서명하면서 아무런 걱정도 하지 않았다. 승리하면 지불하기가 쉬울 것이요, 패배하면 지불할 필요가 없게 될 것이기 때문이라고 했다.[15]

거리 모퉁이마다 돌격대원들이 빈둥거리면서 행인들에게 도장 찍힌 모금함을 내밀었다. "마치 전쟁 지휘자가 연금 대신 동냥질 허가증을 내주기라도" 한 것 같았다. "나쁜 나치를 좀 도와주시죠!"라고 그들은 냉소적으로 소리치곤 하였다.

콘라트 하이덴은 얼마나 많은 절망한 돌격대 하위장교들이 적대적인 정당과 신문사로 달려가서, 비밀을 폭로하고 대신 현찰을 받으려고 했는지 알려주고 있다. 당이 승승장구할 때에 큰소리로 불안하게 몰려들었던 오만 가지 기회주의자들이 서서히 자취를 감추고, 불안해 하면서 새로운 냄새를 맡기 시작한 것도 붕괴의 조짐이었다. 그때까지만 해도 히틀러의 아성이었던 튀링겐 지방의회 선거에서 국가사회당은 가장 처참한 패배를 맛보았다. 12월 6일 괴벨스는 일기장에 이렇게 적었다. "상황은 거의 파국적이다. 튀링겐에서 우리는 7월 31일 이후 거의 40퍼센트의 손실을 입었다."[16] 나중에 그는 이 시기에 당 운동이 이대로 무너지는 게 아닌가 하는 의심에 휩싸였다고 공공연히 고백하였다. 그레고어 슈트라서의 사무실(당 조직부)마다 탈퇴서가 수북이 쌓였다.

히틀러의 노선에 대해서도 분명한 회의가 나타났다. 그는 여전히 굽히지 않고 절반의 권력을 거부하였다. 그렇다고 전권을 얻을 능력도 없었다. 슐라이허의 수상 취임은 승리냐 아니면 몰락이냐 하는 그의 최종적인 요구를 한 번 더 거절한 것을 의미했다. 이렇게 모든 패배, 실망, 위기를 넘어서까지 과격한 양자택일에 집착하는 것은 분명히 경탄스런 일관성을 보여주는 것이었다. 그러나 당시 어떤 해설가처럼 히틀러의 고집이 이제 어리석음으로 변했다고 물어볼 만하지 않겠는가?[17]

슈트라서, 프리크, 페더 등이 이끄는 일부 추종세력은 '권력'에 접근할 수 있는 가장 유리한 순간은 이미 지나가버렸다고 여겼다. 당에 많은 이점을 가져다주었던 경제위기는 아직 완전히 극복되지 않았고, 실업자 수는 '눈에 보이지 않는' 부분을 포함해서 1932년 10월에 벌써 875만 명에 이르렀다. 그리고 이제 바야흐로 앞을 내다볼 수 없는 과격한 효과를 불러올 혹독한 겨울에 진입하는 중이었다.

그렇기는 해도 전문가들의 판단에 따르면 처음으로 어느 정도 믿을 만한 지표들이 전환점을 가리켜 보였다. 외교정책상으로도 그토록 오랫동안 질질 끌어오던 협상이 진척되고 있었다. 히틀러의 표어인 전부냐, 무냐 하는 것은 슈트라서 일파가 정확하게 인식하였듯이 합법화 전략에 모순되는 것이었다. 슐라이허가 다시 의회를 해산하고 새로운 선거를 준비할지도 모른다는 구체적인 두려움들은 사라졌다. 당은 물질적으로나 심리적으로 새로운 선거를 감당할 힘이 없었다.

슈트라서가 어떤 추종세력을 지배하고 있었는지, 그리고 그들이 당수의 명령을 어기면서까지 무엇보다 정치기구 책임자인 그를 따를 준비가 어느 정도나 되어 있었는지 분명히 밝혀지지 않는다.[18] 여러 가지 견해들 중 하나는 이런 추측을 하고 있다. 히틀러가 처음에는 고집을 굽히고 슈트라서의 입각에 동의하려고 했을 것이다. 그런 방법은 적어도 그 자신의 절대권력의 요구를 지켜주면서 당을 권력 주변에 둘 수 있기 때문이다. 그러다가 괴링과 괴벨스가 히틀러를 원래의 노선으로 되돌려놓았을 것이라는 추측이다. 또 다른 전문가들에 따르면 그는 자신의 노선을 '냉정하고 분명하게' 유지하였다고 한다. 슐라이허가 자신의 '반자본주의적 동경의 내각'[19]구성을 위한 협상에서 슈트라서에게 부수상과 노동부 장관 자리를 제안하였고, 그 대가로 당을 둘로 가르는 일에 동의를 받으려고 했다는 것이다.

슈트라서가 히틀러를 속이려는 생각을 하기나 했는지, 아니면 그는 다만 자의식 강한 당내 2인자의 권리의식에서 협상을 시작했을 뿐인지 명확하지 않다. 예컨대 슐라이허에게 자신을 비행부 장관으로 임명하라고 요구했다는 괴링과 결국 같은 행동을 한 것인지도 분명하지 않다. 비밀 담합설, 약속에 대한 암시들, 여러 가지 주장 등이 혼합된 가운데 믿을 만한 기록문서가 전해지지 않고 있으며,[20] 단순히 뒤죽박죽 음모, 여러 가지 모함들, 혐의, 분노한 경쟁 등만이 입증되고 있다. 이것이야말로 이념적으로 동원력이 있고, 지도자 이념과 충성 원칙에 입각하고 있으며, 언제나 실무적인 고려가 아니라 오직 개인적인 고려에서만 결정을 내렸던 당의 어두운 얼굴이었다. 히틀러를 둘러싼 당 지휘부는 마지막까지 격분한 채 서로 싸우는 친위병 무리로 남아 있었다. 그들은 어느 때인가는 모두가 모두에 대해서 적대적으로 될 판이었다.

당이 무너지는 날이면……

튀링겐에서 손실이 큰 선거가 있고 난 다음 12월 5일에 황제궁 호텔에서 열린 지도자 대회에서 격렬한 대립상황이 벌어졌다. 그 과정에서 슈트라서는 공공연히 프리크에 의해서 곤경으로 몰렸고, 모든 것을 유린하는 히틀러의 연설의 힘에 밀려서 고립상태에 빠져들었다. 이틀 뒤에 그는 같은 자리에서 한 번 더 수많은 비난의 폭포를 겪고 음험함, 배신, 충성 남용이라는 비난을 받았다. 아마도 히틀러의 비난과, 자신의 변명에 대한 회의 참석자들의 반응을 보고 슈트라서는 자신의 노력이 전혀 전망이 없다는 사실을 깨달았던 것 같다. 어쨌든 그는 시끄러운 소동이 벌어진 동안에 자신의 물건들을 챙겨서 말도 인사도 없이 슬며시 방을 떠났다. 호텔 방에 도착해서 그는 히틀러에게 긴 편지를 썼다. 그 편지는 지난 여러 해 동안의 그들의 관계를 요약하고, 구제불능으로 괴벨스와 괴링의 영향을 받은 당의 선동적인 과격화정책을 비난하고, 히틀러의 일관성 없음을 비난하고, 그가 결국 '폭력행위와 도이치의 폐허 더미로' 이끌어 가게 될 것이라고 예언하였다.[21] 그러고 나서 체념과 혐오감을 느끼면서 모든 당직에서 사퇴를 선언하였다.

이 사직서는 당을 절망적인 침체상태로 몰아넣었다. 특히 편지에 슈트라서의 앞날의 의도가 전혀 밝혀져 있지 않아서 더욱 심했다. 슈트라서의 가장 가까운 추종세력인 에리히 코흐(E.Koch), 쿠베(Kube), 카우프만, 레벤틀로브 백작, 페더, 프리크, 슈퇴어(Stöhr) 같은 사람들만 어떤 표지를 기다렸던 것이 아니라, 히틀러도 잔뜩 신경이 날카로워져서 공식적인 토의에서 의견차이를 조정할 준비를 하였다. 그러나 슈트라서를 찾을 수 없게 되자 불안은 점점 커졌다. 괴벨스는 이렇게 적었다. "저녁에 지도자는 우리집으로 왔다. 분위기가 제대로 잡히지를 않았다. 우리 모두 의기소침했고, 당 전체가 분열되고 그 동안 해온 모든 일이 허사가 될 위험 때문에 그랬다. 우리는 결정적인 시련 앞에 서 있다." 나중에 자신의 호텔 방에서 히틀러는 갑자기 침묵을 깨고 소리쳤다. "당이 무너지는 날이면 나는 3분 안에 권총으로 끝을 내고 말겠어."[22]

슈트라서 위기가 당을 폭파시키려고 했다. 1932년 12월 5일 황제궁 호텔에서 열린 지도자 대회. 왼쪽부터 괴링, 프리크, 히틀러, 그레고어 슈트라서.

그러나 그렇게 열심히 찾았던 두려운 슈트라서, 한 순간 당의 운명을 자기 손에 쥔 것으로 보인 슈트라서는 그날 오후를 친구와 함께 맥주를 마시면서 보냈다. 체념한 사람의 편안한 심정으로 그는 여러 해 동안이나 억눌렸던 울분을 토하고 욕하고 한숨 쉬고 들이켰다. 그러다가 지친 모습으로 저녁 기차에 올라타 자신을 녹초로 만든 히틀러 곁을 떠나 휴가길에 올랐다. 자신의 추종세력은 아무런 방책도 없이 남겨놓았다. 이러한 체념의 원인은 무엇보다도 여러 해 동안이나 무조건적인 추종이 가져온 해악의 작용으로 보아야 할 것이다. 그레고어 슈트라서는 너무나 오랫동안 충성을 다해 왔기에 이제 독자적으로 설 수 없게 된 것이다.

슈트라서의 퇴직이 채 알려지기도도 전인 다음날 벌써 히틀러는 당내 그의 계파를 파괴하기 시작하였다. 번개처럼 빠르게, 독특하고 격렬한 확고함으로 그는 명령과 호소를 하였다. 돌격대 위기의 해법 모형에 알맞게 그는 슈트라서가 맡고 있던 정치기구를 스스로 떠맡고 벌써 여러 해 전 하노버에서 맹목적인 충성을 입증하였던 로버트 라이(R. Ley)를 참모로 임명하였다. 개인 비서인 루돌프 헤스를 제3자의 권력욕에 맞서기 위한 경쟁기관인 정치부 중앙 사무처장으로 승진시켰다. 나아가서 농업과 국민교육 담당영역들이 각기 독립되어 다레(Darré)와 괴벨스에게 맡겨졌다.

이어서 히틀러는 간부들과 당소속 의원들을 의회의장인 헤르만 괴링의 관저로 소집해서 감동적인 충성서약을 하도록 만들었다. 이어서 자기가 언제나 슈트라서에게 신의를 다하였는데, 그는 언제나 자기를 향한 신의를 깨뜨렸으며, 당을 파멸의 가장자리로 이끌어 넣었다고 하였다. 승리 직전에도 이런 표현이 나오고 있는 것이다. 그가 정말로 흐느끼면서 머리를 책상에 부딪쳐서 절망의 연기를 했는지 분명하게 확인되지는 않지만 괴벨스는 "그토록 강력한 개인적인 고민으로 해서 보는 이의 가슴을 뜨겁게 만들었다……. 여러 해 전부터 당에서 흔들리지 않고 싸우고 일해 온 오랜 동지들은 분노와 고통과 수치로 눈에 눈물이 고였다. 오늘 저녁은 운동의 단합을 위해 아주 위대한 성과를 거두었다."

히틀러는 슈트라서 추종자들 중 단 한 사람도 이러한 열정적인 압도의 장면에서 빼놓지 않았다. 모든 사람들에게 그는 공공연하게 굴종의 행동을 요구하였다. "모두들 그에게 손을 내밀고 약속하였다. 무슨 일이든지 닥칠 테면 닥쳐라, 그와 더불어 계속 싸워나갈 것이며, 목숨을 걸어야 하는 일이라 하더라도 위대한 일에서 물러서지 않을 것이라고. 슈트라서는 이제 완전히 고립되었다. 죽은 사람이다."

상대방의 무기력

그와 더불어 히틀러는 한 번 더 생애의 커다란 위기를 극복하였다. 그리고 붕괴와 해체를 오히려 추종 강화의 계기로 만드는 놀라운 재능을 한 번 더 입증하였다. 그에게 싸움도 타협도 강요하지 않은 슈트라서가 물론 그의 성공을 쉽게 만들어주었고, 편리하게도 지난 몇 달 동안의 실패에 대한 속죄양 노릇을 해주었다. 그러나 히틀러의 적대자들이 싸울 줄을 모르고 감정을 억누르면서 체념하고, 어깨를 으쓱하며 직무에만 골몰하였다는 사실 또한 히틀러의 상승에 나타나는 동반현상의 하나였다. 힌덴부르크의 마음이 돌아서자마자 브뤼닝이 그랬고, 7월 20일에는 세베링이나 체진스키도 그렇게 빨리 체념하였다. 이제는 슈트라서와 그의 도당, 그리고 후겐베르크와 다른 사람들 차례였다. 그들 모두 그의 분노 앞에서 막대기를 내던지고 가버렸다. 히틀러와 달리 그들은 권력을 향한 정열이 없었다. 한 번의 위기는 그들에게 패배나 마찬가지의 의미였다. 그에 반해서 그에게 있어 위기는 싸움을 위한 기회이며 새로운 확실성을 향한 출발점이 되곤 하였다. "속지 맙시다." 하면서 그는 시민적인 적수의 유형을 날카로운 경멸감으로 묘사해냈다. "그들은 우리에게 저항하려 하지 않습니다. 저쪽에서 하는 모든 말 속에 우리와 타협하자는 외침이 들어 있습니다 …… 그들은 권력을 열망하고 권력을 차지하고 기쁨을 느끼는 남자가 아닙니다. 그들은 의무와 책임에 대해서만 말하지요. 그들은 조용한 가운데 꽃을 보살피고, 습관이 된 시간에 낚시하러 가고 그밖에는 경건한 관찰을 하면서 삶을 보낼 수만 있으면 대단히 행복해 하는 사람들입니다."[23]

1932년 12월 위기는 바로 이러한 오만불손한 이미지를 확인해준 것이었으며, 전쟁의 시기에 이르기까지 패배와 붕괴에서 일어서서 승리자의 확신을 가질 필요가 있을 때마다 사람들을 자극하기 위한 예로 인용되곤 하였다. 히틀러는 과거를 돌아보며 이렇게 사람들의 용기를 북돋우곤 하였다. 당시 자신은 "전혀 다른 낭떠러지들 사이를 지나가야 했으며, 존재냐, 존재하지 않느냐 하는 양자택일에 부닥친 것도 여러 번이었다."는 것이다.

슈트라서 사건과 더불어 국가사회당의 정치적 위기가 극복된 것은 전혀 아니었다. 괴벨스가 쓴 일기장은 다음 몇 주 동안에도 계속해서 낙담의 표현들로 가득 차 있으며, '수많은 싸움질과 불화'를 기록하고 있다. 당 지도부, 특히 히틀러, 괴벨스, 괴링, 라이 등은 당원들의 사기와 신뢰감을 회복하기 위해 주말이면 관구들을 방문하였다. 대규모 선거전의 시기에 그랬던 것처럼 히틀러는 하루 네 번까지 멀리 떨어진 도시에서 연설을 하곤 하였다. 재정적인 결핍은 끝이 없었다. 베를린 관구에서는 당 직원들의 봉급을 줄였고, 국가사회당 소속 프로이센 지방의회 의원들은 의회 심부름꾼들에게 크리스마스 팁도 주지 못했다.

12월 23일에 괴벨스는 이렇게 기록하였다. "무시무시한 고독이 어두운 절망처럼 나를 덮친다!"

해가 바뀔 무렵 〈프랑크푸르트 신문〉은 '국가사회당의 마법에서 풀려나는 것'을 축하하였다. 반면 영국 좌파의 지도적 지식인인 해럴드 래스키(H. Laski)는 이렇게 확인하였다. "국가사회주의자들이 생명이 위험하다고 묘사하던 시간은 지나갔다…… 우연이 사태를 바꿔놓지만 않는다면 늙은 히틀러가 바이에른의 시골 구석에 처박혀서 저녁이면 맥주집에서 친구들에게 자기가 한때는 도이치 제국을 뒤집어엎을 뻔한 이야기를 들려주면서 생을 마감하는 일도 현재로서는 불가능한 일이 아니다."[24] 그에 대한 답변이기라도 한 것처럼 괴벨스는 불쾌한 몸짓으로 이렇게 썼다. "1932년은 영원한 악운의 실타래였다. 그것을 조각내 부수어야 한다…… 모든 전망과 희망들이 완전히 사라졌다."

파펜의 음모

그 순간에 그 누구도 예측하지 못한 가운데 갑작스러운 변화가 나타났다. 슐라이허가 아무리 영리하게 수상 직무를 시작하였다 하더라도 그는 벌써 모든 파벌들 사이에서 이러지도 저러지도 못하는 처지에 빠졌다. 내각을 출범시키면서 그는 스스로 '사회주의적 장군'이라고 소개하였지만 노동자들을 향한 그의 고백은 사회민주당을 자기 편으로 끌어들이지 못했다. 기업가들은 그런 고백에 대해서 그를 괘씸하게 여겼다. 농부들은 노동자를 선호한 것에 대해서 분노하였고, 대지주들은 예고된 신도시 프로그램에 대해서 거대한 계급의식으로 맞섰다. 그것은 이미 브뤼닝을 몰락시킨 세력이었다. 게다가 그의 통합 노력은 너무나 직접적이었고, 음모술수에 능한 장군은 믿을 만한 통합 조정자도 아니었다. 그가 예고한 계획경제의 이념들, 노동조합을 향한 접근 시도, 혹은 의회상태의 회복을 위한 노력 등 이 모든 것은 정직한 것이었을지도 모르지만 그에게는 오직 불신과 저항만이 돌아왔다.

슐라이허가 표명한 낙관론은 수많은 적대자들이 자기에 대항하여 하나로 뭉칠 처지에 있지 않다는 생각에 근거한 것이었다. 그가 그레고어 슈트라서와 함께 벌였던 음모는 일찌감치 실패하였다. 그러나 그 사건은 사기를 잃고 빚에 쪼들리고 있던 국가사회당의 응집력에 무거운 손상을 입혔다. 히틀러의 도움 없이는 반정부 전선이 아무런 폭발력도 갖지 못할 것이었다. 그러나 손상을 입은 히틀러는 아직 동맹을 맺을 상대로 여겨지지 않았다.

슐라이허의 이 모든 생각들을 꿰뚫어보고 국가사회당에 예기치도 않은 기회를 마련해준 사람은 다름아닌 프란츠 폰 파펜이었다. 슐라이허의 경쟁 상대자들이 마침내 히틀러를 '공동대표'로 점찍은 것이다.[25]

슐라이허 장군이 수상이 된 지 2주 만에 벌써 파펜은 쾰른의 은행가인 쿠어트 폰 슈뢰더(K. v. Schroeder)에게 국가사회당 당수와 만나고 싶다는 의견을 전달하였다. 이 접촉은 그레고어 슈트라서와의 결별과 맞물려 있다. 그것은 산업계의 후원자들이 슈트라서 사건을 당 내에서 혁명적이고 반자본주의 분위기가 극복된 것은 아니라도 어쨌든 그 수뇌가 제거되었다는 사실로 받아들였다는 것을 암시하고 있다.

11월 의회선거가 강화시켜준 공산당의 목소리가 나날이 커진다는 사실도 히틀러에 대한 기업가들의 망설임을 없애는 데 기여하였다. 더욱이 국가사회당의 선전은 이런 구호를 담고 있었다. 당이 내일이라도 무너지면 모레 독일에는 벌써 1천만 명의 공산당이 더 생긴다는 것이다. 슈뢰더는 쾰른 신사클럽의 대표로서 라인 중공업계에 상당한 인맥을 형성하고 있었다. 그는 전에도 히틀러를 위해서 활동적으로 일을 벌인 적이 있었고, 1932년 11월 히얄마르 샤흐트가 히틀러의 권력요구와 관련된 청원서를 낼 때도 거기 서명했다. 당시 파펜은 날카로운 어조로 그것은 있을 수 없는 일이라고 거부했지만 지금 슈뢰더가 1월 4일에 히틀러와 약속이 되었다고 알리자 즐겁게 수락하였다.

쾰른 회담

엄격한 비밀조치 아래서 이루어진 대화는 1932년 8월 13일의 굴욕을 문제시하는 히틀러의 분노와 비난에 찬 독백으로 시작되었다. 얼마 동안 시간이 지난 뒤에야 겨우 파펜은 대통령이 히틀러를 수상에 임명하는 것을 거부한 것은 모두 슐라이허의 책임이라고 돌리면서 말을 할 수 있게 되었다.

그는 자신과 히틀러 사이에 일종의 양두제(兩頭制) 성격으로 도이치 국가민족당과 국가사회당의 연합을 제안하였다. 슈뢰더가 뉘른베르크에서 말한 것에 따르면 히틀러는 다시 '긴 연설'을 하였다. "그는 자신이 수상으로 임명될 경우 혼자서만 정부의 수반이 되겠다는 입장에서 벗어날 수 없다고 단언하였다. 파펜의 부하들은 많은 변화의 정책을 함께 마련할 준비가 되어 있을 경우 장관 자격으로 자신의 내각에 들어올 수가 있다고 했다. 그가 암시한 변화들 중에는, 사회민주당, 공산당, 유대인들을 독일의 지도적 위치에서 쫓아내겠다는 내용과 공공생활에서 질서를 회복하겠다는 내용이 포함되어 있었다."[26] 이야기가 계속되면서 히틀러는 슐라이허가 의회를 해산할 권한이 없다는 것, 따라서 국가사회당은 선거를 다시 치를까 걱정할 필요가 없다는 아주 소중한 정보를 얻었다.

이 만남을 가리켜 '제3제국의 탄생 순간'이라고 부르는 것은 상당히 타당한 일이다.[27] 이 순간부터 1월 30일에 이르기까지 인과적인 사건들이 연속적으로 일어나기 때문이다. 1월 30일은 쾰른에서 이 순간 처음으로 윤곽이 잡힌 연합의 표지를 지니고 탄생하였다. 이 만남은 히틀러의 야심을 지원해 온 기업가들에게 새로운 빛을 주었다. 대화가 끝날 무렵 파멸에 가까운 당의 재정상태에 대한 이야기와 빚을 청산하기 위한 구체적인 조치들이 논의되었는지는 아직도 확실하지 않다. 그러나 이러한 회담 자체가 이미 당의 지불능력을 회복시켰고, 채무 자체를 하찮은 것으로 되돌려버렸다.

1월 2일만 해도 국가사회당의 세무 고문관이 베를린 재무부에, 당이 독립성을 포기할 경우에만 세금을 지불할 처지에 있다고 보고했다. 이제 괴벨스는 당이 '다시 호황기에' 들어섰다고 적었다. 흔히 주장되는 대로 그것이 재정상태를 '갑작스럽게 개선' 시키지는 않았더라도 어쨌든 "조직의 나쁜 재정상태를 걱정할 마음은 전혀 없다. 이번에 일이 제대로만 된다면 그 모든 것은 아무것도 아니게 될 것이다."[28]

퀼른 회담이 국가사회주의자들의 자신감과 승리의 기대를 회복시켜준 만큼 슐라이허와 그의 정부에는 결정적인 일격이 되었다. 다가오는 위험을 의식하고 수상은 돌아가면서 언론에 정보를 주고, 이어서 힌덴부르크에게 청원하였다. 대통령이 앞으로는 파펜을 자기가 있는 자리에서만 만나 달라는 청에 대해서 그는 엉뚱한 대답을 들었다. 처음으로 자기 위치가 약하다는 사실이 분명해졌다. 힌덴부르크 대통령은 국가기관이나 올바른 직무수행의 원칙들을 자신의 '젊은 친구' 파펜보다 우선할 마음이 없다고 했다. 그는 대담한 매력을 가지고 있으며 아주 훌륭한 이야기꾼이었다.

이번 만남에서 파펜이 이미 대통령을 자기 편으로 삼았다는 사실이 분명해졌다. 그는 사실과 다르게 히틀러가 마침내 양보하고 정부 권력을 혼자서 차지하겠다는 요구를 철회하였다고 보고하였다. 그러나 파펜이 제멋대로 한 것을 나무라기는커녕 대통령은 "이런 설명(슐라이허의)이 맞을 리가 없다고 생각했다."고 말하고, 히틀러와 사적으로 친밀한 접촉을 유지하라고 부탁하였다. 마지막으로 그는 자신의 국무비서인 마이스너에게 파펜의 의무에 대해서 슐라이허에게 아무 말도 하지 말라고 지시하였다. 대통령 자신이 자기 수상에 반대하는 음모에 말려들어간 것이다.[29]

모든 정치의 끝

이미 형성중이던 파펜—히틀러 공동전선은 곧 이어서 효과적으로 강화되었다. 슐라이허가 점점 약해지는 자신감을 가지고 슈트라서, 노동조합, 정당들을 얻기 위해 애쓰고 있는 동안 1월 11일에 지주연맹 대표가 대통령궁을 방문해서 정부가 보호무역 정책을 취하지 않는다고 심한 불만을 토했다. 이러한 불만의 뒤에는 브뤼닝 수상이 만들었고 최근 재개된 신도시 계획에 대한 지주들의 근심이 숨어 있었다. 또한 그 동안 수많은 지주들에게 부당한 이익을 가져다주었고, 착취 행위를 통해서 인기 없는 공화국에 근본적인 고민을 만들어준 동부 보조금에 대한 의회의 검토에 대한 근심이 숨어 있었다. 각료들이 참석한 회의에서 대통령은 대지주들의 이익 대변자 노릇을 하였다. 슐라이허가 금세 구속력이 있는 수긍을 해주지 않자, 목격자의 보고에 따르면 노이데크의 지주(힌덴부르크)는 주먹으로 책상을 내리치면서 최후 선언을 하였다. "폰 슐라이허 수상, 당신에게 청원하는 겁니다. 그리고 당신은 퇴역장교이니 청원이란 명령의 부드러운 형식이라는 사실을 아실 테지. 오늘 밤이라도 내각을 소집해서 법을 제정하고 내일 서명할 문서를 내게 보내달라는 말이오."[30]

슐라이허는 처음에 대통령의 압력에 굴복할 준비가 되어 있었던 듯하다. 그러나 몇 시간 뒤에 지주연합의 선동적인 결정을 알게 되자, 도전을 받아들이고 갑자기 협상을 결렬시켜버렸다. 그러고 나서 이틀 뒤 그가 반동적인 후겐베르크에게 경제장관직을 거절하고 자신의 사회정책적인 생각들을 강행하였을 때 모든 것이 흔들리게 되었다. 이제 보수파도 그의 반대편에 섰다.

사회민주당은 이 '장군'에게 처음부터 일체의 지원을 거절하였고, 노조지도자 라이파르트(Leipart)가 슐라이허와 협상하는 것도 방해하였다. 히틀러의 판단에 따르면 사회민주당은 스스로의 이념적 상투어와 어설픈 사상으로 장식된 평이한 생각들에 걸려 넘어졌다. 반대편의 보수적인 유명인사들이 '역사적 권능'이라는 특별의식을 가지고 있었다면, 사회민주당은 역사철학적 기반을 가진 자기만족에 빠져서 기계적으로 작용하는 진보에만 매달렸다. 그들은 히틀러가 해방된 질서의 최종적인 실현에 앞선 짧은 우회로라고 여겼다.

슐라이허는 분명히 수많은 간계들과 정부기구에 어울리지 않는 음모들을 꾸며서 자신의 신용을 잃어버렸다. 그러나 이것만으로는 그를 히틀러보다 더 믿지 못할 충분한 원인이 되지는 않는다. 사회민주당 지도부가 장군을 몰락하도록 내버려둔 냉담성에는, 전통의 표상에 전혀 맞지 않았던 이 국가에 반대하는 전통의 어떤 신중성이 드러나 있다. 어쨌든 이 모든 신중성, 불쾌감, 반대를 통해서 슐라이허가, 권력의 문 앞에서 초조하게 기다리는 히틀러에 대항하여 그나마 마지막 남겨진 대안이라는 인식이 붕괴되고 말았다. 대연정이 붕괴된 뒤 몇 해 동안 사회민주당은 거의 주도권을 쥐지 못했다. 이제 사회민주당이 한 번 더 벌떡 일어섰지만 그럼으로써 얼마 남

지 않은 공화국의 마지막 생존 기회마저 없앴을 뿐이다.[31]

약아빠진 수상은 기대보다 빠르게 출구 없는 상황에 직면하게 되었다. 그는 근본적으로는 올바른 자기 생각에 적합한 인물이 아니었다. 일자리를 만들어내기 위한 정책은 기업가들을, 신도시 정책은 지주들을, 그의 출신은 사회민주당을, 슈트라서를 잡으려는 생각은 국가사회주의자들을 적으로 만들었다. 헌법개정은 실현 불가능하게 되었고, 마찬가지로 의회를 가진 정부도, 의회 없는 정부도, 혹은 폭력 투입도 실현 불가능하게 되었다. 정치 자체가 그와 더불어 종말에 이른 듯했다. 슐라이허가 수상직에 계속 남아 있을 수 있었던 것은 다만 모반자들이 새로운 내각을 위한 교섭을 아직 끝내지 못했기 때문이었다. 이제 내각조직 문제는 반쯤 가려진 상태에서 열렬히 이루어지는 활동의 대상이었다.

히틀러는 자신의 협상 위치를 강화하고 국가사회당의 권력요구를 뒷받침하기 위해서 1월 15일로 예정된 리페 지역 지방의회 선거를 위해 모든 힘을 다 쏟아부었다. 비용이 가장 많이 투입된 선거전에서 그는 한 번 더 유명한 당 연설가들을 전부 오인하우젠(v. Oeynhausen) 남작의 성에 소집해서 저녁마다 그들을 물밀듯이 투입하였다. 첫날 괴벨스는 "아주 작은 시골 마을까지 합해서 세 번 연설하였다." 히틀러 자신도 며칠 사이에 열여덟 번의 집회에서 연설하였다. 여러 번이나 아무것도 모르는, 혹은 냉담한 경멸감에 부딪쳐본 확고한 심리적 눈길을 가지고 그는 이 선거가 가진 기회의 의미를 파악하였다. 처음부터 선거결과가 권력을 얻기 위한 싸움에서 결정적인 시련 과정이라는 생각으로 선거전을 펼쳤다. 실제로 여론은 이런 관찰 방식을 갖지 않을 수가 없었다. 약 10만 명 유권자들의 투표인 이 작은 지역선거가 마치 '6,800만 인구의 정치적 미래'에 대한 신의 판결인 것처럼 모두들 기다렸다.[32]

이렇게 엄청난 투입에 알맞게 히틀러는 1월 15일에 전 해 7월 선거 이후 최초의 승리를 기록할 수 있었다. 당은 39.5퍼센트의 표를 얻어서 전해에 리페에서 얻었던 득표수에는 미치지 못했다. 그리고 사회민주당을 포함한 민주당 계열 정당들은 모두 합쳐서 히틀러 당보다 더 많은 표를 얻었다. 그러나 국가사회당의 엄연한 승리였다. 대통령을 비롯한 여론은, 이 결과를 비할 바 없는 노력의 결실로 보지 않고, 또한 탈진해서 대규모 선거전을 펼칠 능력이 없는 국가사회당에게 작은 선거라는 점이 유리하게 작용하였다는 상황의 이점을 고려하지도 않고서, 이것을 히틀러 정당이 패하지 않는다는 영광을 되찾은 것이라고 여겼다.

히틀러가 1월 18일 최근 자기에게 합류한 주류상 요아힘 폰 리벤트로프(J. v. Ribbentrop)의 베를린 달렘에 있는 집에서 프란츠 폰 파펜을 만났을 때 높아진 자신감으로 수상직을 요구하였다. 그렇게 되면 대통령에 대한 자신의 영향력을 높일 것이라는 파펜의 대답으로 회담은 결렬 위기에 빠졌다.

며칠 뒤에 번거로운 비밀유지 조치 아래서 대통령 아들이 참석한 가운데 회담이 다시 진행되었다. 히틀러와 그 수행원들은 어둠 속에서 마당을 통해서 리벤트로프의 집으로 들어가고, 오스카 폰 힌덴부르크와 국무비서 마이스너는 처음에 보란 듯이 오페라에 참석하였다가 휴식 시간이 끝난 직후에 로열석을 떠났다. 파펜은 리벤트로프의 자동차로 호송되었다.

모든 참석자가 다 모이자마자 히틀러는 대통령 아들을 옆방으로 불러냈다. 마이스너의 참석을 고집하였던 오스카 폰 힌덴부르크는 그로써 고립되었다.

오늘날에 이르기까지 약 두 시간에 걸친 둘만의 대담에서 어떤 이야기가 오갔는지 전혀 확실하지 않다. 자신의 전략적인 방법에 알맞게 히틀러는 아마도 적절한 위협과 매수를 뒤섞어서 대통령 아들을 자기 편으로 붙잡으려고 애썼을 것이다. 그중에는 아마도 국가사회당측에서 이미 되풀이해서 확언했던 것으로 프로이센에 대한 정부측의 쿠데타 행동의 책임을 물어 힌덴부르크를 고발하겠다는 내용이 포함되었을 것이다. 그리고 힌덴부르크 일가가 노이데크 영지를 양도하면서 나온 탈세 소문을 국가사회당이 밝혀낼 것이라고 오스카에게 암시했으리라는 생각도 해볼 수 있다.[33] 나아가 히틀러의 최면적인 힘도 기회주의적인 대통령 아들에게 분명히 영향을 주었을 것이다. 어쨌든 리벤트로프의 집으로 들어설 때는 히틀러에 대해 주저하던 오스카가 돌아오는 길에는 마이스너에게, 이제 다른 가능성은 없다, 히틀러가 수상이 되어야 한다, 게다가 파펜 자신도 부수상직에 동의를 하지 않았느냐고 말했다.[34]

슐라이허는 이때쯤 해서야 비로소 상황의 전체적인 위험성을 간파한 듯하다. 1월 23일에 그는 힌덴부르크 대통령에게, 국가사회당을 분열시키고 의회의 비중에 따라 내각을 조직하려는 자신의 의도는 실패하였다고 솔직하게 털어놓았다. 이어서 대통령에게 의회를 해산하고, 국가비상사태를 선포하고, 국가사회당과 공산당의 금지령을 선포할 전권을 청하자 힌덴부르크 대통령은 12월 2일의 대립을 상기시켰다. 그 당시 파펜이 비슷한 해결책을 제안했지만 슐라이허의 반대에 부딪쳐서 좌절되었다. 상황이 변했다는 수상의 암시를 늙은 대통령은 들으려 하지 않았다. 그리고 마이스너와 의논한 다음 슐라이허의 제안을 거절하였다.

예상대로 대통령 주변세력은 지체없이 슐라이허의 의도를 여론에 흘렸다. 사방에서 격렬한 항의가 쏟아져 들어왔다. 국가사회주의자들은 짐짓 화난 태도로 국가 쿠데타 계획 '슐라이허 최고(Primo de Schleicheros)'를 비난하였다. 공산당원들도 당연한 일이지만 화를 냈다. 수상은 민주적 중도당에서도 나머지 위신을 잃고 말았다.

한 목소리로 나오는 이런 반응이 힌덴부르크에게 영향을 주지 않을 리 없었고, 그래서 히틀러 내각의 계획에 더욱 마음이 쏠리게 되었다. 1월 27일에 괴링이 대통령궁으로 마이스너를 찾아와서 '존경하는 사령관 각하께' 히틀러는 슐라이허와는 반대로 법을 깨뜨림으로써 대통령의 양심을 부담스럽게 하지 않고 엄격하게 헌법을 준수할 것이라는 사실을 알려달라고 부탁하였다.[35]

포위 작전

그 사이 파펜은 끈질기게 계획을 더욱 앞으로 밀고 나갔다. 이 시점에서 그의 계획은 장래의 내각조직에 도이치 국가민족당을 참여시키고, 대통령과 가까운 철모단 지도자를 참여시켜서 이 계획을 대통령이 받아들이도록 만드는 데 집중되었다. 도이스터베르크(Deusterberg)는 이른바 히틀러 내각의 '절박한 필요성'에 대해서 결정적으로 반대하였지만 젤테와 후겐베르크는 파펜의 계획에 동의하였다. 지난 몇 해 동안의 경험에서 아무것도 배우지 못한 후겐베르크는 "어떤 일도 일어날 리가 없다."고 선언하였다. 힌덴부르크는 대통령 및 방위군 최고통수권자 자리에 남고 파펜이 부수상이 되고 후겐베르크 자신은 경제분야를, 젤테는 노동부를 맡자는 제안이었다. "그러니까 우리가 히틀러를 포위하자는 겁니다."[36]

힌덴부르크의 흔들림

힌덴부르크는 지치고 혼란스러운 가운데 어쩌다 사태를 제대로 바라볼 능력이 생기곤 하였다. 그는 물론 이 시점에도 여전히 히틀러를 부수상으로 한 파펜 내각만을 생각하고 있었다. 육군 사령관 하머슈타인(Hammer-stein) 장군이 1월 26일에 정치적인 움직임에 대한 우려를 나타냈을 때 힌덴부르크는 "극히 예민하게 정치적인 영향을 일체 거부하였지만 아마도 나를 안심시키기 위해서인 듯 오스트리아 상병을 국방장관이나 수상으로 임명할 생각은 조금도 없다고 말했다."[37] 그러나 다음날 파펜이 나타나서 대통령에게 파펜 내각은 불가능하다고 설명하였다. 힌덴부르크는 이제 히틀러의 임명에 반대하는 유일한 세력이었다.

다음날 하루 동안에 어떤 사정이 전기를 마련했는지 세부적으로는 알 수가 없다. 측근세력의 강력한 설득 노력이나 국가사회당의 위협, 대지주와 우파 그룹의 개입이 아주 성과가 없었던 것은 아니다. 그 사이에 그 누구에게서도 슐라이허라는 이름이 대안으로 떠오르지 않았다는 사실도 한몫 하였다. 응석받이 재주꾼 파펜이 새로운 정부에는 우파 대표들이 빠짐없이 참석할 것이라고 약속한 것도 대통령에게 작용을 하였다. 피로에 지친 힌덴부르크가 '노동조합 간부들의 지배'라고 여겼던 상태에 끝을 내고 우파 방식으로 통치하자는 것이 슐라이허 이전 브뤼닝 수상을 해임할 때 가장 결정적인 동기의 하나였다. 힌덴부르크가 한 번 더 자문을 구한 정당의 당수들도 슐라이허에게 반대하고 파펜을 다시 수상으로 임명하는 것에도 반대하였다. 그들은 오히려 합당한 안정감을 가진 히틀러를 수상에 임명해서 자기들이 그토록 오랫동안 공들인 마모 과정을 노출시킬 시간이 되었다는 의견이었다. 즉 공화국은 이제 끝났다는 것이다.

1월 28일에 슐라이허는 판을 장악하려는 최후의 시도로 힌덴부르크에게 의회해산권을 요청하고 안 되면 사임하겠다고 선언하였다. 정오경에 그는 대통령궁으로 갔다. 그가 이 시점에서도 거의 준비가 끝난 히틀러 내각에 대해서 아무런 소식도 듣지 못했다는 사실은 얼마나 그가 영향력을 상실하였는지 분명하게 보여주는 부분이다. 정반대로 그는 마지막까지 힌덴부르크가 자기 편이라고 믿고, 언제라도 자기에게 해산권을 주겠다는 이전의 약속을 지킬 것이라고 여겼다.[38] 그랬기 때문에 대통령이 다시금 요청을 거절하자 그는 개인적으로 모욕을 받았다고 느끼고 날카로운 목소리로 이렇게 말했다고 한다. "대통령 각하, 각하께서 저의 직무수행에 대해서 못마땅하게 여기실 권리가 있다는 점을 인정합니다. 4주 전만 해도 그 반대의 말씀을 서면으로 해주셨지만 말입니다. 그러나 각하께서 임명한 수상의 등 뒤에서 다른 사람하고 협정을 맺으실 권리를 인정할 수는 없군요. 이것은 약속 위반입니다."

대통령이 자기는 한 발을 이미 무덤에 내려놓고 있으며 이런 결정을 언젠가 하늘에서 후회하게 될지 모르겠다고 대답하자 슐라이허는 화가 나서 냉정한 태도로 이렇게 대답했다고 한다. "이러한 약속 위반을 하신 다음에도 각하께서 하늘나라로 가실지 저로서는 확실치가 않군요."[39]

슐라이허가 물러난 직후에 파펜이 오스카 폰 힌덴부르크, 마이스너와 함께 대통령에게 히틀러를 수상으로 임명하자고 졸랐다. 여전히 안절부절못하면서도 힌덴부르크는 결정의 부담에서 벗어나고자 하였다. 관례와 달리 그는 히틀러 자신이 새로운 정부내각을 조직하도록 청하지 않고, 파펜을 "의회의 여러 정당들과의 협상을 통해서 정치적 위치를 분명하게 하고 현재의 가능성을 확정하라."는 명령을 수행할 '대리인'으로 임명하였다.

마지막 난제들

그날 오후 재빨리 파펜은 장관직 두 개로 후겐베르크의 참여 약속을 받아냈다. 그런 다음 국가사회당의 당수를 찾았다. 광범위한 사전협상에서 이미 히틀러측은 수상직 이외에 내무장관직과 괴링을 위해서 새로 만들어낸 시민 비행부 장관직을 받기로 합의를 하였다. 히틀러는 그밖에도 프로이센 총독직과 프로이센 내무장관직을 요구하였다. 그것은 프로이센 경찰 통수권을 확보하기 위한 것이었다. 그밖에도 선거를 다시 치를 것을 요구하였다.

다시금 모든 것이 흔들리게 되었다. 힌덴부르크는 히틀러의 다른 조건들에 대해서 듣더니 다시 나쁜 예감에 사로잡힌 듯했다. 그러다 물론 이중적인 의미였지만 '이것이 마지막 선거가 될 것'이라는 히틀러의 약속을 듣고 겨우 진정하였다. 그리고 마침내 그는 준비된 사건들이 일어나는 것을 허용하였다. 파펜이 프로이센 총독직을 차지하는 것만 빼면 히틀러의 요구는 모두 관철되었다. 결정은 내려졌다.

1월 29일 슐라이허가 하머슈타인과 함께 포츠담 위수병에게 경계령을 내리고 대통령을 체포하고 국가비상사태를 선포하고, 방위군을 장악하려 한다는 소문이 퍼지자 이 결정은 더욱 속도가 붙었다. 늙은 대통령을 '납으로 봉인된 가축 자동차'에 태워서 노이데크로 데려가려 한다고 오스카 힌덴부르크의 부인은 며칠 동안이나 화가 나서 떠들었다. 수상 광장에 있는 괴벨스의 집에서 이 소식을 들은 히틀러는 대담한 선동가의 반응을 보였다. 그는 즉각적으로 베를린 돌격대에 경계령을 내렸을 뿐 아니라 기대하고 있는 권력에 미리 도취하여, 빌헬름 거리를 점령하기 위해 있지도 않은 여섯 군데 경찰대대에게 대기명령을 내렸다.[40]

이 소문을 낸 사람이 누군지는 오늘날까지 밝혀지지 않았지만 누가 그 소문으로 이익을 얻었는지는 아주 분명했다. 파펜은 자신의 계획을 추진하는 데 이 위협적인 군사 쿠데타의 유령을 이용하였다. 1월 30일 새벽에 블롬베르크(Blomberg) 장군을 제네바에서 소환하여 다른 내각 구성원에 앞서서 국방장관에 임명하였다. 이것은 분명히 슐라이허가 마지막으로 절망

적인 주도권을 잡지 못하도록 기선을 제압하기 위해서였다. 슐라이허는 이
제 자기 쪽에서 히틀러와 결탁하려고 하였다. 히틀러가 내놓은, 선거를 다
시 하자는 조건에 강하게 반대하였던 후겐베르크도 이 같은 위협으로 압력
을 받았다.

파펜은 확인되지 않은 쿠데타 소식이 히틀러에게 들어가는 것을 막으려
는 의도에서 1월 30일 아침 7시에 벌써 그를 이쪽으로 불러서 '격앙된 흥
분상태에서' 그가 내세운 선거라는 조건을 바꾸려고 했다. "11시까지 새로
운 정부가 구성되지 않으면 방위군이(쿠데타를 위해 : 역주) 행진할 것이오!"
하고 그는 소리쳤다. 그러나 후겐베르크는 파펜보다 더 날카롭게 히틀러의
속셈을 꿰뚫어보았다. 히틀러는 무한한 국가 재원을 투입해서 새로운 선거
를 치름으로써 11월 6일의 선거결과를 만회할 기회를 확보하려는 것이었
다. 그렇기 때문에 그는 자신의 반대의사를 고집하였다.

파펜이 10시 10분 전에 계획된 내각의 구성원들을 데리고 눈이 얇게 쌓
인 정원을 지나 대통령궁의 마이스너의 집무실에서 장엄한 태도로 새 수상
히틀러에게 인사했을 때 다시 모든 것이 한 번 더 위태로워지는 듯했다. 히
틀러가 감사의 말을 하면서 "이제 도이치 민족이 보통선거를 통해서 이미
만들어진 내각구성을 확인해주어야 할 것"이라고 선언했기 때문이다. 그는
곧 후겐베르크의 완강한 반대에 부딪쳤다. 대단히 격렬한 대립에서 히틀러
는 상대방에게 한 발 다가서서 새로운 선거가 내각의 인적 구성을 바꾸지
는 않으리라고 '화려한 약속의 말'을 하였다. 자기는 "현재 이 자리에 계신
누구와도 작별하지 않을 것"이라고 했다. 파펜이 근심스럽게 뒤를 밀었다.
"고문관님(후겐베르크), 어려움 속에서 이루어진 합의를 위태롭게 할 생각입
니까? 당신은 도이치 남자의 약속을 의심하는 것은 아니겠지요!"[41]

히틀러를 포위해서 제어한다는 거대한 결의는 이로써 첫 시련에서 이미
그 약점을 노출했다. 단순히 수적으로만 살펴보면 히틀러를 소수파로 만드
는 데 성공하였다. 국가사회당원 세 명이 여덟 명의 보수파 장관들에 마주
서는 것이며, 국가의 결정적인 열쇠가 되는 지위들은 모두 사회적으로나
이념적으로 단단하게 결속된 동지들 손 안에 들어 있었다. 다만 그를 포위

한 사람들이 파펜, 노이라트(Neurath), 젤테, 슈베린 크로지크(Schwerin-Krosigk)만 아니었더라면! 그들은 방어를 위한 가치의식도 에너지도 갖지 못한 사람들이었다. 그들은 전래되어 내려오는 특권을 지키는 것밖에는 별다른 관심도 없었다. 히틀러가 수적으로 불리한 합의를 기꺼이 수락한 것은 그가 가진 자신감뿐 아니라 이들 보수파에 대한 상당한 경멸감을 보여주는 것이다.

방의 창가에서 이들 동맹자들은 힘을 합쳐서 저항하는 후겐베르크를 공격하였다. 옆방에서는 대통령이 국무비서를 불러서 이렇게 지체되는 까닭이 무엇인지 초조하게 물었다. 마이스너는 '손에 시계를 들고', 싸우는 사람들에게 돌아왔다. "여러분, 대통령에 대한 선서가 11시로 정해져 있었습니다. 지금 11시 15분입니다. 대통령 각하를 더 이상 기다리시게 할 수는 없습니다." 사령관 대통령의 전설적인 이름은 공화국 최후 생사의 순간에, 보수파 친구들의 공격도, 히틀러의 기습하는 기술도, 파펜의 맹세도 하지 못했던 일을 갑자기 이루어냈다. 솔직한 자부심으로, 그리고 어느 정도 타당하게 후겐베르크는 자신을 가리켜 '고집불통'이라고 불렀다. 작년 8월에만 해도 그는 힌덴부르크 대통령에게 자신은 '히틀러에게서 계약에 대한 충실성'을 별로 보지 못했다고 말했다. 이제 그는 무슨 일을 하는 것인지 잘 알면서 힌덴부르크 대통령의 약속 시간에 대해서 깊은 존경심을 보였다. 몇 분 뒤에 내각은 선서를 하였다.[42]

신과 함께 앞으로!

파펜은 정말로 자신이 정치적인 걸작품을 만들어냈다고 믿었던 것 같다. 그는 슐라이허에게 복수를 했고, 히틀러 길들이기 작전을 실현하였다. 예상치도 않았던 수상직 역임 이후로 부조리하게 피어난 명예욕도 내각에 복귀함으로써 만족시켰다. 그리고 히틀러에게 국가를 양도하지도 않고 책임 속으로 끌어들였다. 국가사회당의 당수는 대통령 내각의 수상이 아니고 의회 다수파 수상직을 수락하였기 때문이다. 그는 힌덴부르크의 특별한 신임도 얻지 못했다. 그것은 앞으로도 계속해서 자기, 프란츠 폰 파펜의 것이다.

히틀러가 대통령과 만나는 자리마다 동참한다는 유보조항을 넣은 것도 협상의 성과에 포함되었다.

그리고 그 자신은 부수상이며, 프로이센의 주인이었다. 내각에서 나치당원은 고작해야 내무장관직을 차지했을 뿐이다. 지방경찰은 내무장관에 속하지 않았다. 그리고 다른 장관직이래야 괴링의 허영심을 만족시키기 위한 것일 뿐, 실질적인 권한은 갖지도 못하는 것이었다. 괴링은 프로이센 내무장관직도 겸임하겠지만 파펜 자신이 완강하게 그의 길을 막을 것이다. 내각에서 외무, 재무, 경제, 노동, 농업부는 보수파의 손에 있었고, 방위군에 대해서는 전처럼 대통령이 통수권자였다. 어쨌든 저 치명적인 히틀러 씨를 기업가와 대지주의 요구에 봉사하도록 만들고, 권위적인 새 국가를 위한 파펜 자신의 계획에 봉사하도록 만든 것은 날카롭고도 절묘한 배합이라고 생각했다.

수상직에서 실패한 파펜은, 위기에 처한 현대의 산업국가가 지나간 시대의 대표자들에 의해서 통치될 수 없다는 사실을 배웠던 것 같다. 약간 수상쩍은 이 대중 조련사(히틀러)와 더불어 민중 없는 지도층이라는 오래된 문제가 극복될 것도 같았다. 파펜은 경고하는 사람들에게 정치 흥행사 같은 말투로 자신감에 차서 대꾸했다. "잘못 생각하고 계시는군요. 우리가 그를 참여시킨 겁니다."[43]

히틀러는 물론 처음부터 이런 의도를 잘 간파하고 있었다. 새로운 선거의 요구는 바로 그에 대한 전략적 대응책이었다. 선거에 승리하면 그는 모든 약속을 깨고 파펜이 만들어낸 틀을 부수고 자기에게 마련해준 꼭두각시 수상직을 극복해버릴 속셈이었다. 힌덴부르크가 "여러분, 이제 신과 함께 앞으로 나갑시다!" 하는 말로 작별을 고하기도 전에 벌써 이 '민족주의 농축 내각'은 서로 엇갈리는 속셈들을 감춘 체제가 되었다.[44]

빌헬름 거리는 괴벨스가 소집한 말없는 사람들로 가득 차 있었다. '의심, 희망, 행운, 낙담 사이에서 이리저리 찢기면서' 맞은편 황제궁 호텔에서도 히틀러의 추종자들이 기다리고 있었다. 에른스트 룀은 쌍안경을 들고서 신경질적으로 수상관저 입구를 관측하였다. 맨 먼저 괴링이 나와서 기다리는 사람들에게 새로운 소식을 외쳤고, 곧 이어서 히틀러의 자동차가 입구를 떠났다. 그는 선 채로 대중의 환호성을 맞았다. 몇 분 뒤에 추종자들에 둘러싸여서 황제궁에 들어섰을 때 눈에 눈물이 고여 있었다고 어떤 목격자가 전한다. 하느님이 자기를 도우시는 한 자기는 권력을 빼앗기지 않을 것이라고 그는 이미 여러 번이나 선언했다.

1월 30일 오후에 그는 최초의 조치로 이러한 의도를 한 번 더 확인하였다. 지체 없이 이어진 각료회의에서 그는 이제 아무런 소용도 없어진 후겐베르크의 반대를 무릅쓰고 의회 해산과 새로운 선거를 결정하였다. 파펜 자신이 교묘한 심리전략으로, 반대하는 후겐베르크를 대통령이 싫어하는 '당리당략'이라고 밀어붙여서 그의 의혹을 물리쳤다. 이어서 힌덴부르크가 이 결정에 서명하였다.[45]

횃불행진

그날 저녁 국가사회당원들은 어마어마한 횃불행진을 하였다. 정부청사들이 자리잡고 있는 지역의 시위행위 금지령이 해제되었다. 길에는 구경꾼들이 흥분하고 소란스럽게 떼를 이루어 몰려들었다. "베를린은 오늘 밤 완전히 사육제 기분에 빠져 있다."[46] 그 사이로 중요한 일을 한다는 기쁨에 사로잡힌 공무요원들이 질서를 잡았다. 저녁 7시부터 자정이 넘도록 제복을 입은 2만 5천 명의 히틀러 추종자들이 철모단과 함께 브란덴부르크 문을 지나서 수상관저 곁을 지나 행진해 갔다. 얼굴들과 집의 담벼락에 불안한 그림자를 던지는 정열적인 횃불부대였다. 불이 켜진 창문 한 곳에는 신경이 날카로워져서 가볍게 오락가락하는 히틀러의 모습이 보였다. 그는 때때로 상체를 창 밖으로 내밀고 팔을 높이 쳐들어 인사하였다. 그의 옆에는 괴링, 괴벨스, 헤스가 있었다. 창문 몇 개 떨어진 곳에는 힌덴부르크 대통령이 근심스럽게, 행진해가는 집단을 바라보면서 막대기로 악단의 음악에 장단을 맞추며 생각에 잠겨 있었다. 책임자들의 항의를 무릅쓰고 괴벨스는 이 시위 장면을 라디오로 중계하라고 압력을 넣었다. 히틀러가 불쾌한 태도로 언급한 바에 따르면 오직 뮌헨 방송국만 끝까지 거부하였다. 자정이 지나서야 마지막 중대가 정부청사 지구를 지나쳐 행진해갔다. 괴벨스가 힌덴부르크와 히틀러를 향하여 만세를 부르는 사람들과 작별을 고하는 가운데 '도취의 비틀거림으로…… 이 위대한 기적의 밤이 끝났다.'

승리냐, 음모냐?

국가사회주의자들의 권력장악은 '기적'과 '동화'라고 찬양되었다. 마법의 영역에서 가져온 단어들이 정부의 선전 전문가들에 의해서 이 사건에 초자연적인 축복의 후광을 부여하는 데 이용되었다. 히틀러 자신이 1월 30일에 어떤 추종자에게, "항구를 눈앞에 바라보면서 음모에 짓눌리고, 재정적 곤궁에 시달리고, 이쪽에서 저쪽으로 우르르 몰려다니는 1천2백만 명의 무게에 짓눌려서 좌초하려는 것처럼 보일 때" 오직 신의 섭리를 통해서 구원되었다고 말했다. 그러한 형식들은 사건에 분명히 어떤 급전(急轉)의 요소, 믿을 수 없는 요소를 덧붙일 때 특별한 반향을 불러일으킬 수 있었다. 정치적인 차원에서는 당이 파열되려는 위기에서 갑자기 대통령 방 쪽으로 발길을 바꾼 것, 개인적인 영역에서는 보잘것없는 출발, 무기력과 추락에서 갑작스럽게 권력의 정상에 선다는 급전이었다. 사실상 '거기서는 뒤틀리기는 했지만 동화의 요소들을 볼 수가 있다.'[47]

그러나 괴벨스가 도입한 기적이라는 생각은 오늘날에 이르기까지 사건의 해석에 몇 가지 특징을 부여하였다. 그것은 히틀러를 악마로 여기고, 그의 성공을 어떤 모르는 힘이 배후에서 작용한 탓으로 돌리거나, 아니면 복수욕에 불타는 기사 폰 파펜의 음모에 역사전환의 거대한 무게를 실어주려는 등의 모든 해석의 시도에 쓸모가 있다. 이런 해석은 다양한 변이형태로, 권력장악이 역사적 우연이었다는 생각을 포함한다.

분명히 히틀러의 길을 막을 수 있는 가능성들이 있었을 것이다. 그러한 가능성들은 우연, 경박, 불행으로 빠져들어갔다. 그렇다고 해서 역사(歷史)가 스스로의 길을 착각한 것은 아니었다. 일부는 역사적이고 일부는 정치적인 특성을 가진 강력한 성향들이 사태를 1월 30일까지 몰아갔다. 저항하겠다는 결심을 했다면 아마 그것이야말로 진짜 기적이었을 것이다.

브뤼닝이 해임된 이후부터 공화국과 히틀러 사이에는 오직 정신이 흐릿해진 노인의 흔들리는 의지력과 슐라이허의 음모, 프란츠 폰 파펜의 눈먼 단순성밖에 없었다는 사실을 분명히 바라본 사람이라면 배후의 음모, 이익집단의 개입, 독재적인 권모술수 등에는 오직 부차적인 의미만을 부여할 것이다. 이런 것들은 단순히 공화국이 붕괴했다는 상황에만 영향을 주었을 뿐이지, 붕괴 자체를 가져온 것은 아니었다.

그렇다고 해서 더 확고한 상대들을 만났더라도 히틀러가 성공했을 것이라는 의미는 아니다. 현대국가의 역사에서 그토록 무한한 무게를 지니는 전환점이 이러한 인적 요소들, 극소수 사람들의 기분, 선입견, 감정 등에 의해 결정된 경우는 드물다. 결정의 순간에 사건들이 이보다 더 불투명해진 예는 드물다. 대통령 측근 인물들이 없었다면 히틀러의 수상직은 사실상 거의 생각도 할 수 없는 일이었다.

1932년 여름 이후로 그가 권력에 아무리 가까이 다가가 있었다고 해도, 그 거리는 너무 멀어 권력은 그의 힘이 미치지 못하는 곳에 있었다. 그의 상대방들이 그에게 그 모든 것, 즉 정당과 의회의 배제, 계속된 선거전, 헌법 남용의 습관 등을 가져다주었다. 그들 중 누구 하나라도 저항하려고 일어서기만 하면 언제나 다른 사람이 나서서 그 행위를 가로막았다.

전체적으로 보면 의심의 여지 없이 마지막까지 상대방의 힘이 그의 힘보다 월등하였다. 그러나 그 힘들이 서로 싸우면서 서로를 상쇄시켰다. 국가사회주의가 모두의 적이라는 사실을 인식하기는 어렵지 않았다. 시민, 공산주의자와 마르크스주의자, 유대인, 공화주의자들의 적이었다. 그러나 눈멀고 허약한 상태에서 자기들 모두가 국가사회주의자들의 적일 수밖에 없다는 결론을 이끌어낸 사람은 거의 없었다.[48]

여기 참여하였던 사람들의 자기 변호는 아직도 여전히 히틀러의 수상 임명은 국가사회당이 가장 강력한 정당으로 부상한 결과 피할 수 없는 일이었다는 핑계를 대고 있다. 그러나 이런 주장은, 사회민주당이 공화국 전 기간 동안 1933년 1월 30일 직전 몇 달 동안을 빼면 똑같은 우위를 차지하고 있었지만 내각의 다수파조차 차지하지 못했다는 사실을 간과하고 있다.

그러한 주장은 헌법의 정신을 배경으로 하는 것이지만, 히틀러가 철저히 헌법의 공공연한 적대자 노릇을 해왔다는 사실을 역시 놓치고 있다. 공산주의자들이 국가사회주의자들보다 더 많은 표를 얻을 수도 있었을 것이다. 그래도 온갖 저항에 부딪쳤을 것이다. 사실상 히틀러의 보수파 조력자들은, 자기들의 의도가 비천하기는 하지만 효과적으로 히틀러의 내면에도 간직되어 있다고 믿었다. 그들은 너무 늦게서야 그가 자기들과 자기들이 보호하려고 애쓰는 세계에 대해서 텔만과는 다른 방법이지만 그 못지않게 과격한 방법으로 대립되는 인물이라는 사실을 깨달았다.

어떤 이름 없는 바이에른의 수사과 공무원이 1921년 여름에 국가사회당의 집회를 방문한 다음에 보고하였다. 히틀러는 "제2의 붉은 군대 지휘자일 뿐이다." 이 공무원이 1933년의 부패한 유명인사들보다 히틀러의 본질을 더욱 날카롭게 파악하였다.[49]

그토록 많은, 유리하게 작용한 힘들과 상황들을 보면서 이 몇 주 동안 히틀러의 남다른 공적이란 대체 무엇일까 물어보게 된다. 사실상 1930년 1월 30일 직전에 그의 독특한 능력이 이렇다하게 드러나지 않는다. 그의 공적이란 수동적인 천성이었다. 극히 초조한 상황에서도 그는 기다리고 완고한 추종세력을 제어하고 붕괴의 와중에서도 침착할 수 있었다. 그리고 마지막 순간에 대통령의 옆방에서도 위대한 도박꾼의 냉정함으로 모든 위험에 맞서서 자신의 판세를 지킬 줄 알았다.

영 안에 반대하는 국민청원 이후 몇 년을 돌아보면 그가 소동과 선전의 국면을 지나면서 정치가로서 얼마나 성장했는지 볼 수 있다. 지난 몇 주 동안의 경험은 다시금 그의 도박사 기질을 강화시켰다. 이 시기에 그는 자기가 포기하고 난 다음엔 언제나 구원받는다는 사실이 자신의 생애에서 놀라운 일이라고 말했다.[50]

수상직에서 하는 독백

그날 밤, 환호성이 가라앉고, 음악과 행진의 발걸음 소리가 멎었을 때 히틀러는 이른 새벽까지 수상의 접견실 옆에 있는 작은 방에 머물렀다. 그 자리에 참석한 사람 중 한 명이 보고한 바에 따르면 깊은 감동 상태에서 그는 끝없이 장황한 독백에 빠져들었다. 그는 오전에 있었던 선서식을 기억해냈다. 그리고 자신의 성공들을 기억하였다. '빨갱이' 적들이 말을 잃었음을 지적하고, 그 다음 자신의 선전 원칙으로 넘어갔다. 이번 선거처럼 기쁜 마음으로 기다린 선거전은 없었다고 확언하였다. 많은 사람들은 전쟁이 있을 것이라고 생각한다고 말했다. 자신의 활약은 지구의 지배권을 놓고 백인, 즉 아리안족의 결정전을 벌이는 것이다. 아리안 이외의 종족, 유색인종, 몽골인종은 볼셰비즘의 지배 아래 이끌려가려고 문을 활짝 열었다. 그러나 이날부터 '세계사에서 가장 위대한 게르만 종족혁명'이 시작된다. 종말론적인 전망들이 건축의 전망들과 뒤섞였다. 자신은 맨 먼저 수상관저를 개축할 생각이라고 말했다. 현재의 수상관저는 '담배곽'일 뿐이다.[51] 아침 무렵에야 그는 뒤쪽으로 난 작은 문을 지나 건물을 떠나서 호텔로 건너갔다.

이날의 마비시키는 경험들, 그의 만족감과 보상 체험 등은 아직도 목적이 아니었다. 그것은 목적으로 이르는 도중의 한 단계일 뿐이었다. 이날 밤의 긴 연설에 나오는 선언이 아무리 불확실하게 울리는 것일지라도 그의 의도는 이제 전보다 더욱 확실한 전망으로 다가오는 혁명을 지향하는 것이었다. 진짜 혁명가처럼 그는 자기와 함께 역사의 새로운 날이 시작된다고 믿었다. 특징적인 일이지만 그는 이러한 생각에 부정적인 색채를 입혔다. 이 시기에 그는 벌써 이렇게 선언했다. "우리가 바로 독일의 마지막 역사를 만드는 사람들이다."[52]

중간관찰 : 도이치의 파국인가, 도이치의 계승인가?

히틀러가 수상직을 넘겨받으면서 행한 횃불행진, 대중행진, 박수갈채를 동반한 극적인 기념식은 사건의 헌법적인 의미에는 도무지 맞지 않는 것이었다. 1933년 1월 30일 사건은 엄격하게 말하자면 정부내각 개편에 지나지 않았기 때문이다. 그러나 여론은 히틀러를 수상으로 임명한 사건을 이전의 내각 개편과 비교할 수 없는 일로 받아들였다. 연합내각인 도이치 국가민족당이 "실패한 오스트리아 화가를 제어하겠다."[1]는 화려한 의도를 밝혔음에도 불구하고 국가사회주의자들은 처음부터 권력 전체를 장악하겠다는 확고한 의지를 보여주었다. 그들의 전략적인 목적의식, 그리고 계획적인 연출에 의해서 진행된 열광의 압력파도는 새로운 시작의 궤적을 만들어냈다. 그 궤적은 짧은 시간 안에 보수파를 붙들어 쫓아내게 된다. 함께 이야기하고, 함께 축하하며, 함께 통치하려는 파펜과 그의 동지들의 온갖 시도는 숨을 헐떡이며 따라 뛰려 애쓴다는 인상만을 만들어냈다. 내각에서의 수적인 우세, 대통령에 대한 영향력, 경제, 군대, 관리의 통제력 등을 확보하고도 경쟁을 계속한다는 사실을 숨기지 못했다.

비밀 암호에 따르기라도 한 듯이 1월 30일과 더불어 수많은 사람들이 국가사회주의 진영으로 넘어갔다. 혁명기에는 사람들의 마음을 쉽게 얻을 수 있으며, 배신, 계산, 두려움이 시대를 지배한다는 사실이 여기서도 한 번 더 확인되었다. 그러나 성격도 없는 아첨 패거리만 대중의 정치적 전환을 이루었던 것은 아니고 드물지 않게 자발적인 의지가 나서서 모든 선입견, 이념, 사회적 한계를 부수고 새로운 물결에 동참하였다. "우리 모두가 기회주의자였던 것은 아니다."라고 고트프리트 벤(G. Benn)이 옛날을 돌아보며 말했다. 그는 소란스럽게 진행되는 출발의 분위기에 휩쓸려 들어갔던 저 수많은 사람들 중의 하나였다.[2]

강력한 전통적 정당들과 연맹들이 이러한 돌진의 와중에 무너져내려서 강제해산과 금지령이 나오기도 전에 지도자 없는 도당으로 추락하고 말았다. 공화국, 내면의 붕괴, 무기력 같은 과거는 끝났다. 새로운 것을 향한 격렬한 고백의 물결에 끼지 않은 사람들은 빠르게 줄어들어 소수파가 되면서 점차 고립되었다. 그들은 수십만 명이 동참한, 불켜진 대성당 아래의 대중 맹세, 지도자의 인사말, 밤의 불놀이, 합창 등 새로운 공동체 의식의 압도적인 시위에서 제외되었다. 최초의 테러 표지들도 환호성을 줄어들게 하지는 못하고 오히려 환호성을 동반하였다. 대중의 의식은 테러를, 오랫동안 기다려 온 터져나오는 에너지의 표현으로 받아들였다. 커져 가는 소음이 돌격대 참모진의 '영웅술집'에서 터져나오는 외침들보다 더 컸던 것이다.

역사 기록자들의 고민

이렇게 열광적인 동반상황이 히틀러의 권력장악에 불안정한 성격을 부여하였다. 이런 열광은 히틀러의 권력장악을 역사적인 사고(事故)로, 음모나 어두운 배신으로 표현하는 모든 주장에서 힘을 빼앗았다. 이 시기의 사건을 해석하다 보면 언제나 되풀이해서, 국가사회주의가 도이치 민족처럼 정신적·영적 모험을 겪은 오랜 문화민족에게서 어떻게 그토록 빠르게 힘도 들이지 않고 권력을 차지하고 다수를 정복하였는가, 그리고 열광과 믿음과 헌신의 히스테릭한 상태로 이끌어갈 수 있었는가 하는 질문에 부딪치게 된다. '민족들 중에 고급귀족'[3]으로 여겨진 나라의 정치적·사회적·도덕적 안정성들이 어떻게 그토록 분명하게 마비될 수 있었단 말인가. 당시의 어떤 관찰자는 히틀러가 취임하기 이전에 이미 어떤 피할 수 없는 결과들이 나타날 것인지 서술하였다. "독재, 의회 폐지, 모든 정신적 자유의 억압, 인플레이션, 테러, 내전 등이 나타날 것이다. 반대파를 간단하게 없앨 수 없기 때문이다. 그 결과 총파업이 나타날 것이다. 노동조합들이 가장 가혹한 저항의 지원군을 내줄 것이다. 그리고 국기당과 미래를 염려하는 사람들의 도움이 있을 것이다. 히틀러가 방위군을 장악하고 무기를 사용한다고 해도, 수백만의 확고한 사람들을 만나게 될 것이다."[4]

그러나 수백만의 확고한 사람들은 없었고, 피의 공격도 없었다. 히틀러는 도둑처럼 밤에 몰래 온 것도 아니었다. 다른 어떤 정치가도 그런 적이 없을 정도로 요란하게 그는 모든 우회로와 전략적 조작을 통해서 자신이 민족을 어디로 이끌어가려는지 분명하게 밝혔다. 곧 독재, 반유대주의, 생존공간의 정복이었다.

국가사회주의는 도이치 성향이라는 이론

권력장악의 쾌감은 이해가 가는 일이지만 수많은 관찰자들에게 독일이 몇 주 동안 자기 자신으로 되돌아갔다는 인상을 일깨웠다. 공화국 헌법과 게임 규칙들이 아직 타당한 것으로 남아 있었지만 그래도 독특한 방식으로 극복되고 버려져서 낯선 것처럼 여겨졌다. 한 민족이 환호성을 지르면서 이성(理性)과 진보라는 유럽 전통을 벗어나 자기 자신으로 되돌아간 것으로 나타나는 이 그림이 수십 년이 지나도록 이 사건에 대한 이해의 열쇠로 여겨졌다.

30년대에 이미 국가사회주의의 성공을 도이치 역사와 도이치 심성에 뿌리내린 어떤 특이성으로 설명하려는 최초의 해석들이 나타나고 있다. 고집스러운 자부심을 지닌 채 문명과 교화에 대한 거리감을 선택된 문화민족의 '세계 불쾌감'이라고 이념화시키는 도이치 특성, 즉 결점으로만 가득 찬 해독하기 힘든 도이치 본질과 연관시키려는 해석들이다. 비스마르크, 프리드리히 대왕을 거슬러 루터, 아니면 중세로 거슬러올라가고, 경우에 따라서는

9세기에 토이토부르크 숲에서 라틴 사람이 도이치 땅에 침입하는 것을 막아냈던 게르만 영주 아르미니우스(Arminius)까지 포함하는 조상들을 예로 들면서, 히틀러 이전에 이미 오래 전부터 도이치 역사에 잠재해 있던 히틀러주의의 전통을 구성해 보여주는 것이다. 이러한 생각은 프랑스의 게르만 학자 에드몽 베르메유(Edmond Vermeil)의 저서에 효과적으로 나타나고 있다. 그것은 또한 한동안 앵글로색슨계의 해석 방향을 특징지었다.

윌리엄 쉬러(W. L. Shirer)의 책에서도 독일의 이미지에 몇 가지 특성을 부여하였는데 그도 같은 생각을 가지고 있었다. 베르메유는 이렇게 썼다. "역사의 여러 단계에서 도이치 사람들은 내면의 혼란과 허약함에서 아니면 반대로 제압되지 않고, 지지 않는 힘의 표상에서 나온 절망적인 확신을 가지고서 자신들이 신의 사명을 완수해야 하며 독일은 섭리에 의해 선택받았다고 믿었다."[5]

로마 제국 찬탈, 한자 동맹, 종교개혁, 도이치 신비주의, 프로이센의 부상, 낭만주의 등에는 전체적으로 이러한 사명 욕구가 은폐된 형태로 드러나 있다고 하였다. 이러한 사명은 비스마르크의 '피와 강철의 정책', 황제 제국의 세계권력의지와 더불어 점점 더 공개적인 권력정책의 방향을 취하기 시작하였다는 것이다.

엄격한 의미에서 보자면 도이치 역사에 '죄 없는 현상'이란 없다. 목가(牧歌)에서도 복종, 군국주의, 팽창의지 등을 읽을 수 있으며, 무한성을 향한 도이치의 동경 또한 현실에서는 권력수단이 부족하기에 유령의 세계에서 지배권 행사를 하려는 시도라고 한다. 그 모든 것은 마지막에 히틀러에게 집중된다. 그는 당시 어떤 유명한 책의 제목처럼 '도이치의 파국'[6]이 아니라 도이치의 계승이라는 것이다.

시대이론

물론 국가사회주의에는 분명하게 도이치의 특성들이 있었다. 그러나 베르메유나 쉬러가 말한 것과는 다른, 더 복잡한 종류의 것들이었다. 악의 계통나무라는 말이나, 개별적인 설명은 이 사건의 본질을 정당하게 취급하는 것이 아니다. 또한 그것의 기원을 오직 현상에서만 추적하는 것도 맞지 않을 것이다. 이런 현상 속에는 검은 구름 속에 번개가 숨어 있듯이 파국적인 성향이 분명히 숨어 있는 것이다. 수많은 단순한 태도들, 혹은 여러 세대에 걸쳐서 문제시되지 않은 태도들, 미덕과 가치 개념들조차 국가사회주의의 성공을 도와주었다. 전체주의적 권력체계는 한 민족의 퇴화된 혹은 범죄적인 성향들에 기초하지 않는다는 것, 리차드 3세를 악당이라고 규정해버릴 수 없듯이 한 민족을 악당이라고 규정할 수는 없다는 것이 시대이론이다.

수많은 나라에 독일의 그것과 견줄 만한 역사적, 심리적, 사회적 조건들이 존재하였다. 그리고 아주 약간의 차이가 겨우 파시즘 지배를 막아준 적이 한두 번이 아니었다. 민주적 경향들과 실질적·효과적으로 결합되지 못했던 뒤처진 국가의식은 도이치의 특성만은 아니었다. 자유주의 세력과 사회주의 세력 사이의 대립, 시민계급과 노동자계급 사이의 대립 역시 도이치의 특성만은 아니었다. 또한 독일의 복수욕, 전투 이데올로기, 혹은 거대 권력의 꿈 등이 유럽의 다른 나라들보다 더욱 강한 무게를 지니고 있었는가 하는 것도 의문이다.

히틀러의 사고(思考)를 그토록 결정적으로 규정했던 반유대주의도 도이치의 특수현상은 아니었다. 그것은 다른 많은 나라들보다 도이치 사람들 사이에서 오히려 더 약했다. 어쨌든 국가사회주의는 종족감정으로 대중과 열광을 얻은 것은 아니었다. 히틀러가 그 사실을 얼마나 잘 의식하고 있었는가 하는 것은, 그가 권력장악의 마지막 단계에서 그것을 숨기려고 노력했다는 사실에 잘 드러나고 있다.[7]

이 시기에 이탈리아, 터키, 폴란드, 오스트리아, 에스파냐 등지에서 파시즘 혹은 파시즘 아류 정권이 탄생하였다. 국가사회주의에서 분명한 도이치 특성이었던 것은 이런 여러 나라들에 나타난 체제들과 비교해볼 경우에만 분명하게 알 수 있다. 독일의 그것은 파시즘의 가장 과격한, 가장 절대적인 출현 방식이었다.

국가주의적 요소들

지적인 영역과 실천적인 영역에 출현한 이러한 원칙적 과격함은 본질적으로 히틀러가 국가사회주의에 덧붙인 부분이었다. 사상을 날카롭게 현실에 대립시키고, 현실에 맞서 사상에 힘을 부여하는 그의 방식으로 보면 그는 분명 도이치 사람이었다. 지역정치가로 실패하고 티르쉬 거리 단칸방에 세 들어 살던 시절에 그는 죽은 다음 명성을 위해 개선문과 둥근 지붕 홀을 구상하였다. 수상이 되어서는 인간의 나이로 생각하지 않고 온갖 비웃음을 무릅쓰고 천 년 단위로 생각하였다. 베르사유 조약과 독일의 무기력을 없애려고 한 것이 아니라, 근본적으로 게르만 민족 이동의 결과들을 없애려고 한 것이다. 무솔리니의 명예욕이 역사적인 위대성을 회복하자는 목적을 가졌고, 모라(Maurras)는 구제도(Ancien Régime)와 '여신 프랑스의 영광'을 회복하려 하였고, 그밖의 다른 파시스트들도 미화된 것이긴 하지만 과거의 상태에서 유혹을 받았다.

히틀러는 머리에서 만들어낸, 현실의 담보가 없는, 구조적인 목적을 실현시키려고 생각하였다. 즉 종족적인 자기 주장 의지로 대서양에서 우랄, 나르빅에서 수에즈에 이르는 세계왕국을 쟁취한다는 생각이었다. 다른 나라들이 그에 반대한다고? 그 나라들을 때려눕힐 것이다. 민족들이 자기 의지에 맞서 이주한다고? 그들을 다른 곳으로 이주시킬 것이다. 종족들이 자기 구상에 맞지 않는다고? 현실이 자기의 생각에 맞게 될 때까지 그들을 선별하고, 더 훌륭하게 배양하고, 말살할 것이다.

그는 생각할 수 없는 것들을 생각하였다. 그의 발언에는 언제나 현실에 대한 극단적인 무모함이 나타났는데 그것은 광증을 벗어나지 못한 것이었다. "나는 무시무시하고도 냉혹한 선입견 없음으로 모두에게 마주서 있다."고 그는 선언하였다.[8] 극단적인 과격성에서만 그는 본질적인 모습을 보였다. 그런 의미에서 국가사회주의는 그가 없이는 생각할 수 없다.

히틀러가 자신의 극단적인 과격주의를 위해 언제나 순종적인 하수인들을 찾아냈다는 사실도 국가사회주의를 다른 나라의 파시즘 운동과 구별하게 해주는 분명한 민족적인 특성의 하나다. 이 정권의 인상을 분명하게 특징짓는 집중된 냉혹함과 성실성의 인상을 어떤 인간적인 정부도 만들어내지 못했다. 이 정권의 두려운 모습은 주로 살인자와 고문관들이 계획적으로 실시한 잔인성에서 생겨난다. 그리고 이 정권을 이해하는 인기 있는 이해방식은 이렇게 분명하게 범죄적인 요소들에 의해 지배를 받았다. 오늘날에 이르기까지 이러한 요소들이 문학 아니면 연예물의 서술에 등장하고 있다. 국가사회주의는 주먹에 채찍을 움켜쥔 모습으로 의인화되어 나타난다.

그러나 정권은 스스로를 그런 식으로 유형화하려고 하지 않았다. 물론 이 정권은 특히 초기에 이러한 현상을 철저히 이용하기는 했으나, 그렇게 범죄적인 본능을 풀어놓아서는 지속적으로 지배할 수 없다는 사실을 깨달았다. 국가사회주의의 본질을 구성하는 과격성은 감정을 동원하는 것이나, 책임 없는 충동 만족의 약속과는 별로 상관이 없다. 그것은 범죄적인 에너지가 아니라 도착된 도덕적 에너지의 문제였다.

국가사회주의는 방향성이 없기는 하지만 강력한 도덕적 동경을 가진 사람들을 향해 호소하였다. 특히 친위대(SS)를 통해서 이러한 유형을 끌어들이고 엘리트 방식으로 조직하려고 하였다. 이 공동체에게 끊임없이 요청되고, 밤의 제전의 횃불 아래서 낭만적으로 강조되었던 '내적인 가치'의 요구는 하인리히 히믈러의 생각에 따르면 다음의 덕목들을 포함하였다. 충성, 정직, 복종, 강건, 단정, 빈곤, 용감 등이었다. 물론 모든 불필요한 관계체계에서 벗어나서 오로지 정권의 목적만을 지향하는 방향으로 강조되었다.

이와 같은 도덕적 명령 아래서 그들 중 한 명이 썼던 것처럼 '차갑고 돌 같은 태도'를 지니고, '인간적인 감정 갖기를 중단'하였던 무감정의 하수인 유형이 양성되었다.[9] 이 유형은 자기 자신에게 엄격하다는 이유로 다른 사람에게도 엄격하게 대하는 것을 정당화하였고, 말 그대로 시체를 넘어가는 능력을 요구하는 가운데 자신의 자아를 죽였다. 이것은 제3자가 보기에는 범죄적 감정보다 더 과격하게 보이는, 확고하고 기계적인 일관성이었다. 이러한 일관성의 즐거운 잔혹성에는 아무리 약한 것이라도 여전히 압도적인 사회적, 지적, 혹은 인간적 원한이 드러나 있다.

현실감 상실

도덕적 요구는 특별한 사명의식으로 보충되고 확대되었다. 묵시록적인 대립 상황 속에 있다는 느낌, '더 높은 법칙'을 따른다는 느낌, 이념의 사도라는 느낌, 그밖에도 무엇이 되었든 형이상학적인 확신의 그림과 구호들이었다. 이러한 형이상학적인 확신이야말로 무자비함에 특별한 성스러움을 부여하였다. 오직 이런 의미에서 히틀러는 자신의 사명을 방해하는 사람들을 가리켜 '민족의 적'이라고 칭했다.[10] 끊임없이 더 깊은 깨달음과 더 높은 사명을 불러대는 이러한 엄숙주의에는 도이치의 전통적인 정치에 대한 무관심만이 아니라 그것을 넘어서서 민족의 현실에 대한 혼란스러운 관계가 반영되어 있다.

이념은 현실에서 형태를 얻고 사람들이 체험하고, 사상은 현실 속에서 절망, 공포, 미움, 놀라움 등으로 바뀌는 법인데 그런 현실이 존재하지 않았다. 강령이 있고, 히틀러가 말한 바에 따르면 강령의 실현에는 오직 긍정적 활동과 부정적 활동이 있을 뿐이었다.[11] 그 시대의 주역들에 대한 뉘른베르크 전범재판 이후로 널리 알려지게 된 유머 능력의 결핍은 바로 이러한 현실감 상실의 표현이었다. 그것이야말로 국가사회주의에 나타난 분명하고 특징적인 도이치 요소였다. 그리고 몇 가지는 이러한 특성에서 여러 가지 연결통로가 멀리 도이치 역사로 거슬러올라가고 있음을 보여준다.

놓쳐버린 혁명

역설적인 한 주장에 따르면 근대 도이치 역사의 가장 결실 풍부한 사건은 '일어나지 않은 혁명'이었다.[12] 혁명이 없었다는 사실이 이 나라의 각 시대의 정치적 특성에 대한 소극적 태도와 완고한 목가상태를 마련해주었다. 혁명능력이 없다는 것은 특별히 복종적인 특성의 표현이라고 여겨졌으며, 선량하고 전투적이지 않고 몽상적인 도이치 사람들은 오래 전부터 자의식 강한 이웃의 조롱을 받았다. 사실상 모든 혁명에 대한 깊은 의구심은, 역사적 체험이 거의 철저히 위기감으로만 채워진 한 민족의 반동일 뿐이었다. 지리상 유럽의 중심부를 차지하고 있는 관계로 이 나라는 아주 일찍부터 봉쇄 콤플렉스와 방어 콤플렉스를 가지고 있었다. 이러한 콤플렉스는 나라 전체가 황무지로 변했던 30년 전쟁(1618~1648년 유럽 전체의 종교전쟁. 독일 영토에서 대부분의 전투가 이루어졌고, 전쟁이 끝났을 때 독일은 완전히 황폐한 상태였다 : 역주)의 절대로 치유되지 않는 잔혹체험에서 사실로 확인되었다.

30년 전쟁의 가장 확실한 유산은, 완전히 남의 손에 떨어지는 악몽 같은 느낌과, 모든 혼란상태에 대한 깊은 공포심이었다. 그런 혼란상태는 여러 세대에 걸쳐서 자기 나라 영주들과 외국의 영주들에 의해서 유지되고 착취되었다. 시민의 첫 번째 의무로 여겨지는 평화는 또한 당국에 대한 시민의 첫 번째 요구이기도 하였다. 공포와 곤궁을 나라에서 멀리 해달라는 것이었다. 당국에 대한 프로테스탄트적인 이해도 이러한 생각을 이념적으로 받쳐주었다. 대부분의 유럽 국가에서 현존하는 질서에 대한 도전으로 파악되었던 계몽주의가 독일에서는 영주계급에 의해서 보호되고, 개별적으로 찬양받을 정도였다. 과거의 두려움이 너무 깊었던 것이다.

도이치의 의식에 그토록 깊이 뿌리박은 질서, 기율, 자신에 대한 엄격성 등의 범주들, 국가를 논란의 여지가 없는 심급이며 '악을 멈추게 하는 존재'라고 보는 것, 지도자에 대한 신앙 등은 그토록 잊을 수 없는 역사의 경험에 기원을 두고 있다. 여기에 나타나 있는 보호 욕구를 히틀러는 효과적으로 파악하여 약간의 손질만으로 벌써 자신의 지배욕에 쓸모 있게 만들었다. 복종에 대한 요구를 이념으로 만든 지도자 숭배 사상으로, 혹은 혼란상태에 대한 뿌리 깊은 방어본능을 눈에 보이게 만든 기하학적인 군대행진을 통해서였다.

독일에 혁명이 없었다는 관점은 오직 절반의 진실이다. 이 민족은 왕의 머리를 자른 적도 없고 승리에 찬 시민봉기도 알지 못하였지만 세계를 혁명으로 동원하기 위해서 다른 어떤 민족보다도 많은 공헌을 하였다. 이른바 혁명의 시대에 도이치 민족은 가장 도전적인 인식들, 가장 날카로운 혁명의 구호들을 만들어냈다. 그리고 피히테의 고양된 말에 따르면 사고(思考)의 바윗덩어리를 마구 쏟아내서 이 사고의 바윗덩어리들로 미래 시대의 집을 지었다. 그러나 독일의 지적인 과격성은 자신의 집을 짓지 않았다. 이것이야말로 도이치 정신에 위대성과 능숙함을 부여해주었다. 그러나 현실의 측면에서 보면 그것은 실용적인 능력의 결핍에 불과하다. 실용적인 태도에서 비로소 사고와 삶은 서로 화해하고, 이성은 이성적으로 되는 것이다. 그런 일은 도이치 정신의 관심을 별로 끌지 못했다. 도이치 정신은 말뜻 그대로 반사회적이었고, 우익 쪽에도 좌익 쪽에도 서지 않았으며 주로 삶에 대해서 대립적인 위치에 서 있었다. 절대적이고 집중되어 있고, '난 달라질 수 없어' 하는 태도이며, '지적인 낭떠러지를 향한' 거의 묵시록적인 '성향'이었다.[13]

세계의 뇌우가 내리칠 때에 심연의 가장자리에 인간의 진부한 현실이 보이는 것이 아니라 영원의 시간들이 아래로 가라앉았다. 삶이 내게 무슨 상관이랴, 신이 나를 도와주실 텐데.

사색의 영역을 정치의 영역에서 이렇게 분리한 것은 언제나 하나의 대체행동이라는 성격을 가졌다. 이념의 과격성은 의지의 무기력을 감추려는 것이었다. 사색이 현존하는 것에 대항하는 힘이 되었다는 헤겔의 말은 승리에 찬 것이긴 하지만 동시에 위로의 뜻을 품고 있다. 삶의 곤궁을 지닌 시골풍 도이치 소국들의(19세기 초까지 독일에는 프로이센, 오스트리아 등 두 개의 대국과 상당히 독립적인 수많은 소공국들이 자리잡고 있었다 : 역주) 수백 년 묵은 딜레마는, 사상이 아무런 방해도 받지 않는 거시적인 영역으로 상승하도록 만들었다. 뿐만 아니라 정신력이 부족한, 혹은 프랑스를 모방하는 영주들을 통해서 사상이 오랫동안 무시되어 왔다는 사정도 역시 사상이 거시적 영역으로 도주하는 일을 도왔다.

19세기 초의 가장 조잡한 글에서 1920년대의 정치적 잡문들에 이르기까지 이러한 글들이 아무리 종속적이고, 읽히다 말고, 위축된 것이라 하더라도 어떤 정신의 특이한 기본동작을 엿볼 수 있다. 그것은 외적인 것에 흔들리지 않고 맞서는, 이상적인 내면의 왕국 건설에 종사하려는, '시대를 시대 자신에게 떠맡기는' 정신이었다. 정신은 판단의 과격성에 드러나는 복수의지를 완전히 감출 수 없었다. 정신을 필요로 하지 않는다고 믿은 현실에 대한 섬세한 복수욕이었다. 이제 현실이 정신에 걸려서 멸망할 차례였다.

19세기 동안 정치적 해방 노력과정에서 시민의식이 체험한 수많은 실망들을 통해서 현실의 소외 과정이 더욱 강화되었다. 그 흔적들은 거의 모든 영역에서 볼 수 있다. 정치 사상의 허구적 특성에서, 빙켈만에서 바그너에 이르는 신화화 이데올로기에서, 그리고 비현실적인 도이치 교양개념에서 볼 수 있다. 교양개념은 예술과 숭고에 의한 정신의 왕국만을 자신의 요소로 삼았다. 정치적인 것은 교양의 바깥으로 밀렸다. 그것은 민족문화의 일부가 아니었다.

이러한 경향들이 집중된 사회적 유형의 인물은 도이치 본질을 극히 정확하게 묘사하였다. 그러한 인물은 오늘날에 이르기까지 최고의 사회적인 특권을 누려왔다. 오래된 초상화에 그려진, 세상과 거리가 먼, 사유에 잠긴 남자들이 그런 유형이다. 그들의 교수 같은 얼굴은 이상적인 엄격함과 원칙에 대한 충실성을 사유의 강조와 결합시켰고, 그들의 우직성은 내면에 심연도 포함하고 있다. 그들은 거대한 크기로 사유하였고, 체계들을 파괴하고 새로 세우기도 하였으며, 그들의 눈길은 먼 곳에서 온 것이었다. 동시에 분명한 사생활의 요소인 친밀성과 협소한 가정적 분위기가 그들을 감싸고 있다. 파울 드 라가르드가 말한 것처럼 '책들과 꿈들'[14]이 그들의 요소였다. 그들의 창의력은 실질적인 현실의 결핍에 대하여 풍부한 보상을 만들어냈다. 그들의 자의식은 정신적인 직업에서 온 것이며, 문화에서, 그리고 자신이 문화에 기여한다는 사실에서 즐거움을 만들어냈다.

비정치적인 정치의 욕구

현실에 대한 경멸에 맞게 정치에 대해서도 점점 두드러진 경멸감이 나타났다. 정치는 가장 끈질기고 엄격한 의미에서의 현실이었다. 정치란 비천한 요소이고, 20년대의 유명한 책 제목처럼 '열등한 자들의 지배'[15]였다. 그리고 오늘날에 이르기까지 독일의 정치사상은, 도덕적으로나 지적으로 비천한 현실보다는 어느 정도 우월한 음조를 지녀왔다. 옛날이나 지금이나 여전히 배후에는, 이상적인 '비정치적 정치'를 향한 욕구가 작용하였다. 이러한 욕구는 변하지 않고 지속되는 정치적 무기력에서 나온 것이다. 고립상태에 빠진 극소수를 제외하면 독일의 여론은 정치에 대해서 무관한, 드물지 않게 당혹한 태도를 보였다. 여전히 정치는 고달픈 관심사고, 자기설득이며, 널리 퍼진 견해에 따르면 자기소외였던 것이다. 도이치 세계는 개인적인 개념들, 목적들, 미덕들을 지향하였다. 어떤 사회적인 약속도 개인적 세계의 파토스와 견줄 수 없었다. 그것은 가족의 행복, 자연에 대한 감동, 학식 있는 인식을 향한 조용한 열의였고 전망이 가능한 만족의 영역이었다. 도이치 사람들은 숲의 신비가 아니라 '시장판의 소음'을, 꿈의 자유가 아니라 헌법의 권리를 얻으려고 그러한 영역을 버릴 수가 없었다.

정치에 반대하는 정서

이러한 감정도 과격화되었다. "정치적 인간은 역겹다."고 리하르트 바그너는 프란츠 리스트(F. Liszt)에게 썼다. 그리고 그의 숭배자들 중 한 사람은 이렇게 말했다. "바그너가 자기 민족의 어떤 표현이었다면, 어쨌든 그가 도이치였다면, 최고의 가장 순수한 의미에서 도이치 사람, 도이치 시민이었다면, 정치에 대한 미움이라는 측면에서 그렇다."[16]

반정치적인 정서는 권력에 대한 도덕의 옹호, 사회적인 것에 대한 인간성의 옹호, 정치에 대한 정신의 옹호라고 양식화되었다. 언제나 새롭고 깊고 논쟁적인 사유과정에서, 시민적인 자기반성의 중요한 주제들은 이러한 대립 쌍에서 나온 것들이다. 이러한 정서의 최고봉은 상당히 복잡한 고백으로 가득 찬, 1918년에 출간된 토마스 만의 《비정치적 인간의 관찰》이었다. 그것은 계몽적이고 서유럽적인 '정치 테러리즘'에 대항하여 문화적인 자부심에 넘친 도이치 시민성을 옹호한 것이다. 이미 제목에서 현실과 등을 돌린 낭만적인 목적의식, 비정치적 정치에 대한 전통적 동경이 드러나고 있다.

예술을 통한 구원

점차 광범위하고 미로 같은 논문들에서도 읽을 수 있는 정치에 대한 미적·지적 원한은, 19세기 중엽부터 특이한 작용을 해온 구원의 표상에서 극단적인 표현을 얻었다. 즉 예술을 통한 구원이라는 사상이었다. 민족의 모든 이루어지지 않은 꿈, 모든 실망한 동경들이 이 사상 속으로 들어갔다. 그것은 처음에 정치와 문학의 밀접한 상호침투에 대한 낭만주의의 요구로 나타났다. 쇼펜하우어는 삶의 투쟁에 비극적으로 휘말리는 일에서 특히 음악을 통해 구원받는다는 생각으로 여기에 주관적인 색채를 부여하였다. 그러다가 리하르트 바그너에서 그것은 "'정치의 종말'과 인간성의 시작이라는 문화적 꿈"[17]이라는 형태로 극장을 통해서 절정에 도달하였다. 정치는 대형 구경거리가 되어야 하고, 국가는 예술작품이 되고, 예술가가 정치가를 대신해야 한다고 요구하였다. 예술은 신비고, 그 사원은 바이로이트이며, 성사(聖事)는 값진 한 사발의 아리안 피였다. 그 피는 쓰러진 암포르타스(Amfortas)에게 치유를 선물하고, 클링조르(Klingsohr) 안에 구현되어 나타난 유대주의, 정치, 성애(性愛)의 대립되는 힘을 상상의 성의 폐허 아래 묶어두었다.

세기말에는 랑벤(Langbehn)이 렘브란트의 이름을 혁신욕구의 상징으로 이용해서 바그너의 성공에 거의 뒤지지 않는 성공을 거두었다. 예술이 광증에 이른 세계에 단순성, 자연성, 직관성을 되돌려주고, 상업과 기술을 제거하고, 계급들을 화해시키고, 민족을 합치고, 평화로워진 세계 속으로 잃어버린 통일성을 되찾아와야 한다고 선언하였다. 예술은 위대한 정복자였다. 맨 마지막에는 모든 정치를 제거하고, 정치를 도취, 권력, 카리스마, 천재성 등으로 되바꾸는 작업이 놓여 있었다. 그는 일관성 있는 태도로 동경하는 새 시대를 지배하는 일을 은총 입은 천재의 몫으로 남겨두었다. '위대한 예술적 영웅' '카이사르 같은 예술가의 개성'의 몫이었다.[18]

도이치 사람들의 도피 행동에도 이러한 동기들이 나타났다. 제1차 세계전쟁과 전후 시대를 통해서 전보다 더욱 근본적으로 정치에 마주서게 되었을 때, 그들은 전보다 더욱 격렬하게 이러한 도피 행동으로 반응하였다. 전통적인 도피 통로는 그들을 미적인 혹은 신비적인 대체영역으로 데려갔다. 정치에 대한 거부감은 '더러운' 혁명에 반대하는 정서로 나타났을 뿐 아니라, 바이마르 시대의 지평선을 어둡게 물들인 수많은 음모설에도 나타났다. 예를 들면 후방(後方)의 배반설, 붉은(공산주의) 인터내셔널과 황금(자본주의) 인터내셔널의 이중 위협설, 반유대주의, 혹은 널리 퍼져 있던 프리메이슨과 예수회에 대한 공포 콤플렉스 등, 간단히 말하면 현실에서 물러나서 배신, 고독, 기만당한 위대함 등 낭만적인 범주들로 가득 찬 공상적인 가상의 세계 속으로 물러나려는 온갖 징후들로 나타난 것이다.

마찬가지로 정치적인 사고도 전쟁체험의 이데올로기들, '젊은 민족들' '총체적 동원령' 혹은 '야만 독재 군주제' 등과 같은 비정치적인 이미지들과 범주들의 지배를 받았다. 이른바 보수파 혁명의 민족주의 유토피아적인 발상들과 표어들의 홍수였다. 그러한 표어들은 피히테의 말을 뒤집어서 세계에 비합리주의의 제복을 입히는 것을 목표로 삼았다. 그들은 정치 현실의 쉽지 않은 균형에 대비해서 무조건적인 구호들을 내걸고, 장엄한 신화의 모습 안에 일상을 내세웠다. 그러한 것들은 직접적으로 영향력을 행사하지는 않았으나, 혼란스러운 낭만적인 대안 노릇을 해서 공화국의 지적인 기아 상태에 적지 않게 공헌하였다. 더욱이 '정치에 대한 혐오감'은 증오스런 현실을 보면서 전보다 훨씬 더 효과적으로 불타오르게 되었다.

바이마르 공화국의 옹호자들은 부패하고 희망 없는 체제의 옹호자들처럼 여겨졌고, 자신들의 열정과 모든 사람의 눈에 보이는 불쾌감 사이에 존재하는 간격을 메울 길이 없었다. 그에 반해서 우익측의 공격자들은 상상력에 넘치고 구상력 풍부하게 신화, 몽상, 섬세한 쓴맛 나는 소재들을 이용해서 공화국에 대한 반대 이미지를 만들어냈다. '체제'를 향한 가장 경멸적인 비난들 중에는, 공화국 체제가 국민을 소비와 소시민적 쾌락이라는 '작은 행복'에 길들인다는 것도 있었다.[19]

그에 반해서 모험, 비극, 몰락 등이 시대의 매혹적인 용어들이었다. 칼 폰 오시에츠키(C. v. Ossietzky)는 지식인들 사이에서 수많은, '이기적이지 않은 파국의 연인들, 세계 정치의 불운의 미식가들'을 보았다. 반면 어떤 프랑스의 관찰자는 30년대 초에, 독일은 '너무 많은 정열과 과격주의로 위기를' 맞고 있는 것이 아닌가 물었다.[20] 사실상 '지적 낭떠러지를 향한 성향'은 독일의 위기가 전체적으로 출구 없는 절망적인 특성을 가진 데 대해서 부분 책임이 있다. 그러한 특성은 현실로부터의 도주의 필요성을 대중 현상으로 만들고, 알지 못하는 것 속으로 낭만적·영웅적으로 도약하려는 이념을 극히 친숙한 생각으로 만들었다.

히틀러 현상은 이러한 이념적 배경에서 보아야 한다. 그는 이러한 태도와 콤플렉스의 저질스런 생산품과 같다. 신화적 사고와 합리적 사고가 사회적으로 소외된 지성의 극단적인 과격성 안에서 하나로 합쳐졌다. 그의 연설에는 거의 알려진 모든 반정치적 감정의 수사법들이 등장하고 있다. 당에 대한 증오, '체제'의 타협적 특성에 대한 증오, '위대성'의 결핍에 대한 증오 등이 나타난다. 그는 언제나 정치를 운명의 이웃개념으로 보았다. 스스로는 무능하여 강한 남자, 예술, 혹은 '섭리'라고 표현되는 더 높은 힘을 통하여 해방될 필요가 있는 것이라고 여겼다. 권력장악 과정에 행한 중요한 연설들 중의 하나인 3월 21일 포츠담 연설에서 그는 정치적인 무능, 예술을 통한 대체의 꿈과 구원 등의 맥락을 다음과 같이 표현하였다.

도이치 사람은 내면적으로 허물어지고, 정신은 통일되지 못하고, 의지는 갈라지고, 행위는 무기력해서 자신의 삶을 주장할 힘을 잃고 있습니다. 그는 별에서의 권리를 꿈꾸면서 지상의 터전을 잃어버리는 것이죠…… 결국 언제나 내면으로 향한 길만이 도이치 사람들에게 열려 있었습니다. 가수, 시인, 사상가로서 도이치 민족은 다른 사람들이 살았던 세상만을 꿈꾸다가, 곤궁과 비참이 비인간적으로 강타해 오면 그제야 비로소 높은 상승, 새로운 왕국, 새로운 삶을 향한 동경이 예술에서 솟아나오곤 했지요.[21]

예술가의 꿈에서 벗어난 이후로 그는 자신이 이러한 구원자 현상이라고 생각하였다. 예를 들어 정신적 전통의 맥락에서 보면 그는 자기가 비스마르크보다 랑레벤의 '위대한 예술가 주인공'에 더 가깝다고 느꼈다. 그의 이런 여러 가지 발언들로 미루어보아 비스마르크에 대해서는 정치가로서가

아니라 오히려 위대한 인간의 미적인 현상이라는 측면에서 경탄하였다.[22]

히틀러 자신에게 있어서도 정치는 위대함으로 데려가는 수단이고 화려한 대체역할로서, 불충분한 예술적 재능을 보충해주는 비할 바 없는 기회를 의미하였다. 그는 정치가로서의 모든 요소를 배워 익혔고 그것을 임시역할로 받아들였다. 순간적인 영감이라는 측면에서는 철저히 신화적, 미적, 비현실적으로 생각하였다. 간단히 말하자면 비정치적인 방식으로 생각했던 것이다.

당시 어떤 사람이 관찰한 대로 그는 예술에 대해서는 눈물을 흘리기도 했지만[23] 측근의 말에 따르면 '휴머니티' 같은 것에는 도무지 관심이 없었다. 초기의 연설이나 후기에 총통사령부의 원탁대화 같은 임의발언의 기록들은 그 사실을 증언하고 있다. 아마도 그를 가리켜 1923년 체임벌린이 10월의 편지에서 '정치가와는 정반대 유형'이라고 말한 것 이상의 칭찬은 별로 없었을 것이다. 체임벌린은 당시 이런 말도 덧붙였다. "정치의 이상(理想)이란 아마도 정치를 갖지 않는 것인가 봅니다. 그러나 이러한 비정치는 솔직하게 알려지고 세상에 보여야 하겠지요."[24] 이런 의미에서 히틀러는 정말로 정치를 갖지 않았다. 다만 거대하고, 암시적인 세계이념과 운명이념을 가졌다. 그는 광적인 집념으로 그 이념의 실현을 자기 삶의 목표로 삼았다.

정치의 미학화

발터 벤야민은 파시즘을 가리켜 '정치의 미학화'라고 불렀다. 그리고 도이치 민족의 정치에 대한 관념은 전부터 이미 언제나 미학적인 것이었으므로 파시즘은 도이치 사람들을 특별히 격렬한 힘으로 사로잡을 수 있었다. 바이마르 공화국이 도이치 심리를 파악하지 못하고 정치를 오직 정치로만 알았다는 사실이 바이마르 공화국 실패 원인의 일부였다. 히틀러가 비로소 당당한 연막술로 연극적인 장면들을 통해, 도취와 우상화 소동을 통해 공식적인 사건들을 친근한 모습으로 보여주었다. 그 적절한 상징으로 조명을 받은 것이 대성당들이었다. 대성당들의 마법과 빛으로 이루어진 벽들이 어둡고 위협적인 바깥세상을 차단한 것이다. 도이치 사람들은 히틀러의 공간 열망, 그의 반유대주의, 그에게 붙어 있는 저속하고 잔인한 특성들에 공감하지는 않았다. 그러나 그가 정치에 다시금 거대한 운명의 소리를 주고, 정치를 다시 전율과 뒤섞었다는 사실에 대해서 박수갈채를 보내고 그의 추종세력이 되었다.

히틀러가 예술과 정치에 대한 생각들을 하나의 통일체로 보고, 정권을 예술과 정치의 최종적인 화해라고 찬양한 것은 비정치적인 '아름다움의 국가' 라는 이데올로기에 잘 맞았다.[25] 그는 자신을 페리클레스의 후예라고 여기고 그에 견줄 만한 것을 발전시켰다. 알버트 슈페어가 전한 바에 따르면 그는 고속도로를 자신의 파르테논 신전이라고 생각했다.[26] 그는 극히 진지한 의도로 친위대 사령관 하인리히 히믈러도, 루돌프 헤스도 '비음악적인 인간들' 이기에 자신의 후예가 될 자격이 없다, 반면에 슈페어는 히틀러의 관념세계에서는 '음악적 인간' 이고, '예술가' 고, '천재' 이기에 앞으로 높이 출세할 것이고, 자신의 총통 자리를 물려받을 수 있을 것이라고 말하기도 했다. 히틀러는 전쟁 초기에 예술가들을 풀어주었지만 학자들, 기술자들은 아니었다. 새로운 무기를 선보이는 자리에서도 그는 미적인 형태를 자세히 뜯어보았으며, 대포 총신의 '우아함' 을 찬양하기도 하였다. 예술 이외에는 아무것도 없고, 심지어는 음악적인 인간만이 야전사령관 노릇도 제대로 할 수 있다고 말하곤 하였다.[27]

그는 프랑스에서 승리를 거둔 다음에 정복자로서 파리에 들어선 것이 아니라 일종의 박물관 방문객 자격으로 그 땅을 밟았다. 일찍부터 나중에는 점점 초조하게 되어버린 그의 사적인 복고적 노스탤지어도 이런 특성에서 나온 것이었다. "나는 내 의지에 반하여 정치가가 되었다."고 그는 말하곤 하였다. "정치는 내게 오직 목적을 위한 수단일 뿐이다. 내가 지금처럼 활동하지 않으면 힘들어할 것이라고 믿는 사람들도 있다. 아니다! 정계에서 물러나서 이 모든 근심, 걱정, 분노 따위를 뒤로 하게 되면 그것은 내 생애에서 가장 아름다운 날이 될 것이다…… 전쟁은 왔다가 스러져 간다. 남는 것은 오직 문화의 작업들뿐이다."

한스 프랑크는 그러한 느낌들을 시대적 경향이라고 여겼다. 즉 "국가,

전쟁, 정치 등과 결부된 모든 것을 쫓아버리고 문화적 활동이라는 높은 이상(理想)을 맨 앞에 세운다."는 경향이었다.[28] 이러한 맥락에서 보면 국가사회주의 지도부의 상당수가 행렬에 끼여들지 못한, 혹은 실패한 절반 예술가라는 사실이 무의미한 것만은 아니다. 히틀러 이외에 디트리히 에카르트도 그런 사람이었고, 괴벨스는 소설가가 되려다가 실패하였으며, 로젠베르크는 건축가로 시작하였고, 시라흐와 한스 프랑크는 작가, 풍크는 음악가 노릇을 흉내냈다. 슈페어도 비정치적인 고립의지라는 측면에서 이러한 부류에 속하였고, 미화시키는 격문들을 써서, 공허하고도 가열차게 국가사회주의의 상승을 촉진하였던 저 지식인 유형들도 마찬가지였다.

낭만적 세계태도

사회적으로 소외된 지식인들의 일그러진 현실개념은 히틀러의 이념세계를 본질적으로 특징지었다. 당시 많은 사람들이 대화 중에 '더 높은 지대'로 올라가곤 하는 그의 경향을 증언하였다. 그러한 지대에서 그를 다시 '현실의 바탕으로 끌어내려야 했다'고 한다.[29]

히틀러는 윗소금산이나, 산장 위쪽 해발 2천 미터 높이의 목바위(Kehlstein)에 세운 독수리 둥지에서 생각에 잠기기를 좋아하였다. 공기가 희박한 이곳 산들의 운명적인 모습을 앞에 놓고 그는 자신의 계획들을 곰곰이 생각했으며, 그 자신이 가끔 말했듯이 모든 중요한 결정을 이곳에서 내렸다고 한다.[30]

우랄 산맥까지 이르는 거대왕국의 상상, 거대공간과 세계분할의 지정학적인 과대사상, 민족들과 종족들에 대한 대량학살을 포함하는 유전학적인 비전들, 초인의 꿈들, 혈통의 순수성과 성스러운 잔[聖杯]에 대한 환상들, 대륙 전체에 걸친 활석 레일 체계, 군사시설, 방어마을 체계 등은 그 자체로 보아서 전혀 '도이치'가 아니고 가깝거나 먼 원천들에서 나온 것들이었다. 여기서 도이치적인 것이 있다면 그가 단편조각들을 이어 맞춘 지적이고 거친 일관성뿐이었다. 어떠한 결론에 부딪쳐도 물러서지 않는 엄숙주의도 도이치적인 것이었다.

히틀러의 확고함은 기형적인 성격의 전제조건들과 분명히 관계가 있었다. 그의 과격성에도 밑바닥의 과격성과 대담성의 요소가 포함되어 있었다. 그러나 그의 확고함은 그 모든 것을 넘어서 이 나라의 지적 전통에 속하는 저 반정치적, 비현실적인 세계관을 드러내보이고 있다. 그는 종족 투쟁적인, 혹은 확장적인 목표설정들로 도이치 역사의 연속선에 선 것이 아니었다. 이론적 확신에 가득 차서 현실을 거대한 높이에서 나온 범주적인 원칙들에 종속시킨 지식인의 한 사람으로서 그는 도이치 역사의 연속선에 서는 것이다.

실현된 허구들

그를 비슷한 유형들과 구분지었던 것은 정치적인 능력이었다. 그는 실질적으로 권력을 이해하였던 예외적 지식인이었다. 민족적 저술의 문학적 쓰레기더미에 이르기까지 선구자들의 텍스트에서 그가 주장하는 것보다 더 과격한 주장들을 어렵지 않게 찾아볼 수 있다. 현재의 공포에 대해서도, 현실부정을 미화시키는 데에 대해서도 더욱 격렬한 증언들이 있다. 예를 들면 마리네티(Marinetti)는 '파렴치한 현실'에서 벗어나 구원받기를 바라고, 1920년의 어떤 성명서에서는 '모든 권력을 예술가들에게' 양도하라고 요구하였다. 지배권은 '널리 퍼져 있는 천재 프롤레타리아들'에게 합당한 것이라고 했다. 그러나 이러한 종류의 성명서들은 지식인들이 무기력을 향해 그럴싸하게 애교를 부리면서 스스로 우쭐대는 것에 지나지 않았다. 마리네티는 '복수하는 바다'를 향해서 현실에 반대하는 주문을 말하였다.[31] 히틀러가 여기서도 예외였던 것은 자신의 지적인 허구를 말뜻 그대로 받아들이고, 수백 년 묵은 흥분된 사상의 표현들을 그 형태 그대로 집어삼켰다는 데 있다.

그런 점에서 그는 전례가 없는 인물이었다. 아테네 사람들이 독재자 페이시스트라토스(Peisistratos)의 출현에 놀란 것처럼 도이치 사람들도 식탁에 앉아 있다가 히틀러의 출현에 놀랐다고 말할 수는 없을 것이다. 전세계가 그랬듯이 도이치 사람들도 충분히 경고를 받을 수 있었다. 그는 지적인 비축물이 거의 남아 있지 않을 정도로 자신의 의도를 언제나 노골적으로 표현하곤 하였기 때문이다. 그러나 사유 속의 현실과 사회적 현실을 전통적으로 분리해 왔기에 말은 별것이 아니라는 생각이 오래 전부터 일깨워져 있었다. 그의 말처럼 사람들이 하찮게 여긴 말도 없었다. 그것만이 히틀러에 대한 거대한 오판(誤判)을 설명할 수 있을 것이다. 그것은 시대의 오판이기도 했다. 의회의 사회민주당 의원대표인 루돌프 브라이차이트(R. Breitscheid)는 결국 바이마르 근교의 너도밤나무 숲(Buchenwald) 수용소에서 종말을 맞이하게 되는데, 히틀러가 수상으로 임명되었다는 소식을 듣고 마침내 그가 몰락하게 되었다고 기뻐서 손뼉을 쳤다. 다른 사람들은 히틀러를 언제라도 표로 눌러버릴 수가 있을 것이며 그가 절대로 헌법개정에 필요한 정족수 2/3의 다수표를 얻을 수 없을 것이라고 계산하였다. 역시 사회민주당의 대표적인 인물이었던 율리우스 레버(J. Leber)는 온 세상이 그랬듯이 마침내 '이 운동의 정신적인 토대를 알게 되기'를 기대하였다.[32]

위험

히틀러가 실제로 어떤 사람인지 아무도 몰랐던 것 같다. 다만 바라보는 거리에 따라 시각의 날카롭기가 달랐을 뿐이다. 기다리던 외국의 제재조치들은 없었다. 오히려 상당수의 외국 수도들은 독일과 마찬가지로 맹목, 제어의 희망, 허약 등이 복합된 가운데 다가오는 몇 년을 위한 협정과 조약들을 맺을 채비를 하였다. 그러나 이렇게 매혹된 가운데서도 불안한 예감들이 개별적으로 나타났다. 파리에 있던 어떤 도이치 사람은 프랑스 사람들 사이에 "마치 이웃 나라에서 화산이라도 폭발한 듯한 감정"이 있다고 말하고 있다. "그 폭발은 언제라도 자신들의 들판과 도시를 폐허로 만들 수 있으므로 두려운 마음으로 그 화산의 가장 작은 움직임도 주시하고 있다. 거의 어찌할 바 모르고 맞이하는 자연 현상이다. 독일은 오늘날 다시…… 위대한 국제 스타가 되었다. 공포, 이해할 수 없음, 역겨운 경탄 등이 뒤섞인 모습으로 신문마다, 극장마다 사람들을 매혹시키고 있다. 물론 여기에는 심술궂은 기쁨도 들어 있다. 거대하고 비극적이고 무시무시하고 위험한 모험의 인물이다."[33]

이 나라가 모험을 시작할 때 내건 이념들 중 어느 것 하나도 이 나라만의 것은 없었다. 비인간적인 진지함이 도이치적인 것이었다. 그러한 진지함으로 독일은 상상 속의 존재에서 밖으로 나왔다. 위에서 말한 경향과 감정들은 그 사이 모든 것 위에 견딜 수 없게 뒤덮인 긴장을 통해서 더욱 강화되었다. 그것은 수백 년 동안 형성된 혁명적 사상과 고정된 사회적 상황 사이의 긴장이었다. 이러한 경향과 감정들은 그의 등장에 유례없는 무게와 때늦은 반동의 극단적인 특성을 부여하였다. 도이치의 천둥이 마침내 목표를 이룬 것이다. 과거지향적인 유토피아의 표지 속에서 현실을 부인하려는 절망적 시도는 이 천둥이 울려퍼지면서 붕괴되었다.

그러나 과격하게 이상화된 관념의 이름으로 나타나는 현실 거부는 억누르기가 어렵다. 현실 거부는 자발적인 상상력과 관계가 있고, 사유의 위험성과 관계가 있다. 그 정치적 문제성은 분명한 것이다. 그러나 도이치 정신은 과거의 유산을 주로 현실 거부의 태도에서 얻는다. 그리고 많은 사람들이 생각하듯이 도이치의 모든 길이 아무런 재치도 없이 언제나 아우슈비츠로만 통하는 것은 아니었다.

예비관찰 : 히틀러는 역사상 위대한 인물인가?

1. 랑케(Ranke)의 이 인용은 콘라트 하이덴(Konrad Heiden)의 책에서 찾아낸 것이다. 필자는 많은 점에서 하이덴의 덕을 입고 있다. 히틀러와 나치즘의 현상에 대한 이 가장 초기의 역사적 작업은 질문의 대담성과 판단의 자유로움이라는 측면에서 오늘날에도 모범이 되는 것이다.

2. 게르스도르프(Gersdorff) 대령이 육군 사령관 만슈타인(Mannstein)에게 말한 것. 디터 엘러스(Dieter Ehlers)의 《Technik und Moral einer Verschwörung》 92쪽에서 인용.

3. 1937년 2월 24일 뮌헨의 호프 양조장에서 행한 연설. 힐데가르트 코체/헬무트 크라우스니크(H. v. Kotze/H. Krausnick)《Es spricht der Führer》 107쪽에서 인용.

4. 휴 트레버 로퍼(Hugh R. Trevor-Roper) 펴냄. 《Le Testament politique de Hitler》 서문 13쪽.

5. 이 책의 저자는 프라테코(Frateco)라는 사람이었다. 프랑스어 판은 같은 해 파리에서 《M. Hitler, Dictateur》라는 제목으로 나왔다.

6. 1937년 5월 20일자 연설. 코체/크라우스니크, 위의 책 223쪽.

7. 야콥 부르크하르트(Jakob Burckhardt)《Gesammelte Werke》 4권, 151쪽 이하. 클라우스 만(Klaus Mann)에게 보낸 유명한 편지에서 고트프리트 벤(G. Benn)은 히틀러를 관찰하면서 명백하게 부르크하르트의 관찰을 인용하고 있다. "오늘 여기서 당신은 다시 이런 질문을 들을 수 있습니다. 히틀러가 이 운동을 만들었는가, 아니면 이 운동이 그를 만들어냈는가? 이 질문은 의미심장한 것입니다. 그 두 가지 질문이 똑같기 때문에 그 두 가지를 구별할 수가 없지요. 여기서는 부르크하르트가 세계사 관찰에서 역사적인 대사건의 위대한 인물들을 묘사하면서 언급한 개인과 보편 사이에 마적인 일치가 나타나고 있습니다. 위대한 남자들, 모든 것이 여기 있습니다. 처음 시작의 위기, 거의 언제나 끔찍한 시기에만 등장한다는 것, 무시무시한 지속성, 모든 것과 구조적인 기능에도 나타나는 비정상적인 가벼움, 그리고 모든 생각하는 사람들이 느끼는 예감, 바로 그만을 필요로 하고 그만이 가능한 그 일을 그가 해낼 사람이라는 예감 말입니다." Vgl. 벤(G. Benn), 《Gesammelte Werke》 IV, 246쪽 이하.

8. 부르크하르트, 위의 책, 175쪽 이하.

9. 비스마르크(Bismarck)가 1847년 2월 17일자 자신의 신부에게 보낸 편지. 한스 로트

펠스(H. Rothfels) 펴냄, 《Bismarck Briefe》, 괴팅겐, 1955, 69쪽.

10. 토마스 만(Thomas Mann), 《Bruder Hitler》, GW XII, 778쪽.

11. 아우구스트 탈하이머(A. Thalheimer), 《Gegen den Strom. Organ der KPD (Opposition), 1929》, 볼프강 아벤트로트(W. Abendroth) 외 펴냄 《Faschismus und Kapitalimus》 11쪽에서 인용. 여러 가지 히틀러 이론들과 해석의 시도를 여기서 상세히 다루는 것은 적절하지 못하다. 다음의 책들이 쓸모있는 개관을 해줄 것이다. 칼 디트리히 브라허(K. D. Bracher)의 《Die deutsche Diktatur》 6쪽 이하. 특히 클라우스 힐데브란트(K. Hildebrand)의 《Der 'Fall Hitler'. Bilanz und Wege der Hitler-Forschung》 in:〈Neue politische Literatur〉 1969/3, 375쪽 이하.

12. 라인하르트 퀴늘(R. Kühnl), 《Der deutsche Faschismus》, in:〈Neue politische Literatur〉 1970/1, 13쪽.

13. 이러한 비난은 완전히 근거가 없는 것은 아니다. 그것은 히틀러 주변의 여성을 광범위하고 독립적으로 다루고, 예를 들면 독재자의 약물남용이나 뇌염을 이데올로기적 기준점들, 세계경제 위기, 혹은 도이치 국가관에 나타나는 권위적인 전통 등보다 더 중요하게 취급하는 세밀한 생애 묘사에 들어 있는 생각이다. 그러나 히틀러가 산업가, 은행가, 대지주 등 '나치 패거리' 들이 애써 '키워낸' 후보였다는 식의 이데올로기에 사로잡힌 해석들도 비슷한 생각을 드러낸다. 엄격하게 보자면 남자들이 역사를 만들어낸다는 논쟁의 여지가 많은 주장을 뒤집어서 '자본가들' 에게 덮어씌워버린 것이다. 변명의 동기를 감추고 있는 부정적인 숭배문헌들도 여기 작용한다. 히틀러는 모든 역사적인 맥락에서 돌출해서 절대적 재앙이 되는 인물이라는 주장이다. 에버하르트 치혼(E. Czichon) 《Wer verhalf Hitler zur Macht?》와 《Der Primat der Industrie》, in:〈Das Argument〉 47호와 파시즘 문제를 다룬 다른 호들(33호와 41호) 참조. 좌파 이론들과 히틀러 현상에 대해서 공정하기 어려운 좌파의 특성들에 관한 문헌제시는 아이케 헤닝(E. Henning), 《Industrie und Faschismus》, in:〈Neue politische Literatur〉, 1970/4, 432쪽 이하.

14. 부르크하르트, 위의 책, 166쪽.

15. 에른스트 놀테(E. Nolte), 《Der Faschismus in seiner Epoche》, 451쪽.

16. 한스 프랑크(H. Frank), 《Im Angesicht des Galgens》, 137쪽과 291쪽 참조. 헬무트 하이버(H. Heiber), 《Adolf Hitler》, 157쪽.

17. 1939년 5월 23일 히틀러가 제국수상 관저에서 군수뇌부에게 한 연설. 막스 도마루스(M. Domarus), 《Hitler. Reden und Proklamationen》 1,197쪽.

18. 루돌프 아우크슈타인(R. Augstein), 《Hitler, und was davon blieb》, in:〈Der Spiegel〉, 1970/19, 100쪽 이하.

19. 《Mein Kampf》, 388쪽.

20. 부르크하르트, 위의 책, 166쪽.

1부 욕망에 사로잡힌 소년

제1장 출생과 시작

1. 오토 디트리히(O. Dietrich), 《Zwölf Jahre mit Hitler》, 149쪽. 콘라트 하이덴, 《Geschichte des Nationalsozialismus》, 75쪽.

2. 요아힘 리벤트로프(J. v. Ribbentrop), 《Zwischen London und Moskau》, 45쪽.

3. 〈Der Spiegel〉 1967/31, 46쪽. 기념패에 대한 분노의 폭발 사건에 대해서는 알버트 슈페어(A. Speer), 《Erinnerungen》, 111쪽 이하 참조.

4. 알버트 촐러(A. Zoller), 《Hitler privat》, 196쪽.

5. 〈Der Spiegel〉, 위의 책, 40쪽.

6. 프란츠 예칭거(F. Jetzinger), 《Hitlers Jugend》, 11쪽.

7. 같은 곳, 19쪽 이하.

8. 베르너 마저(W. Maser), 《Adolf Hitler. Legende, Mythos, Wirklichkeit》, 34쪽. 〈Der Spiegel〉, 위의 책, 40쪽 이하는 마저의 결론을 인용하고 있다. 한스 프랑크의 보고는 《Im Angesicht des Galgens》, 320쪽 이하 참조. 마저의 《Hitler》 26쪽 이하.

마저는 자신의 주장을 입증할 수는 없다. 그런데도 그는 입증하는 것 같은 말투로 자신의 논거를 제시하고 있다. 심지어는 휘틀러가 아내가 죽기까지(1873년) 기다렸다가 합법화 절차를 밟은 사실을 놓고 자신의 주장에 대한 강력한 뒷받침이 된다고 여기고 있다. 실은 생각한 것과는 사정이 다르다. 그것이 사실이라면 휘틀러가 자신이 아버지고 알로이스가 자기 아들이라고 주장했어야 할 것이기 때문이다. 모든 논거들도 이와 비슷하게 의심스럽다. 전체적으로 보아서 마저도 휘틀러의 행동에 대해서 오직 자기 견해만을 뒷받침하고 그밖의 해석들은 의심스럽게 만드는 어떤 행위동기를 제시하지 못하고 있다. 휘틀러가 알로이스 쉬클그루버를 상속인으로 지정하는 조건으로 이름을 바꿀 것을 요구했다는 가정도 등장하고 있다. 아우구스트 쿠비체크(A. Kubizek), 《Adolf Hitler, mein Jugendfreund》, 59쪽 이하. 그밖에도 이러한 맥락에서 할아버지에 대한 의문이 부차적인 것이었다는 암시도 적지 않다. 다만 한스 프랑크의 견해만은 이 문제에 새로운 심리적 차원을 마련해주었을 것이다. 심리적 차원을 넘어서면 그것은 하잘것없는 흥미의 대상일 뿐이다.

9. 1876년 10월 9일 알로이스 히틀러가 알로이스 파이트(A. Veit)에게 보낸 편지. HA, File 17 A, R 1. 그밖에 1940년 6월 21일 세관 기록계원 헤벤슈트라이트(Hebenstreit)의 설명.

10. 로잘리아 호에를 부인(Fr. Rosalia Hoerl)의 설명, HA 위의 책.

11. 아돌프 히틀러(Adolf Hitler), 《Mein Kampf》, 4쪽.

12. 같은 책, 6, 8쪽. 술주정뱅이 아버지 사건에 대해서는, 한스 프랑크, 위의 책, 331쪽 참조.

13. 《Mein Kampf》 8쪽. 성적에 대해서는 예칭거, 위의 책, 100쪽 이하 참조.

14. 발터 괴를리츠(W. Görlitz)/헤르베르트 크빈트(H. A. Quint), 《Adolf Hitler. Eine Biographie》, 34쪽 이하, 쿠비체크, 위의 책, 68쪽.

15. 헨리 피커(H. Picker), 《Hitlers Tischgespräche》, 324쪽.

16. 《Mein Kampf》 16쪽. 히틀러는 그에 대해서 '심한 폐질환'을 말하고 있다. 그러나 이 주장은 어쨌든 제시된 그대로는 분명히 근거가 없다. 이에 대해서는 예칭거, 위의 책, 148쪽. 하이덴 《Hitler》 1권, 28쪽. 이 사건은 촐러, 위의 책, 49쪽에 보고되고 있다. 그에 따르면 히틀러는 그 때문에 술을 싫어하게 되었다고 한다.

없애버린 성적표 사건에 대해서는 1942년 1월 8, 9일의 하임 프로토콜(Heim-Protokoll) 참조. 마저, 《Hitler》 68쪽 이하에서 재인용.

17. 쿠비체크, 위의 책, 72쪽과 55쪽. 이미 죽어버린 아버지가 계속해서 반대했다는 진술도 여기 나온다.

18. 같은 곳, 25쪽. 1942년 고지 도나우의 대관구(大管區) 지도부에 대한 빌헬름 하그뮐러(W. Hagmüller)의 보고. 괴를리츠/크빈트, 위의 책, 38쪽에서 인용.

19. 《Hitler's Table Talk》 191쪽과 195쪽.

20. 쿠비체크, 위의 책, 110쪽. 친지, 견진 대부모, 선생들의 히틀러에 대한 판단은 에른스트 도이얼라인(E. Deuerlein), 《Der Aufstieg der NSDAP 1919~1933》, 67쪽. 예칭거, 위의 책, 105쪽 이하, 115쪽 이하.

21. 쿠비체크는 꿈과 현실을 혼동하는 히틀러의 특별한 성향을 강조하고 있다. 100쪽 이하 참조. 다음에 나오는 복권 사건은 같은 책, 127쪽 이하.

22. 《Tischgespräche》, 194쪽. 《Mein Kampf》, 35쪽.

23. 쿠비체크, 위의 책, 79쪽.

24. 같은 곳, 140쪽 이하. 물론 이 장면은 과장적으로 양식화되어 있다. 쿠비체크의 신빙성에 강력한 의문을 가지게 만드는 부분이다. 그가 미화시키려는 의도에서 회고록을 썼다는 점도 염두에 두어야 한다. 이 책의 가치는 사실적인 데 있다기보다는 오히려 드물지 않게 작가의 의지와 반대로 서술과 성격판단을 드러내주는 부분에 있다.

25. 쿠비체크, 위의 책, 147쪽에서 재인용. 히틀러의 철자법은 여기서나 훨씬 뒷날까지도 상당히 취약한 부분. 그의 문장구성도 마찬가지다. 《Mein Kampf》 18쪽 참조.

26. 《Mein Kampf》 3쪽과 17쪽. 16쪽에서도 히틀러는 '아름다운 꿈'에 대한 이야기를 하고 있다. 1933년 8월 4일자로 쿠비체크에게 보낸 편지 참조. 이 편지에서 히틀러는 '내 인생의 가장 아름다운 시절'이었다고 표현했다. 쿠비체크, 위의 책, 32쪽. 그리고 《A. Hitler in Urfahr》, HA, File 17, Reel 1.

27. 슈페어의 개인적인 진술. 촐러, 위의 책, 57쪽. 히틀러의 정치 은퇴의 꿈에 대해서는 《Tischgespräche》, 167쪽 이하, 촐러, 위의 책, 57쪽 참조.

제2장 무너진 예술가의 꿈

1. 《Große Politik》, 22 권, 7349~7354번 참조. 독일 정치문서고(Polit. Archiv Bonn, Dtl.) 131, 36권.

2. 헬무트 안딕스(Hellmuth Andics), 《Der ewige Jude》 192쪽 참조. 이곳과 앞에서 언급한 숫자와 사실들을 위해서는 윌리엄 젱스(W. A. Jenks), 《Vienna and the young Hitler》, 113쪽 이하. 1913년에 의학부 학생의 29퍼센트, 법학부의 20.5퍼센트, 철학부의 16.3퍼센트가 유대인이었다. 그에 비해서 유대인의 범죄율은 6.3퍼센트, 주민수에 비해 대단히 적은 숫자였다. 젱스, 위의 책 121쪽 이하.

3. 《Mein Kampf》 18쪽 이하. 다음의 '분류목록' 은 하이덴, 《Hitler》 1권, 30쪽에서 베낀 것.

4. 《Mein Kampf》, 19쪽.

5. 같은 곳, 19쪽.

6. 1938년 11월 7일자 에두아르트 블로흐(E. Bloch)의 보고. 코블렌츠 연방문서고 (Bundesarchiv Koblenz, BAK) NS/26/17a. 《Mein Kampf》 223쪽. 어머니에 대해서는 쿠비체크, 위의 책, 158쪽.

7. 마저, 《Hilter》 82쪽 이하에서 인용. 1941년 12월 30일자 빈 국가 비밀경찰의 보고 참조. 브래들리 스미스(B. Smith) 《Adolf Hitler. His Family, Childhood and Youth》, 113쪽.

8. 《Mein Kampf》, 20쪽.

9. 같은 곳, 20쪽.

10. 히틀러의 월수입에 대한 정확한 계산은 예칭거에 의한 것이다. 그는 꼼꼼하게 모든 자료들과 수입원을 찾아냈다. 그리고 수입의 비교 또한 그에 의한 것이다. 그밖에 당시 오스트리아 트리엔트의 〈L'Avvenire del Lavoratore〉의 주간이며 사회주의 노동회의소에서 근무했던 무솔리니가 두 가지 일에 대한 보수를 합친 것이 120크로네였다는 사실, 따라서 실직자인 히틀러의 수입보다 그다지 많지 않았다는 점도 흥미롭다. 이본 커크페티릭(Ivone Kirkpatrick), 《Mussolini》, 38쪽.

11. 쿠비체크, 위의 책, 126쪽. 210~220쪽. 256쪽 이하, 281, 307쪽. 예칭거, 위의 책, 194쪽 이하. 히틀러가 〈트리스탄〉을 빈에서 30~40번 보았다는 그의 말에 대해서는 《Hitlers Secret Conversations》, 뉴욕, 1953, 270쪽 이하 참조. 그밖에 젱스, 위의 책, 202쪽. 특히 히틀러가 빈에 머물고 있는 동안 리하르트 바그너는 가장 인기가 많은 오페라 작곡가였으며, 궁정 오페라 극장에서만 적어도 426일 저녁에 그의 작품이 공연되었다.

12. 쿠비체크, 위의 책, 195, 197쪽.

13. 하이덴, 《히틀러》 1권, 30쪽. 하이덴은 명백하게 날짜의 혼란을 일으키고 있다. 그는 두 번째 시험의 시기를 어머니의 죽음 이전으로 잘못 잡고 있다. 어머니의 사망날짜를 그는 1907년이 아닌 1908년 12월 21일로 착각하고 있다.

14. 《Tischgespräche》, 323, 422, 273쪽. 쿠비체크, 위의 책, 199쪽. 첫 번째 시험에 낙방한 히틀러가 아카데미에 대해서 분노를 터뜨린 사실을 보고하고 있다. 쿠비체크는 히틀러의 두 번째 낙방 때에는 빈에 있지 않았고 히틀러를 보지 못했다.

15. 하이덴, 《Geburt des Dritten Reiches》, 30쪽. 히틀러는 슈텐네스(Stennes) 위기 도중에 편지를 썼다.

16. 《Mein Kampf》, 22쪽. 이런 의미에서는 슈테판 츠바이크의 《Die Welt von gestern》 50쪽에 이렇게 언급되어 있다. '시민세계에' 존재했던 '가장 나쁜 위험은······ 프롤레타리아로 전락하는 것' 이었다고 한다. 그밖에 하이덴, 《Geschichte》, 16쪽.

17. 요제프 그라이너(Josef Greiner), 《Das Ende des Hitler-Mythos》, 25쪽. 그라이너의 히틀러에 대한 기억은 쿠비체크와는 달리, 자신이 주장하듯이 히틀러와 가까운 친분을 가졌다는 어떤 증거도 없기 때문에 중요성을 가진다. 그의 글은 우리의 지식을 넓혀주는 얼마간의 사실을 포함한다. 이 글은 물론 다른 서술이나 히틀러의 입증된 행동방식에서 근거를 찾을 수 있을 경우에만 신빙성을 가진다. 그럴 경우에도 조심스럽게 접근해야 한다. 그라이너는 14쪽에서 자신이 히틀러를 알게 되었을 때 '곧바로······ 그의 능숙한 언변' 이 두드러져 보였다고 보고하고 있다. 히틀러가 당시 빈에서 보았던 인간의 '도덕적 조잡성' 에 대해서, 그리고 '정신적인 문화의 깊이' 등에 대한 히틀러의 열변은 용어로 보아서 벌써 소시민적인 지위에 대한 집착을 보여주고 있다. 《Mein Kampf》 30쪽 참조.

이웃 여자의 말들은 마리 볼라프(M. Wohlrab)와 마리 펠링거(M. Fellinger)의 말. HA, File 17, Reel 1.

18. 《Mein Kampf》 15쪽.

19. 쿠비체크, 위의 책, 220쪽 이하.

20. 《Mein Kampf》, 282쪽.

21. 같은 곳, 41쪽 이하.

제3장 사상적 토대

1. 빌프리트 다임(W. Daim), 《Der Mann, der Hitler die Ideen gab》. 란츠가 히틀러 외에도 키체너 경(Lord Kitchener)과 특히 레닌을 자신의 학생으로 여겼다는 사실은, 란츠에 대해서, 그리고 그의 사고의 열광적인 구조에 대해서 특이한 조명을 해준다. 키체너 경과 레닌은 그의 이론을 상대적으로 일찍 이해하고 그로부터 각기 자기들의 결론을 도출했다고 한다. 1905년에 나온 란츠의 주요저서는 대단히 많은 것을 시사하는 이런 제목을 달고 있다. 《신학동물학(Theozoologie) 혹은 소돔의 원숭이 족과 신(神)들의 엘렉트론족에 관한 학문. 가장 오래된 세계관과 가장 최근의 세계관 입문서. 영주와 귀족을 옹호함》. 그의 생각에 따르면, 푸른 눈, 금발의 아리안 영웅족은 '신들의 걸작품' 이며 전자기관과 심지어는 발송장치를 지니고 있다. 우생학적인 농축과 순수육종을 통해서 아리안 영웅족은 새로 발전되고 다시금 신적인 전자기(電磁氣)·방사선의 신체기관과 힘을

새로 지녀야 한다고 했다. 공포라는 시대적 감정, 엘리트 비밀결사 주의, 거기다가 유행에 따라 자연과학을 날조해 넣은 대단히 지적이고 개인적인 고등사기 수법이 이 이론 안에 들어 있다.

다임은 란츠가 히틀러에게 미친 영향을 분명히 지나치게 평가하였다. 이러한 영향은 텍스트 안에 묘사된 영역을 넘어서는 것은 아니다. 원래의 국가사회주의 하급지휘관인 다레(Darré)나 특히 하인리히 히믈러(H. Himmler) 같은 사람의 경우는 물론 달랐다. 직접적인 방식이었든 간접적인 방식이었든, 친위대의 종족 및 거주관리청의 목록에서, 그리고 단종(斷種) 정책에서—'살 만한 가치가 없는 삶'이나, 유대인, 슬라브인, 집시 등에 대한 생각에서—창설자의 이런 터무니없는 살인적인 생각이 계속 살아남았다.

2. 하인리히 하임(H. Heim)의 보고서 참조. 마저, 《Hitler》, 236쪽.

3. 이 콤플렉스에 대해서는 쿠비체크, 위의 책, 70쪽 이하, 107쪽, 112쪽 이하 참조. 《Mein Kampf》 10쪽 이하 참조. 자신은 빈에서 처음으로 자신의 사색과 점점 깊어진 연구의 결과 반유대주의자가 되었다는 히틀러의 주장은 예를 들면 귄터 슈베르트(G. Schubert), 《Anfänge nationalsozialistischer Außenpolitik》 11쪽 이하와 모순됨. 〈Linzer Fliegenden Blätter〉를 읽었다는 사실은 《Mein Kampf》에도 나타난다. 그밖에 안드레 바눌스(André Banuls), 《Das völkische Baltt 'Der Scherer'. Ein Beitrag zu Hitlers Schulzeit》, in:〈Vierteljahreshefte für Zeitgeschichte〉 (VJHfZ), 1970/2, 196쪽 이하.

4. 《Mein Kampf》 59쪽 이하.

5. 그라이너, 위의 책, 110쪽. 그밖에 앨런 벌록(Alan Bullock), 《Hitler. Eine Studie über Tyrannei》 35쪽 이하, 혹은 윌리엄 쉬러(W. Shirer), 《Aufstieg und Fall des Dritten Reiches》, 43쪽 등은 루돌프 올덴(R. Olden)이 처음으로 주장한 것에 어느 정도의 개연성을 인정함.

6. 《Mein Kampf》, 357쪽. 히틀러가 린츠에서도 빈에서도 여자들과 아무런 관계가 없었다는 '확실한' 단언은 쿠비체크에게서 나왔다. 그것은 물론 두 사람이 함께 보낸 시간에 대해서만 타당하다. 위의 책, 276쪽.

7. 놀테, 《Faschismus》, 359쪽.

8. 그라이너, 위의 책, 78쪽 이하. 히틀러 스스로 종종 '몸도 마음도 쇠너러파'라고 자처했다고 쿠비체크도 증언한다. 위의 책, 297쪽.

9. 브라허, 《Diktatur》, 46쪽 이하. 프라시스 카르스텐(Fracis L. Carsten), 《Der Aufstieg des Faschismus in Europa》, 37쪽 이하. 페터 풀처(P. G. J. Pulzer), 《Die Entstehung des politischen Antisemitismus in Deutschland und österreich》.

10. 《Mein Kampf》 59쪽, 74쪽.

11. 같은 곳, 133쪽 이하. 이러한 맥락에서는 브라허, 위의 책, 53쪽 이하 참조.

12. 특히 마저, 《Die Frühgeschichte der NSDAP》 92쪽에서는 의견이 다르다. 그는

이 자리에서 자기 견해에 대한 근거제시 없이 히틀러가 아니라 쿠비체크가 옳다고 보고 있다. 자신은 오직 '곁다리'로만 정치에 관심이 있었다는 히틀러의 발언을 마저는 '부적절하다'고 여긴다. 그러나 히틀러가 나중에 중요한 정치가였기 때문에 젊은 시절에도 정치적인 문제에 대해서 근원적인 관심을 보였을 것이라는 생각은 정치에 대한 히틀러의 관계를 잘못 본 것이다. 이미 인용한 히틀러의 《Mein Kampf》, 36쪽과 40쪽을 보면 히틀러 자신도, 노동조합의 조직에 대한 자신의 지식은 '거의 제로 상태'였다고 고백하고 있다. 그리고 그 말을 의심할 어떤 설득력 있는 이유가 없다. 히틀러의 반유대주의는 아직은 엄격한 일관성에 도달할 준비가 되어 있지 않았다. 남자 하숙집의 동료였던 하니쉬(Hanisch)는 1936년에도, 빈의 히틀러가 여전히 반유대주의자가 아니었다고 주장하고 있다. 그리고 히틀러가 상당히 친밀한 관계를 가졌던 유대인들의 이름을 상당수 제시하고 있다. 하니쉬 참조. 스미스, 위의 책, 149쪽.

13. 《Tischgespräche》, 323쪽. 그라이너, 위의 책, 14쪽.

14. 《Jahrbuch der KK Zentralanstalt für Meteorologie》, 1909년, S. A 108, A 118 참조. 스미스, 위의 책, 127쪽에서 재인용. 특히 마저, 《Frühgeschichte》 77쪽에서 하이덴과 그의 뒤를 이은 역사편찬에 반대하였다. 흔들리는 바탕 위에 확고한 요구를 가지고 서 있는 것처럼 그는 히틀러가 집 없는 사람들의 숙소에서 잠자리를 구할 정도로 물질적으로 곤란을 겪지는 않았다고 '확실하게' 단언하고 있다. 마저는 히틀러의 재정상태를 계산하는 과정에서 아버지의 유산이 언제나 똑같은 연금형태로 주어진다고 전제하였다. 그러나 실제로는 대략 7백 크로네 정도였고, 히틀러가 지출한 비용에 따라 얼마 뒤에는 모두 없어져버리게 되어 있었다. 히틀러가 물질적으로 안정적인 상태에 있었다는 주장을 관철시키려는 의도로 마저는, 히틀러가 '그곳의 환경을 연구하려고'(!) 집 없는 사람들의 숙소에서 살았을 수도 있다고(혹은 나중에는 상당히 그럴 가능성이 높다고) 여겼다.

15. 《Libres Propos sur la Guerre et la Paix》, 46쪽. 하니쉬는 오스트리아 합병 직후에 비밀경찰에 체포되어 곧 살해되었다. 어쨌든 그의 친구 중 한 사람인 차장 한스 파일러(Hans Feiler)의 편지에서 드러난 바로는 그는 1938년 5월 11일엔 이미 죽어 있었다. 그밖에 떠돌이 임시 노동자였던 하니쉬가 아무런 학문적 윤리의식 없이 히틀러와의 체험을 돈을 받고 팔려 했으며, 1933년 이후에는 괘씸하게도 자신의 보고들을 그럴싸하게 꾸미려 했음을 인정했다고 비난하는 것은 유쾌하지 못한 행동이다. 마저, 《Frühgeschichte》, 70쪽.

16. 하니쉬의 보고는 날짜가 없다. 그것은 BAK NS 26/64에서 찾아볼 수 있다. 다음에 이용되는 하니쉬의 보고는 모두 여기서 나온 것. 그밖에 하니쉬의 보고에 대해서는 루돌프 올덴, 《Hitler》, 46쪽 이하. 하이덴, 《Hitler》 1권 37쪽.

17. 하이덴, 《Hitler》, 1권 43쪽. 히틀러가 살았던 남자 하숙집에 관한 몇 가지 흥미로운 세부사항들은 젱스, 위의 책, 26쪽 이하에서 찾아볼 수 있다. 그에 따르면 이곳의 하숙생들은 연수입 1천5백 크로네 이하여야 했다. 이 집에는 544개의 침상이 있었고, 어떤

재단이 주택난 해소를 위해서 세운 것으로서, 이러한 종류의 계획 중에서 네 번째 것이었다고 한다. 실제로 당시 빈에서는 히틀러의 《나의 투쟁》에서도 나타나고 있는 것과 같이 상상할 수도 없을 정도로 주택난이 심각했다. 도시의 인구는 1860년에서 1900년 사이에 259퍼센트나 증가하였고, 이 수치는 베를린(281퍼센트)에 뒤이어 유럽에서 두 번째로 높은 것이다. 그에 비하면 파리는 60퍼센트의 인구증가만을 보였다. 젱스가 내놓은 통계에 따르면 빈의 노동자층이 주로 살던 여덟 개 구역에서는 방 한 칸에 평균 4.0명에서 5.2명까지 거주하였다.

18. 쿠비체크, 위의 책, 203, 205쪽, 그라이너, 위의 책, 100쪽 참조. 여기서도 히틀러가 참기 힘든 존재였고, 도전적인 토론방식으로 두드러져 보였다는 사실이 암시되고 있다.

19. 그라이너, 위의 책, 106쪽 이하. 그리고 38쪽 이하와 78쪽도 참조할 것. 히틀러는 당시 이미 베를린 개축을 위한 계획을 설계하고 있었다고 그 자신이 원탁에서 설명하였다. 《Libres propos》, 46쪽 참조.

20. 《Mein Kampf》 35쪽.

21. 토마스 만, 《Leiden und Größe Richard Wagners》, 전집 10권 346쪽.

22. 앙리 뮈르제(Henry Murger), 《Scènes de la vie de Bohème》, 파리, 1851, S. VI. 로베르 미셸(Robert Michel)의 《Zur Soziologie der Bohème und ihrer Zusammenhänge mit dem geistigen Proletariat》, in:〈Jahrbuch für Nationalökonomie und Statistik〉 1932/136, 802쪽 이하. 게오르크 루카치(G. Lukács)의 테오도어 슈토름(Th. Storm)에 대한 유명한 에세이에 따르면, 질서, 헌신, 지속성 등은 시민적 생활방식의 본질적인 요소이다. 《Schriften zur Literatursoziologie》, 296쪽 이하. 시민계급 청소년과 학교 사이의 갈등에 대한 문학적 증언들의 맥락에서 보자면, 베데킨트(Wedekind)의 《Frühlings Erwachen》은 1891년에 쓰여진 것이면서도 1906년에 처음으로 공연되고, 공연되자마자 대성공을 거두었다는 사실이 흥미롭다. 그에 대해서는 슈테판 츠바이크, 위의 책, 43쪽 이하.

23. 헤르만 라우슈닝(H. Rauschning), 《Gespräche mit Hitler》, 215쪽 이하. 슈페어의 1969년 9월 13일자 집필자를 위한 메모, 한스 세베루스 치글러(H. S. Ziegler), 《Adolf Hitler aus dem Erleben dargestellt》, 125쪽.

24. 토마스 만, 전집 12권 775쪽 이하.

25. 프리드리히 레크 말렉체벤(F. Reck-Malleczewen), 《Tagebuch eines Verzweifelten》, 27쪽.

26. 바그너(R. Wagner), 《Gesammelte Schriften》 11권, 334쪽 이하. 그리고 에세이 《Kunst und Revolution》, 같은 곳, 3권, 35쪽 이하. 미하엘 프로인트(M. Freund), 《Abendglanz Europas》, 226쪽.

27. 《Mein Kampf》, 43쪽 이하. 쿠비체크, 위의 책, 220쪽.

28. 함부르크 민족 클럽에서 행한 연설. 베르너 요흐만(W. Jochmann), 《Im Kampf um die Macht》, 85쪽.

29. 쿠비체크, 위의 책 294쪽 이하. 하이덴, 《Hitler》, 1권, 45쪽. 다음에 언급하는 하니쉬의 묘사는 분명히 착오에 기인한 것이다. 켈러만(Kellermann)의 소설은 1913년에 나온 것이다. 그러니까 하니쉬와 히틀러가 사이가 나빠진 시기에 나온 것이다. 같은 테마를 다룬 영화를 말하는 것이라고 생각할 수도 있다.

30. 그라이너, 위의 책 40쪽 이하에서 보고된 이 에피소드에 대해서도 위에서와 같은 의심을 해볼 수 있다. 그밖에 서술된 사건은 심리적 설득력이 없는 것은 아니다.

31. 《Mein Kampf》, 44쪽과 46쪽.

32. 사건의 세부사항에 대해서는 하이덴, 《Hitler》, 1권, 48쪽 이하 참조.

33. 체임벌린(H. St. Chamberlain) 《Die Grundlagen des 19. Jahrhunderts》 I권, 352쪽.

34. 벌록, 위의 책, 32쪽. 전체 맥락을 위해서는 한스 귄터 츠마르츨릭(Hans-G. Zmarzlik), 《Der Sozialdarwinismus als geschichtliches Problem》, in:VJHfZ 1963/3, 246쪽 이하.

35. 《Tischgespräche》, 447, 179, 245, 361, 226쪽. 그밖에도 특히 전쟁기간 동안의 연설에서 수없이 많이 그러한 어법을 사용했다.

36. 프리드리히 니체(Friedrich Nietzsche), 《Die fröhliche Wissenschaft》, 슈투트가르트, 1950, 113쪽 이하.

37. 로베르트 구트만(R. Gutmann), 《Richard Wagner》, 155, 350쪽.

38. 예칭거, 위의 책, 230쪽 이하.

39. 《Mein Kampf》, 173쪽.

제4장 뮌헨으로의 도주

1. 1924년 2월 24일에 히틀러는 뮌헨 재판 심문에서 이렇게 말했다. 에른스트 뵈플레(E. Boepple), 《Adlof Hitlers Reden》, 96쪽, 그리고 《Mein Kampf》, 137쪽.

2. 토마스 만, 전집 9권, 176쪽 참조.
《문화중심지 뮌헨》이라는 에세이에서 뮌헨—베를린의 대조가 나온다. "이곳은 예술적이고, 저쪽은 정치적·경제적이다.", 전집 11권, 396쪽.

3. 이 작품은 20년대 말에야 나왔지만 곧 표어가 되어버린 이 제목은 20세기 초의 뮌헨의 분위기를 잘 표현하고 있다.

4. 예칭거, 위의 책, 115쪽. 쿠비체크, 위의 책, 215쪽.

5. 《Mein Kampf》, 135쪽 이하.

6. 빈을 떠난 동기의 복합성에 대해서는 《Mein Kampf》, 134쪽 이하 참조.

7. 이 사건의 묘사는 예칭거(위의 책, 253쪽 이하)의 결론에 따른 것이다. 그의 덕분에

이 사건 자체가 밝혀졌다. 이 책에는 히틀러가 린츠 시 당국에 보낸 서한도 제시되고 있다.

8. 《Mein Kampf》, 138쪽 이하, 163쪽. 하이덴, 《Hitler》, 1권, 53쪽.

9. 마저, 《Hitler》, 94쪽 이하 참조. 여기 제시된 젊은날의 꿈에 대해서 히틀러는 1944년 3월 12일 호프만(H. Hoffmann)에게 했다. 국가사회당의 이전의 중앙문서고 보고서 참조, BAK NS 26/36.

10. 그라이너, 위의 책 119쪽. 예칭거는 그라이너가 정말로 이 시기에 히틀러를 만났느냐는 의심의 증거를 제시하고 있다. 그밖에 하이덴, 《Hitler》, 1권, 52쪽. 마저, 《Hilter》, 120, 122쪽.

11. 《Mein Kampf》, 173쪽.

12. 토마스 만, 《Betrachtungen eines Unpolitischen》, 461쪽.

13. 조르주 소렐(Georges Sorel)은 세기가 바뀔 무렵 프루동(Proudhons)의 발언을 대중화시켰다. 그것은 이렇다. "전쟁은 우주적 생명의 오르가슴이다. 그것은 모든 창조의 전주곡인 혼돈을 수태시켜 움직이게 하고, 구세주처럼 죽음 자체를 통해서 죽음에 대해 승리하는 것이다." 프로인트, 《Abendglanz Europas》, 9쪽 인용. 가브리엘 다눈치오(G. d'Annunzio)는 이탈리아 참전을 옹호하는 자신의 시집을 '성스러운 노래'라고 불렀다.

14. 프리드리히 마이네케(Fr. Meinecke), 《Die deutsche Katastrophe》, 43쪽.

15. 《Mein Kampf》, 179쪽.

제5장 전쟁을 통한 구원

1. 하이덴, 《Hitler》, 1권, 54쪽. 전쟁 전기간에 걸쳐서 연대의 전사자, 부상자, 포로로 잡혀간 자의 수는 대략 3,754명의 장교 및 병사들이었다. 《Vier Jahre Westfront. Die Geschichte des Regiments List R.I.R. 16》, München 1932. 프리츠 비데만(Fr. Wiedemann), 《Der Mann, der Feldherr werden wollte》, 20쪽 이하. 벌록, 위의 책, 48쪽. 벌록은 재봉사 포프에게 보낸 히틀러의 편지를 인용하고 있다.

2. 《Mein Kampf》, 180쪽 이하. 연대역사는 항상 주장되고 있는 것처럼 이프레 전투에서 부대가 독일 찬가를 부른 것이 아니라 〈Die Wacht am Rhein〉을 불렀다고 전하고 있다. 하이덴, 《Hitler》 1권, 55쪽 참조.

3. 이런 전설은 예를 들면 필립 불러(Philipp Bouhler), 《Kampf um Deutschland》, 30쪽 이하에서도 나타난다. 그밖에 이런 맥락으로는 다음의 책들을 참조할 것. 벌록, 위의 책, 49쪽 이하. 마저, 《Frühgeschichte》, 124쪽 이하. 비데만, 위의 책, 21쪽 이하. 발타자르 브란트마이어(B. Brandmayer), 《Meldegänger Hitler》, 뮌헨 1933. 한스 멘트(H. Mend), 《Adolf Hitler im Felde》, 아돌프 마이어(A. Meyer), 《Mit Adolf Hitler im Bayerischen Reserve-Infanterie-Regiment 10 List》, Neustadt-Aich, 1934.

4. 도이얼라인, 《Aufstieg》, 77쪽 참조. 79쪽에도 히틀러가 얻은 전쟁 표창과 훈장들의 목록이 있다.

5. 프랑크, 위의 책, 40쪽.

6. 비데만, 위의 책, 26쪽.

7. 같은 곳, 29쪽. 멘트, 위의 책 134쪽에도 비슷하게 이런 구절이 나온다. "참호와 막사가 그의 세계였다. 그 뒤에 있는 것은 그에게는 존재하지 않는 것이었다."

8. 《Tischgespräche》, 323쪽.

9. 1915년 2월에 배석판사 헤프(Hepp)에게 보낸 히틀러의 편지. IfZ/뮌헨의 복사본. 앞에서 언급한 말은 비데만, 위의 책, 29쪽에서 나온 것이다. 이렇게 적절치 못한 형태로도 이 발언이 신뢰를 얻는 것은 인용된 편지뿐만이 아니라, 이것이 뒷날의 원탁 발언들에 이르기까지 히틀러의 사고방식을 적절하게 특징짓고 있다는 사실에 힘입은 것이다. 비데만, 위의 책, 24쪽.《Mein Kampf》 182쪽도 참조.

10. 같은 곳, 209쪽 이하.

11. 같은 곳, 186, 772쪽.

12. 같은 곳 192쪽 참조. 에른스트 슈미트는(E. Schmidt)(히틀러는 자기 책에서 그를 착오로, 'Schmiedt, Ernst' 라고 칭하고 있다. 같은 곳, 226쪽) 마저가 밝혀낸 것. 1917년 10월 6일자로 슈미트에게 보낸 엽서 참조. in:BAK, NS 26/17a. 고향에서 온 편지들에 대해서는 《Mein Kampf》, 208쪽.

13. 《Mein Kampf》, 201쪽. 나머지 모든 인용들은 이미 언급한 6장에서 나온 것. 위의 책, 193쪽 이하.

14. 오토 에른스트 쉬데코프(O.-E. Schüddekopf), 《Linke Leute von rechts》, 78쪽.

15. 《Mein Kampf》, 189쪽.

16. 페터 그라프 킬만제크(P. G. Kielmannsegg), 《Deutschland und der Erste Weltkrieg》, Frankfurt/M. 1968, 671쪽 662쪽 이하. 이런 맥락에서 수많은 세부사항은 에리히 아이크(E. Eyck), 《Geschichte der Weimarer Republik》 I권, 45 쪽 이하.

17. 바덴의 막스 왕자(Prinz Max v. Baden), 《Erinnerungen und Dokumente》, 242쪽.

18. 군단의 참모차장 니만(Niemann) 소령은 1918년 7월에 루덴도르프(Ludendorff)에게 보낸 편지에서, 군사력만을 믿지 말라고 경고하고 있다. 베른하르트 슈베어트페거(B. Schwertfeger), 《Das Weltkriegsende. Gedanken über die deutsche Kriegsführung 1918》, 포츠담, 1937, 68쪽.

19. 아이크, 위의 책, 52쪽.

20. 유감스럽게도 히틀러의 병상기록은 1933년 이전에 이미 사라져서 그 이후로는 찾을 길이 없다. 히틀러의 군대기록은 짧막하게 '가스 병' 이라고만 적혀 있다. 그것은 겨자

가스(로스트 가스)였다. 이 가스에 노출되면 시력을 완전히 상실하지는 않지만 시력이 매우 떨어지거나 임시로 없어진다.

21. 《Mein Kampf》, 221쪽 이하.

22. 같은 곳, 223쪽.

23. 슈페어가 필자에게 말한 것이다. 이것은 히틀러가 클레스하임으로 슈페어의 병상을 방문했을 때 말한 것이다. 《Erinnerungen》, 346쪽 참조. 이 말은 1942년 2월 15일에 한 것으로, 이 구절은 전체적인 맥락에서 보면 이런 뜻이다. "이 세상이 억압받고, 내 민족이 노예가 되어 있는 꼴을 본다면 세상이란 게 무슨 소용이란 말인가?" 이 연설의 정확한 자구는 Kotze/Krausnick, 위의 책, 287쪽 이하에서 재인용. 본문의 내용을 위해서는 322쪽 참조.

그밖에 마저, 《Frühgeschichte》, 127쪽도 참조할 것. 빈첸츠 뮐러(Vincenz Müller) 장군의 개인적 의견이 언급되어 있다. 그에 따르면 슐라이허(Schleicher)의 위임을 받은 브레도브(Bredow) 장군이, 히틀러의 시력장애는 순전히 '히스테리성'이었다고 알렸다고 한다. 전시명부에는 히틀러가 부상했다고, '가스 병'이라고 표기되어 있다.

24. 《Mein Kampf》, 321쪽.

25. 같은 곳, 223쪽 이하.

26. 바이마르 공화국 헌법 109조에 그렇게 되어 있다.

27. 하리 그라프 케슬러(Harry Graf Keßler) 《Tagebücher 1918~1937》, 173쪽.

28. 《Adolf Hitler in Franken》, 38쪽(1927년 3월 23일자 연설).

29. 막스 베버(Max Weber), 그리고 몸젠(W. J. Mommsen), 《Max Weber und die deutsche Politik 1890~1920》, 튀빙겐, 1959, 99쪽 이하.

30. 에른스트 트뢸취(E. Troeltsch), 《Spectator-Briefe》, Thübingen 1924, 69쪽. 클레멘스 클렘퍼러(K. v. Klemperer), 《Konservative Bewegungen zwischen Kaiserreich und Nationalsozialismus》, 86쪽 이하.

31. 그라프 케슬러, 위의 책, 206쪽.

32. 윈스턴 처칠(W. Churchill), 도이블러, 《Aufstieg》, 23쪽에서 인용. 바이마르 헌법의 과소평가에 대해서는 플라이쉬만(Fleischmann), HdbDStR I, 18쪽, 221쪽 이하. 막스 베버도 1918년에는 민주화와 평화기대의 결합을 비난하였다. "국내에서는 그것은 미래라고 부를 것이다! 외국은 우리에게 민주주의를 강요하였다. 그것은 비참한 역사다……"

33. 《Mein Kampf》, 226쪽. 붉은 완장의 문제에 대해서는 마저, 《Frühgeschichte》, 132쪽. 에른스트 도이얼라인은, 히틀러가 1918~1919년 겨울에 SPD(사회민주당)에 가입할 생각을 하고 있었다고 주장했다. 《Aufstieg》, 80쪽 참조.

34. 《Mein Kampf》, 227쪽 .

35. 1939년 11월 23일 히틀러의 군최고사령관 인사말. IMT PS-789, Bd. XXVI, 328

쪽.

36. 《Tischgespräche》, 323쪽, 《Libros propos》, 11, 45쪽.

37. 같은 곳, 449쪽.

38. 《Mein Kampf》, 225쪽.

중간관찰 : 거대한 공포

1. 브라허, 《Diktatur》, 72쪽 이하 참조.

2. 에른스트 니키쉬(E. Niekisch) in:〈Widerstand〉 III, 1928년 11월 11일. 특히 《Völkischer Beobachter》(이하 〈VB〉로 칭함) 1921년 3월 별책본. 그리고 1920년 9월 22일과 1922년 4월 12일의 연설. 여기서 같은 주제가 약간 변형되어 있다. 나아가서 그와 같은 표지들은 아주 많다. 1922년 7월 19일자 〈VB〉는 독일 혹은 '세계 돈주머니의 심리적 단련기관'을 승전국의 '식민지'라고 불렀다. 히틀러는 때때로 제국정부를 '연합국의 형리'라고 부르고 바이마르 헌법은 '베르사유 평화협정의 시행법'이라고 얕잡아 불렀다.

1922년 11월 30일자 히틀러 연설 참조(앞으로는 특별한 출처를 밝히지 않을 경우에는 〈VB〉의 같은 번호에서 인용한 것임).

3. 〈뮌헨 관찰자〉 1919년 길프하르트 (10월) 4일자. 이 잡지가 발전하여 뒷날 〈민족관찰자〉가 된다. 여기 인용된 기사는 이름을 밝히지 않은 바젤 출신의 카톨릭 성직자의 글로 되어 있다.

4. 〈Krasmij Terror〉, 1918년 10월 1일. 놀테, 《Der Faschismus von Mussolini zu Hitler》, 24쪽에서 인용.

5. 1922년 10월 22일 바이에른의 국가사회당 창당에 대한 히틀러의 축하의 글. 국립중앙문서고 1국, 1509. 위에 언급한 당지도부의 궐기문은 1922년 7월 19일 〈VB〉에 인쇄되어 있다.

6. 1922년 4월 12일자 연설. 1922년 7월 28일자 연설, 1920, 4월 27일의 연설. 1920, 9월 22일, 1922년 4월 21일 연설 등과 〈VB〉 1921년 1월 1일자 기사. 러시아에 대하여 히틀러가 잔혹하게 여기도록 영향을 주었던 로젠베르크(Rosenberg)는 〈VB〉 1922년 4월 15일자에서 이렇게 적었다. 러시아는 "레닌의 '정권' 아래서 시체의 들판으로 변하였다. 수백만 명의 사람들이 굶주리며 헤매다니는 곳, 수백만 명이 전염병에 걸리고 굶어죽고 버려진 거리에서 비참한 최후를 맞이하는 곳이다." 다음 인용은 히틀러의 1936년 3월 7일자 의회 연설에서 인용한 것임. 도마루스, 위의 책 587쪽 참조.

7. 1922년 10월 22일자 히틀러의 기념사.

8. 로젠베르크, 1923년 9월 1일자 〈VB〉. 히틀러의 축하문도 볼셰비즘을 그 좁은 정치적 의미를 넘어선 것으로 이해하고 있으며, 혁명을 '기독교 서양문명 전체를 없애려는 것'이라고 보고 있다.

9. 야스퍼스(Karl Jaspers), 《Die geistige Situation der Zeit》, 5쪽.

10. 같은 곳, 52쪽과 39쪽. 루드비히 클라게스(L. klages) 《Der Geist als Widersacher der Seele》 1,222쪽. 이 시기의 독립적인 직업의 발전에 대해서는 에밀 레더러/야콥 마르샤크(E. Lederer/J. Marschak), 《Der neue Mittelstand》 in:〈Grundriß der Sozialökonomik〉 IX, 1, 127쪽 이하. 제1차 세계대전 이전 30년간 6백 퍼센트 이상 증가한 화이트칼라 계층의 사회적 정신적 상황에 대해서는 지그프리트 크라카우어(S. Kracauer), 《Die Angestellten》에서 정보를 얻을 수 있다. 또한 하인리히 베히텔(H. Bechtel), 《Wirtschaftsgeschichte Deutschlands》, 뮌헨, 1956년, 423쪽 이하.

11. 루드비히 클라게스, 《Mensch und Erde》, 슈투트가르트, 1956년, 10쪽. 다음 인용은 〈VB〉 1920년 Ostermond(4월) 6일자에서 나온 것.

12. 〈화보 관찰자(Illustrierte Beobachter)〉 1927/4. 바우하우스 양식의 집의 그림 아래. 〈모토:가능하면 감옥과 비슷하게〉.

13. 엘프리데 프리틀랜더(E. Friedländer) 《Sozialethik des Kommunismus》, 베를린, 1920년. 다음에 나오는 정상적인 도덕의 대표계층으로서의 중산층에 관한 생각은 라이너 레시우스(M. R. Lepsius), 《Extremer Nationalismus》, 14쪽.

14. 베르톨트 브레히트, 〈Mahagonny〉 마지막 장면. 《Gesammelte Werke in 20 Bänden》, 2권, 프랑크푸르트/마인, 1967년. 561~562쪽.

15. 로젠베르크, 〈VB〉, 1922년 5월 27일자. 피카소에 대해서 그는 이렇게 말하고 있다. 그의 그림들은 "색채가 지저분하고, 선이 황폐하며, 제목들이 뻔뻔스럽다". 〈VB〉 1920년 Ostermond (4월) 6일자는 "소리지르는 검둥이, 소아시아 미술, 붓으로 이루어진 다다식 말더듬기"라고 표현하였다. 그와 비슷한 히틀러의 현대 미술에 대한 거부감의 표현은 《Mein Kampf》, 282쪽 이하에서 찾아볼 수 있다.

16. 토어스타인 베블렌(Th. Veblen), 《Imperial Germany and the Industrtial Revolution》, 뉴욕, 1954년, 86쪽.

17. 방다(J. Benda), 《La trahison des clercs》, 파리, 1928년, 프리츠 슈테른(F. Stern), 《Kulturpessimismus》 6쪽에서 재인용. 그에 대한 일종의 동조하는 글을 1932년 6월의 그레고어 슈트라서(G. Strasser)의 말에서 찾아볼 수 있다. "국가사회주의는 프랑스 혁명에 대해 의식적으로 반대하는 마음에서, 그 극단적 대립이고 극복자라고 자처하면서 개인주의의 어법들을 비난하였다. 개인주의는 게르만의 내적 자유에 대한 생각을 경제적인 거칠 것 없음이란 생각으로 슬쩍 바꿔쳤다. 국가사회주의는 합리주의와 이성론을 비난하였다. 이성론은 민족과 국가의 운명을 결정하는 것은 피투성이 의지와 영혼이 아니라 이성과 지성이라고 여긴다. 그러므로 국가사회주의의 국가이념에서 자유주의 시대가 궁극적으로 해체되는 것이다……." 슈트라서, 《Kampf um Deutschland》, 381쪽 이하.

18. 니체, 《Morgenröte》, in:《Werke》 1, 1,145쪽.

19. 바르(H. Bahr), 《Der Antisemitismus. Ein internationales Interview》, 베를린, 1894년. 바르의 간행물은 수많은 도이치와 유럽의 문필가와 공적인 인물들과의 대담에 기초한 것이다.

20. 베르너 좀바르트(W. Sombart), 《Die Juden und das Wirtschaftsleben》, 140쪽 이하. 에바 라이히만(E. G. Reichmann), 《Flucht in den Haß》 82쪽 이하에서도 이 문제에 대해서 생각이 풍부한 설명을 볼 수 있다. 프란츠 노이만(F. Neumann), 《Behemoth》, 121쪽에서 다음과 같은 생각을 적고 있다. 독일의 반유대주의는 극단적으로 허약한 것이었으며, "도이치 국민은 가장 덜 반유대주의적이었다". 그러나 바로 이러한 특성이야말로 반유대주의를 히틀러에게 적합한 무기로 만들어주었다는 것이다.

21. 1929년 9월 21일자 〈Tagebuch〉. 쿠어트 존트하이머(K. Sontheimer), 《Antidemokratisches Denken》, 129쪽에서 재인용.

22. 〈VB〉 1920년 Ostermond(4월) 6일자. 아르투어 뮐러 반 덴 브루크(A. M. v. d. Bruck)는, 마치 자유주의적인 민족 그룹에 받아들여지는 것이 명예이기라도 한 것처럼 '서구 사람의 모든 이념을 받아들이려는 도이치의 망상'에 대해서 적었다.

23. 목사인 뷔트너 박사(Dr. Büttner), 《Die sozialistischen Kinderfreunde》, in:〈Gelbe Hefte〉, 1931/VII, 263쪽. 니키쉬의 다음 발언은 《Entscheidung》, 베를린, 1930년, 118쪽.

24. 크라카우어, 위의 책 5쪽 이하 참조.

25. 한스 슈파이어(H. Speier), 《The Salaried Employees》, 다비트 쇤바움(D. Schoenbaum), 《Die braune Revolution》, 37쪽에서 재인용. 백화점 지점들이 1925년에서 1929년까지 4년 사이에 101개에서 176개로, 그러니까 거의 두 배 가까이 늘어났다는 언급도 여기 들어 있다.

26. 예칭거, 위의 책, 115쪽 참조. 쿠비체크, 위의 책, 215쪽과 《Tischgespräche》, 30쪽 참조.

27. 《Libres propos》, 225쪽. 식후에 히틀러는 규칙적으로 입을 헹구었으며, 적어도 말년에는 노천에서 언제나 장갑을 꼈다. 쿠비체크, 위의 책 286쪽도 참조. 성병 감염에 대한 공포는 그 세대에 널리 퍼져 있던 공포심이었다. 슈테판 츠바이크, 《Die Welt von gestern》, 105쪽 이하에서 바로 이러한 망상이 빈에서 어느 정도로 강하게 퍼져 있었는지 들려주고 있다.

28. 이곳의 인용들은 차례로 〈VB〉, 1920년 3월 3일자, 1920년 9월 12일자, 1923년 1월 10일자, 《Mein Kampf》 255쪽 이하, 279쪽 이하. 전체적인 맥락에 대해서는 놀테, 《Faschismus》 480쪽 이하 참조. 여기서는 히틀러의 전체적인 행동에서 공포심이 중심에 놓여 있음이 지적되고 있다. 프란츠 노이만, 《Notizen zur Theorie der Diktatur》도 전체주의 국가에서 공포의 기능을 말하고 있다. 《Demokratischer und autorit Zärer Staat》, 프랑크푸르트/마인, 1967년 242쪽, 261쪽 이하 참조. 이 단계의 독일은 '소외와

공포의 나라'였다.

29. 《Tischgespräche》, 471쪽.

30. 《Adolf Hiter in Franken》, 152쪽. 그리고 〈VB〉, 1921년 1월 1일자, 1920년 Lenzing(3월) 10일자. 특히 'Macht ganze Arbeit mit den Juden!' 제목의 글. 이 기사는 1914년 8월 1일 이후 나라 안으로 들어온 모든 사람들의 추방과, 그밖에 '모든 국가 관리, 신문사들, 연극무대, 영화관'에 있는 이민자들도 제거할 것, 그리고 특별히 이들을 위해 만들게 될 '수용소(Sammellager)'에 인도할 것 등을 요구하고 있다.

31. 《Mein Kampf》 70쪽 이하. 270, 272, 324쪽.

32. 슈테판 게오르게 《Das Neue Reich》, in:〈Gesamtausgabe〉 9권, 뒤셀도르프, 1964년.

33. 갈레아초 치아노(G. Ciano) 《Tagebücher 1937~1938》, 함부르크 1949년, 13쪽. 히틀러의 말로는 1923년 4월 17일자 연설, 뵈플레, 위의 책 51쪽에 인쇄되어 있음. 놀테, 《Epoche》, 395쪽도 파시즘 운동의 정치적 실천을 '전쟁과 비슷한 수단으로 전쟁을 계속하는 것'이라고 부르고 있다. '항구적인 전쟁의 허구'에 대해서는 루돌프 피어하우스(R. Vierhaus)도 말하고 있다. 《Faschistisches Führertum》, in:〈Historische Zeitschrift〉 198, 623쪽. 그리고 헨리 애시비 터너(H. A. Turner, jr.), 《Faschismus und Antimodernismus》, in:〈Faschismus und Kapitalismus in Deutschland〉, 180쪽 이하 참조. 수많은 이질적인 현상들을 포괄하는 '파시즘'이라는 장르개념은 명료함보다는 오히려 혼란을 만들어내므로 그것을 사용하는 것은 바람직하지 않다는 견해도 밝히고 있다.

34. 토마스 만, 《Dr. Faustus》, GW VI, 597쪽.

35. 마리네티(F. T. Marinetti), 《I Manifesti del Futurismo》 I, 밀라노, 1920년. 36쪽.

36. 〈VB〉 1922년 8월 2일자 참조.

37. 하이덴, 《Geburt》, 266쪽. 히틀러의 다음 발언은 《Tischgespräche》, 144쪽.

38. 조반니 겐틸레(G. Gentile), 《Manifest der faschistischen Intellektuellen an die Intellektuellen aller Nationen vom 21. April 1925》, 놀테 《Theorien über den Faschismus》 112쪽에서 재인용.

39. 같은 곳 56쪽. 인류가 자기들의 이해에 반하는 행동을 할 준비가 되어 있다는 히틀러의 발언에 대해서는 《Adolf Hitler in Franken》, 119쪽 이하 참조.

40. 무솔리니, 《Die Lehre des Faschismus》 놀테, 《Theorien》, 220쪽에 수록되어 있다. 이어지는 인용문은 같은 곳 216쪽.

41. 탈몬(J. L. Talmon) 《Politischer Messianismus》 II, 444쪽 이하. 놀테는 자유주의적인 의회민주주의의 구조적 약점이 강력한 파시즘 운동의 전제가 된다고 설명하였다. 《Die Krise des lieberalen Systems und die faschistischen Bewegungen》. 헤르베

르트 마르쿠제(H. Marcuse), 《Der Kampf gegen den Liberalismus in der totalitären Staatsauffassung》, in:아벤트로트(W. Abendroth), 위의 책 39쪽 이하.

42. 게오르게 모세(G. L. Mosse), 《Die Entstehung des Faschismus》, in:〈Internationaler Faschismus 1920~1945〉, 29쪽.

2부 선동가에서 정치가로

제1장 도이치의 미래

1. 한스 후베르트 호프만(H. H. Hofmann), 《Der Hitlerputsch》, 53쪽.

2. 1918년 11월 8일 아이스너의 호소문. 《Ursachen und Folgen》 III, 104쪽에서 인용.

3. 1919년 4월 9일의 바이에른 민족당, 4월 19일의 바이에른 주의회에 대한 호소문, 혹은 1919년 7월 15일의 '볼셰비키들의 위험과 그들과의 싸움'에 대한 바이에른 지역 사령부의 보고서에서 이 새로운 사람들은 별 차별 없이, '나라도 종족도 모르는 요소들' '외국의 정치화된 유대인들' 감옥과 강제노동소에서 나온 '나라도 모르는 잔인한 악당들' '유대인 녀석들' '노동자 유혹자' 등으로 불리고 있다. 게오르크 프란츠 빌링(G. Franz-Willing)의 《Die Hitlerbewegung》 32쪽 이하 참조. 아이스너는 조잡한 선전에 의해서 레비엔(Lewien), 레비네(Leviné) 혹은 악셀로트(Axelrod) 등과 나란히 취급되었다. 오늘날에도 그렇다.

4. 에리히 오토 폴크만(E. O. Volkmann), 《Revolution über Deutschland》, 올덴부르크, 1930년, 222쪽. 물론 톨러와 뮈잠은 자기들이 공표한 꿈을 불과 며칠 동안만 효력을 가지도록 할 수 있었다는 사실을 덧붙여야겠다. 며칠 지나지 않아서 그들의 낙원에 대한 전망은, 소비에트 러시아의 모범을 따른 소비에트 공화국이라는 더욱 강력한 유형을 통해서 해소되었기 때문이다. 레비엔, 레비네, 악셀로트 등 온통 러시아 출신 사람들이 소비에트 공화국의 선두에 섰다.

5. 요제프 호프밀러(J. Hofmiller), 《Revolutionstagebuch 1918/19》, in:《Schriften》 2, Leipzig 1938, 211쪽. 희생자의 수에 관해서는 과격한 전투가 벌어졌던 1919년 4월 30일과 5월 8일 사이에 경찰 통계에 따르면 총 557명이 사망하였다. 1939년에 간행된 《Die Niederschlagung der Räteherrschaft in Bayern 1919》에 대한 군의 전쟁사 연구실의 보고에 더욱 개별적인 항목들이 나타나고 있다. 이들 557명 중에서 "우군 38명, 붉은 군대 93명, 시민 7명, 러시아 사람 7명이 사망하였다. 붉은 군대 42명과 시민 144명이 재판을 통해서 사형되었다. 스스로의 경솔함이나 심술궂은 우연 때문에 죄 없이 죽은 사람도 184명이나 된다. 42건은 사망원인이 밝혀지지 않았다. 부상은 303건이 보고되었다." 마저는 《Frühgeschichte》 40쪽에서 숫자를 다르게 말하고 있다. 에밀 굼벨(E. Gumbel), 《Verräter verfallen der Feme》, 36쪽도 참조할 것.

6. 프란츠 빌링, 위의 책, 31쪽.

7. 개별사항에 대해서는 프리드리히 빌헬름 폰 외르첸(F. W. v. Oertzen), 《Die deutschen Freikorps 1918~1923》 참조. 이 책은 수많은 다른 의용군의 이름과 세부사항을 포함하고 있다. 그리고 프란츠 빌링, 위의 책, 31쪽 이하 참조. 그밖에도 방위군과 공화국 문제를 다룬 수많은 연구들이 있다.

8. 이 점에 대해서는 조반니 치보르디(G. Zibordi), 《Der Faschismus als antisozialistische Koalition》, in:놀테, 《Theorien》 86쪽. 여기 언급된 기본원칙의 노선은 부대의 선전전략에 대해서 1919년 5월 28일자 지역 사령부 명령의 형식으로 나온 것이다. 프란츠 빌링, 위의 책, 37쪽.

9. 《Mein Kampf》 229쪽 참조. '이자 노예의 폭발'이라는 페더의 엉뚱한 생각을 말한다. 그는 강좌를 이끄는 사람으로서 이러한 생각을 가지고 인기를 끌려고 했다.

마저 (《Frühgeschichte》 135쪽)는 여기 인용된 히틀러의 말에 대해서, 히틀러는 "빈에 있을 때 마르크스주의 연구의 틀을 제대로 이해하지 못한 것"이라고 보았다. 즉 높은 망루에서 내려다본 것일 뿐이라는 것이다.

강의를 한 교수들 중에는 다음과 같은 사람들이 들어 있다. 작가인 칼 그라프 보트머(K. G. Bothmer), 민주당 출신 의원인 피우스 디르 박사(Dr. P. Dirr), 고트프리트 페더, 요제프 호프밀러(J. Hofmiller), 농업연합의 상점주이며 바이에른 민족당의 지도적 회원인 미하엘 호를라허 (M. Horlacher), 칼 알렉산더 폰 뮐러 교수 등이다. 때때로 뒤 물랭 에카르트(Du Moulin Eckart) 교수와 유명한 위생학자 막스 그루버(M. v. Gruber)가 연사로 등장하기도 하였다.

10. 뮐러(K. A. v. Müller), 《Mars und Venus》, 338 쪽 이하.

11. 에른스트 도이얼라인, 《Hitlers Eintritt in die Politik und die Reichswehr》, in:VJHfZ 1959/2, 179쪽. 히틀러는 그밖에도 《Mein Kampf》 235쪽에서 말하고 있듯이 '교육장교'로 임명된 것이 아니라 이른바 '신임인물'로 분류된다. 그가 사실을 위조함으로써 시민적인 교육자 혹은 군대의 장교의 특권을 얻으려 한 것인지 아니면 신임인물에 대한 의심스러운 평판을 피하려 한 것인지는 논란의 여지가 있다.

12. 도이얼라인, 《Hitlers Eintritt》, 위의 책 198쪽 이하.

13. 1919년 9월 16일자 히틀러의 편지는 완전한 형태로 도이얼라인의 책 201쪽 이하에 들어 있다. 여기 인용된 부분은 원본 텍스트의 경우 앞으로도 언제나 그렇겠지만 옛날 정서법 그대로 제시된다. 그리고 모든 정서법, 구두점 등의 잘못 등을 그대로 베끼기로 한다.

14. 시민적인 이름 제보텐도르프는 간단하게 확인되지 않는다. 그는 때로는 루돌프 글라우어(R. Glauer)로 불리고 슐레지엔이 고향이라고도 한다. 다른 조사에 따르면 에르빈 토레(E. Tore)라는 이름으로 작센 출신이라고도 한다. 제보텐도르프는 전쟁이 일어나기 전에 터키에 있다가 1917년 출처를 알 수 없는 재산을 상당히 지니고 독일로 돌아왔다.

바이에른에서 정치적인 막간극을 보인 다음에 1919년에는 다시 사라졌다가 이스탄불, 멕시코, 미국 등에 나타난다. 1933년에 히틀러가 권력을 장악한 이후에 다시 독일에 나타나 툴레 결사를 재건하려고 한다. 그러나 그는 오래 머물지 않았다. 그가 빠져나간 상황이나 방향 등은 알려져 있지 않다. 그의 출신이나 마찬가지로 그의 종말도 어둠 속에 묻혀 있다. 어떤 사람들은 그가 스위스로 갔다고 하고 어떤 사람들은 국가사회당의 초기 시절에 대한 불쾌한 증인으로 여겨져서 제거되었다고도 한다. 브라허, 《Diktatur》 87쪽 참조. 디트리히 브론더(D. Bronder) 《Bevor Hitler kam》 232쪽 이하 참조. 여기에는 수많은 세부사항들이 그려져 있다. 브론더의 책은 그밖에도 제보텐보르크가 30년대 초에 발간한 회고록과 같은 제목을 가지고 있다.

15. 브라허, 《Diktatur》 87쪽 참조.

16. 프란츠 빌링, 위의 책 63쪽.

17. 새로운 당의 창립은 이미 '국가사회주의 도이치 노동자 연합' 이라는 이름으로 불렸고, 어쩌면 칼 하러가 창립 모임에 뚜렷하지 않은 동기로 참석하지 않아서 아무런 타이틀도 기능도 갖지 못하게 되었기 때문에 가능했다.

18. '당노선' 은 《Ursachen und Folgen》 III, 212쪽 이하에 인쇄되어 있다.

19. 하이덴, 《Hitler》 I, 100쪽.

20. 프란츠 빌링, 위의 책 66쪽 이하. 히틀러는 자신이 입당하기 전 당에는 참석자가 20에서 25명 정도였다고 말해서 당의 의미를 축소하려고 하였다. 칼 하러의 유품에서 나온 참석자 명단은 46명을 기록하고 있다. 마저, 《Frühgeschichte》 158쪽 이하 참조. 히틀러 자신의 서술은 《Mein Kampf》 237쪽 이하.

21. 드렉슬러의 의미를 깎아내리기 위해서 히틀러는 그의 이름을 부르지 않고 ("나는 이 이름을 거의 이해하지 못했다") 언제나 '그 노동자' 라고만 말하고 있다. 그가 드렉슬러를 마침내 의장이라고 불러야 했을 때 그가 자기 손에 그 소책자를 들려준 사람이라는 아무런 암시도 없이 그냥 의장이라고만 말하고 있다. 《Mein Kampf》, 238쪽 이하.

22. 같은 곳, 240쪽 이하. 아돌프 히틀러 《10 Jahre Kampf》, in:〈Illustrierter Beobachter〉, 1929년 4호, 1929년 8월 3일자.

23. 브라허, 《Adolf Hitler》, 베른/뮌헨/빈, 1964년, 12쪽 참조. 동전 던져 결정하기에 대해서는 촐러(Zoller) 위의 책 175쪽.

24. 《Mein Kampf》 390쪽 이하.

25. 같은 곳, 388, 390, 321쪽.

26. 쿠비체크, 위의 책 27쪽. 히틀러의 직업신고와 뮌헨 경찰 정보 기록에 대해서는 도이얼라인 《Hitlers Eintritt》, in:VJHfZ 1959/2, 205쪽 이하 참조. 뮌헨경찰 정보기록은 시경찰국장의 명에 따라서 정치활동에 대한 감시차원에서 이루어졌다. 1919년 11월 13일 도이치 노동자당의 행사에서 히틀러는 연사로 등장하고 있다.

27. 자신의 정치적 각성에 대해서 프루동이 한 유명한 말. 좀바르트, 《Der

proletarische Sozialismus》I, 예나 1924년, 55쪽.

28. 히틀러, 《Das Braune Haus》, in:〈Völkischer Beobachter〉 1931월 2월 21일자.

29. 뮌헨 경찰 정보 기록. 레기날트 펠프스(R. H. Phelps), 《Hitler als Parteiredner im Jahre 1920》, in:VJHfZ 1963/3. 292쪽 이하. 다시 찾아낸 서류의 발견사에 대해서도 보고되고 있다. 전설적으로 채색된 히틀러의 묘사는 《Mein Kampf》 405쪽 이하.

30. 하이덴, 《Hitler》 I, 107쪽, 《Mein Kampf》, 405쪽 이하.

31. 고트프리트 그리스마이르(G. Grießmayr), 《Das völkische Ideal》, 77쪽.

32. 단순히 일시적인 작업으로만 여겨서 이 강령의 의미를 오랫동안 과소평가했기 때문에 그것을 만들어낸 사람들의 진지함과 세심한 정직성을 보지 못했다. 히틀러 자신은 당시 거의 역할을 하지 못했다. 비교적 균형을 이룬 해석들은 최근에 나타나고 있다. 한스 아돌프 야콥센(H.-A. Jacobsen), 베르너 요흐만, 《Ausgewählte Dokumente zur Geschichte des Nationalsozialismus》 24쪽, 놀테, 《Epoche》, 392쪽. 그밖에 브라허, 《Diktatur》, 93쪽.

33. 민족 사회주의 집단의 배경과 맥락에 대해서는 카르스텐(F. L. Carsten), 위의 책, 특히 96쪽 이하.

34. 《Mein Kampf》, 234쪽. '강력한 구호'에 대해서 히틀러는 고트프리트 페더의 이론과 관련지어서 말하고 있다. 같은 곳 233쪽. 민족 이론가들에 대한 공격은 같은 곳 395쪽 이하. 그밖에 186쪽 참조.

35. 오토 슈트라서(O. Strasser), 《Mein Kampf》, 19쪽.

제2장 위대한 연설가

1. 게오르크 쇼트(G. Schott), 1924년에 간행된 인기있는 히틀러 묘사 《Das Volksbuch vom Hitler》의 서문.

2. 하이덴, 《Geschichte》, 11쪽. 히틀러의 다음 언급에 대해서는 라우슈닝(Rauschning), 《Gespräche》, 225쪽.

3. 이른바 보고문에 대해서는 귄터 슈베르트, 위의 책, 33쪽 이하. 최초로 완벽하게 기록된 1920년 8월 13일자 연설에서 그는 펠프스(R. H. Phelps)가 입증한 대로 이른바 보고서의 수많은 주제들을 이용하고 있다. VJHfZ 1968/4, 398쪽 참조.

4. 《Mein Kampf》 186쪽 이하 참조. 여기서 히틀러는 이렇게 설명하고 있다. "특별한 정신적 기반을 가진 운동들은…… 스스로가 새로운 사상, 이념 혹은 세계관을 지닌 적들에 의해서만 붕괴될 수 있다." 두 페이지 뒤에 다시 이렇게 적고 있다. "권력수단들을 가지고 세계관을 물리치려는 시도는 이 싸움이 새로운 정신적 태도에 대한 공격의 형태를 취하지 않는 한 결국 실패한다." 비슷한 말이 1920년 8월 13일자 히틀러의 연설에도 나온다. 위의 책 415쪽, 417쪽.

5. 라우슈닝, 《Gespräche》 174쪽 이하.

6. 《Mein Kampf》 544쪽.

7. 1920년에 나온 듯한 회원명부는 분명하게 직업군인이라고 표현하고 있지는 않지만, 이 시기에 히틀러가 아직 제대하지 않았고 군복을 입고도 민간인 직업으로 표기되어 있기 때문에 군인이라는 말은 직업군인만을 가리키는 것이었다고 추측할 수 있다. 그밖에도 이 명부는 모든 이름들을 적어넣지 않았다(예를 들면 디트리히 에카르트나 프리드리히 크론의 이름이 빠져 있다). 그리고 모든 이름 뒤에 직업이 명기되어 있지도 않다. 이것은 전체적으로 보아서 예비적인 의미를 가지는 근거 이상은 아니었다. 가장 강력한 그룹들은 다음과 같다. 차이 없이 이렇게 표현되어 전체적으로만 숫자를 잡을 수 있는 노동자와 기술자들(51명), 대학졸업자 혹은 지적인 직업(30명), 상업 종사자들(29명), 월급쟁이들(16명). 나머지는 주부, 예술가, 공무원 등이었다. 국가사회당의 중앙 문서고, NS 26/111번, 코블렌츠 연방문서고.

8. 프란츠 빌링, 위의 책, 83쪽 이하. 초기 당원의 한 사람인 크론(Krohn)은 수많은 이데올로기상의 자극과 도움을 주었던 사람이었는데 슈타른베르크의 당 창설모임에 안톤 드렉슬러도 초대하였다. 드렉슬러가 홀에 들어서면서 연단에서 깃발을 보았을 때 그는 소리쳤다. "어, 여기 우리 당기가 있네!" 다음날 국가사회당의 당위원회는 기를 넘겨받고 그 모범에 따라서 당휘장을 부착하였다. 크론은 왼쪽으로 꺾어지는 갈고리 십자가를 제안했지만 받아들여지지 않았다. 그는 또한 검정·하양·빨강 색깔을 선택하였고 그 이유를 다음과 같이 설명하였다. "검정은 패전으로 인한 슬픔의 상징이고, 하양은 1914~1918년 전쟁에 대한 우리의 죄 없음을(전범이라는 거짓말에 대한 항의), 그리고 빨강은 고향에 대한 사랑의 상징, 특히 잃어버린 국경지대에 대한 사랑을 나타낸다." 그에 대해서 히틀러의 설명은 이렇다. "빨강에서 우리는 운동의 사회적 성격을 보고, 하양은 민족주의적인 특성을, 갈고리 십자가는 아리안 인종의 승리를 위한 투쟁의 사명과 아울러 영원히 반 유대주의적이었고 앞으로도 반 유대주의적이 될 창조적 과업의 사상이 승리하리라는 것을 나타낸다." 《Mein Kampf》 557쪽 참조. 히틀러의 역할은 마저에 의해서 훨씬 더 강력하게 부각되어 있다.

9. 프란츠 빌링, 위의 책 87쪽에서 베낌.

10. 1920년 8월 13일자 뮌헨 호프 양조장의 연설. VJHfZ 1968/4, 418쪽에서 베낌. 나아가 1920년 5월 15일 뮌헨 호프 양조장 연설, 도이얼라인 《Hitlers Eintritt》, in:VJHfZ 1959/2, 213쪽(Dok. 21).

11. 프란츠 빌링, 위의 책 71쪽, 도이얼라인, 위의 책, 펠프스, 위의 책 301쪽 이하 참조.

12. 도이얼라인, 위의 책 211쪽(Dok. 19)과 215쪽(Dok. 24).

13. 하이덴 《Geschichte》 42쪽에서 인용.

14. 올덴, 위의 책 75쪽.

15. 놀테 《Krise》, 200쪽. 《Epoche》 397쪽. 여기 언급된 헤스의 편지에 대해서는 마저, 《Hitler》 288쪽 이하.

16. 디트리히 에카르트는 1922년 7월 15일자 〈VB〉에서 자신은 에프 장군에게서 6만 제국 마르크(RM)를 받았다고 고백하였다. 이 잡지는 12만 마르크였고, 그밖에 약 25만 마르크의 부채가 있었는데, 그것도 역시 국가사회당측이 떠맡았다. 히틀러 자신은 자신이 당시 경박했던 탓으로 '많은 고약한 수업료'를 내야 했다고 설명하였다. 당은 이러한 부채들을 1933년까지 계속 지고 있었던 것으로 보인다. 이 잡지는 당원 각자가 〈VB〉를 구입하는 것을 의무로 규정해서 유지되었다. 1921년 1월 이후부터는 0.5마르크의 당비 외에도 같은 금액을 당 기관지의 유지 명목으로 내야 했다. 발행부수는 처음에는 고정되어 있었으나 거의 8천 부까지 떨어졌다가 1922년 봄에 17,500부에 도달하였다. 디트리히 올로우(D. Orlow) 《The History of the Nazi Party 1919~1933》, 22쪽.

17. 1920년 1월 디트리히 에카르트와의 만남에 대한 하인리히 데르바허(H. Derbacher)의 보고. 안톤 드렉슬러의 유고. 도이얼라인 《Aufstieg》 104쪽에서 인용. 놀테 《Epoche》 403쪽에서 계속 인용.

18. 파울 헤르만 비데부르크(P. H. Wiedeburg), 《Dietrich Eckart》(Dissertation Erlangen), 함부르크, 1939, 놀테 《Epoche》 404쪽에서 인용. 괴테와의 비교에 대해서는 발두어 폰 시라흐(B. v. Schirach), 《Ich glaubte an Hitler》, 24쪽 참조.

19. 오토 슈트라서, 《Mein Kampf》, 17쪽. 살롱에서 히틀러가 바그너를 말한 것은 에른스트 한프슈텡글의 개인 보고에 따른 것이다. 하인리히 호프만(H. Hoffmann), 《Hitler was my friend》, 202쪽.

20. 하이덴, 《Hitler, a Biography》, 벌록(Bullock), 위의 책 78쪽 이하에서 인용.

21. 한프슈텡글, 《Zwischen weißem und Braunem Haus》 128쪽, 뤼데케(Luedecke), 《I knew Hitler》 98쪽.

22. 칼 알렉산더 폰 뮐러(K. A. v. Müller), 《Im Wandel einer Welt. Erinnerungen》 III. 129쪽.

23. 《Tischgespräch》, 193쪽. 호프만 부인은 분명하게 그러한 질투심에서 히틀러를 특별히 취급하였다.

24. 하이덴, 《Hitler》 I, 130쪽 이하 참조.

25. 마르틴 브로차트(M. Broszat), 《Der Staat Hitlers》, 66쪽.

26. 1921년 7월 20일자 당 내부 반대그룹의 익명 팸플릿. 다음에 인용되는 이른바 에서에 대한 히틀러의 언급도 여기서 나온 것이다. 그것은 프란츠 빌링, 위의 책 117쪽에 나와 있다. 《Rededämon》에서의 판단에 대해서는 하이덴, 《Geschichte》 27쪽 참조.

27. 《Libres propos》, 151쪽.

28. 외무부 장관의 서류메모. 그것은 번호 III번에 뒷날 '전투동맹'의 자금력과 자금원을 상세히 언급하고 있다. 그것을 기록하고 돈을 마련한 사람은 쇼이브너 리히터였다. 도이

얼라인 《Der Hitler-Putsch》, 386쪽 이하 참조.

29. 《Hitler's Table Talk》, 665쪽.

30. 이 질문에 대해서는 슈베르트, 위의 책 125쪽 이하. 수많은 문헌들이 제시되어 있다. 놀테, 《Epoche》 404쪽도 참조. 그는 디트리히 에카르트의 영향을 훨씬 더 강하게 평가하고 있다.

31. 이 편지는 1921년 2월 8일자. 프란츠 빌링, 위의 책 103쪽에 발췌되어 있다.

32. 드렉슬러가 자신이 당원들 사이에 더 큰 추종세력을 가지고 있고, 따라서 '당에 정말 큰 위험은 없다'고 본다는 생각을 표현하고 있는 편지는 BAK NS 26/76에서 찾아볼 수 있다.

33. 알프레트 브루너(A. Brunner)가 빌레펠트에 있는 동지에게 쓴 편지에서 이렇게 말했다. 프란츠 빌링, 위의 책 100쪽 참조.

34. VJHfZ 1963/3, 289쪽 이하와 VMJHfZ 1968/4, 412쪽 이하에 있는 연설문들 참조.

35. 같은 곳 107쪽 이하. 여기에는 당 위원회의 답신도 들어 있다.

36. 플래카드 문안에는 위원회 내부에서 히틀러의 반대자였던 베네딕트 세텔레(B. Settele)의 서명이 되어 있다. 이 사람은 처음에 익명의 팸플릿의 저자라는 의심을 받았다. 그것은 나중에 상인인 에른스트 에렌스페르거(E. Ehrensperger)였음이 밝혀졌다. 전체 사건에 대해서는 프란츠 빌링, 위의 책 114쪽 이하 참조.

37. 《Zeitgeschichte》 시리즈로 1933년 베를린에서 출간된, 저자가 밝혀지지 않은 책 9쪽 이하 〈Rudolf Heß, der Stellvertreter des Führers〉 부분에서 인용.

38. 당 최초의 사무장 루돌프 쉬슬러(R. Schüßler)는 1921년 7월 25일자로 경찰에 이렇게 해명하였다. 프란츠 빌링, 위의 책 115쪽.

39. 히틀러는 1923년 5월 16일 검사단에게 이렇게 설명하였다. 위의 책 138쪽에서 인용.

40. 하이덴, 《Geschichte》 82쪽에서 인용. 《Mein Kampf》 549쪽 이하도 참조. 그리고 함부르크 국가주의 클럽에서 행한 히틀러의 연설 참조. 요흐만(Jochmann), 《Im Kampf um die Macht》, 84쪽 이하.

41. 라우슈닝, 《Gespräche》 81쪽. 다음 인용에 대해서는 1921년 11월 9일자 PND 보고, HA 65/1482.

42. 《Mein Kampf》, 564쪽 이하.

43. 필립 불러(Ph. Bouhler), 《Kampf um Deutschland》, 48쪽 이하.

44. 1923년 8월 1일자 연설. 뵈플레(E. Boepple), 위의 책 72쪽에서 인용.

45. 1922년 12월 6일자 경찰기록. 바이에른 내무장관의 서류. 프란츠 빌링, 위의 책 144쪽에서 인용.

46. 1922년 8월 30일자 〈Völkischer Beobachter〉에서 히틀러. 그리고 《Mein Kampf》

109쪽. 소규모 실업가, 상인 등은 당 초기에 전체 인구에서 차지하는 비율에 비해서 당에 서는 187퍼센트나 높은 비율을 차지하였다. 그에 대해서는 이링 페쳐(I. Fetcher), 《Faschismus und Nationalsozianlismus. Zur Kritik des sowjet-marxistischen Faschismusbegriffs》, in:〈Politische Vierteljahresschrift〉 1962/1, 53쪽.

47. '지구당 창설 지침'. 알프레히트 튀렐(A. Tyrell) 《Führer befiehlt……》 39쪽에서 참조. 뤼데케, 위의 책, 101쪽. 프란츠 빌링, 위의 책 126쪽 이하. 마저, 《Frühgeschichte》 254쪽 이하 참조. 1925년에 히틀러가 란츠베르크에서 출감한 다음 새로 창설한 당에서는 위의 원칙이 더 이상 효력을 갖지 않았다. 일메나우 지구당의 유사한 제안은 1926년 바 이마르 전당대회에서 "운동은 자유로운 지도자 선출이라는 관점을 지지한다."는 이유로 간단히 거부되었다. HA 21/389 참조.

48. 하이덴, 《Geschichte》, 34쪽, 도이얼라인, 《Der Hitler-Putsch》, 159쪽.

49. 1923년 4월 20일자 연설문. 뵈플레, 위의 책 54쪽과 여기저기에서 인용. 펠프스, VJHfZ 1963/3, 301쪽.

50. 《Mein Kampf》, 527쪽.

51. 《Tischgespräche》 261쪽 이하 참조. 히틀러는 자신의 전략과 속임수의 전체목록 을 여기서 말하고 있다. 《Mein Kampf》 559쪽. 하이덴, 《Geschichte》, 28쪽 참조.

52. 뮐러, 《Im Wandel einer Welt》 III, 144쪽. 위의 히틀러 인용은 〈VB〉 1921년 2 월 8일자 기사에서 나온 것.

53. 1923년 9월 12일자 연설. 뵈플레, 위의 책 95쪽에서 인용. 1923년 4월 10일자 연 설, 슈베르트, 위의 책, 57쪽에서 인용. 히틀러의 연설 스타일, 주제, 선입견 등에 대한 특 별히 알기 쉬운 예는 당시 완벽하게 보존된 연설문 《Warum sind wir Antisemiten?》에 서 볼 수 있다. 펠프스에서 인용. VJHfZ 1968/4, 401쪽 이하.

54. 1923년 8월 6일자 연설. 《Adolf Hitler in Franken》, 20쪽에 들어 있다. 1920년 9월 5일자 연설과 1923년 5월 1일자 연설, 펠프스에서 인용. VJHfZ 1963/3, 314쪽. 드 렉슬러가 수정하면서 끼여든 경우에 대해서는 1920년 11월 5일과 24일자 모임에 대한 PND의 보고문.

55. 1923년 4월 20일자 연설. 뵈플레, 위의 책 56쪽에서 인용. 펠프스, in:VJHfZ 1968/4, 400쪽, 펠프스, in:VJHfZ 1963/3, 323쪽.

56. 여기 제시된 구절에 이어서 "홀에서는 깊은 움직임이 있었다."는 구절이 나온다. 1922년 4월 12일자 연설, 뵈플레, 위의 책, 20쪽에서 인용.

57. 하이덴, 《Geschichte》, 27쪽에서 인용. 1923년 4월 10일자 연설, 뵈플레, 위의 책 42쪽에서 인용.

58. 노먼 베인즈(N. H. Baynes), 《The Speeches of Adolf Hitler》 I, 107쪽. 펠프 스, in:VJHfZ 1963/3, 299쪽.

59. 《Tischgespräche》, 451쪽. 하이덴, 《Geschichte》, 109쪽. 히틀러의 다음 언급은

《Mein Kampf》 522쪽 참조.

60. 뵈플레, 위의 책 95쪽과 67쪽 참조. 하이덴, 《Geschichte》 60쪽.

61. 뤼데케, 위의 책, 22쪽 이하. 한프슈텡글, 위의 책, 43쪽.

62. 1922년 4월 12일자 히틀러의 연설은 뵈플레, 위의 책, 21쪽 참조. 1921년 '도이치 크리스마스 축제'는 시를 낭송하면서 시작되었다. 이어서 베토벤과 슈베르트의 메조 소프라노 노래가 이어졌다. 그리고 바그너 오페라 〈라인골트(Rheingold)〉에 나오는 '발할의 뇌우와 신들의 도래'를 피아노로 연주하였고, 크리스마스 노래 메들리에 뒤이어 히틀러의 연설이 있었다. 이어지는 '오락 순서'는 바이에른 민속음악으로 시작되어 절정의 순간에 인기 코미디언 바이스 페르들이 등장하였다. IfZ Müchen, FA 104/6 참조.

당원수는 게르트 륄레(G. Rühle), 《Das Dritte Reich. Die Kampfjahre》, 베를린, 1936, 75쪽.

63. 〈Wiener Neue Presse〉에서. 에른스트 룀, 《Geschichte eines Hochverräters》, 152쪽에서 인용.

64. 《Tischgespräche》 224쪽 참조.

65. 룀, 위의 책, 125쪽 참조. 빨간 수영복은 〈Berliner Illustrierte〉의 제목사진을 조소하는 것이라고 한다. 그것은—관(官)을 존중하는 국민의 척도로는 이해가 되지 않는 일이지만—수영복 차림의 제국 대통령과 때로는 국방장관 노스케의 모습을 보여주는 사진이었다. 추방건에 대해서는 에른스트 니키쉬, 《Gewagtes Leben》, 109쪽, 도이얼라인, 《Der Hitler-Putsch》, 709쪽 참조.

66. 하이덴, 《Hitler》 I, 156쪽.

67. 1922년 10월 14일자 코부르크의 '도이치 날'에 행한 연설. 도이얼라인, 《Der Hitler-Putsch》 709쪽에서 인용. 《Tischgespräche》, 133쪽 이하, 에른스트 한프슈텡글, 위의 책 78쪽.

68. 빌헬름 회그너(W. Hoegner), 《Der schwierige Außenseiter》, 뮌헨, 1959, 48쪽. 하이덴, 《Geschichte》, 50쪽. 코부르크 이후 자의식에 대해서는 뤼데케, 위의 책 61쪽. 몇 년 뒤에도 히틀러는 뤼데케에게 코부르크는 자신의 가장 사랑스런 추억들 중 하나라고 말했다.

69. 슈페어가 필자에게 말한 것. 슈페어는 이 장면을 직접 체험하였다. 근처에 있는 영지는 '볼프스부르크'라는 이름이었다.

70. 하이덴, 《Geschichte》, 51쪽에서 인용. 제임스 맥랜들(J. H. McRandle), 《The Track of the Wolf》, 4쪽 참조. 여기 언급된 양식화 방식에 대해서는 뤼데케, 위의 책 81쪽. 한프슈텡글, 위의 책, 56쪽, 그라이너, 위의 책, 126쪽, 리벤베르다(K. L. Liebenwerda), HA BAK, NS Nr. 547.

71. 하이덴, 《Geschichte》, 110쪽.

72. 해군대장 폰 티르피츠(v. Tirpitz)가 사위인 울리히 폰 하셀(U. v. Hassell)에게 보

낸 편지에서. 코체/크라우스니크, 위의 책, 26쪽, 쿠비체크, 위의 책 203쪽.

73. 1936년 1월 30일자 연설. 도마루스, 위의 책, 570쪽.

74. 《Libres propos》, 212쪽. 이 장의 마지막 인용은 라우슈닝, 《Gespräche》, 13쪽에서 인용.

제3장 권력의 도전

1. 〈VB〉 1922년 8월 2일자 .

2. 히틀러의 말에 따르면 그렇다. 괴를리츠/크빈트, 위의 책, 185쪽.

3. 피에르 비에노(P. Viénot), 《Ungewisses Deutschland》, 67쪽.

4. 놀테, 《Krise》, 92쪽.

5. 1923년 1월 16일자 노이마이어 카페에서 행한 히틀러의 연설에 대한 보고. 슈베르트, 위의 책 198쪽 참조. 개별적인 당 위원회에 대해서는 오토 슈트라서의 정보에 따른 것. 마저, 《Frühgeschichte》, 368쪽 이하.

6. 하이덴, 《Geschichte》 113쪽. 히틀러가 제크트와 나눈 이야기에 대해서는 마이어 벨커(Meier-Welcker), 《Seeckt》, 363쪽 이하. 다른 대화에 대해서는 룀, 위의 책, 169쪽 참조.

7. 틸로 포겔장(Th. Vogelsang), 《Reichswehr, Staat und NSDAP》, 118쪽. 알버트 크렙스(A. Krebs), 《Tendenzen und Gestalten》, 121쪽 이하.

8. 뵈플레, 위의 책, 65쪽. 하이덴, 《Geschichte》, 112쪽. 도마루스, 위의 책, 580쪽(베르트랑 드 주베넬 B. d. Jouvenel의 히틀러 인터뷰).

9. 같은 곳, 75쪽.

10. 마저, 《Hitler》, 405쪽. 수많은 다른 세부사항들도 여기서 인용. 그밖에 하이덴, 《Geschichte》, 143쪽 이하. 프란츠 빌링, 위의 책, 177쪽, 벌록, 위의 책, 79쪽 이하. 벌록은 상대적으로 늦게 밝혀진 외국 기부자들의 후원금에 대해서는 충분한 의미를 부여하지 않았다.

11. 프란츠 빌링, 위의 책, 182쪽. 뤼데케, 위의 책 99쪽 참조. 뤼데케는 50세 가량의 여인이 히틀러 연설을 듣고 난 다음에 당사무소를 찾아와서 당에 유산을 기증하였다는 이야기를 하고 있다. 이 부분에 대해서는 올로, 위의 책, 108쪽 이하 참조.

12. 국가사회당의 지휘부에 끼여 있었던 전직 해군장교 헬무트 폰 뮈케(H. v. Mücke)는 1929년 7월에 공개서한에서 당의 재정 방법에 대해서 이렇게 말했다. 제국의회 회의록, 444권, 138쪽 이하.

13. 마저, 《Frühgeschichte》, 410쪽 이하. 하이덴, 《Geschichte》, 46쪽, 발터 라크뵈어(W. Laqueur), 《Deutschland und Rußland》, 76쪽 이하.

14. 프란츠 빌링, 위의 책, 195쪽에서 인용. 226쪽에는 위에 언급한 반자본주의 궐기에 대한 호소.

15. 〈VB〉, 1923년 4월 18일부터 23일까지. 1923년 1월 31일과 3월 22일자.

16. 에두아르트 노르츠가 대화를 재연하면서. 드레세(Dresse) 검사에게 보낸 1923년 5월 23일자 편지. 국가사회당의 예전의 중앙문서고, BAK, NS 26/104.

17. 하이덴, 《Hitler》 I, 162쪽.

18. 뷔르템베르크 공사 모저의 상세한 보고서. 도이얼라인, 《Der Hitler-Putsch》 61쪽에서 인용. 하이덴, 《Geschichte》 129쪽. 1923년 4월 24일자 히틀러의 연설은 뵈플레, 위의 책 57쪽에서 인용. 유대인의 살해의도에 대해서는 마저, 《Hitler》, 412쪽 이하.

19. 도이얼라인 《Aufstieg》, 179쪽 이하 1923년 8월 10일자 페더의 편지 발췌 참조. 튀렐, 위의 책, 59쪽 이하.

20. 하이덴, 《Geschichte》, 130쪽 참조.

21. 도이얼라인, 《Der Hitler-Putsch》, 170쪽에서 인용.

22. 룀, 위의 책, 215쪽 이하.

23. 뵈플레, 위의 책, 87쪽.

24. 처음에 집행권한은 국방장관인 게슬러에게 주어졌으나 1923년 11월 8~9일 밤에 뮌헨의 히틀러 쿠데타 소식을 듣고 직접 제크트에게 넘어갔다. 그러나 이것은 조직의 형태로 실질적인 권력분산을 하려는 시도가 아니라 정치적 집행기구의 무능을 감추려는 시도였을 뿐이다. 제크트와 방위군이 1924년 2월 24일 비상사태가 중지될 때까지 최고권력을 행사하였다는 것은 의심의 여지가 없다. 그들은 무엇보다도 인플레이션을 극복하기 위해 경제정치적인 조치를 실행하였다.

25. 전체 맥락에서 보면 카르의 발언은 다음과 같다. "도이치 민족 전체의 운명을 위해서 결정적인 두 개 세계관 사이의 싸움이 여기서 문제가 되고 있다. 즉 국제 공산주의 유대 세계관과 민족주의 도이치 세계관의 싸움이다……. 바이에른은 이 싸움에서 위대한 도이치의 목적을 위해 지도권을 떠맡을 운명이다." 도이얼라인, 《Der Hitler-Putsch》, 238쪽에서 인용.

26. 〈Münchener Post〉 1923년 10월 19일자.

27. 1924년 2월 26일 뮌헨 국민재판에서 히틀러가 한 말. 뵈플레, 위의 책, 100쪽에서 인용 .

28. 도이얼라인, 《Der Hitler-Putsch》, 72, 74쪽.

29. 뵈플레, 위의 책, 87쪽.

30. 1923년 9월 12일에 히틀러가 이렇게 말했다. 뵈플레, 위의 책, 91쪽 참조.

31. 하이덴, 《Hitler》 I, 168쪽, 《Geschichte》, 150쪽.
카르에 대한 위의 인용들에 대해서는 〈Münchener Post〉, 1923년 10월 19일자. 볼프강 호른(W. Horn), 《Führeridelolgie》, 128쪽.

32. 이 문제에 대해서는 도이얼라인, 《Der Hitler-Putsch》, 221쪽과 506쪽. 룀, 위의 책, 228쪽. 호프만, 위의 책, 107쪽 이하와 118쪽.

33. 뮌헨에 있는 뷔르템베르크 공사의 1923년 10월 29일자 보고. 도이얼라인, 《Der Hitler-Putsch》, 90쪽에서 인용. 카르의 설명에 대해서는 《Dokumente der deutschen Politik und Geschichte》 III, 133쪽 이하.

34. 도이얼라인, 《Der Hitler-Putsch》, 87쪽. 다음 인용들은 모저, 《Frühgeschichte》, 422쪽, 441쪽 참조. 룀, 위의 책, 228쪽, 하이덴, 《Hitler》 I, 177쪽.

35. 하이덴, 《Geschichte》, 143쪽.

36. 수많은 증언들에 따르면 11월 6일의 대화에 이어서 몇몇 전투동맹 사람들에게 말한 로소브의 말은 뒷날 논란이 되긴 하였지만 그런 말의 신빙성에 대해서는 의심의 여지가 없다. 도이얼라인, 위의 책, 97쪽. 히틀러 자신은 예를 들면 1936년 11월 8일의 기념연설에서 아이러니컬한 의미로 로소브의 말을 언급하였다. 도마루스, 위의 책, 654쪽.

37. 이 편지는 《Illustrierten Beobachter》 1926, 2(6쪽)에 실려 있다.

제4장 쿠데타

1. 여기와 다음 뮐러에서 히틀러 재판 기록. 심문 9일째, 13일째 기록. 60쪽 이하와 57쪽.

2. 예를 들면 1935년 11월 8일자 연설. 도마루스, 위의 책 554쪽에서 인용.

3. 하이덴, 《Geschichte》, 158쪽에서 인용.

4. 집회가 해산되었을 때 거기 참석한 내무장관 슈바이어는 히틀러에게 다가가서 그날 저녁의 승리자라고 느끼고 있던 히틀러의 가슴을 '화난 학교선생처럼' 툭 치고 "이 승리는 약속위반"일 뿐이라고 말했다. 이것에 대해서는 하이덴의 《Hitler》 I, 181쪽.

5. 호프만, 위의 책, 186쪽. 룀, 위의 책, 235쪽.

6. 뉘른베르크 재판에서 율리우스 슈트라이허의 발언. IMT VII, 340쪽.

7. 하이덴, 《Hitler》 I, 109쪽 참조.

8. 마저, 《Frühgeschichte》, 453쪽 이하 참조. 그는 여기서 히틀러가 군주제 장군들의 은총을 얻으려 했다고 비난하고 있다. 하이덴, 《Geschichte》, 162쪽 이하. 벌록, 위의 책, 109쪽 이하에서 그는 불확실한 발언을 하고 있다. 한편으로는 히틀러의 혁명적인 무능을 공격하면서 동시에 혁명적인 봉기의 의도가 있었는지 의문시하고 있다.

9. 빌헬름 회그너, 《Hitler und Kahr》, 165쪽.

10. 1935년 11월 8일자 연설. 도마루스, 위의 책, 553쪽에서 인용.

11. 호프만, 위의 책, 201쪽.

12. 하이덴, 《Geschichte》, 192쪽. 1933년에 나온 루덴도르프 측근이 낸 글은, 11월 9일 아침에 시위행렬의 효과에 대한 토론을 끝맺은 루덴도르프의 말을 제목으로 삼고 있다. 그것은 무엇보다도 이 전설을 다루고 있다. 칼 퓌그너(K. Fügner), 《Wir marschieren》, 뮌헨, 1936. 11월 쿠데타의 전체적인 문제에 대해서는 해럴드 고든(Harold J. Gordon jr.)의 상세한 연구인 《Hitler-Putsch 1923》 참조.

13. 우펭에서 히틀러 체포에 대한 고지 바이에른 정부의 보고. 도이얼라인, 《Der Hitler-Putsch》, 373쪽에서 인용.

14. 《Der Hitlerprozeß》, 28쪽. 카프 쿠데타의 태도와 다르다는 히틀러 발언의 인용은 1934년 11월 8일자 연설에서 나온 것. 한스 폰 휠젠(H. v. Hülsen)이 재판을 '정치적 카니발'이라고 불렀다. 도이얼라인, 《Aufstieg》, 205쪽에서 인용.

15. 소송 비난은 폰 마이넬(v. Meinel) 장관이 행한 것. 도이얼라인, 《Der Hitler-Putsch》, 216쪽 참조. 221쪽 이하에는 이미 언급한 푀너의 발언이 여기 들어 있다.

16. 하이덴, 《Hitler》 I, 198쪽 이하. 《Hitlerprozeß》, 109쪽 이하.

17. 수석 검사 슈텡글라인(Stenglein)의 발언. 베네케(Bennecke), 《Hitler und die SA》, 104쪽. 호프만, 위의 책, 247쪽.

18. 《Der Hitlerprozeß》, 264쪽 이하. 재판태도의 평가는 하이버(H. Heiber), 《Adolf Heiber》, 43쪽과 벌록, 위의 책, 111쪽 이하 참조.

19. 한스 프랑크, 위의 책, 43쪽.

20. 하이덴, 《Geschichte》, 169쪽.

21. 1933년 11월 8일자 연설. 쿠노 호르켄바흐(C. Horkenbach) 엮음, 《Das deutsche Reich von 1918 bis heute》, 530쪽 이하. 1923년 사건의 전략적 교훈들에 대한 상세한 언급이 들어 있는 1935년 11월 8일자 연설도 참조. 도마루스, 위의 책, 551쪽 이하.

22. 1936년 11월 8일자 연설. 〈VB〉 1936년 11월 9일자에서 인용.

23. 하이덴, 《Geschichte》, 135쪽에서 인용.

24. 같은 곳, 165쪽. 프랑크의 발언에 대해서는 《Im Angesicht》, 57쪽.

25. 1924년 2월 26일자 연설. 뵈플레, 위의 책, 110쪽에서 인용.

26. 함부르크 국가주의 클럽에서 행한 히틀러의 연설 참조. 요흐만, 《Im Kampf》, 103쪽 이하에서 인용. 뤼데케, 위의 책, 253쪽. 제임즈 맥랜들, 위의 책, 146쪽 이하.

27. 도이얼라인, 《Aufstieg》, 197쪽에서 인용.

3부 《나의 투쟁》

제1장 국가사회주의의 세계상

1. 이 구절은 한프슈텡글이 보고한 맥락 안에 있다. "아세요, 한프슈텡글, 아돌프한테 무슨 일이 잘못됐어요. 이 사람은 위대하다는 망상을 잔뜩 품고 있어요. 지난 주에는 이 곳 뜰에서 그 빌어먹을 채찍을 들고 휘둘러대더니 외치더군요. '나는 예수가 예루살렘 성전으로 들어가듯이 베를린으로 가서 고리대금업자들을 몰아내야겠어' 하는 등의 헛소리를 하더란 말이에요. 이 메시아 콤플렉스를 그대로 뒀다간 그가 우리 모두를 망가뜨리고 말 거요." E. 한프슈텡글, 위의 책, 83쪽.

2. 1924년 1월 14일 하노버 지구당에 보낸 서한에서. 티렐, 위의 책, 73쪽.

3. 한스 칼렌바흐(H. Kallenbach), 《Mit Adolf Hitler auf Festung Landsberg》, 117 쪽과 45쪽. 요흐만, 《Nationalsozialismus und Revolution》, 91쪽.

4. 브라허, 《Diktatur》, 139쪽. 란츠베르크에서 처음으로 고속도로와 값싼 국민차의 아 이디어를 발전시켰다는 히틀러의 주장은 프랑크, 위의 책, 47쪽에 보고되어 있다. 에른스 트 한프슈텡글, 위의 책, 114쪽은 히틀러의 방이 고급식품 백화점의 인상을 풍겼다고 한 다. 나머지는 어차피 친절하던 간수들의 호의를 사는 데 이용되었다. 방문객들, 그들의 소 원, 관심사 등은 교도소 일지 1924년 9월 18일자, BHStA I, 1501쪽 참조.

5. 1942년 2월 3일 옛전우 모임에서 히틀러. 쉬러, 위의 책, 516쪽.

6. BAK, NS 26/17a. 《Tischgespräche》, 82쪽.

7. 쿠비체크, 위의 책, 75쪽과 225쪽. 히틀러의 '애독서'는 《도이치 영웅 이야기》였다고 하며 구체적으로는 단테, 쉴러, 헤르더, 슈티프터 등이 언급되고 있다. 히틀러는 로제거 (Rosegger)에 대해서 "너무나 좋다."고 말하고 있다. 프랑크의 목록은 위의 책, 40쪽 참 조. 한프슈텡글, 위의 책 52쪽 이하도 또 다른 목록을 제시한다. 그는 정치와 설화의 문 헌들 이외에도 유명한 푹스(E. Fuchs)의 풍속 이야기도 꼽고 있다. 위에서 언급한 디트 리히 에카르트와의 대화는 다음의 작품들을 제시하거나 아니면 이미 알려진 것으로 전제 하고 있다. 오토 하우저(O. Hauser), 《Geschichte des Judentums》, 베르너 솜바르트 (W. Sombart), 《Die Juden und das Wirtschaftsleben》, 헨리 포드(H. Ford), 《Der internationale Jude》, 구제노 데 무소(Gougenot des Mousseaux), 《Der Jude, das Judentum und die Verjudung der christlichen Völker》, 테오도르 프리치(Th. Fritsch), 《Handbuch der Judenfrage》, 프리드리히 돌리치(F. Dolitzsch), 《Die große Täuschung》, 《Die Protokolle der Weisen von Zion》 등이다. 히틀러는 나중 에 여비서들에게 자신은 "저 힘들던 빈 시절에 시립도서관의 장서 5백 권을 모두 다 읽어 치웠다"(!)고 말했다. 촐러, 위의 책, 36쪽 참조.

8. 《Mein Kampf》, 37쪽.

9. 마저, 《Hitler's Mein Kampf》, 20쪽. 프랑크, 위의 책 39쪽.

10. 《Mein Kampf》, 231쪽 이하.

11. 같은 곳, 170쪽.

12. 올덴, 위의 책, 140쪽. 《Mein Kampf》, 32, 552, 277, 23쪽. 여러 가지 자료들에 따르면 원고의 교정과 교열과정에는 〈민족관찰자〉의 음악평론가인 슈톨칭 체르니 (Stolzing-Cerny)와 이전의 수도원 신부 베른하르트 슈템플레(B. Stempfle), 그리고 제 한된 것이지만 에른스트 한프슈텡글도 참여하였다. 루돌프 헤스의 부인인 일제 헤스(Ilse Heß)는 제3자가 교열과정에서 도움을 주었다는 사실 자체를 받아들이지 않고 히틀러가 자기 남편에게 책을 구술하였다는 사실도 부인하였다. 오히려 히틀러는 원고를 "란츠베르 크에 갇혀 있는 동안 스스로 두 손가락으로 낡아빠진 타자기에 타이핑했다."고 한다. 마

저, 《Hitler's Mein Kampf》 20쪽 이하.

13. H. 프랑크, 위의 책, 39쪽.

14. 츌러, 위의 책, 106쪽. 슈트라서, 《Hitler und ich》, 94쪽 이하.

15. 《Mein Kampf》, 357, 449, 630, 458쪽. 《Hilters Zweites Buch》, 221쪽.

16. 라우슈닝(H. Rauschning), 《Gespräche》, 5쪽. 같은 사람, 《Revolution des Nihilismus》, 53쪽.

17. 《Tischgespräche》, 269쪽 이하. 히틀러는 국가사회주의의 적들만 이 책에서 진짜 정보를 얻었다고 말했다.

18. E. 놀테, 《Epoche》, 55쪽. 에버하르트 예켈(Eberhard Jäckel)은 트레버 로퍼의 근본적인 탐색에 덧붙여 이 책에서 확정적인 결론을 내린 '히틀러의 세계관' 을 밝히려는 시도를 하였다.

19. 트레버 로퍼, 《The Mind of Adolf Hitler》, 《Hitler's Table Talk》의 서문, XXXV 쪽. 하이덴, 《Geschichte》, 11쪽은 히틀러의 '비상한 조합능력' 을 언급한다. 펠프스, 《Hilters grundlegende Redeüber den Antisemitismus》, VJHfZ 1968/4, 395쪽 이하.

20. 《Adolf Hitler in Franken》, 39쪽 이하. 여기서 히틀러의 세계관을 개략적으로 묘사하려는 짤막한 시도는 《Mein Kampf》에만 의존하지 않고, 이전과 이후의 발언들도 포함시켜야 한다는 사실을 암시해야겠다. 그럴수록 히틀러의 이념이 1924년 이후로 사실상 변하지 않았다는 사실이 확인된다.

21. 《Mein Kampf》, 751쪽.

22. 이것과 계속되는 예들은 《Mein Kampf》 68쪽 이하. 앞에 언급한 인용은 라우슈닝, 《Gespräche》, 11쪽. 로젠베르크에 대한 언급은 뤼데케, 위의 책, 82쪽.

23. 《Tischgespräche》, 320쪽. 한스 프랑크, 위의 책, 133쪽도 비슷한 보고를 한다. 한 번은 히틀러가 자기에게 지구를 가리켜서 '종족들의 경쟁에서 얻는 우승컵' 이라고 표현했다고 한다. 다음 인용에 대해서는 《Mein Kampf》, 147, 312, 148쪽.

24. 1939년 1월 25일 장교들 앞에서 행한 히틀러의 비밀연설. 야콥슨/요흐만, 위의 책, 5쪽. 요흐만, 《Im Kampf》, 83쪽.

25. 《Tischgespräche》, 346쪽. 같은 곳, 321쪽. 도마루스, 위의 책, 647쪽.

26. 1929년 11월 30일 헤르스브루크에서 행한 히틀러의 연설. 《Adolf Hitler in Franken》, 144쪽, 《Tischgespräche》 152쪽, 《Hitlers Zweites Buch》, 56쪽. 이러한 맥락에서는 1926년 2월 28일, 함부르크의 민족주의 클럽에서 행한 연설 참조. 요흐만, 《Im Kampf》, 117쪽에서 재인용.

27. 《Tischgespräche》, 170쪽, 《Mein Kampf》, 70쪽.

28. 같은 곳, 324쪽.

29. 같은 곳, 421, 317쪽.

30. 도마루스, 위의 책, 646, 587쪽. 뵈플레, 위의 책, 21쪽.

31. 《Tischgespräche》, 153쪽. 히틀러는 1937년 9월 13일자 연설에서 '모든 것을 포괄하는 종합공격'에 대해서 말하고 있다. 이 연설은 여기 언급된 맥락을 위해서 수많은 세부사항들을 포함하고 있다. 도마루스, 위의 책, 727쪽 이하.

32. 라우슈닝, 《Gespräche》, 220쪽 이하.

33. 에른스트 놀테, 《Eine frühe Quelle》, 590쪽. 《Der Bolschewismus von Moses bis Lenin. Zwiegespräche zwischen Adolf Hitler und mir》라는 제목을 가진, 절반쯤 잊혀지고 그때까지는 주목받지 못하던 책을 발견해서 해석한 공로는 그의 것이다. 놀테 《Epoche》, 404쪽 이하도 참조. 히틀러가 권력의 정점에 있을 때도 내놓고 말하지는 못했지만, 기독교와 볼셰비즘의 동일시는 '원탁 담화의 중심 테마'였다고 한다. 3천만의 희생자들에 대해서는 1922년 7월 28일자 히틀러 연설 참조. 뵈플레, 위의 책, 30쪽에서 재인용.

34. 라우슈닝, 《Gespräche》, 223쪽.

35. 슈베르트, 위의 책, 39쪽.

36. 〈Der Nationalsozialist〉 1924년 8월 17일자 29호에 인쇄되어 있다. 예켈, 위의 책, 73쪽에서 재인용.

37. PND, Nr. 409, DC 1477.

38. 트레버 로퍼, 위의 책, XXV쪽.

39. 같은 곳, XXV쪽. 위의 인용은 《Libres propos》, 321쪽 참조.

40. 놀테, 《Epoche》, 405쪽.

41. 《Mein Kampf》, 703쪽. 이미 언급한 디트리히 에카르트와의 대화. 이 대화 마지막 부분에 모두의 모두에 대한 싸움이라는 자연법칙이 생겨나기 직전의 유토피아적인 세계 상태를 서술하고 있다.

42. 1927년 8월 21일 뉘른베르크 3차 전당대회날 폐회식사에서 히틀러가 한 말. 《Adolf Hitler in Franken》, 81쪽 참조. 슈베르트, 위의 책, 221쪽. 헤르만 라우슈닝을 향해서도 히틀러는, "이 시대에 우리 민족에게 주어진 과제를 풀기" 위해서는 "우선 유대 민족을 만들어내야 한다."고 말했다고 한다.

43. 라우슈닝, 《Gespräche》, 232쪽. 고트프리트 그리스마이르, 《Das völkische Ideal》, 160쪽.

44. 야콥슨/요흐만, 위의 책, 여기서 청중은 1938년 장교단으로 잘못 표현되어 있다. 《Mein Kampf》, 444쪽 이하도 참조.

45. 같은 곳, 152쪽 이하.

46. 이 묘사는 트레버 로퍼가 1959년 뮌헨에서 '히틀러의 전쟁목표'라는 제목으로 열린 역사학회에서 행한 기조연설에 따른 것이다. VJHfZ 1960/2, 121쪽 이하.

47. 1924년 3월 27일 뮌헨 법정에서 행한 히틀러의 연설. 뵈플레, 위의 책 166쪽에서

재인용. 〈Deutschland Erneuerung〉이라는 잡지에 실린 "Warum mußte ein 8. November kommen?"이라는 기사도 참조할 것. 이 기사는 바로 이 대안을 극히 날카롭게 발전시키고 있다. 전체 맥락에 대해서는 악셀 쿤(Axel Kuhn), 《Hitlers außenpolitisches Programm》.

48. 《Mein Kampf》, 736쪽.

49. 같은 곳, 153, 742쪽.

50. 트레버 로퍼, 위의 책, 129쪽에서 재인용.

51. 《Mein Kampf》, 742쪽 이하.

52. 같은 곳, 740, 749쪽. 《Tischgespräche》 320쪽.

53. 놀테, 《Faschismus》, 135쪽 이하.

54. 1945년 3월 29일자로 알버트 슈페어가 히틀러에게 보낸 편지. IMT XLI, 425쪽 이하. 앞에 언급한 히틀러의 에얼랑겐 연설은 《Adolf Hitler in Franken》, 171쪽에 실려 있다.

55. 프랑크, 위의 책, 40쪽. 란츠베르크 교도소측의 평가서는 오토 루르커(O. Lurker), 《Hitler hinter Festungsmauern》, 베를린, 1933년에 인쇄되어 있다. 이 평가서는 히틀러 자신이 쓴 것에 따르면 다음과 같이 단언하는 구절을 포함하였다. 히틀러는 "대립적인 위치에 있는, 1923년 11월에 그의 계획들을 좌절시킨 사람들에 대해서 위협이나 복수를 생각하지 않을 것이며, 정부에 대항하여 민심을 교란하지 않을 것이며, 민족주의적인 의견을 지닌 다른 정당들을 적대시하지도 않을 것이다. 그는 내부의 확고한 질서가 없는 국가, 확고한 정부가 없는 국가는 버틸 수가 없다는 사실을 얼마나 잘 납득하고 있는지 강조하였다."

56. 마저, 《Hitlers Mein Kampf》, 260쪽 이하에서 재인용. 다음에 인용된 G. 슈트라서의 발언에 대해서는 괴를리츠/크빈트, 위의 책, 243쪽.

57. 〈Weltbühne〉의 하인츠 폴(H. Pol), 필립 파브리(Ph. W. Fabry), 《Mutmaßungenüber Hitler》, 28쪽. 한프슈텡글, 위의 책, 119쪽.

제2장 위기와 저항

1. 제3장 24번 주 참조.

2. 티렐, 위의 책, 72쪽 이하. 81쪽.
알프레트 로젠베르크, 《Letzte Aufzeichnungen》, 107쪽과 319쪽.

3. 티렐, 위의 책, 85쪽에서 재인용. 뤼데케, 위의 책, 224쪽도 참조.

4. 1934년 11월 9일자 히틀러의 연설. 벌록, 위의 책, 115쪽에서 재인용.

5. 브뤼커(W. Bruecker), 《Die Tragik Ludendorffs》, Stollhamm(연도 없음), 107쪽.

6. 슈트라서, 《Hitler und ich》, 82쪽. 이 맥락에서는 콘라트 하이덴, 《Hitler》, I. 212

쪽 이하.

7. 도이치 민족 자유당의 당수인 폰 그레페의 편지. 야콥슨/요호만, 위의 책, 1925년 6월 17일자로 인쇄되어 있음. 1927년 7월 30일 전당대회장에서 히틀러의 연설은 티렐, 위의 책, 176쪽에서 재인용. 1925년 3월 27일 뮌헨에서 오스트리아 총영사와 히틀러의 대담. 도이얼라인, 《Aufstieg》, 251쪽에서 재인용.

8. 폰 그레페에게 보낸 공개서한. 〈민족관찰자〉 1926년 3월 19일자 참조. 카르스텐, 위의 책, 154쪽에서 재인용. 국가사회주의 자유운동의 당대회에 대한 보고는 도이얼라인, 《Aufstieg》, 242쪽 이하. 언급된 편지에 대해서는 Ifz Fa 88/Fasz. 199.

9. 〈민족관찰자〉, 1925년 3월 7일자. 하이덴, 《Geschichte》, 190쪽.

10. 뤼데케, 위의 책, 217쪽 이하. 위에 언급한 에서 인용은 호른, 위의 책, 214쪽.

11. 뮐러, 《Im Wandel einer Welt》, Ⅲ, 301쪽. 한프슈텡글, 위의 책, 121쪽.

12. 1925년 8월 4일자 국가사회당 분과지도자 모임에 대한 뮌헨 경찰보고. 티렐, 위의 책, 110쪽에서 재인용.

13. 1925년 6월 12일 플라우엔에서 열린 국가사회당 주대표대회에서 히틀러의 폐식사, BAK NS 26/59.

14. 하이덴, 《Hitler》, I, 215쪽. 하이덴, 《Geschichte》, 180쪽 이하.

15. 륌, 위의 책, 341쪽 이하.

16. 하이덴, 《Hitler》, I, 221쪽. 당원수에 대해서는 헤르만 포프케(H. Fobke)의 보고. 요호만, 《Nationalsozialismus und Revolution》, 207쪽.

17. 슈트라서, 《Hitler und ich》, 80쪽. 라인하르트 퀴늘, 《Die National-sozialistische Linke》, 14쪽.

18. 《Das Tagebuch von Joseph Goebbels 1925/26》, 95쪽. 술취한 듯한 종말론적 과격주의가 거의 모든 페이지마다 들어 있다. 그레고어 슈트라서에 대해서도 괴벨스는 특히 그가 '이념의 모든 과격화를 향한 준비'가 되어 있다고 찬양하였다. 같은 곳, 30쪽.

19. 이미 언급한 포프케의 보고는 요호만, 《Nationalsozialismus und Revolution》, 207쪽 이하 참조. 《Goebbels-Tagebuch》, 22쪽과 26쪽. 1925년 11월 11일 그레고어 슈트라서가 괴벨스에게 보낸 편지, BAK, NS 1, 340/B1. 208.

20. 야콥슨/요호만, 위의 책, 1925년 12월 14일자. 크렙스, 위의 책, 188쪽. 다음의 인용은 〈Nationalsozialistische Briefe〉, 1927년 7월 1일자.

21. 하이덴, 《Geschichte》, 204쪽 티렐 위의 책, 125쪽.

22. 1925년 11월 24일 의회연설. 하이덴, 《Geschichte》, 205쪽. 히틀러가 자신의 외교적 생각들을 전개하고 있는 《Mein Kampf》 제2권이 이 시기에 아직 출간되지 않았음을 감안해야 한다. 다음에 언급된 슈트라서 일파의 사회정책적 요구들은 퀴늘, 위의 책, 20쪽 이하에서 상세하게 취급하고 있다.

23. O. 슈트라서, 《Hitler und ich》, 113쪽. 괴벨스는 의자에 서서 인사말을 하는 가운

데 이런 요구를 하였다. 이 장면은 의심할 만한 이유가 충분하다. 그러나 신뢰성이 있는 그레고어 슈트라서가 이 장면을 확인해주고 있어서, 헬무트 하이버의 추측이 맞는 듯하다. 그는 괴벨스가 이 논란 많은 문장을 내뱉기는 하였지만 오토 슈트라서가 묘사한 것처럼 극적인 상황에서 그렇게 한 것이 아니라 가까운 사람들의 모임에서 대화중에 했으리라고 본다.《Goebbels-Tagebuch》, 56쪽, 주.

24. 괴벨스가 일기에 적었다. 56쪽과 31쪽.

25. 하이덴, 《Geschichte》, 217쪽. '에어 출판사'의 중요한 잡지는 〈베를린 노동자 신문〉. 오토 슈트라서는 요구 많은 인기의 톤을 이 신문에 부여하려고 애썼다. 그것은 다음과 같은 표어를 걸고 있었다. "대출자본에 봉사하지 않는 베를린 유일의 노동자 기관지". 그러나 이 신문은 별다른 성공을 거두지 못했다.

26. 괴벨스, 《Die Zweite Revolution》, 56쪽.

27. 크렙스, 위의 책, 185쪽. 《Goebbels-Tagebuch》, 59쪽.

28. 크렙스, 위의 책 141쪽.

29. 하이덴, 《Hitler》, I, 227쪽. 포츠담 지구당의 1925년 8월 25일자 보고. BAK, Sammlung Schumacher, Nr. 205 참조.

30. 여기 언급된 고백의 날짜는 분명하게 밝혀지지 않는다. 히틀러의 발언들을 들을 수 있었던 알버트 슈페어에 따르면 구상들은 이 시기에 나온 것이다. 건축사 소유물 중에 들어 있는 히틀러의 스케치 목록을 만든 슈페어의 상관 아펠(Apel)은 '대형 개선문'의 구상시기를 '대략 1924년'으로 잡고 있다. '대형 홀' '베를린 남부역' '베를린 국립도서관' 등의 스케치들도 마찬가지다. 이 스케치들은 일부는 슈페어, 위의 책에 들어 있다.

제3장 싸움을 위해 일어서다

1. 노동 공동체의 모든 관구지도자들이 초청되지는 않았다. 루르 관구지도자 칼 카우프만(K. Kaufmann)은 1926년 2월 12일자 편지에서 이 점을 항의하고 있다. BAK, 203/Blatt 78과 85. 다른 한편 당 지도부는 남부 독일의 충성스런 당원들을 초청하였다.

2. 《Goebbels-Tagebuch》, 60쪽. 하인리히 로제, 《Der Fall Strasser》, 5쪽. 함부르크 나치 조사실.

3. 이런 표현은 분명히 고트프리트 페더에게서 나온 것이고, 그는 때로 이것에 대해서 변명해야만 했다. 티렐, 위의 책, 124쪽 이하 참조.

4. 요흐만, 《Nationalsozialismus und Revolution》 255쪽에 인쇄되어 있다. 슈트라서는 괴벨스의 '배신'에 화가 나서 밤베르크 실패의 모든 책임을 그에게 돌렸다. 괴벨스가 히틀러와 뮌헨의 공격을 말없이 받아들였다는 것은 사실상 그가 북부 독일에서 떨어져 나오는 표지였다. 그러나 괴벨스는 밤베르크에서 아직 제대로 완성되지도 못했고, 그가 논쟁중에 일어서서 자신의 오류를 고백하고 자신이 히틀러 진영으로 넘어갔다고 고백하였다는, 슈트라서가 퍼뜨린 소문은 확실한 것이 못 된다. 그것은 그레고어 슈트라서의 분

명한 실패에 대해서 한 사람의 책임자를 찾아내려는 시도였을 뿐이다. 칼 카우프만이 보고한 바에 따르면, 괴벨스 자신은 밤베르크 이후에도 히틀러가 사회주의를 배신했다고 주장했다고 한다. 역시 카우프만에 따르면 그들은 밤베르크의 실패를 괴벨스 탓으로 돌리기는 하였지만 한참 동안이나 그를 동지라고 여겼지 절대로 배신자로 여기지는 않았다고 한다. 티렐, 위의 책, 128쪽 참조. 로저 만벨/ 하인리히 프랭켈(R. Manvell/H. Fraenkel), 《Goebbels》, 99쪽.

5. 《Goebbels-Tagebuch》, 59쪽. 같은 곳 72쪽에서 히틀러는 대화중에 "자신의 이상을 말했다. 집단주의와 개인주의의 혼합. 땅, 그 위와 아래의 것은 민중에게. 생산, 생산적이기 때문에 개인주의적인. 콘체른, 트러스트, 완제품 생산, 교통 등은 사회화됨."

6. 아달베르트 폴크(Dr. A. Volck), 〈Richtlinien für Weimar〉 1924년 7월 18일자에 실려 있다. 요흐만, 《Nationalsozialismus und Revolution》 96쪽 이하에서 재인용. 1926년 3월 21일 뮌헨-라임 분파의 당원대회에 대한 PND-보고, 535호, HA 25 A/1762. 1921년 여름 위기 동안 히틀러는 벌써 한 번 앞으로 6년 동안 강령을 변화시키지 않을 것을 요구하였고 자신이 당에 재입당하는 것을 그것과 연계시켰다. 이 요구를 뒷받침하기 위해 그가 행한 연설에 기독교의 성공 비밀에 대한 암시가 담겨 있다. 프란츠 빌링, 위의 책, 111, 116쪽. 히틀러의 함부르크 연설, 요흐만, 《Im Kampf》, 110쪽에서 재인용. 테오도르 호이스(Th. Heuß), 《Hitlers Weg》, 22쪽.

7. 1926년과 1927년 전당대회에서 행한 히틀러의 변명성 보고. 티렐, 위의 책, 135쪽과 176쪽. 요흐만, 《Im Kampf》, 104쪽 이하.

8. 1926년 7월 3일자 〈민족관찰자〉에 실린 괴벨스의 글.

9. 전당대회의 선거에 대해서는 1928년 9월 2일자, 3일자 〈민족관찰자〉 참조. 티렐, 위의 책, 298쪽. 저지 바이에른의 관구지도자였던 오토 에르버스도블러(O. Erbersdobler)는 히틀러와 폰 페퍼의 충돌을 보고하면서 여기 암시된 승마용 채찍 장면을 말하고 있다. 위의 책, 254쪽 이하. 크렙스, 위의 책, 142쪽 참조. 여기에 보면 히틀러는 아무도 자기가 믿고 있는 것에 대해 하찮은 질문도 해서는 안 된다고 말하고 있다. 괴링의 다음 언급은 네빌 헨더슨(Neville Henderson) 경의 글, 《Failure of a mission. Berlin 1937~1939》, 뉴욕, 1940, 282쪽에 남아 있다. 이어지는 히틀러 인용은 PND-보고, 535호, HA 25 A/1762.

10. 《Goebbels-Tagebuch》, 70쪽 이하. 그밖에 1926년 3월 29일자 그레고어 슈트라서가 괴벨스에게 보낸 편지. BAK, NS 1, vorl. 34, Blatt 156, 160.

11. '전국 당대회에서 특별회의 의장들과 서기들의 작업을 위한 기본지침서' 히틀러가 바이마르 대회를 위해서 지시했고, 같은 제목으로 1927년과 1929년 뉘른베르크 전국대회를 위해서 출간하게 했던 글에서. BAK, NS 26, Baltt 389.

12. 1926년 11월 1일자로 히틀러가 폰 페퍼에게 보낸 편지. 베네케(Bennecke), 《Hitler und die SA》, 237쪽 이하에서 재인용. 다음에 언급되는 돌격대 명령(SA-

Befehle)과 원칙적인 지침(Grundsätzliche Anordnungen)들은 폰 페퍼가 약자로 만드는 버릇대로 SABE 혹은 GRUSA라고 부르곤 했다. 티렐, 위의 책, 235쪽 이하 참조. 바이마르 국립극장의 연대기 축성식에 대해서는 같은 곳, 159쪽.

13. 1929년 5월 18일자 〈민족관찰자〉.

14. 하이덴, 《Hitler》 I, 231쪽.

15. 라인홀트 무호브(R. Muchow)의 상황보고. 마르틴 브로사트(M. Broszat), 《Die Anfänge der Berliner NSDAP 1926/27》 VJHfZ 1960/1, 102쪽 이하. 그밖에도 상세한 자료들을 제공한다.

16. 《Goebbels-Tagebuch》, 92쪽 이하.

17. 크렙스, 위의 책, 188쪽. 《Goebbels-Tagebuch》, Dok. 13, 127쪽 이하.

18. 보고서에는 다음과 같은 말도 들어 있다. "과격한 리볼버 권총의 발사와 창처럼 생긴 쇠깃대를 쳐들고서 국가사회주의자들이 공산주의자들에게 몰려들었다. 그 과정에서 대략 아홉 명의 경상자, 다섯 명의 중상자들이 실려나갔다." 한 달 전에 북부 베를린의 파루스 홀의 싸움은 중상자 포함, 98명이 부상했다. 괴벨스는 승리에 넘쳐서 이렇게 기록하였다. "그날 이후로 베를린 사람들이 우리를 알아본다. 벌써 모든 것을 다 이루었다고 단순하게 믿지는 않는다. 파루스는 시작일 뿐이다." 《Goebbels-Tagebuch》, 119쪽과 주 참조. 브로사트, 위의 책, 111쪽.

19. 1926년 5월 15일자 'NS-편지'.

20. BAK, NS 26, vorl. 390. 히틀러가 주장하는 이른바 '게르만식 민주주의'의 표지는 다음과 같다. "당수를 선거로 뽑되, 절대적인 권위를 부여한다." 이전의 판본에는 이렇게 되어 있다. "당수는 선출된다. 그는 운동의 독점적 지도자가 된다." 1933년 이후 판본에는 이렇게 나와 있다. "지도자는 언제나 위로부터 임명되고 동시에 무한한 전권과 권위를 가진다. 당 전체의 당수만이 단체법을 근거(!)로 전당대회장에서 선출한다." 1928년 3판, 제1권, 36쪽 이하, 37쪽 참조. 1933년판본 378쪽 참조. 히틀러는 '고지' 의용군과 그 지휘자 베포 뢰머(Beppo Römer)를 군대 자체 안의 자체적인 지휘자 투표원칙을 가진다는 이유로 볼셰비즘 성향이라고 비난하였다. 크렙스, 위의 책, 121쪽 참조.

21. 튀링겐 민족지도자 회합에서 히틀러의 연설. 야콥슨/요호만, 위의 책, 2쪽, '1927년 초'라는 날짜 밑에 인쇄되어 있다. 관료화에 대해서는 1927년 1월 1일자, 3일자 〈민족관찰자〉에 실린 히틀러의 신년사와, 1926년 4월 22일 국가사회당 남부지구 당대회의 연설 참조. HA PND 536호.

22. 야콥슨, 《Der Zweite Weltkrieg》, 180쪽에서 재인용. 1927년 11월 9일자 〈민족관찰자〉의 기사에서 오토 방게어트(O. Bangert)는 국가사회당은 몇 년 안에 "점점 더 뚜렷하게 형성되는 국가로 발전할" 것이라고 예언하고 있다. 그 국가는 "우리의 뒤엉킨 공공생활을 점점 더 강력하게 일관하게 할 것이다. 그러고 나서 언젠가 국가사회주의가 권력을 장악하면 제 3제국은 이미 그 초석을 놓은 것이다." 놀테, 《Epoche》, 453쪽 참조.

23. 괴벨스, 《Der Führer als Staatsmann》, 알토나 담배 도안사가 발행한 《Adolf Hitler》, 48쪽.

24. 크렙스, 위의 책, 130쪽 이하.

25. 하이덴, 《Hitler》 1, 242쪽에서 재인용. 괴벨스, 위의 책 51쪽.

26. HStA 뮌헨, 도이얼라인, 《Aufstieg》, 279쪽에서 재인용. 크렙스, 위의 책 57쪽 이하. 중앙당의 불평에 대해서는 1927년 8월 7일자 〈민족관찰자〉 참조.

27. 전체 맥락을 위해서는 페르디난트 프리덴스부르크(F. Friedensburg), 《Die Weimarer Republik》 참조.

28. 국가사회당이 대중정당으로 출발하면서 판매부수가 올라갔다. 특히 두 권에 8마르크짜리 문고본이 나오면서 더욱 그랬다. 1930년에 54,086부가 팔렸고, 1931년에는 50,808부, 1932년에는 90,351부가 팔렸다. 다음해부터는 해마다 10만 부 단위로 여러 번이나 찍어내게 된다. 1943년에 책의 전체 부수는 984만 부가 찍혔다. 헤르만 하머(H. Hammer), 《Die deutschen Ausgaben von Hitlers 'Mein Kampf'》, VJHfZ 1956/2, 161쪽 이하에 들어 있음.

29. 쉬러, 위의 책, 128쪽에 인쇄되어 있다. 그는 1955년 7월의 〈The American Historical Review〉지에 실린 헤일(O. J. Hale)의 글을 인용하고 있다.

30. 뮌헨 정부문서실. 도이얼라인, 《Aufstieg》, 266쪽에서 재인용. 하이덴, 《Der Fuehrer. Hitler's rise to power》, 보스턴, 1944, 250쪽. 다음의 묘사에 대해서는 1926년 12월 23일자 〈민족관찰자〉 참조.

31. 티렐, 위의 책, 160쪽 이하에 인쇄된 히틀러의 편지.

32. 국가 기밀문서실, 뮌헨, 위의 책, 269쪽 이하에서 인용. 이 연설에서 히틀러는 초기 기독교를 인용하였다.

33. 티렐, 위의 책, 211쪽 이하에서 재인용. 같은 곳, 196쪽. 호프만, 위의 책, 151쪽 이하 참조.

34. 히틀러는 1927년 초에 튀링겐 민족지도자 협회에서 이렇게 말했다. 야콥슨/요흐만, 위의 책, 2쪽, '1927년 초' 항목.

35. 크렙스, 위의 책, 131쪽 이하. 1928년 7월 25일자 딘터에게 보낸 편지는 딘터의 잡지 〈Das Geistchristentum〉, 1년, 9/10호 353쪽 이하에 인쇄되어 있다. '역사적 소수민족'에 대해서는 하이덴, 《Geschichte》, 269쪽, 《Mein Kampf》, 651쪽 이하 참조. 히틀러는 이 글에서 수많은 동반형식들을 이렇게 정의하고 있다. "하나의 운동이 세계를 무너뜨리고 그 자리에 새로운 세계를 건설하려는 의도를 품는다면 운동의 지도자들이 다음의 원칙들에 대해서 완벽하게 명료한 생각을 가져야 한다. 모든 운동은 획득한 인적 자원을 처음에 두 개의 집단으로 나누어야 한다. 지지자 집단과 당원 집단.

선전의 목표는 지지자를 얻는 것이며, 조직의 목표는 당원을 얻는 것이다. 당운동의 지지자는 운동의 목표에 동의한다고 선언하는 사람이고, 당원은 그 목표를 위해서 싸우는 사람이다…….

10명의 지지자는 많아야 한두 명의 당원으로 충당된다.

지지자 집단은 인식에만 뿌리를 두고 있다. 당원 집단은 인식한 것을 스스로 주장하고 퍼뜨릴 용기를 가져야 한다…….

구성원 전체를 향한 선전이 대상폭이 넓을수록, 그리고 실질적으로 투쟁을 해나가는 조직이 배타적이고 엄격하고 확고할수록 한가지 이념의 승리 가능성은 커진다. 그러므로 지지자의 숫자가 너무 많다는 법은 없지만 당원의 숫자는 모자라기보다 넘치기가 더 쉽다. 선전이 민족 전체를 하나의 이념으로 가득 채운다면 조직은 얼마 안되는 사람으로 성과를 이끌어낼 수 있게 된다."

36. 괴벨스, 《Der Angriff. Aufsätze aus der Kampfzeit》, 뮌헨, 1935, 80쪽 이하.

37. 슘페터, 《Aufsätze zur Soziologie》, 튀빙겐, 1953, 225쪽.

38. 《Adolf Hitler in Franken》 81쪽.

39. 퀴늘, 위의 책 344쪽에 인쇄(Dok. Nr. 34).

4부 권력을 향한 투쟁

제1장 큰 정치판에 뛰어들다

1. 브라허(K. D. Bracher), 《Auflösung》, 291쪽.

2. 하이덴, 《Hitler》 1권, 268쪽.

3. 같은 곳, 271쪽. 괴벨스의 다음 언급은 하이버, 《Joseph Goebbels》, 79쪽.

4. 퀴늘, 위의 책, 234쪽에서 인용.

5. 1930년 2월 2일자 편지. VJHfZ 1966/4, 464쪽. 아래 인용된 위협은 《Adolf Hitler in Franken》, 146쪽 참조(1929년 11월 30일자 연설).

6. 언급된 편지에 그렇게 적혀 있다. 위의 책, 461쪽.

7. 브라허, 《Diktatur》, 182쪽과 히틀러, 《Nürnberger Tagebuch》, 〈Illustrierter Beobachter〉, 1929년 8월 10일자에 게재. 당 대회 신청을 위해서는 BAK, NS 26, vorl. 391.

8. 〈Rheinisch-Westfälische Zeitung〉에서. 1929년 6월에 열린 나중의 행사에 대해서는 하이덴, 《Hitler》 1권, 222쪽에서 인용.

9. 에밀 키르도르프(E. Kirdorf)가 히틀러에게 보낸 편지. 하이덴, 《Der Fuehrer》, 271쪽에서 인용. 엘자 브루크만의 언급은 〈Neue Preußische (Kruez-)Zeitung〉 1937년 1월 3일자에 실린 키르도르프의 보고. 도이얼라인, 《Aufstieg》, 285쪽 이하에서 인용. 키르도르프는 물론 당과 다시 결별하였다. 당의 정강은 많은 점에서 그의 마음에 들지 않았다. 그러나 그는 1934년에 재입당했다. 헨리 애슈비 터너(H. A. Turner), 《Faschismus und Antimodernismus》, in:《Faschismus und Kapitalismus in Deutschland》, 60

쪽 이하.

10. 1929년 10월 29일 크로이츠나흐 온천에서 열린 집회에서 당 연설가가 그렇게 말했다. 프란츠 요제프 하이덴(F. J. Heyden), 《Nationalsozialismus im Alltag》, 17쪽. 도이치 민족주의자들은 한결같은 우월감에 잠긴 채 히틀러가 당내 좌파와 겪었던 곤란이라는 측면에서 위원회와의 갈등을 해석하였다. 물론 슈트라서 일파가 이 과정을 자신들의 승리라고 자랑했다는 점도 기록해야 할 것이다. 이것은 아주 틀린 생각은 아니었다. 그레고어 슈트라서는 위원회 활동을 통해서 이러한 동맹의 종말에 적잖이 기여하였기 때문이다. 이 점에 대해서는 퀴늘, 위의 책, 234쪽 이하.

11. 1928년 12월 24일자 중앙당의 선전부 지시. 티렐, 위의 책 255쪽 이하에 인쇄되어 있음. 이런 활동에 대한 보고는 F. J. 하이덴, 위의 책, 33쪽 이하.

12. 《Führer-und Schulungbrief der NSDAP》, 1931년 3월 15일자. 〈Berliner Tageblatt〉 1931년 3월 21일자에서 인용.

13. 이 자료는 빌헬름 트로이에(W. Treue), 《Deutschland in der Weltwirtschaftskrise in Augenzeugenberichten》, 34, 43, 64쪽.

14. 니커보커, 《Deutschland so oder so?》, 15쪽 이하.

15. 쉬러, 위의 책 131쪽에서 인용.

16. 《Adolf Hitler in Franken》, 63쪽. 국가사회주의의 엄격한 계급적 특성은 특히 마르크스주의 역사학에 의해서 주장되었다. 거의 개관할 수 없을 정도로 많은 문헌은 아벤트로트, 위의 책을 참조할 것. 놀테, 《Theorien》도 수많은 참고자료를 제시한다.

17. 립세트(S. M. Lipset)는 어떤 조사에서 국가사회당의 이상적인 투표자를 다음과 같이 정의하였다. "중산층의 자영업 개신교도, 농장이나 작은 마을에서 살고, 전에는 대규모 산업체와 노동조합의 영향에 반대하는 정치적 중간층이나 아니면 지역 정당을 지지했던 사람". 놀테, 《Theorien》, 463쪽.

18. 에른스트가 레벤틀로브에게. 〈Der Nationale Sozialist〉 1930년 5월 17일자, 퀴늘, 위의 책, 60쪽에서 인용. 함부르크 돌격대의 구조에 대한 다음의 사항은, F. L. 카르스텐, 위의 책, 164쪽. 브레슬라우 돌격대에 대해서는 1931년 2월 28일에 슈테네스가 룀에게 보낸 편지. HA 17.

19. 율리우스 칼 폰 엥겔브레히텐(J. K. v. Engelbrechten), 《Eine braune Armee entsteht. Die Geschichte der Berlin-Brandenburger SA》, 뮌헨/베를린, 1937, 85쪽.

20. 하이버, 《Joseph Goebbels》, 90, 72쪽 참조.

21. 1932년 2월 17일자 돌격대 명령, 국가사회당 HA, Fasc. 307.

22. 게르하르트 슈톨텐베르크(G. Stoltenberg), 《Politische Strömungen im schleswig-holsteinischen Landvolk 1918~1933》, 208쪽 이하에서 인용.

23. 지그문트 노이만(S. Neumann), 《Die Parteien der Weimarer Republik》, 74

쪽. 쉬데코프(Schüddekopf), 《Linke Leute von rechts》, 42쪽 이하에서 인용.

24. 크렙스, 위의 책, 42쪽 이하. 이어지는 진술은 야콥센/요흐만, 위의 책, 34쪽. BAK, Sammlung Schumacher 201/I, 202/I, 208/I.

25. 프랑크, 위의 책, 58쪽.

26. 호르켄바흐, 위의 책, 315쪽에서 인용.

27. 《Ursachen und Folgen》 VIII, 330쪽.

28. 《Adolf Hitler in Franken》, 42, 57쪽(1927년 3월 26일자 연설), 102쪽(1928년 12월 8일자 연설).

29. 쿠어트 투홀스키(K. Tuchlosky), 《Gesammelte Werke》 III, 834쪽. 〈Welt-bühne〉 발행인인 칼 폰 오시에츠키(C. v. Ossietzky)는 1930년 9월 선거 직전에 한 기사에서 이렇게 말했다. "국가사회주의 운동은 시끌벅적한 현재일 뿐 미래는 아니다."

30. 하이덴, 《Geschichte》, 259쪽.

31. 주변상황에 대해서 상당히 극적으로 서술한, 상세한 묘사. 오토 슈트라서, 《Mein Kampf》 37쪽 이하. 특히 50쪽 이하는 이 모임에 대한 이전의 서술에 근거한 것. 전체적으로 대화의 진술에 대해서 의심의 여지는 없다. 바로 뒤이어서 확인된 비망록이 작성되었기 때문에, 그리고 수많은 발언에 나타난 히틀러의 주장들은 다른 곳에서도 일치되고 있기 때문이다.

32. 라우슈닝, 《Gespräche》, 45쪽 이하. 히틀러의 사회주의 개념에 대해서는 《Adolf Hitler in Franken》, 144쪽, 167쪽 이하(1929년 11월 30일자 연설).

33. 하이덴, 《Geburt》, 38쪽에서 인용.

34. 하이덴, 《Hitler》 I, 275쪽, 퀴늘, 위의 책, 374쪽에서 인용.

35. 전국 선전부 책임자의 1930년 7월 1일자 회람장. 퀴늘, 위의 책 251쪽 참조. '거의 도착된 개인적인 충성'에 대한 관찰은 페텔(K. O. Paetel)에 의한 것이며 그레고어 슈트라서에 관한 것이었다. 그러나 이것은 물론 슈트라서 개인을 넘어서도 타당한 것이다. 같은 곳, 215쪽.

36. 〈Die Weltbühne〉 1930, 566쪽.

37. 《Tischgespräche》, 419쪽. 여기서는 암시만 되었지만 돌격대 위기의 훨씬 광범위한 배경에 대해서는, 오를로브, 위의 책, 216쪽 이하. 하인츠 회네(H. Höhne), 《Der Orden unter dem Totenkopf》, 64쪽 이하.

38. 《Völkischer Beobachter》, 1931년 4월 4일자('히틀러의 청산'). 133이란 숫자는 4월 9일자 〈Frankfurter Zeitung〉에 의한 것. 1930년 9월 3일자 공표는, Doc. Ctr. 43/I. 그리고 《Dienstvorschrift für die SA der NSDAP (SADV)》, 1932년 10월 1일자, 82쪽.

39. 크렙스, 위의 책, 138쪽 이하 참조.

40. 티렐, 위의 책, 270쪽 참조.

41. 1930년 9월 19일자 OSAF/Stellvertreter-Süd의 건의서. Doc. Ctr. 43/II, Bl. 1

42. 바이간트 폰 밀텐베르크(W. v. Miltenberg), 《Adolf Hitler - Wilhelm III.》, 74, 18쪽. 당 연설가 헤르만 프리드리히(H. Friedrich)는 공산당에서 국가사회당으로 옮겨와서 곧바로 여기 언급된 히틀러와의 대립에 빠져들었다. 프리드리히와의 대립에 대해서는 프리드리히와 노이만, 《Vom Sowjetstern zum Hakenkreuz》, 칼스루에, 1928, 20쪽 이하.

43. 위와 같은 곳.

44. 이미 여러 번이나 언급한 함부르크 우파 클럽에서 행한 연설에서 이렇게 말했다. 위의 책, 97쪽. 1930년 2월 2일자, 이름이 밝혀지지 않은 당원에게 보낸 편지에서. VJHfZ 1966/4, 464쪽. 오토 슈트라서가 전하는, 어쩌면 색채가 더욱 강화된 언급에 대해서는 오토 슈트라서의 《Mein Kampf》, 98, 43쪽.

45. 하이덴, 《Hitler》 I, 272쪽.

제2장 합법과 비합법

1. 헤르만 레멜레(H. Remmele), 〈Die Internationale〉 13, 548쪽에서. 브라허, 《Auflösung》, 365쪽에서 인용.

2. 〈Frankfurter Zeitung〉 1930년 9월 15일자 사설에서. 아베그(W. Abegg), 〈Berliner Tageblatt〉 1930년 11월 9일자에서. 그리고 1931년 2월 14일자 코블렌츠 행정부의 보고에서도 국가사회당의 투표자들은 히틀러의 지지자들이라기보다는 현정권의 반대자들이라는 사실이 지적되고 있다. F. J. 하이덴, 위의 책, 49쪽 이하.

3. 오스발트 슈펭글러, 《Preußentum und Sozialismus》, 뮌헨, 1919, 11쪽.

4. 〈Daily Mail〉 1930년 9월 24일자. 〈Völkischer Beobachter〉 9월 25일자에서 인용. 로더미어(Rothermere) 경의 기사는 당연한 일이지만 독일에 대한 생각을 바꾸어야 한다는 요구로 시작된다. "지금까지 우리는 독일을 기억 속의 전쟁포로로만 여겼다. 다른 민족들처럼 자유롭지가 못한 존재인 것이다. 우리는 독일의 완전한 민족적 자유의 회복을, 그들의 의지에 반하여 우리가 강요한 지불과 조건들에 종속되도록 만들었다……. 지나간 법의 철자를 고집하는 것이 영리한 일일까?" 이 기사는 이렇게 끝나고 있다. "지난 8년 동안 무솔리니가 이탈리아를 새롭게 만들었던 것 같은 건강한 기본원칙들로 무장한 정권이 독일에 들어선다면 서구 문명의 복지를 위해서 가장 좋은 일이 될 것이다."

5. 놀랍게도 의회에 들어가게 된 이런 당혹스런 후보자들 중 한 사람은 어떻게 이자를 없앨 생각인가를 묻는 기업가의 비판적인 질문에 대해서 대답할 바를 몰랐다. 티렐, 위의 책, 302쪽 참조.

6. 브라허, 《Diktatur》, 201쪽.

7. 〈Der Angriff〉, 1931년 11월 2일자. 《Wetterleuchten》, 213쪽 이하에 인쇄.

8. 1930년 9월 19일자 샤인트후버의 건의서. Doc. Ctr. 43/II. 다음 문장에서 언급되

는 그레고어 슈트라서의 편지는, 티렐, 위의 책, 340쪽 참조.

9. 벌록, 위의 책, 159쪽에서 인용. 〈Frankfurter Zeitung〉 1930년 9월 26일자. 《Mein Kampf》, 379쪽도 참조. "운동은…… 반의회주의적이다. 의회기관에 참여하는 경우에도, 우리가 인류의 가장 심각한 부패현상의 하나라고 간주하는 이 기관을 파괴하고 제거하기 위한 활동이라는 의미밖에는 없다."

10. 《Tischgespräche》, 364쪽.

11. 쉬데코프, 《Heer und Republik》, 281쪽 이하.

12. 히틀러의 발언은 완전하지 않게 기록되어 전해진다. 여기서 제시한 인용은 실용적으로 여러 가지 텍스트에서 모은 것들이다. 히틀러가 말한 그대로를 언론보도의 도움으로 재구성하려는 시도는 페터 부허(P. Bucher), 《Der Reichswehrprozeß》, 237쪽 이하.

13. 리하르트 셰링거(R. Scheringer), 《Das große Los》, 236쪽. 《Der Angriff》, 위의 책, 73쪽(1928년 4월 30일). 크렙스, 위의 책, 154쪽은 히틀러가 1932년 봄에 함부르크 당 기관지에 '대중을 혁명적인 행동으로 선동할 것'을 요구하였다고 보고한다.

14. 자우어(W. Sauer), 브라허/자우어/슐츠(Bracher/Sauer/Schulz), 《Die national-sozialistische Machtergreifung》, 851쪽. 친위대의 발전과 역할에 대해서는, 회네, 위의 책, 30쪽 이하. 같은 곳 57쪽 이하. 친위대 대원수:1929년 1월 280명, 1929년 12월 1,000명, 1930년 12월 2,727명.

15. 베네케(H. Bennecke), 《Hitler und die SA》, 253쪽(Dok. 13). 돌격대원은 결혼하지 않은 사람이어야 했다. "가족을 거느린 아버지는 거리싸움에는 적합하지 않다."고 히틀러는 말했다. 한프슈텡글, 위의 책, 97쪽 참조.

16. 자우어, 《Machtergreifung》, 847쪽. 브로차트(Broszat), 《Die Anfänge der Berliner NSDAP》, in:VJHfZ 1960/1, 85쪽 이하. 다음에 일부가 제시된 돌격대 노래는 〈Der Angriff〉, 1928년 6월 25일자에서 인용.

17. 《Tischgespräche》, 364쪽.

18. 빌리 벨러(W. Veller)의 1930년 8월 16일자 편지. 티렐, 위의 책, 297쪽 이하에서 인용.

19. 《Wetterleuchten》, 71쪽 이하 참조(1931년 2월 19일자 기사).

20. 아르투어 로젠베르크, 《Entstehung und Geschichte der Weimarer Republik》, 479쪽.

21. 프랑수아 퐁세, 위의 책, 22쪽 이하.

22. 쿠르티우스(J. Curtius), 《Sechs Jahre Minister der deutschen Republik》, 하이델베르크, 1938, 217쪽.

23. 1931년 7월 16일자 영국 대사의 보고. 벌록, 위의 책, 173쪽에서 인용.

24. 이름이 밝혀지지 않은 방위군 장교가 '국가사회주의와 방위군'에 대해서 쓴 기사. 이것은 히틀러 운동을 앞에 놓고 장교단이 보인 완전한 분열을 표현하고 있다. 야콥센/요

흐만, 위의 책, 1930년 11월 23일자 기록. 슐라이허의 인품과 아이크에 대해서는, 위의 책, II 420쪽 이하, 고트프리트 트레비라누스(G. R. Treviranus), 《Das Ende von Weimar》, 248쪽 이하.

25. 발터 후바치(W. Hubatsch), 《Hindenburg und der Staat》, 306쪽.

26. 오시에츠키, 〈Weltbühne〉, 1931년 2월 3일자.

27. 도로테아 그뢰너 가이어(D. Groener-Geyer), 《General Groener》, 279쪽. '외국에서 활동적인 정보를 얻기 위한 돌격대 사령관 룀의 건의서' 1931년 4월 22일자. 포겔장, 위의 책, 422쪽 이하에서 인용.

28. 호이스, 위의 책, 148쪽 이하.

29. 이 회동은 곧 이어서 베를린에서 계속되었다. 히틀러는 기업가들에게 브뤼닝을 지원하는 일을 중단하라고 요청하였지만, 에른스트 푄스겐(E. Poensgen)에 따르면 아무런 성과도 얻지 못했다고 한다. 푄스겐, 《Erinnerungen》, 4쪽. 디트리히(O. Dietrich), 《Mit Hitler in die Macht》, 45쪽.

30. 그뢰너가 글라이히에게 보낸 편지. 1931년 11월 1일자. 펠프스, in:〈Deutsche Rundschau〉 1950/76, 1,016쪽 이하.

31. 그뢰너가 친구 글라이히에게 보낸 편지, 그뢰너 가이어, 위의 책, 279쪽 이하. 하이덴, 《Hitler》 I, 293쪽도 참조.

32. 에른스트 바이체커(E. v. Weizsäcker), 《Erinnerungen》, 103쪽. 체신부 장관을 언급하면서 일화식으로 덧붙이고 있다. "그럼 그는 나를 우표에 넣을 수 있겠지, 뒤쪽으로 말이야." 힌덴부르크는 히틀러를 '보헤미아 상병'이라고 부르곤 했다. 히틀러의 출신지를 (인 강변의 브라우나우) 보헤미아에 있는 브라우나우로 잘못 짐작하였기 때문이다. 물론 사람들 말처럼 낯설고도 도이치답지 않게 보이는 히틀러의 모습을 보고 보헤미안식의 자유분방함을 지적하고자 했을 가능성도 배제할 수 없다. 오스카의 말에 대해서는 쿤라트 폰 하머슈타인(K. v. Hammerstein), 《Spähtrupp》, 20쪽 참조.

33. 알프레트 후겐베르크, 《Hugenbergs Ringen in deutschen Schicksalsstunden》 I, 요제프 보르히마이어(J. Borchmeyer) 펴냄, 데트몰트, 1951, 18쪽. 히틀러의 말에 대해서는, '철모단'의 단장 테오도어 뒤스터베르크와의 논쟁의 여지가 있는 편지 교환 참조. 뒤스터베르크의 책 《Der Stahlhelm und Hitler》, 24쪽 이하.

34. 에두아르트 칼릭(E. Calic), 《Ohne Maske》, 22쪽 여기저기. '시민적'이라는 단어가 나올 때마다 히틀러가 보인 경멸적인 반응의 수많은 예들이 여기 나온다. 〈Leipziger Neuesten Nachrichten〉의 주필인 리하르트 브라이팅(R. Breiting)과 히틀러의 두 번의 대화록을 제시하고 있는 이 책의 신뢰성에 대해서는 상당한 정도의 의문이 있다. 그러나 히틀러의 반시민적인 언급에는 이런 의문이 해당되지 않는다. 그 점에 대해서는 〈Der Spiegel〉 1972/37, 62쪽 이하. 《Tischgespräche》, 170, 238, 245, 261쪽 이하, 348쪽. 《Mein Kampf》에도 수많은 예들. '시민적'이란 표제어가 붙은 곳들.

35. 《Adolf Hitler in Franken》, 138쪽(1929년 11월 30일자 연설).

36. 칼 부르크하르트(C. J. Bruckhardt), 《Meine Danziger Mission》, 346, 340쪽. 시민성의 양상으로는 자신을 이해할 수 없다는 사실을 히틀러는 한스 요스트(H. Johst)와의 인터뷰에서 밝히고 있다. 〈Frankfurter Volksblatt〉 1934년 1월 26일자. 《Tischgespräche》, 170쪽도 참조.

37. 영 안에 반대하는 위원회에 대해서는 1930년 5월 18일자 〈Jungdeutsche〉. 또 다른 동맹 시도는 실패로 돌아갔지만 1930년 여름에 프로이센 지방의회의 해체를 위한 국민투표의 시도, 혹은 브라운슈바이크에서 국가사회주의자들과 시민적 우파진영 사이의 연합정권 역시 비슷하게 운이 나빴다. 후겐베르크의 다음 언급은 슐트헤스(Schultheß) 1931, 251쪽.

38. 야콥센/요흐만, 위의 책, 표제어 《1927년 초》. 3쪽.

39. 게오르크 할가르텐(G. W. F. Hallgarten), 《Hitler, Reichswehr und Industrie》, 120쪽. 국가사회당의 의무를 상세하게 제시하고 있으며, 산업체가 보내준 후원금의 액수도 나와 있다. 또한 하이덴, 《Hitler》 I, 313쪽. 제한적으로는 헨리 터너(H. Turner), 《Fritz Thyssen und 'I paid Hitler'》, in:〈Faschismus und Kapitailismus in Deutschland〉, 87쪽 이하. 독일 강철 및 철강산업가 협회북서지부의 파업기금에서 10만 제국마르크를 국가사회당으로 빼돌리려는, 티센의 실패한 시도는 모든 신화를 넘어서 현실적인 문제와 난점들을 보여준다. 당시 협회 총무 루트비히 그라우어트(L. Grauert)가 협회 회장인 에른스트 푀인스켄의 승낙 없이 돈을 넘기려고 하다가 푀인스겐의 날카로운 항의를 받았다. 크루프는 그라우어트의 해고를 요구하였으나, 티센이 나서서 돈을 빌리려 했던 것뿐이고 자기 호주머니에서 즉시 갚으려고 했다고 주장해서 겨우 총무 자리에 남을 수 있었다. 터너, 위의 책 101쪽 이하 참조. 프리드리히 플릭(F. Flick)이 법정에서 진술하였고 부분적으로는 입증된 사실에 따르면 국가사회주의자들은 그가 정치적 목적으로 지출한 돈의 겨우 2.8퍼센트만을 받았다. 같은 곳 20쪽 참조. 히틀러에 대한 산업체의 재정 후원의 문제는 완전히 자료가 없는 탓으로 나머지는 이념적으로 채색된 짐작일 뿐이다. 국가사회당의 재무 담당자 프란츠 크사버, 슈바르츠(F. X. Schwarz)는 1945년 봄 본인의 주장에 따르면 진군해오고 있던 미군에 압류될까 봐 두려워서 갈색집에 있는 모든 자료를 다 불태웠다. 나아가서 그때까지 가장 빈번히 인용되던 자료인 프리츠 티센의 《I paid Hitler》는 거의 신빙성이 없다는 사실이 입증되었다. 티센 자신이 이 책의 신빙성을 인정하지 않았다. 티센은 이민을 떠났던 몬테카를로에서 1940년 봄에 이 책의 발행인인 에메리 레베스(E. Reves)와 몇 번의 인터뷰를 하였다. 이 인터뷰가 나중에 회고록을 위한 자료가 될 참이었다. 그러나 독일군이 프랑스로 너무 빨리 쳐들어오는 바람에 인터뷰는 갑자기 중단되었다. 레베스는 자료들을 가지고 영국으로 가서 수많은 부분들을 고쳐서 출간하였다. 레베스 자신이 고친 견해들은 거의 신뢰를 얻지 못했다. 그것은 쾨니히슈타인/타우누스(Königstein/Taunus)의 탈(脫)나치 법정에 의해서도 받아들여지

지 않았다.

이미 언급된 그의 연구에서 터너는 역사가들에 의해 그때까지 특별히 타당성이 있다고 여겨진 부분들이 바로 저자인 프리츠 티센이 한 번도 들어본 적이 없는 부분들에 속한다는 사실을 입증하였다. 그것은 레베스 자신도 인정하였다. 히틀러의 연설이 뒤셀도르프에 참석한 산업가들에게 '깊은 인상'을 남겼다고 티센이 말한 구절은 인터뷰의 속기록에는 나오지 않으며 따라서 나중에 첨가한 부분이라는 사실은 이 책의 자료적인 성격을 약화시키는 것이다. 티센은 전쟁이 끝난 다음에 이런 첨가에 대해서 항의하였다. 그리고 티센이 해마다 국가사회당을 위해서 2백만 마르크씩의 후원금을 냈다는 또 다른 자주 인용되는 구절도 터너가 입증한 바에 따르면 어느 정도 멋대로 조작한 부분이었다. 실제로 냈던 금액의 액수에 대해서는 저자의 위의 책에서 이렇게 서술되고 있다. "모든 것을 종합적으로 고려해본다면 경제계의 재정적인 부담은 대부분 국가사회당의 반대편을 위한 것이었다." (25쪽) 국가사회당이 이용한 재정수단의 대부분은 당원기금에서 나온 것이라고 생각할 수 있다. 그 액수는 경찰보고에 따르면 수많은 사람들이 입당하는 것을 막을 정도였다. 여기 대해서는, F. J. 하이덴, 위의 책, 22, 63쪽.

40. 많은 비슷한 것들 중 하나의 예를 들자면, 치혼, 위의 책. 아이케 헤닝(E. Henning)의 비평, 《Industrie und Faschismus》, in:NPL 1970/4, 432쪽 이하도 수많은 지적과 문서들을 제시하고 있다. 그밖에도 치혼은 일반적인 지적과 출판되지 않은 서류들을 즐겨 사용하였다. 그래서 그의 출처들은 확인이 잘 되지 않는다. 분명히 의도적인 거짓, 부정확성, 잘못된 지적. 에른스트 놀테는 치혼이 염료공업 주식회사가 국가사회당에 지불한 것에 대해서 이 돈이 권력 장악 이전에 지출된 것처럼 보고하고 있지만 자료를 조사해보면 1944년에 낸 것임이 밝혀진다는 사실을 입증하였다. 또한 치혼은 브라허, 《Auflösung》, 695쪽을 제시하면서 히틀러는 1933년 1월 4일 퀼른에서 파펜과 이야기한 다음 키르도르프와 티센을 만났다고 주장하였다. 그러나 브라허에는 이런 구절이 없다. 또한 한스 오토 마이스너/해리 와일드(H. O. Meißner/H. Wilde), 《Die Machtergreifung》에 대한 치혼의 자료진술도 신빙성이 없다. 다른 예들은 헤닝, 위의 책, 439쪽.

41. 이 연설은 대부분 주장하는 것처럼 1월 27일이 아니라 26일에 이루어졌다. 그밖에도 디트리히, 《Mit Hitler in die Macht》, 44, 46쪽. 할가르텐, 《HItler, Reichswehr und Industrie》에서 개별적인 산업분야 및 산업체들의 다양한 입장을 다루고 있다. 할가르텐, 《Dämonen oder Retter》, 215쪽 이하. 이링 페처(I. Fetcher), 《Faschismus und Nationalsozialismus. Zur Kritik des sowjet-marxistischen Faschismusbegriffs》, in:〈Politische Vierteljahreszeitschrift〉 1962/1, 55쪽.

42. 샤흐트가 1931년 11월 12일에 히틀러에게 보낸 편지 IMT 773-PS. 구스타프 크루프는 이렇게 답변하였다. "소동에 서명해주는 것은 여러 가지 이유에서 실질적으로 불가능하였다." 할가르텐, 《Hitler, Reichswehr und Industrie》, 125쪽 참조. 그밖에 터너, 위의 책, 26쪽.

43. 하이덴, 《Geburt》, 22쪽.

44. 랄프 다렌도르프(R. Dahrendorf), 《Gesellschaft und Demokratie in Deutschland》, 424쪽. 다렌도르프는 후원의 동기들에 관해서, 기업가들이 지배의 전망을 가진 모든 정당에 재정적 도움을 주고 음모가 아니라 훨씬 더 방어적인, 배후의 안전만을 생각하였다는 합당한 견해를 표현하고 있다. 그들은 1919년에 나온 후고 슈틴네스(H. Stinnes)의 유명한 말에 따르면 '소요에 대항하는 사회적 안전의 보조금'을 냈다. 할가르텐도 히틀러가 산업기금에서 강력한 지원을 받았지만 그것으로 '만들어진' 것은 아니라고 요약하였다. 위의 책 113쪽. 산업계가 히틀러를 권좌로 이끌어가지는 않았지만 그들의 명백한 의지에 반대하여 권좌에 도달하기는 어려웠을 것이라고 말할 수 있을 것이다.

45. 히얄마르 샤흐트는 하르츠부르크 연설에서 이렇게 말했다. 《76 Jahre meines Lebens》, 367쪽 이하. 1929년 12월에 마지막 의회정부가 붕괴되기 전에 어떤 연설가는 도이치 산업연합의 회원모임에서 청중의 박수를 받으며 독일에는 "10만 정당간부들이 나라 밖으로 추방되기까지는 경제계의 평화가 없을 것"이라고 말했으며, 기록은 이어서 터져나온 "브라보!" 하는 외침에 "무솔리니!" 하는 소리도 끼여들었다고 되어 있다. 2년 뒤에 독일 경제연합은 브뤼닝 정부의 '공동체 선언'에서 최종적으로 경제 · 정치적인 요구들을 하였다. 그것은 참된 국민적 독재를 위한 격려를 담은 것이었다. 1931년 10월 6일자 사설에서 기업가들에 가까운 〈DAZ〉는 '독일 정치와 경제의 표준적인 힘들'이 브뤼닝에게 등을 돌리려 한다고 위협하였다. 그밖에 터너, 위의 책, 12쪽 이하는 대기업주들이 이렇다 할 만큼 히틀러를 지원했는가 하는 질문을 확고하게 부인하고 있다.

46. 이 연설은 도마루스, 위의 책, 68쪽 이하에 완전하게 인용되어 있다.

47. 히틀러는 1926년 2월 28일에 아틀란틱 호텔의 연회장에서 함부르크 우익 클럽을 앞에 놓고 행한 연설에서 이렇게 말했다. 기록은 '열화와 같은 박수갈채'라고 적고 있다. 요흐만, 《Im Kampf》, 103, 114쪽.

48. 배석판사인 베르너 베스트(W. Best) 박사는 헤센의 주헌법재판소의 관구 사법부 대표로 선출되었고 뒤에 제3제국 시절 덴마크 점령지구의 총독으로 승진하였다. 기록문서는 슐트헤스(Schultheß) 1932, 263쪽.

49. 하이덴, 《Hitler》 I, 292쪽 참조. 또한 세베링(C. Severing), 《Mein Lebensweg》 II, 316쪽 이하 참조. 다음에 나오는 영국 무관의 보고서 인용은, 《Documents on British Foreign Policy 1919~1939》, 2nd series, vol. I, 512쪽 주 2.

50. 괴벨스, 《Vom Kaiserhof zur Reichskanzlei》, 102쪽(1932년 5월 28일).

제3장 권력의 문 앞에서

1. 에리히 코흐 베저(E. Koch-Weser)가 오토 게슬러(O. Geßler)에게 1932년 3월 26일자 편지에서. 오토 게슬러, 《Reichswehrpolitik》, 505쪽.

2. 힌덴부르크는 1918년 11월에 곤경에 처한 황제를 내버려두었다는 생각에 점점 더

고통을 받았다. 대통령은, 권위적인 개혁을 통해서 영국식 모범에 따른 입헌체제로 전환함으로써 국가사회주의 독재위협을 방어하려는 브뤼닝의 생각을 거부하고 옛날식 군주제의 직접적인 부활을 고집하였다. 힌덴부르크가 마침내 대통령에 입후보하기로 결정했을 때도 "투표는 절대적으로 확실한 것이어야 하고, 하르츠부르크 전선을 폐쇄하지 않는다."는 조건 아래서 이루어진 일이었다. 대통령 비서관 마이스너와 베스타르프(Westarp)의 대화 참조. 브라허, 《Auflösung》, 458쪽에서 인용.

3. 괴벨스, 《Kaiserhof》, 19쪽 이하.

4. 아르놀트 브레히트(A. Brecht), 《Vorspiel zum Schweigen》, 180쪽은, 헌법 제정자들이 의도적으로, 나라 안에서 태어난 시민만이 국가의 최고위직에 지원할 자격이 있다는 미국 헌법규정을 받아들이는 것을 포기하였던 비희극적 상황을 지적하고 있다. 이것은 물론 오스트리아 출신 동포들을 제외하지 않기 위한 배려였다. 히틀러의 시민권 취득을 위한 노력은 1929년 가을에 이미 시작되었다. 당시 프릭은 히틀러를 뮌헨에 받아들이려고 하였지만 물거품이 되고 말았다. 반 년 뒤, 그 사이 튀링겐의 장관으로 올라선 프릭은 히틀러를 주공무원으로 임명함으로써 도이치 국적을 취득하도록 만들려고 노력하였다. 그는 히틀러에게 비어 있던 힐트부르크하우젠의 경찰대장직을 주려고 하였으나 히틀러는 이 우스꽝스러운 상황을 거절하였다. 그런 다음에는 히틀러에게 브라운슈바이크 공과대학교의 교수직을 주려는 클라게스의 노력이 실패하였다. 그 다음 베를린에서 브라운슈바이크를 대표하는 참사관으로 임명한다는 대안이 마침내 성공을 거두었다.

5. 괴벨스, 《Kaiserhof》, 22쪽 이하.

6. 도마루스, 위의 책, 94쪽 이하에서 인용. 괴벨스, 《Kaiserhof》, 54쪽.

7. 《Mein Kampf》, 532쪽. 그리고 괴벨스, 《Kaiserhof》, 31쪽.

8. 1932년 3월 3일자 《SS-Befehl - C - Nr. 3》, HA roll 89, folder 1849.

9. 한프슈텡글, 위의 책, 271쪽. 〈Völkischer Beobachter〉, 1932년 3월 15일자, 괴벨스, 《Kaiserhof》, 64쪽.

10. 괴를리츠/크빈트, 위의 책, 338쪽.

11. 괴벨스, 《Kaiserhof》, 78, 76쪽. 히틀러의 '세계기록'에 대한 다음의 언급에 대해서는, 디트리히, 《Mit Hitler in die Macht》, 65쪽 참조.

12. 괴벨스, 《Kaiserhof》, 120쪽 이하.

13. 전체적인 맥락에 대해서는, 프랑크 위의 책, 90쪽 이하, 한프슈텡글, 위의 책 231쪽 이하 참조. 조카의 이름을 언급해서는 안 된다는 불문율에 대한 지적은 슈페어가 전해준 것이다.

14. 멘트, 위의 책, 113쪽 이하. 여자들 사이에서 전혀 인기가 없지도 않았던 멘트도 자주 히틀러의 비난을 샀다고 보고하고 있다.

15. 여러 가지 관점들에 대해서는, 한프슈텡글, 위의 책, 231쪽 이하, 하이덴, 《Hitler》 I, 371쪽, 괴를리츠/크빈트, 위의 책, 322쪽 이하, 프랑크, 위의 책, 90쪽 참조. 히틀러가

조카와 함께 있으면서 정치적인 의무를 멀리한다는 뷔르템베르크 관구 지도자 문더의 불평이 그의 해임을 초래하지는 않았다.

16. 이것과 다음의 발언에 대해서, 프랑크, 위의 책, 90쪽. 한프슈텡글은 자기 책에서 (242쪽) 히틀러 가족 사이에 이야기가 되었던 일로, 겔리가 어떤 린츠 출신 유대인 미술 선생의 아이를 임신했던 사건을 보고하고 있다. 한프슈텡글은 겔리의 시체가 코뼈가 부서진 모습으로 발견되었다고도 말하고 있으나 그에 대한 증거자료는 거론하지 않았다. 이 질문에 대해서 한프슈텡글은 필자에게, 이 사건은 당시 널리 알려져 있었다고 설명했다. 그러나 내가 아는 한 중요한 문헌에서는 다루어진 적이 없다.

17. 한프슈텡글, 위의 책, 61쪽.

18. 에른스트 프렝켈(E. Fraenkel)의 같은 이름의 유명한 연구서에 그렇게 적혀 있다.

19. 1920년 8월 13일자 히틀러의 연설. VJHfZ 1968/4, 417쪽에서 인용. 브라이팅에게 히틀러는 1931년 초에 이렇게 말했다. "정신적인 싸움은 신념으로만이 아니라 이성으로도 이루어지는 법이다. 대중에게 우리는 신념의 감정을 향해 호소해야 하지만 우리 지도부에서는 신념을 논할 자리가 없다. 모든 것은 냉정하게 고려되어야 한다." 칼릭, 위의 책, 58쪽.

20. 《Mein Kampf》, 530쪽 이하.

21. 같은 곳, 535쪽 이하.

22. 디트리히, 《Mit Hitler in die Macht》, 86쪽 이하. 《Mein Kampf》, 45쪽 이하.

23. 크렙스, 위의 책, 154쪽. 《Adolf Hitler in Franken》, 73쪽.

24. 《Mein Kampf》, 529쪽. 이 발언은 물론 히틀러의 수많은 전략적 인식들이 그렇듯이 마르크스주의 적을 향한 것이었다. 그러나 이것은 말솜씨였을 뿐이다.

25. 괴벨스, 《Kaiserhof》, 307쪽.

26. 바이간트 폰 밀텐베르크(즉 오토 슈트라서의 주변인물이었던 헤르베르트 블랑크), 위의 책, 69쪽.

27. 브로차트, 《Soziale Motivation und Führerbindung des Nationalsozialismus》, in:VJHfZ 1970/4, 402쪽. 니커보커의 다음 인용은 그의 책, 《Deutschland so oder so?》, 206쪽.

28. 하인리히 브뤼닝, 《Memoiren 1918~1934》, 195쪽. 위에 나온 발언은 디트리히, 《Zwölf Jahre》, 160쪽 참조.

29. 그라프 케슬러, 위의 책, 681쪽. 요흐만, 《Nationalsozialismus und Revolution》, 405쪽, 하이버, 《Joseph Goebbels》, 65쪽.

30. 1938년 10월 10일자 국내언론계의 주간들에게 행한 히틀러의 연설. VJHfZ 1958/2, 182쪽 이하에 인쇄되어 있다. 골로 만(G. Mann)은 때때로, 1930년 선거들을 위한 히틀러의 선언은 빽빽하게 인쇄된 13쪽에 국가사회주의 관점에서 본 온갖 적들과 배신자들을 차례로 나열하고 있지만 단 한마디도 반유대주의적인 발언이 들어 있지 않다

는 사실을 지적하곤 하였다. 《Deutsche und Juden》, 프랑크푸르트/마인, 1967, 61쪽.

31. 《Adolf Hitler in Franken》, 186쪽(1932년 7월 30일자 연설).

32. 같은 곳, 179쪽(1932년 3월 7일자 연설).

33. 해럴드 니콜슨(H. Nicolson), 《Tagebücher und Briefe》, 105쪽.

34. 1937년 2월 24일에 히틀러는 권력인수를 앞둔 시절을 회고하면서 이렇게 말했다. 코체/카우스니크, 위의 책, 85쪽. 농장주들의 모임에서 한 발언에 대해서는 그멜린(Gmelin) 박사가 1931년 2월 4일자 편지에서 보고하고 있다. BAK NS 26/513 참조. 요흐만, 《Nationalsozialismus und Revolution》, 369쪽, 괴벨스, 《Kaiserhof》, 75쪽.

35. 1942년에 출간된, 히틀러 자신이 권고했다고 주장하는 필립 불러(Ph. Bouhler)의, 암시가 풍부한 나폴레옹 전기에서. 야콥센/요흐만, 위의 책, 48쪽에서 인용.

36. 디트리히, 《Zwölf Jahre》, 21, 29쪽 이하. 국가사회주의의 종합적 자기 서술. 히틀러가 전쟁중에도, 특히 두 번째 국면에서 후퇴를 앞에 놓고 이 투쟁시절에서 어느 정도의 정보와 자신감을 얻었던가 하는 것은 《Tischgespräche》가 뚜렷하게 보여주고 있다.

37. 크렙스, 위의 책, 136쪽. 뤼데케, 위의 책, 479쪽. 헨리에테 폰 쉬라흐(H. v. Schirach), 《Der Preis der Herrlichkeit》, 비스바덴, 1956, 226쪽. "한 번은 연설이 끝난 다음 그의 모습을 보았다. 무너지고 창백하고 지치고 완전히 조용한 모습으로 제복 외투를 걸친 채 새 양복과 속옷을 기다리고 있었다."

38. 괴벨스, 《Kaiserhof》, 87쪽. 그밖에 7월 선거가 끝난 다음 의회내 국가사회당 소속 의원들의 구성도 흥미롭다. 230명의 의원들 중에는 노동자와 봉급생활자들이 55명, 농부 50명, 상업, 기술, 산업계 대표가 43명, 당직자 29명, 공무원 20명, 교사 12명, 전직 장교 9명 등이었다. 《Reichstags-Handbuch》 제6기, 베를린, 1932, 270쪽.

39. 같은 곳, 60쪽. 하이덴, 《Geburt》, 56쪽은 뤼덴도르프의 발언을 보고하고 있다.

40. 하이덴, 같은 곳, 57쪽.

41. 《Ursachen und Folgen》 VIII, 459쪽. 힌덴부르크의 망설임에 대해서는, 브뤼닝, 위의 책, 542쪽 이하 참조. '잘못된' 사람들에 의한 재선거 다음에 이제는 이들의 '잘못된' 정책까지도 책임져야만 한다는 걱정이 대통령을 적잖이 그렇게 유도하였다.

42. 괴벨스, 《Kaiserhof》, 84쪽.

43. 에셴부르크(Th. Eschenburg)는 '제국 지도부의 기능'은 이 시점까지는 브뤼닝, 그뢰너, 슐라이허, 힌덴부르크 사이의 인간적인 이해에 상당히 기초하고 있었음을 지적하였다. "이 네 사람 사이에는 힌덴부르크와 그뢰너가 홀아비였고, 브뤼닝과 슐라이허가 미혼이었을 때 대단히 밀접한 관계가 가능하였다. 독신상태가 상호의존의 정도를 강화시켰다." 그뢰너가 재혼하면서 이 관계가 깨졌다. "그뢰너와 슐라이허는 이제 서로 만나는 일이 드물어졌고, 생각을 교환하는 정도와 따라서 신뢰관계가 차츰 멀어졌다." 마찬가지로 힌덴부르크에 대해서도 눈에 띄게 멀어졌다. 너무 일찍 태어난 아기로 인해서 그뢰너에 대한 온갖 비난은 새로운 힘을 얻었다. 힌덴부르크와 그의 친구들에게 있어서 공화국과

민주주의는 도덕적인 규범도 포함해서 몰락의 징조였다. 이토록 부도덕한 시대정신에 그 뢰너까지 굴복한 셈이었다. 1931년 7월에 슐라이허도 결혼했다. 그것도 자기 때문에 이혼하게 된 장군의 부인과 결혼하였다. 이것도 힌덴부르크의 엄격한 도덕심을 손상시켰다. 에셴부르크, 《Die Rolle der Persönlichkeit in der Krise der Weimarer Republik》, in:VJHfZ 1961/1, 13쪽 이하.

44. 브라허, 《Auflösung》, 522쪽 이하. 콘체(W. Conze), 《Zum Sturz Brüning》, in: VJHfZ 1953/3, 261쪽 이하. 브뤼닝, 위의 책, 597쪽 이하와 273쪽. 군축협상에서 좋은 방향으로 변화한다는 정보의 의미는 역사적으로 논란의 여지가 있다. 일부는 브뤼닝이 그 것을 지나치게 평가했다는 사실을 암시한다. 노이데크 영지에서 받은 압력의 성격에 대해 서는 에셴부르크, 위의 책, 25쪽.

45. 프랑수아 퐁세, 위의 책, 49쪽. 그라프 케슬러, 위의 책, 671쪽.

46. 브라허, 《Auflösung》, 532쪽 이하.

47. 괴벨스, 《Kaiserhof》, 111, 107쪽 이하.

48. 프리드리히 슈탐퍼(F. Stampfer), 《Die vierzehn Jahre》, 628쪽.

49. 괴벨스, 《Kaiserhof》, 104쪽. 이른바 알토나의 피의 일요일에 대해서는 세베링, 위 의 책, 2권 345쪽 이하.

돌격대 금지 해제 이후 피의 몇 주간 동안 사망자와 부상자의 숫자는 자료마다 다르 다. 빌헬름 회그너, 《Die verratene Republik》, 312쪽 이하. 슈탐퍼, 위의 책, 629쪽. 벌록, 위의 책, 210쪽. 벌록은 체진스키의 서술을 인용하고 있다. 오늘날에 이르기까지 희생자 수에 대한 믿을 만한 자료는 없다. 폴츠(H. Volz)가 나중에 펴낸 《Ehrenliste der Ermordeten der Bewegung》은 국가사회주의자들 쪽의 희생자 수를 다음과 같이 제시하고 있다: 사망자 기준으로 1929년 11명, 1930년 17명, 1931년 43명, 1932년 87 명.

50. 하이덴, 《Geburt》, 71쪽. 7월 20일 아침에 이루어진 설득에 대해서는 공식기록을 볼 것.《Ursachen und Folgen》 VIII, 572쪽 이하에 인쇄되어 있다. 하이덴은 그밖에도 1932년 7월 20일에 사회민주당의 경찰사회주의가 끝났다고 올바르게 지적하였다. "쓸데 없이 이용되던 아무런 의미도 없는 힘을 얻기 위한 싸움에서 이 정부는 여러 해 동안이나 경찰의 칼날을 갈고 호통을 쳤다. 그러다가 마침내 그것을 사용해야 할 순간이 되자 이 아름다운 것을 감히 쓰지도 못했다."

51. 중앙당 의원 야콥 딜(J. Diel), 《Das Ermächtigungsgesetz》, in:〈Die Freiheit〉 1, 5권(1946년 10월호), 28쪽. 세베링에게 한 그와 비슷한 요구에 대해서 프로이센의 재 무장관 클레퍼(Klepper)가 보고하고 있다. 그라프 케슬러, 위의 책, 690쪽 이하.

52. 파펜도 7월 20일의 행동을 이런 관점에서 보았다. 아무런 요구도 받지 않았는데 그 는 브뤼닝에게, 자신은 히틀러를 권좌에 오르게 할 계획이 없고 다만 그를 속이려 할 뿐 이라고 알려주었다. 브뤼닝, 619쪽.

53. 이 대담의 진행에 대한 견해들은 서로 적잖이 다르다. 힌덴부르크가 안 좋은 분위기에서 히틀러를 세워둔 채로 맞아들여서 짧은 대화를 했고 이 과정에서 히틀러의 과격주의가 드러나자 히틀러가 권력을 생각할 경우 자기가 쏘아버리겠다는 위협을 해서 도로 쫓아버렸다는 견해가 널리 퍼져 있다. 그러나 파펜이 자신의 회고록 224쪽에서 밝힌 의견은 다르다. 그는 이 만남의 정확한 상황을 강조하면서 이별의 순간에만 "얼음장 같았다."고 말하고 있다. 한편 마이스너는 같은 날짜 비망록에서, 힌덴부르크가 돌격대가 방종한 행동을 할 경우에는 날카로운 조치를 취하겠다고 위협하기는 했지만 그런 다음에는 친절하게 담화를 끝냈다고 한다. "우리 두 사람은 오래된 전우(!)이고, 앞으로도 그럴 것이오. 나중에도 우리의 길이 서로 만날 수 있을 테니 말이지요. 그렇다면 당신에게 전우로서 손을 내밀겠소." 후바취, 위의 책, 339쪽(Dok. 88). 그라프 케슬러, 위의 책, 692쪽에 있는 일화도 참조.

54. 《Adolf Hitler in Franken》, 194쪽.

55. 라우슈닝, 《Gespräche》, 18쪽 이하. 괴벨스의 일기장에는 8월 25일자로 라우슈닝에게 한 히틀러의 질문을 설명해주는 기록을 하고 있다. "지도자가 구류상태라는 소문이 돌고 있다. 하지만 그건 어린애 장난이다.", 위의 책, 149쪽.

56. 〈Völkischer Beobachter〉 1932년 8월 21/22일자. 앞에서 말한 힌덴부르크의 노력에 대한 히틀러의 조롱 섞인 지적은 1932년 9월 4일자 연설에서 나온 것이다. 그것은 다음과 같은 맥락이다. "오늘 나를 대통령 각하와 대립시킨다면 나는 웃을 것입니다. 그 싸움을 나는 대통령 각하보다 훨씬 오랫동안 견딜 수 있거든요.", 《Adolf Hitler in Franken》, 189쪽에서 인용.

제4장 드디어 수상관저로

1. 괴벨스, 《Der Führer als Staatsmann》, in:《Adolf Hitler. Bilder aus dem Leben des Führers》(Cigaretten-Bilderdienst), 52쪽.

2. 괴벨스, 《Kaiserhof》, 162쪽 이하, 165, 180쪽 이하.

3. 뤼데케, 위의 책, 451쪽 이하.

4. 괴벨스, 《Kaiserhof》, 176, 181쪽. 같은 곳 167쪽도 참조.

5. 야콥센/요호만, 위의 책, 1932년 10월 27일자 참조. 시민정당들이 이 도전을 받아들였다는 것은, 이미 말한 선전 지시에서 분노의 어조로 인용된, 도이치 민족진영의 선전책자의 예들이 보여주고 있다. 이 선전책자에서 국가사회당은 마르크스주의의 찌꺼기로 묘사되어 있거나 아니면 괴벨스는 '남자 로자 룩셈부르크'라는 욕을 얻고 있다.

6. 이 구절의 전체 맥락은 다음과 같다. "국가사회주의 운동의 상승은 노동과 자연스러운 생활의 재건의 권리를 거부하는 국가에 대한 국민의 저항인 것이다. 오늘날 경제체제의 분배기구는 자연의 풍부한 생산물을 제대로 나누어줄 줄 모른다. 이 체제는 잘못된 것이고 국민을 위해 변화되어야 한다…… 이러한 발전에서 본질적인 것은 우리 민족을 일관

하는 거대한 반자본주의적인 동경이다. 이러한 동경은 오늘날 의식·무의식적으로 우리 민족의 95퍼센트를 사로잡았다. 이 반자본주의적인 동경은…… 우리가 거대한 변화 앞에 서 있음을 증명하는 것이다. 자유주의의 극복과 경제에서 새로운 생각을 일깨우고 국가에 대한 새로운 태도를 일깨워야 할 시간이다." 347쪽 이하. 국가사회당 내부에서 슈트라서의 정치적 영향력이 근본적으로 오늘날에 이르기까지 과대평가되어 온 것은 상당 부분 이러한 표현이 만들어낸 작용이다.

7. 괴벨스, 《Kaiserhof》, 195, 191쪽.

8. 브라허, 《Auflösung》, 645쪽 이하에서 통계자료가 제시된다. 무엇보다도 사회적인 상황을 지향하는 자료는 베네케(H. Bennecke), 《Wirtschaftliche Depression》, 158쪽 이하. 이 자료는 실업과 국가사회당 선택 사이에는 어떤 직접적인 관계도 없으며 고작해야 간접적인 관계만 있을 뿐이라는 주목할 만한 사실을 보여주고 있다. 히틀러 당에 대한 지지는 농업지역에서 훨씬 강했다. 농업지역은 이 위기의 결과를 루르 지역이나 베를린처럼 그토록 심각하게 겪지 않았다. 베를린 지역에서 국가사회당 지지율은 25퍼센트에도 미치지 못해서 슐레스비히 홀스타인보다 절반 정도에 불과하였다.

9. 존 휠러 베네트(J. Wheeler-Bennett), 《Die Nemesis der Macht》, 277쪽. 헌법개정의 계획 내용에 대해서는 브라허, 《Auflösung》, 537쪽 이하, 658쪽 이하.

10. 호르켄바흐, 《Das deutsche Reich von 1918 bis heute》, 342쪽.

11. 푀르취의 보고에 따른 것. 브라허, 《Auflösung》, 661쪽.

12. 베른하르트 슈베어트페거(B. Schwertfeger), 《Rätsel um Deutschland》, 173쪽. 괴벨스가 '걸작'이라고 불렀던, 다음에 언급되는 히틀러의 글은 히틀러의 전략, 엉터리 요설, 심리학 등에 대한 실질적인 증거가 되는 것인데, 이것은, 도마루스, 위의 책, 154쪽 이하에 인쇄되어 있다. 브뤼닝, 위의 책 634쪽에 따르면 그것은 샤흐트가 황제궁 호텔에서 작성한 것이라고 한다.

13. 프란츠 폰 파펜(F. v. Papen), 《Der Wahrheit eine Gasse》, 250쪽. 249쪽에도 당시 오트 중령이 발표한 전쟁극 연구의 세부가 다루어지고 있다.

14. 브라허, 《Auflösung》, 676쪽.

15. 괴를리츠/크빈트, 위의 책, 352쪽.

16. 괴벨스, 《Kaiserhof》, 217쪽 이하. 위에 말한 하이덴의 보고에 대해서는, 《Geburt》, 99쪽 참조.

17. 하이덴, 1932년 12월 10일자 〈Vossischen Zeitung〉.

18. 오토 슈트라서, 《Mein Kampf》, 80쪽은 63명의 국가사회당 의원들을 추종세력으로 꼽고 있다. 뤼데케, 위의 책, 450쪽에서 그레고어 슈트라서는 1백 명의 추종세력을 말한다. 히틀러 자신과 특히 괴벨스는 국가사회당의 언론기구를 장악하고 있었기 때문에 슈트라서 일파의 활동을 전혀 언론에 발표하지 않았다. 과격노선의 대표자로서 괴벨스는 언제나 전부냐, 무(無)냐 노선을 지지하였다.

19. 오토 슈트라서, 《Mein Kampf》, 78쪽. 슐라이허의 최초의 경제정치적인 조치들은 파펜의 반동적인 조치들을 부분적으로 시정하려고 노력하였다. 그 조치들은 이러한 특성화를 부적합한 것으로 보이게 만들고 있다.

20. 이런 배경에 대한 지식은 디트리히의 짤막한 언급에 근거하고 있다. 그리고 강렬하게 양식화된 것이긴 하지만 괴벨스의 기록과, 오이겐 오트(E. Ott)의 1949년 1월 12일자 선서에 근거하고 있다. 그리고 이 경우 '분위기는' 적절하지만 세부적으로는 적합하지 않은 하이덴의 묘사에도 근거한다. 또한 괴링의 뉘른베르크 발언: IMT IX, 279쪽도 살펴볼 것.

21. 하이덴, 《Geburt》, 101쪽.

22. 괴벨스, 《Kaiserhof》, 219쪽 이하.

23. 라우슈닝, 《Gespräche》, 254쪽. 다음에 나오는 히틀러의 발언은 《Tischgesprächen》, 364쪽에 나온다. 상대방의 자포자기한 태도에 대해서는 에센부르크, 《Die Rolle der Persönlichkeit in der Krise der Weimarer Republik》, in:VJHfZ 1961/1, 28쪽 이하.

24. 아이크, 위의 책, 2권 541쪽에서 인용.

25. 벌록, 위의 책, 241쪽.

26. 슈뢰더의 1945년 11월 3일자 발언. in:《Nazi Conspiracy and Aggression》 II, 922쪽 이하(다시 번역됨).

27. 브라허, 《Auflösung》, 691쪽. 히틀러 자신도 쾰른 회동을 전환점으로 인식하였다. 그는 당시에 "자신의 일이 아주 잘 되고 있다는 인상을 받았다."고 표현하였다. 《Tischgespräche》, 365쪽.
　　여기 제시된 회동의 표현은 논쟁의 여지가 없는 것은 아니다. 특히 파펜 자신은 여기 대해서 정열적으로 반대입장이었다(1953년 4월 8일자 〈Das Parlament〉 3, 14호에 낸 그의 글 참조). 그의 변명서인 회고록에 들어 있는 묘사들도 물론 상당 부분 독자의 신뢰를 요구한다. 무엇보다도 그는 이 회동에 우연적이고 부수적인 의미만을 부여하려고 노력하였다. 거듭 그는 순수하게 정보의 목적을 가진 것이었음을 강조하고 있다. 그러나 슈뢰더의 확언만 여기에 반대하고 있는 것이 아니다. 히틀러는 그보다 몇 주 전에 파펜과 협상하기를 거절했다. 파펜이 나중에 장담한 말, 곧 어떤 제안도 하지 않았다는 말이 사실이라고 해도, 히틀러가 파펜의 말을 사실은 힌덴부르크의 말로 들었다고 생각할 수도 있다는 것은 여전히 결정적인 것이다. 파펜은 자신이 슐라이허의 이해와 지원을 얻기 위해서 이 회동을 가졌다고 믿게 만들려고 한다. 그리고 양두체제의 계획도 히틀러와 자신이 아닌, 히틀러와 슐라이허와 관계된 것이었다고 한다. 이 회동을 둘러쌌던 두려운 비밀주의는 이 만남의 부조리한 성격을 보여주는 것이다.

28. 괴벨스, 《Kaiserhof》, 235쪽 이하. 이 일기는, 쉬러, 위의 책, 175쪽에서 오도하는 방향으로 해석되고 있다. 이 점에 대해서는, 터너, 위의 책, 25쪽 이하 참조.

29. 이 사건의 맥락에 대해서는, 마이스너, 《Staatssekretär》, 254쪽 이하 참조. 파펜, 위의 책, 261쪽. 이른바 빌헬름 거리 재판에서 마이스너의 발언은, 1948년 5월 4일자 기록, 4,607쪽 참조.

30. 하인리히 폰 지벨(H. v. Sybel)의 1951년 2월 2일자 편지. 브라허, 《Auflösung》, 697쪽에서 인용. 동방원조에 대한 검토 문제를 위한 자료는 트로이에, 위의 책, 390쪽 이하.

31. 브라허, 위의 책, 700쪽에서 그에 대한 지적이 되어 있다. 율리우스 레버(J. Leber)가 1933년 6월에 조사서에 적은, 자기 정당의 실패에 대한 고백에는 특히 이런 구절이 나온다. "이 몇 달 동안 당 소속의원의 대표가 내세웠던 유일한 정치적 업적은, 정부가 새로 들어설 때마다 즉각적인 불신임안을 제출한 것뿐이었다." 당은 '태풍의 울부짖음'을 듣지 못했다는 것이다. 《Ursachen und Folgen》 VIII, 769쪽 이하.

32. 브라허, 《Auflösung》, 701쪽. 디트리히, 《Mit Hitler in die Macht》, 174쪽, 괴벨스, 《Kaiserhof》, 237쪽 이하.

33. 특별히 산업체의 돈으로 획득한 영지는 상속세를 피하기 위해서 형식상 힌덴부르크가 아니라 그의 아들에게 선물되었다. 1932년 7월 20일 사태로 인해 힌덴부르크는 상당히 걱정하였다. 브뤼닝은 이렇게 쓰고 있다. "슐라이허가 수상직에서 물러나기 4일 전 저녁에 병원에 있는 나를 방문한 에르빈 플랑크(E. Planck)는 힌덴부르크가 고발당할까 두려워하기 때문에 정부가 직면하게 된 곤란점들을 설명하였다. 그리고 이것이야말로 히틀러를 수상으로 임명하는 데 그가 동의한 까닭이라고 확인해주었다." 브뤼닝, 《Ein Brief》, in:〈Deutsche Rundschau〉 1947, 15쪽. 케슬러에게 브뤼닝은 1935년 여름에 보충 설명하기를, 오스카 폰 힌덴부르크는 "온갖 시커먼 뒷돈거래에 '연루' 되었으며, 그로 인해서 '들통날까' 지속적으로 두려워하는 상황에 빠지고 말았다." 위의 책, 739쪽.

34. 빌헬름 거리 재판에서 마이스너의 진술 참조. 괴벨스, 《Kaiserhof》, 247쪽 이하를 보아도, 이번 기회에 히틀러 내각에 대한 양측의 합의를 보려고 했음이 드러나 있다.

35. 마이스너, 위의 책, 263쪽 이하.

36. 도이스터베르크, 위의 책, 38쪽 이하.

37. "정확하게 말하자면 1933년 1월 26일 오전 11시 30분 한 명의 증인 앞에서"라고 하머슈타인은 덧붙이고 있다. 하머슈타인, 《Spähtrupp》, 40쪽. 여기 언급된 증인은 부셰 이펜부르크(Bussche-Ippenburg) 중장으로 그는 이날 오전에 대통령에게 방위군의 인사기록을 제출했다.

38. 부셰의 증언에 따르면 슐라이허는 이런 힌덴부르크의 약속을 재차 확인하였다. "1932년에도 그리고 자리에서 물러난 다음에도 그는 '내 임무는 이런 약속이 없이는 아무 의미도 없습니다'라고 말했다. 내가 그에게 문서를 가지고 있는가 묻자 그는 '각하께서 내게 약속을 지켜요', 혹은 그 비슷한 의미로 말했다. 어쨌든 그는 이 약속을 확고하게 믿고 있었다." 하머슈타인, 《Spähtrupp》, 38쪽 이하.

39. 같은 곳, 44쪽. 슐라이허의 답변은, 휠러 베네트, 위의 책, 301쪽 이하에 나와 있다. 슐라이허의 말에 근거하고 있는 브뤼닝, 위의 책, 645쪽에 의하면 힌덴부르크는 이렇게 말했다고 한다. "조국을 위해 당신이 애써준 모든 것에 대해 감사하오, 장군. 이제는 신의 도움으로 토끼가 어떻게 계속 달리는지 두고 봅시다."

40. 히틀러, 《Tischgespräche》, 368쪽 이하. 여기서 그는 자기에게 굴복한 경찰 소령 베케(Wecke)에게 이 임무를 맡겼다고 말한다. 폰 힌덴부르크 부인의 말에 대해서는, 하머슈타인, 《Spähtrupp》, 59쪽 참조.

41. 도어스터베르크, 위의 책, 40쪽 이하.

42. 같은 곳, 41쪽. 파펜, 위의 책, 276쪽.

43. 루츠 그라프 슈베린 폰 크로지크(L. G. S. v. Krosigk), 《Es geschah in Deutschland》, 147쪽.

44. 마이스너의 보고. 마이스너/빌데, 위의 책, 191쪽 참조.

45. 마이스너, 위의 책, 179쪽. 에리히 코르트(E. Kordt), 《Wahn und Wirklichkeit》, 27쪽. 히틀러 자신도(《Tischgespräche》, 369쪽) 힌덴부르크의 동의를 마이스너의 개입 덕으로 돌리고 있다.

46. 그라프 케슬러, 위의 책, 704쪽.

47. 토마스 만, 《Bruder Hitler》, 전집 12권 774쪽. 앞에 나온 히틀러의 말에 대해서는 발터 프랑크(W. Frank), 《Zur Geschichte des Nationalsozialismus》, in:〈Wille und Macht〉 1934/17, 1쪽 이하.

48. 하이덴, 《Geburt》 60쪽 참조.

49. 범죄 기록관 파일(Feil)의 보고. HStA München, Allg. Sonderausgabe I, Nr. 1475.

50. 1933년 2월 초에 히틀러는 슐라이허에게 이렇게 말했다. 브뤼닝, 위의 책, 648쪽 참조.

51. H. 프랑크, 위의 책, 121쪽 이하. 그는 책의 출판본에서는 여기 언급한 종말론적 표현을 인용하지 않았다. 그 점에 대해서는 괴를리츠/크빈트, 위의 책, 367쪽.

52. 리페의 선거전에서 히틀러. 도마루스, 위의 책, 176쪽 참조.

중간관찰 : 도이치의 파국인가, 도이치의 계승인가?

1. 그 며칠 동안 후겐베르크가 한 말. 마이스너/빌데, 위의 책, 294쪽 참조.

2. G. 벤, 《Doppelleben》, GW IV, 89쪽.

3. 보르게제, 《Der Marsch des Faschismus》, 암스테르담, 1938, 338쪽.

4. 프리드리히 프란츠 폰 운루(F. F. v. Unruh)가 1931년 2월 22일과 3월 3일 사이에 〈Frankfurter Zeitung〉에 게재된 시리즈 기사 'Nationalsozialismus'에서.

5. 베르메유(Vermeil), 《The Origin, Nature and Development of German

Nationalist Ideology in the 19th and 20th Centuries》, in:《The Third Reich》, 6쪽. 로언 도 버틀러(R. D'O. Butler), 《The Roots of National Socialism》, 뉴욕, 1942. 거번(W. M. Govern), 《From Luther to Hitler》, 런던, 1946. 스티드(W. Steed) 《From Frederick the Greate to Hitler. The Consistency of German Aims》, in:〈International Affaires〉 1938/17 참조.

6. 마이네케, 위의 책. 수없이 덧붙인 관찰에도 불구하고 히틀러를 수백 년 역사의 소실점에 두려는 시도들은 국가사회주의 해석과 비슷해질 위험에서 벗어나지 못한다. 국가사회주의의 해석은 스스로 한자 동맹, 신비주의, 프로이센 정신, 낭만주의를 찬탈하고 제3제국을 도이치 역사의 자기실현이라고 찬양하는 것이기 때문이다. 정반대의 시도, 곧 국가사회주의와 전체주의를, 전통과 뿌리 깊은 질서를 거부하는 민주 시대의 위기현상으로 보고, 그 사회적 반항심과 경제적 허약함을 묘사하고, 이것을 도이치의 특성이 아니라 현대의 특성이라고 정의하려고 하는 시도 역시 문제가 많다. 그것을 19세기의 수많은 염세적 예언들이 말한 대로 전체주의 국가의 부정적인 유토피아가 실현된 것으로 여기는 시각이다. 국가사회주의는 스스로 저 위기의 세계사적인 교정이라고 여겼다. 도이치 쪽에서 나온, 이런 해석의 출발점을 가진 묘사에서 히틀러는 이따금 지나치게 낯선 현상으로 서술된다. 게르하르트 리터(G. Ritter)가 논문집 《The Third Reich》를 위한 기고문에서 베르메유에 꾸준히 반대하면서 주장하고 있는 것처럼(381쪽 이하) "전통, 특히 도이치-프로이센과 비스마르크 전통에 대한 반대"라는 식이다. 특히 도이치 사람들에게 부담스런 잘못된 행동들은 전체적으로 시대의 표지라는 것이다. 그는 이렇게 말하고 있다. "그토록 많은 국수적 야심, 군국주의적 생각, 종족적 우월감, 반민주적 비판들을 유럽 모든 나라들의 정신사적 · 정치적 문헌들에서 볼 수 있다는 것이 놀라운 일이다."

이렇게 일방적으로 치우친 모든 해석의 시도들은 현상의 특성을 파악할 능력이 없다. 마르크스주의 해석모델의 경우에 그것이 가장 분명하게 나타난다. 자신들의 원칙에 얽매이고, 한때의 굴복한 동지들에 대한 경건한 심정에 얽매여서 이쪽 대표자들은 잘 알려진 공식적인 개념규정에서 근본적으로 벗어나본 적이 없었다. 그것은 국가사회주의를, "금융자본에서 가장 반동적, 국수주의적, 제국주의적인 요소들이 공개적인 테러의 독재"로 나타난 현상이라고 보았다. 따라서 이 사상을 마지막까지 추적해보면 히틀러, 괴벨스, 슈트라이허가 아니라 후겐베르크, 크루프, 티센 등을 국가사회주의의 핵심인물로 볼 수밖에 없게 된다. 실제로, 치혼, 위의 책에 이런 견해가 나타나 있다. 그밖에 전체적인 사정에 대한 교훈적인 조망은, 브라허, 《Diktatur》, 6쪽 이하를 참조할 것.

7. 이 책 550쪽을 참조할 것. 또한 '중간관찰 거대한 공포'의 주 20번도 참조. 루마니아의 파시스트 지도자인 코드레아누(Codreanu)는 20년대 초에 독일에 머물면서, 이 나라에는 근본적이고 지속적인 반유대주의가 없다고 불평하였다. 놀테, 《Krise》, 263쪽.

8. 라우슈닝, 《Gespräche》, 212쪽 참조.

9. 아우슈비츠 수용소에서 잠시 소장을 지낸 루돌프 회스(R. Höß)가 그런 말을 했다.

구스타브 마크 길버트(G. M. Gilbert), 《The Psychology of Dictatorship》, 뉴욕, 1950, 250쪽.

10. 히틀러는 1938년 2월 20일자 연설에서 이렇게 선언하였다. "이 임무를 방해하는 사람은 그가 볼셰비스트든 민주주의자든 혁명적 테러리스트든 반동적 공상가든 상관없이 민족의 적입니다." 도마루스, 위의 책, 793쪽. 특별사명을 받았다는 이런 사상은 형이상학적인 요구를 바탕에 깔고서 한스 프랑크에게서도 찾아볼 수 있다. 그는 1937년 2월 10일자 일기에 이런 기록을 하고 있다. "나는 독일에 대한 신앙을 고백한다. 독일에 봉사하는 것은 신에게 봉사하는 것이다. 어떤 고백도, 어떤 신앙도, 오늘날 그리스도가 온다면 도이치 사람일 것이라는 이 신념처럼 강한 것은 없다. 우리는 진실로 악을 없애기 위한 하느님의 도구이다. 우리는 하느님의 이름으로 유대인과 볼셰비즘에 대항하여 싸우고 있다. 하느님, 우리를 보호하소서!" 크리스토프 클레스만(Ch. Kleßmann), 《Der Generalgouverneur Hans Frank》, in:VJHfZ 1971/3, 259쪽.

11. 라우슈닝, 《Gespräche》, 211쪽.

12. 라스키(H. J. Laski), 《Die Lektion des Faschismus》, 놀테, 《Theorien》, 379쪽에서 인용.

13. 토마스 만, 《Denken und Leben》, 전집 11권, 246쪽.

14. 파울 드 라가르드, 《Ausgewählte Schriften》, 파울 피셔 펴냄. 뮌헨, 1934, 34쪽.

15. 《열등한 자들의 지배(Die Herrschaft der Minderwertigen)》라는 것이 에드가 융의 민주주의 비판서의 제목이다. 그는 나중에 파펜을 보조했다가 1934년 6월 30일에 살해되었다.

16. 토마스 만, 《Betrachtungen eines Unpolitischen》, 113쪽. 바그너가 리스트에게 보낸 편지는, 니체(R. Nitsche), 《Der häßliche Bürger》, 귀터슬로, 1969, 158쪽에 인쇄되어 있다.

17. 토마스 만, 위의 책, 115쪽. 리하르트 바그너는 《Kunst und Revolution》, Ges. Schriften III, 194쪽. 구트만, 위의 책, 148쪽 이하, 309쪽 참조, 슈테른, 위의 책, 154, 166, 172쪽 참조.

18. 같은 곳, 181쪽 이하. 그밖에 클레멘스 폰 클렘퍼러, 위의 책, 167쪽 이하.

19. 이그나치오 실로네(Ignazio Silone), 《Die Kunst der Diktatur》, 171쪽에서 민주주의 비판도 마찬가지 생각을 드러낸다.

20. 피에르 비에노(P. Viénot), 《Ungewisse Deutschland》, 프랑크푸르트/마인, 1931, 93쪽.

21. 도마루스, 위의 책, 226쪽.

22. 이 책 2부 제4장 주 25번 참조.

23. 리하르트 브라이팅의 속기원고에 보면 칼 괴르델러(C. Goerdeler)가 이런 말을 했다. 칼릭, 위의 책 171쪽에서 인용. 호프만 위의 책 188쪽도 참조.

24. 〈Illustrierter Beobachter〉 1926, 2호, 6쪽 참조.

25. 슈페어, 위의 책, 134쪽.

26. 필자를 위한 슈페어의 비망록에서. 헤스나 히믈러를 후계자로 거부한 것에 대해서는, 슈페어, 위의 책 152쪽.

27. 치글러, 위의 책, 75쪽. 슈페어, 위의 책, 249쪽. 학자와 기술자들의 석방은 슈페어의 노력에 의해서 1942년에야 이루어졌다. 슈페어가 사석에서 알려준 바에 따르면 히틀러는 지역 방위군 사령부에 예술가들의 군대서류를 요청해서 없애버림으로써 그들의 석방문제를 해결하였다.

28. 프랑크, 《Friedrich Nietzsche》, 클레프만, 위의 책, 256쪽에서 인용. 나아가 《Tischgespräche》, 167쪽. 슈페어, 위의 책, 38쪽도 참조.

29. 슐라이허의 말. 콘체, 《Zum Sturz Brünings》, in:VJHfZ 1953/2, 261쪽 이하 참조. 《Tischgespräche》, 167쪽 이하 참조. 슈페어, 위의 책 38쪽도 참조.

30. 힐그루버(Hillgruber), 《Strategie》, 216쪽 참조.

31. 제임스 졸(J. Joll), 《Three Intellectuals in Politics》, 135, 174쪽에서 인용.

32. 게어하르트 리터는 《Carl Goerdeler》, 109쪽에서 이렇게 보고하고 있다. 도이치 시민계급 대중에게 있어서 양심 없는 모험가의 손에 떨어졌다는 생각은 '대단히 그로테스크' 한 것으로 여겨졌다고 한다. 루돌프 브라이차이트의 입장이 파비안 폰 슐라브렌도르프(F. v. Schlabrendorff), 《Offiziere gegen Hitler》, 12쪽에서 보고되고 있다. 율리우스 레버는 일기장 《Ein Mann geht seinen Weg》, 베를린, 1952, 123쪽에서 정신적인 토대가 없음을 아쉬워하였다. 수많은 사회민주당원들은 히틀러가 성급하게 파펜 및 힌덴부르크와 대립하게 될 것이고, 그러면 자기들이 제3자로서 미소지으며 무대에 등장할 수 있으리라고 기대하였다. "그렇게 되면 1918년과는 달리 청산이 이루어질 것"이라고 프로이센의 전임 국무비서 아베그(Abegg)가 그라프 케슬러와의 대화에서 위협하였다. 케슬러의 《Tagebücher》, 708쪽.

33. 그라프 케슬러, 위의 책, 684쪽 이하.

시

그대 굳이 사랑하지 않아도 좋다
• 이정하 시집/신4·6판/104쪽

이루어질 수 없는 사랑에 때론 아파하고 때론 절망하는 마음을 서정적인 감성으로 그린 시집.

너는 눈부시지만 나는 눈물겹다
5년 연속 시부문 전국 베스트셀러
• 이정하 시집/신4·6판/104쪽

사랑의 애잔한 아픔과 그 속에 깃든 사랑의 힘을 섬세하게 풀어쓴 시집.

그대가 곁에 있어도 나는 그대가 그립다
10년 연속 시부문 전국 베스트셀러
• 류시화 시집/신4·6판/112쪽

뛰어난 서정성과 환상적 이미지로 삶의 비밀을 섬세하게 풀어낸 류시화 시집.

그대에게 가고 싶다
• 안도현 시집/신4·6판/92쪽

가슴 아픈 사랑의 마음을 그린 서정시집.

그대, 거침없는 사랑
• 김용택 시집/신4·6판/108쪽

〈섬진강〉의 시인 김용택이, 소박하고 꾸밈없는 목소리로 사랑의 경건함과 따사로움, 사랑의 순정함을 노래한다.

아름다운 사람 하나
• 고정희 시집/신4·6판/144쪽

고통스러우면서도 절실한 사랑의 감정을 통해 성숙해가는 이를 그린 서정시집.

소설

허균, 최후의 19일
• 김탁환 장편소설/신국판/전2권

이 땅의 역사를 바꾸고자 했던 사내 허균, 그의 야망과 고독, 그리고 눈물을 읽는다.

누가 내 애인을 사랑했을까
• 김탁환 장편소설/신국판/264쪽

이 시대 청춘들의 치명적인 삶과 사랑을 발랄하지만, 슬픔 어린 문체로 이야기하는 연작 장편소설.

담무갈
• 남지심 장편소설/신국판/전4권

14년 만에 탈고한《우담바라》완결편!
현란하게 변해가는 세상 속에서도 종교적 신성(神性)을 잃지 않는 사람들의 모습을 보여주면서 우리에게 진정으로 고귀한 삶의 가치는 무엇인가를 되묻고 있다.

우담바라
• 남지심 장편소설/신국판/전4권

길고 긴 강가에 놓인 징검다리처럼 힘겨운 우리 삶에 용기와 위안을 주는 소설!

세상에서 제일 잘생긴 익사체
• 마르케스 外/신국판/300쪽

지난 반세기 서구 단편문학의 풍성한 줄기를 한눈에 살필 수 있는 소설집. 〈플레이 보이〉지에 실렸던 수백 편의 작품들 중 문학성과 재미를 두루 갖춘 열 편을 엄선하여 실었다.

눈 이야기
• 조르주 바타유/신국판/292쪽

성적 무절제를 통해 개인의 주권을 옹호한 소설 〈눈 이야기〉와 후일 필립 솔레르스가 '우리의 모든 현대성을 다룬 책' 이라고 격찬한 〈하늘의 푸른 빛〉이 수록된 작품집.

봉순이 언니
• 공지영 장편소설/신국판/216쪽

60~70년대 고도성장의 뒷골목에서 한없이 추락하면서도 삶에 대한 낙관을 포기하지 않는 주인공을 통해 끝끝내 포기할 수 없는 '희망' 의 메시지를 건져올린 공지영의 장편소설.

무소의 뿔처럼 혼자서 가라
• 공지영 장편소설/신국판/332쪽

'착한 여자' 에 대한 환상과 '능력 있는 여자' 혹은 '똑똑한 여자' 에 대한 편견, 그리고 이율배반적인 이 두 가지 가치를 동시에 요구받고 있는 여성들의 혼란과 고통을 생생하게 이야기하는 소설.

허삼관 매혈기
'99 출판인회의 '이달의 좋은책' 선정도서 / '99 중앙일보 좋은책 100선 선정도서
• 위화(余華) 장편소설/신국판/348쪽

《살아간다는 것》에 이어 소개되는 중국 제3세대 소설가 위화의 장편소설. 출간 직후부터 지금까지 중국 최고의 베스트셀러가 된 문제작으로 독일·이탈리아·프랑스에서 출간돼 격찬받았다.

살아간다는 것

· 위화(余華) 장편소설/신국판/312쪽

사랑하는 가족 모두를 먼저 보내야 했던 늙은 농부가 자신의 인생을 반추하는 형식을 통해 가차없는 현실과 운명에 맞설 수 있게 하는 사랑과 우정의 힘, 인간 본성과 생명에 대한 근원적 믿음을 보여주고 있다.

내게는 이름이 없다

· 위화(余華) 단편소설집/신국판/312쪽

세상사는 연기와 같다

· 위화(余華) 중편소설집/신국판/296쪽

에세이

정찬용의 입시 공부 그만해라

· 정찬용 지음/신국판/216쪽

'영절하'의 저자 정찬용 박사가 이번에는 변화무쌍한 교육 정책에 질린 학부모들을 대신해 우리 나라 교육과 입시 제도에 신랄한 비판의 칼을 들이댄다. 더불어 소모적인 입시 준비에 청춘을 저당잡히고 있는 학생들에게 현실적인 목표인 대입을 잡는 방법과 함께 궁극적이고 이상적인 목표인 '생각하는 능력'과 '인생에서 진짜 필요한 실력'을 동시에 키울 수 있는 대안을 제시한다.

희망은 또 다른 희망을 낳는다

· 서진규 지음/신국판/368쪽

가발공장 여공에서 하버드대생으로 거듭나기까지 역동적인 인생유전을 펼쳐온 저자가 딸 조성아 양을 키우면서 웃고 울고 가슴 쓸어내리며 보낸 23년 간의 이야기를 풍부한 사례와 함께 흥미진진하게 써내려 가고 있다.

나는 대한민국 경찰이다

· 김강자 지음/신국판/300쪽

미성년 매매춘과의 전쟁을 통해 전국민적으로 알려진 저자가 종암경찰서장에 부임하자마자 가동한 일명 '미아리 텍사스 프로젝트'의 15년 준비 과정과 경찰 제복을 입고 만나온 사람들, 사건들이 흥미진진하게 소개된다.

우리는 다시 만나기 위해 태어났다

· 잭 캔필드 · 마크 빅터 한센/류시화 옮김/신국판/236쪽

어린 연인들의 간절한 사랑에서부터 노년의 잔한 사랑까지, 때로는 죽음을 넘어서고, 때로는 신의 손길에 이끌리면서 영혼의 동반자를 만나 사랑하는 모습이 한 편 한 편마다 아름답고 신비롭게 그려져 있다.

영혼을 위한 닭고기 수프

· 잭 캔필드 · 마크 빅터 한센/류시화 옮김/신국판/전2권

살아가면서 잃어버리기 쉬운 꿈과 행복을 어떻게 지키며 살아가야 하는가를 보여주는 1백여 편의 감동적인 이야기.

사람보다 아름다운 영혼을 가진 동물 이야기

· 잭 캔필드/이상원 옮김/신국판/262쪽

전세계 27개국에 출간되어 수천만 부 이상이 팔린 화제의 베스트셀러《영혼을 위한 닭고기 수프》의 후속 시리즈 중 하나로 동물을 매개로 펼쳐지는 감동적인 실화를 모은 책이다.

아름답고 슬픈 야생동물 이야기

· 어니스트 톰슨 시튼/장석봉 옮김/신국판/312쪽

야생 세계에 관한 가장 매혹적인 이야기꾼이자 화가인 시튼이 최초로 쓴 작품이자 가장 훌륭한 작품인《Wild Amimals I Have Known》(1898년)의 완역본이다.

개와 고양이에 관한 우습고도 놀라운 진실

· 리처드 토레그로사/이상원 옮김/변형 4·6판 양장본/248쪽

사소하면서도 재미있고 때론 놀라운 개와 고양이에 관한 이야기.

인생은 어떻게 역전되는가

· 인도우화/이옥순 옮김/변형4·6판 양장본/248쪽

인도인의 지혜롭고 낙천적인 인생관이 짙게 깔린 41편의 우화집. 현실적 행복과 유머를 포기하지 않으면서도 궁극적으로 선을 지향하는 주인공들의 삶을 통해 우리 같은 평범한 사람들이 한 세상을 살아가는 데 필요한 여러 가지 미덕들을 배울 수 있다.

삶이 나에게 가르쳐준 것들

· 류시화 명상 에세이/국판 양장본/228쪽

삶을 찾아 끊임없이 헤매다닌 긴 여행길의 이야기들을 내적인 체험과 다양하고 재미있는 우화 사이를 넘나들면서 류시화 특유의 바람결 같은 문체로 이끌어가고 있다.

간절히@두려움 없이

· 전여옥 지음/신국판/352쪽

한 세기를 넘어 새 천년이라는 거센 변화의 파도

를 어떻게 맞이할 것인가를 주제로 쓴 에세이.

여성이여, 느껴라 탐험하라

• 전여옥 · 임정애 지음/신국판/372쪽

우리 사회의 성차별과 남성 우위의 의식 구조에 문제 의식을 갖고서, 억압되어온 여성의 성(性) 문제를 조명하였다.

바람의 딸, 우리 땅에 서다

• 한비야 지음/신국판/312쪽

바람의 딸 한비야가 800km에 이르는 우리 땅을 두 발로 걸어다니며 쓴 49일 간의 여행기. 이 땅을 걷는 한 걸음 한 걸음에는 길 위에서 체득한 여행 철학과 삶의 깨달음이 배어 있다.

헤르만 헤세의 인도 여행

• 헤세/이인웅 · 백인옥 옮김/변형 4 · 6판 양장본/652쪽

도스토예프스키의 유럽 인상기

• 도스토예프스키/이길주 옮김/변형 4 · 6판 양장본/408쪽

괴테의 이탈리아 기행

• 괴테/박영구 옮김/변형 4 · 6판 양장본/720쪽

인문 · 사회과학

침대 밑의 인류학자

• 아서 니호프/남경태 옮김/신국판/전2권

세계적인 인류학자 아서 니호프가 자신의 인생 경험을 바탕으로 '짝짓기가 이루어지는 다양한 관계'를 소설 형식으로 풀어 쓴 책.

아서 니호프 교수의 사람의 역사

'99 중앙일보 좋은책 100선 선정도서 / '99 교보문고 좋은책 선정도서

• 아서 니호프/남경태 옮김/신국판/전2권

인류학적 상상력과 역사적 사실, 흥미로운 공상과학을 넘나들며 입체적으로 재현한 인간의 문화와 역사. 선사시대에서 우주시대까지 5백만 년의 시간을 살아온 인간들의 생생한 삶과 마음을 읽는다.

시간 박물관

• 움베르크 에코 外/김석희 옮김/변형 5 · 7판 양장본/308쪽

세계적인 석학 24인의 글을 통해 인간이 시간을 어떻게 지각하고 있는지를 검토하고, 세계 곳곳의 다양한 문화가 시간에 대해 어떻게 반응 · 측정 · 표현하는지를 정리하고 있다.

지상으로 내려온 철학

• 이진우/신국판/272쪽

문명, 문화, 정보, 멀티미디어, 감성, 섹슈얼리티 등 디지털시대의 새로운 화두와 철학이 어떻게 만나야 하는지를 실증적으로 예시하는 철학 교양서.

철학의 모험

• 이진경 지음/신국판/400쪽

《수학의 몽상》의 저자 이진경의 철학 입문서. 데카르트 이후 주요한 근대 철학자들의 철학 개념이나 사고 방식을 다양한 소재를 등장시켜 하나하나 짚어가고 있다. 스스로 사고하려면 어떤 태도가 필요한지, 어떻게 공부해야 하는지를 잘 보여준다.

新국어독본

• 윤세진/신국판/240쪽

읽고, 쓰고, 말하고, 듣는 모든 것을 새로운 시각으로 바라보게 하는 새로운 개념의 청소년 교양서.

수학의 몽상

• 이진경/신국판/304쪽

형식을 파괴하는 자유분방한 상상력으로 근대 수학의 역사를 파헤쳐, 서양의 근대성 형성에 수학이 행한 핵심적 역할을 밝힌다.

수학 악마

• 하인리히 헴메/마티아스 슈베러 그림/안영란 옮김 변형4 · 6배판 양장본/165쪽

언제나 누구에게나 일어날 수 있는 사건, 재미있는 에피소드를 통해 논리적으로 사고할 수 있는 힘을 키워주는 퀴즈 형식의 수학 교양서.

문명의 공존

• 하랄트 뮐러/이영희 옮김/변형 국판 양장본/362쪽

새뮤얼 헌팅턴의 《문명의 충돌》을 본격적으로 비판하고, 전쟁이 아닌 대화와 공존의 길을 모색하는 적극적인 대안서.

미녀와 야수, 그리고 인간

• 김용석 지음 / 신국판 / 440쪽

대중문화, 그 중에서도 가장 보편적인 장르라 할 수 있는 애니메이션에 대한 문화 담론은 어떻게 가능한지 그 전형을 보여주는 책. 저자는 〈미녀와 야수〉 〈알라딘〉 〈라이언 킹〉 〈인어 공주〉 4편

의 디즈니 애니메이션 작품을 텍스트로 삼아 분석하면서 독자와 철학적 대화를 꾀한다. 또한 각 작품 속에 배어 있는 인문학 컨텐츠들을 명쾌한 논리와 따뜻한 문체로 풀어놓고 있다.

문화적인 것과 인간적인 것

• 김용석 지음/변형 국판 양장본/400쪽

현대 문화의 특성을 다차원적으로 조명하는 철학 에세이. 오늘날 우리 삶에서 문화의 핵심적 의미를 반영하는 '현대적 사건'들을 섬세하게 분석하고 있다.

덧없는 인간과 예술

• 앙드레 말로 / 유복렬 옮김 / 신국판 양장본 / 320쪽

프랑스의 소설가이자, 예술가, 정치가로 20세기 프랑스 최고의 지성으로 일컬어지는 거대한 인물인 앙드레 말로의 마지막 에세이. 인간의 유한성, 그리고 이 유한성을 극복할 수 있는 예술의 영원성……. 말로가 끝없이 집착했던 두 가지 요소가 바로 이 책의 제목으로 집약된다. 말로는 이 책에서 다양한 명저들과 작가들의 정신 세계를 예술 세계와 연결시키고 있으며, 많은 예술작품과 예술가들의 근본적인 정신을 탐구하고 있다.

불행한 철학자 쇼펜하우어의 행복의 철학

• 아르투어 쇼펜하우어 / 정초일 옮김 / 4·6판 양장본 / 166쪽

실존철학의 선구자 아르투어 쇼펜하우어의 진정한 행복에 관한 성찰. 추한 외모, 여자들의 무관심, 거의 무명에 가까운 학자로서 고독과, 좌절, 고통을 겪으며 산 이 철학자는 불행에서 벗어나려는 몸부림으로 견딤의 철학, 삶의 철학을 전개한다. 이는 고통 속에서 위안을 찾고, 행복을 찾는 지혜와 실천의 철학이며, 행복과 불행은 결국 자기 마음속에 있다는 메시지를 통해 고통스럽게 살아가는 사람들에게 전하는 위로의 메시지이다.

도교와 문학, 그리고 상상력

• 정재서 지음 / 변형국판 / 336쪽

서양의 오리엔탈리즘, 중국의 화이론(華夷論)을 넘어 제3의 중국학론으로 우리 학문의 새로운 방법론을 제시하고 있는 정재서 교수의 역작. 거대한 상상 체계인 도교가 문학 이론과 서사의 세계에 대해 어떻게 작용하여 서구와는 다른 동아시아 고유의 문학 전통을 빚어냈는지를 탐색하는 저작이다. 동아시아의 문학 형성에 미친 도교적 상상력의 힘을 파악하도록 해준다.

동양과 서양, 그리고 미학

• 장파(張法)/유중하 外 옮김/변형 국판 양장본/592쪽

동서양 미학의 태동과 서로 다른 변천 과정을 철학적, 종교적, 문화사적 관점에서 조명한 중국 장파 교수의 대표적 저서.

이탈리아 르네상스의 문화

• 야콥 부르크하르트/안인희 옮김/변형 국판 양장본/756쪽

19세기의 빛나는 역사가 부르크하르트가 남긴 문화사 최고의 고전(古典). 14세기부터 16세기까지의 이탈리아 문화 전체를 종횡으로 들여다보며 현대인의 기원과 '개인'이라는 의식의 생성 과정에 대한 답변을 모색한다.

지혜로 읽는 史記

'99 간행물윤리위원회 '읽을 만한 책' 선정도서

• 김영수 지음/신국판/328쪽

權力場(권력장)

• 곽존복/김영수 옮김/신국판/484쪽

중국 역사 속에 나타난 다양한 권력 행사 유형을 통해 권력의 본질과 올바른 권력 행사 방법을 제시하는 역사서.

2000년, 이 땅에 사는 나는 누구인가

• 이진우 外/신국판/324쪽

2000년을 눈앞에 둔 전환의 시기에 한국의 지식인 23명의 자기성찰과 메시지를 담은 책.

마르크스 평전

• 프랜시스 윈 / 정영목 옮김 / 변형 국판 양장본 / 588쪽

마르크스는 20세기의 역사를 바꾼 철학자, 역사가, 경제학자, 비평가, 혁명가였다. 그러나 더 중요한 사실은 마르크스 역시 평범한 인간이었다는 것이다. 이 책은 필요에 따라 신격화되기도 하고, 모든 악의 근원으로 악마처럼 폄하되기도 한 위대한 사상가를 피와 살을 지닌 인간으로 복원시킨다. 수많은 약점을 지닌 허약한 인간의 모습과, 시대의 모순을 자신의 고통으로 느끼면서 그 모순에 대항해 처절하게 투쟁한 거인의 삶을 함께 읽을 수 있다.

히틀러 평전

한겨레 '98 상반기 추천도서

• 요아힘 페스트/안인희 옮김/변형 국판 양장본/전2권

광기의 천재, 정치의 예술가 히틀러 평전의 결정판. 방대한 자료와 거대한 스케일로 시대를 복원한 평전의 모범이자 한 인간의 전기를 넘어선 탁월한 20세기 역사서. 성(姓)도 불확실한 보잘것

옮긴이 **안인희**

한국외국어대학교에서 독문학을 공부하였다. 1986~1987년에 독일 밤베르크대학에서 수학하였고, 1990년 문학박사 학위를 취득하였다. 1995년 쉴러의 《인간의 미적 교육에 관한 편지》로 제2회 한독번역문학상을 수상하였다. 번역서로 프리드리히 쉴러의 《발렌슈타인 3부작》《빌헬름 텔》과 슈테판 츠바이크의 《광기와 우연의 역사》《스코트랜드의 여왕 메리 스튜어트》와 《바흐》《갈릴레이 평전》등이 있다.

히틀러 평전 I

첫판 1쇄 펴낸날 1998년 6월 25일
     13쇄 펴낸날 2026년 4월 10일

지은이 요하임 C. 페스트
옮긴이 안인희
발행인 조한나
편집기획 김교석 김유진 문해림 김하영 박혜인 함초원 황시연
디자인 한승연 성윤정 김혜은
마케팅 문창운 백윤진 김민영
회계 양여진 김주연

펴낸곳 (주)도서출판 푸른숲
출판등록 2003년 12월 17일 제2003-000032호
주소 서울특별시 마포구 토정로 35-1 2층, 우편번호 04083
전화 02)6392-7871, 2(마케팅부), 02)6392-7873(편집부)
팩스 02)6392-7875
홈페이지 www.prunsoop.co.kr
페이스북 www.facebook.com/prunsoop   인스타그램 @prunsoop

ISBN 978-89-7184-325-3 04340
     978-89-7184-324-6(세트)

* 잘못된 책은 구입하신 서점에서 바꾸어 드립니다.
* 본서의 반품 기한은 2031년 4월 30일까지입니다.

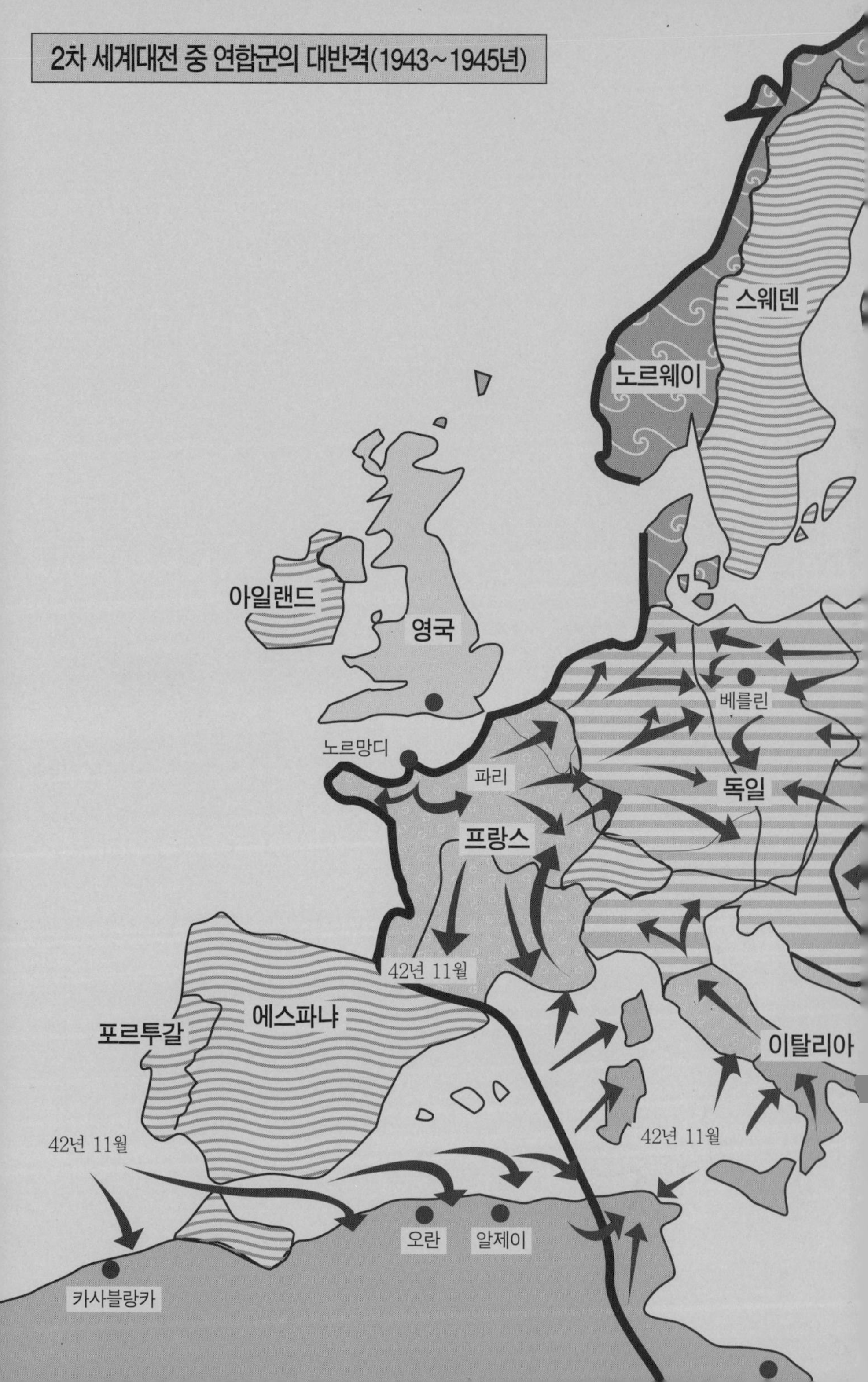

2차 세계대전 중 연합군의 대반격(1943~1945년)
스웨덴
노르웨이
아일랜드
영국
노르망디
파리
베를린
독일
프랑스
42년 11월
포르투갈
에스파냐
이탈리아
42년 11월
42년 11월
오란
알제이
카사블랑카